복 있는 사람

오직 여호와의 율법을 즐거워하여 그 율법을 주야로 묵상하는 자로다.
저는 시냇가에 심은 나무가 시절을 좇아 과실을 맺으며 그 잎사귀가 마르지 아니함 같으니
그 행사가 다 형통하리로다. (시편 1:2-3)

하나님의 모략

Dallas Willard

The Divine Conspiracy

하나님의 모략

달라스 윌라드 지음 | 윤종석 옮김

복 있는 사람

하나님의 모략

2000년 7월 8일 초판 1쇄 발행
2007년 4월 21일 초판 23쇄 발행
2007년 9월 5일 증보재조판 1쇄 발행
2024년 7월 23일 증보재조판 28쇄 발행

지은이 달라스 윌라드
옮긴이 윤종석
펴낸이 박종현

(주) 복 있는 사람
서울특별시 마포구 연남동 246-21 (성미산로 23길 26-6)
Tel 723-7183(편집), 723-7734(영업·마케팅) | Fax 723-7184
hismessage@naver.com
등록 1998년 1월 19일 제1-2280호
ISBN 978-89-951014-1-4

The Divine Conspiracy: Rediscovering Our Hidden Life in God
by Dallas Willard

천국은 마치 여자가 가루 서말 속에 갖다 넣어 전부 부풀게 한 누룩과 같으니라.

_ 나사렛 예수

원수[하나님]가 왜 더 많은 능력을 사용하여, 어느 순간에든 자기가 원하는 만큼 인간 영혼들에게 느끼기 쉽게 임재하지 않는지 궁금한 적이 많았을 게다. 하지만 불가항력으로 믿게 하는 것과 반론의 여지를 봉쇄하는 것은, 그의 계략의 본질상 그가 사용할 수 없는 두 가지 무기임을 알아야 한다. 인간의 의지를 단순히 짓밟는 것(원수 자신의 임재를 가장 약하고 미세하게만 느끼게 해도 분명 그럴 수 있다)은 그에게는 쓸모 없는 일이다. 그는 강탈은 못한다. 오직 사랑으로 호소할 뿐이지. 그의 야비한 생각은 케이크를 먹기도 하고 소유하기도 하는 것이다. 피조물은 그와 하나가 되면서도 각자 자기 자신이 되어야 한다. 피조물을 단순히 없애 버리거나 동화시켜 버리는 것으로는 안된다.…… 원수는 피조물과 사실상 절연지는 않지만 적어도 그들의 의식적 경험, 모든 지원, 유인 행위에서 깨끗이 손을 뗀다. 피조물을 혼자 힘으로 서게 ─의욕 잃은 의무들을 의지 하나로 수행하게─두는 것이다.…… 우리가 악으로 유혹하는 것처럼 그는 인간을 선으로 "유혹할" 수 없다. 원수는 인간들이 스스로 걸음마를 배우기 원하기 때문에 그들에게서 손을 떼는 것이다.…… 우리의 대의가 가장 큰 위험에 처할 때는, 한 인간이 우리의 원수의 뜻을 행할 의욕이 없는 중에도 의지를 보이며, 그의 흔적이 다 사라져 보이는데도 우주를 올려다보며, 그에게 왜 자기를 버렸는지 따지면서도 여전히 순종할 때다.

_ 스크루테이프 아저씨가
C. S. 루이스, 「스크루테이프의 편지」 중에서

R. R. 브라운, 조우 헨리 행킨스, 존 R. 라이스, 리 로버슨, J. I. 윌라드

"당시에 땅에 [신앙의] 거인들이 있었다."

차례

추천의 말

「하나님의 모략」은 내가 평생 동안 찾던 책이다. 미켈란젤로의 시스티나 성당의 천장 벽화만큼 이 책도 놀라운 걸작이다. 저 유명한 프레스코 벽화처럼 이 책도 하나님을 실체요 현존자로, 또한 온 인류에게 언제나 손을 뻗치시는 분으로 그려 내고 있다. 나는 「하나님의 모략」의 많은 면에서 감동받는다. 그중 몇 가지만 언급한다.

첫째, 이 책의 포괄성에 감동받는다. 이 책은 내게 세계관을 보여준다. 인간 실존의 의미와 목적을 이해하는 데 필요한 철학적인 개념을 제시한다. 또 성경 기록 전체에서 의미를 도출하는 법을 알려 주며, 예수의 교훈이 지적이고 생명력 있으며 철저히 실제적이라는 사실을 깨닫게 해준다.

이 책은 영혼의 구속(redemption)과 칭의(justification)로 시작해 제자도(discipleship), 은혜 안에서의 성장, 죽음, 천국에서의 우리의 실존 상태에 이르기까지 다루고 있는 이슈의 폭이 놀랍도록 넓다. 중간의 몇 장은 예수의 산상수훈에 집중하고 있지만, 윌라드는 그것조차도 우리에게 성경 전체를-실은 하나님 앞에서 우리의 삶 전체를-가르치는 방식으로 하고 있다.

현대 상황에 대한 그의 분석 또한 아주 놀랍고 포괄적이다. 그는 현대 세속 물질주의의 다양한 이론, 사실, 기술의 허위성을 예리하게 파헤쳐, "그것들이 실존과 삶의 궁극적 이슈와 논리적 연관성이 조금도 없음"을 보여준다. 현대의 종교 상황도 그의 예리한 눈을 비껴가지 못한다. 이 책에서 가장 인상적인 표현이 아닌가 싶은 문구를 사용해 그는 보수주의, 자유주의 할 것 없이 현대 교회를 좀먹고 있는 다양한 "죄 관리의 신학"을 폭로하고 있다. 내게 전체 숲을 보게 해주는 책이다.

둘째, 나는 이 책의 용이성에 감동받는다. 여기서 다루는 이슈들이 대단히 중요한 것임을 충분히 알고 있지만, 그럼에도 이 책은 참으로 이해하기 쉽고 읽기 쉽고 적용하기 쉽다. 저자가 세계적인 철학자인 만큼 이 책에 내 처지에 맞는 말은 없지 않을까 다소 우려도 했으나 내 생각은 틀렸다. 나는 인간 본성에 대한 윌라드 박사의 통찰 속에 내 모습이 들어 있음을 거듭 발견했다.

뿐만 아니라 윌라드가 다루는 모든 이슈는 너무나 실제적이다. 어떤 문제도 이론으로만 머물러 있는 것을 거부하는 그는, 일상 경험의 씨줄과 날줄 속으로 끊임없이 각 이슈를 끌어들인다. 그의 이야기는 마음을 끄는 힘이 있다. 그가 소개하는 예들은 깊은 교훈을 준다. 무엇보다도 그는 이런 거대한 우리 인간의 이슈를 깊은 지혜와 분별로 다루고 있다.

그것이 가장 극명하게 나타나는 곳이 9장 '그리스도 닮기의 교육 과정'이다. 거기에는 "천지를 지으신 전능하신 하나님 아버지"를 어떻게 사랑하고 높이며 지속적으로 순종할 것인지를 정확하게 보여주는 실제적 지침들로 가득 차 있다.

셋째, 나는 이 책의 심오함에 감동받는다. 윌라드는 예수의 가르침에 나타나는 핵심적인 통찰을 짚어 내는 데 대가다. 예수를 지식과 능력을 완전하게 갖춘 참 스승으로 신중하게 대하기 때문일 것이다. 그는 말한다. "예수는 단순히 선한 정도가 아니라 지혜로우신 분이다."

여기서 나는 산상수훈에 대한 그의 교훈의 깊이를 언급하지 않을 수 없다. 대부분의 저자들은 예수의 이 통찰력 있는 말씀을 영혼을 짓누르는 새로운 율법 체제로 와전시킨다. 그런가 하면 이 말씀을 순종 불가능한 교훈으로 보고, 다른 시대, 다른 장소, 다른 세대로 귀속시키려 하는 이들도 있다. 이 두 가지 반응을 모두 거부하는 쪽에서는 흔히 이것을 단순히 미지의 편집자들이 더해 놓은 듣기 좋은 명언록, 즉 시 읽듯 읽기는 재미있지만 오늘 우리가 살아가는 방식과는 본질상 전혀 관계가 없는 정도로 간주한다. 그렇다면 윌라드가 식탁에 내놓은 것은 무엇일까?

영혼을 채워 주는 연회, 바로 그것이다. 이제껏 읽어 본 어떤 책도 예수의 가르침의 심장을 이토록 통렬하게 꿰뚫은 것은 없다. 예컨대 "팔복"에 대한 윌라드의 이야기는 이 유명한 본문에 대한 우리의 통상적 생각을 많은 부분 뒤집어 놓으며 그야말로 말문이 막히게 한다. 이 한 부분만으로도 이 책 전체의 가치를 가늠하고도 남는다. 그러나 그는 그 이상, 훨씬 많은 것을 내놓는다. 바로 지성과 가슴을 위한 성찬이다.

거기서 나의 네번째이자 마지막 소감이 나온다. 나는 이 책의 따뜻함에 감동받는다. 이렇게 예리한 지성과 넓은 가슴을 공유한 저자는 별로 보지 못했다. 분명 그는 지성을 보듬어 가슴으로 내려온 사람이며, 바로 그 자리에서 우리의 지성과 가슴을 모두 매만지고 있다.

달라스 윌라드는 우리 모두에게, 특히 우리가 살아가는 세상에 의해 망가진 자들, 곧 "낙제자와 중퇴자와 탈진자, 파산한 자와 상처 입은 자, 마약 두목과 이혼자, 에이즈 감염자와 포진(疱疹) 환자, 두뇌 손상자

와 불치병자, 불임자와 과다 임신자와 미혼모, 일 중독자와 불완전 취업
자와 실업자, 취직이 불가능한 자, 사기당한 자, 소외된 자, 제거된 자, 외
로운 자, 무능한 자, 어리석은 자"들에게 은혜와 자비의 말을 들려준다.
이렇듯, 또한 다른 많은 방식으로, 이 책은 우리가 살며 기동하며 존재하
는 이 세상에 따뜻한 긍휼로 말하고 있다.

　사실 나는 「하나님의 모략」을 디트리히 본회퍼, 존 웨슬리, 장 칼뱅,
마르틴 루터, 아빌라의 테레사, 빙겐의 힐데가르트, 나아가 토마스 아퀴
나스와 히포의 아우구스티누스의 진귀한 저작과도 같은 반열에 올려 놓
고 싶다. 만일 주님의 재림이 늦어진다면 이 책은 다음 밀레니엄을 위한
책이다.

리처드 포스터

한국의 독자들에게

하나님의 모략(The Divine Conspiracy)은 인류 안에서 오랫동안 일해 온 하나님 나라의 숨은 역사(役事)입니다. 신약의 복음서에 그것이 선포되고, 설명되어 있습니다. 그것은 예수님의 메시지였습니다. 실은 그것이 예수님 자신입니다. 하나님의 모략의 동참자들은 하나님이 인간에게 주신 말씀과 성령 안에서 성자 예수님을 사모하며 그분의 감사하는 종으로 살아가는 이들입니다. 그들은 인간의 마음이 갈망하는 참된 자유—선이신 하나님의 보호 아래 선을 알고 행하는 능력—를 누리는 자들입니다.

인간사를 향한 하나님의 역사하심은, 철저히 선한 방법을 통해 선으로 악을 이기는 것입니다. 하나님 나라를 살아가는 예수님의 모든 제자, 곧 진심으로 그분을 믿고 의지하는 자는 자신의 삶 속에서 이 승리를 알게 되고, 믿음에 진보를 더할수록 자신의 주변에서 이 승리를 더욱 보게 될 것입니다.

이것이야말로 앞으로도 영원히 계속될, 그리스도 안에서 끊임없이 깊어지는 순종과 풍요의 길입니다. 이것이 바로 모든 주요 종교와 전통이 구하지만 얻지 못하는 인간 영혼의 추구이기도 합니다.

한국을 향한 하나님의 소명은 위대한 것입니다. 그러나 그 소명은 그곳에 있는 예수님의 친구들에 의해서, 그리고 자신이 처한 자리가 어디이든, 지금 예수님과 함께 온전히 천국 안에 살아감으로써만 실현될 수 있습니다. 이것은 생명의 말씀이신 예수님 안에서 은혜로 우리에게 주어지는 영생의 선물입니다. 그분은 지금도 "땅의 임금들의 머리"이시며(계 1:5) 우리는 그분과 함께 "세세토록 왕 노릇"할 것입니다(계 22:5).

이 책이 여러분의 삶 속에서, 지금은 숨겨진 그 나라를 높여 어린양의 영광을 드러내는 데 사용되기를 기도합니다.

달라스 윌라드

머리말

나의 희망은 예수의 말씀을 새롭게 듣게 하는 것이다. 특히 그분을 이미 안다고 믿는 이들에게 그렇게 하고 싶다. 솔직히 말해 예수의 경우는, 우리가 이미 그분을 안다고 믿는 그런 가상의 친숙함이 생소함을 낳았고 생소함은 경멸을 낳았으며 경멸은 심각한 무지를 낳았다.

오늘날 예수를 한 인간으로서 흥미를 갖고 대하거나 예수가 자신의 현실 생활과 긴밀한 관련이 있다고 보는 사람은 별로 없다. 일반적으로 그분은 현실의 이슈를 다루는 현실의 인물로 간주되지 않는다. 우리가 **부딪쳐야** 하는, 그것도 **지금** 부딪쳐야 하는 세상이 아닌 저만치 허공의 영역에 관심을 둔 존재로 여겨지고 있다. 그리고 솔직히 능력 많은 분으로 통하지도 않는다.

당연히 그분은 교의(dogma)와 율법의 범주에나 들어맞는 다분히 마술적 인물―종교 놀음의 대장이나 기사나 주교 정도―로 통하고 있다. 교의란 실제로 믿든 믿지 않든 사람이 믿어야 하는 것이다. 율법이란 이롭든 이롭지 않든 사람이 행해야 하는 것이다. 그러나 우리가 정작 지금 믿거나 행해야 하는 것은, 재미있고 혹은 두려우며 혹은 서로 관련된 일

17

들과 사람들로 가득 찬 현실의 삶이다.

사실, 예수와 그분의 말씀은 한번도 교의나 율법의 범주에 속한 일이 없다. 그렇게 읽으면 본래 뜻을 놓칠 수밖에 없다. 그분의 말씀은 본질상 기성 질서와 사고 방식을 전복하는 것이다. 그 말씀이 세상에 처음 들어온 방식과 초기의 영향력, 그리고 신약의 기록으로 보존되어 지금껏 그 백성 속에 살아 있는 것을 보면 그것을 분명히 알 수 있다. 그분 자신도 당신의 말씀을 "영이요 생명"이라고 하셨다(요 6:63). 그분의 말씀은 현실보다 더 현실적인 실체가 되어 우리의 "현실" 세상으로 파고들어 온다. 그때나 지금이나 인간이 그 말씀으로부터 자신을 보호해야 하는 이유가 거기에 있다.

교의와 율법은 점차 제멋대로의 특성을 띠게 되었다. 잘못된 일이지만 충분히 이해는 간다. 역사를 통해 우리에게까지 전해 내려온 인간의 지성으로 인해, 오늘날 대부분의 사람들에게 교의와 율법은 그대로 하나님의 뜻으로 통하고 있다. 이런 면에서 볼 때 교의와 율법은 중요성과 아울러 위험성도 갖게 되며 그 점은 어느 정도 인정되고 있다. 그러나 그것은 사물의 실상—진실과 현실—에 대한 우리의 감각과는 아무런 연계가 없는 시각이다. 우리의 "실제 생활"이야말로 우리의 진실이요 현실이다. 일들이 실제로 발생하는 곳은 거기이지, 위협을 가해 인생을 힘겹고 버겁게 할 뿐인 당위의 세계가 아니다.

예수가 세상에 가져오신 삶과 말씀은 정보와 실체의 형태로 왔다. 그분과 그분의 초기 제자들이 고대 세상을 당혹스럽게 만든 것은, 가장 중요한 문제들에 대한 최선의 정보와 아울러 가장 깊은 삶의 물줄기를 세상에 끌어들였기 때문이다. 그것은 바로 인간 지성이 천년 세월도 넘게 심각하게 고민해 왔으나 시원한 답을 찾지 못한 문제들이었다. 따라서 초기의 메시지는 듣는 이들에게, 혹시라도 나쁜 일—현실 생활과 전혀 본질적 관계가 없는 일—을 당할까 두려워해 **반드시** 믿거나 행해야 하는 것으로 다가오지 않았다. 처음 그 메시지에 영향을 입은 사람들이 대체로 도달한 결론은, 그 말씀을 무시했다가는 바보가 되고 만다는 것이었다. 그것이 그들의 회심의 기초였다.

예수 자신만 해도 찬탄과 존경의 대상, 높이 우러러야 할 놀라운 능력을 지닌 분으로 받아들여졌다. 그 당시 그분께 드리는 경배에는 오늘날처럼 그런 태도가 배제된 것이 아니라 포함되어 있었고, 그것은 신약에 나오는 "생명의 주", "영광의 주", "풍성한 삶", "그리스도의 넘치는 부요" 등과 같은 명칭과 표현에 잘 나타나 있다. 그러나 오늘날 이런 표현들은 지식적·실제적 내용이 거의 빠져나간 공허한 것이 되고 말았다.

오늘날 우리가 그분께 헌신을 고백하는 이들에게 그분이 말씀하신 최선의 삶을 실천하는 방법을 일상적으로 가르치지 못하고 있는 이유는, 바로 예수와 그분의 말씀을 인생에 대한 절대적 정보와 실체로 이해하지 못하는 데 있다. 우리는 그들이 주께 헌신 고백을 하도록 이끌어 주거나 그것을 기대한다. 그러고는 그들을 그냥 그 자리에 놓아둔 채, 그들을 이 일 저 일에 "끌고 다니는" 데만 나머지 노력을 다 바치고 만다.

그렇다. 교계의 학자나 지도자들 가운데 사람들을 예수의 제자 혹은 도제로 삼아 그분께서 말씀하신 모든 것을 가르쳐 지키게 해야 한다는 것을 부인하는 사람은 별로 없다. 간혹 드물게 있긴 하지만 적어도 광범위한 영향을 미치고 있는 것은 아니다. 이 문제에 관한 예수의 명령은 너무나 분명하다. 그러나 우리는 그 말씀대로 하지 않는다. 그 일을 심각하게 시도하지 않는다. 방법조차 모르고 있는지 모른다. 우리의 공식 활동만 정직히 들여다보아도 알 수 있다. 참으로 가슴 아픈 일이다. 그렇다고 누군가를 정죄할 생각은 없다. 그러나 너무나 중요한 문제이며 이것을 공개적으로 인정하지 않는 한, 아무런 대책도 취할 수 없다.

우리는 이 사태를 설명할 길을 찾아야 한다. 우리의 의무가 그토록 명료한데도 어떻게 그 의무를 수행하려는 시도조차 전혀 하지 않을 수 있단 말인가? 문제는 분명 우리의 사고 깊은 곳에 자리잡고 있을 것이다. 그것은 그리스도인 및 인간으로서 우리가 누구이며 또한 예수가 이 세상과 우리의 삶에 과연 얼마나 큰 관련이 있는 존재인가에 대한 문제다.

사실, 그것은 우리가 마땅히 죄책감을 느끼는 그 어떤 문제보다도 훨씬 깊은 곳에 자리하고 있다. 분명 무엇을 하고 안 하고의 문제가 아니라, 우리의 정신과 영혼의 본질을 감안할 때 당연히 그렇게 생각하고 행동할 **수밖에 없는** 것에 대한 문제다. 그러므로 모든 의미 있는 변화는, 삶의 실제적 통치에 대한 문제가 제기될 때 "생명의 주"이신 예수를 무조건 배제하려는 사고와 개념을 깨뜨림으로써 가능하다.

궁극적 설명이 어떻게 나오든 현대 그리스도인들에게 가장 뚜렷하게 나타나는 일반적인 현상은, 그리스도의 분명한 가르침에 대한 이해와 순종이 자신의 삶에 진정 중요한 요소라는 확고한 의식이 없다는 점이다. 뿐만 아니라 그것이 삶의 본질이라는 생각은 아예 없다는 사실이다. 우리는—예수와의 어떤 공식적 관계에도 거리를 두고 사는 다수의 사람들을 포함하여—그분의 가르침에 대해 멋쩍은 웃음과 알 듯한 눈빛으로 여전히 죄책감만은 잃지 않고 있다. 그러나 내가 보기에 예수의 가르침에 대한 순종이 단순히 불가능한 것으로 간주되는 일이 다반사다. 순종을 오직 율법의 의미에서만 생각하기 때문이다. 이 점에 대해서는 차차 많은 이야기를 하게 될 것이다.

오늘날 기독교가 하나님을 섬기는 일차적 방편으로 정치와 사회 활동을 강조하는 경향은 점점 더해가면서도 세상에 미치는 영향력은 오히려 더 약해진 가장 큰 이유를 꼽는다면, **그리스도께 대한 순종의 실천을 실제 생활과 무관하게 여긴다**는 점 때문이다. 기독교 신앙이 개인의 인격 성숙과 인간의 총체적인 건강 및 행복과는 실제적으로 무관하게 된 이유도 거기서 찾을 수 있다.

따라서, 이 책에 대한 나의 소망은 그리스도의 사람들에게 주께서 명하신 바를 실천하는-과거에 실천했기 때문에 실은 다시 실천하는-길을 열어 줄 복음을 이해하도록 하는 데 있다. 마태복음 28:18-20의 "지상 명령"이 개교회 및 전체 교회의 "사명 선언서"요 목표로서 일상적으로 온전하게 수행될 날은 분명 올 것이다.

그리스도인 개개인에게 아직도 들려오는 예수의 말씀이 있다. "누구든지 나의 이 말을 듣고 행하는 자는 그 집을 반석 위에 지은 지혜로운 사람 같으리니"(마 7:24-25). 이들은 인생의 모든 질고를 이기고 굳게 서는 자들이다. 우리의 복음에 대한 이해가 단순히 이런 반응을 낳는다면 얼마나 생명력이 넘칠까. "순종하리라! 방법을 찾으리라! 인생을 거기 바치리라! 이것이야말로 여태 들어본 것 중 최고의 인생 전략이다!" 그러고는 교제권 속으로, 교사들에게로, 일상 생활 속으로 들어가 예수께서 최고라고 말씀하신 그 나라의 삶을 사는 법을 배워 나간다면 말이다.

성경에 대한 나의 가정

"실제로" 이 땅을 사신 예수와 그의 말씀이 과연 지금 우리가 접근하여 붙잡을 수 있는 것인지, 오랜 세월 동안 지속돼 왔고 지금도 뜨겁게 일고 있는, 이 논란에 가담하는 것은 주제가 주제인 만큼 구미가 당기는 일이다. 나는 그렇게 하지 않을 것이기 때문에 성경에 대한 나의 가정을 단순히 진술하는 것으로 그치려 한다. 인간의 측면에서 보면, 성경이란 적어도 오늘날 우리만큼 지적이고 헌신적인 유능한 사람들에 의해 제작, 보존되어 왔다는 것이 나의 가정이다. 그들은 자신의 경험을 정확히 해석하고 자기가 듣고 체험한 것을 당대 사회의 언어를 사용해 객관적으로 전달할 능력이 충분히 있었다. 그 내용은 오늘날 우리도 적당한 노력으로 충분히 이해할 수 있는 것이다.

하나님의 측면에서 보면, 그분은 예수에 대한 기록을 포함하여 성경의 탄생과 보전을 섭리하시고, 그리하여 전 세계 인류 안에 성경의 취지가 올바로 서게 할 의사와 능력이 있으셨다는 것이 나의 가정이다. 하나님을 진정으로 믿는 이들이라면 이 가정이 전혀 문제되지 않을 것이다. 하나님은 이 메시지를, 성경의 본질 규명에 대한 이론에서 자기들조차 합의점에 이르지 못하고 있는 이 시대 소수의 전공 학자들이나 이해할 수 있는 형태로 인류에게 주시지는 않았으며 그럴 **마음도** 없으시다고 나는 믿는다.

성경이란 하나님이 당신의 교회를 통해 세상에 주신 선물이지 학자들에게 준 것이 아니다. 성경은 하나님의 백성의 삶을 통해 나오며 또한 그 삶에 영양분을 준다. 성경의 취지는 학문적인 것이 아니라 실제적인 것이다. 지성을 활용해 신중하게, 집중하여 솔직한 마음으로 읽기만 하면, 즉 난해한 유행성 이론이나 지성을 배제한 소위 정설에 지배받지 않는다면, 성경은 능히 우리를 하나님 나라의 삶으로 인도할 수 있다. 성경에 대한 그 외의 어떤 접근도, 나는 예수와 및 그의 전통을 통해 나타난 하나님의 그림에 어긋난다고 믿는다. 나의 이런 믿음이 과연 해로운 우회적 표현인지 아닌지는 철학에 능한 독자들의 생각의 몫으로 남겨 두려 한다.

시리즈를 완간하며

이 책으로 나는 예수를 생명의 주로 믿는 사람들의 영적 생활에 관한 3부작 시리즈를 완간하게 된다. 우선 「하나님의 음성」(Hearing God)에서는 예수와 동행하는 삶의 친밀도가 "하나님과의 대화의 관계"에서 드러나는 것임을 분명하고 실감나게 전하려고 했다.

그러나 그 관계는 저절로 생기는 것도 아니요 수동적으로 주입되는 것도 아니다. 그래서 영생의 선물 안에 우리를 위해 마련된 그분의 공급하심과 성품을, 예수의 제자 또는 학생이 어떻게 하나님의 은혜와 마음과의 막힘 없는 사귐을 통해 온전히 받아 누릴 수 있는지에 대해 설명한 것이 그 다음 책 「영성 훈련」(The Spirit of Discipline)이다.

그러나 오늘날 제자도는 더 이상 예수를 향한 믿음의 본질로 간주되지 않고 있다. 값비싼 선택 사항이나 영적 사치, 심지어 도피의 길로까지 간주되고 있다. 굳이 제자도에 신경 쓸 게 뭐 있느냐는 생각이 범람하고 있는 것이다. 그 점에 관한 한, 하나님과의 대화의 관계에 대해서도 마찬가지다. 우리가 **해야 할** 일에만 매달리자는 것이다.

그런 세태 속에서 세번째로 펴내는 이 책은 예수에 대한 제자도를 복음의 핵심 그 자체로 제시하고 있다. 인류를 위한 진정한 복음은 예수께서 자신의 인생 수업에 지금도 학생들을 받고 있다는 사실이다. 그분을 믿음으로써 시작되는 영생은 지금 이 땅 위에서 만인에게 열려 있는 나라, 그 나라의 현재성을 경험하는 삶이다. 그러므로 예수의 메시지, 예수에 대한 메시지는 비단 죽을 때만이 아니라 특별히 현재의 삶을 위한 복음이다. 아무리 멀어 보여도 우리의 미래는 현재를 살아가는 믿음과 현재 맛보고 있는 삶의 자연스러운 연장이다. 영원은 이미 시작되었으며 좋든 싫든 우리도 그 영원과 함께 가고 있다.

세 권의 책 모두 새로운 내용은 별로 없다. 잊혀진 내용이 많을 뿐이다. 사실 새로운 내용으로 생각했다면 분명 이렇게 목소리를 높이거나 책으로 펴내지 않았을 것이다. 극히 최근의 많은 저자들 중 P. T. 포사이스(Forsyth), C. S. 루이스(Lewis), 프랭크 로바크(Frank Laubach), 스탠리 존스(E. Stanley Jones), 조지 맥도널드(George MacDonald) 등의 글만 보아도 이 책의 내용이 오래전부터 있었던 것이요 아주 최근에야 잊혀진 것임을 알 수 있다. 원한다면 아타나시우스, 아우구스티누스, 안셀름, 토마스, 루터, 칼뱅 등 성경시대 이후 위대한 글들로 더 거슬러 올라가도 좋다. 궁극적으로는 성경 자체의 면면에 흠씬 배어 있는, 세상과 영혼과 하나님에 대한 교훈으로 나아간다 해도 그것은 다를 바 없다.

감사의 말

수년간 격려와 충고를 아끼지 않은 많은 친구들과 독자들에게 깊은 감사를 느낀다. 나이가 들수록 그런 사람들이 하도 많아 일일이 열거할 수 없다. 그러나 이 책의 내용을 깊이 생각하며 조언을 베푸는 데 정말 각별한 노력을 기울여 준 이들이 몇 있다.

특히 언급해 두고 싶은 이들은 바트 타먼(Bart Tarman), 켄 이(Ken Yee), 존 오트버그(John Ortberg), 트레버 허드슨(Trevor Hudson), 게리 랩킨(Gary Rapkin), 스캇 힐본(Scott Hilborn), 린 코리(Lynn Cory), 래리 버토프트(Larry Burtoft), 그렉 제슨(Greg Jesson), 리처드 포스터(Richard Foster), 짐 스미스(Jim Smith), 랜디 닐(Randy Neal), 로저 프리먼(Roger Freeman), 제인 레익스 윌라드(Jane Lakes Willard) 등이다.

정교한 언어와 작문 감각으로 내가 말하려는 내용을 최대한 분명히 말하도록 인내를 갖고 도와준 패트리샤 클라인(Patricia Klein)에게도 특별한 빚을 졌다. 책 내용에 심혈을 기울여 준 것도 고맙다. 버지니아 리치(Virginia Rich)와 테리 레너드(Terry Leonard)는 편집 기술로 책을

25

대폭 다듬어 주었고, 마크 침스키(Mark Chimsky)의 격려의 말은 이 작업을 완수하는 데 큰 힘이 되었다. 빌 히틀리(Bill Heatley)와 존 윌라드(John S. Willard)는 최종 교정을 거들어 주었다.

덧붙여, 제인(Jane), 리처드(Richard), 린다(Lynda) 등 그레이빌(Graybeal) 가(家) 3인이 곁에 있음으로 책 쓰는 작업 자체가 가능했다. 이들은 특히 집필을 가로막는 갖가지 일들을 무턱대고 수락하려 드는 나의 지나친 호의에 효과적인 제동을 걸어 주었다. 그러나 제인이 없었다면 여러 가지 이유로 이 책은 쓰여지지 못했을 것이다. 언제나 그렇듯 아내의 사랑과 인내와 독촉과 내조는 그 무엇에도 비할 바 없는 꼭 필요한 것이었다. 이 책은 제인의 책이다.

1997년, 올 세인츠에서

감사의 말

1장_ 영원한 삶의 현재성

하나님이 세상을 이처럼 사랑하사 독생자를 주셨으니
이는 저를 믿는 자마다 멸망치 않고 영생을 얻게 하려 하심이니라.
_ 요한복음 3:16

예수의 복음은 하나님 나라가 임했다는 것이요,
예수 자신이 그 나라의 선포자요 해설자로 인간에게 오셨다는 것이다.
뿐만 아니라 아주 특별하고 신비로운 방식으로, 그분 **자신이** 바로 그 나라였다.
_ 말콤 머거리지, 「예수, 살아있는 사람」(*Jesus: The Man Who Lives*)

암흑 속의 삶

최근 한 조종사가 제트 전투기를 타고 고속 선회를 연습하고 있었다. 그는 급상승하려고 제어기를 돌렸으나 비행기는 지상으로 곤두박질치고 말았다. 기체가 상하 전복된 상태였음을 몰랐던 것이다.

우리 시대의 인간 실존에 대한 좋은 비유다. 추락하는 이들의 수도 만만치 않지만, 그렇다고 반드시 모든 사람이 추락하고 있다는 말은 물론 아니다. 그러나 우리들 개개인 대부분과 세계라는 사회 전체는 종종 전복 비행인지 정치(定置) 비행인지도 까마득히 모른 채 고속으로 살아가고 있다. 사실 우리는 양자 간에 차이가 없을지도 모른다는, 또는 적어도 알 수 없거나 상관없다는 강한 의혹에 사로잡혀 있다.

지식층에서 흘러나오는 루머

그 의혹은 지금 서구 학계의 최고 지식층 사이에 불문의 교의(dogma)로 세력을 떨치고 있다. 비행 연습중에는 목숨을 건지기 위해서라도 상하의 불변성을 당연히 가정해야 한다. 문제는 상하의 불변성이 **지식**의 주제가 될 수 없다는 가정이 똑같이 만연돼 있다는 사실이다.

여러 해 동안 하버드 대학교 총장을 지낸 데렉 보크(Derek Bok)는 1986-1987년 "총장 보고서"에서 미국의 재계 및 정계의 몇몇 유명 인사들의 도덕적 실패를 언급했다. 그러면서 대학이 졸업생들의 도덕성 강화를 위해 무엇을 할 수 있을지 강한 의혹을 제기했다.

그는 계속해서 말했다. "종교 단체는 더 이상 이전처럼 젊은이들에게 기본 가치관을 심어 줄 힘이 없다. 윤리 기준의 대대적 붕괴로 풀이되는 이런 상황 앞에서 하버드를 포함한 각 대학은 과연 거기에 어떻게 대처할 수 있을지 심각하게 생각해 볼 필요가 있다."[1]

보크는 과거에만 해도 "교육의 목표는…… 널리 통용되는 도덕적 가치에 대한 신념을 길러 주는 데 있었다……"고 지적한다(10쪽). 그에 따르면 지금은 모든 것이 바뀌었다. "오늘날의 응용 윤리 과목은 그 취지가 도덕적 진리 체계의 전수에 있지 않고 학생들에게 복잡한 도덕적 이슈에 대한 신중한 사고를 길러 주는 데 있다." 이 말 속에는 두 가지 목표가 상호 배타적이라는 가정이 짙게 깔려 있다.

보크의 말은 계속된다. "과목의 목표는 '정답'을 알려 주는 것이 아니라 학생들에게 윤리 문제가 발생할 때 그것을 감지하는 감각을 길러 주고, 역사 속에 축적돼 온 최선의 도덕 사상을 이해하게 하며, 향후 윤리 문제에 부딪칠 경우를 대비해 논리성을 갖추도록 해주는 것이다"(10쪽).

나중에 그는 "따라서 대학 시절의 도덕성 개발은 도덕적 이상에서 윤리적 책임으로의 전환을 그 축으로 한다"며, 캐럴 길리건(Carol Gilligan)의 말을 인용한다(30쪽). 보크가 "정답"이라는 말에 난데없이 따옴표를 붙인 점과, 길리건이 대학 교육 이전에 배운 도덕성을 "이상" 즉 **비합리적인 신념과 태도**로 본 점을 간과해서는 안된다. 이는 보편적 인간 실존을 지배하는 통상적 도덕관에 대한 지식층의 통념을 충실히 대변하고 있는 것이다.

마지막으로, 보크 보고서의 결론 부분에서 보크 총장은 이렇게 말한다. "학생 개개인 및 사회 전체의 도덕성 개발이 중요함에도 불구하고 우리는 대학이 이 문제에 깊은 관심을 표명해 왔다고는 말할 수 없다.…… 특히 규모가 큰 대학일수록 교수진과 대학 본부는 이 주제를 지속적인 토의와 단호한 행동이 요구되는 심각한 책임으로 받아들이지 않고 있다"(31쪽).

그러나 보크가 용감하게 지적한 것처럼, 교육자들의 의지가 실패한 것은 당연한 결과다. 하버드 야드(Harvard Yard)를 가로질러 에머슨 홀(Emerson Hall)로 가서 이 나라의 가장 영향력 있는 사상가 몇 사람의 의견만 들어 봤어도, 그는 **도덕성 개발 작업의 기초가 될 공인된 도덕 지식이 이미 전무하다**는 사실을 발견했을 것이다.

현재, 교사로서 학생들의 학점을 매길 근거가 되는 행동이나 성격 특성에 대한 도덕적 결론은 단 한 가지도 없다. 교육자들이 가장 신중히 취급하는 공정성, 다양성 등의 특성에서조차 예외가 아니다. 예컨대 학생이 시험 답안지에 인종차별이 도덕적으로 용인 가능한 것이라고 기술했다 해서 그 이유만으로 학점을 깎는다면, 학생은 얼마든지 대학 본부에 항의할 수 있다. 그리고 차별에 대한 도덕적 용인 가능성이 항의의 유일한 이슈라면 승리는 학생의 몫이다.

그 교사는 "아무리 학생들이 잘못된 길로 가고 있다 할지라도" 학생들에게 교사의 입장을 강요하는 것이 교사의 본분은 아니라는 말만 또 한번 듣게 될 것이다. 그런 결정이 대학 본부에서 나오지 않는다면 곧 법정에서 나오게 될 것이다.

물론 학생이 답지에 7×5=32라든지 콜럼버스가 미대륙을 발견한 해가 1520년이라고 쓴다면, 그 경우에는 "교사의 입장을 강요하는 것"이 허용된다. 학생이 어떤 과정을 거쳐 그런 답에 이르렀는지는 중요하지 않다. 이런 경우는 이견이 통하지 않는다. 사실로 간주된 사항이 문제의 관건이기 때문이다. 차이는 거기에 있다.

과연 놀랄 일인가

그러나 우리 문화에 도덕적 지식 체계가 과연 하나도 없다면, 지식층 인사들이 놀라움을 나타내는 많은 일들도 실은 놀랄 일이 전혀 못된다. 하버드 정신의학 및 의료 인문학 교수이자 사회 문제와 도덕 문제에 대한 저명한 연구가요 해설가인 로버트 콜스(Robert Coles)는 「고등 교육 신문」(*Chronicle of Higher Education*)에 '지성과 성품의 불균형'이라는 기사를 발표했다.[2] "지성과 성품을 연결시키는 작업"에 대한 기사였는데, 그는 이 작업이 "힘 빠지는" 일이라고 덧붙였다.

그의 기사는 다른 학생들, 하버드에서 가장 똑똑하고 뛰어나다는 일부 학생들의 도덕적 둔감성—그냥 "부도덕한 행동"이라고 말하기가 그렇게 어려운가?—을 주제로 한, 한 학생과의 만남이 발단이 되었다. 이 학생은 "중서부 중산층 배경"의 여학생이었다. 잘 알려져 있다시피 중서부는 "정답"과 "이상" 같은 것들이 아직도 강하게 남아 있는 곳이다. 그녀는 학비를 조달하기 위해 교실을 청소하고 있었다.

여학생이 콜스에게 보고한 바에 따르면, 함께 수업을 듣는 학생들은 경제 수준이 낮다는 이유로 그녀를 일말의 예의나 존중도 없이 매번 함부로 대했으며 거칠고 야비하게 굴 때도 많았다. 특히 한 남학생은 일하고 있는 그녀에게 여러 차례 성적인 수작을 걸기도 했다. 두 사람은 두 개의 "도덕 논리" 과목을 함께 들었는데, 그 남학생은 매번 뛰어난 성적으로 최고 점수를 받았다.

이런 유의 취급이 계속되자 여학생은 마침내 일을 그만두고 학교를 떠나게 되었고, 콜스와 최종 면담 형식의 만남을 갖게 되었다. 그 여학생은 동료 학생들의 행동은 물론 20세기의 온갖 유명한 만행들의 주인공인 지식층 인사들의 명단까지 길게 다 언급하고 나서 이렇게 말을 맺었다. "그동안 철학 과목들을 다 들었어요. 우리는 무엇이 진실이고 무엇이 중요하며 무엇이 **선**인지를 얘기합니다. 그러나 정작 사람들이 선하게 **되도록** 가르치려면 어떻게 해야 되죠?" 그리고 덧붙였다. "선한 사람이 **되려고** 꾸준히 노력하지 않는다면 선을 **아는** 것이 무슨 의미가 있나요?"

콜스 교수는 계속해서 이 여학생에게 반응을 보이려던 자신의 노력이 얼마나 무력한 것이었는지 이야기한다. 그녀의 실망에 대한 반응으로 **어깨 한번 으쓱**이는 것이 고작이었다는 데 진정 양심의 괴로움이 있었던 것 같다. 그러나 그가 전혀 건드리지 않은 것이 있다. 육체 노동을 하는 사람을 얕잡아 보아서는 안되며 급우이든 누구이든 교실을 청소하는 사람에게 수작을 걸어서는 안된다는 것을 자기 강의를 듣는 학생들에게 그가 한번도 말해 본 일이 없다는 점이다.

그의 시험에는 이런 문제에 대한 문항이 전혀 없었다. 지금은 그런 문제에 대해 알기를 요구하는 사람이 아무도 없기 때문에 그런 문항을 사용할 수 없다는 사실, 바로 그 사실을 그는 전혀 언급하지 않는다. 여기서의 문제는, 성품과 지성의 연결이라기보다 지성을 도덕적·영적 실체와 연결시키는 것이라고 할 수 있다. 성품은 **이미** 지성과 연결돼 있다. 실은 그것이 문제다. 지성 **안에** 무엇이 들어 있고 들어 있지 않느냐가 문제인 것이다.

사실, 이런 지식이 통용되는 현 세계에서는 어떤 구체적인 규범은 고사하고, 도덕 이론이나 원리의 진상조차 **알** 수 없다. 공리주의나 칸트 철학의 옳고 그름에 대한 견해로는 절대로 학점을 매길 수 없다. 다만 그런 이론과 원리에 **대해** 알 수 있을 뿐이요, 조금이라도 더 똑똑한 방식으로 거기에 대해 생각할 수 있을 뿐이다. 해박한 토론은 가능하다. 그것 때문에 그 남학생은 A학점을 받았다. 물론 그것은 그의 성품이나 행동과는 전혀 무관한 것이었다. 도덕적인 앎이 아니라 단지 문학적·역사적·논리적 전공 지식에 지나지 않았기 때문이다. 이미 전복 비행중인데도 그 사실을 모르고 있다면, 똑똑함도 그다지 도움이 되지 못한다.

현재 삶과 무관한 "관념"만의 위력

보크와 콜스는 둘 다 성품과 지성이 뛰어난 인물로 정당하게 널리 인정받고 있다. 우리 문화에는 옳고 그름은 지식—행동을 지배하며 책임을 지게 하는—의 주제가 될 수 없다는 견해가 통용되고 있으며, 이 두 사람은 그런 문화의 실제적 산물에 큰 관심을 갖고 있다. 이들은 이런 견해를 몰아낼 수도 없고 몰아낼 마음도 없을 것이다. 그러나 학계 지식인들은 물론 일반 대중에게서 그런 견해를 몰아내지 않으면서 그 실제적 산물에 저항한다는 것은 전혀 쓸모 없는 일이라는 사실을 그들은 모르고 있는 것 같다.

경제학자라기보다는 오히려 심오한 사회 관측자가 아닐까 싶은 존 메이너드 케인즈(John Maynard Keynes)는 자신의 유명한 책 말미에 이렇게 쓰고 있다. "옳든 그르든 경제학자들과 정치 철학자들의 관념 (ideas)은, 흔히들 생각하는 것보다 훨씬 더 그 위력이 크다. 사실 그 외에는 세상을 지배하는 다른 것이 별로 없다. 지식층의 영향에서 꽤 벗어나 있다고 자부하는 실용적인 사람들도 일부 구시대 경제학자들의 관념에 얽매여 있는 경우가 많다. 환청을 일으키는 정신 나간 권력자들이 과거의 그런 엉터리 학자들의 광포를 그대로 뿜어내고 있는 것이다."[3]

이것이 경제와 정치에만 해당되는 이야기라면 얼마나 좋을까. 그러나 인생 전반도 다를 바 없다. 종교와 교육이 그렇고 예술과 언론이 그렇다. 케인즈의 말은 인생 전체에 그대로 적용된다. "나는 점진적으로 침투해 가는 관념에 비해, 기득권층의 위력이 크게 과장되어 있다고 확신한다." 그의 말처럼, 관념의 위력은 당장은 느끼지 못해도 시간과 함께 반드시 나타나게 돼 있다. 현 지도층 인사들의 관념은 언제나 그들이 젊은 시절에 받아들인 것이다. "그러므로 어떤 식으로든 언젠가 위험을 초래하게 되는 것은, 기득권층이 아니라 관념이다."

관념만의 위력은 지식인들이 흔히 스스로를 기만하게 되는 문제요, 또한 의도적이든 아니든 대중을 오도하는 문제다. 그들은 인간 생활의 가장 위력적인 요인인 **관념**, 그중에서도 가장 중요한 옳고 그름에 대한 관념에 끊임없이 시녀가 된다. 그들이 관념을 어떻게 취급하며 사느냐

하는 문제가 이 세상 모든 분야로 철저히 침투해 들어간다.

하버드 여학생이 콜스 교수에게 토로한 불만은, 사실 무엇이 옳고 무엇이 그른지를 가늠하는 관념 체계에 대한 불만이다. 보크 총장과 콜스 교수가 자진해서 종속된 바로 그 체계다. 이 관념 체계는 세대를 타고 학생들-또한 지식 상품의 독자와 소비자들-에게 전수되며, 대학이 세계 문화의 통제탑이 된 이후 세계의 모든 사회로 말없이 전파되고 있다. 그것도 정당화의 필요조차 없을 정도로 하나의 **실체**인 양 전파되고 있다. 정당화할 필요가 없는 관념이야말로 진정 위력 있는 관념이다.

우리는 "현대성"(modernity)과 "세속주의"(secularism)를 빈번히 공격하지만 문제의 소재지를 잘못 파악하는 경우가 많다. 우리의 본업은 정치 싸움이 아니다. 그렇다고 밑바닥에서 무슨 사회적 공모가 진행 중인 것도 아니다. "세속 인본주의"는 어떤 개인의 작업이 아니라 관념 운동이며, 그 앞에서는 개인들 전체도 하나의 도구에 지나지 않는다.[4] **"학문뿐인 것"의 천박성과 현재 삶과의 무관성**이야말로, 관념만의 위력으로 우리를 오도하는 실체라고 할 수 있다.

학문뿐인 것?

1889년 프랑스 소설가 폴 부르제(Paul Bourget)는 「제자」라는 소설을 썼다. 거기서 그는 유명한 철학자이자 심리학자인 한 "지식인"의 실존을 묘사한다. 주인공인 학자는 "학문뿐인 것"에 사로잡혀 식사와 산책과 커피와 강의의 단조로운 일상에 묶인 채, 겨우 넉 줄밖에 안되는 계단 사이를 오르내리며 살아간다. 그는 매주 세 차례 4시에서 6시 사이에 학자들과 학생들의 방문을 받으며, 그후에는 저녁을 먹고 잠깐 걷고 좀더 일한 뒤 정확히 10시에 잠자리에 든다. 그의 가정부의 말을 빌리자면, 과연 그는 "파리 한 마리 해치지 못할 만큼" 선량한 학자다운 인간의 실존이다.

그러던 어느 날, 그는 한 똑똑한 젊은이의 형사 심리에 소환된다. 한 때 그의 제자로 새로운 계몽과 자유의 토론을 들이마시려고 부지런히 그 녀 줄의 계단을 오르내리던 청년이었다. 살인 죄목으로 재판을 기다리던 감옥 안에서 젊은 제자는 범행 진술서를 통해, 한때 그토록 열렬하게 토론했던 자유의 추상적 교리들이 실제 삶 속에 어떤 결과를 낳았는지 고백한다.[5] 물론 그 결과가 살인으로 나타나는 일은 극히 드물지만, 개인의 사건 못지 않게 세계의 사건도 관념의 바닷물결에 휩쓸리고 있다. 캄보디아의 킬링필드는 다름아닌 파리의 철학 공론에서 나온 것이다.[6]

존재에 대한 부조리는 여러 세대의 지식인과 예술인 엘리트를 통해 이제 인류 전체의 운명이 되었다. 그것은 18세기 말과 19세기 초 극소수의 지식인들 사이에서 현대적 형태로 표면에 떠올랐다. 19세기와 20세기 초에는 다양한 예술 분야에서 한동안 억제되었지만, 어느 정도는 활용되기까지 했다. 이 시기에 많은 위대한 문학, 음악, 미술이 출현했다. 본질상, 관념의 일대 변천으로 촉발된 영적 위기에 대한 반응이었다. 그러나 20세기 중반에 들어 예술은 부조리에 항복하고 말았다. "재치 있는"(cute) 것을 하나의 정당한 미적 범주로 깜짝 개발하여, 금세 진부해지는 재기 넘치고 똑똑해지는 몇몇 방법들로 예술을 지배하게 하였던 것이다.

똑똑함과 마찬가지로 재치 있는 것에도 미적 가능성이 더러 있긴 하지만―섹스와 폭력이 그러하듯―그것은 극히 제한된 것이다. 피카소의 경우, 재치를 제대로 사용하여 하나의 씨앗이 되게 한 가장 친숙하고 훌륭한 사례다. 그러나 주지하다시피 예술에 대한 능력이나 감각이 전혀 없는 다수의 사람들도 얼마든지 똑똑하고 재기 넘칠 수 있다. 그들은 제

35

작자와 소비자가 되어 오늘의 대중문화계를 잠식하고 있다. 대중문화란 곧 경제 사업이며 어쩌다 한번 정도 우연히 예술과 상관이 있을 뿐이다. 예술 작품은 이제 그 작품을 취급하는 사람들 사이에서 버젓이 "상품"으로 불려지고 있으며, 그들은 상품이 유별나게 많이 팔리거나 혹 절도를 당할 때에나 뉴스에 오른다. 대중 "예술" 속에 예술은 없어졌고, 프로 "스포츠" 속에 스포츠는 사라졌다. 사실 이런 명칭만큼 언어도단인 말도 없을 것이다. 부조리가 지배한다. 그리고 혼란이 그 외양을 그럴 듯하게 꾸며 준다.

전에는 아주 똑똑한 엘리트들이 열심히 노력해야 겨우 감상할 수 있던 그런 인생의 부조리가, 지금은 대중 "예술"과 미디어를 통해 수천만 대중에게 생각 없이 그냥 전달되고 있다. 바트와 호머 심슨(미국 TV 애니메이션 '심슨 가족'의 등장 인물—옮긴이)으로, 의사와 변호사와 경찰관이 등장하는 끝없는 시트콤과 연속극으로, 그리고 괴상하게 선별되고 편집된 소위 뉴스라는 것으로 우리를 찾아온다. 그저 "채널 고정"만 하고 있으면 끊임없는 혼돈 상태를 거쳐 궁극에는 아무런 노력 없이도 절망 상태에 도달할 수 있다.

톨스토이의 여정

레오 톨스토이의 「참회록」은 현대의 비극을 이해하는 데 있어서 지난 2세기 동안 쓰여진 작품들 가운데 가장 중요한 작품일 것이다. 불신이라는 현대의 도그마는 러시아의 지식인, 예술인, 상류 사회 멤버 등 엘리트층을 사로잡았고, 그 불신의 도그마에 담긴 의미 때문에 톨스토이의 삶의 기반은 서서히 무너져 내렸다. 그러한 불신의 도그마에서 실체로 남는 것은 분자(particle)와 진보(progress), 둘뿐이다. "나는 왜 사는가?" 그는 묻는다. 그리고 그가 얻은 대답은 이것이다. "무한한 공간, 무한한 시간 속에서 무한히 작은 분자들이 무한히 복잡한 방식으로 형태를 바꾼다. 그 형태 변화의 법칙을 이해할진대 인간이 이 땅에 사는 이유도 이해하게 될 것이다"(27쪽).[7]

이야기는 계속된다. "인간은 모종의 물질이 우연히 합쳐진 작은 덩어리에 불과하다. 그 작은 덩어리는 발효한다. 그 작은 덩어리는 그 발효를 '생명'이라 부른다. 그 덩어리는 해체될 것이며 그때서야 발효도 끝나고 모든 의문도 끝날 것이다"(31쪽).

그러나 "덩어리"는 진보를 꿈꾼다. 톨스토이는 말한다. "우리 시대의 대다수 교육받은 이들의 믿음은 '진보'라는 단어로 표현되었다. 그제서야 나는 이 단어야말로 중요한 의미가 있다는 생각이 들었다. 살아 있는 모든 사람들과 마찬가지로, 어떻게 사는 것이 나에게 최선의 길인가의 문제로 고민하면서도 '진보를 좇아 살라'가 내 답이라는 것을 나는 여태 깨닫지 못하고 있었다. 마치 배 안에서 바람과 파도에 떠밀리면서 '어디로 갈 것인가'라는 유일하고도 중요한 질문에 '어디로든 가고 있다'고밖에 답할 수 없는 사람 꼴이었다"(12쪽).

톨스토이 시대 이후로 이 차원을 벗어나 조금도 더 나아진 것이 없다. 칼 세이건(Carl Sagan)이나 스티븐 호킹(Stephen Hawking)이 내놓은, "실체" 또는 우주에 대한 가장 뛰어난 작품으로 꼽히는 비디오나 책의 내용을 들여다봐도 온통 분자와 진보뿐임을 알 수 있다. 최근 들어 가장 잘된 작품은 PBS에서 시리즈로 방영된 '영광의 우연'(A Glorious Accident)이다. 톨스토이 시대와 유일하게 다른 점이 있다면, 앞에서도 말했듯이 "과학"의 기준을 통과한 **믿음**만이 노력의 필요 없이 만인에게 열려 있다는 것 정도다.

그러나 바로 이것이, 커다란 차이를 만들어 낸다. 톨스토이는 다음의 사실을 깨닫게 된 시점부터 생각이 바뀌기 시작했다. "나와 수백 명의 비슷한 사람들은 인류의 전부가 아니다. 나는 여태 인류의 삶을 알지 못했다"(45쪽). 그는 가장 비참한 상황 속에서도 삶의 깊은 의미와 행복을 찾은 수많은 사람들, 농부들을 보았던 것이다. "분자와 진보"에 대해 들어 보지도 못한 이들이었다. 그러나 이것 역시 더 이상 가능한 이야기가 아니다. 이제는 농부들도 TV를 보며 끊임없이 미디어를 소비하고 있다. 이제 농부들은 존재하지 않는다.

숨막힐 듯 난무하는 슬로건

무의미한 지적 휘장은 일상 생활을 구석구석 뒤덮고 있다. 사건, 사물, "정보"가 홍수처럼 밀려와, 우리도 어찌할 바 모르는 갖가지 가능성과 위협으로 우리를 어지럽게 하며 방향을 흐려 놓는다.

광고, 유행어, 정치 구호, 지식층의 거창한 루머 등이 우리의 정신적·영적 공간을 어지럽히고 있다. 그것들은 마치 짙은 색 양복에 보푸라기가 달라붙듯 우리의 몸과 마음에 달라붙는다. 우리를 장식해 준다. 우리는 셔츠와 모자를, 심지어 바지 엉덩이 부분까지 자진해서 그런 메시지로 꾸미고 다닌다. 오래전, 전국적으로 고속도로 변에 나붙은 광고판을 반대하는 캠페인이 일어난 적이 있다. 그러나 지금 우리가 온몸에 붙이고 다니는 것에 비하면 그런 광고판은 아무것도 아니었다. 우리는 나면서부터 죽을 때까지 철두철미하게, 조용한 그러나 조용하지만은 않은 "소음"에 흠뻑 젖어 산다.

사람들이 브랜드 로고가 새겨진 셔츠나 모자나 신발로 자신의 실체를 외부에 알리려 하다니 정말 이상한 일 아닌가? 어린아이들이 이런 노래를 부르는 세상을 생각해 보라. "내가 [특정 상표의] 소시지라면 좋겠네. 정말 그렇게 되고 싶어. 내가 [특정 상표의] 소시지라면 누구나 나를 사랑하게 될 거야."

정말 소시지가 **되는** 것 또는 누군가 당신을 소시지 "사랑하듯" 사랑하는 것이 어떤 것일지 생각해 보라. 어른들이 아이들을 "광고" 모델로 뽑아 이런 노래를 시키고는 수백만 달러를 주는 세상, 그리고 수억, 수십억의 어른들이 거기에 대해 전혀 문제 의식을 느끼지 못하는 세상을 한번 생각해 보라. 그것이 우리가 살고 있는 세상이다. 사랑받기 위해 소시지라도 될 수 있다면 다른 무엇인들 될 수 없으랴. 우울증과 기타 정신병, 정서 장애가 전염병처럼 만연하는 것이 이상한 일인가? 전복 비행중인 사람은 정확히 누구인가?

과거에 믿던 것들이 산산조각 나서 폐허가 되자, 선과 의와 수용(acceptance) 그리고 방향을 향한 갈망은, 우리로 하여금 범퍼 스티커 슬로건, 문신, 선물 가게의 화려한 문구 따위에 집착하게 만들었다. 심각한 전복 상태에 있는 우리에게는 당장은 심오해 보이지만 그러나 실상은 전혀 의미가 없는 것들이다. "권리를 주장하라"는 말은 듣기 좋은 말이다. "내가 알아야 할 모든 것을 유치원에서 배웠다"는 어떤가? "되는 대로 친절을 베풀고 분별없이 선을 행하라"는? 그 밖에도 많이 있다.

이런 말들에도 미세한 분량의 진실은 들어 있다. 그러나 실제로 거기에 의지해 인생을 설계하려 한다면 금세 심각한 문제에 빠지고 만다. 180도 딴 방향으로 치닫고 만다. 바트 심슨이나 사인펠드(1989년부터 1998년에 걸쳐 대히트한 코미디 프로의 주인공—옮긴이)를 얼마든지 인생의 모델로 삼을 수 있다. 그러나 그 대신 "책임을 다하라" 또는 "나는 마땅히 알아야 할 것을 모르고 있기에 지금 그것을 찾는 데 모든 주의와 힘을 기울여야 한다"(잠 3:7, 4:7 참조) 또는 "의도를 가지고 꾸준히 친절을 베풀고 지식을 따라 선을 행하라"는 말을 실제로 시도해 보라.

이런 말들이야말로 실천만 하면 금세 우리의 삶에 진실, 선, 힘, 아름다움이 나타나기 시작한다. 그러나 축하 카드나 장식 명판이나 범퍼에서는 이런 말을 눈을 씻고 봐도 찾을 수 없다. 멋있어 보이지 않기 때문이다. 진정 심오한 것이 바보 같고 하찮고 심지어 고리타분하게 여겨진다. 정작 바보 같고 하찮은 것이 심오한 것으로 통한다. 전복 비행이란 바로 이것을 두고 하는 말이다.

재치 있는 지혜 안에 진정으로 심오한 것이 있다면, 인간 영혼의 엄연한 필요, 그것뿐이다. 재치 있는 지혜란 그것과 모순으로밖에 부응할 수 없다. 우리가 몸담고 있는 이 세상의 표면을 조금만 파고들어 가도 모순이 도사리고 있음을 우리는 느낀다. 그리고 모순과 괴리는 삶에 만족과 진실을 가져다줄 수 없다는 것도 느낀다. 책임을 다하는 사람이 별로 없는 세상에서 권리를 주장한들 무슨 소용이 있는가? 누군가 책임을 다하지 않는 한, 권리도 내게 별 유익이 되지 못한다. 그리고 유치원에서 배우는 것은 무엇인가? 행복한 삶을 위해 알아야 할 모든 것을 이미 다 알고 있다는 자기 확신의 책을 써서 사람들의 이목을 끌고 큰돈을 버는 법인가? 되는 대로 행동하는 것은 또 어떻게 가능한가? 말도 안되는 소리다. 되는 대로 하다가 더러 **적중하는** 경우도 있겠지만, 모든 의도적인 행위는 분명 **되는 대로**는 아니다. 또한 분별없는 선행이란 없다. 선이란 결코 부조리가 아니기 때문이다. 선보다 더 의미 있는 것은 없다.

사실 대중 슬로건이 사람들의 관심을 끄는 것은, 인생이란 사실상 부조리에 지나지 않는다는 지식인들의 관념에 그들이 미혹돼 있기 때문이다. 그 부조리에서 벗어날 수 있는 유일한 길은 그들에게 있어 재치 있게 또는 똑똑하게 행세하는 것뿐이다. 과거에는 가정이든 공공 건물이든 이타적인 심각한 교훈, 기도, 축복의 문구가 벽에 걸려 있거나 돌과 나무에 새겨져 있었다. 그러나 그런 세상은 지나갔다. 지금은 "재치 있게" 행세하라, 그렇지 않으면 죽는다가 법이 되었다. 그나마 통하는 유일한 성실은 똑똑한 불성실이다. 그것이 바로 옷이며 축하 카드의 낙서에 담긴 절규의 **참뜻**이다. 특정 "메시지"는 중요하지 않다.

그 속에서 우리는 행동해야 한다. 우리 삶의 로켓은 이미 발사대를 벗어났다. 행동이란 영원한 것이다. 우리는 지금, 장차 영원히 우리가 될 존재가 되어 가고 있다. 부조리와 재치는 웃음거리로나 생각거리로는 좋다. 그러나 우리가 살아가야 할 처소는 아니다. 거기에는 인간 존재를 위한 거처나 방향이 전혀 없다.

또 다른 실체가 전하는 말

초청

그러나 어둠 속에도 한 줄기 빛이 희미하게 비춰고 있다. 우리는 초청을 받았다. 하나님의 마음과 삶에 이르는 순례의 길로 청함을 받았다. 초청은 오래전부터 공공연한 기록으로 만인 앞에 있었다. 인간 역사의 어느 장면을 보아도 초청에서 제외되기란 어려운 일이다. 글자 그대로 "바람결에 실려오는" 것이다. 환영의 문은 예외 없이 누구에게나 열려 있다. 우리 자신의 결단 외에는 어떤 사람이나 환경도 우리를 거기서 밀어낼 수 없다. "원하는 자는 누구나 올 수 있다."

오늘날 그 초청이 지니는 중대한 문제는 바로 지나친 친숙함에 있다. 친숙함은 의심 사지 않는 생소함을 낳고, 생소함은 다시 경멸을 낳는다. 사람들은 자기가 이미 이 초청을 들었다고 생각한다. 그리고 수락했다고, 혹은 거부했다고 생각한다. 그러나 그들은 듣지 못했다. 오늘날 사람들이 직면한 진정한 어려움은 그 초청의 말을 아예 듣지조차 못하는데 있다. 천재성이란 뻔한 것을 캐묻는 능력이라는 말이 있다. 우리는 이렇게 생각할지 모른다. '어디에나 기록된 뻔한 그 초청에 무슨 심오한 속뜻이 있을 수 있단 말인가?' 그것은 어쩌면 낙서처럼 보일 뿐이요 실제로 낙서로 가득 찬 장소에 등장하기도 한다. 그러나 그것이 하나님의 모략의 일부다.

우리를 향하신 하나님의 소망은 우리가 그분 안에 사는 것이다. 하나님은 당신께 이르는 한 길을 우리 가운데 보내신다. 그 길을 통해 우리는 하나님의 실체가 무엇인지—실은 **현실**의 실체가 무엇인지—그 심장의 심장을 보게 된다. 그 심원의 본질과 의미에서 볼 때 우리가 살고 있는 우주는 무한하고 능력이 충만한 사랑, 그 사랑의 공동체다.

하나님은 당신과 그 나라를 우리에게 내주신다. 인류가 생각해 낸 모든 방법들로가 아니라 하나의 단순한 방법, 어떤 의미에서 역설적이게도, 수십억 인류에게 너무나 친숙하고 수많은 사람들이 이미 들어 본 방법으로 그리하신다. "역설적"이라는 것은 수많은 사람들이 이 길에 대해 들어 보았고 심지어 그것이 옳다고 주장함에도 불구하고 인류 대부분이 아직도 "먼 나라"에 살고 있기 때문이다.

여기서 말하는 길이란 알베르트 아인슈타인의 표현대로 "빛나는 나사렛 사람" 곧 예수다. 이천 년 전 그는 두 강도와 함께 기성 권위에 의해 처형되었다. 그러나 오늘, 셀 수 없이 많은 회화와 조상(彫像)과 건물에, 문학과 역사에, 개인과 기관에, 욕설과 대중가요와 오락 매체에, 참회와 논쟁에, 전설과 의식(儀式)에, 예수는 그야말로 자신의 예언처럼 현대 세계의 중심으로 조용히 서 있다. 그분은 자신이 달려 죽은 그 흉측한 도구마저 은혜로 적셔 냄으로써, 오늘날 십자가는 지구상에서 가장 널리 사용되고 인식되는 상징물이 되었다.

세계 역사의 힘

예수는 자신을 생명, 진정한 생명으로 들어가는 하나님의 문이라고 말씀하신다. 이전 시대와 다름없이 오늘도 우리는 그분을 믿음으로, 영원한 삶에서 그분의 제자가 된다. 그분은 말씀하신다. "누구든지 나로 말미암아 들어가면 구원을 얻고 또는 들어가며 나오며 꼴을 얻으리라. 내가 온 것은 양으로 생명을 얻게 하고 더 풍성히 얻게 하려는 것이라."

그러나 이처럼 지혜롭고 유효한 그 생명의 진입로가, 오늘날 선의의 그릇된 정보의 먹구름에 가려져 있다. 예수의 이름이 가장 자주 불려지는 곳을 지배하는 "복음"은 죽음을 대비하는 문제 또는 사회 구조와 관행을 바로잡는 문제만 언급한다. 물론 둘 다 대단히 중요한 문제다. 누가 그렇지 않다고 하겠는가? 그러나 인간 실존의 핵심을 건드리거나 그리스도의 실체의 깊이를 보여주는 것과는 둘 다 거리가 멀다. 감히 말하건대 우리가 통상 말하는 "복음"이란, 사실상 일상의 실존의 장에서 하나님을 **빼 버리라**는 집요한 초청에 지나지 않는다.

예수가 내게 해줄 수 있는 일이 고작 죽을 때 "천당 가게" 하는 것뿐인가? 사회 투쟁의 제목과 선거니 운동이니 하는 것들의 조직 방법을 알게 하는 것뿐인가? 죽어서 모든 것이 잘 되리라는 것을 아는 것도 좋지만, 살아 있는 시간을 위한 기쁜 소식은 과연 없는 것인가? 기막힌 보험이 있는 고장난 차와 제대로 달리는 차 중 하나를 골라야 한다면, 나는 후자를 택할 것이다. 그러나 둘 다 가질 수는 없는 것인가?

그 어느 사회 활동이나 정치 운동이—그 자체로 아무리 중요하다 해도—내가 마땅히 되어야 할 모습으로 변화될 수 있는 길과 능력을 제공해 줄 수 있는가? 인간이란 자기가 원하는 것을 할 수 있는 권리를 부여받을 때에야 비로소 행복해지거나 옳은 일을 더욱 잘 행하게 되리라고 누가 감히 진지하게 믿을 수 있는가?

야로슬로프 펠리칸(Jaroslov Pelikan)은 말했다. "나사렛 예수는 거의 20세기 동안 서구 문화사의 중심 인물이었다. 만일 어떤 초강력 자석이 있어 역사에서 예수라는 이름의 흔적이 조금이라도 묻은 모든 쇳조각을 떼어 내 버린다면 과연 무엇이 얼마나 남을까?"[8]

이 위대한 세계 역사의 힘, "그리스도"라 하는 예수가, 그 모든 위업은 달성하고서도 순간순간의 인간 실존의 깊이는 전혀 손대지 않고 그냥 둘 수 있다는 것이 얼마나 얼토당토않은 일인지 생각해 보라. 오늘날 우리는 그분이 누구이며 그분이 주시는 것이 무엇인지 필시 제대로 모르고 있는 것이다.

인간 삶에 대한 예수의 영속적인 관련성은 과연 무엇으로 설명해야 하는가? 그분이 지금도 중요한 이유는 무엇 때문인가? 이천 년이 지난 지금도 그분이 주요 잡지 표지에 등장하는 이유는 무엇인가? 지구상을 살다 간 그 어떤 사람보다도 그분의 이름이, 심지어 욕설로까지 더 자주 오르내리는 까닭은 어디에 있는가? 세계 어느 종교보다도 더 많은 사람들—일부 통계에 따르면 세계 인구의 33.6퍼센트—이 그리스도인으로 자처하는 이유는 무엇인가?[9] 오늘날 무수한 사람들이 자신의 삶과 행복을 그분의 공로로 돌리는 것은 무슨 까닭인가?

결국 우리는 예수의 영속적인 관련성의 기초가, 개개인의 인간 조건에 대해 말씀하시고 치유하시고 능력을 입히시는, 역사적으로 입증된 그분의 능력에 있다고 말할 수밖에 없다. 예수가 중요한 것은 그분이 하루 하루 주변 환경에 대응하며 보통의 삶을 살아가는 **보통** 사람들에게 가져 다주셨고 지금도 가져다주시는 그 무엇 때문이다. 그분은 그들의 삶에 온전함을 약속하신다. 우리의 연약함을 함께 지심으로 우리에게 힘을 주 신다. 우리의 동반자가 되심으로 영원한 질의 삶을 나누어 주신다.

그분은 우리가 있는 곳으로 오시며 우리가 갈급해 하는 그 생명을 가져다주신다. 그분에 대한 초기의 한 보고는 이렇다. "그 안에 생명이 있었으니 이 생명은 사람들의 빛이라"(요 1:4). 생명의 빛이 되는 것, 하 나님의 생명을 인간의 현재 모습이 있는 그 자리로 가져다주는 것, 그것 이 예수의 영속적인 관련성의 비밀이다. 어느덧 인간은 의미 있는 세상 에서 정치(定置) 비행을 하고 있는 것이다.

보통 세계로 오시다

그분은 지구상에서 별로 중요해 보이지 않은 지역 중 한 곳의 변두리 시 골길을 타고 우리의 세상에 들어와서, 인류 역사를 향한 자신의 프로그 램이 수십 세기를 두고 더없이 느릿느릿 펼쳐지게 두셨다.

그분은 하나님의 언약과 교제의 부요한 전통이 있음에도, 그다지 대수롭지 않은 나라의 사회적으로 하찮은 사람들 무리에 끼어 30년을 사셨다. 나사렛이라는 중동의 한 작은 마을의 목수 집에서 자라나셨다. 아버지 요셉이 죽은 후에는 "가장"이 되어 어머니를 도와 남은 가족을 거두셨다. 그분은 보통 일꾼이었다. "블루 칼라" 노동자셨다.

이 모든 것이 오직 우리와 함께 있고 우리 가운데 하나가 되며 자신 의 삶을 우리에게 "전할 길을 찾기" 위해서였다. 인간으로 하여금 영원 한 질의 삶을 받게 하는 일은 결코 쉬운 일일 수 없다. 그러나 페이버(F.

W. Faber)의 한 심오한 저서 서두에 나오는 말처럼 "예수는 우리에게 속해 있다. 그분은 자신을 우리의 처분에 내맡기신다. 그분은 우리가 받을 수 있는 자신의 전부를 우리에게 내주신다."[10]

만일 그분이 그때처럼 오늘 오셔야 한다면, 그 일이 나쁜 일이 아니라 유익한 일이기만 하다면, 그분은 그 어떤 직업을 통해서도 사명을 감당하실 수 있다. 전자제품 대리점 점원이나 경리, 컴퓨터 수리공, 은행원, 출판사 편집인, 의사, 웨이터, 교사, 농장 일꾼, 실험 연구원, 건설 노동자 등 무엇이든 되실 수 있다. 청소 대행업을 하실 수도 있고 자동차를 수리하실 수도 있다.

다시 말해 만일 그분이 오늘 오셔야 한다면, 그분은 우리가 하고 있는 일을 얼마든지 하실 수 있다. 얼마든지 우리가 사는 아파트나 주택에 사실 수 있고, 우리의 직장에서 일하실 수 있고, 우리의 교육과 인생 전망을 그대로 공유하실 수 있고, 우리의 가족과 주변 환경과 시간 속에서 살아가실 수 있다. 이런 조건 가운데 어떤 것도─본질상 그분의 것이지만─이제 그분을 통해 우리의 것이 되는 그 영원한 질의 삶을 조금도 방해할 수 없다. 결국 우리 인간의 삶은 하나님의 삶에 의해 파괴되는 것이 아니라 오히려 그 안에서, 그리고 그 안에서만 충만케 되는 것이다.

영원하신 그분의 처소

"보통의" 것에 고이 간직돼 온 비밀은, 그것이 하나님을 담는 그릇, 곧 하나님의 생명이 흘러나오는 처소가 된다는 것이다. 그러나 하나님은 무작정 밀어붙이시지 않는다. 휴스톤 스미드(Huston Smith)는 이렇게 말했다. "과학이 태양의 위력이 원자 속에 갇혀 있음을 발견한 것처럼, 종교는 영원한 것의 영광이 가장 단순한 시간의 요소인 잎새 하나, 문 하나,

굴러 가지 않은 돌 하나에 들어 있음을 선포한다."[11] 물론 그것은 은하수, 음악, 수학, 인간 등 복잡한 존재 안에도 들어 있다.

그럴 의도는 전혀 없지만, 창조주와 분리시켜 생각할 때 "보통의" 것은 과연 **너무** 일반적이고 평범하여 중요성이나 가치가 거의 없다. 자력으로 태양력을 방출하는 원자는 없다. 그 자체만으로 보면 무엇이든 언제나 "저 많은 것 가운데 하나"일 뿐이다. "보통"이라는 말은 곧 "똑같은 것이 많이 있다"는 뜻에 지나지 않는다. **인간**이란 이런 보통의 상태를 존재의 밑바닥에서부터 항거한다. 단순히 "저 많은 것 가운데 하나"가 된다는 것은 우리에게 죽음과도 같은 고통이다. 실제로 그것을 못 견뎌서 죽는 사람도 있다. 이것은 그 누구에게도 하나님이 의도하신 바가 아니다.

어린 꼬마에서부터 노인에 이르기까지 모든 사람이 어떻게든 **특별한** 존재가 되어 자기만의 독특한 흔적을 남기거나, 그마저 안될 때는 다만 한동안이라도 타인의 생각 속에라도 그렇게 남고 싶어 하는 이유가 바로 거기에 있다. 앤디 워홀(Andy Warhol)이 인간이란 누구나 한 번쯤은 언젠가는 누리게 돼 있다고 말한 "15분의 명성"이, 미디어에 취해 현대를 살아가는 세상의 절박한 영혼들에게 자신의 독특성에 대한 확신을 가져다줄지도 모른다. 적어도 자기가 보기에 "하찮은 사람"이 되지 않을 수 있는 길을 거기서 찾는 것이다.

갓난아이 때부터 절실하게 필요로 하기 시작해서 점차 엄청난 관심 욕구로 커지는 이 중요성(significance)에의 갈망은, 결코 자기 중심적(egoism)인 것이 아니다. 자기 중심적인 사람은 매사를 자기를 통해 본다. 자기의 시야에서 언제나 자기가 중심 인물이다. 자기 중심성이란 자신이 정말 중요한 존재인가 하는 불안에 대한 반응으로 나타나는 병적인 자기 집착을 말한다. 일종의 심한 **자의식**으로, 오직 충분한 사랑을 받는 경험을 통해서만 예방과 치유가 가능하다. 사실 그것은, 자신이 무엇과도 바꿀 수 없는 더없이 소중한 존재여야 한다는 필요가 좌절된 데서 오는 절박한 반응이다.

자기 중심성과는 달리 중요성에의 갈망은, 우리를 존재케 하신 하나님의 창조 섭리의 단순한 연장선이다. 이것은 자기 중심적 자의식과는 상관이 없는 것이다. 이 중요성에의 갈망은 마땅히 이루어져야 할 선을 향해 외부를 지향한다. 물은 아래로 흐르도록 지음받았고 우리는 중요한 존재가 되도록 지음받았다. 자기만의 방식으로 중요한 존재가 되도록 하나님은 우리 각자를 특별한 환경에 처하게 하셨다. 그것이 우리의 운명이다.

중요성에의 갈망은 우리가 누구이며 왜 여기 있는가에 대한 하나의 신호이자 예수께 대한 인류의 영속적인 반응의 기초이기도 하다. 그분은 언제나 인간 개개인을 그 부서진 중요성의 욕구만큼이나 진지하게 대해 주시며, 또한 인간에 대한 그의 지극한 관심으로 인간의 욕구를 채워 줄 수 있는 자원을 지니고 계신다.

만인에게 열린 하나님 나라

보통의 인간 실존 속에 신적인 삶의 거점을 확보하신 예수는, 마침내 공적인 세계로 들어오셔서 자신의 삶을 공적으로 나타내며 그 생명을 온 세상에 열어 놓으신다. 마가복음은 이렇게 말한다. "예수께서 갈릴리에 오셔서 하나님의 복음을 전파하여 가라사대 '때가 찼고 하나님 나라가 가까웠으니 회개하고 복음을 믿으라' 하시더라"(막 1:14-15).

예수의 행적과 말씀에 대한 마태의 기록에 반복 사용되는 유명한 문구는 이것이다. "회개하라, 천국이 가까웠느니라"(3:2, 4:17, 10:7). 이제 우리에게는 예수의 임재 안에서 하나님의 영원하신 계획에 따라 살아갈 수 있는 환경과, 우리의 삶을 통해 그분의 삶 속으로 들어갈 수 있는 길이 열렸다. 이 복음서의 말씀은 우리가 삶에 접근하는 방식을 다시 한번 생각해 봐야 한다는 요구다.

예수와 그의 초기 제자들의 입에서 나온 이 말들의 의미는, 듣는 이들 가운데 나타난 반응을 통해 분명히 알 수 있다.

나이 서른쯤 되어 예수는 이스라엘의 전통에 따라 사람들에게 익숙했던 랍비 또는 스승의 역할을 취하셨다. 그의 사촌 세례 요한은 당대의 지도적 종교 인물이었다. 그는 당시 모든 사람들에게 수세기 만에 처음 나온, 구약의 모본을 따른 진정한 선지자로 인정받았다. 요한이 예수를 공적으로 인정한 것을 계기로 그분의 사역이 시작됐다. 그러나 그분은 화려한 조명의 예루살렘도 아니고 그렇다고 고향 나사렛도 아닌, 당시 팔레스타인의 유대인 생활권에서 가장 먼 변방에서 사역을 시작하셨다.

갈릴리 호수 북단의 가버나움과 벳세다는 그분의 초기 사역의 중심지였다. 거기서 시작된 사역은 갈릴리 온 지방은 물론 현재의 레바논 남부, 골란 고원, 시리아, 요르단으로 퍼져 나갔다. 랍비의 신분이었던 만큼 그분은 회당이 있는 곳이면 어디서나 가르칠 수 있었다.

회당에서의 가르침은 사람들의 사회 조직 속으로 가장 폭넓게 침투해 들어갔다. 회당이야말로 그들 공동체의 중심이었기 때문이다. 그분의 사역은 실제로 발 닿는 곳만 아니라 그보다 훨씬 먼 곳에까지 엄청난 영향력을 미치기 시작했다. 마태가 보여주는 그림은 이렇다.

예수께서 온 갈릴리에 두루 다니사 저희 회당에서 가르치시며 천국 복음을 전파하시며 백성 중에 모든 병과 모든 약한 것을 고치시니 그의 소문이 온 수리아에 퍼진지라. 사람들이 모든 앓는 자 곧 각색 병과 고통에 걸린 자, 귀신 들린 자, 간질하는 자, 중풍병자들을 데려오니 저희를 고치시더라. 갈릴리와 데가볼리와 예루살렘과 유대와 요단강 건너편에서 허다한 무리가 좇으니라(마 4:23-25).

누가복음 8:1-3을 보면, 예수께서 하나님의 통치 또는 "나라"를 선포하고 예시하시며 그 지역의 각 성과 촌을 체계적으로 순회하셨음을 어렴풋이 알 수 있다. 그분의 "사역 팀"에는 물론 열두 사도가 있었으나 그분께 고침받은 많은 여자들도 포함돼 있었다. 그들은 그분을 따르는 다른 사람들과 함께 자기 주머니를 털어 사역을 후원했다. 그분의 명성은 무리가 수천에 이를 정도로 높아졌다. 사람들은 그분께 다가가려고 서로 밟고 밟혔으며(눅 12:1) 집의 지붕을 뜯어내기도 했다(막 2:4).

사실 이들의 행동은 **예수의 사역을 통해 인간의 당면한 필요를 채우시는 하나님의 이례적 접근**에 대한 반응에 지나지 않았다. 그분은 그대로 그 나라에 대한 기쁜 소식 자체였다. 그것은 지금도 마찬가지다.

천국은 침노하는 자의 것

얼마 후 공생애 사역기가 중반에 이르렀을 무렵, 예수는 하나님의 말씀의 횃불이 사촌 세례 요한에게서 자신에게로 넘어올 때 일어난 놀라운 변화를 사람들에게 알리셨다.

예수의 말씀에 의하면, 요한은 역사상 누구보다도 큰 자였다. 그럼에도 그의 기능은 하나님의 행동, 통치, 지배가 주로 유대의 의식과 제도의 공식적 집행—당시 사용된 문구로 "율법과 선지자"—을 통해 나타나던 그 제한된 틀을 벗어나지 못했다.

그러나 계속되는 예수의 말씀은, 요한 이후로 우리는 더 이상 "예의를 지키지" 않는다는 것이다. "천국은 침노를 당하나니 침노하는 자가 빼앗느니라"(마 11:12). 그것은, 예수 자신의 인격 안에 현재 임재하시는 하나님의 통치로 인해 과거에는 불가능했던 접근이 가능해졌다는 말이다. 각 개인의 필요에 예수를 믿는 믿음만 더해지면, 누구나 하나님의 세계로 보란 듯이 들어갈 수 있다. 그리고 일단 들어가면 놀라운 새 신분을 얻는다. "천국에서는 극히 작은 자라도 저〔요한〕보다 크니라."

같은 사건을 기록한 누가복음 16:16에서 예수는 이렇게 말씀하신다. "율법과 선지자는 요한의 때까지요 그후부터는 하나님 나라의 복음이 전파되어 사람마다 그리로 침입하느니라."

구체적으로 그것은 어떤 모습이었을까? 다음은 복음서 기사에서 찾을 수 있는 많은 사례 중 하나에 불과하다.

잔치를 망친 창녀

바리새인이자 아주 "선한" 시몬이라는 사람이 예수를 가버나움 자기 집에 모셔 저녁을 대접했다(눅 7장). 일행이 식탁 주위에 비스듬히 기대어 누워 있는데, 창녀로 알려진 한 여자가 값비싼 향유병을 들고 난데없이 안으로 들어왔다. 분명 그녀는 예수의 가르침을 우연히 들었고 또 사람들을 돌보시는 그분의 모습을 보았을 것이다. 그것이 마음에 감동이 되어 자기도 그분과, 그분이 말씀하시는 하늘 아버지께 사랑받는 존재임을 믿게 되었다. 여자는 자신을 송두리째 뒤바꿔 놓은 확신, 감당할 수 없는 그 믿음에 사로잡혔다.

순식간에 여자는 거기 있었다. 예수님 곁 바닥에 엎드려 감사의 눈물로 그 발을 적시고 있었다. 머리털로 눈물을 닦은 뒤 그 발에 계속 입 맞추며 그 발을 향유로 닦고 있었다.

얼마나 놀라운 장면인가! 선한 사람 시몬은 그 모습을 보며, 아마도 터져나오는 비난을 간신히 억누르며, 가장 가능성 있는 해석을 시도한다.

예수를 **선하지** 않다고 할 수는 없었다. 그분은 분명 의인이었다. 그렇다면 그분이 여자가 자기를 만지게, 아니 애당초 곁에 오도록 놓아둔 것은 여자가 창녀라는 사실을 모르기 때문이라고 설명할 수밖에 없다. 그리고 불행히도 그것은 예수가 처음부터 "그분"이 아니었다는 증거다. 시몬은 속으로 생각했다. "이 사람이 만일 선지자더면 자기를 만지는 이 여자가 누구며 어떠한 자 곧 죄인인 줄을 알았으리라." 어쩌면 시몬은 선지자가 되지 않는 것이 적어도 죄는 아니라는 생각에 스스로 위로하고 있었을지도 모른다. 예수가 여자의 정체를 정확히 알면서도 자신을 만지게 둘 수 있다는 것을 그는 알 턱이 없었다.

그러나 예수는 아셨다. 그분은 또한 시몬이 무슨 생각을 하고 있는지도 아셨다. 그래서 그분은 시몬에게 한 사람이 두 사람에게 돈을 빌려준 이야기를 들려주신다. 한 사람한테는 5천만 원, 다른 사람에게는 5천 원을 빌려 줬다고 하자. 둘 다 빚을 갚지 못하자 그는 깨끗이 탕감해 준다. 예수께서 물으셨다. "그러니 시몬아, 둘 중에 누가 저를 더 사랑하겠느냐?" 시몬은 많이 빚졌던 자가 더 사랑하리라고 답했다.

예수는 옳다 하신 뒤 시몬과 창녀를 나란히 놓고 그 마음을 비교하셨다.

여자를 돌아보시며 시몬에게 이르시되 "이 여자를 보느냐? 내가 네 집에 들어오매 너는 내게 발 씻을 물도 주지 아니하였으되 이 여자는 눈물로 내 발을 적시고 그 머리털로 씻었으며 너는 내게 입맞추지 아니하였으되 저는 내가 들어올 때로부터 내 발에 입맞추기를 그치지 아니하였으며 너는 내 머리에 감람유도 붓지 아니하였으되 저는 향유를 내 발에 부었느니라. 이러므로 내가 네게 말하노니 저의 많은 죄가 사하여졌도다. 이는 저의 사랑함이 많음이라. 사함을 받은 일이 적은 자는 적게 사랑하느니라"(눅 7:44-47).

"사랑함이 많음이라!" 단순히 관습상의 예의가 아니라, 그것이 이제는 하나님의 통치 안으로 들어가는 열쇠가 되었다.

예수는 계속해서 여자에게 이렇게 말씀하셨다. "네 죄 사함을 얻었느니라. 네 믿음이 너를 구원하였으니 평안히 가라." 여기에 하나님의 통치가 살아 움직이고 있다.

우리는 믿음과 사랑의 관계를 간과해서는 안된다. 여자는 예수를 **보고** 그분이 누구이며 그분 안에 거하시는 분이 누구인지 알았다. 그분으로부터 "네 죄 사함을 얻었느니라"는 말을 듣기 전부터 그분이 자기를 용서하고 받아 주신다는 것을 알았다. 그분 안에서 하나님에게서만 볼 수 있는 선을 보았기 때문이다. 그것이 여자의 마음을 감사와 사랑으로 감격하게 했던 것이다.

요즘 말로 여자는 예수께 "한눈에 반해 버렸다"고 할 수 있다. 여자의 행동은 그야말로 "한눈에 반해 버린" 사람의 행동이었다. (예수께 대한 반응을 정확히 담아내려면 이런 구어적 표현을 사용할 수밖에 없다. 형식적·문자적·신학적 용어로는 안된다.) 예수의 모습을 제대로 본다면, 누구나 외면하고 도망치거나, 당돌하리 만큼 뜨겁게 사랑하거나 둘 중 하나일 수밖에 없다. 기독교 신앙의 위력을 올바로 이해하려면 반드시 이 점을 염두에 두어야 한다. 선한 시몬과는 달리, 이 여자는 도망치려 하지 않았다.

살아 움직이는 하나님의 임재

복음서의 다른 많은 친숙한 예들과 마찬가지로 이런 반응은, 예수의 말씀을 들은 사람들이 삶의 기초를 "임박한" 하나님의 통치에 두라는 그분의 초청을 어떻게 이해했는지를 잘 보여준다. 물론 이들은 그 나라의 세부 요소를 전체적으로 다 이해하지는 못했으나, 예수께서 하나님과 함께 움직이시며 하나님이 예수와 함께 움직이고 계시다는 것과, 하나님의 통치가 그분을 통해 온전히 임재한다는 것만은 분명히 알았다.

이들은 그 활동의 실제적 의미를 이스라엘의 친숙한 이야기(story), 전통, 의식을 통해 알 수 있었다. 하나님의 활동과 맞물린 인생을 산 사람들의 이야기와 전통은 그들 삶의 일부였다. 아브라함, 다윗, 엘리야를 모르는 사람은 없었다. 하나님의 활동은 일상으로 행해지던 이스라엘의 의식을 통해서도 나타났다. 이 가련하고 비천한 여자처럼 누구나 **예수의** 손에 믿음으로 자신을 드리기만 하면, 실제로는 하나님 손안에 놓이는 것이라는 사실을 모두가 알고 있었다. 하나님의 행동은 예수의 말씀을 그대로 입증해 주었다.

예수께서 하나님의 "통치"와 다스림이 인간에게 임했다고 선포하셨을 때, 그것은 일차적으로 그 **자신**이 백성에게 해주실 수 있는 일과, 자신과 함께 행하시는 하나님을 의미하고 있었다. 그분은 이와 동일한 "하나님의 통치"를, 자신에게 배우고 받으려는 다른 모든 이들에게도 전하려 하셨다. **예수는 보통의 인간 실존 속으로 임한 하나님의 나라와 그분의 통치를 선포하셨을 뿐 아니라, 친히 그 선포의 사실성을 입증하는 증거가 되셨다.**

모든 사람들이 보았듯이 "그 가르치시는 것이 권세 있는 자와 같고 저희 서기관들과 같지 아니"한 이유가 바로 거기에 있다(마 7:29). 서기관들, 즉 말씀의 전문학자들은 다른 사람의 말을 인용하여 가르친다. 그러나 예수의 말은 사실상 이런 것과 같다. "그냥 내 모습을 보아 내 말이 사실임을 알라. 보통의 인간들 속에 임한 하나님의 통치를 눈으로 직접 확인하여라."

한스 쿵(Hans Küng)은 이렇게 말했다. "예수의 지상 활동 때부터 이미 하나님의 통치를 받아들이느냐 거부하느냐의 결정은, 곧 예수 자신을 받아들이느냐 거부하느냐의 결정과 맞물려 있었다." 죽으심과 부활 이전이든 이후이든 예수의 지상 임재는 곧 하나님의 통치가 지금 여기 와 있음을 뜻한다. 쿵은 계속해서 말한다. "이런 의미에서 [하나님 나라에 대한]…… 현재적 기대는…… 이미 실현되었다."[12]

우리를 통해 뻗어 나가는 하나님의 통치

예수님의 사역 초기부터 하나님을 의지한 사람들은, 그분의 손길에 힘입어 그분의 통치 또는 다스림 속으로 들어가 그 충족한 은혜를 받아 누렸다. 예수의 활동은 하나님을 **위한** 것이었을 뿐 아니라 하나님과 함께하는 것이었다. 대략 비유컨대, 자동차의 방향을 틀 때 내가 핸들과 함께, 핸들이 나와 **함께** 움직이는 이치와 같다 하겠다.

또한 이 "통치"는 그분을 받아들이는 이들을 통해 계속 뻗어 나간다. 우리가 그리스도를 믿음으로 하나님의 생명을 선물로 받을 때, 하나님은 우리에게 오셔서 우리의 믿음의 행위를 통해 함께 일하신다. 예수께서 천국에서는 지극히 작은 자라도 세례 요한보다 크다 하신 이유가 바로 여기에 있다. 그들 자신이 크다는 말이 아니라 더 큰 능력이 그들과 함께 일하고 있다는 뜻이다. "더 크다"는 것은 우리의 본질로 내재하는 것이 아니라 **관계**를 통해 얻어지는 것이다. C. S. 루이스는 믿음이란 오래전 그리스도가 하신 말씀을 듣고 "그대로 살려고 하는" 차원이 아니라고 말한다. 그 대신 "하나님의 참 아들은 우리 곁에 계시다. 그분은 우리를 자신과 똑같은 모습으로 빚으려 하신다. 자신의 삶과 생각과 생명을 우리 속에 '주입하려' 하신다고 할까. 양철 병정을 살아 있는 인간으로 변화시키는 것이다. 우리의 내면 가운데 거기에 반감을 느끼는 부분은 아직도 양철인 부분이다."[13]

예수의 말씀과 활동은 많은 듣는 이들에게 그분이 하나님과 함께 움직이신다는 것과, 하나님의 통치 또는 "다스림"이 활동을 개시하여 **가까이** 와 있다는 것을 볼 수 있는 믿음을 주었다. 그들은 목수 랍비 예수의 가시적 존재와 활동 속에서 보이지 않는 하나님의 임재가 살아 움직이는 것을 알았다. 예수와 그 나라를 좀더 세월을 두고 묵상하고 체험하는 사이에 사람들은 그분을 "보이지 아니하시는 하나님의 형상"(골 1:15) 같은 고차원적인 말로 묘사하게 되었다. 요즘이라면 형상보다는 사진이나 스냅사진 같은 말이 제격일 것이다. 그분은 "하나님의 본체의 형상"(히 1:3) 또는 "정확한 그림"이었다. 그러나 그때는 아직 오지 않았다. "나를 본 자는 아버지를 보았다"는 예수의 말씀도, 아직은 듣는 이들의 귀로 알아들을 수 없는 말이었다.

다스리도록 지음받은 존재

"나라"란 무엇인가

하나님의 현재적 나라 안에 주어진 우리의 영원한 삶을 좀더 깊이 이해하려면, **나라**가 무엇인지 분명히 알아야 한다. 인간은 누구나 예외 없이 그 안에 "나라" 또는 "정부"―모든 사건이 나의 선택으로 좌우되는 나만의 독특한 영역―가 있다. 여기에 인간 조건의 폐부를 꿰뚫는 진리가 있다.

그렇게 존재해서는 안 된다고 생각하는 이들도 있다. 장 칼뱅은 이것을 아주 나쁘게 보았다. "모든 인간은 자기 가슴속에 나라를 품고 저 잘난 맛에 살아간다."[14] 그는 이것을 "모두가 자신을 남들보다 낫다고 생각한다"는 의미로 보았다. 그야말로 인간의 본능적 모습일 것이다. 행동에서는 몰라도, 적어도 말과 의견에서는 너무도 쉽게 마치 자기가 남들을 지배하는 위치에라도 있는 것처럼 생각하는 것이 우리들이다.

그럼에도 불구하고 또 하나 분명한 것은, 우리가 세상의 적정 영역을 "다스리도록" 지음받은 존재라는 사실이다. 이것이야말로 우리 안에 있는 하나님의 형상의 핵심이요 피조물 인간의 기본 숙명이다. 우리 모두는, 하나님의 위대한 우주에서 중요한 가치를 발하도록 영원히 독특한 부름을 받은 끊임없는 영적 존재다.

"나라"란 한마디로 **우리의 의지가 유효한 영역**이다. 우리가 진정 결정권을 가지고 있는 일마다 우리의 나라 안에 있다. 결정권이 있다는 바로 그 점이, 그 일을 우리의 나라 안에 있게 하는 요소다. 하나님은 인간을 창조하실 때 제한된 영역을 다스리고 통치하고 지배하게 하셨다. 그럴 때에만 인간은 인간일 수 있다.

아무 결정권이 없는 존재라면 이미 인간이 아니다. 그것이 어떤 상태일지 조금만 상상해 보면 금세 알 수 있다. 그런 "인간"은 자기 몸이나 생각도 마음대로 움직일 수 없을 것이다. 아무런 변화도 가져올 수 없고 아무런 가치도 없는, 완전 수동적 관찰자로 전락하고 말 것이다.

뭔가에 대해 어느 정도 통제권이 있다는 의식은 정신 건강과 신체 건강의 핵심 요인으로 간주된다. 중환자의 경우 그것이 생사를 갈라놓을 수도 있다.[15] 아이를 길러 보았거나 곁에서 지켜본 사람이라면 무슨 일이든 아이들이 **직접 하게**, 그것도 웬만큼 할 수 있을 때 바로 하게 하는 것이 얼마나 중요한지 잘 안다. 관할 영역을 갖는다는 것은 분명 우리의 존재와 의미와 힘과 능력의 핵심으로 연결된다.

반대로, 인간 존재에 대한 공격은 언제나 우리가 할 수 있거나 결정권을 가진 일을 축소시키는 형태를 띠며, 심하면 싫어하는 대상에게 억지로 굴복하게 만드는 지경까지 갈 때도 있다. 낯익은 인간의 위계질서에서, 왕으로 출발된 연속선상의 반대편 극단을 차지하는 것은 노예다. 노예는 몸과 목숨이 타인의 처분에 달려 있다. 대부분의 경우 죄수들은 노예보다 몇 단계 위에 있다. 금세기를 통해 드러난 것처럼 사고의 통제야말로 최악의 구속이다. 그것은 우리 자신의 생각조차 우리 것이 되지 못하게 하는 가장 극악한 형태의 영혼 파괴다. 인간 본질의 가장 깊은 곳을 찌르는 것이다.

인간을 향하신 하나님의 "창조 언약"

인간에 대한 이러한 진리를 감안한다면, 성경이 일관되게 인간의 모습을 단순히 하나님과 관련지어 보여주는 것도 그리 놀랄 일이 못된다. 창세기 1장에 나타난 "창조 언약"이라고 할 수 있는 인간의 직무 설명서는, 하나님이 인류에게 지구상의 모든 동식물 생명체를 **다스리는** 일을 맡기신 것을 보여준다. 우리는 하나님 앞에서 지구상의 생명을 책임 맡은 존재다(28-30절).

우리의 현재 관점에 얼마나 현실성 있게 보일지 모르나, 하나님은 인간 본질이 **그분과의** 의식적·인격적 상호 책임의 관계 안에서 기능하도록 빚으심으로써 그 과업을 수행하는 데 필요한 준비를 갖춰 주셨다. 우리는 하나님과의 연합 안에서만, 즉 그분이 우리 안에서 활동하실 때에만 "다스림"을 행사할 수 있는 존재다. 그분은 지구상의 창조적 생명 사업에서 우리의 충실한 동반자 내지 동업자가 되시고자 했다. 이것이 바로 우리를 향하신 그분의 사랑의 실제적 의미다.

인간이 외부적 힘의 도움 없이 할 수 있는 일은 아주 적다. 기계와 전기와 원자의 힘을 빌려 할 수 있는 일은 그보다 크다. 직접 겪지 않고는 믿거나 상상이 안될 정도로 엄청난 위업을 이룰 수 있는 경우도 많다. 그러나 이런 수단을 빌려 할 수 있는 일도, 다른 모든 힘을 지으셨고 궁극적으로 다스리시는 하나님 자신과의 연합 활동으로 할 수 있는 일에 비하면 극히 적은 것이다.

비참하게도, 우리는 하나님과의 본연의 관계와 본질상 적임인 과업을 저버리고 말았다. 하나님을 의심하고 거리를 두자, 자연히 인간끼리도 소원해졌다. 우리는 교만과 두려움 속에 우리 존재를 혼자 힘으로 꾸려 가려고 발버둥친다. 그 때문에 지구 자체도 "허무한 데 굴복하는" 것이다(롬 8:20). "타락"의 본래 사건을 어떻게 묘사하든, 불신이 오늘날 인간 생활에 만연한 특징이라는 것과 그 때문에 지구의 상황이 잘 풀리지 않고 있다는 것은 부인할 수 없는 사실이다. 역사와 9시 뉴스를 보면 의심의 여지가 없다.

그러나 동시에 우리의 근본 특성은 지금도 변하지 않았다. 마음의 가장 깊은 갈망이 우리의 최초의 소명을 확인해 준다. 여전히 존재 자체가 우리에게 삶의 상황을 "다스리는" 일을 맡기고 있다. 예컨대 어디서 동물들이 고생하고 있으면 사람들은 흔히 뭔가 대책에 나서야 한다고, 적어도 누군가 그래야 한다고 생각한다. 우리는 여전히 창의적인 의지를 지닌 존재로 우리 자신을 본다. 자신과 환경으로부터 끊임없이 가치나 선을 창출하기 원하며 그 일을 성취하는 존재로 보는 것이다. 왜곡된 시각과 의지에도 불구하고 어쩌면 우리는 지구를 다스릴 준비가 **너무나 잘** 돼 있는지도 모른다.

하나님과의 조화를 잃은 인간의 본능적 목표는 곁길로 **빠지게** 돼 있다. 인간의 욕망에서 말미암은 사회적·개인적 혼돈이 그 증거다. "회사 내의 정치"에서부터 부족 다툼, 더 크게는 국제 관계에 이르기까지 우리의 시간과 정력은 다분히 남을 지배하거나 남의 지배를 벗어나는 일에 소모되고 있다.

하나님을 버리고 타락한 상황을 담은 성경 기사를 보면, 인간은 얼굴에 땀을 흘려 양식을 벌도록 돼 있다. 하나님의 생명 안에 있던 뿌리를 잃은 후 인간에게 남은 것은 고작 우리 자신의 힘뿐이고, 땀은 바로 그 힘에서 나오는 것이다. 그러나 우리는 남의 얼굴에 땀을 흘려 빵을 벌려고 안간힘을 다한다. 자기 힘을 사용하는 것이 더 쉬울 때조차도 그렇다. 인간에 대한 장 칼뱅의 말이 전적으로 틀린 것만은 아니었다.

우리를 구속(救贖)하여 다스리게 하심
그럼에도 하나님은 우리를 구속하시려고 마지막 한 사람까지 찾으시며, 우리에게 진정 "결정권"이 있는 작은 것에서 그분께 충실하도록 지금도 개개인을 부르신다. 그리하여 매순간 우리는 우리 안에 오신 하나님 나라와 자신의 삶의 접점 사이에서 살아간다. 우리가 여기서 그분께 충실하면, 그분도 충실함으로 우리에게 협력해 오심을 우리는 배운다. 우리와 **함께하시는** 그분의 유효한 통치를 하루하루의 구체적 실존 속에서 정확하게 발견하는 것이다.

프랭크 로바크(Frank Laubach)는 순간 단위로 하나님의 뜻에 복종하는 개인적 실험을 통해 자신의 일과 삶의 세부 구조가 어떻게 달라졌는지 기록한 바 있다. 1930년 1월부터 그는 분초마다 자신의 마음을 그리스도께 향하게 하는 습관을 기르기 시작했다.[16]

4주 만에 그는 이렇게 고백했다. "나보다 훨씬 큰 계획 안에서 나의 몫을 감당하며 매시간 그저 그분께 실려 가는 기분이다. 전에는 전혀 느껴 본 적이 없기에, 작은 일들을 하나님과 함께한다는 이 의식은 내게 너무도 놀라운 것이다. 필요한 것이 있어 돌아보면 바로 그것이 나를 기다리고 있다. 물론 내가 해야 할 일도 있지만, 하나님이 나와 함께 일하고 계신다."[17]

필리핀의 외로운 선교지에서 하나님은 프랭크 로바크를 그리스도를 위한 세계 정치가요 그분의 대변자의 지위로 들어올리셨다. 그는, 지금도 사역이 계속되고 있는 세계 문맹퇴치 선교회(World Literacy Crusade)를 설립하여 정치적 직위가 전혀 없이도 2차 세계대전 이후 미국의 외교 정책에 적잖은 영향력을 미쳤다. 무엇보다 그는 영원한 그리스도의 사람이었으며, 자신의 훌륭한 아이디어와 넘치는 에너지와 효율성은 하나님과의 끊임없는 의식적 교제의 실행에서 나온다는 사실을 늘 알고 있었다.

영원으로 확장되는 우리의 다스림

지금 자신의 존재와 처소를 하나님께 드릴 때, 우리의 통치나 지배는 그만큼 커지게 돼 있다. 달란트 비유(마 25장)에서 우리 주님은 친히 이렇게 말씀하신다. "잘 하였도다! 착하고 충성된 종아, 네가 작은 일에 충성하였으매 내가 많은 것으로 네게 맡기리니 네 주인의 즐거움에 참예할지어다." 더 큰 만물의 통치나 지배에 영원히 동참한다는 뜻이다(눅 16:1-12 참조). 창조 의지가 무한하신 하나님은 당신이 하고 계신 일 가운데 한없이 더 큰 부분으로, 지금도 끊임없이 우리를 초청하고 계신다. 예수처럼 우리도 아버지가 하시는 일을 보고 거기 동참하게 된다(요 5:17-19).

하늘 아버지는 최초의 의도하심에 따라, 창조 때부터 사실상 각 사람을 위해 개인별 나라를 준비해 두셨다. 그것이 우리한테는 불가능해 보일 수 있다. 그러나 하나님에 대한 우리의 생각은 극히 미약하며, 그나마 엄청나게 그릇된 정보와 자신의 욕망과 두려움으로 혼돈된 상태에 있다. 그것은 그분께는 작은 일이다.

우리 믿음이 성장하여 그분과 함께 다스리는 법을 작은 일들에서 배워 갈 때, 그분께서 우리를 위해 처음부터 예비해 두신 그 나라는 때가 되면 우리에게 넘겨질 것이다. "내 아버지께 복 받을 자들이여, 나아와 창세로부터 너희를 위하여 예비된 나라를 상속하라"(마 25:34).

마침내 성경의 마지막 장에서, 우리는 하나님의 창조하실 때의 계획이 영원히 완성되는 것을 보게 된다. "주 하나님이 저희에게 비취심이라. 저희가 세세토록 왕 노릇 하리로다"(계 22:5).

하나님 나라

그렇다면 하나님의 "나라" 또는 "통치"란 곧 그분의 의지가 유효한 영역, 그분의 뜻대로 이루어지는 영역을 말한다. 하나님 나라의 구성 원리는 하나님께서 자신의 인격 및 의지를 행하시는 것이지만, 천부적이든 선택적이든 그 원리에 복종하는 것이면 무엇이나 다 그 나라 **안에** 있다.[18]

시편 145-150편은 기쁨과 감격에 차서 하나님 나라를 찬송하는 시다. 그 나라를 이해하려고 할 때마다 여기 나타난 그림을 마음에 새길 필요가 있다. 그래야만 하나님 나라가 창조, 그 순간부터 존재했으며 영원히 끝이 없다는 사실을 의심하지 않을 수 있다(시 145:13; 단 7:14). 그 나라는 "진동치" 않으며(히 12:27-28) 온전히 선하다. 곤경에 처한 적이 없으며 앞으로도 없을 것이다. 그것은 인간이 만들어 내거나 또는 궁극적으로 방해할 수 있는 것이 아니다. 물론 우리는 그 나라의 일원이 되라는 초청을 받은 자들이지만, 거부한다 해도 해를 입는 것은 우리뿐이다.

따라서 하나님 나라는, 본질상 사회적 또는 정치적 실체가 전혀 아니다. 사실 개인의 마음과 더불어 사회적 또는 정치적 영역이야말로, 모든 피조 세계를 통틀어 현재 하나님 나라나 그분의 유효한 의지의 부재(不在)가 허용된 유일한 부분이다. 그 영역이 바로 주님의 기도에 나오는 "땅"으로서, 하나님의 뜻이 그대로 이루어지는 "하늘"과 반대되는 곳이다. 또한 다니엘 2장에 나오는 "손으로 하지 아니"한 나라에 반대되는 "손으로" 만들어진 영역이다.

그러므로 널리 알려진 생각과는 반대로, 하나님 나라는 일차적으로 "사람의 마음속에" 있는 것이 아니다. 그 나라는 거기에 있을 수 있고, 그 나라는 그리스도께 대한 믿음과 충성을 통해 인간을 다스릴 수 있다. 현재로서는 하나님 나라는 오직 마음을 통해서만 인간을 다스린다. 그러나 하나님 나라는 인간의 마음이나 인간 의식의 "내면" 세계로 국한되는 것이 아니다. 그것은 공개적·행동적·가시적 세상으로부터 완전히 차단될 수 있는 내적 태도나 믿음의 문제가 결코 아니다. 하나님 나라는 언제나 물리적 우주 전체에 편만해 그 전체를 통치한다. 다만 인간과 및 사탄에 속한 다른 인격적 존재가 살고 있는 지구의 일부만이, 잠시 동안 거기서 약간 예외가 되고 있을 뿐이다.

또한 하나님은 예수께서 흔히 "천국"이라 부르신 그 나라를, 예수의 지상 임재를 통해 비로소 존재케 하신 것도 아니다. 그렇게 잘못 생각하는 경우가 허다하다. 예수 자신의 천국 복음은 그 나라가 곧 **시작**된다든지, 최근에 막 **시작**됐다는 것이 아니다. 그분의 말씀을 귀담아 들으면, 그분의 복음이 하나님 나라가 그분을 통해 인간 곁으로 새롭게 가까이 왔다는 의미일 뿐임을 분명히 알 수 있다.

혹시라도 예수께서 천국의 존재를 알리러 왔다면, 그것은 모세가 율법을 주었음을 알리는 것만큼이나 전혀 새로울 것이 없는 내용이다. 구약의 "복음"은 단순히 "우리 하나님이 통치하신다!"(사 52:7; 시 96, 97, 99편)였다. 누구나 아는 바였다. 이스라엘이 홍해를 건너 애굽을 벗어나 부른 구원의 노래도 그것이었다(출 15:18). "[하나님이] 그 영광의 팔을 모세의 오른손과 함께 하"셨다(사 62:12)는 것은 만인이 알고 있는 사실이었다. 그 "팔"은 한마디로, 살아 움직이는 하나님의 통치였다.

그러므로 예수께서 가르치신 기도에 "나라가 임하옵시며"라는 말은, 그 나라가 존재케 해달라고 기도하라는 뜻이 아니다. "하늘에서 이룬 것같이 땅에서도", 즉 현재 배제돼 있는 개인, 사회, 정치 질서의 모든 영역까지 그 나라가 장악하게 해달라는 기도다. 믿음으로 그 나라를 일상의 존재 현장에서 경험하는 것처럼, 기도로 그 나라를 그 현장으로 불

1장_ 영원한 삶의 현재성

러들이는 것이다.

하나님은 당신의 총체적 통치 안에서 우리를 창조하셨고, 우리 각자에게도 당신처럼 의지의 영역을 주셨다. 그것은 우리의 몸과 마음에서 시작해 밖으로 뻗어 나가며, 궁극적으로는 완전히 결정된 것이 아니라 믿음의 분량에 따라 얼마든지 열려 있는 차원까지다. 그분의 뜻은 우리가 각자 자신의 나라를 다른 이들의 나라와 맞물리게 하는 데 있다. 이웃 사랑을 제대로 알면 이것이 가능하다. 그러나 이웃 사랑은 자신의 통치를 하나님의 통치와 연합시키는 것을 우선 목표로 삼을 때에만 가능하다. 이웃 사랑이 첫째 계명이 아니라 둘째 계명인 것과, 먼저 하나님의 나라 또는 통치를 구하라 하신 것이 바로 그 때문이다.

그 나라를 찾아 그 안에 거할 때에만 우리 인간은 모두 하나님과 함께 통치하거나 다스릴 수 있다. 그때 비로소 우리는 고립도 갈등도 없는 개인별 "통치"를 누리게 될 것이다. 이것이 바로 세속 이상주의가 헛되이 추구하고 있는 인간 실존의 이상이다. 바울의 말이 이해가 된다. "피조물의 고대하는 바는 하나님의 아들들의 나타나는 것이니"(롬 8:19).

지금 "가까이" 온 나라

이 문제는 현재 널리 오해되고 있다. 어둠에서 나와 빛 가운데 바르게 살라는 초청에 많은 이들이 의미를 느끼지 못한다. 그러므로 하나님의 영원한 현재적 통치 안에서 지금 우리 곁으로 다가온 영생에 대해 이미 언급했던 핵심 요지를 반복해서 좀더 깊이 설명할 필요가 있다.

예수는 인간 본연의 삶을 보이시고 가르치시고자 우리 가운데 오셨다. 그분은 아주 조용히 오셔서 하나님의 통치에 다가가는 길을 열어 주셨으며, 인간들 안에서 진리로 자유함을 얻도록 당신의 모략을 실행에 옮기셨다. 죽음을 이기신 그분은 지금도 우리 안에 그대로 계신다. 우리는 그분의 말씀과 임재를 믿음으로써 우리 삶을 구성하는 작은 영역을 하나님의 무한한 통치 속으로 다시 통합시킬 수 있다. 영원한 삶이란 그런 것이다. 하나님의 능동적 통치에 사로잡힐 때, 우리의 행위는 그분의 영원한 역사의 한 요소가 된다. 우리의 행위 속에 하나님이 우리와 함께 하시며, 우리는 그분의 삶의 일부가 되고 그분은 우리의 삶의 일부가 되는 것이다.

좀더 넓게 말해서 "궁극적 실체"란 인자이신 예수를 통해 다루어지며 해결된다. 사실, 인자(人子, the Son of man)라는 명칭을 통해 그분은 에누리 없는 인간 본연의 모습을, 또한 분명 그 이상을 스스로 취하신 것이다. 구어적 표현으로, 그분은 인류의 "총아"라 묘사할 수 있다. 인간의 가장 깊은 본질이 그분을 통해 나타나고 인류의 희망이 그분께 있기 때문이다. 고대 신학자들은 그분을 진지하게 "대표 인간" 또는 인류의 "대표자"라 지칭했다.

그분이 보통 가정의 삶을 통해 인간 역사 속에 들어오시는 모습을 우리는 앞에서 살펴보았다. 그런 그분이 인간 안에 다시 영생의 불씨를 지피는 하나님의 발화점이 되어, 자신을 통해 흘러나오는 영원한 삶으로 우리를 인도하신다. 첫째는 그 삶으로 우리의 **필요**를 채워 주심으로 그렇게 하시고, 나아가 그 삶을 우리의 **행위**―예수와 하나님 아버지가 우리의 행위 속에 함께 활동하시리라는 기대 속에 이루어지는 행위―를 통해 밖으로 확산시키심으로 그렇게 하신다.

이 특정 부분에 오해가 너무 많기 때문에 재차 강조해야 할 것이 있다. 예수는 천국이 "가까웠다"고 하셨을 때, 그것은 발생하기 직전에 있지만 아직 일어나지 않았고 또 일어나지 않을지도 모를 무언가를 말씀

하신 것이 **아니다**.[19]

물론 인간 역사에는 가능성은 있으나 발생하지 않는 혹은 나중에 발생하는 일들이 언제나 많이 있다. 그리고 하나님의 통치의 실현에는 분명 미래적 차원이 있다. 그러나 마태복음 3:2, 4:17, 10:7; 마가복음 1:15; 누가복음 10:9, 11과 같은 본문에 흔히 "가까웠다", "가까이 왔다"고 번역돼 있는 '에기켄'(*eggiken*)이라는 단어는 과거의 완료된 행동을 가리키는 동사 형태다. 단순히 "왔다"고 옮기는 것이 가장 좋은 번역이다.[20]

하나님의 통치의 실체와 거기 포함되는 모든 도구는, 예수의 인격과 함께 예수의 인격을 통해 지금 우리 곁에 살아 존재한다. 그것이 예수의 복음이다. 하나님 나라의 이런 분명한 현재적 실체가 바로 사람들로부터 앞에서 보았던 그런 반응들을 유발한 것이다. 신약의 본문들은 하나님 나라가 지금 "받아들이고" 나중에 즐거워하는 곳이 아니라, 지금 **들어가는** 곳임을 명확히 보여준다(마 5:20, 18:3; 요 3:3, 5). 그 나라로 옮겨져(골 1:13) 그 안에서 함께 역사하는 자들인(골 4:11) 육신의 몸을 가진 시민들이 이미 있는 나라인 것이다(요 18:36; 빌 3:20).

사도 바울은 그 나라를 단순히 "성령 안에서"만 가능한 "의와 평강과 희락"으로 묘사한 바 있다(롬 14:7). 하나님 나라가 이 세상 또는 "여기"에서 **나온** 것이 아니라고 해서 실체가 아니거나 이 세상 안에 **있지** 않은 것은 아니다(요 18:36). 예수의 말씀처럼 그 나라는 끊임없이 인간 생활 안에 있다(눅 17:21; 참조. 신 7:21). 사실, 그것은 하나님 나라야말로 인간의 어떤 체제보다도 실재하며 임재성이 더 강하다는 말이다.

많은 나라들 가운데서

하나님 나라의 전달자

용서와 새 생명의 손길을 통해 하나님의 통치 가운데 들어온 자들은 이
제 예수처럼 그 통치의 **전달자**가 된다. 이 점 역시 거듭 강조해야 한다.

예수는 자신을 비난하는 자들에게 이렇게 답하신 적이 있다. "그러
나 내가 만일 하나님의 손〔가락〕을 힘입어 귀신을 쫓아내는 것이면 하
나님의 나라가 이미 너희에게 임하였느니라"(눅 11:20). 그 나라는 예수
의 인격을 통해 찾아와 예수의 행동을 통해 역사했다. 성경의 사건에서
이것은 전혀 새로운 현상이 아니다. 바로 왕궁의 애굽 술객들도 모세의
말대로 벌어진 사태를 보고 그것을 인정했다. "이는 하나님의 권능〔손
가락〕이니이다"(출 8:19). 십계명은 하나님이 손가락으로 친히 쓰신 것
이다(출 31:18 난하주).

이러한 하나님의 함께하시는 역사는, 예수의 훈련생 또는 제자들에
게도 동일하게 나타났다. 어느 정도 훈련이 있은 후 예수는 그들을 보내
자신이 하신 일을 하게 하셨다. 그들은 나가서 병자를 고치고 "하나님의
나라가 너희에게 가까이 왔다"고 선포해야 했다(눅 10:9). 이들의 사역을
받아들이지 않는 사람들도 "하나님의 나라"가 가까이 온 줄은 알아야 했
다(11절).

다드(C. H. Dodd)는 하나님의 나라가 그리스도와 및 그 사도들과
함께 임재한 사실을 다음과 같이 명료하게 표현했다.

그렇다면 예수는 어떤 의미에서 하나님의 나라가 이미 임했다고 선포
하신 것인가? 우리의 답은 그분이 요한에게 주신 답에서 출발해야 한

다. "소경이 보며 앉은뱅이가 걸으며 문둥이가 깨끗함을 받으며 귀머거리가 들으며 죽은 자가 살아나며 가난한 자에게 복음이 전파된다." 예수 자신의 사역에서 하나님의 능력은 악과의 실전(實戰)으로 발휘되었다.[21]

남아 있는 다른 나라들

예수의 기본 메시지에 담긴 "가까웠다"는 말의 의미를 두고 우리가 쉽게 오해하는 부분은, **다른** 나라들도 천국과 함께 여전히 이 땅에 존재하고 있다는 사실이다. 다른 나라들도 "가까이" 있다. 그것이 인간의 조건이다. 하나님 이외의 모든 인격, 즉 여러분과 나 같은 이들에게는 여전히 이 땅에서 하나님의 뜻에 어긋나게 "결정할" 수 있는 권리가 허용된다. 어둠의 나라는 분명 여기 있고, 여전히 "내 인생은 내가 알아서" 하려는 많은 개인들의 나라들 또한 마찬가지다.

이 모든 것을 하나님은 지금도 허용하신다. 지혜로운 사랑으로 하나님 안에서 서로 연합하지 못하는 인간은 전쟁, 식량난, 압제와 같은 인재(人災)에 시달릴 뿐 아니라 질병, 기근, 기상 재난 등 소위 수많은 자연 재해에도 제대로 대처할 수 없다. 이렇듯 이 땅을 다스리시는 하나님의 현재 통치에 관한 한, "이미 여기"와 함께 "아직"의 부분이 분명 남아 있다.

이렇게 두 나라가 싸우는 현재 상황을 시편 23편이 잘 보여준다. "내가 사망의 음침한 골짜기로 다닐지라도 해(害)를 두려워하지 않을 것은." "해"(악, evil)가 두려움의 대상으로 엄연히 여기에 존재한다. "주께서 내 원수의 목전에서 내게 상(床)을 베푸시고." 분명 "원수"도 여기에 있다. 그러나 다른 "나라들"이 우리를 노리고 위협한다 할지라도 우리는 하나님의 손 안에서 안전하다.

때로는 이미 영생을 얻은 이들, 곧 진정으로 그리스도께 속하여 그분의 삶이 이미 그 안에 임재하고 자라는 이들의 작은 나라와 삶 **안에도**, 정작 하나님의 실제적인 유효한 통치가 시행되지 않고 아직 그분의 뜻이 이루어지지 않는 경우도 있다.

아빌라의 테레사(Teresa of Avila)의 표현을 빌리면, 인간 영혼의 "내면의 성(城)"에는 많은 방이 있다. 하나님은 우리에게 성장할 시간과 공간을 주시며 그 방들을 서서히 점령해 가신다. 그것이 하나님의 모략의 결정적 측면이다. 하지만 그렇다고 해서 "우리 가운데" 임한 하나님 나라의 실체가 절대로 약화되는 것은 아니다. 그 나라를 받아들여 그 생명 안으로 점점 깊이 들어가야 하는 만인 공통의 길 역시 절대 변하지 않는다.

하나님 나라가 아닌 나라들 바로 옆이나 그 한가운데에 그분의 나라가 언제나 "가까이" 서 있다. 그 나라는 예수의 나라요 하늘 아버지의 나라다. 또한 우리의 나라도 될 수 있다. 문은 열려 있고 그 나라의 생명은 실체다. 이미 지금 "그 영광이 온 땅에 충만하다"(사 6:3). 보는 이가 적을 뿐이다. **아직** "물이 바다를 덮음같이 여호와의 영광을 **인정하는** 것이 세상에 가득하"지는 **않다**. 그러나 언젠가는 "**가득하리라**"(합 2:14).

전기가 "가까이"

어려서 나는 미주리 주 남쪽 지방에 살았다. 가까이에 전기라고는 번갯불밖에 없었는데 쓸데없이 무척 잦았다. 그러다 고등학교 3학년 때 우리 마을에도 전기선이 들어와 비로소 가정과 농장에서 전력을 사용할 수 있게 됐다.

농장에 전기선이 들어오자 전혀 다른 생활 방식이 모습을 드러냈다. 삶의 기본적인 부분—낮과 밤, 더위와 추위, 청결과 불결, 일과 여가, 음식 준비와 보관—과의 관계를 획기적으로 향상시킬 수 있게 된 것이다. 그러나 그전에 우리는 전기와 그 설비를 믿고 이해해야 했으며 그것을 **의지하는** 실제적 단계를 취해야 했다.

비교가 좀 걸맞지 않다고 생각될지 모른다. 일면 그런 부분도 있다. 그러나 잠깐 그 농부들을 생각해 보면 천국에 대한 예수의 기본 메시지를 이해하는 데 도움이 될 것이다. 그들이 들은 메시지는 사실상 이런 것이었다. "회개하라, 전기가 가까이 왔다." 회개하라, 또는 석유 등잔과 횃불, 얼음통과 지하광, 빨래판과 방망이, 손재봉틀과 건전지 라디오 따위로부터 돌아서라.

삶을 훨씬 편리하게 해줄 전력이 거기 그들 곁에 와 있었다. 조금만 적응하면 그대로 활용할 수 있었다. 그러나 이상하게도 전력을 받아들이지 않는 이들이 더러 있었다. 그들은 "전기의 나라"에 들어가지 않았다. 어떤 이들은 그저 변화가 싫었다. 경제적으로 능력이 안되거나 적어도 그렇게 생각한 이들도 있었다.

천국의 "가까움"은 너무나 쉽게 간과되는 측면이 있는데, 또 하나의 장면이 그것을 이해하는 데 도움이 될지 모르겠다. 당신이 처음으로 어떤 집을 방문한다고 하자. 아주 커다란 집인데 당신은 주인과 함께 잠시 거실이나 베란다에 앉아 있다. 저녁이 준비됐다는 말과 함께 주인이 당신을 복도로 안내하다 모퉁이를 돌며 이렇게 말한다. "이쪽으로 꺾어지세요. 식탁이 가까이 있습니다." 그냥 "여기가 식탁입니다"라고 하는 경우가 더 많으리라. 예수도 그와 비슷하게 우리를 그 나라로 안내하신다.

두 비유에는 예수의 메시지의 핵심 골자가 강조되어 있다. 전기나 식탁이 세상에 존재하지 않다가 이제 막 생겨나려 한다는—누군가 그것을 영접하거나 혹은 **임하게** 한다면—의미는 전혀 들어 있지 않다. 다만 지금 가까이 온 것뿐이다. 마찬가지로 하나님 나라도 바로 우리 곁에 있다. 그것은 정말로 "우리 가운데 있는 나라"다. 비록 흔들리는 믿음, 더듬거리는 고백일지라도 예수가 죽음을 이기신 만유의 주이심을 마음으로 믿고 입으로 시인하여 들어갈 수 있다(롬 10:9).

분명히 말하거니와 그 나라는 인류가 존재한 이래, 아니 그 이전에 이미 존재해 왔다. 다만 기름부음 받은 자이신 예수의 공생애를 기점으로, 그분을 향한 단순한 믿음을 통해 우리의 것이 되는 것이다. 그것은 예수의 인격 안에서 우리를 있는 모습과 처한 자리 그대로 맞아 주는 나라요, 우리의 "보통의" 삶이 "영원한" 삶으로 뒤바뀌게 해주는 나라다. 그 나라는 너무나 가까워 누구든 존재의 중심으로부터 예수를 우주의 주요, 생명의 주로 부르는 자는 반드시 들으심을 얻고 영원한 삶으로 옮겨지게 된다.

예수를 부른 두 사람

우리 가족의 절친한 친구 게리 스미스는 서른이 다 될 때까지 어떤 종교와도 전혀 접촉이 없던 사람이었다. 학업을 마치고 기상학자가 된 그는 가족과 함께 교외 지역에 살고 있었다. 그와 그의 아내 다이앤은 "교외 거주자들이 다들 그러는 것 같아서" 아이들을 주일학교에 보내기 시작했다. 얼마 후 게리는 자녀들이 교회에서 뭘 배우는지, "예수"가 도대체 누구인지 궁금한 생각이 들었다.

어느 날 밤 그는 스스로 "동경"이라고밖에 표현할 수 없는 뭔가에 이끌려 잠에서 깨어나 연필과 종이를 들고 거실로 갔다. 거실에 들어선 그는 자신이 "사랑으로 둘러싸여" 있음을 느꼈다. 예수 그리스도가 임재하고 있음을 "알았다." 나중에 그가 말한 것처럼, 그것은 성령이라고 하기에는 "너무나 손에 만져지는" 것이면서도 눈에 보이지는 않았다.

곧이어 그는 종이에 계속 같은 말을 쓰고 있었다. "이제 됐다! 이제 됐다!" 자신이 접한 임재를 생각할 때 "예수"가 누구인지에 대한 고민이 더 이상 중요하지 않았다. 그는 장로교 목사가 되었고 로스앤젤레스 지역에 널리 알려져 사랑받고 있다.

예수는 지금 온 세상에 두루 계시면서 자기를 부르는 자들의 음성을 "육체로 거하시던 때"보다 더 온전히 듣고 계신다. 그리고 자기를 거의 알지 못하는 자들에게까지 응답하신다.

현재 조용기 목사는 오늘날 세계에서 가장 큰 교회로 알려진 한국 서울의 여의도 순복음교회를 담임하고 있다. 그러나 젊어서 그는 불교 신자였고 절망적 가난 속에서 결핵으로 죽어 가고 있었다. "기독교인들의 하나님"이 사람들을 도와주고 병을 고쳐 주었다는 말을 들은 적이 있던 그는, 자신이 처한 자리에서 단순히 "그들의" 하나님께 도움을 **구했다**.

그들의 하나님은 과연 그를 도와주셨다. 그분은 이 젊은 한국인을 치유해 주시고 가르쳐 주셨으며, 인자 예수 안에 있었고 지금도 있는 그 나라의 생명을 풍성히 부어 주셨다. 바로 그 생명이 지금 조용기 목사를 통해 수많은 다른 사람들에게 흘러나가고 있다.

예수와 그 아버지는 불교 신자가 불러도 들으시는가? 물론이다. 그분은 누가 불러도 들어주신다. "여호와는 마음이 상한 자에게 가까이 하시고 중심에 통회하는 자를 구원하시는도다"(시 34:18). "유대인이나 헬라인", 가진 자—소유의 대상을 무엇으로 정의하든—나 못 가진 자나 차별이 없다. "한 주께서 모든 사람의 주가 되사 저를 부르는 모든 사람에게 부요하시도다"(롬 10:12).

예수 그리스도나 하나님을 부르고도 들으심을 얻지 **못한다는** 것은
있을 수 없는 일이다. 우리는 그분의 집, 그분의 '에코스'(ecos) 안에 살
고 있다(히 3:4). 흔히들 그것을 그저 "우주"라 부른다. 그 우주는 그분으
로 온전히 충만하다. 그분의 자리요 그분의 "나라"이며, 우리의 현 생활
이 그분의 자비와 희생적인 사랑을 통해 영원한 삶으로 바뀔 수 있는 곳
이다. 그것을 이해할 때에만 인간 실존의 진정한 생태학에 길이 열린다.
그때에만 인간 존재의 참 실체를 바로 다룰 수 있기 때문이다.

들으시는 하나님은 또한 말씀하시는 분이다. 그분은 전에도 말씀하
셨고 지금도 말씀하고 계신다. 인간은 인간 자신의 사업이 아니라 그분
의 사업이며, 그분의 주도권이 언제나 우리 가운데 역사하고 있다. 물론
그분은 "인간이 할 일"도 남겨 두시며 그것도 중요한 요소다. 그러나 그
분은 진지하게 묻는 이라면 누구나 들을 수 있게 계속 말씀하고 계신다.
앞서 말한 것처럼 우리는 진정한 선과 진정한 의가 무엇인지를 찾아 어
둠 속을 비틀거릴 필요가 없다. 전복 비행을 할 필요가 없다. 분명 정치
(定置)가 있으며 우리는 그것을 찾을 수 있다. 아니, 찾는 일조차 우리가
하지 않아도 된다. 우리는 자유하다. 지금 이미.

2장_ 죄 관리의 복음

이에 저희 마음을 열어 성경을 깨닫게 하시고 또 이르시되
이같이 그리스도가 고난을 받고 제 삼일에 죽은 자 가운데서 살아날 것과
또 그의 이름으로 죄 사함을 얻게 하는 회개가 예루살렘으로부터 시작하여
모든 족속에게 전파될 것이 기록되었으니 "너희는 이 모든 일의 증인이라.
…… 너희는 위로부터 능력을 입히울 때까지 이 성에 유하라" 하시니라.
_ 누가복음 24:45-49

우리는 복음의 능력을 지독히도 외면해 왔다.
…… 우리를 보고 복음을 판단하는 이들이, 복음이란 과연 철학 서적을 장식하는
감상적 추론만큼이나 효력과 영감이 있는 것인지 의심한다 해도
아무런 할 말이 없을 정도다.
_ 캐논 웨스트코트, 「부활의 복음」(The Gospel of the Resurrection)

왜곡 축소된 초청의 의미

생명으로의 장엄한 초청은 오늘날 어떤 말로 들려오고 있을까?

자동차 범퍼 스티커의 간결한 메시지로 살며시 찾아든다. "그리스
도인은 완전하지 않다, 용서받았을 뿐이다." 얼마 전, 예언자들의 말이

지하철 벽에 기록돼 있다고 노래한 대중가요가 있었다. 지하철이 없는 곳에는 범퍼가 그 역할을 대신한다.

용서받았을 **뿐이다**? 그리스도인이 된다는 것은 과연 그것이 전부일까? 영생의 선물이 그 정도로 그친단 말인가? 현재적 영생의 삶과는 사뭇 거리가 먼 말이다.

그리스도인은 분명 완전하지 않다. 성장의 필요는 언제나 남아 있다. 그러나 완전한 것과 요즈음 의미의 "용서만 받은" 것 사이에는 커다란 간극이 있다. 우리는 완전하지 않으면서도 여전히 용서만 받은 것보다 **훨씬** 성숙한 자가 될 수 있다. 예수의 영원한 질의 삶을 한껏 맛보며 살면서도 얼마든지 성장의 여지가 남아 있는 사람이 될 수 있다.

요즈음은 이 범퍼 스티커 신학의 파편이 자동차에서 튀어나와 그리스도인들의 장식 소품에까지 올라앉았다. 꽃과 리본과 푸른 잔가지와 열네 개의 작은 분홍빛 하트로 예쁘게 꾸며 위쪽에 실고리를 단 조그만 책갈피가 있다. 가운데에는 본의 아니게 나쁜 짓이라도 했다는 듯 놀란 눈의 곰인형이 앉아 있다. 그리고 그 밑에는 예상대로 그 메시지가 적혀 있다. "그리스도인은 완전하지 않다, 용서받았을 뿐이다."

그리스도인이 용서받은 자라는 것은 명백히 밝혀야 할 내용이다. 용서의 조건이 완전함에 있지 않다는 것도 분명히 알려야 한다. 그러나 이 슬로건의 의미가 과연 거기 있을까?

불행히도 그렇지 않다. 슬로건의 이면에 깔린 의미는 오직 용서만이 기독교의 전부요 기독교의 진정한 본질이라는 것이다.

그것은 인생의 다른 모든 면에서는 그리스도를 전혀 믿지 않는 사람과 하등 다를 바 없으면서도, 여전히 그리스도를 믿어 용서를 얻을 수 있다는 말이 된다. 범퍼와 장식 소품으로 살갑게 다가오는 이런 견해는 역사에 깊이 뿌리를 두고 있다. 온건한 신학 서적들이 무수히 그런 견해를 보급해 왔고, 진심으로 그리스도인을 자칭하는 많은 무리가 그렇게 살아왔다.

바코드 신앙

대부분의 상점에서 물건에 붙여 사용하는 바코드를 생각해 보라. 스캐너는 바코드에만 반응을 보인다. 바코드가 붙어 있는 병이나 상자의 내용물이 무엇이며 바코드가 제 물건에 "제대로" 붙어 있는지 따위는 전혀 중요하지 않다. 계산기는 전자 감식안을 통해 바코드에만 반응할 뿐 그 외의 것은 일절 무시한다. 아이스크림 스티커가 개 음식에 붙어 있다면 바코드의 견지에서 보는 한, 개 음식이 곧 아이스크림이 된다.

최근 어느 라디오 프로에서 한 유명 목사가 "칭의", 즉 죄 용서에는 용서받는 자의 마음이나 인격의 **변화가 전혀** 내포되어 있지 **않다**는 점을 15분 동안 강하게 피력했다. 그것은 전적으로 인간 외부에서 일어나는 일이요 전적으로 하나님 자신께 속한 일이라는 것이다. 그의 의도는 구원이 오직 하나님의 은혜로만 주어지는 것이며 인간의 노력과는 전혀 무관한 일이라는 개신교 전통 입장을 강조하는 데 있었다. 그러나 그가 **실제로** 한 말은 그리스도인이 된다는 것과 내가 어떤 사람인가 하는 것이 서로 무관하다는 것이었다. 이런 가르침의 파급 의미는 엄청난 것이다.

기독교 장식 소품의 신학에 의하면, 그리스도인에 대해서도 뭔가 바코드처럼 작동하는 것이 있다. 바코드가 스캐너에 영향을 미치듯 어떤 의식, 어떤 신념, 어떤 단체에의 소속 등이 하나님께 영향을 미친다. 어떤 신조에 정신적으로 동의한 순간이나 어떤 교회에 들어가 등록한 순간이 있었을 것이다. 하나님의 "스캐너"는 그것을 감식하고, 곧이어 용서가 흘러나온다. 적당량의 의가 그리스도의 구좌에서 천국 은행의 우리 구좌로 이체되면서 우리의 모든 빚이 탕감된다. 그리하여 우리는 "구원"받는다. 죄책이 지워진다. 그러니 어떻게 그리스도인이 아닐 수 있는가?

일부 기독교 단체의 경우에는 빚의 탕감 상태를 유지하기 위해 그 "구좌"에서 지속적으로 적당량을 받아 와야 한다. 우리는 진정 완전하지 않기 때문이다. 그런가하면 과거와 현재와 미래의 모든 빚이 단번의 스캐너 통과로 다 탕감되었다고 믿는 강경 칼뱅주의 같은 일부 단체들도 있다. 어느 경우이든 핵심 이슈는 죄 용서다. 그리고 믿음과 "스캐너" 통과의 보상은 죽을 때와 그 이후에 찾아온다. "바코드" 기능이 있는 한, 현재 살아가는 삶은 그리스도인이 된다는 것과 필수적인 관계가 전혀 없다.

우리는 훌륭한 그리스도인들의 선행 혹은 그 부재에 대해 많은 이야기를 듣는다. 그러나 용서받기 위해 꼭 훌륭한 그리스도인이 될 필요는 없다. 그것이 바코드 신앙의 핵심이다. 그 자체로 맞는 말이다.

그것이 정말 하나님의 방법일까

많은 사람들이 이러한 신앙과 삶의 분리에 대해 고민하지만 굳어진 구원관 때문에 여전히 거기서 헤어나지 못한다. 그리스도인의 정체에 대한 이런 견해에 분노를 느끼는 이들도 많이 있다. 무책임한 발상으로 보이기 때문이다. 이들은 이런 입장을 가리켜 "값싼 은혜"나 "화재 보험" 같은 경멸조로 말한다. 그것 때문에 실제로 기독교를 거부하는 이들이 있는가 하면, 다른 한편으로는 그리스도를 믿는다는 것은 사회적 차원의 종교 생활의 문제, 곧 사랑과 정의로 사회악에 항거하는 것이라 주장하는 이들도 있다.

그러나 솔직히 말해서, 은혜란 그것이 필요한 자들의 입장에서 볼 때는 과연 **값싼** 것이다. "값싼 은혜"에 대한 공격이 전혀 별다른 성과를 보지 못하는 이유가 거기에 있다. 은혜를 값비싼 것으로 바꾸어 기독교의 보편성을 제거하려 하는 것은, 너무나 중요한 문제에 오히려 혼란만 가중시킬 뿐이다. 뻔히 화재가 예상되는데도 눈앞에 놓인 보험을 마다하는 것은 지혜로운 처신은 아닐 것이다.

혹 인간이 하나님과의 거래에서 수단 좋게 득을 보거나 자기의 목표—가끔 우스갯소리로 하는 말처럼 "이 모든 것에다 천국까지"—를 위해 그분을 감쪽같이 이용하게 되면 어쩌나 걱정할 필요가 전혀 없다. 그런 문제로 염려하는 사람은 우리 하늘 아버지의 지혜와 명철을 심각하게 과소 평가한 것이다. 그분은 누구에게도 기만당하거나 속지 않으신다. 하나님이 정하신 방법이라면 무엇이든 그분께 옳은 것이요 우리에게도 옳은 것이다. 그 점은 분명히 믿을 수 있다.

내가 보기에 진짜 문제는 하나님이 과연 바코드식 방법을 택하시겠느냐 하는 것이다. 위험에 처해 있는 것은 우리다. 우리에게 허락된 충만한 삶을 놓칠 위험에 처해 있다. 그런 우리가, 과연 하나님이 우리를 위해 정하신 계획이, 인간의 현실 생활의 절박한 필요를 본질상 간과하고 인간 성품의 변화를 도외시하는 것이라고 진정으로 믿을 수 있는가? 하나님은 과연 심리적·정서적·사회적·국제적으로 문제투성이인 이 세상속에 다만 한시적으로라도 아무런 도움 없이 우리를 방치해 두실 분인가? 과연 우리는 기독교의 믿음과 구원의 본질이 죽음과 내세에 국한되는 것이라고밖에 믿을 수 없는가? 구원받는다는 것이 우리의 현재 모습과 아무런 상관이 없다고 믿을 수 있는가?

성경을 하나님 시각의 인생관으로 인도하는 확실하고 중요한 지침으로 여기는 우리들도 마찬가지다. 성경에 제시된 그리스도께 대한 믿음을, 개인적 빚의 형태이든 사회적 악의 형태이든, 죄 관리에 관한 것으로만 해석한다면 과연 그것은 정당한 해석인가?

난감한 사실들

갤럽 조사에 따르면 미국인의 94퍼센트가 하나님을 믿고 있으며 74퍼센트는 예수 그리스도께 헌신했다고 답했다.[1] "중생" 체험을 고백한 이들은 34퍼센트 정도다. 그러나 동일 집단의 비윤리 행위, 범죄, 정신병 및 정신 장애, 가정 파탄, 중독, 재정 실패 등에 대한 통계와 신중히 비교해 볼 때 충격을 금할 수 없는 수치(數値)다.

물론 빛나는 예외는 언제나 있다. 그러나 이런 고백과 실패의 합작품이 과연 예수께서 우리에게 주러 오신 "생명과 더 풍성한 삶"의 모습일까? 혹 우리가 이름만 "예수 그리스도께 대한 헌신"일 뿐 일상 속에서 그분의 살아 있는 임재로 들어가지 못하는 그런 헌신관을 만들어 낸 것은 아닐까? 우리의 실상은 물어볼 것도 없이 후자이며 그 결과는 참으로 비통한 것이다.

미국의 한 유명 기독교 잡지의 최근호 사설에 어느 복음주의 단체의 한 지도자가 "도덕적 실패"를 이유로 사임했다는 루머에 대한 기사가 실렸다.[2] 후에 루머는 사실로 확인됐지만, 잡지는 그 사건을 보도하지 않기로 했다.

그 결정에 대한 해명으로 잡지 편집진 측에서는 그런 사건이 너무 많아 "뉴스 가치가 있는 것들만 가려내는 기준을 세우지 않을 수 없었다"고 말했다. 이 잡지가 이 사건을 기사로 다루지 않은 이유는 "사건의

　2장_ 죄 관리의 복음

주인공이 최고층 지도자가 아니었기" 때문이다.

　사설의 요지는 그런 사건들에 있어 "소문"의 속도와 위력을 지적하는 데 있었다. 그러나 이런 사건들—소문이든 사실이든—은 신앙이 무엇이어야 하며 우리의 지도자들 및 그런 "소문"을 지어내는 많은 그리스도인들의 내면 생활이 어떠해야 하는가에 대해 깊이 생각해 볼 수 있는 기회가 된다. 우리는 정말 테레사 수녀로부터 히틀러에 이르기까지 인간의 내면이란 누구나 다 동일하다고 생각해야 할까? 인간의 **진정한** 욕망은 다 똑같은데 그중에 누구는 의지가 굳거나 "재수가 좋아" 거기에 빠지지 않는 것일까? 하나님이 정작 성품과 영성을 좌우하는 것은 우리에게 하나도 주시지 않는다고 생각해야 옳을까? 예수가 우리의 "현실 생활"에는 사실상 전혀 영향을 미치지 못한다고 보아야 할 것인가?

　헬무트 틸리케(Helmut Thielicke)는 식품이나 음료 광고에 나오는 명사들이 정말 그 제품을 사용할까 궁금할 때가 많다고 지적했다.[3] 그는 계속해서 이것이야말로 그리스도의 말씀을 대언하는 이들을 가장 긴장시키는 질문이라고 말했다. **우리** 가운데 도덕적 실패가 이렇게 성행하고 만연해 있는 것은 분명 뭔가 잘못된 것이다. 음식을 광고만 하고 자신은 먹지 않는 것이리라. 그보다도, 우리가 "광고하는" 것은 우리의 현실 실존과 무관하고 일상 생활에 대한 능력도 없는 것일 가능성이 높다.

행동을 변화시키지 않는 하나님?

다년간의 전국 대표직을 포함해 평생을 사역에 몸바쳐 온 한 유명한 기독교 지도자가 최근 50세가 되었다. 소속기관 월간지 칼럼에서 그는 과거를 되돌아보며 "지난 40년간 나의 믿음은 진정 패배였다"고 술회했다. 그는 열 살의 나이로 회심할 때부터 이렇게 배웠다. "내가 그리스도인이라면 **사람들은 내 삶 속에서 분명한 차이를 보게 될 것이다!** 그리고…… 내가 하나님과 더 가까워질수록, 영성이 더할수록, 그 차이도 더 커지고 **눈에 띄게** 될 것이다."

이제 오십이 된 그는 자신의 수많은 스승들이 "실족하고 넘어져 다시는 신앙을 회복하지 못하는 모습, 복음에 대한 수많은 '진리들'이 결국 거짓으로 드러난 사건, 수많은 사상자와 수많은 손실, 수많은 가정(假定)이, 단지 진리가 아닌 가정으로 끝나는 것을 지켜보았다." 그의 마지막 말은 이것이다. "나는 더 이상 그런 변화를 믿지 않는다."

예수께서 인간을 변화시키신다는 것은 아직도 믿지만 그 "변화"에 대한 그의 정의가 변화되었다. "어떤 변화가 됐든 그것은 외면적인 것이라기보다는 내면적인 것이다. 하나님이 이루시는 변화는 대개 **하나님께만** 보이는 것이다.…… 그 외에는 누구도 볼 수 없다.…… 나는 믿음을 버리지는 않았지만 내 믿음을 보는 방식을 버렸다.…… 내 삶은 달라졌다. 그러나 달라진 내용은 내가 생각했던 것과 다르다."[4]

한 사람을 그리스도인 되게 하는 변화가, 그것이 무엇이 됐든, 인간의 눈으로는 전혀 감지되지 않을 수 있다는 말이다. 하나님의 "스캐너"만이 감지할 수 있다. 이것이 오늘날 기독교의 "현주소"가 아닐까.

적어도 미국 교계의 유명 지도자들 중 많은 이들이 그렇게 생각하고 있는 것 같다.[5]

초점을 바꾸어

그러나 이번에는 생각을 완전히 뒤집어 보자. 우리의 실패가 우리의 행동에도 불구하고 일어나는 것이 아니라, 바로 우리의 행동 때문에 일어나는 것이라 생각하는 것이다.

예컨대, 미국의 학교 제도를 이끄는 교육가들이 학생들의 낮은 학업 성취도가 학교 교육에도 불구하고 발생한 것이 아니라, 다분히 학교 교육의 내용과 방법 때문에 발생한 것으로 해석한다고 생각해 보라. 미국이 국가 부채나 거리 폭력를 해결하지 못하는 이유를 사법부가 자신들의 노력에도 불구하고 나타난 현상이 아니라, 바로 자신들의 조치 때문에 나타난 현상으로 본다고 생각해 보라.

이런 제안은 진지하게 받아들이기 어려울 수 있지만, 현재 해결 불가능한 것처럼 보이는 문제들의 진정한 해답의 기초가 바로 거기에 들어 있을 수 있다.

미국의 한 유명한 목사는 이렇게 개탄한다. "오늘날 교회는 왜 이렇게 약한가? 회심자와 등록 교인은 많이 내놓지만 왜 문화에 미치는 힘은 갈수록 약해지는가? 왜 그리스도인들이 세상과 구별이 안되는가?"[6]

우리는 최소한 이런 형편없는 결과가 교회에서 가르치는 내용과 방법에도 불구하고 나타난 현상이 아니라, 정확히 그것 때문에 나타난 것일 수 있다는 가능성을 생각해야 하지 않을까? 그럴 때 우리는 일상 생활 속의 인간 실존이 예수의 능력과 복음에서 차단되어, 그 영생의 물결 밖을 겉돌고 있는 이유를 분별할 수 있게 되지 않을까?

이 질문에 대해서는 이 장 마지막 부분과 8장, 9장에서 다시 생각해 볼 것이다.

죄 관리의 복음

신앙고백이 삶 전체에 거의 영향을 미치지 못하는 현 상황은, 우리 시대에만 있는 것도 아니요 최근에 생겨난 것도 아니다. 다만 지금이 심각한 상태인 것은 분명하다. 역사상 우리는 기독교의 메시지가 본질상 오직 죄, 곧 행동의 잘못, 존재의 잘못, 그리고 그 결과의 죄를 해결하는 방법에만 관심 있는 것으로 간주되는 시점에 처해 있다. 현재 기독교의 메시지의 핵심으로 제시되는 것 속에는 삶, 즉 우리의 실제적 실존이 그 속에 포함되어 있지 않거나 극히 주변적으로만 포함되어 있다. 이것이 오늘 우리가 서 있는 자리다.

현대의 메시지와 보통의 삶 사이의 단절을 이해하면, 앞서 언급한 실패들이 어느 정도 이해가 된다. 그런 상황에서 실패는 당연한 것이다. 기독교의 선포 및 실천의 전체 스펙트럼을 잘 살펴보면, 우익 신학의 본질이 되는 유일한 것은 개인의 죄 용서임을 알 수 있다. 좌익의 경우에는 사회악이나 구조악의 제거에 있다. 그러므로 오늘의 복음은 "죄 관리의 복음"이 된다. 이들에게 있어서 삶과 성품의 변화는 구속적 메시지의 한 부분이 **되지 못한다**. 매순간의 인간 실체의 깊이는 신앙과 영생의 지평에 들지 못한다.

우익의 입장에서 그리스도인이 된다는 것은 곧 죄를 사함받는 것이다. (그 범퍼 스티커가 생각나는가?) 좌익의 경우에는 사회악의 제거에 확실하게 헌신돼 있으면 곧 그리스도인이다. 그리스도인이란, 죽어서 하나님의 심판을 맞이할 준비가 되어 있는 사람이거나, 사회의 사랑과 정의에 분명히 헌신돼 있는 사람, 둘 중 하나다. 그뿐이다.

이런 결과를 산출한 역사―수십 년간 미국 교계를 뒤흔들었고 지금도 이면에서 강력하게 역사하고 있는 현대주의/근본주의 싸움의 여파 속에서―는 또한 양쪽 진영 공히 상대측에서 본질로 주장하는 것은 참 본질일 수 **없다**는 주장으로 맞서게 했다.

좌익과 우익의 공통점은 어느 진영도 개인의 변화에 필요한 논리적 지식과 실제 방향, 그리고 그에 부합하는 일상의 구속에 관한 일관성 있는 틀을 제시하지 못하고 있다. 신약성경은 분명 풍성한 삶과 순종을 향한 개인의 변화를 강조하고 있는데도 말이다. 예수에 대한 본질적 메시지로 가르쳐지는 내용이 정작 그분의 제자로서 살아가는 삶과는 전혀 관계가 없는 것이 현실이다.

물론, 기독교의 복음과 그리스도인의 정체가 언제나 그런 식으로 이해된 것은 아니다. 기독교 역사의 타오른 불빛들을 익히 아는 사람이라면 그 사실을 누구나 알 것이다. 지금도 드물게나마 빛나는 예외는 있다. 예를 들어, 영향력 있는 성공회 주교 스티븐 니일(Stephen Neill)의 말은 단순하다. "그리스도인이 된다는 것은 예수 그리스도처럼 되는 것이다.…… 또한 그리스도인의 존재는 살아 계신 그리스도와의 내면적 관계에 의존하고 있다. 인간의 모든 관계, 즉 하나님과의 관계, 자신과의 관계, 타인과의 관계는 바로 그 관계를 통해 변화된다."[7]

여기서 한 가지 피할 수 없는 질문이 나온다. 진정 그리스도를 닮는 것을 기준으로 할 때 그리스도인은 과연 누구인가? 성경의 가르침, 그리고 기독교 역사의 빛나는 순간들이 그것을 잘 보여준다. 진정 그리스도를 닮는 것, 바로 그것이 있을 때 앞서 언급한 인간 실패의 암울한 통계 수치는 급격히 떨어질 것이다.

의심의 여지가 없다! 그렇다면 오늘날 자칭 그리스도인이지만 그리스도를 닮은 모습이라고는 거의 찾아보기 어렵고 그것이 가능할지조차 모르고 있는, 어쩌면 진정 그리스도를 닮는다는 것이 불가능한 일이라고 확신하고 있는, 신학적 스펙트럼의 좌익과 우익에 속한 많은 무리에 대해서는 어떻게 말해야 할까? 이들이 들은 복음은 무엇인가?

우익의 복음

구속, 그것만이 전부?

예수 그리스도께 헌신했다고 답한 74퍼센트의 미국인 중 아무에게나 기독교의 복음이 무엇이냐고 묻는다면, 십중팔구는 예수께서 우리의 죄값을 치르기 위해 죽으셨고 우리는 그 사실을 믿기만 하면 죽어서 천국에 간다고 답할 것이다.

"구속"의 한 이론에 지나지 않는 것이, 이런 식으로 예수의 본질적 메시지의 전부가 되고 있다. 잠시 신학 용어로 말하자면, **칭의**(justification)가 **중생**(regeneration) 또는 새 생명의 자리를 빼앗은 것이다.[8] 심판의 덫으로부터의 해방이 "위로부터" 나는 하나님의 생명의 소유를 대치한 것이다. 보수주의 그리스도인들 사이의 "새 생명"에 대한 모든 논의에, 거의 전적으로 빠져 있는 것이 있다. 실제적 의미에서 새 생명이란 무엇이며 용서 및 전가된 의(transmitted righteousness)와는 어떤 관련이 있는지에 대한 이해가 없다는 것이다.

더욱이 예수께서 우리를 위해 죽으신 일을 **믿는다**는 것의 의미가 지금은 다양한 방법, 즉 정도와 형태가 서로 다른 신조에 동의하거나 지역 교회나 교단에 소속되는 것 등으로 설명되고 있다. 곧이어 살펴보겠지만, 사실 이 문제―구원에 필요한 믿음이 무엇이냐에 대한 문제―는 지금도 논의의 쟁점이 되고 있다. 하지만 언제부터인가 구원에 필요한 믿음은 갈수록 "주님과 나, 둘만의 사이에서" 벌어지는 전적으로 개인적인 행위로 간주되어 왔다. 오직 "스캐너"만이 알 일이라는 것이다.

그리하여 믿음이 보장하는 유일한 결과는 "단지 용서받은 것"이 되고 만다. 우리는 의롭다 칭함받는다. 이 말은 흔히 하나님 앞에서 한번도

　　　　　　　　　　　　　　　2장_ 죄 관리의 복음

죄를 지은 적이 없는 것과 같다는 말로 설명된다. 우리는 칭찬 들을 만한 일을 하거나 그런 존재가 되지 못했을 수도 있다. 그러나 천국 문에 이를 때 그런 것들은 하등의 방해거리가 될 수 없다. 정신적으로 동의한 마술적 순간의 기록만으로 천국 문은 열릴 것이다.

실제적인 면으로 볼 때, 나의 사적인 혹은 정신적인 행위가 정말 제대로 된 것이었는지 확실히 아는 것은 언제나 커다란 문제였다. 그 행위의 유일한 본질적 효력이 천국의 책에만 나타나기 때문이다. 그것은 지금 볼 수 없는 것이다. 바로 여기서, 내가 "선택된 자 중에" 포함돼 있어 분명히 천국에 "들어갈" 것인지를 알고자 하는 개신교 전통의 익숙하고도 종종 처절한 씨름이 시작된다.

신학적 우익에서 이해하는 바로는, 믿음의 절대적 표시가 되는 행동도 없고 그렇다고 믿음에 의해 절대적으로 배제되는 행동도 없다. "더할 것도 없고 뺄 것도 없는" 은혜와 그 은혜로 인한 용서(구원), 거기에 필요한 것은 믿음이다. 오직 믿음 이외에 뭔가가 더 있어야 된다는 주장은 순전한 은혜에 "행위"를 더하는 것이 된다. 우리가 알기로 그것은 개신교의 문화 유산상 허용될 수 없는 일이다.

주되심(Lordship) 구원

앞서 말한 것처럼 그리스도인들이 헌신을 고백하지만 행동이나 사고는 일반인들과 전혀 혹은 별로 다를 바 없는 고질적 현상은, 북미의 복음주의 및 보수주의 교회 내부에 이러한 구원관이 만연해 있기 때문이다. 그것은 다시 복음주의 지도층 및 추종 교인들 사이에 "주되심 구원"이라는 논란을 불러일으키고 있다.

이 논란의 관련 이슈들을 이해하기가 다소 어려워 보일 수 있으나,

간단히 살펴보는 것만으로도 현대 그리스도인의 실상과 통상 전해지는 생명에의 초대가 정확히 일치한다는 사실을 이해하는 데 큰 도움이 될 것이다.

오늘날 복음주의 진영의 가장 영향력 있는 저자 가운데 한 사람은 존 맥아더(John MacArthur)다. 그는 예수 그리스도의 가르침에 순종할 마음이 없다면 또한 그분께 대한 "구원"의 믿음도 가질 수 **없다**는 입장을 옹호해 왔다. 그분을 **주님**(Lord)으로 받아들여야 한다는 것이다. 여기서 **주되심 구원**이라는 말이 나왔다.[9]

맥아더가 보는 그리스도인이란 분명 단순히 용서받은 존재 이상일 수 있고 또 그래야 한다. 그는 성경 주석과 역사적·신학적 분석으로 자신의 입장 옹호에 심혈을 기울여 왔다.

맥아더의 입장에 대한 답변으로 찰스 라이리(Charles Ryrie)는 이렇게 말한다. "인간을 구원하는 복음이란 그리스도께서 우리 죄를 위해 죽으셨고 죽은 자 가운데서 다시 살아나신 것을 믿는 것이다."[10] 그는 계속해서 "기쁜 소식이란 그리스도께서 죄를 해결하시고 [죄값을 치르시고] 오늘도 살아서 나에게 용서를 베풀어 주신다는 것이다."

라이리는 자신의 입장을 뒷받침하기 위해 "복음에 관한 이슈"에 명확한 설명을 덧붙인다.

오늘날 복음의 의미에 대한 혼돈은 관련 이슈를 명확히 밝히지 못하는 데서 비롯될 수 있다. 이슈란 이것이다. 나의 죄는 어떻게 용서될 수 있는가? 나를 천국에 들어가지 못하게 막는 것은 무엇인가? 내가 영생을 얻지 못하도록 방해하는 것은 무엇인가? 답은 죄다. 그러므로 나는 그 문제를 해결할 방도가 필요하다. 그런데 하나님은 그 아들의 죽음을 통해 내 죄가 용서된다고 선포하신다.······ 믿음으로 나는 그분과 그분의 용서를 받아들인다. 그럴 때 죄 문제는 해결되고 나는 천국에 들어갈 것을 완전히 확신할 수 있다.[11]

라이리는 사후 천국행 보장에 죄책(sin-guilt, 그의 말을 보면 죄 자체로 생각될 수 있으나 실은 죄 자체가 아님)의 제거가 **유일한** 문제 내지 이슈라는 자신의 주장에는 전혀 뒷받침을 시도하지 않고 있다. 이 점에 대해 현 논란에 대한 모든 입장들이 자신과 같은 생각일 것이라 가정하고 있는 것이다. 꽤 맞는 가정이다. 그러나 기독교 역사와 성경 기록에 비추어 이 주장은 분명 뒷받침이 필요하다. 물론 그런 뒷받침은 전혀 발견할 수 없다. 기독교 전통이 죄책과 사후 생명을 다루고 있는 것은 분명하나, 결코 그것을 구원에 관련된 **유일한** 이슈로 보고 있지는 않다.

라이리 및 같은 입장의 다른 사람들은 신약에서 그리스도를 믿는 믿음과 "복음"에 대한 구절들을 읽을 때 자기들의 관점에 맞추어 읽는 독특한 체계가 있어 이런 사실을 전혀 보지 못하고 있다.

예를 들어, 라이리는 마태복음에 나오는 모든 천국 복음에 대한 구절은 천년왕국 때 지구를 다스리러 오는 메시아의 강림과 상관이 있다고 말한다. 천년왕국이란 지구의 실제 통치가 재림 예수의 단독 지휘 아래 놓이게 될 주관적 천년의 기간을 말한다. 라이리나 다른 많은 사람들은 복음의 주제인 "천국"을, 미래의 천년 통치, 즉 피조 세계와 그리스도 안에서 이루어지는 하나님의 뜻의 현재적 활동이 아니라 미래의 정치적 실체와 동일한 것으로 본다.

과연 맞을 법한 이야기인가? 마태복음 6:33과 8:12 같은 구절에서 나라라는 말을 천년 통치라는 말로 대치한다면, 그 내용은 거의 아니면 전혀 말이 되지 않는다. "너희는 먼저 하나님의 천년 통치를 구하라." "천년 통치의 본 자손들은 바깥 어두운 데 쫓겨나." 우리는 나라 혹은 천국이라는 말이 마태복음 4:17과 9:35 같은 "복음" 구절에서는 그의 주장대로 "천년 통치"를 뜻할 수 있으면서도 앞의 두 구절 같은 데서는 의미가 달라야만 하는 이유를 설명할 필요가 있다.

반대로, 만일 우리가 하나님 나라를 앞서 설명한 대로 단순히 하나님이 실제 행하고 계신 일로 이해한다면, 오히려 복음서의 "천국" 본문은 모두 의미가 통하며 그러면서도 정치적 특성의 천년 통치를 포함해 그 나라의 미래적 차원을 설명할 수 있는 여지가 충분히 남아 있게 된다.

라이리는 구원의 복음이 예수의 죽음에 대한 것이라는 생각이 어찌나 확고한지 막달라 마리아가 예수의 장사를 위해 향유를 부은 마태복음 26:23 기사의 경우 "복음"이라는 단어 뒤에 "그의 죽음에 대한"이라는 말을 아예 첨가할 정도다. 라이리 식대로 하자면 이 구절은 이렇게 된다. "어디서든지 **그의 죽음에 대한** 복음이 전파되는 곳에는 이 여자의 행한 일도 말하여 저를 기념하리라."[12] 그러나 성경 본문 자체는 단순히 "어디서든지 이 복음이 전파되는 곳에는"이라고 되어 있을 뿐 "그의 죽음에 대한" 복음이라는 언급이 없다. 물론 복음에는 인류를 위한 예수의 죽음이 포함되지만, 그것 말고도 훨씬 많은 것이 들어 있다.

삶과 분리된 구원

라이리나 다른 많은 사람들에게 있어 구원을 위해 믿는 내용과 그 밖에 그리스도에 대해 올바르게 믿을 수 있는 내용의 구별이 가능한 것은, 바로 성경을 그런 식으로 해석하는 데 원인이 있다. 그 자체로는 아주 정확하고 유익한 구별이지만 실제 적용에는 여전히 주의가 필요하다.

그는 말한다. "구원받기 위해 그리스도를 믿는 것은 그분이 죄책을 제해 주시고 영생〔천국으로 읽으라〕을 주실 수 있다는 것을 믿는 것이다. 사람을 천국에 들어가지 못하게 하는 죄〔**죄책**으로 읽으라〕 문제를 그분이 해결하실 수 있다는 것을 믿는다는 뜻이다."[13]

라이리에 따르면, 그리스도에 대해 올바르게 믿을 수 있으나 구원을 위한 믿음에는 필요치 않은 것들이 허다하게 많이 있다. 그중 일부를 보면 이렇다.

> 우리는 그분이 지상에서 가르치신 것이 선하고 고상하고 참된 것이었음을 믿을 수 있다. 사실 그렇다.…… 그분이 나의 인생을 주관하실 수 있음을 믿을 수 있다. 그분은 과연 그러실 수 있고 그것을 원하신다. 그러나 이런 것들은 다 구원의 이슈가 아니다. 구원의 이슈란 그분의 죽음이 나의 모든 죄값을 치르셨다는 것과, 그분을 믿음으로 나도 용서와 영생을 얻을 수 있다는 것을 믿느냐 하는 것이다(74쪽).

> "믿는다는 것은 곧 하나님께 드린다는 것이다. 무엇을? 자신의 영원한 운명을 드리는 것이다. 그것이 이슈다. 이 땅의 인생의 시간은 이슈가 못된다"(123쪽). 라이리의 설명이다. 비(非)구원의 "이슈들은 그리스도인의 삶에 속하는" 것 혹은 "구원의 이슈가 아닌 그리스도인의 삶에 관련된" 것이다. "구원받기 위해서 그리스도인의 삶에 속한 이슈들을 해결할 필요는 없다"(40쪽).

그것만이 이슈인가

주되심 구원의 옹호자들과 반박자들의 차이는 구원을 위한 믿음이 어떤 내용으로 이루어지는지와 상관이 있다. 그러나 우리는 양측이 같은 입장인 부분도 생각해야 한다. 구원의 여부는 전적으로 죄책의 유무 문제라는 점, 구원받기 위한 믿음과 일반 믿음의 구분, 구원의 결과 등에 대해 이들은 생각이 같다. 바로 신학 우익의 복음의 핵심을 형성하고 있는 부분들이다.

또한 **영원한 운명**이라는 말도 양쪽 다 많이 사용하고 있다. 라이리의 말대로, 중요한 이슈는 전가된 공로를 통한 죄 사함과 그 결과로 주어지는 사후의 천국 입성이라는 데 양쪽 모두 같은 의견이다. 그것을 얻었으면 구원받은 것이며, 구원을 위한 믿음이란 구원을 "얻는" 데 필요한 개인의 자격이나 태도를 말한다. 두 입장은 구원을 위한 믿음의 내용에 대해서만 차이를 보일 뿐이다. 믿음으로 구원받으려면 정확히 무엇을 믿어야 하는가?

구원의 **최대** 이슈가 용서와 영원한 운명이라는 점에서 맥아더 역시 자신의 반박자들과 생각이 같다. 그렇지 않다면 중요한 의견 차이란 아예 존재하지 않을 것이다. 그저 양쪽이 전혀 다른 주제를 말하고 있는 셈이 될 것이다. 맥아더는 A(구원)를 얻기 위해 B(주되심 헌신)가 있어야 한다고 말하는 것이고, 그의 반박자들은 그에 응대해 "아니다, C(또 다른 '구원')를 얻는 데는 B가 있을 필요가 없다"고 말하는 것이 될 것이다.

구원의 유일한 이슈가 "지옥이냐 천국이냐"라는 이러한 양측의 공감과 관련된 또 하나의 일치점이 있다. 구원받는다는 것이 살아 있는 실체나 성품이라기보다 법적 상태라는 것이다. 하나님이 그렇다고 선언하시기 전에는 아무도 이런 "구원받은" 상태가 되지 못한다. 우리에게 발생하는 일이나 우리의 삶에 개입하는 실체에 의해서는, 그 실체가 하나님 자신이라 해도, 그 상태에 들어가지 못한다. 그렇다면 문제는 하나님

2장_ 죄 관리의 복음

이 장차 구원받은 자로 선언하시기 **이전의** 우리의 실상은 무엇인가 하는 것이다.

마지막으로, 양측은 사후에 천국에 들어가는 것이 구원을 위한 하나님과 인간의 노력의 유일한 **목표**라는 점에서 의견이 일치한다. 천국 입성은 다른 목표의 부산물이나 자연스러운 결과가 아니라 모든 노력의 목표 자체다.

그러나 천국의 삶–영원한 질의 삶–을 **지금 사는 것**을 목표로 본다면, 구원과 믿음과 용서의 그림은 완전히 달라진다. 예수의 말씀과 행동이 의당 보여주는 바로는 천국의 삶을 지금 사는 것, 바로 그것이 구원이며 제자도와 용서와 천국은 당연한 부분으로 따라오는 것이다. 그리고 이 점에 있어 예수는 구약의 교훈을 그대로 이어 가시는 것뿐이다. 성경 전체의 전통은 시작부터 끝까지 인간의 삶에 대한 하나님의 친밀한 개입, 혹은 소외에 있다. 그것이 현재의 삶을 위한 성경의 해답이다. 잠언은 한마디로 이렇게 말한다. "대저 패역한 자는 여호와의 미워하심을 입거니와 정직한 자에게는 그의 교통하심이 있으며"(잠 3:32).

아브라함의 믿음과 의

아브라함이 하나님을 믿으매 하나님께서 이를 그의 의로 여기셨다고 성경은 말한다(창 15:6). 아브라함이 **무엇**을 믿었길래 하나님이 그를 의롭다 선포하시고 혹은 의롭다 "여기신" 것일까? 하나님이 자신의 죄값을 치를 길을 마련해 놓으셨다는 것을 믿었을까? 절대 그렇지 않다. 본문에 너무나 분명히 나타나 있다. 아브라함은 하나님이 자기에게 아들 곧 상속자를 주실 것과 그 아기를 통해 자신에게 약속된 땅을 소유하게 될 수 많은 후손들을 주실 것을 믿었다. 하나님을 믿기는 믿었으나 그 믿음은 현재의 실존과 관련된 것이었다.

그는 **하나님이 지금 자신과 관계하고 계심**을 믿었다. 후에 예수 주변에 모였던 사람들이 그랬던 것처럼 말이다. 그는 감히 하나님께 남자 상속자의 약속이 성취될 것을 어떻게 알 수 있느냐고 묻기까지 했다. 응답으로 하나님은 그에게 제사용 동물들을 준비하게 하셨다. 아브라함은 지시대로 한 뒤 하나님의 행동을 기다렸다(창 15:8-11). 하나님이 무에서 횃불을 만드실 때까지 기다렸다. 하나님은 주변 공간, 대기, 곧 성경의 "첫째 하늘"에서 행동하셨다. **이것**이 아브라함의 질문에 대한 대답이었다. 세월이 흘러 하나님이 "사라를 권고하셨고" 드디어 사라는 이삭을 잉태하게 된다(창 21:1).

이런 믿음을 보시고, 하나님은 아브라함을 의롭다 선언하셨다. 죽어서 천국에 갈 것을 선언했다는 뜻일까? 정확히 그렇지는 않지만, 아브라함의 죄와 실패가 현재의 순간과 앞으로 지속되는 동반의 삶의 관계에서 그를 하나님으로부터 떼어놓지 못할 것이라는 선언임은 분명하다.

하지만 아브라함은 죽어서 천국에 갈 것인가? 물론이다! 하나님이 그런 사람을 달리 어떻게 하시겠는가? 하나님과 아브라함은 친구였다. 성경에 자주 언급되는 사실이다(대하 20:7; 사 41:8; 약 2:23). 예수의 사역에 깊이 잠김으로 우리가 그분의 친구가 되는 것과 같다(요 15:15). 하나님의 친구라면 누구도 지옥에 있을 수 없다. 예수는 우리에게 이렇게까지 확신을 주셨다. "또 누구든지 제자의 이름으로 이 소자 중 하나에게 냉수 한 그릇이라도 주는 자는 내가 진실로 너희에게 이르노니 그 사람이 결단코 상을 잃지 아니하리라"(마 10:42).

어떤 관계든 불화가 있었다면 용서와 화해는 분명 필수이며, 그 점은 우리와 하나님 사이도 마찬가지다. 용서 없이 우리는 위로부터 오는

2장_ 죄 관리의 복음

새 생명으로 옮겨질 수 없다. 자신의 삶과 죽음을 통해 용서를 포함한 이런 이동을 가능하게 하신 분은 분명 그리스도이시다. 하나님과 우리가 동반의 삶을 살게 되려면 우리는 그분과, 그분은 우리와 반드시 화목케 되어야 한다. 그러나 그 화해에는 죄 용서나 부채 정리보다 훨씬 많은 것이 포함되어 있다. 예수께서 분명히 말씀하시는 믿음과 구원은 단순한 화해 이상의 훨씬 더 긍정적인 실체다. 아브라함을 비롯한 성경 인물들의 기사가 더없이 좋은 예다.

복음서에서 복음에 관한 한 **최대** 이슈는, 우리가 하나님께 대하여 살아 있느냐 죽어 있느냐 하는 것이다. 새로운 종류의 삶, "위로부터" 오는 삶의 성분인 그분과의 친밀한 관계, 우리는 과연 그 안에서 살고 있는가? 사도 요한은 첫 서신에서 이렇게 말한다. "하나님이 우리에게 영생을 주신 것과 이 생명이 그의 아들 안에 있는 그것이니라. 아들이 있는 자에게는 생명이 있고"(요일 5:11-12).

이 모든 이야기에서 강조해야 할 점은, 참 인간 예수인 그리스도를 믿는 것—나머지 모든 것은 거기에 당연히 포함된다—과 예수를 통해 마련된 죄 용서의 방편을 믿는 것—죄책을 제해 주는 자로서의 역할만 믿는 것—이 엄연히 다르다는 사실이다. 참 인간 예수를 믿는다는 것은 우리 현실 생활의 모든 부분에서 그분을 의뢰하는 것이요, 그분이 모든 일에 옳으시며 충분하시다는 것을 믿는 것이다.

라이리는 마가복음과 누가복음에 사용된 "복음"이라는 말에 관해 이렇게 말한다. "우리 주님은 기쁜 소식의 핵심 주제다."[14] 분명 맞는 말이다. 그러나 그와 및 많은 다른 사람들에게 있어 그 말은 다음 말과 전혀 다를 바 없다. "복음은 그리스도의 죽음과 부활에 대한 기쁜 소식이다." 죄 용서의 길이 이미 마련됐기 때문에, 이제는 지금도 살아 계신 참 인간이신 그리스도는 한마디로 우리의 현재 실존과 무관한 존재라는 주장이다.

하나님이 하시는 일과 우리 삶의 내용을 무관하게 여기는 의식은 대다수 현대 그리스도인들의 실존에 있어 근본적 오류다. 그들이 믿게 된 바는 이렇다. 하나님은 우리 마음을 검사하여 우리가 특정 구속 이론을 사실로 믿고 있음을 보시고는, 그리스도의 공로 구좌의 신용을 우리에게 전가하셔서 우리의 죄 부채를 말소해 주신다는 것이다. 설사 우리가 현실의 다른 모든 일들에서 하나님만 빼고 다른 모든 것을 믿는다 해도, 그분은 어찌된 이유인지 위의 내용만으로 족하게 여기신다는 것이다.

사후의 삶에 대해서는 그리스도를 믿지만 오늘의 삶에 대해서는 믿지 못하는 것, 영원한 운명에 대해서는 그분을 신뢰하지만 "그리스도인의 삶에 관련된 일"에서는 신뢰하지 못하는 것, 그것이 어떻게 가능한 일인지 아직 수수께끼로 남아 있다. 그것은 과연 가능한 일인가? 천만부당한 말이다. 하나의 생명 안에서 그럴 수는 없다.

결론적으로, 라이나 맥아더나 기타 신학 우익 입장의 사람들에게 있어서 "복음"이란 그리스도께서 우리의 천국 입성의 "길"을 마련해 주셨다는 것에 지나지 않는다. 그러나 **복음서**가 말하는 "복음"이란, 하나님 나라의 삶이 구속자이신 예수를 믿는 믿음을 통해 지금과 또 영원히 하나의 임재요 가까운 실체가 되었다는 의미에서 기쁜 소식이다. 아브라함의 믿음도 그런 것이었다. 예수는 말씀하셨다. "아브라함은 나의 때 볼 것을 즐거워하다가 보고 기뻐하였느니라"(요 8:56).

따라서 예수의 말씀에서 찾을 수 있는 영생에 대한 유일한 묘사는 이것이다. "영생은 곧 유일하신 참 하나님과 그의 보내신 자 예수 그리스도를 아는 것이니이다"(요 17:3). 얼른 듣기에는 "머리로만 아는 지식"처럼 들릴지 모른다. 그러나 성경에서 "안다"는 말은 언제나 친밀하고 인격적인 교제의 관계를 뜻한다.

그리하여 선지자는 하나님을 대언하여 이스라엘에게 말한다. "내가 땅의 모든 족속 중에 너희만 알았나니"(암 3:2). 마리아는 아이를 낳으리라는 천사의 말에 이렇게 되묻는다. "나는 사내를 알지 못하니 어찌 이 일이 있으리이까?"(눅 1:34) 분명 하나님은 이 땅의 다른 족속들에 대해 알고 계시며 마리아도 남자들에 대해 알고 있었다. 예수께서 말씀하시는 영생은 하나님에 대한 지식이 아니라 그분과의 친밀한 교제의 관계다.

좌익의 복음

전적으로 사회적인 복음

신학적 스펙트럼의 반대쪽 극단에는 복음의 이슈 및 복음 자체에 대한 견해가 완전히 다른 많은 목회자, 신부, 회중들이 자리하고 있다.

그러나 이들을 무조건 "자유주의"라고 부른다면 그것은 잘못이다. 이들은 19세기와 20세기 초반의 자유주의 교회의 적자(嫡子)인 것은 분명하다. 그러나 예전 자유주의(1960년대 이전)의 목회자들과 신학자들을 정말 잘 아는 사람이라면, 그들 중 다수가 도덕성이나 실천적 영성은 물론 가르침의 본질에 있어 작금의 기독교 좌익의 중심 인물들이나 그 가르침보다는 오히려 맥아더나 라이리에 더 가깝다는 사실을 알 것이다.

1950년대 말과 1960년대 초에 이르러, 예전의 자유주의 신학과 "사회 복음"은 자신들이 꿈꾸고 약속했던 인간 실존의 변화를 성취할 수 없음을 확연히 깨닫게 되었다. 세계사의 사건들에 기진맥진 무릎을 꿇어

버린 자유주의 지식층은 당시 서구 생활과 사회에 벌어지는 일들을 정확히 규명할 개념을 내놓지 못했다. 게다가 민권 운동이 시작될 무렵 이들은 자신들이 하나의 사회적·제도적 실체로서 오히려 압제 세력 쪽에 서 있다는 것을 자각하게 되었다.

자유주의 지도층은 재빨리 사회 참여 입장으로 옮겨갔다. 1963년 전국교회협의회(NCC)는 흑인의 사회 경제적 평등 투쟁에 직접 참여한다는 정책을 채택했다. 곧이어 월남전 반대 시위 및 다른 국가들의 해방 운동에 가담했다. 점차 성차별, 성적 우위성, 생태계, 종(種) 차별, 그리고 전반적으로 "옳은 일"에 대한 이슈로 번져 갔다.

사회 윤리로 변한 기독교

1963년까지만 해도 NCC 지도층은 꽤 오랫동안 교회의 본질과 사명의 문제, 그리고 기독교 복음의 기초적 본질에 몰두해 있었다. 제임스 핀들리(James Findlay)는 바로 그것이 1920년대와 1930년대 사회 복음의 급진적 요소를 회복시키면서 사회 참여로의 이동의 기초가 되었다고 말했다.[15]

핀들리의 지적에 따르면, 민권 운동에 가담한 많은 이들에게 있어 그것은 인생이 뒤바뀌는 순간이었다. 그는 1964년의 유명한 미시시피 집회에 참석했던 북부의 한 백인 성직자의 말을 인용한다. "내 평생 가장 강렬한 순간이었다. 이곳이야말로 내가 있어야 할 자리요 이곳이야말로 교회가 있어야 할 자리이며…… 나의 존재가 곧 교회의 존재라는 것을 이토록 확실히 느꼈던 순간은 내 평생에 없었다." 이 사람은 20년이 지난 후에도 1960년대 민권 운동 때 자신의 신중한 역할이 미쳤던 독려와 변화의 힘을 늘 되짚으며 살고 있다고 핀들리는 보고하고 있다.[16]

2장 _ 죄 관리의 복음

제임스 트라웁(James Traub)은 1994년 발표한 한 기사에서 "마틴 루터 킹(Martin Luther King, Jr.)의 말을 들으며 자랐고 민권 운동의 구속적 언어 속에서 사실상 신앙의 대용품을 찾았던 나와 같은 사람들" 이야기를 하고 있다.[17]

그러나 성직자와 평신도 할 것 없이 자유주의 교회의 많은 이들에게 있어 그 언어는 신앙의 대용품 정도가 아니었다. 그 자체가 그들의 신앙이 **되었다**. 어쩌면 그들의 신앙은 상대에게 반감을 주는 상징물이나 언어를 사용하지 못하게 하는 최근에 제기된 권리까지 포함하여, 넓은 의미에서 민권에 대한 헌신이 되었다고 말하는 것이 맞을지도 모른다.

압제받는 이들에게, 해방을 위해, 아니면 그저 "지역 사회"에 헌신한다는 것이 많은 이들에게 그리스도인의 헌신의 본질 전체가 되고 말았다. 이런 입장에서 보는 복음 또는 "기쁜 소식"이란 하나님이 친히 해방과 평등과 지역 사회를 지지하신다는 것, 예수가 그런 것들을 증진시키기 위해 혹은 적어도 그런 것들의 결핍 때문에 죽으셨다는 것, 그리고 그분이 그런 것들을 중시하는 모든 노력과 동향 속에 "지금도 살아 계시다"는 것이다. 신학 좌익에게는 단순히 그것이 그리스도의 메시지가 되었다.

그래도 여태까지 **신학**, 즉 하나님께 대한 견해가 주를 이루고 있던 예전 자유주의 신학은 죽었고, 이제 신학 좌익은 임재하시는 하나님이나 살아 계신 그리스도를 전혀 믿지 않는 이들과도 얼마든지 공유할 수 있는 사회 윤리의 형태로 되살아났다. 예컨대, 전통 기독교 자체의 배타성을 고집하는 압제 세력만 빼고는 모든 신념과 행동을 다 용인하는 것이 자연히 다음 단계로 이어졌다.

인간의 사랑 안에 내재하는 하나님과 예수

이런 견해의 대중화에 존 로빈슨(John A. T. Robinson)보다 더 큰 영향력을 미친 목회자나 신학자는 없었다. 그는 이렇게 말했다.

> 기독교의 하나님은 멀리 떨어져 있지 않다. 그는 개입돼 있고 관련돼 있다. 예수 그리스도가 과연 의미가 있다면, 그것은 하나님이 이 세상에 속해 있다는 의미다.…… 우리에게 그 무엇보다도 필요한 것은, 사랑하고 사랑받는 것이다.…… 우리는 스스로를 위해 한 인간으로, 온전한 인간으로 수용될 필요가 있다. 진정한 사랑이 하는 일이 바로 그것이다. 사랑은 사람을 수용하되 아무 조건 없이 단순히 있는 모습 그대로 수용한다. 사랑은 인간에게 가치를 준다. 사랑은 "인간의 삶을 만들어 낸다."[18]

여기서 예수의 죽음은, 여전히 역사적 기독교의 중심 사건으로 간주되지만 그 의미는 다르다.

> 인간의 삶을 만들고 다시 만들어 의미를 되찾게 하는 것, 그것이 우리가 복음서에서 보는 예수의 사역이다. 그분 안에서 우리는 사랑의 역사를 본다. 어떤 의미에서 세상이 전에도 후에도 보지 못한 사랑이다. 신약성경이 예수 안에서 하나님의 역사를 보는 이유가 바로 거기에 있다. 하나님은 사랑이시기 때문이다. 십자가에서 그 사랑은 최고의 승리를 이룬다. 갈보리는 말한다. "여기 너희를 위한 사랑이 있다!" 그리고 부활을 통해 우리는 죽음마저도 사람을 변화시키고 치유하는 사랑의 힘을 꺾을 수 없음을 보게 된다. 역시 사랑이 이겼다.[19]

사랑이 이긴다, 이것이 현대 기독교 좌익의 복음이다. 물론 우리 모두 간절히 바라야 할 바다.

로빈슨의 다음 말은 당연한 것이다. "그리스도인이란 그[예수 수준의] 사랑을 인생 최후의 단어로 믿는 자다"(52쪽). 그리고 이제는 아주 흔해진 말처럼, **진짜** 예수는 "압제받는 이들, 남들보다 못한 이들과 동화하여 그들을 사랑하는 분"이요 우리 또한 같은 일로 부르는 분이다. 이런 말들은 기독교 좌익의 구속관을 그대로 표현해 주고 있다. "죄 사함을 받으려 그리스도를 믿었다" 또는 "예수를 기도로 영접했다"는 말이 우익의 구원관을 대변하는 것과 마찬가지다.

사랑의 정치적·사회적 의미

그러나 구원을 위한 믿음의 내용에 심각한 문제가 있었던 것처럼, 구속적 사랑의 정확한 본질에도 문제가 있다. 세상에는 사랑이라 불리는 것들이 많이 있다. 하나님이기도 한 사랑은 어떤 사랑인가? 그리고 사랑이신 하나님은 어떤 분인가?

옛날 자유주의 신학에서 이어져 온 현 기독교 좌익의 후예가 이 점에서 단연 두드러진다. 로빈슨 및 그의 복음관을 수용하는 이들은 "하늘의 할아버지"식 하나님관을 좀처럼 떨치려 하지 않는다. 제임스 파이크 (James Pike) 주교는 말하곤 했다. "나는 고장난 곳이나 고쳐 주는 하나님은 믿지 않는다."[20] 인간의 기도에 대한 응답을 사실상 부정한 것이다. 그는 기도가 삶에 신비롭고 비과학적인 변화는 가져올지 몰라도 직접적 의미에서 "응답"-"자연"의 질서를 바꿔 놓는 응답은 말할 것도 없고-을 가져오지는 않는다고 말했다. 결국 기도란 우주를 향해 손짓하는 의식(儀式)에 지나지 않으며, 기껏해야 심리적 위안이나 태도 개선을 가져다줄 뿐이다.

그러나 자연의 현실과 인생에 대한 자신들의 입장을 좀더 과학적으로 조정한 것 외에, 이런 신학자들의 달라진 하나님관의 진정한 결과는 무엇인가? 하나님과 예수가 지금도 다가갈 수 있는 살아 계신 **인격**이며, 자신을 의지하는 이들과 친밀한 관계를 맺으시는 분이라는 실상의 의미를 완전히 무너뜨리는 것이 아닌가?

앞서 보았듯이, 예수는 친히 그런 관계를 "영생"이라 하셨다. 그러나 신학 좌익에게 있어서 교회 신조나 의식은 멀어서 다가갈 수 없고 필시 상상이나 감정 속에나 존재할 "피안의" 영역에 대한 위안의 상징물에 지나지 않는다.

불행히도 이 "피안의 영역"은 예컨대 시편 23편, 주기도문, 또는 언제나 우리와 함께하신다는 그리스도의 약속에 대해 어떤 직접적 의미도 줄 수 없다. 이런 새로운 신학은 한때 윌리엄 제임스(William James)가 "보편 구원론적" 혹은 "엄밀한" 초자연주의라 불렀던 입장을 취하고 있다. 그것은 "인생 전체에 대한 감정에 국한되며" 그 와중에서 "실제적 종교의 본질은…… 사라지고 만다"고 그는 말했다.[21]

초월적인 영적 존재이신 하나님은 여전히 인간과의 인격적 관계를 통해 인간에게 삶의 방식에 관한 구체적 지침을 가르쳐 주시건만, 이런 "사랑"("하나님")은 그런 초월적 존재를 인정하지 않기 때문에 결국 현대 사조가 말하는 개념으로 전락할 수밖에 없다. 현재로서 그 사랑의 의미는 사람들을 차별하지 않고 해방시켜 자기가 원하는 것을 하도록 해주는 것을 말한다.

그러나 사실상 이런 "복음"은 저 유명한 아메리칸 드림의 또 다른 변형에 지나지 않는다. 그 밖의 관련 단어로 "평등주의", "행복", "자유" 등

2장_ 죄 관리의 복음

을 들 수 있다. 최근 브래들리 대학교의 한 교육학 교수가 말한 것처럼, 아메리칸 드림이란 "누구나 밀고 나가기만 하면 자기가 원하는 대로 하거나 될 수 있다"는 생각이다.[22] 욕망이 성의(聖衣)를 입는 것이다. 욕망을 방해하는 것이면 무엇이든 악이나 죄가 된다. 기독교 좌익의 실상도 결국 또 하나의 죄 관리의 복음에 지나지 않는다. 다만 그 본질이 세속 사회의 인간 실존에 대한 서구(미국)의 사회 및 정치 사상에서 온 것만 다를 뿐이다.

복음의 간극

그렇다면 이런 범퍼 스티커도 나올 수 있을까? "그리스도인은 완전하지 않다, 해방에 헌신돼 있을 뿐이다."

얼마든지 가능한 일이다. 현대의 좌우익 복음은, 신자들의 온전한 성품과의 개념적 단절성과 함께 실제적 무관성을 똑같은 형태로 보여주고 있다. 성품이라는 말을 성경의 표현을 빌려 "그리스도를 닮는 것"으로 바꾼다면 더 말할 것도 없다. 개인의 전체 생활, 특히 직업이나 근무 시간, 가족이나 이웃과의 구체적 인간 관계에 대해 양쪽 모두 본질상 아무런 관계가 없다. 그래서는 안된다고 모두가 입을 모으지만 여전히 현실은 그렇다.

반복해 말하지만, 이러한 삶과의 무관성은 각 진영의 "복음"의 내용 자체, 곧 그 내용과 주제에서 비롯된다. 두 복음의 관심은 죄책이나 구조악(사회적 죄) 및 그 해결에 있다. 그것이 전부다. 그들의 실제 삶이 복음 없이 돌아가는 것은 **당연한** 결과다.

애리 골드먼(Ari Goldman)은 「하버드에서 하나님을 찾아」(*The Search for God at Harvard*)에서 신학부의 한 급우 이야기를 들려준다.

그의 급우는 학교에서 자신의 정체를 "폭로한" 레즈비언으로, 사실 동성애 동아리 회장을 맡고 있었다. 그녀는 졸업 후 부목사로 청빙되었다. '연합 그리스도 교회' 교단 소속의 청빙 교회는 그녀에게 안수까지 주었다.

그녀는 회중들의 안수를 통해 깊은 감동을 받았다. 그러나 회중은 그녀가 레즈비언인 것을 몰랐다. 그녀는 말했다. "교인들한테 그 문제는 이야기하지 않았습니다. 만약 그랬더라면 나는 일자리를 얻지 못했을 겁니다. 내가 어느 정도 이중적인 삶을 사는 것은 사실이지만, 지금 그런 게 문제 될 것 같진 않습니다."[23]

대충 얼버무리는 이런 무책임한 발언은 얼마나 귀에 익은 것인가. 얼마나 흔한 것인가. 만인이 진상을 알지만 "비즈니스는 비즈니스일 뿐이다." 유사한 경우들이 신학적 스펙트럼의 모든 진영에 존재한다. 놀랍게도 죄는 소속도 없고 원점도 없다. (정말 원점이 있는 것, 원죄를 찾는다면 그만큼 구원에 가까운 것 아닌가?) 이 여자에게 그리스도를 믿는 믿음은 어디 있는가? 그것은 삶과 무관한 것인가? 아니면 단순히 무력한 것인가? 진실을 밝히면 하나님이 함께하시지 않는가? 그러나 다시 말하지만, 우리 모두가 정당한 것으로 알고 있는 도덕적 기준에 대한 순종과 풍성한 삶 전체는 죄 관리의 복음과는 본래 상관이 없다. 앞서 지적한 것처럼, 이 기본 사실에는 "우익"도 "좌익"도 전혀 차이가 없다.

삶과 신앙의 통합을 향하여

잃어버린 스승

그러므로 이제 우리 앞에는, 한편으로는 소위 "그리스도를 믿는 믿음"이 있고 다른 한편으로는 그분의 실체이자 그분이 베푸시는 풍성한 삶과 순종이 있다. 그러나 믿음을 삶으로 이어 주는 제대로 된 다리는 없다. 어떻게든 이 둘을 연결시키는 이들도 있다. 그러나 그렇게 된다 해도 그것은 **원래 복음 자체의 정상적이고 자연스러운 부분**이 아니라 요행이나 우연으로 보인다. 기도에도 "효력"을 보는 이들이 있다. 그러나 그 효력이 어떻게, 왜 나타나는지 누가 알 것인가? 어쨌거나 기도의 효력은 죽어서 천국에 가는 데에도, 해방 운동에 헌신하는 데에도 필수 사항이 아니다.

우리는 우리의 종교가 친구이자 스승이신 예수로부터 그리고 거룩한 소명 내지 하나님과의 만남인 매순간의 실존으로부터, 사실상 격리된 상태에 안주하고 만다. 예수의 생명과 온전한 성품 대신 의식적 행위를 택하는 이들도 있다. 성품의 변화보다는 단절된 "체험"의 연속으로 족하는 이들도 있다.

이 단절의 심장부에 자리하고 있는 것은, 바로 우리의 삶 속에 스승으로서의 예수가 존재하지 않는다는 사실이다. 이상하게도 우리는 예수만 빼고는 거의 누구에게서도 삶의 방법을 배울 각오가 돼 있는 것 같다. 우리는 예수보다 "최신 연구 결과"에서 사랑과 성(性)에 대해 배울 것이 더 많으며, 루이스 루키저가 재테크를 더 잘 안다고 믿을 자세가 되어 있다. 가족들 및 직장 동료들과 잘 지내는 법에 대해서는 신문 상담난이 더 잘 가르쳐 줄 수 있고, 우주에 대해서는 칼 세이건의 권위가 더 높다. 정보와 지혜의 차이를 식별하는 감각을 잃었기에, 당연히 그런 행동이 나오는 것이다.

삶의 방식에 대해 자연스럽게 "정보"를 찾는 대상들을 보면, 우리의 진짜 기분이 어떻고 진정 믿는 대상이 누구인지 알 수 있다. 스승으로서의 예수가 우리의 "실제" 삶과 무관하다는, 우리가 자동적으로 가정하는 심각성을 이보다 더 강력히 보여주는 것은 없다.

역사적으로 보수주의 그리스도인들은 예수를 "스승"으로 말하는 것을 아주 수상쩍은 눈으로 보아 왔다. 이유는 자유주의자 혹은 "현대주의자" 쪽에서 예수가 하나님의 아들이나 초자연적 구주가 아니라 "그저 선량한 사람"일 뿐이라는 의미로 스승이란 단어를 사용했기 때문이다. 나아가, 은혜로만 구원받는다는 보수 진영의 관점은 기독교 신앙의 "본질"에서 삶과 하나님 나라에 대한 예수의 가르침을 빼 버리고 말았다. 앞에서 본 것처럼 이제 그리스도인이 된다는 것은 성품의 변화와는 전혀 무관한 것이 되었다.

반대로, 현대주의자들은 예수를 위대한 스승으로 인정한다고 고백했다. 그러면서도 실제로는 그분이 자신의 메시지의 주요 골자들—예컨대, 하나님 나라의 도래 시기—에 관해 언급하신 것은 근본적으로 틀린 것으로 보았으며, 초자연적 관계를 요하는 그분의 가르침과 행적—예컨대, 기도에 대한 가르침과 행적—은 모두 적당히 의미를 축소하고 말았다. 사실상 그분을 심각하게 스승으로 대하는 것을 불가능하게 만든 것이다.

토마스 오든(Thomas Oden)은 이렇게 지적한다. "세상 물정 모르고 생각이 틀렸고 불운하고 무지한 예수를 바탕으로 건강한 기독론을 정립한다는 것은 불가능하지 않으면 어려운 일이다."[24] 여기에다 "역사 속에서 다가갈 수 없는 예수"를 더 넣어야 한다. 신학 좌익에서 거의 예외 없이 그분을 그런 존재로 취급하고 있기 때문이다.

그러므로 좌익 진영에서 말로는 예수의 윤리적 가르침을 높이 존중한다고 하면서도 정작 그분의 이름으로 내놓는 윤리가 로크, 루소, 칸트, 마르크스 같은 철학자들, 근년 들어서는 마르틴 하이데거, 장 폴 사르트르, 미셸 푸코 같은 사상가들까지의 해석을 바탕으로 검토를 거친 후에야 나온 것이라는 사실은 전혀 놀랄 일이 못된다. 복음서의 명백한 교훈을 실제 자신의 삶에 관한 것으로 받아들이려 하지 않기는 현대주의자도 보수주의자와 전혀 다를 바 없다.

이 놀라운 외면은 심지어 십계명, 그리고 유대-기독교 유산의 모든 구체적 도덕 교훈에까지 그대로 연장된다. 말은 무성하지만 그런 것들을 엄격히 준수하는 모습은 보기 힘들다. 요즘 일각에서는 미국 대법원이 자기네 법정의 벽에는 십계명을 새겨 놓으면서 정작 공립 학교에는 게시하지 못하게 한다는 비난도 나오고 있다.

그러나 좌우익 통틀어 십계명을 벽에 걸어 두는 교회가 과연 얼마나 되는가? 십계명은 어디서도 별 인기가 없다. 그 내용을 전반적으로 어느 정도만 지켜도 현재 서구 사회가 당면하고 있는 의미와 질서의 문제를 거의 모두 해결할 수 있으련만, 실상은 정반대다. 십계명은 기본적으로 건강한 인간 실존을 영위하는 길이 담긴 하나님의 최고의 정보다.

스승으로서의 예수의 증발은—좌우익 어느 진영이든—오늘날 기독 교회가 예수께서 행하시고 가르치신 내용을 사람들에게 가르치는 일에 별 성의가 없는 이유를 잘 말해 준다. 다시 말하지만, 그것은 우리의 기본 메시지의 당연한 결과다. "기독교 교육학" 과정에 개설되는 이론 및 실천 과목이나 세미나 가운데 "너희 원수를 사랑하며 너희를 핍박하는 자를 위하여 기도하"는(마 5:44) 법을 가르치는 것이 있다는 말을 들어 본 사람이 우리 중 얼마나 되는가? 예수 그리스도를 위한 비즈니스 혹은 직장 생활법(골 3:17, 23)에 대한 강의보다 훨씬 적을 것이다. "현실" 세계의 그리스도인들이 그리스도의 가르침에 대해 가장 흔히 보이는 반응은, 정확히 "비즈니스는 비즈니스다"라는 것이다. 그 말의 의미를 우리 모두 알고 있다.

이런 문제들에 대한 신중한 교육은 아예 기독교 지식층 지평에서는 실천 불가능한 내용으로 등장한다. 우리는 삶의 방식에 대해 예수를 스승으로 심각하게 생각하지 않는다. 따라서 순간순간의 실존 속에서 우리 자신을 그분의 학생 내지 제자로 생각할 수 **없다**. 그러니 자연히 대중 강사들과 저자들, 예를 들어 그리스도인이든 아니든 우리의 관련 문제들에 대해 책을 쓰고 토크쇼나 세미나를 이끄는 사람이면 누구한테나 그쪽으로 고개를 돌리게 된다.

강단의 중심성

여기서 우리는 다시 이 장의 전반부 '초점을 바꾸어' 부분에서 이야기했던 내용으로 돌아가려 한다. 특히 교회와 사회에서 목회자의 역할을 맡아 가르치며 이끄는 우리 같은 사람들에 대해 잠시 말하려고 한다.

우리가 지금까지 묘사한 상황—삶과 신앙의 분리, 교회 내 스승 예수의 부재—은 악한 세상이나 사회 압제로 말미암은 것도 아니요, 교회 예배에 찾아와 회중의 역할을 담당하는 이들의 못된 고집으로 인한 것도 아니다. 그것은 다분히 우리가 교회 강단에서 꾸준히 듣는 기본 메시지에 의해 유발되고 지속되는 것이다. 우리가 각기 다른 형태의 "죄 관리의 복음"에 완전히 사로잡혀 있는 사이, 일과 사업과 직업의 한복판을 살아가도록 현재적 영성으로 부르시는 예수의 초청은 대부분 무시된 채 침묵 속에 남아 있다.

그리스도를 대언하는 모든 이들은 스스로에게 다음과 같은 중대한 질문을 끊임없이 던져야 한다.

- 내가 설교하고 가르치는 복음은 듣는 이들로 하여금 예수의 풀타임 학생이 되게 하는 본연의 성향을 지니고 있는가?
- 그것을 믿는 이들은 당연히 "다음 단계"로서 예수의 제자가 되고 있는가?
- 실제로 내 메시지의 본질을 믿는 이들에게 마땅히 기대할 수 있는 결과는 무엇인가?

이 장에 이미 인용된 수많은 지도자들이 그렇게 달변으로 개탄하고 있는 상황은, **사실 오늘날 교회가 들려주는 기본 메시지의 당연한 귀결**에 지나지 않는다. 정확하게 말해 이런 현실이 아닌 다른 것을 기대한다면 그것은 어리석은 일이다.

요즘 전문 경영자들 사이에 하는 말이 있다. "전적으로 시스템 자체가 현재의 결과를 내도록 돼 있습니다." 개인적으로든 단체나 기관을 위해서든, 기독교의 신앙 형성에 관심이 있는 모든 이들이 귀담아 들어야 할 깊고도 뼈아픈 진리다.

기독교를 믿는다 고백하는 우리들은 어차피 꾸준히 복음으로 제시되는 내용을 믿게 되어 있다. 설교자가 "죄 관리의 복음"을 설교하면 그것이 바로 그리스도인들이 믿는 내용이 된다. 그런데 복음을 거부하는 바깥 세상 사람들은 자기가 거부한 것이 예수 그리스도 자신의 복음인 줄 알 것이다. 실은 그분의 복음을 아직 듣지도 못했으면서 말이다.

그리하여 우리에게 남은 결과는 이것이다. 하나님 나라의 자원(resources)이 인간 생활과 여전히 분리되어 있는 것이다. 인간 생활과 기독교 제자도의 복음은 없고, 죽음을 위한 복음 아니면 사회 참여를 위한 복음만 있을 뿐이다. 인간의 영혼은 인생의 광야에서 시들어 죽도록 방치돼 있는 채 말이다. 창조 때에 의도된 환경, 곧 살아 있는 영생의 나라로 인도하는 이가 없는 탓이다.

여기에 대응하기 위해 우리는 하나님 나라의 삶의 현재적 실체를 예수의 말씀과 인격을 믿는 믿음을 통해 말(설교)과 삶으로 똑바로 제시해야 한다. 그럴 때 우리는 마땅히 그분의 학생 내지 도제가 될 수 있다. 그분이 우리의 자리에서 살아가실 삶, 그 삶을 사는 법을 그분으로부터 배울 수 있다. 그분의 영원한 질의 삶에 지금 들어갈 수 있는 것이다.

의미 있게 다가와야 할 하나님 나라

그러나 이것은, 예수 자신이 믿고 실천하고 가르쳤던 것이 우리에게 **의미 있는** 것으로 다가오지 않는 이상 불가능한 일이다. 그분의 메시지는 오랜 역사를 통해 영혼 파멸의 온상으로 드러난 죽음의 율법주의, 정치적 슬로건 풍조, 독단적 전통주의 등에 매이지 않고 자유로이 우리에게 다가와야 한다. 그러나 현재 그분의 메시지는 분명 그런 식으로 우리에게 다가오지 않고 있으며 이것은 널리 인정되고 있는 사실이다.

1974년 로잔 세계 복음화 대회에서 마이클 그린(Michael Green)은 이렇게 반문했다. "여러분은 하나님 나라에 대해 얼마나 들어 보았습니까?" 그리고 이렇게 답했다. "별로 들어 보지 못했습니다. 이것은 우리의 언어가 아닙니다. 그러나 예수의 일차 관심사는 그것이었습니다."[25]

애버딘(Aberdeen) 대학교의 하워드 마샬(I. Howard Marshall) 박사는 이렇게 말했다. "나는 지난 16년 동안 구체적으로 하나님 나라를 주제로 한 설교를 들어 본 기억이 두 번밖에 없다.…… 예수의 가르침의 핵심 주제가 하나님 나라였다고 신약학자들이 너나없이 동의하고 있기 때문에 이런 침묵은 다소 충격적인 것이다."[26]

세계 "교회 성장" 운동의 유명한 지도자인 피터 와그너(Peter Wagner)도 하나님의 나라가 예수의 메시지였다는 현대 학자들의 일치된 의견을 지적한다. 이어 그는 이렇게 덧붙인다.

그리스도인이 된 지 30년인데 하나님 나라에 대한 설교를 왜 그렇게 듣지 못했는지 정말 이상한 일이 아닐 수 없다. 성경을 읽으면 그에 대한 말씀이 분명 많이 나온다.…… 그러나 이제껏 내가 거쳤던 목사들 가운데 실제 하나님 나라를 설교한 사람은 솔직히 전혀 기억이 나지 않는다. 나 자신의 설교 노트를 들춰보니 나 역시 거기에 대해 설교한 적이 한번도 없다. 하나님 나라는 도대체 어디로 갔단 말인가?[27]

현재 심각한 문제들이 선의의 사람들을 가로막아 하나님 나라의 삶과 제자도에 대한 예수의 복음을 바로 이해하지 못하게 하고 있다. 이 장의 내용이 그 사실을 명확히 보여주고 있지 않은가? 이제 우리는 그 문제들을 파악하여 제거해야 한다. 그 문제들을 제거할 수 없다면, 우리가 제시하는 어떤 복음도 사람들을 예수의 제자의 삶과 하나님 나라의 개인적 실현으로 인도하는 본연의 특성을 지니기란 요원한 일이다.

3장_ 예수가 알았던 세상: 하나님 충만한 세상

인간은 동물과 별들과도 친숙하지만 동시에 절대자의 우주적 이웃이기도 하다.
_ 구스타브 마틀렛, 「부활하신 그리스도와 성찬의 세계」

믿음의 세상에서 도시 위의 하늘은 친근하고 가깝다. 그것은 모든 집의 다락방이다.
_ 맥스 피카드, 「하나님으로부터의 도피」(The Flight from God)

하나님과 그분의 세계를 다시 본다

하나님 나라에 대한 예수의 기쁜 소식은 우리가 그분의 세계관을 공유
할 때에만 우리의 효과적인 생활 지침이 될 수 있다. 그분이 보시는 세상
은 하나님으로 젖은 세상이요 하나님으로 가득한 세상이다. 영광의 실
체로 충만한 세상이요 모든 구성 요소가 하나님의 직접적 지식과 통제
영역 안에 있는 세상이다. 물론 선하신 뜻이 있어 분명 그중 일부를 잠시
당신이 원하시는 바와 다른 상태로 허용하기는 하시지만, 하나님 때문
에 그리고 하나님이 항상 그 안에 계시기 때문에 상상할 수 없이 아름답
고 선한 세상이다. 하나님이 항상 즐겁게 지내시는 세상이요 늘 기뻐하

시는 세상이다. 우리의 하나님관이 모든 가시적 사물과 사건을 그분의 임재가 머무는 영광스러운 실체로 보는 수준에 이르지 않는 한, 우리는 아직 예수의 말씀에 온전히 붙들리지 못한 것이다.

소설가 블라디미르 나보코프(Vladimir Nabokov)는 등장인물 중 한 사람의 회심의 순간을 이렇게 묘사하고 있다. 거리의 노파가 누군가 건네준 커피 한 잔을 들이키는 모습을 지켜보고 있던 중이었다.

세상의 부드러움, 나를 둘러싸고 있는 모든 것의 심오한 은총, 나와 모든 피조 세계 사이의 복된 교감을 느꼈다. 기쁨이…… 내 주변 사방에 숨 쉬고 있음을 깨달았다. 분주한 거리의 소음 속에, 익살맞게 들썩이는 치맛자락 속에, 매서울 듯 부드럽게 윙윙대는 바람 속에, 빗물을 잔뜩 머금은 가을 구름 속에. 나는 세상이 고통의 바다나 우연한 사건의 뜻 없는 연속이 아니라 반짝이는 축복, 은혜로운 전율, 우리에게 부여된, 그러나 그 진가를 우리가 미처 모르고 있는 선물임을 깨달았다.[1]

하나님, 기쁨으로 충만하신 분

예수 당시와 마찬가지로 오늘날 기독교 복음의 이해와 선포의 핵심은, 하나님 자신의 삶이 어떤 것이며 물리적 우주가 어떻게 거기에 부합하는지를 제대로 다시 보는 데 있다. 하나님을 생각할 때 정말 우리에게 떠오르는 것, 그것을 분명히 하는 것은 매우 중대한 일이다. 사실상 그리스도를 바로 믿지 못하게 하는 우리 마음과 영혼의 장애물은 대부분이 바로 이 부분에 있다고 나는 믿는다. 하나님의 삶을 이해하는 부분에서 우리를 도울 수 없는 예수라면 믿음으로 말미암는 구원/삶의 부분에서도 전혀 우리를 도울 수 없다. 그러나 물론 그분은 하실 수 있고 또 그렇게 하기를 원하신다.

무엇보다 우리가 생각해야 할 것은, 하나님의 삶이 아주 신나는 삶이며 그분이 기쁨으로 충만해 있다는 사실이다. 의심의 여지없이 그분은 우주에서 가장 기쁘신 존재다. 그분의 넘치는 사랑과 관용은 그 무한한 기쁨과 뗄 수 없는 것이다. 우리는 세상의 모든 선하고 아름다운 것들로부터 영혼을 소성시키는 기쁨을 어쩌다 한번씩, 그것도 작은 물방울만큼만 들이마시며 살지만, 하나님은 그 모든 넓이와 깊이와 부요를 끊임없이 경험하고 계신다.

얼마 전 남아프리카 공화국에서 가르치던 때의 일이다. 매튜 디카슨이라는 청년이 나를 데리고 밖으로 나가 포트 엘리자베스 자기 집 근처의 해변을 보여주었다. 전혀 준비 없이 맞이한 경험이었다. 해변이라면 익히 보았던 것이다. 적어도 그렇게 생각했다. 그러나 바다와 육지가 시야에 훤히 들어오는 언덕에 이르자, 나는 쥐죽은듯한 정적 속에 한동안 서 있다가, 천천히 파도를 향해 걸어갔다. 그야말로 말로는 표현할 수 없는 광경이었다. 나는 공간과 빛과 무늬와 색조와 위력을…… 보았다. 도무지 이 세상 같지 않았다.

서서히 마음속에, 하나님은 이 모든 것을 항상 보고 계시리라는 생각이 들었다. 그분은 이 광경뿐 아니라 이와 비슷한 수십억의 상이한 광경들을, 이 세상과 무수한 다른 세상 속에서 가능한 모든 관점을 통해 항상 보시고 겪으시며 알고 계신다. 그분 안에는 거대한 기쁨의 물결이 늘 넘실대고 있으리라.

이상한 말일지 모르나, 나는 갑자기 그런 하나님 때문에 너무나 행복했고 그분이 얼마나 무한한 기쁨의 존재이시며, 그 지으신 세계를 보고 "심히 좋았"던 마음이 그분께는 어떤 의미였겠는지 조금 알 것 같았다.

우리는 몇 마리 열대어가 든 어항을 많은 돈을 들여 산 뒤 고기들의 찬란한 무지갯빛과 신기한 생김새며 움직임을 지칠 줄 모르고 들여다본다. 그러나 하나님께는 **그런 물고기들로 충만한 바다들이 있으며** 그분은 그것을 항상 즐기며 사신다. (나는 그 예쁜 작은 물고기들을 한 번에 한 마리씩이라도 제대로 다 관찰하지 못한다.)

우리는 잘 만든 영화의 한 장면이나 몇 마디 오페라 가사나 시 몇 줄에 황홀해 한다. 놀라운 경험을 평생 소중히 간직한다. 그나마 그런 경험은 그리 많지 않을 수 있다. 그러나 그분은 모든 진, 선, 미, 의의 위대하고 영원무궁한 경험 그 자체이시다. 신학자들과 철학자들이 하나님을 완전한 존재로 이야기할 때 우리가 생각해야 할 것이 바로 이것이다. **이것이 그분의 삶이다.**

얼마 전 허블 우주 망원경은 독수리 성운(星雲)의 사진을 공개했다. 기체와 미세한 먼지로 된 성운의 길이는 위에서 아래까지 6조 마일에 달했다. 그 안 여기저기서 태양보다 크고 뜨거운 수백 개의 별들이 생성되고 있었다. 그 사진을 보며, 그리고 그것을 통해 우주의 과거와 지금도 계속되는 전개 과정을 보면서, 나는 예수께서 소수의 제자들을 두고 떠나시기 전에 주신 말씀을 생각하지 않을 수 없었다. "내 아버지 집에 거할 곳이 많도다. 내가 너희를 위하여 처소를 예비하러 가노니."

인간은 카드놀이나 모형기차에 정신이 팔릴 수 있고 그런 자신을 똑똑하다고 생각할 수 있다. 그러나 어느 기자의 표현을 빌리자면, 하나님께는 "신생 별들의 핵 불빛으로 후면을 밝히며 수조 마일 높이로 치솟은 기체 성운들, 수백만 광년의 시공을 품어 온 폭발 충격파를 거대한 충돌을 통해 방출하는 은하계들"이 있다.[2] 이 모든 것들이 무수히 피어나는 장미꽃 봉오리, 무수한 영혼, 무수한 노래, 그리고 우리가 모르는 측량할 수 없이 많은 것들과 함께 그분 앞에 있다.

시인 윌리엄 카우퍼(William Cowper)는 하나님을 이렇게 노래
했다.

참 슬기로운 그 솜씨
다 측량 못하네.
주님 계획한 그 뜻은
다 이뤄지도다.[3]

예수 자신도 기쁨에 찬 창조적인 분이었고 지금도 그렇다. 그분은 우리
가 우주에 가득 넘쳐흐르시는 아버지를 간간하고 불행한 군주, 욕구불
만에 찬 속 좁은 부모, 배회하는 경찰관 따위로 계속 생각하는 것을 허용
하지 않으신다.

"나를 본 자는 아버지를 보았"다는 예수의 선언을 바로 대한다면 하
나님을 그렇게 생각할 수는 없다. 예수의 성품에서 가장 눈에 띄는 점 가
운데 하나는 바로 충만한 기쁨이었다. 이것을 그분은 제자들에게 유업
으로 물려주셨다. "너희 기쁨을 충만하게 하려 함이니라"(요 15:11). 그
말 앞에서 제자들은 "아스피린이나 달라"고 말하지 않았다. 그분은 행
복하신 분으로 주변 사람들에게 잘 알려져 있었기 때문이다. 슬픔과 비
애의 경험도 그분의 한결같은 기쁨을 앗아 가지 못했다는 것을 이해하
면 하나님 나라의 삶에 대해 더 깊이 깨우치게 된다.

그러므로 우리는 하나님이 우리를 좋아하지도 않으면서, 이를 갈며
사랑하는 분이 아님을 알아야 한다. 때로 "그리스도인"의 사랑이 그래야
한다고 생각될 때가 있다. 그러나 반대로, 하늘 아버지는 끊임없이 스스

로 새로워지는 분이며 그 영원한 새로움으로 이 땅과 그 위의 인간 개개인을 지극히 사랑하시는 분이다. 하나님이 모든 피조물을 좋아하시고 아낌없는 애정과 사랑으로 대하시는 것은 철두철미—우리가 흔해빠진, 그러면서도 없어서는 안될 **사랑**이라는 낡은 단어로 헛되이 포착하려 하는—그분의 존재의 당연한 귀결이다.

하나님을 표현할 언어를 찾아

솔직히 오늘날 하나님을 충분히, 아니 조금이라도 생각한다는 것은 어려운 일이다. 우리의 지식 역사가 그와 반대 방향으로 나아가고 있으며, 분명 우리는 하나님을 생각하는 훈련을 별로 받지 못하고 있다. 솔직히 갖가지 압력에 둘러싸인 우리의 일상 경험은 끊임없이 우리를 생각하는 삶에서 멀어지게 하고 있으며, 많은 면에서—특히 신학적으로—"바보로 만들고" 있다. 거기서 비롯되는 충분치 못한 개념과 용어의 결핍은 우리의 신앙에 커다란 해를 준다. 믿음의 고백 내용과 실생활을 단절시키는 것이다. 아무리 기적이라지만 백지나 흐릿한 것을 믿을 수는 없으며, 거기에 바탕을 둔 **행동**은 더 말할 것도 없다. 그런 경우 우리의 마음과 삶은 붙들어야 할 "무엇"이 전혀 없어지거나, 있어도 잘못된 "무엇"일 뿐이다.

하나님을 믿으려면 그분에 대한 풍부하고 정확한 사고 방식과 표현 방법이 필요하다. 그래야 인생의 비전과 우리의 뜻에 그분의 인도하심과 도우심을 받을 수 있다. 물론 성경 언어에 그것이 들어 있으며 20세기에 이르도록 기독교 저자들의 작품 속에도 계속 잘 간수되어 왔다.

구약 시편은 오늘날도 신앙과 삶에 놀라운 힘을 준다. 그 이유는, 그 안에 하나님 및 그분과의 관계에 대한 풍부한 개념적 언어가 보존돼 있기 때문이다. 시편에 파묻히면 하나님을 알고 삶을 깨닫게 된다.

그것은 일각의 주장처럼 결코 위대한 언어의 "시적 효과" 차원이 아니다. 알맹이 없이 감정만 부추기는 표현은 전혀 찾아볼 수 없다. 시편의 언어가 위대하고 거기에 감정 고양이 뒤따르는 것은 순전히 하나님과 삶에 대한 묘사 때문이다. 우리는 시편을 통해 하나님과 관련지어 생각하고 행동하는 법을 배운다. 하나님과 하나님의 세계를 들이마신다. 거기에는 하나님 자신의 영감으로 기록된 하나님 지향의 삶의 언어가 들어 있다. 시편은 우리에게 하나님이 어떤 분인지 가르쳐 주며, 그렇게 하나님을 아는 것이 우리의 마음과 가슴을 넓히고 높이도록 이끌어 준다.

그러나 하나님께 대한 사고력 있는 믿음을 키우는 데 필요한 풍부한 교훈적 언어는 18세기에 발흥한 사상—주로 "영국 경험주의"와 그에 대한 독일 칸트주의/합리주의의 반응을 통해 형성된—때문에 더 이상 우리 문화 상황 속에서 그 기능을 다하지 못하고 있다. 이제 현대주의 사상이 세계 학문의 요람들을 지배하고 있다. 그런 사상에 의식적으로 동조 또는 수긍하지 않거나 아예 명시적으로 거부하는 곳조차도 다를 바 없다. 뿐만 아니라 목회자들과 교사들이 교육받는 곳이자 하나님에 대한 사고 및 지성적 표현의 성공 여부가 중요한 문제로 취급되는 다수의 신학교들도 예외가 아니다.

우리는 모두 이런 현대 사상 체계의 산물이다. 한 세기 전에 쓰여진 하나님에 대한 대표적 기술을 읽고 자신이 거기에 어떻게 반응하는지 보면 그 위력을 대략 알 수 있다.

아담 클라크(Adam Clarke)가 신중히 다듬은 장중한 옛날식 표현에 따르면 하나님은 이런 분이시다.

영원하고 독립적이며 자존하시는 분, 목적과 행위가 외부의 동기나 영향 없이 자생적인 분, 절대적 지배자, 모든 본질 중에도 가장 순결하고 가장 단순하고 가장 신령한 분, 무한히 완전하신 분, 피조물이 필요 없는 영원히 스스로 충족하신 분, 광대함에 제한이 없고 존재 방식이 지식을 초월하며 그 본체를 묘사할 수 없는 분, 무한한 마음은 자신만이 온전히 이해할 수 있기에 오직 자신에게만 온전히 알려지신 분, 한마디로 지혜가 무한하여 실수하거나 속을 수 없고, 선함이 무한하여 영원히 의롭고 옳고 자비로운 행동밖에 취하실 수 없는 분.[4]

이 글이 술술 잘 읽힌다면 그것은 정말 놀라운 일이다. 사실 이것은 셰익스피어와 맞먹는 글이다. 단순히 오래 됐다는 의미에서만 아니라, 그만큼 깊고 풍부하다는 뜻이다. 읽으면서 이미 이런 표현들이 무의미하다는 생각이 들었을지도 모른다. 그럼에도 불구하고 이 글에 묘사된 그런 하나님을 실제로 믿는다면 우리 삶에 얼마나 큰 변화가 나타날지 조금만 진지하게 생각해 보면 누구나 가늠할 수 있다. 모든 행동, 모든 미세한 사고나 성향 속에 아담 클라크가 묘사한 하나님의 실체가 자동으로 전제되는 사람을 생각해 보라.

생각하다 보면 예수 자신, 그리고 그분이 가져다주신 믿음과 생명밖에는 떠오를 것이 없을 것이다. 그런 실체가 마음에 있을 때에야 "하나님은 사랑이라"는 말은 비로소 의미를 띠게 된다. 더럽혀진 인간적 "사랑"을 하나님이 존재하리라 생각되는 정신적 백지 속에 억지로 집어넣고는, 그것을 하나님으로 착각하는 것과는 엄연히 다른 것이다.

인간의 환경인 하늘

삶에 대해 이르노니

이런 놀라운 하나님이 우리 가운데 거하시기에, 예수는 이 우주가 **우리가 살기에 완벽하게 안전한 곳**이라 확언하신 것이다. 그분의 성품과 행동은 물론 그분의 메시지의 핵심을 우리는 마태복음 6장같이 잘 알려진 말씀에서 찾아볼 수 있다.

그러므로 내가 너희에게 이르노니 목숨을 위하여 무엇을 먹을까 무엇을 마실까 몸을 위하여 무엇을 입을까 염려하지 말라. 목숨이 음식보다 중하지 아니하며 몸이 의복보다 중하지 아니하냐? 공중의 새를 보라. 심지도 않고 거두지도 않고 창고에 모아들이지도 아니하되 너희 천부께서 기르시나니 너희는 이것들보다 귀하지 아니하냐?

너희 중에 누가 염려함으로 그 키를 한 자나 더할 수 있느냐? 또 너희가 어찌 의복을 위하여 염려하느냐? 들의 백합화가 어떻게 자라는가 생각하여 보라. 수고도 아니하고 길쌈도 아니하느니라. 그러나 내가 너희에게 말하노니 솔로몬의 모든 영광으로도 입은 것이 이 꽃 하나만 같지 못하였느니라. 오늘 있다가 내일 아궁이에 던지우는 들풀도 하나님이 이렇게 입히시거든 하물며 너희일까 보냐? 믿음이 적은 자들아!

그러므로 염려하여 이르기를 "무엇을 먹을까 무엇을 마실까 무엇을 입을까?" 하지 말라. 이는 다 이방인들이 구하는 것이라. 너희 천부께서 이 모든 것이 너희에게 있어야 할 줄을 아시느니라. 너희는 먼저 그의 나라와 그의 의를 구하라. 그리하면 이 모든 것을 너희에게 더하시리라.

그러므로 내일 일을 위하여 염려하지 말라. 내일 일은 내일 염려할 것이요 한날 괴로움은 그날에 족하니라.

하늘은 또한 여기에

우리 실존의 모든 기본 요소인 의식주와 기타 삶의 필요에 대한 당당하면서 해학적이기까지 한 이러한 확신은, 전적으로 선하시고 능하신 하나님이 여기 우리와 함께 계시며 우리를 돌봐 주신다는 분명한 시각으로만 뒷받침될 수 있다. 하나님의 임재의 정확한 의미는 성경의 기록과 기독교 역사에 나타난 **하늘**(heaven), 더 정확히 말해 복수로 **하늘들**(heavens)이라는 단어의 참뜻에 있다.[5] 구약의 하나님 체험은 그분을 믿고 섬기는 이들을 향한 하나님의 인격, 지식, 능력의 직접적 임재다. 하나님과 그분을 믿는 이들 사이를 막아설 수 있는 것은 아무것도 없다. 인간, 기관, 시간, 공간, 영적 존재, 사건 등. "하늘들"은 외적 요건과 전혀 무관하게 언제나 여기 우리와 함께 있으며, 성경에 나오는 "첫째 하늘"이란 정확히 우리 몸을 둘러싸고 있는 공간 또는 대기를 말한다. 그것이 아브라함의 체험에서 어떤 의미였는지 앞장에서 살펴본 바 있으며 이후에도 더 깊이 살펴볼 것이다. 하나님이 지켜보시는 곳, 하나님이 행동하시는 곳은 정확히 우리 주변을 둘러싸고 있는 공간, 바로 거기다.

바울이 아레오바고에서 헬라의 질문자들에게 우리가 하나님 안에서 "살며 기동하며 있느니라"고 말한 것은 하나님의 언약 백성인 유대 민족의 체험을 통해 배운 사실을 최대한 문자적으로 표현한 것이다. 은유적 또는 추상적인 말이 아니었다.

예수께서 "이스라엘의 선생"으로 자처한 니고데모에게 "위에서" 나는 것, 즉 주변 공간 속에 문자적으로 우리와 함께 계시는 하나님으로부터 초인적 생명을 받는 것을 알지 못한다고 꾸짖으신 것도 같은 의미다. "위에서" 난다는 신약의 표현은, 하나님의 실체의 보이지 않는 역동적 체계—모든 인류는 알고 있든 모르고 있든 그 가운데 기동하고 있다—와 연결되어 인격적 관계를 맺는 것을 뜻한다. 그것이 바로 "우리 안에 있는 하나님 나라"다.[6]

어쩌면 우리 모두는 니고데모를 꼭 닮았는지 모른다. 교회 예배 시간에는 장중한 옛 찬송을 뜨겁게 부를 수 있다. "영광의 왕께 다 경배하며…… 그 옷은 햇빛 그 집은 궁창."

> 저 아름답고 놀라운 일이
> 그득한 이 땅 다 주의 조화
> 그 힘찬 명령에 터 잡히나니
> 저 푸른 바다는 옷자락이라.[7]

그러나 우리는 정말 그렇게 믿는가? 아담 클라크가 묘사한 위대하신 분, 우리 몸 주변의 대기를 포함해 모든 공간에 가득 넘쳐흐르시는 분, 그분의 임재 안에 지금 여기서 항상 서 있는 것**처럼** 자동적으로 **행동할** 준비가 되어 있는가 말이다. 고금에 걸친 하나님의 언약 백성의 구체적 체험들을 주의 깊게 살펴보면 우리 자신도 그런 믿음을 갖는 데 도움이 될 것이다.

인간의 공간 속으로 들어오는 하늘

물론 아브라함이 단연 선두다. 아브라함의 버림받은 첩 하갈은 자식이 광야에서 주려 죽는 것을 차마 볼 수 없어 가망 없는 아들을 아예 저만치 외면해 버렸다. 그러나 "하나님이 그 아이의 소리를 들으시므로 하나님의 사자가 **하늘에서부터** 하갈을 불러 가라사대 '하갈아, 무슨 일이냐? 두려워 말라. 하나님이 저기 있는 아이의 소리를 들으셨나니……' 하나님이 하갈의 눈을 밝히시매 샘물을 보고"(창 21:17-19).

몇 년 후 아브라함이 이삭을 제물로 바치려고 할 때였다. "여호와의 사자가 **하늘에서부터** 그를 불러 가라사대…… '그 아이에게 네 손을 대지 말라.'……"(창 22:11-12, 15). 이런 본문에서 "하늘"은 결코 먼 곳, 혹 구름 속, 혹 달 주변으로 나타나지 않는다. 그것은 언제나 바로 여기, "가까운" 곳이었다.

도망길에 돌베개를 베고 땅바닥에 잠든 야곱은 하늘과 땅이 사다리로 이어지고 그 위에 천사들이 왕래하며 또한 주께서 친히 **자기 곁에** 서신 것을 보았다. 잠에서 깬 그는 두려워하며 이렇게 말한다. "여호와께서 과연 여기 계시거늘…… 이는 하나님의 전이요 하늘의 문이로다"(창 28:12-19).

하나님은 십계명을 주실 때 이스라엘 백성이 보는 앞에서 **하늘로부터** 모세에게 말씀하셨고(출 20장), 전쟁 중 이스라엘의 적에게 **하늘로부터** 우뢰를 발하셨다(삼상 7:10). 공중에 불이 나타난 경우가 허다했다(창 15:17; 출 13:21; 왕상 18:38; 왕하 1:10; 대상 21:26 등). 공중에 보이는 불은 이스라엘 역사에 너무도 일상적 사건이 되었기 때문에 하나님 자신이 소멸(燒滅)하는 불―동시에 사랑이신 불―로 통하게 될 정도였다(신 4:24; 히 12:29).

이상은 구약 시대 하나님의 백성과 "하늘"의 끊임없는 교류의 몇 가지 예일 뿐이다. 이것은 우리에게 하늘이 여기 있으며 하나님이 여기 계심을 보여준다. 하나님과 그분의 영적 대행자들이 여기서 활동하고 있

3장_ 예수가 알았던 세상: 하나님 충만한 세상

으며 언제나 여기에 가까이 와 있기 때문이다.

신앙 공동체의 다음과 같은 총체적 결론은 그래서 나온 것이다. "여호와의 눈은 온 땅을 두루 감찰하사 전심으로 자기에게 향하는 자를 위하여 능력을 베푸시나니"(대하 16:9). "여호와의 눈은 의인을 향하시고 그 귀는 저희 부르짖음에 기울이시는도다. 여호와의 얼굴은 행악하는 자를 대하사 저희의 자취를 땅에서 끊으려 하시는도다. 의인이 외치매 여호와께서 들으시고 저희의 모든 환난에서 건지셨도다"(시 34:15-17). 하나님의 택한 백성의 이런 고백 및 그 외의 많은 표현들이 실제로 여기에 계시는 하나님에 대한 그들의 이해를 명확히 보여주고 있다.

신약의 체험

동일한 사건들이 신약 시대에도 계속된다. 물론 예수의 인격을 통한 성육신이야말로 "우리와 함께하시는 하나님" 또는 "임마누엘"이 가장 완벽하게 나타난 경우다. 젊어서 예수와 가장 가까운 친구였던 사도 요한은, 자신과 및 다른 사람들이 만물의 시작부터 있었던 생명의 근원자를 신체적 감각—청각, 시각, 촉각—을 통해 알았다며 새삼 감탄하고 있다(요일 1:1).

그러므로 예수께서 주변에 둘러싸인 하나님 나라와 날마다 교감을 통하시던 광경, 변화산의 변형과 부활 후의 임재와 승천, 그분이 막 올라가신 "하늘로부터", 즉 대기로부터 소리와 함께 내려와 제자들이 기다리고 있던 방을 가득 채우며 가시적 불꽃으로 그들 위에 임하신 성령, 하나님의 새로운 지상 백성들과 앞서 언급된 "야곱의 사다리"에 등장한 천사들 사이의 계속되는 조우, 이 모든 것이 초대 교회에 그리스도의 나라의 실체와 눈앞의 임재를 더할 나위 없이 강하게 각인시켜 주었다.

여기서 강조해야 할 것은, 이런 일들이 모두 실존 사건들로서 우리의 세상에 실제로 거하시는 하나님에 대한 성경적·실제적 이해의 기초를 제공하고 있다는 점이다. 그러나 우리는 실체는 없고 외견만 있는 TV나 영화의 "특수 효과"를 너무 많이 보았는지 모른다. 우리 시대의 많은 사람들이 성경이나 기독교의 역사적 사건을 사실, 곧 기록된 그대로 실제 발생했던 일로 읽는 능력을 상실해 버렸다.

"시뮬레이션"쯤이야 다 아는 바라고 우리는 생각한다. 게다가 우리는 심리적 "투사"(投射)에 대해 들어 보았다. 영적인 세계를 부인하고 공간을 텅 빈 것이라 주장하는 우리의 머리는, 오직 현실만을 중시하는 사이비 과학적 견해들로 가득 차 있다. 그 모든 오랜 역사의 기록을, 현실에 대한 지각이 아니라 상상이나 망상에 지나지 않는 "환각"의 문제로 취급할 준비가 되어 있는 셈이다. 그리하여 우리는 "만인이 다 아는 정상 생활"에 의해 자동적으로 부여된 우리 문화의 물질적 신화에 다시 파묻혀 버리고 만다.

이상한 번역?

우리와 친숙한 대기가 곧 하나님이 거하시며 우리를 대하시는 "하늘"이라는 사실을 받아들일 수 없는 데서 성경 본문의 몇몇 이상한 번역이 나온다. 사도행전 11:5-9의 다섯 구절 안에 세 번 등장하는 *tou ouranou*라는 똑같은 말이 NASV(New American Standard Version)에는 매번 다르게 번역돼 있으며 다른 역본들도 대부분 마찬가지다. 5절에는 "창공"(sky), 6절에는 "공중"(air), 9절에는 "하늘"(heaven)로 번역돼 있다. (한글 개역성경에는 5절과 9절은 "하늘", 6절은 "공중"으로 번역돼 있다–옮긴이)

베드로가 환상을 본 유명한 사건인데, 비몽사몽 중에 보니 **공중**에서

(*tou ouranou*) 내려온 보자기에 갖가지 동물들이 들어 있었다. 그중에는 **공중**의 새들도 있었다. 그리고 일어나 먹으라는 소리가 **공중**에서 들려온다.

영어의 **창공**은 **공중**과는 사뭇 다른 의미이며, **하늘**은 다시 그 둘 어느 것과도 다른 의미다. 번역은 바로 그 의미들에 구속받게 된다. 창공이란 장소라기보다는 상한점을 말하며, 장소라 했을 때도 공중보다 훨씬 먼 곳이다. 그래서 "제한 없다"(The sky's the limit)는 말에도 공중 대신 창공이라는 단어를 쓰는 것이다. 반면, 하늘이란 말할 것도 없이 우리의 시각에서 완전히 벗어난 곳으로, 달보다 먼 것은 분명하고 필경은 물리적 우주를 "벗어난" 곳일 것이다.

이 본문에 나오는 *tou ouranou*라는 말은 방금 내가 지적한 것처럼 세 번 다 "공중" 또는 "대기"로 번역할 수 있으며, 그럴 때 베드로의 체험 내용을 정확히 전달할 수 있다. 하나님이 베드로에게 말씀하신 곳도, 새들이 날아다니는 곳도, 보자기가 내려온 곳도 모두 주변을 둘러싸고 있던 "공중"이었다. 이것은 천국을 뜻하는 "하늘"만 주로 이야기하고 있는 기존 번역들과 사뭇 다른 인상을 준다.

비슷한 예로, 하나님은 모세를 대하실 때도 시내산의 화염 중에서 그리고 회막의 "속죄소" 위에서(민 7:89) 말씀하셨다. 두 경우 다 "공중"이었다. 그러나 오늘날의 교육과 사고를 지배하는 사상은 이런 직설적 사실을 받아들이기 어렵게 만들고 있다.

하늘을 머나먼 곳, 외부 공간, 반대편 공간 등으로 혼동하는 현실이 그리스도와 그의 현재적 통치에 대한 우리의 실제적 믿음에 미치는 폐해는 그야말로 엄청난 것이다. 물론 하나님은 거기에도 계신다. 그러나 하늘과 하나님은 예수께서 보여주신 대로 언제나 우리와 함께 있음에도 불구하고 우리는 하늘과 하나님을 저 멀리 딴 곳에, 여기도 아니고 지금도 아닌, 그것도 훨씬 나중에나 있을 대상으로 늘 생각하며 산다. 그러니 인간의 고독감은 당연한 것 아니겠는가?

오늘도 계속되는 체험

우리 주변 공간에서의 하나님 체험은 결코 성경의 기록에 국한되지 않는다. 많은 사람들이 회의하거나 불편하게 여기지만, 그럼에도 그런 체험은 오늘도 계속되고 있다. 내가 접하는 단체들 속에는 자신의 공간에 나타나신 하나님을 체험한 이들이 거의 언제나 들어 있다.

모임 안에 확신의 분위기만 심어 줄 수 있다면 거의 어느 단체이든 그런 간증을 들려줄 몇몇 사람들이 늘 끊이지 않으리라 생각된다. 그들의 사연에는 언제나 시각적 체험만 들어 있는 것이 아니고 청각과 촉각도 함께 들어 있다. 흔히들 말하는, 그저 마음만으로 하나님의 임재가 "느껴진" 경우와는 분명 다르다.

유명한 그리스도인 교사 선다 싱(Sundar Singh)은 20세기 초 인도 람푸르에서 시크교도로 태어나 자라났다. 어려서 어느 장로교 학교에 입학하게 된 그는, 거기서 기독교 복음과 "애증"의 관계를 쌓게 된다. 한동안 내면의 방황기를 보내던 그는, 그날도 시크교의 관습을 따라 아침 일찍 일어나 기도를 시작했다. 그는 너무 괴로워 이렇게 부르짖었다. "오 하나님, 하나님이 계시다면 나에게 빛을 보여주소서. 그러면 성인이 되겠나이다. 그렇지 않으면 자살하겠습니다."

새벽 4시 45분경, 그의 방에 빛이 가득 비쳐 왔다. 불이 난 줄 알고 밖을 내다보았으나 아무것도 보이지 않았다. 계속 기도하고 있는데 갑자기 사랑이 가득 넘치는 빛나는 얼굴이 눈앞에 보였다. 처음에는 부처나

크리슈나나 혹 다른 신인 줄 알았다. 그러나 힌두어로 음성이 들려왔다. "얼마나 나를 핍박하려 하느냐? 잊지 말아라. 나는 너를 위해 죽었다. 너를 위해 목숨을 바쳤다."

몸의 상처를 보고서야 선다 싱은 예수를 알아보았고, 그분이 수천 년 전에 죽은 자가 아니라 지금도 살아 계신 분임을 알게 되었다. 그는 그분 발 앞에 엎드려 그분을 주님으로 영접하고 경배했다. 그후 그는 인간들 가운데 임재하시는 하나님의 삶을 온 세계에 증거하는 유명한 모본이 되었다.[8]

공적으로 알려진 유명인사의 경우이지만, 이런 체험은 성경 시대와 이후 시대 할 것 없이 많은 이들에게 나타나는 특징적 현상이다. 그리스도, 천사, 기타 특이한 현상이 주변 공간 혹은 공중, 즉 성경 세계의 "첫째 하늘"에서 체험되고 있다. 한 예로, 1장 마지막 부분에 소개했던 게리 스미스의 간증을 생각해 보라. 무수한 예 중 하나에 지나지 않는다.[9]

물론 그런 체험을 했다고 해서 본인들이 영광을 받는 것은 아니다. 엘리트 신자 계급을 형성하는 것도 아니다. 발람의 나귀는 천사를 보고 기적적으로 사태를 주인에게 알린 뒤 다시 나귀로 돌아갔다. 뿐만 아니라 예수께서 도마에게 주신 말씀은 언제나 진리로 남아 있다. "보지 못하고 믿는 자들은 복되도다."

과연 복된 자들이다! 인간 쪽에서 특별히 대단한 노력이나 헌신을 보였기 때문이 아니다. 인간 생활의 가장 소중한 것들은 거의 언제나 눈에 보이지 않기 때문이다. 그것은 꼭 하나님을 두고 말하지 않더라도 사실이다. 보지 않고는 믿지 못하는 이들은 모든 관계에서 심각한 제약을 받게 된다. 그럼에도 하나님은 자기를 찾는 이들의 공간 속에 수시로 모습을 드러내신다. 보이지는 않지만 자신의 끊임없는 임재를 일깨워 줄 가시적인 도구를 사람들 속에 거듭 보내 주시는 것이다.

요컨대, 유대-기독교의 증거가 주변 공간을 하나님으로 충만한 곳으로 보는 까닭은, 그곳이 바로 그들이 수시로 하나님을 체험한 곳이기 때문이다. 그곳이 바로 하나님이 자신을 드러내신 곳이다. 당연히 여호와는 역사의 점진적 체험을 통해 이스라엘 백성들 사이에 "하늘의 하나님"으로 알려지게 되었다.[10]

전형적 유대인 복음서인 마태복음도 당연히 하나님의 통치나 "나라"를 묘사하는 데 천국(하늘 나라)이라는 말을 사용하고 있다. 현대 지성이 대거 상실한 하나님의 근접성에 대한 유대인의 풍부한 체험의 유산을 살려 내고 있는 것이다. 기독교의 핵심 기도문에서 우리가 부르는 그분에 대한 호칭도 마태복음에 등장한다. "하늘에 계신 우리 아버지여……"(마 6:9).

"천국"과 "하나님 나라"

따라서 처음에는 중요해 보이지 않던 용어의 차이 속에, 실은 우리가 살고 있는 세상에 관한 예수의 메시지의 핵심이 들어 있다. **천국**이라는 말은 마태복음에만 32번 등장한 뒤 신약에 다시는 등장하지 않는다. 반면 **하나님 나라**라는 말은 마태복음에는 5번밖에 나오지 않지만 신약의 나머지 전체에서는 일상 용어로 사용되고 있다. 이러한 용어 차이에 담긴 의미는 무엇인가?

일반적으로 말해 학자들은 이 변화를 전혀 무의미한 것으로 여겨 왔다. 지금은 분명해진 이유들로 인하여 그것은 참으로 불행한 일이다. 특히 두드러진 사람은 C. H. 다드로, 그는 이렇게 말했다. "'하나님 나라'라는 말과 마태복음 특유의 '천국'이라는 말은 동의어이며 '하늘'이란 유대 전통에서 흔히 하나님의 이름에 대한 경외의 완곡어로 사용된 말이다."[11]

하늘이라는 단어가 성경에서 하나님의 통치를 지칭하는 말로―엄격히 말해 하나님 자신을 지칭하는 경우는 전무하다고 생각하지만―종종 사용된다는 것은 분명한 사실이다. 그러나 그렇다고 해서 두 용어가 동의어라는 말은 아니다. 문제의 두 표현은 문맥에 따라 동일한 실체를 지칭하는 경우가 있으나, 지칭 방식은 언제나 다르며 그 실체에 대해 전하는 내용에도 중요한 차이가 있다.

하늘이 하나님을 지칭할 수 있다는 사실 자체는, 하나님이 우리와 관계 맺으시는 방식을 여실히 보여주는 사례다. 일단 "하늘들"의 의미를 바로 알면 분명해진다. 하늘이란 인간 세계와 관계하여 하나님이 계시는 처소를 정확히 일러 주는 말이다. 반면, 하나님 나라라고만 말할 때는 그런 의미가 없어진다. 거기서 예수와 그분의 가르침을 오해하기 쉽게 만드는 진공 상태가 생겨난다. 문제는 공간에 대한 오늘날의 교육에 의해 한층 심화된다.

하나님이 거하시는 공간

영혼과 공간

현대의 사고 방식이 예수의 삶이나 복음과 상충되는 정도가, 공간에 대한 이해보다 더 첨예하게 나타나는 부분은 없을 것이다. 천국에 대한 예수의 교훈과 실천이 의미가 있으려면, 먼저 영혼과 영적 존재가 무엇이며 공간 속에 어떻게 자리하고 있는지 이해해야 한다.

하나님 자신과 공간 속에 나타나신 그분의 역사적 현현(顯現, manifestation)을 혼동하여 결국 그분을 오즈의 마법사나 시스티나 성당 벽화의 주인공같이 우리에게서 아주 먼 곳에 앉아 있는 분으로 생각하는 이들이 있다. 그렇게 되면 우주는 인간 같은 하나님과 소수의 천사들이 하릴없이 뒹구는 거대한 텅 빈 공간이 되고 만다. 또한 수십억의 인간들은 하찮은 항성 하나를 공전하는 비대해진 먼지 덩어리 위에서 인간 역사의 소우주 사이를 기어다니고 있을 뿐이다.

이런 "신"이라면 "사라져 달라!"고 말할 수밖에 없다. 많은 사람들이 기도할 때 마음속에 이런 하나님상을 품고 있는 것 같다. 따라서 기도는 심리적으로 불가능하거나 극도로 어려운 일이 되고 만다. 당연한 일이다.

그러나 이 오류에 대한 반작용으로 많은 사람들이 하나님은 결코 공간에 계시지 않고, "하늘의 호호 할아버지"도 아니며, 바로 인간의 마음 "속에" 계시다고 말하게 되었다. 듣기에는 그럴 듯하지만 전혀 도움이 안되는 개념이다. 실은 사태를 오히려 악화시킬 뿐이다. "내 마음속에"는 "내 상상 속에"로 변하기 쉽다. 어느 경우이든 공간과 물리적 세계에 대한 하나님의 관계의 문제는 여전히 풀리지 않는다. 공간에 계시지 않는 하나님이라면 인간의 삶에도 존재할 수 없다. 인간은 공간 속에 살아가고 있기 때문이다. 하나님은 과학과 현실 세계에서 피신하여 인간 "마음"의 영역 속에 숨어 있고 "텅 빈 공간"의 거대한 바다가 저 위에 앉아 그 영역을 노려보고 있는 형국이다.

하나님을 인간의 마음에 가둠으로써 가까운 분으로 삼으려는 이런 잘못된 시도는, 인간 생활에 대한 그분의 직접적 개입의 개념을 가차없이 짓밟는 것이다. 역설적이지만 결국 하나님을 외부 공간이나 그 너머로 밀쳐 내기는 이런 입장도 전혀 다를 바 없다. 비유적 표현만 달콤할 뿐 우리에게 남는 것은 여전히 현실과의 괴리다. 영혼을 공간 너머로 밀쳐내든 마음 "속"으로 불러들이든 이렇게 영혼과 공간을 분리시키는 식으로는 양자의 관계 문제를 해결할 수 없다.[12] 우리는 "영혼"의 실체에 대해 좀더 깊은 이해가 필요하다.

인간 영혼

인간에게 가장 친밀한 영혼과 공간은 바로 우리 자신의 인격 속에 들어 있다. 이것을 이해하는 데 필수적인 길은 자신의 인간 구성을 들여다보는 것이다.

나는 현재 물리적 몸을 지니고 있는 영적 존재다. 몸에 대한 의식, 몸을 사용한 의지 및 행동 능력을 통해 나는 내 몸과 그 주변 공간을 점유하고 있다. 내 몸과 그 주변 공간을 **점유하고** 있으나 그렇다고 나란 사람을 몸 안이나 몸 주변에서 찾을 수 있는 것은 아니다. 나를 포함해 그 누구도 나를 또는 나의 생각이나 감정이나 성격을 나의 어느 신체 부위에서 찾을 수는 없다. **나**를 찾는답시고 내 몸을 열어 그 속을 들여다보거나 심지어 현미경이나 기타 물리적 기구로 세밀히 뜯어볼 사람은 없을 것이다.

모스크바의 한 과학연구소에서는 수년간에 걸쳐 위대한 공산주의자들—지도자, 과학자, 예술가—의 두뇌를 보관해 두었다가 박피를 만들어 현미경으로 분석한 바 있다. 연구자들은 위대한 공산주의자들의 두뇌 속에서 위대한 공산주의자의 성품의 비밀을 밝혀내려 했다. 물론 성품의 위대함은 거기서 전혀 밝혀진 바 없다. 엉뚱한 곳에서 엉뚱한 식으로 답을 구했던 것이다. 두뇌가 다른 신체 부위에 비해 비교적 더 중요하고 흥미로운 부위인 것은 사실이지만, 인간의 지성이나 창의력이나 성격은 절대 거기서 찾을 수 있는 것이 아니다.

133

인간의 자아를 구성하는 **통일된 경험** 자체는 결코 우리가 기거하고 있는 몸이나 그 주변에서 찾을 수 없다. 두뇌도 예외가 아니다. 그럼에도 나는 내 몸과 그 기능과 운동의 행위자 내지 원인 제공자로 존재하고 있다. 역으로, 내 몸이 경험하고 제공하는 것은 다시 한 인격적 존재로서의 내 삶 전체에 영향을 미친다. 내 몸을 통해, 특히 언어뿐 아니라 표정과 제스처 곧 "몸짓 언어"를 통해 나는 다른 사람들에게 내 존재를 알릴 수 있다.[13]

인간의 얼굴, 특히 눈은 단지 공간을 점하는 부수적 물체가 아니다. 눈은 영혼의 창이라는 말 속에는 깊은 진리가 담겨 있다. 눈과 얼굴과 손은 자신의 영적 실상을 다른 사람들에게 알리는 공간 부위다. 인간의 가장 깊은 내면의 존재가 그곳을 통해 흘러나온다. 물론 그렇다고 해서 사람이 곧 실질적으로 자신의 얼굴이나 눈과 같다는 말은 아니다. 그것은 사람이 곧 허파나 발톱이나 두뇌와 같지 않은 것과 같은 이치다.

재미있는 것은, "성장한다"는 것은 대체로 얼굴과 눈과 언어 뒤로 자신의 영혼을 숨기는 법을 배우는 작업이라 할 수 있다. 그렇게 타인들을 회피하고 잘 관리하여 결국은 자신이 원하는 것은 얻고 자신에게 두려운 것은 피할 수 있게 되는 것이다. 반면, 어린아이의 얼굴은 아직 그런 기술을 모르기 때문에 늘 속마음이 그대로 내비친다. 표정 관리를 모르는 것이다. 어른들도 감정이 격한 순간에는 이와 똑같다. 감정이 그토록 소중하면서도 또한 두려운 이유가 바로 여기에 있다.

영적으로 상당히 성숙한 이들에게 흔히 붙는 수식어는 "어린아이 같다"는 것이다. 얼굴과 몸을 사용해 자신의 영적 실상을 감추지 않는다는 뜻이다. 그들의 몸은 주변 사람들에게 그들의 참모습을 그대로 보여 준다. 그것은 놀라운 영적 수준이요 선물이다.

간단히 말해서, **하나님과 공간의 관계는 인간과 몸의 관계와 같다.** 하나님은 공간을 점유하시고 공간 속에 넘쳐흐르시지만, 그렇다고 공간 안에서 그분을 찾을 수는 없다. 우리는 공간의 모든 지점을 통해 그분의 의식과 의지에 접근할 수 있으며, 그분의 분명한 임재는 친히 합당히 여기시는 곳이면 어느 장소에나 집약되어 나타날 수 있다. 성육신을 통해 하나님은 당신의 실체를 특별한 방식으로 예수의 몸 안에 집약시키셨다. 이는 "예수 그리스도의 얼굴에 있는 하나님의 영광을 아는 빛을 우리 마음에 비춰"시기 위함이었다(고후 4:6).

모든 물리적 물체와 모든 자연법은 하나님의 의지의 표명이라는 것이 전통 기독교의 이해다. 그러나 이 말을 하나님께서 매순간 의식적 선택을 계속해야 한다는 의미로 받아들일 필요는 없다. 예컨대, 이 전자는 저 중성자의 둘레를 회전해야 하고 이 기둥은 저 집을 떠받치고 있어야 한다는 식으로 말이다. 물론 그분이 원하시면 얼마든지 그렇게 하실 수 있다. 하지만 집 안의 가구 배치가 주인의 의지의 표현이라는 점을 생각하면 쉽게 이해가 된다. 주인이 원하는 대로 놓지만 그렇다고 주인이 항상 그 배치와 그에 대한 자신의 "의지"를 생각하고 있는 것은 아니다. 가구 배치는 주인을 잘 아는 모든 이들에게 그 주인에 대한 지속적 계시와도 같다.

스스로 나타내 보이기 원하시는 하나님

이와 비슷하게 하나님 역시, 그분을 위해 꾸준히 살아온 이들에게는 특별한 현현 없이도 어디서나 보이시는 분이다. 두말할 것도 없이 하나님은 우리가 당신을 보기 원하신다. 그것은 넘치는 사랑이신 그분의 본성의 한 부분이다. 사랑이란 언제나 상대에게 알려지기 원하는 법이다. 그래서 그분은 당신을 본의대로 올바르게 예배하는 이들을 찾으신다. 가시적 물체가 우리의 평소 지각으로 분명히 느껴지는 것과 동일하게 하나님은 우리 마음에 느껴지기 원하신다.

노르위치의 줄리안(Julian of Norwich)은 한때 자신의 "깨달음이 바닷속 심연으로 가라앉던" 시절, 뜻밖에 거기서 "푸른 언덕과 계곡"을 보았던 이야기를 감동적으로 들려준다. 줄리안이 도출한 의미는 이런 것이었다.

인간이 거대한 바닷속에 내려가 거기서도 언제나 자신과 함께 계시는 하나님을 본다면, 그의 영혼과 몸은 해 하나 입지 않고 안전할 것이다. 뿐만 아니라 이 세상이 줄 수 있는 모든 것보다 더 큰 위로와 힘을 얻을 것이다. 하나님의 모습이 우리에게는 부분적인 것 같아 보여도, 그럼에도 그분의 뜻은 우리가 당신을 늘 뵙고 있다고 믿는 것이다. 이 믿음을 통해 하나님은 우리로 언제나 더 큰 은혜를 입게 하신다. 하나님은 우리가 당신을 보기 원하시며, 찾기 원하시며, 기대하기 원하시며, 믿기 원하신다.[14]

본다는 것은 물론 간단한 일이 아니다. 풍부한 지식과 경험과 상상력과 인내와 감수성이 필요한 경우가 적지 않다. 현미경을 통해서도 박테리아나 세포 구조를 영영 보지 못하는 이들이 있다. 대상이 영적인 것으로 바뀌면 본다는 것은 한층 더 어려워진다. 박테리아나 세포와 달리 영적인 대상의 경우는 본인 쪽에서 **먼저 자신을 보이려는 마음이 있어야** 하기 때문이다.

상대가 진심으로 원하지 않을 때 인격은 자신을 나타내 보이기 어렵다. 당신도 나도 분명 그렇다. 우리는 자신의 영혼을 드러내기 전에 상대가 먼저 나를 원해 주기를, 진심으로 원해 주기를 바란다. 하나님과 하나님의 세상을 보는 능력과 습성은 그분과의 친밀한 관계 속에서 계속 구하고 자라는 과정을 통해 길러진다.

그러나 보는 것을 발전시키는 것은 그 어느 주제와 다를 바 없이 하나님과의 관계에서도 그대로 기대할 수 있다. 로렌스 형제는 인생 말기에 이렇게 말했다. "나는 순간순간 하나님께 가야 한다. 이 세상에서 내게 위안이 되는 것은 내가 이제는 그분을 믿음으로 뵙는다는 것이다. 믿음으로 뵙다 보니 간혹 이런 고백까지 하게 된다. **나는 그분을 더 이상 믿지 않는다. 그냥 뵈올 뿐이다.**"[15] 우리의 성품과 이해가 하늘로부터 하나님의 통치의 실체에 점점 일치되어 갈수록 하늘은 우리에게 점점 더 열리게 돼 있다.

텅 빈 공간의 신화

그러므로 공간이란 결코 텅 빈 곳일 수 없다는 것이 우리의 전제가 되어야 한다. 이것은 예수를 이해하는 데 핵심이 된다. 하늘로부터 임하는 하나님의 통치를 이해하는 데 핵심이 되기 때문이다. 그 통치야말로 지금 우리 가운데 거하시는 하나님의 나라다. 공간을 돌아다녀 보고 거기서 하나님을 찾지 못했다 해서 공간이 텅 비어 있다는 뜻은 결코 아니다. 그것은 마치 내 몸 안을 돌아다녀 보고 거기서 나를 찾지 못했다 해서 내가 여기 존재하지 않는 것이 아닌 것과 같다.

C. S. 루이스의 「침묵의 행성에서」(*Out of the Silent Planet*)에 보면 주인공 랜섬이 비행선을 타고 지구를 떠나면서 맛본 "마음의 점진적 깨달음과 환희"의 경험이 풍부한 상상력으로 묘사돼 있다.

과학이 낳은 신화가 현대 지성에 오래도록 심어 놓은 악몽이 그에게서 벗겨져 나가고 있었다. 그는 "우주"에 대해 읽어 봤다. 오랜 세월 그의 생각 이면에는 이쪽 세상과 저쪽 세상을 구분하는 어둡고 차가운 진공, 즉 철저한 죽음의 상태에 대한 음침한 영상이 도사리고 있었다. 그런 생각이 자신에게 얼마나 큰 영향을 주었는지 그는 이 순간까지 미처 모르고 있었다. 이제 광채를 발하는 하늘의 바다를 헤엄치노라니 우주, 즉 "공간"이라는 이름 자체가 신성모독으로 느껴졌다.…… 여태껏 그는 공간이 황무한 곳인 줄 알았었다. 지금 알고 보니 공간은 온 세상의 태(胎)였고, 밤하늘에 빛나는 그 무수한 후손들은 수많은 눈으로 지구를 굽어보고 있었다. 그러니 여기서는 그 눈이 얼마나 더 많으랴![16]

한낱 문학에 나오는 글일 뿐이라고 일축할 사람들도 있을 것이다. 그럼에도 불구하고 일체의 과학적 인증 없이 사이비 과학 문화에서 쏟아져 들어와 믿음을 마비시키는 근거 없는 사상을 깨뜨리는 데 큰 도움이 되는 말이다. 다른 식으로는 효과적으로 전달하기 힘든 중요한 것들이 때로 문학이나 예술로 표현되는 경우가 있다.

물론 우주 여행이 천지만물에 충만한 하나님의 부요함을 발견하는 유일한 길은 아니다. 그 발견은 인격적 추구와 영적 방향 조정, 그리고 받아들일 준비가 된 자들에게 당신을 나타내 보이시는 하나님의 반응 행위를 통해 이루어진다. 그제서야 비로소 우리는 "그 영광이 온 땅에 충만"한 것을 보고 스랍들과 함께 "거룩하다! 거룩하다! 거룩하다!"를 외치게 된다.

오 할레스비(Ole Hallesby)는 예리한 비교를 통해, 우리 몸에 필요한 공기가 사방에서 우리를 둘러싸고 있음을 지적하고 있다. 공기를 받으려면 그저 숨만 들이쉬면 된다. 이와 마찬가지로 "우리 영혼에 필요한 '공기'도 항상 사방에서 우리 모두를 에워싸고 있다. 하나님은 충만한 전천후 은혜로 그리스도 안에서 우리를 사방에서 둘러싸고 계신다. 우리가 할 일은 그저 마음을 여는 것뿐이다."[17]

보이는 것과 보이지 않는 모든 만물

그렇다면 영적 실체란 무엇인가?

이 주제는 하나님이 어떻게 공간 속에서 우리를 둘러싸 임재하고 계시는가, "천국"이란 무엇인가의 문제를 다시 생각하는 좋은 출발점이 될 것이다. 그러나 여기서는 영혼과 영적인 것에 대한 더 깊은 이해로 한걸음 더 깊이 들어가야 한다.

그러기 위해 다시 한번 우리 안에 있는 인격을 생각해 보기로 하자. 영적인 것이 정확히 무엇인가에 대한 일차적 이해는 바로 인격 또는 "자아"—그리고 감정, 사고, 의지에 대한 인격의 경험—에서 얻을 수 있기 때문이다. "영적"인 것이란 단지 우리가 **되어야 할** 상태만을 말하는 것이 아니다. 그것은 이미 우리의 **현 상태**이자 피할 수 없는 상태. 생각이나 느낌이 어떻든 상관없다. 그것은 우리의 본질이요 숙명이다.

비물리성 "영적인 것이란 인격적인 것이다"라고 말할 때, 그것은 부정적 의미에서 영적인 것은 오감으로 지각되는 것이 아니라는 뜻이다. 당신도, 다른 사람들도, 하나님 자신도, 인격이란 모양, 크기, 무게, 색깔, 맛, 냄새, 감촉 등 물리적 속성을 지니지 않는다. 그러므로 바울이 고린도후서 4:18에서 우리의 생각과 기대의 초점을 눈에 보이는 것이 아니라 보이지 않는 것에 둠으로써 보이지 않는 것에 힘입어 살아야 한다고 한 것은-"우리의 돌아보는 것은 보이는 것이 아니요 보이지 않는 것이니"-말할 것도 없이 인격의 영역, 무엇보다도 하나님 자신을 가리켜 한 말이다.

간단한 예로, 사탕을 먹고 싶다거나 직업에서 성공하고 싶은 우리의 **생각**이나 **소원**을 들 수 있다. 우리는 이런 생각이나 소원을 깊이 인식하고 있고 구체적으로 묘사할 수 있다. 그러나 만지거나 냄새를 맡을 수는 없다. 조명을 높이고 안경을 쓴다고 더 잘 "보이는" 것도 아니다. 생각의 속성은 신체의 감각으로 느낄 수 없는 것이다. 그러나 그렇다고 생각이 존재하지 않는 것은 절대 아니다. 감각으로 느낄 수 있다면 이미 생각이나 소원일 수 없다. 앞서 생각해 본 사실과도 연결되는 부분이다. 즉 그런 생각이나 소원은 공간 안에서 찾을 수 없다.

궁극적 힘 영적인 것이 물리적인 것이 아니라 해서 그 힘 또는 에너지를 부정하는 것은 아니다. 영적인 것은 분명 힘을 가지고 있다. 이것은 영적인 것의 긍정적 특성의 골자라 할 수 있다. 영혼이란 에너지의 한 형태다. 영혼은 일하며, 일하는 모든 것은 힘이 있기 때문이다. 성경적 관점에서 영혼은 다른 모든 힘의 기반이 되는 궁극적 형태의 힘이다.[18]

가장 간단한 예로, 당신이 지금 방 안에 앉아 있다면 당신 주변에 보이는 모든 것이 처음 만들어져 그 자리에 놓이기까지는 분명 누군가의 감정과 아이디어와 의지가 작용했을 것이다. 눈을 들어 하늘을 나는 비행기를 볼 때도 마찬가지다. 당신은 지금 인간의 영적 실체, 즉 지성과 의지에 의해 존재하게 된 물체를 보고 있는 것이다. 비행기는 나무에서 저절로 자라지 않는다.

사고 그러나 영적인 것의 긍정적 특성에 있어서 빠져서는 안되는 것이 있다. 인격이나 자아 그리고 그 경험은 힘을 지녔을 뿐 아니라 또한 자

3장_ 예수가 알았던 세상: 하나님 충만한 세상

신과 관련된 다양한 주제에 대해 의식적으로 방향을 조정한다는 것이다. 즉 인격은 **사고**한다. 그리고 그 사고는 과거와 현재와 미래의 특정 대상을 가려내거나 따로 **뽑아**낸다. 이것은 지성의 행위다. 영적 존재로서의 한 인격의 인지적 측면이다. 물리적 존재에는 이것이 없다.

평가 또한 알다시피, 인격은 다른 것들과 대비하여 특정한 것을 긍정적으로 보는 성향이 있다(즉 기분, 정서, 평가). 그래서 우리는 특정한 것을 **선택**하고 거기에 맞게 행동할 수 있다. 이것이 인간의 **의지**다.

인격적인 혹은 영적인 것의 이들 각 차원 내지 측면은 비록 시각, 청각, 후각, 기타 신체 감각으로는 느낄 수 없다 하더라도 분명 우리 안에 존재하는 것들이다. 이런 모습들은 인간 안에 너무도 충만하게 흘러넘쳐서 그 충만한 실체를 속속들이 모두 밝혀 우리의 존재를 묘사한다는 것은 불가능한 일이다.

인격의 핵심: 의지 또는 마음

인격적/영적 실체의 가장 깊은 핵심을 이루는 것은 "의지"의 측면이다. 성경에는 의지가 흔히 "마음"으로 표현되곤 한다. 인격적 실체의 모든 차원을 조직하여 하나의 생명 내지 인간을 형성하는 것이 바로 마음이다. 의지 또는 마음은 자아의 중추다. 그러므로 하나님은 물론 인간 영혼의 구심점은 자기 결정력, 즉 자유와 창의력에 있다.

어린아이들은 이것저것 물건을 만들어 자기가 사랑하는 사람들에게 주는 법을 재빨리 터득한다. 불행히도 많은 사람들의 영혼이 인생에 짓눌려 부서지지만, 만일 이 아이들의 영혼이 그렇게 되지만 않는다면 이들은 평생 주는 일을 계속할 것이며 마침내 죽을 때에도 자신의 노력으로 창출해 낸 혹은 지켜 온 것들을 다른 사람들에게 기꺼이 남기고 떠날 것이다.

사람들에게 가장 추앙받는 이들은 리더십(인간 상대의 일), 예술, 지식 분야의 창의적인 사람들이다. 때로 창의력이란 이상이나 관계를 끝까지 충실하게 지키는 문제다. 우리는 우리 존재의 중심, 즉 마음에서 나오는 것을 언제나 무엇보다도 소중히 여긴다. 그것이야말로 그 무엇보다도 우리의 존재 자체인 것이다.

윌리엄 제임스는 힘이나 지식이나 부나 행운은 과연 "우리에게 인생에 성공한 듯한 느낌을 준다"고 말한 뒤 이렇게 덧붙였다. "그러나 그 모든 것보다 깊은 곳에 그 모든 것 없이도 스스로 충만할 수 있는 것이 있으니 바로 우리가 쏟을 수 있는 노력의 양에 대한 의식이다. 이 노력이야말로 완전히 다른 영역에 속한 것처럼 보인다. 그것만이 **존재**의 본질이며, **소유**는 다 부수적인 것에 지나지 않는다는 듯이 말이다." 제임스의 표현대로, 우리가 "동의하느냐 동의하지 않느냐"가 "가장 깊은 차원에서 사물의 본질과 교류하는 기관이 아닐까! 그 기관에서 요구되는 노력이 인간으로서 우리의 가치 척도라 해도…… 엄격한 의미에서 우리가 세상에 남기는 유일한 창의적 기여라 해도 지나친 말이 아니다!"[19]

하나님의 경우, 성경에서 그분의 형이상학적 본질이 가장 차원 높게 계시된 곳은 출애굽기 3:14이다. 거기서 하나님은 당신의 본질 혹은 존재에 대한 모세의 질문에 대한 응답으로 "나는 스스로 있는 자니라"고 말씀하신다. 그분은 전적으로 자력으로 존재하시는 분이다. 나중에 예수님은 아버지께서 "자기 속에" 생명이 있음같이 그 생명을 아들에게도 주셨다고 말씀하셨다(요 5:26). 이렇듯 완전한 자기 충족과 자기 결정의 속성을 지니신 분은 하나님 외에는 아무도 없다.

그럼에도 불구하고 모든 인간에게는 의지 또는 의지력이 있다. 우리에게는 스스로 행동하고 자기가 보기에 좋은 것을 만들려는, 자유로운 창조의 존재가 되려는 성향과 역량이 있다. 이런 의지가 있기에 우리는 물건이 아니다. 우리 안에는 상당 수준까지 자력으로 결정할 수 있는 역량이 있다. 의지가 없이는 인간 특유의 생명도 있을 수 없다.

이 점에 대해서는 앞장에서 잠깐 살펴본 바 있다. 거기서 우리는 본질상 인간 개개인에게 속해 있는 "나라"에 대해 이야기했다. 또한 예수를 믿을 때 은혜로 말미암아 우리의 나라가 하나님의 나라와 연합하게 된다는 것도 생각해 보았다.

마음 즉 의지란, 곧 인간의 영혼이다. 이 인간 영혼이야말로 하나님께서 당신과 우리의 관계의 기초로 받아들이실 우리 안의 유일한 영역이다. 그것은 우리의 본질적 존재의 영적 측면이요, 하나님 앞에서의 진실의 장소다. 그 안에서만 우리의 삶 전체는 영원한 것이 될 수 있다.

영적인 것의 본질성

지금까지 생각해 본 것을 한마디로 말한다면, 영혼이란 비신체적인 인격적 힘이라고 할 수 있다. 그것은 무엇보다도 하나의 본질이며 궁극적으로 하나님 자신이다. 하나님은 영이시자 곧 본질이신 분이다.

물질의 궁극성에 깊이 빠져 있는 현대 사회에서 영혼을 "본질"로 이해한다는 것은 더할 나위 없이 중요한 일이다. 그것은 영혼이 그 본연의 권리로 존재한다는 뜻이다. 인간의 경우는 어느 정도 그렇고, 하나님의 경우는 절대적으로 그렇다. 사고와 감정과 의지의 전개는 물리적 세계를 넘어선 영역에서 힘을 행사하는 이 영적 본질의 다양한 차원일 뿐이다. 영혼은 공간을 점유하고 있고, 스스로 선택하는 곳에서 자신을 드러낼 수 있다. 이것이 예수께서 이 세상을 보시는 방식이자 또한 그분의 복음의 일부다.

방금 설명한 것처럼, 우리는 영적 존재이기 때문에 하나님과의 관계 및 그 나라의 통치 아래에서 그분께 의존하여 사는 삶은 개인적으로나 집단적으로나 우리에게 유익한 일이다. 배추에서 물소에 이르기까지 모든 생명은 자기에게 적합한 특정한 세계에서 살도록 돼 있다. 존재 자체로부터 바로 그 세계로 부름을 받은 것이다. 거기에 살 때에만 생명체의 안전이 보장된다. 그 특수한 세계에서 떨어져 나오면 쇠약해져 마침내 죽고 만다.

영성(spirituality)에의 부름이 우리에게 주는 의미도 이와 같다. 우리가 삶의 모든 영역에서 영적인 존재가 되어야 하는 것은 우리의 세상이 영적인 세상인 까닭이다. 우리는 거기에 적합한 생명체다. 그래서 바울은 인간 존재에 대한 깊은 통찰 끝에 우리에게 이렇게 권고한다. "육신의 생각은 사망이요 영의 생각은 생명과 평안이니라"(롬 8:6).

자신의 삶을 하나님의 영적인 세상 속에 점점 통합시켜 갈수록 우리의 삶은 점점 영원한 것의 본질을 입게 된다. 언젠가 우리의 생명은 전적으로 영적 실체로만 유지되고 더 이상 물리적인 것에 의존하지 않게 될 것이며, 바로 그 시점에 적합한 것이 우리의 숙명이다. 우리의 죽어 가는 또는 "썩을" 것은 죽지 않을 것으로 바뀔 것이요 사망은 이김에 삼킨 바될 것이다.[20]

인간의 곤경

물론 그 숙명은 통상적 인간의 모습 또는 "만인이 알고 있는" 바와는 정면 대치된다. 나는 이것이 아주 중요한 문제라고 생각한다. 소로우(Henry David Thoreau)의 친숙한 표현으로, 우리의 "조용한 절망의 삶"은 희망 없는 세상의 산물이다. 이 세상은 우리라는 존재가 별로 중요하지 않은 곳, 우리가 하는 일로는 별로 달라지지 않는 곳, 우리가 정말 사랑하는 대상을 획득하는 것이 불가능하거나 안전하지 않은 곳이다. 우리는 미치거나 절망에 빠진다.

올더스 헉슬리(Aldous Huxley)는 「지각의 문」(*The Doors of Perception*)에서 이렇게 말한다. "대부분의 사람들이 나쁘게 말하면 너무나 괴롭게, 좋게 말해 봐야 너무나 단조롭고 메마르며 얽매인 삶을 살고 있다. 그래서 도피 충동, 즉 한순간만이라도 자신을 벗어나고자 하는 갈망이 언제나 영혼의 주된 욕구 중 하나였고 지금도 그렇다."[21] 웰스(H. G. Wells)의 표현으로, 인간은 자신을 무덤에 가두는 "벽의 문"을 미친 듯 찾아 헤매고 있다.

헉슬리는 "자아와 환경으로부터의 도피 욕구는 거의 언제나 거의 모든 사람 안에 있다"고 확신했다(63쪽). 그러므로 "참을 수 없는 자아와 역겨운 주변 환경으로부터 화학적으로 벗어나고 싶어 하는" 잦은 욕구는 절대 변하지 않는다. 그의 관점에 따르면, 이러한 인간의 욕구는 장기적으로 유익보다 오히려 해를 끼치는 그런 부작용 없이 인간을 고통에서 건져 줄 수 있는 새로운 약물의 발견을 통해서만 채워질 수 있다(64-65쪽).

레오 톨스토이는 「참회록」에서, 유년시절 그를 움직인 선(善)의 지향의 충동이 사회 경험을 통해 싸늘하게 식어 가는 과정을 털어놓고 있다. 후에 작가로서 대성한 후에도, 그는 만사가 허무하다는 생각에 심리적 마비 상태에서 헤어나지 못했다. 자신이 사랑하고 아끼던 모든 것이 세월의 흐름 속에 한낱 무(無)로 변하고 말았다는 생각에 그는 완전히 절망에 빠졌다. 오랫동안 그런 상태로 살다가, 마침내 그는 모든 선한 것이 그대로 보존되어 있는 하나님의 세계를 믿게 되었다.

"영혼의 마음"에서 얻은 해답

그것이 바로 예수께서 오래전 인류에게 열어 주신, 그리고 지금도 구하는 자에게 열어 주시는 영적인 세계다. 순박한 농부들의 믿음과 그 믿음에서 흘러나오는 깊고 의미 있는(고통이 따르긴 했지만) 삶을 보면서, 톨스토이는 점차 예수와 및 하나님 나라에 대한 그분의 말씀에 다다르게 된다. 그 말씀에서 그는 비로소 영적인 세계와 "영혼의 마음"에 이르는 길을 찾게 된다. 바울은 그것을 "생명과 평안"이라 했다.

영혼의 마음이 생명과 평안인 것은, 그것이 하나님 아래에서 끊임없이 창의적인 존재라는 인간 본질에 적합한 세상으로 우리를 데려다 주기 때문이다. 반면, "육신의 마음"은 살아 있는 죽음이다. 그 마음에는 천국도 닫힌다. "하늘은 엎어 놓은 사발이라 했던가. 그 속에 갇혀 기어다니다 죽을 인생이여."[22] 그 마음에는 이것밖에 보이지 않는다. 그것은 우리를 가시적·물리적 세상에 가두어 놓는다. 우리의 마음이 원하는 곳은 절대 그런 세상이 아니다. 톨스토이가 욕지기를 느끼며 보았던 것처럼, 거기서 우리가 발견하는 것은 "생존"을 위해 자신의 양심을 끊임없이 짓밟아야 하는 세상이다.

반대로, 예수는 우리를 두려움 없는 세상으로 데려가신다. 놀랍게도 그분의 세상에는 성공하기 위해 악을 행해야 할 일이 전혀 없다. 그분이 사신 세상은 안심하고 선을 행하고 선한 사람이 될 수 있는 죽음 없는 세상이었으며, 그분은 우리도 그런 세상에 살도록 부르신다. 그분의 처음 친구들은 그분이 "사망을 폐하시고 복음으로써 생명과 썩지 아니할 것을 드러내신" 분으로 이해했다(딤후 1:10). 그러므로 범사에 그분을 온전히 믿는 자세로 나아간다면, 우리의 삶 역시 성령의 영원한 시야와 운동에 하나로 녹아드는 영원히 가치 있는 죽지 않는 삶이 될 수 있다.

이렇게 하나님의 충만한 세상―성경의 표현을 빌리면 "보이는 것과 보이지 않는 모든 만물"―의 문맥에서 이해하는 인간 실존은, 우리가 본능적으로 희망하고 마땅히 그래야 한다고 생각하는 것만큼 아름다울 수 있다. 물론 맨 처음 우리 마음에 떠오르는 모습과는 정확히 일치하지 않을지 모른다. 실은 그보다 훨씬 더 좋은 것이다. 하나님은 언제나 "우리 가운데서 역사하시는 능력대로 우리의 온갖 구하는 것이나 생각하는 것에 더 넘치도록 능히 하실" 준비가 되어 있으시기 때문이다(엡 3:20).

사망의 폐기

죽음에 대한 무관심

일단 하나님의 충만한 세상 속에 처한 우리의 상황을 깨닫고 나면, 예수와 신약 기자들이 "몸의 죽음"을 철저히 무시한 까닭이 비로소 이해가 된다. 바울은 예수께서 사망을 폐하셨다고 잘라 말했다. 한마디로, 죽음을 없애 버리셨다는 말이다. 그분의 삶으로 들어간 이들에게는 흔히 죽음이라 불리는 그런 일이 절대 일어나지 않는다.

"몸의 죽음"을 개인의 존재의 종말로 믿고 있던 당시의 한 집단에게, 예수는 "하나님은 죽은 자의 하나님이 아니요 산 자의 하나님이시라"고 말씀하셨다(눅 20:38). 하나님을 사랑하고 하나님께서 사랑하시는 자들에게는 존재의 종말이 허용되지 않는다는 뜻이다. 그들은 하나님의 보배이기 때문이다. 그분은 그들을 기뻐하시며 그들에게서 결코 손을 떼지 않으신다. 당신의 거대한 우주 안에 그들을 위해 개인별로 영원한

147

사역을 준비해 놓으셨을 정도다.

지금 이 순간도 영원한 창조자 그리스도께서는 당신과 함께 살게 될 인간 형제 자매들을 위해 처소를 준비하고 계신다. 이미 그곳에 가 있는 이들도 있다. 분명 그분의 위대한 사역에 열심히 동참하고 있을 것이다. 그들이 단순히 구경만 하고 있으리라고는 생각되지 않는다. 예수는 죽으시던 날, 곁에서 함께 죽어 가는 또 다른 인간에게 바로 그날 낙원이라는 곳에서 만나자고 약속하셨다. 낙원이라는 표현은 아름다운 동산 같은 곳을 암시하는 말이다.

예수의 말씀을 한낱 "듣기 좋은 말"로 일축하고 싶어 하는 사람들이 너무 많다. 그러나 그 말씀을 비현실적이거나 불가능한 것이라 생각하는 이들은 논리가 뛰어나다기보다는 상상력이 짧은 것이다. 그들은 하나님이 성경에 나오는 미래의 삶을 예비할 수 없다고 결론 짓기 전에 그분이 이미 존재케 하신 이 우주를 자세히 살펴봐야 한다.

우주의 실체가 하나님의 것임을 깨닫고 그분이 이미 해놓으신 일을 조금이라도 본 자라면, 그런 "낙원"이 존재하는 것이 조금도 문제될 수 없다는 것을 누구나 납득하게 될 것이다. 하나님은 자신의 소중한 친구들 하나하나를 바로 그곳에 온전한 인격적 존재로 보전하실 것이다. 그 모습으로 그들을 소중히 여기시기 때문이다. 만일 그들이 "죽는다면" 어떻게 하나님이 그들과 교제를 즐기실 수 있겠으며 그들은 또 어떻게 하나님을 섬길 수 있겠는가?

하나님의 세상의 실체와 그것이 우리에게 가까움을 표현하기 위해 이 장 첫머리에서 이미 블라디미르 나보코프의 말을 한 차례 인용한 바 있다. 아버지가 죽은 후 어머니를 위로하기 위해 보낸 편지에 그는 이렇게 썼다.

3장_ 예수가 알았던 세상: 하나님 충만한 세상

3년이 지났는데도, 아버지와 관련된 모든 사소한 것들이 아직도 제 안에 생생히 살아 있습니다. 사랑하는 어머니, 미처 상상하지 못한 그러나 너무나 자연스러운 천국, 모든 것이 빛과 기쁨뿐인 그 나라에서 우리가 아버지를 다시 만나리라는 것을 저는 확신합니다. 함께 나누는 밝고 찬란한 영원 속에서 아버지는 언제나 그러셨듯이, 어깨를 약간 으쓱해 보이시며 우리에게 다가올 것입니다. 그러면 우리는 놀랄 것도 없이 아버지의 손에 있는 그 까만 점에 입맞추겠지요. 사랑하는 어머니, 그 아름다운 시간을 기대하며 사셔야 합니다. 절망의 유혹에 절대 지시면 안 됩니다. 모든 것은 다시 돌아올 것입니다.[23]

물론, 지금껏 우리가 이야기해 온 하나님을 아예 믿지 않는 자라면 그 사람은 예수를 자기 마음대로 생각할 수밖에 없다. 불행히도 그런 일이 비일비재하다. 어쩌면 사람들이 예수를 해석하려 할 때마다 먼저 그가 하나님을 믿는지 여부를 따져 물어야 할지도 모른다. 그러면 어떤 해석이 나올지 대충 방향이 잡힐 것이다.

영원히 죽음을 맛보지 아니하리라

어느 경우이든 예수는 당신을 믿는 이들, 그리하여 당신과 하나님 안에 흘러넘치는 그 생명을 받은 이들은 영원히 죽음을 경험하지 않는다고 특별히 강조하여 말씀하셨다. 그런 사람들은 죽음을 영원히 보지 않으며 또 죽음을 영원히 맛보지 않는다고 하셨다(요 8:51-52). 다른 곳에서 그분은 단순히 이렇게 말씀하신다. "무릇 살아서 나를 믿는 자는 영원히 죽지 아니하리니"(11:26).

그러므로 우리는 삶을 생각하며 계획을 세울 때, 피할 수 없으면서도 어떻게 해서든 피하려 드는 "죽음"이라고 하는 끔찍한 사건을 겪을 것을 예상할 필요가 없다. 도피야말로 죽음에 대한 인간의 보편적 태도다. 그러나 그리스도의 행동에 참예한 우리는 자신의 삶―우리에게 너무나 익숙하고 친숙한 바로 이 삶―이 영원히 끝나지 않는다는 사실을 확신할 수 있다. 우리는 지금으로부터 삼백 년, 천 년, 만 년 후에 이 경이로운 우주 안에서 자신이 무슨 일을 하고 있을지를 그려 보아야 한다.

최근 「유에스에이 투데이」(*USA Today*)가 실시한 여론조사에서 찬송가 '나 같은 죄인 살리신'이 미국에서 가장 애송되는 찬송으로 뽑혔다. 보스턴 팝스 콘서트에서도 이 노래를 부르고 군대와 경찰 장례식에서도 이 곡을 연주한다. 이제 이 노래는 서구 문화 전체는 몰라도 미국 문화의 빼놓을 수 없는 일부가 되었다. 여기 구속받은 인간의 미래가 정확히 제시되어 있다.

거기서 우리 영원히
주님의 은혜로
해처럼 밝게 살면서
주 찬양하리라.

이것이 우리의 실상에 대한 진리가 아닌가! 예수께서 우리에게 주시는 말씀은 말할 것도 없이 "믿으라!"는 것이다. 우리는 하나님의 충만한 세상에서 영원을 보낼 숙명을 지닌 종말 없는 영적 존재다.

미키 맨틀(Michey Mantle)은 평생 폭음으로 얻은 질병 때문에 죽어 가는 자리에서, 자기가 얼마나 오래 살지를 미리 알기만 했어도 몸 관리에 좀더 신경을 썼을 것이라고 말했다. 우리에게 깊은 교훈을 주는 말이다. 영원히 끝나지 않을 존재로서 우리는 어떻게 "몸 관리"를 해야 할 것인가? 예수는 제자들에게 살아가는 법을 가르치시되 우리의 삶에 영원히 멈춤이 없다는 사실을 바탕으로 하신다. 이것이 그분의 학생들이 그분으로부터 배우는 것이다.

우리의 "장막" 또는 한시적 집에서 벗어나기

물론 모종의 사건이 일어날 것이다. 우리는 어느 한순간 현재의 몸을 떠날 것이며, 그 떠남과 뒤에 남길 모습이 우리를 사랑하는 이들에게는 기분 좋게 느껴지지는 않을 것이다. 그러나 그 순간 우리는, 사실상 바울의 말처럼 단지 "몸을 떠나 주와 함께 거하는" 것뿐이다(고후 5:8).

초대 교회 성도들은 몸이 죽어 있는 상태를 "잠자는" 것으로 표현했다. 죽는다는 것은 "이 세상에 대해 죽는" 것이며, 실제로 잠자는 사람에 대해서도 우리는 그런 표현을 사용한다. 뒤에 남은 이들이 보기에 잠자는 사람과 충만한 세상으로 막 들어선 사람 사이에는 피상적이나마 분명한 유사성이 있다.

그러나 잠잔다는 표현 속에는 의식을 잃는다는 의미는 전혀 없다. 의식이란 잠자는 중에도 계속된다. "예수 안에서 자는" 자들도 마찬가지다(살전 4:14; 행 7:60). 의식의 대상이 달라질 뿐이다. 사실, "몸"이 죽는 순간 우리는 다른 차원의 의식을 얻어 전에 몰랐던 경험의 부요를 누리게 된다.

미국의 전도자 드와이트 무디(Dwight L. Moody)는 인생 말년에 이렇게 말했다. "머잖아 어느 날 내가 죽었다는 말을 듣게 될 것이오. 믿지 마십시오. 그때 나는 이전의 그 어느 때보다 생생히 살아 있게 될 것이오." 두 명의 호송병이 디트리히 본회퍼를 교수대로 데려가려고 오자, 그는 옆에 있던 친구에게 짤막하게 이렇게 말했다. "이제 끝이네. 하지만 나한테는 이것이 삶의 시작이라네."[24]

그렇다면 우리는 이 이행(移行)을 어떻게 생각해야 할 것인가? 여기에 대한 분명한 사고가 없기 때문에 심지어 예수를 분명히 믿는 이들조차도 그 이행을 아직까지도 두려운 것으로 보고 있다. 인간은 상상의 한계를 벗어나는 일에 당연히 두려움을 느낀다. 그러나 여기 두 가지 장면이 있다. 나는 이것이 유익하고도 정확한 예시라고 믿는다. "우리의 장막" 즉 몸을 떠나면서 기대해야 할 바가 무엇인지 아는 데 도움이 될 수 있다(고후 5:1-6).

하나는 몇 년 전 피터 마샬(Peter Marshall)에 의해 유명해진 것이다. 한 어린아이가 저녁 무렵 장난감을 가지고 놀고 있는 장면이다. 아이는 점차 피곤해져 머리를 바닥에 누인 채 간간이 쉬어 가며 힘없이 손놀림을 계속한다. 아이가 다음에 경험하여 "맛보는" 것은 침대맡에 쏟아져 들어오는 새 아침의 햇살이다. 어머니나 아버지가 간밤에 아이를 안아다 방에 눕힌 것이다. 재미있게도 우리는 잠들던 순간이 영 기억나지 않는다. 그것을 "보지도" 않고 "맛보지도" 않는다.

또 하나는 어떤 사람이 이 방에서 나와서 맞은편 방으로 들어가는 장면이다. 이전의 방에 있는 사람들과 여전히 말을 주고받으면서도 동시에 앞방에 있는 사람들을 보며 이야기하기 시작한다. 양쪽 방의 사람들은 서로 완전히 막혀 있을 수 있다. 강력한 진정제 사용이 보편화되기 전만 해도 야간 당직자들은 이와 유사한 장면을 흔히 볼 수 있었다. 이행하는 사람은 종종 앞서 간 사람들과 대화를 시작한다. 아직 뒤에 남은 이들과 접촉하고 있는 동안 그들이 우리를 맞으러 나온다. 우리가 지나가기 전 잠시 동안 양편 사이에 커튼이 드리워져 있다.

"다시 열리는 하늘"의 충만한 세상으로 들어가는 이 이행의 장엄함에 대해 이야기하다가 존 헨리 뉴먼(John Henry Newman)은 이렇게 말했다. "새 세계의 그 놀라운 것들은 이미 지금부터 먼 후일의 모습을 그대로 가지고 있다. 그것은 불멸의 영원한 것들이다. 미래에 그것들을 의식하게 될 영혼들은 태초부터 있어 온 그 평온과 영광을 보게 될 것이다.…… 우리가 알거니와, 그때 시작된 삶은 영원히 계속될 것이다. 그때에도 우리에게 지금과 같은 기억이 있다면, 그날이야말로 주님 앞에서 영원무궁히 기념하고 지켜야 할 특별한 날이 될 것이다."[25] 그날은 하나님의 충만한 세계로 들어가는 우리의 생일이 될 것이다.

하나님의 세상에서 겪는 삶의 이중적 정황

예수의 지혜에 따르면, 모든 사건은 그것을 단순히 가시적 정황에서만 보느냐 아니면 하나님의 충만한 세상의 정황을 함께 보느냐에 따라 실체와 의미가 달라진다. 사실상 우리 모두가 살고 있는 세상은 후자다. 예수의 모든 가르침은 이것을 전제로 하고 있다. 그분의 학생이 되려면 우리는 그것을 이해하고 받아들여야 한다. 그런 의미에서 이것은 "원리적"인 것이다.

복음서의 한 유명한 기사에 보면 예수께서 성전의 연보궤 옆에 앉아 계신다. 예수는 부자들이 많은 돈을 넣는 것을 지켜보신다. 그때 가난한 과부가 와서 자신의 소유 전부를 넣는다. 당시 통용되던 가장 작은 동전 두 개였다. 그러자 예수는 제자들에게 그 과부가 다른 모든 사람보다 많이 넣었다고 말씀하신다.

물리적 혹은 인간적 관점에서만 볼 때, 이것은 또 하나의 "듣기 좋은" 말에 지나지 않을 수 있다. 사실 그것은 예수께서 하신 거의 모든 말씀에 적용되는 내용이다. 그분은 열린 하늘을 전부 다 보시면서 사셨고 가르치셨기 때문이다. 그것이 많은 무리로 하여금 그분의 가르침을 "비현실적인" 것으로 일축하게 한다. 그들은 그분의 세상을 보지 못한 것이다.

분명, 어떤 의미에서 그 과부는 더 많이 넣지 않았다. 그러나 하나님이 그 과부의 행동에 대해 칭찬하시는 일, 즉 과부가 더 많이 넣었다는 것은 글자 그대로 엄연한 사실이다. 가치가 더 컸던 것이다. 다른 사람들의 "많은" 돈보다 과부의 동전에 하나님은 더 가치를 두셨다. '우리 안에 있는 하나님 나라'의 정황에 의해 각각의 행동은 그 의미가 달라진다. "하나님이 거하실 때는 적은 것이 많다"고 할까. 과연 그렇다. 정말 그렇다.

어느 쪽이 정말 위인가

먼저 된 자가 나중 되고 나중 된 자가 먼저 되리라

위 기사는 예수와 그분의 사람들의 기쁜 소식(또는 복음)의 핵심에 담겨 있는 "위대한 반전(反轉)"을 부각시키고 있다. 성전 연보궤 앞의 이 장면은 하나의 예일 뿐이다. 여기서 일어난 매우 극적인 반전은, 사실 성경 전체의 메시지와 그 안에 담긴 실체를 관통하고 있는 일반 구조다.

이 구조는 인류의 일상적 전복 비행을 지적함과 동시에, 자신의 상황과 무관하게 하나님의 질서를 믿는 모든 이들에게 희망의 메시지를 전해 주고 있다. 인간이란 하나님의 질서 안에 들어가 높임받을 수 없을 만큼 "낮은" 위치에 있는 자도 없고, 자신의 삶에서 하나님의 견해를 무시해도 좋을 만큼 "높은" 위치에 처한 자도 없다.

우리는 아브라함, 이삭, 야곱 등 족장들의 삶에서 이런 반전을 볼 수 있다. 나그네였지만 커다란 부를 누렸고, 자신들이 유리하던 땅을 약속으로 소유한 자들이다. 모든 것이 하나님이 분명히 손 닿을 만큼 그들과 함께 계셨다는 사실에 근거하고 있다. 그들은 주변 이웃들에게 긍정적 의미에서 두려움의 대상이었다(창 26:27-29).

분명 이스라엘 백성은 이집트 사회에서 가장 비천한 집단이었다. 그러나 "말과 그 탄 자를 바다에 던지"신 하나님으로 인해 그들은 승리했다. 아이 낳지 못하는 자, 과부, 고아, 고자, 이방인 등 인간 절망의 모든 모델들이 하나님의 돌보심 안에 결실을 맺으며 안전을 누린다. 구약성경에서 이들은 우리의 길과 하나님의 길 사이의 위대한 반전에 대한 증거로 거듭 언급되고 있다(예. 사 56:3-8).

성경을 통한 하나님의 계시가 점진적으로 진행될수록 이 반전은 더욱 널리 알려져 하나님의 시각과 그분의 일하시는 방식을 가르치기 위한 공식적 문학 도구가 되기에 이른다. 에스겔은 당대에 견고히 서 있던 이스라엘 왕궁과 정부가 머잖아 완전히 몰락할 것을 내다본다. 바벨론에 의해 전멸될 것이었다. 그런데 이러한 물리적·사회적 실체의 몰락과는 정반대로 그가 제시한 하나님의 길이 있다. 백향목 가지 하나를 취하여 인간의 손길이 전혀 미치지 않는 이스라엘 높은 산에 심는 것이다.

그 가지는 인간적으로 "나라 잃은" 유대 민족의 남은 자들을 상징한다. 선지자는 이렇게 하나님을 대언한다. "그 가지가 무성하고 열매를 맺어서 아름다운 백향목을 이룰 것이요 각양 새가 그 아래 깃들이며 그 가지 그늘에 거할지라. 들의 모든 나무가 나 여호와는 높은 나무를 낮추고 낮은 나무를 높이며 푸른 나무를 말리우고 마른 나무를 무성케 하는 줄 알리라. 나 여호와는 말하고 이루느니라"(겔 17:22-24).

예수는 천국에 대한 겨자씨 비유에서 이 이미지를 다시 새롭게 하셨다. 작은 씨가 자라나 커다란 나무가 되어 새들이 깃들이게 될 것이다(마

13:31-32). 이 비유에서 예수는 인간 정부와 상관없이 이 땅에서 자라 갈 당신의 백성들을 정확히 지목하고 계신다. 그분의 백성들은 그분의 천국 정부만으로 충분하다.

모든 것을 "열린 하늘"의 관점에서 본다는 것은 모든 것을 하나님 앞에서 보는 것이다. '우리 안에 있는 하나님 나라'는 단순히 하나님 자신이요, "하늘에서 이룬 것같이" 그분의 뜻이 완전히 지배하는 영적 존재 영역이다.

그 나라는 인간의 나라와 날카로운 대조를 이룬다. 인간의 나라는 인생의 영역이요, 하나님의 뜻에 어긋날지라도 당분간은 어느 정도 인간의 뜻에 의해 지배되는 가시적 실체의 작은 부분이다. 시편 기자는 말했다. "하늘은 여호와의 하늘이라도 땅은 인생에게 주셨도다"(115:16). 그러나 우리는 지금의 이 모습에 한탄할 수밖에 없다. "오, 이 땅이여!"

예수의 제자가 된다는 것은 인간의 구분법에 대한 그분의 반전을 지금 받아들인다는 것이다. 그 반전은 하나님 나라의 항거할 수 없는 실체가 되어 조만간 만인을 대상으로 시행될 것이다. 우리의 현 시각에서 그 반전을 이해하려면 그분을 어떻게 보아야 할까? 단순하게, 그분이 이 세상에 살았던 모든 사람들 중 가장 뛰어나고 똑똑한 분이요 지금도 "땅의 임금들의 머리"라는 사실을 받아들여야 한다(계 1:5). 그럴 때 우리는 선으로 악을 이기는 그분의 우주적 모략에 전심으로 동참하게 된다.

일상 생활에 뿌리내린 저항

인간의 삶은 위대한 반전에 필시 저항하게 마련이다. 그런 반전의 개념 자체가 인간에게는 모욕이요 환각이다. 현재 우리의 문명은 맥스 피카드(Max Picard)가 "하나님으로부터의 도피"라 부른 상태이며 그중에

3장_ 예수가 알았던 세상: 하나님 충만한 세상

서도 상당히 진전된 단계라고 할 수 있다. 만물을 포함하며 만물을 꿰뚫는 하나님의 세계는, 모든 지점에서 우리의 삶과 관계를 맺으며 우주의 가시적 차원에서 벌어지는 일과 무관하게 우리가 언제나 완전한 평안과 안전을 누릴 수 있는 곳이다. 그러나 인간은 이런 개념 자체를 으레 조롱거리로 취급하고 있다.

하나님으로부터의 도피가 오늘날 구체적이고 가혹한 형태로 나타나는 모습을 어렵지 않게 볼 수 있다. 예컨대, 인간의 삶과 관련된 전문 분야 가운데 유능한 자로 인정받기 위해 하나님과의 관계를 필수 과목 내지 실습으로 수료해야 하는 분야는 단 하나도 없다. 화학이나 공공 행정에서도 그렇지만 교육학, 간호, 경찰 업무, 그리고 종종 놀랍게도 기독교 사역 자체에서도 마찬가지다. 결혼과 자녀 양육에서도 그렇다. 사람들이 이들 각 분야에서 어떻게 교육받고 유능한 자로 인정받는지 그것만 한번 관찰해 보라. 하나님으로부터의 도피가 바로 눈앞에 펼쳐지는 것을 보게 될 것이다.

우리 모두는 그런 세상에 살고 있다. 자신의 능력으로 살아가는 세상이다. 그만큼 우리 영혼은 세속주의에 젖어 있다. 인간의 지식과 총명을 기대하는 상황에서, 하나님과 그분의 영적 세계가 "현실 생활"에 타당한 것임을 설득력 있게 제시하기란 아무리 사상이 풍부하고 독실한 그리스도인이라 할지라도 어려운 일일 것이다.

"현실" 생활에는 참새와 어린아이의 하나님이 들어설 여지가 별로 없다. 예수도 현실과 무관하게 마음만 착한 "딴 세상" 사람으로밖에 보이지 않는다. 물론 그분의 영향력이야 인정해야겠지만, 그것은 오직 그분이 살벌한 세상에서 심약하고 소심한 사람들의 꿈을 긍정하기 때문일 뿐이다. 그분은 마치 경기 막판에 98 대 3으로 지고 있는 팀에게 계속

"우리는 이긴다"고 고함치는 응원단장 같은 존재다.

"현실 세계"에 대한 이런 응원식 접근이 그리스도를 믿는 이들 사이에 정말 효력을 나타낸다 해도, 사람들은 혹 그 신념은 믿어 줄지 몰라도 하나님에 대해서는 거의 믿음을 갖지 않는다. 하나님과 그분의 세상은 그들에게 어디까지나 "현실"이 아니기 때문이다. 그들은 믿음을 믿을지는 몰라도 하나님을 믿을 수는 없다. 사랑 자체는 사랑하지만 생활 속에서 실제로 사랑할 줄은 모르는 현대 문화 속의 많은 사람들처럼 말이다. 그들은 기도를 믿으며 좋게 생각할지 몰라도 실제 믿음으로 기도할 수는 없으며, 따라서 정말 기도하는 일은 극히 드물다.

나는 예수를 믿는 많은 사람들이 실제로는 하나님을 믿지 않는다는 사실을 개인적으로 거듭 확인하곤 한다. 사람을 정죄하려고 하는 말은 아니다. 다만 믿음을 고백하는 신자들의 삶이 자기 마음대로인 이유, 그리고 많은 경우 자신의 진실된 의도와 오히려 정반대로 가고 있는 이유에 하나의 단서를 던지려는 것뿐이다.

지성의 주이신 예수

거세지는 불신의 물결

오늘날 효과적인 제자도의 싹을 잘라 놓는 "문화적 실체"는 오랜 세월을 두고 우리에게 다가온 것이다. 그것은 지성인들의 좁은 세계 안에서 수세기에 걸쳐 다듬어졌다. 17세기 말 조셉 버틀러(Joseph Butler) 주교는 이들 "진보된 사상가들"을 꼬집어 이렇게 말했다. "결국 기독교는 가짜로 밝혀지게 된 셈이다."[26]

19세기 서구 학문의 중심에는 지성의 대격변이 일어나, 오랜 세월 받아들여져 온 예수의 모습—이 책에서 제시하고 있는—은 이제 지성의 한 선택안으로서 설 자리를 잃고 말았다. 기독교 신앙이 단순히 지성의 문제라는 말은 아니다. 다만 이 시기에 기독교는 현실과 전혀 무관한 개념과 태도로 간주되기에 이르렀다.[27]

우리의 신앙 체계를 경계하는 이런 학계의 태도는, 20세기 중엽 이블린 워(Evelyn Waugh)의 소설 「다시 찾은 브라이즈헤드」(*Brideshead Revisited*)의 대사에 잘 표현되어 있다. 이 소설의 주인공 찰스 라이더는 다른 중심 인물의 종교에 대해 이렇게 말한다.

> 세바스티안의 신앙은 당시 내게 하나의 수수께끼였으나 그렇다고 딱히 풀어 보고 싶은 관심은 없었다.…… 내가 받은 교육의 암시적 입장은 기독교의 기본 줄거리는 이미 오래전에 신화로 밝혀졌다는 것이었다. 이제 그 입장도, 기독교의 윤리적 가르침이 현대에 의미가 있는지 여부를 두고 의견이 갈렸으나 주류는 그렇지 않다는 쪽으로 나왔다. 종교란 어떤 사람들은 믿고 어떤 사람들은 믿지 않는 하나의 취미였다. 좋게 말해서 그것은 약간의 장식품이었고, 나쁘게 말하면 "콤플렉스"와 "금기"— 최근 10년의 두 유행어—와 그리고 수세기 동안 꼬리표처럼 따라다닌 독선과 위선과 어리석음의 아성이었다. 이런 이상한 습성에 논리적 철학 체계와 확실한 역사적 주장이 들어 있다는 말은 여태 한번도 들어 보지 못했다. 설사 그렇다 해도 나는 별 관심이 없었을 것이다.[28]

오늘날 우리의 모든 생각에 배어 있거나 압박을 가해 오는 세속 입장의 막강한 무게를 유감없이 보여주는 말이다. 때로는 기독교의 교사들에게 까지 압박을 가하여 하나님 나라의 온전한 타당성과 현실에 대한 예수의 분명한 말씀을 걷어치우고 "현대" 사고방식에 일치되는 철학적 사고를 대신 취하게 만든다.

위력적이지만 모호하고 비본질적인 세속 입장의 가정은 이것이다. 즉 예수 방식의 영적인 현실 이해가 "지식층" 사람들에게 어리석은 것임을 드러내 주는 뭔가가 밝혀졌다는 것이다. 그러나 그 밝혀진 것이 정확히 무엇인지 말할 때마다 본질적인 내용은 아무것도 나오지 않고 있다.

그리하여, 20세기 사상계의 위대한 지도자로 오랫동안 인정돼 온 루돌프 불트만(Rudolf Bultmann)은 이렇게 말했다. "전깃불과 무선전신과 현대 의료 및 외과의 발견물을 이용하면서, 동시에 영혼과 기적이 있는 신약성경의 세계를 믿는다는 것은 불가능한 일이다."[29]

관련된 논의를 충분히 살펴본 사람이라면 누가 보아도 이 말은 정말 웃기는 이야기에 지나지 않는다. 위대한 사람들이 위대한 어리석음을 범할 수 있음을 보여줄 뿐이다. 그럼에도 이런 식의 "사고"가 현대 지성인과 전문인의 삶의 많은 부분을 지배하고 있으며, 특히 1세기가 넘도록 신학 분야의 대부분 영역을 지배해 왔다.

세상에서 가장 똑똑한 사람

그러나 예수의 인생 학교에 신중한 마음으로 입학하려 한다면 이러한 사실무근의 가정을 속 빈 편견으로 보아야 한다. 여기서 이야기할 내용은 아니지만 우리가 분명히 확신할 수 있는 것은, 예수 시대 이후로 궁극적 실체와 인간 자아에 대한 우리의 지식에서 근본적으로 달라진 것은 아무것도 없다는 사실이다.[30]

이 말에 놀랄 사람들이 많겠지만, 성경 시대 이후 근본적으로 달라진 것은 아무것도 없다는 생각은, 책임감 있는 인간이라면 누구나 이르

3장_ 예수가 알았던 세상: 하나님 충만한 세상

든 늦든 평생에 한번쯤은 품어 보아야 할 생각이다. 그 말이 영 믿어지지 않는다는 이들이 주변에 있거든—나는 나의 전문 분야에서 그런 사람들을 끊임없이 만난다—달라진 것이 정확히 무엇이며 그것이 어디에 기록돼 있는지 물어보면 된다. 그러면 금방 말문이 막히게 돼 있다. 인간의 마음은 언제나 구체적으로 파고들 때 분명해지는 법이다.

최근 수세기 동안 무수히 많은 이론과 사실과 기술이 등장했지만 실존 및 인생의 궁극적 이슈와는 논리적으로 하등의 관계도 없는 것들이다. 그러잖아도 온갖 슬로건, 과학적 진보, "노동 절약" 제품, 언제 어떻게 "행복"을 얻을 수 있다는 식의 난무하는 약속 따위로 지칠 대로 지친 사람들을 오히려 더 산만하고 헷갈리게 할 뿐이다. "분자와 진보"에 대한 모호한 이야기들은 논리적 인생의 모습을 그려 내지 못한다.

어쨌든 우리가 더욱 확실히 장담할 수 있는 것은, 현대의 시류를 좇아가는 한, 우리는 삶과 제자도에 대한 예수의 복음에서 영영 의미를 찾지 못할 것이라는 점이다. 그분의 사역과 가르침, 그리고 그분으로부터 비롯된 역사적 기독교의 중심 노선은 근본적으로 영혼과 영적인 세계의 본질적 실체에 그 바탕을 두고 있다. 아주 간단하다. 예수의 가르침은 현실과 분리할 수 없다. 역사의 현 시점에 이르도록 우리는 그동안 그런 분리의 시도를 해볼 만큼 해보았다. 정직하고 지식이 있는 자라면 누구나 그것이 불가능한 일임을 알고 있다.

예수께 대한 우리의 헌신의 기반은 오직 하나, 그분이 우리의 삶과 우리의 우주에 대해 진실을 알고 계시는 분이라는 인식에만 있을 수 있다. 상대가 예수 아닌 그 어느 누구라도 어떤 문제에 대해 그 사람의 유능함을 믿지 못하면서 그를 의지한다는 것은 불가능한 일이다. 현실 생활에 문제가 생길 때 예수의 지식과 능력으로는 안될 것이라고 생각하면서 그분께 기도하고 그분의 도우심을 믿을 수는 없는 것이다.

만일 예수가 똑똑하지 않다면 우리는 진심으로 그분을 주님으로 생각할 수 있을까? 하나님이신 그분이 어리석을 수 있을까? 무지할 수 있을까? 잠시 멈추고 생각해 보라. 다른 모든 영역에서는 주님일 수 있는 그분이, 어떻게 지식과 지성에서는 만민 중에 으뜸이요 역사상 가장 똑똑한 사람이 될 수 없단 말인가?

하나님 나라의 삶에 들어간 그분의 최초의 제자들이 그분을 바로 그렇게 보았다. 그들은 그분을, 실상은 모른 채 "정답"만 알아 결과를 내놓는 혹은 외양을 능란하게 조작할 수 있는 마술사로 보지 않았다. 반대로 그분은 최고의 과학자요 장인(匠人)이요 예술가로 받아들여졌다.

성경과 및 그 이후의 사람들은 예수를 세상의 모든 실체를 지으시고 계속 움직이게 하시는 분으로 보았다. 글자 그대로, "만물이 그 안에 함께 [선]" 것이다(골 1:17). 오늘 우리는 이미 제공된 "재료"로 전구와 컴퓨터 칩과 로케트를 만드는 사람들을 똑똑한 자로 생각한다. 그러나 그분은 그 "재료"를 만드신 분이다!

그렇다면 초대 교인들이 예수 안에 "지혜와 지식의 모든 보화"가 감추어져 있다고 생각한 것은 당연한 일이다(골 2:3). 그분의 지성적 위대함에 대한 믿음이야말로, 인간의 현실 속에서 그리스도를 따르는 제자도의 근본적인 기반이다. 그 믿음으로 볼 때 예수는 "충성된 증인으로 죽은 자들 가운데서 먼저 나시고 땅의 임금들의 머리"가 되사 지금도 죽음을 이기고 살아 계신 분이요 "처음이요 나중이니 곧 산 자"이며, "내가 전에 죽었었노라. 볼지어다, 이제 세세토록 살아 있어 사망과 음부의 열쇠를 가졌노니"라고 말씀하실 수 있는 분이다(계 1:5, 17-18).

3장_ 예수가 알았던 세상: 하나님 충만한 세상

분자의 주인

실질적으로 물질적 차원에서, 예수는 물의 분자 구조를 변형시켜 포도주로 만드는 법을 아셨다. 그런 지식이 있었기에 그분은 빵 몇 조각과 물고기 몇 마리를 가지고 수천 명의 사람들을 먹이실 수 있었다. 그분은 "천국" 즉 자신이 계신 바로 그곳에서 에너지를 이용하시는 법을 아셨고 그 에너지로 물질을 만드실 수 있었다.

수천 명을 먹이자 무리가 그분을 억지로 왕 삼으려 했던 것도 무리는 아니다. 에너지/물질 등식에 능하신 분이라면 무엇이든 하실 수 있지 않겠는가. 자갈을 금으로 바꾸어 국가 부채를 다 갚아 보라! 지금이라도 그런 사람이 있다면 대통령이나 수상으로 뽑힐 수 있지 않을까?

그분은 인체의 조직을 질병에서 건강으로, 사망에서 생명으로 전환시키는 법을 아셨다. 그분은 중력을 중지시키고 일기 흐름을 가로막고 열매 없는 나무를 톱이나 도끼 없이 제거하는 법을 아셨다. 말 한 마디로 다 되었다. 요즘의 노벨상 수상 사유를 보면 그분은 필시 웃으실 것이다.

윤리적 영역에서 그분이 제시하신 인생관은 세상의 사상에 어느 누구보다 큰 영향을 미쳐 왔다. 여기에 대해서는 앞으로 더 자세히 살펴볼 것이다. 그분의 뛰어난 지성에 대한 최고의 증거 가운데 하나는 무엇보다도 그분이 육체적 죽음에 들어가 실제로 죽으셨다가 그 죽음을 이기고 다시 살아나는 법을 아셨다는 것이다. 그분은 죽음의 목을 졸라 깨끗이 물리치셨다. 인간 냉동 보존술이 다 무슨 소용인가!

그분은 다른 사람들의 힘으로 죽으신 것이 아니다. 위기의 순간 그분은 제자들에게 자신이 언제라도 72,000의 천사들을 불러 무엇이든 원하는 대로 하실 수 있다고 설명하신 바 있다. 중간 체격의 천사 한둘이면, 자기들 힘으로 그분을 체포하여 처형하고 있다고 생각한 이들을 손보기에 충분했을 것이다. 그분은 분명히 말씀하셨다. "[목숨을] 내게서 빼앗는 자가 있는 것이 아니라 내가 스스로 버리노라. 나는 버릴 권세도 있고 다시 얻을 권세도 있으니 이 계명은 내 아버지에게서 받았노라"(요 10:18).

이 모든 사실들이 예수께서 현실의 모든 영역—육체적, 도덕적, 영적—을 지식과 실제 면에서 완전히 통달하고 계심을 보여주고 있다. 그분이 주님인 것은 그분이 과연 명장(明匠)이시기 때문이다. "예수는 똑똑하신 분이다"라고 말하는 데 주저해야 하는 사람이라면 "예수는 주님이시다"라는 고백도 실제로 별 의미가 있을 수 없다.

그분은 그저 선하신 정도가 아니다. 그분은 총명하신 분이다. 그분은 역사상 누구보다 똑똑하신 분이다. 지금 그분은 세계 역사의 전 과정을 주관하고 계시며(계 1:5) 동시에 우리의 미래의 역할을 위해 우주의 나머지 부분을 예비하고 계신다(요 14:2). 그분은 언제나 모든 일에 최고의 정보를 갖고 계시며 인간 생활에 가장 중대한 문제들에 대해서는 더 말할 것도 없다. 지금부터 행복한 삶을 사는 자, 곧 진정으로 복된 자가 누구인가에 대한 그분의 가르침을 들어 보기로 하자.

4장_ 참된 부요를 누리는 자: 팔복

억눌린 자, 침 뱉음 당한 자, 버림받은 자는 복이 있나니.
_ 폴 사이먼

심령이 가난한 자는 복이 있나니 천국이 저희 것임이요.
_ 마태복음 5:3

그러나 먼저 된 자로서 나중 되고 나중 된 자로서 먼저 될 자가 많으니라.
_ 마태복음 19:30

팔복의 수수께끼

이른바 산상수훈이란, 우리 몸을 둘러싸고 있는 바로 그 공간으로부터 우리 곁으로 다가온 하나님 나라의 현재적 실체 안에서, 실제로 살아가는 법에 대한 예수의 가르침을 간명하게 추려 놓은 글이다. 산상수훈은 그분의 말씀을 듣고 행하는 모든 사람은 이미 영원 속에 들어선 삶이므로, 어느 것에도 무너지지 않는 삶, 즉 영원한 삶을 살게 된다는 말씀으로 끝난다(마 7:24-25).

이전과 이후의 뛰어난 사상가들이 그러했듯, 예수는 여기서 인류가 언제나 부딪치고 있는 두 가지 중심 질문을 다루고 있다.

첫째, 어떤 삶이 행복한 삶인가에 관한 질문이다. 나에게 진정 유익이 되는 것은 무엇인가? 어떻게 참된 행복을 얻을 수 있을까? 물론 하나님의 생명 안에 사는 삶이 행복한 삶이 되리라는 것을 우리는 이미 알고 있다. 하나님 나라가 가까이 왔다는 예수의 거듭되는 선포를 통해 그분의 학생들과 청중들은 그 기본 진리를 분명히 알았다.

그러나 그 삶에 대한 확신이 정확히 누구에게 있고 누구에게 없는지는 오늘날과 마찬가지로 그 당시에도 많은 혼돈을 불러일으킨 문제였다. 이 문제를 분명히 하시려고 예수께서 주신 말씀이 이른바 팔복이다. 팔복과 거기 덧붙여진 중요한 후기가 마태복음 5:3-20에 나와 있다.

예수께서 산상수훈에서 다루시는 두번째 질문은, 누가 진정 선한 사람인가에 관한 것이다. 하나님 자신의 선함을 지녀 부전자전으로 아버지 하나님을 닮은 모습을 보일 자는 누구인가? 이 문제는 설교의 나머지 부분인 5:20-7:27에 다루어져 있다. 이 질문에 대한 예수의 대답은 다음 장에서 살펴볼 것이다.

여기 두 가지 중대 문제에 대한 예수의 가르침이, 지금껏 곤고한 이 땅에 등장한 교훈 가운데 가장 영향력 있는 것으로 입증되어 온 데는 분명히 그만한 이유가 있다. 그렇다고 인류 역사에 등장한 다른 모든 것들이 쓸모 없다는 말은 절대 아니다. 말도 안된다. 그러나 무엇이 인간의 행복인지에 관한 그분의 가르침은 그 전체가 아주 독특하며 남다른 힘과 깊이가 있다.

그 힘과 깊이를 온전히 이해하려면 그분의 가르침을 다른 모든 유사한 교훈들과 가장 공평하고 철저하게 비교해 보는 것보다 더 좋은 방법은 없을 것이다.[1] 그러나 그것은 이 책과는 다른 또 다른 책에서 할 일로, 여기서는 그런 비교를 시도할 수 없다. 이 책에서는 예수의 가르침의 내용 그 자체에 집중하려 한다. 첫번째 질문은 이것이다. 예수의 기준으로 보아 행복한 삶을 사는 자는 누구인가?

엉뚱한 독(毒)?

이 질문의 해답이 예수의 팔복에 명확히 나와 있다. 팔복은 인류의 문학적·종교적 보배로 손꼽힌다. 십계명, 시편 23편, 주기도문, 그 밖의 몇몇 성경 본문들과 더불어 팔복은 종교적 통찰과 윤리적 영감이 가장 뛰어난 표현 중 하나로 거의 만인의 인정을 받고 있다. 우리는 팔복을 음미하고 인정하고 묵상하고 판에 새겨 벽에 걸어 둘 수 있다. 그러나 핵심 질문은 그대로 남아 있다. 팔복에 대해 어떻게 반응하여 살아갈 것인가?

이것은 한가한 질문이 아니다. 마태복음 5장과 누가복음 6장에 나오는 예수의 "복"에 대한 오해가 오랜 세월 많은 고통과 혼란을 야기시켜 왔으며 그것은 지금도 계속되고 있다. 그분의 복이 언제나 일관성 있게 복이 된 것은 아니니 참으로 이상한 일이다. 많은 사람들에게 그것은 오히려 엉뚱한 독이 되고 말았다.

언젠가 나는 팔복을 주제로 강연한 일이 있는데, 집회가 끝난 후 한 부인이 찾아와 강연 내용을 듣고 마음에 큰 안심을 얻었노라고 말했다. 아들이 다름 아닌 팔복 때문에 신앙을 버리고 교회를 떠났다는 것이다. 튼튼하고 똑똑한 아들은 군인의 직업을 택했다. 흔히들 그렇듯, 가난한 자, 슬픈 자, 약한 자, 온유한 자로 이어지는 팔복의 내용을 이 아들도 이상적인 그리스도인상으로 배웠다. 그가 어머니에게 한 말은 아주 간단했다. "나는 아닙니다. 나는 이렇게 될 수 없습니다."

분명 이 아들은 현재 상태로 완벽하지 않았지만 몇 가지 변화를 통해 더 나아질 수도 있었을 것이다. 그러나 그것이, "그렇게 되는 것"이 우리가 팔복에 대해 가져야 할 태도인가? 솔직히 대부분의 사람들이 그렇게 생각한다. 그러나 이보다 큰 오류도 없을 것이다. 기독교를 완전히 버리는 것보다 더 흔히 볼 수 있는 현상은 자기가 하나님이 선호하시는 목록에 들지 않는 혹은 들고 싶은 마음이 없는 데 대해 언제나 양심의 죄책감에 눌려 사는 것이다. 이 죄책감은 불행히도 기독교 역사에 끈질기게 지속돼 온 암울한 색채의 주범으로, 역사와 개인 생활에서 신앙의 긍정적 힘을 크게 약화시켜 왔다. 다른 한편으로는, 자신이 "복 있는 자"에 부합된다고 생각하는 이들은 보란 듯이 교만에 빠지곤 한다.

문맥이 주는 교훈

예수 자신이 팔복을 어떤 의미로 주셨는지를 알면 우리가 팔복에 대해 해야 할 것, 그리고 해서는 안될 것을 깨닫는 데 도움이 될 것이다. 그것이 팔복을 이해하는 열쇠가 되어야 한다. 팔복이란 우리가 우리 마음대로 만드는 것이 아니라 어디까지나 그분의 것이기 때문이다. 위대한 스승들과 지도자들에게는 언제나 질서정연하게 전개되는 논리적 메시지가 있다. 마찬가지로 우리는 팔복에 담긴 예수의 가르침이 그분의 삶 전체의 중심 주제에 대한 설명과 전개라는 점을 염두에 두어야 한다. 그 주제란 곧 **하나님 나라가 가까이 왔다**는 것이다.[2] 그렇다면 팔복에 이 주제가 어떻게 전개되고 있을까?

마태복음 4장에서 우리는 예수께서 기본 메시지를 선포하신 후에 (17절) 하나님의 천국 통치의 실행으로, 즉 주변 사람들의 절박한 필요를 채워 주시는 행위로 그 메시지를 시연(試演)해 보이시는 것을 볼 수 있다.

"모든 병과 모든 약한 것을 고치시니 그의 소문이 온 수리아에 퍼진지라. 사람들이 모든 앓는 자 곧 각색 병과 고통에 걸린 자, 귀신 들린 자, 간질하는 자, 중풍병자들을 데려오니 저희를 고치시더라.…… 허다한 무리가 좇으니라"(4:23-25).

　　주변에 몰려드는 사람들의 필요를 채워 주신 그분은 그들에게 가르침을 주시고 싶은 마음에서 모두가 잘 보고 들을 수 있는 좀더 높은 곳인 "산"(마 5:1)으로 자리를 옮기셨다. 자신에게 밀려드는 사람들의 절실한 필요와는 전혀 무관한 고상하고 비교적인(秘敎, esoteric) 강론을 주시고자 무리를 떠나신 것이 아니다. 그럼에도 많은 사람들이 그런 해석을 펴고 있다. 오히려 예수는 현실 냄새가 물씬 풍기는 인간의 무리 **한복판**, 한 마디 말에도 절박하게 매달리는 그들―설교가 끝날 때 반응을 보이는 자들이 바로 이 사람들임에 유의해야 한다―과 함께 있다. 거기서 그분은 제자들에게 그리고 듣는 모든 이들에게 가까이 임한 천국의 의미를 가르치고 있다.

　　나는 그분이 천국과 우리가 얼마나 가까운지, 그 "가까움"의 정도를 실감나게 보이시기 위해 "시연 후 강의" 방법을 사용하셨다고 믿는다. 그분 바로 앞에는 **이제 막** 그분을 통해 천국을 **받은** 이들이 앉아 있었다. 문맥이 이 점을 분명히 해준다. 그분은 무리 중의 각 개인을 실례로 지적하시며 말씀하실 수 있었다. '우리 안에 있는 하나님 나라'가 예수의 마음과 목소리와 손을 통해 그들을 찾아와 만졌기 때문에 이제 그들은 "복 있는" 자가 되었다. 두 복음서 모두 팔복의 말씀이 예수께서 이미 만져 주신 사람들의 무리 속에서만 주어지고 있는 이유가 바로 여기에 있을 것이다.

　　그리하여 그분은 말씀하신다. "천국이 저희에게 임할 때에는 영적으로 무일푼인 자들, 곧 영적으로 파산한 가난하고 모자란 자, 영적인 거지, '종교'와는 전혀 거리가 먼 자들이 복이 있도다."

또는 "심령이 가난한 자는 복이 있나니 천국이 저희 것임이요." 물론 이것이 마태복음 5:3에 대한 보다 전통적이고 **문자상** 정확한 번역이다. 심령이 가난한 자들이 복 있는 것은 하나님의 나라가 영적으로 가난한 그들에게 가까이 온 결과다. 그러나 오늘날 "심령이 가난하다"는 말에는 최초에 담겨 있던 영적 빈곤의 의미가 더 이상 들어 있지 않다. 놀랍게도 그 말은 칭찬할 만한 훌륭한 상태를 가리키는 말이 되고 말았다. 그래서 나는 그것을 교정하는 의미에서 위와 같이 이 구절을 풀어쓴 것이다. 예수를 에워싼 무리 중에는 이 범주에 드는 실례들이 분명 많이 있었다. 열두 제자도 전부는 몰라도 대부분 그런 부류 출신이었고 지금 이 책을 읽고 있는 많은 사람들도 그렇다.

"영적 무일푼"도 천국의 손길을 누린다

말씀하시는 예수의 주변에는 영적인 자격이나 능력이 전혀 없는 이들이 서 있다. "영적 사역"이 필요할 때 아무도 불러 주지 않을 이들이다. 그들에게서는 하나님의 숨결이 그들의 삶 속에 들어와 역사하리라는 아무런 단서도 찾아볼 수 없다. 그들은 카리스마도 없고 종교적 화려함이나 영향력도 없다.

그들은 "성경을 모르는" 자들이다. 후에 어떤 비판자가 예수의 사역에 대해 말한 것처럼 그들은 "율법을 모르는" 자들이다. 그들은 기껏해야 교회당 좌석과 헌금통이나 채우는 "한낱 범인"일 뿐이다. 아무도 그들에게 예배 인도나 기도 인도를 부탁하지 않는다. 만일 누가 그런 부탁을 해온다면 그들은 기절할지도 모른다.

4장_ 참된 부요를 누리는 자: 팔복

스스로 "종교란 말을 들어 본 적도 없는" 최초의 사람들, 그들이 날마다 수백, 수천 명씩 우리 곁을 지나간다. 하나님께 뭔가 내세울 권리가 있다는 생각과는 전혀 거리가 먼 자들이다. 복음서 면면마다 이런 사람들이 넘쳐난다. 그런데 "그분이 나를 만지셨다." 예수와의 접촉을 통해 천국의 통치가 그들의 삶으로 내려온다. 그리하여 이제 그들도 하나님의 손안에서, 몸과 마음과 영혼이 치유된 복 있는 자들이 된다.

멕시코 북부의 빈민층을 상대로 가정 성경공부를 인도하던 어느 목사한테서 이런 이야기를 들었다. 성경공부는 언제나 토론 참여를 권장하게 마련이다. 그는 맨 처음 성경 본문을 읽어 준 뒤 "어떻게 생각하십니까?" 하고 묻곤 했다. 반응이 없었다. 침묵만 흘렀다. 모일 때마다 똑같았다. 마침내 그가 깨달은 것이 있다. 가난한 이들에게는 아무도 **생각**을 묻지 않는다는 사실이다. "심령이" 가난하다는 말에도 그런 의미가 들어 있다. 남들에게 나눌 만한 생각이 있을 법도 하건만, 아무도 그들을 마음에 두어 생각지 않는다. 인간 사회의 현실적 가난은 거의 자동적으로 모든 영역의 실패의 표징으로 통한다.

번역자들은 성경의 이 "영적 빈곤"의 상태를 그 자체로 선한 것, 그리하여 복을 받을 자격이 되는 것으로 만들려고 무던히 애를 썼다. 하나님에 대한 우리의 생각을 적나라하게 보여주는 한 예다. 가장 널리 통용되는 문자적 의미를 따르지 않는 이들은 "심령이 가난한 자"를 "마음이 겸손한 자" 같은 말로 바꿔 놓는다.[3]

예를 들어, NEB(New English Bible) 초판은 이렇게 돼 있다. "자신이 가난한 것을 아는 이들은 얼마나 복된 자인가." 그러나 이것은 분명한 오역이었기에 다행히 재판에서 그 점이 인정되어 다시 원래 표현으로 돌아갔다. "심령이 가난한 자는 복이 있나니."

대체로 훌륭한 버클리(Berkeley) 역에는 이렇게 돼 있다. "자신의 영적 빈곤을 아는 자들은 복이 있나니 천국이 저희 것임이요." 이것 역시 헬라어와 비교해 보면 **명백한** 오역이다. 이해가 안되는 말을 어떻게든 이해가 되게 해야 한다는 필요성 때문에 생겨난 오역이다. 자신에게 영적인 소유가 없음을 알거나 깨닫는다는 뜻으로 말해야 한다면 헬라어에도 얼마든지 그런 표현이 충분히 있다. 그러나 헬라어 원문에는 그런 말은 전혀 없다.

이런 번역상의 고민은, 하나님이 바라시거나 심지어 요구하시는 뭔가 좋은 조건을 찾아 그것을 하나님이 주시는 복의 "정당한" 근거로 삼으려는 우리의 집요한 필요를 잘 보여주는 것이다. 그러나 바로 그것 때문에 우리는 팔복의 문장 구성 자체에 분명하게 들어 있는 핵심 요지를 놓치고 만다.

"심령이 가난한 자가 복이 있음은 심령이 가난하기 **때문**이다." 예수는 이렇게 말하지 않으셨다. "모든 영적인 수준이나 자질 면에서 빈곤하다는 것은 얼마나 좋은 일인가. 그것이 있어야 천국에 합당한 자가 된다." 그분은 이렇게 생각하지 않으셨다. 우리는 영적 빈털터리 상태—그 자체로 전혀 선한 것이 아닌—를 천국에 들어갈 "자격"이 되는 훌륭한 마음가짐이나 태도로 바꿈으로써, 천국이 가까이 왔다는 예수의 가르침의 훨씬 깊은 의미를 날려 버리고 만다.[4]

그것은 곧 환희에 찬 복음의 선포를 또 하나의 진부한 율법주의로 대치하는 것에 지나지 않는다. 예수께서 심령이 가난한 자들을 "복 있다" 하신 것은 그들이 자격이 될 만한 조건을 갖추고 있어서가 아니다. **정확히, 그 말할 수 없이 비참한 상태 속으로, 그런 상태임에도 불구하고** 천국의 통치가 그리스도의 구속의 은혜를 통해 그들에게 임했기 때문이다.

4장 _ 참된 부요를 누리는 자: 팔복

알프레드 에더샤임(Alfred Edersheim)의 말이 정확히 옳다.

> 산상수훈에서······ 예컨대 소위 "팔복"에 붙어 있는 약속들을 각 복과 연결된 영적 상태에 대한 **보상**이나 결과로 보아서는 안된다. 어떤 사람이 천국을 소유하는 것은 그의 심령이 가난하기 **때문**이 아니다. 하나의 상태가 다른 상태로 자라거나 서로 인과 관계에 있는 것이 아니다. 보상은 더욱 더 아니다. 각 경우마다 연결 고리는 그리스도 자신이다. 그분이······ "모든 믿는 자에게 천국을 열어 주셨기" 때문이다.[5]

하나님 방식과 반대되는 예의정신

무리 중에 섞여 예수 앞에 앉았던 영적으로 가난한 이들이 복된 것은 오직 천국의 은혜의 손길이 값없이 그들에게 임했기 때문이다. 그러나 앞서 말한 오역들이 아직도 매력적인 것은 그것이 인간의 관행처럼 굳어져 온 예의정신에 부합되기 때문이다. 인간의 예의정신이란 단순히 인간에게 필요하다는 이유만으로, 당신이 택하셨다는 이유만으로, 혹은 누군가 찾아와 구한다는 이유만으로 복을 주시는 하나님의 방식과는 전혀 반대되는 것이다.

그 예의정신 때문에 우리는 예수의 팔복에서 예수를 전혀 만나지 못할 수도 있다. 사실, 그분의 말씀에 대한 대부분의 해석은 어리석게도 그 장면에 예수가 계시다는 사실을 망각하고 있다.

자신의 영적 빈곤을 인식하는 겸손한 마음만 있으면 천국에서 복 있는 자가 된다면 그렇게 해보라. 복은 요원한 것이 되고 만다. 이제 영적 무능함도 부끄러운 것이 아니다. 이상한 말이지만, 그것을 인정해서 영적 복을 얻어 내지 않았던가. 순전한 자비를 받는 일도 이젠 당황스러울 것이 없다. 우리의 겸손한 인정이 복을 당연한 것으로 만들지 않았던가.

얼굴에 검댕이 묻었을지라도 적어도 자신이 그것을 알고 있으며 나아가 그 검댕을 미덕의 배지로 자랑스럽게 심지어 교만하게 달고 다닐 수도 있다. 한 조각의 인상적인 의를 충분히 활용한 것이다. 게다가 모든 착한 사람은 마음이 겸손하지 않던가? 그러니 착한 사람은 누구나 천국이 자기 것이다! 여기서 예수가 설 자리는 어디인가? 용케 그 점을 보고서 말해 주는 것 외에는 말이다.

이것은 또한 우리가 사람들에게 자력으로 천국에 들어가는 길을 아주 교묘하게 말해 줄 수도 있다는 뜻이 된다. 이미 자기가 천국에 들어와 있음을 새삼 알게 될 자들도 많을 것이다! "겸손한 마음만 있으면 된다"고 하지 않았던가. (자기가 겸손하지 않다고 생각하는 자가 누가 있는가? 더러 있긴 있을 것이다.) 이 해답은 내 경험상, 특히 자신의 지성의 겸손에 자만심을 갖는 지식층 및 학자 부류에 크게 어필할 것이다.

그러나 팔복을 이런 식으로 해석하면 그 외에도 다양한 부류의 사람들이 천국에 자동 입성하게 된다. 자기에게 잘 맞는 복을 고르면 된다. 지금 여기서의 왕이 아니라 저만치 먼 하나님을 가진 자들에게 특히 그렇다. 마음이 겸손할 만한 위치에 있지 않은 자라면 어떻게든 애통하거나 온유하거나 핍박을 받으면 된다. 문제의 해석에 따르면, 그러면 나머지 7복 중 하나가 그들에게 복을 보장해 줄 것이다.

여기, 행위 구원까지는 몰라도 태도 구원이 버젓이 난무하고 있다. "핍박받는 자가 복이 있는" 경우에는 상황과 우연에 따른 구원일 수도 있다. 자격이 될 만한 태도나 상황이 하나님의 받아들이심을 보장하는 것이다! 우리는 예수께서 마음에 의도하신 바가 정말 이런 것이었다고 생각할 수 있을까?

"목록"에 해당되지 않는 자들?

팔복에 대한 이런 통상적 접근에 대해 이제 마지막으로 치명적인 단계를 지적함으로써 마무리하려 한다. 제시된 조건들─심령이 가난함, 애통함, 온유함 등─은 인간을 하나님 앞에서 복을 받기에 "합당하게" 만들어 주는 자격이고, 그런 조건에 잘 부합되기만 하면 천국의 일원이 된 것을 확신할 수 있다. 그러나 문제는 거기서 그치지 않는다. 그런 조건에 들지 않는 사람은 절대 복을 받을 수 없다. 그 목록에 해당되지 않는 사람은 천국과도 해당 사항이 없다. 죽어서도 "천국"에 들어가지 못할 것이다. 나는 그리스도인 교사들이 이런 말을 하는 것을 수없이 많이 들었다.

여기 예수의 목표가 천국 생명을 얻는 자격을 갖추는 길을 우리에게 알려 주는 것이라면, 우리는 그분이 빠뜨린 것 없이 **완전한** 목록을 주셨다고 또한 믿어야 하지 않을까? 그것이 그분의 목표라면, 과연 천국에 도달하는 또 다른 가능한 길들을 그분이 실수로 빠뜨릴 수 있을까?

이 목록이 천국에 들어가는 모든 길을 총망라한 완전한 것임을 보여 주는 한 단서가 누가복음에 "복 있는 자"와 나란히 선포된 "화 있는 자"의 목록이다.

화 있을진저, 너희 부요한 자여!
너희는 너희의 위로를 이미 받았도다.
화 있을진저, 너희 이제 배부른 자여!
너희는 주리리로다.
화 있을진저, 너희 이제 웃는 자여!
너희가 애통하며 울리로다.
모든 사람이 너희를 칭찬하면 화가 있도다!

저희 조상들이 거짓 선지자들에게 이와 같이 하였느니라.

부요한 자는 가난하지 않는 자가 아닌가. 웃는 자는 애통하지 않는 자가 아닌가. 칭찬받는 자는 핍박받지 않는 자가 아닌가.

이보다 더 분명할 수 있을까? 예수의 팔복을, 복을 얻는 방법의 조건으로 보는 통상적 해석이 옳다면 복 있는 자 중에 들기 위해 우리도 **가난해져야** 하고 **애통해야** 하고 **핍박받아야** 할 것이다. 그렇다면 이런 해석을 심각하게 받아들인 자라면 당연히 가난해지고 슬퍼하고 핍박받으려 해야 하건만, 실제로 그렇게 하는 사람은 거의 없다. 그렇게 하지 않으면서 죄책감을 느끼는 것만으로 족한 것일까?

오늘을 위한 말씀이 아니다?

수많은 사람들이 팔복으로 시작되는 산상수훈을 오늘– "이 세대" 또는 현세–을 위해 주어진 말씀이 아니라 천년왕국에서 혹은 사후 세계에서만 시행될 말씀이라고 결론 짓는 이유를 쉽게 알 수 있다. 그들은 우리가 사는 시대를 **은혜**의 시대라고 말한다. 이 시대를 맞기까지 우리는 무척이나 고생하지 않았던가? 그러나 통상적인 팔복 해석에 따르면, 하나님 나라에 들어가는 것은 분명 은혜의 문제가 아니라 특별한 조건을 성취하는 문제이기 때문에, 이 시대는 하나님 나라의 시대가 될 수 없다. 그것이 많은 사람들의 생각이다.[6]

이런 해석은 불과 20년 전까지만 해도 복음주의자들이 "사회" 복음을 전파한다는 오해를 받지 않고서는 현재의 삶을 위한 하나님 나라의 원리를 제대로 가르칠 수 없었다는 사실을 잘 설명해 준다. 사회 복음은 기독교의 명령에 부합되는 쪽으로 법률 및 사회 개혁을 강조함으로써

　　　　　　　4장_ 참된 부요를 누리는 자: 팔복

하나님 나라를 실현하려 했다. 의도는 선했지만 그것은 사실상 "행위 구원"의 한 형태로, 현재는 완전히 세속화된 "사회 윤리" 운동으로 명목을 이어 가고 있다. 여기서 문제 삼는 구원은 말할 것도 없이 이생의 삶의 궁핍과 고통에서 벗어나는 것뿐이다.

그러나 천국에 대한 예수의 가르침이 오늘을 위한 것이 아니라고 생각하는 것은, 시편 23편이 오늘을 위한 것이 아니라고 고집하는 것과 하나도 다를 바 없다. 사실 지금 하나님 나라로 부르시는 예수의 부름은, 시편 23편과 마찬가지로 본질상 너무나 급진적이며 "일상적 삶"을 완전히 뒤집는 것이기에, 그것을 심각하게 취급하는 자라면 누구나 그것을 "정상적인" 인간 실존과 단절시키고 싶은 유혹을 끊임없이 느끼게 마련이다. "여호와는 나의 목자시니"라는 말씀이 일상 생활보다 묘비에 더 많이 새겨져 있는 이유가 거기에 있다.

그러나 신약성경 전체의 분명한 취지는 예수의 가르침이 오늘의 적용을 위해 주어진 것이라는 사실이다. 그렇지 않다면 삶에 대해 말하는 신약의 나머지 모든 부분도 마찬가지로 오늘을 위한 것이 아니다. 산상수훈과 복음서의 기타 본문들을 다음 세대나 내세의 몫으로 밀쳐 내면서, 예컨대 로마서 8장, 고린도전서 13장, 골로새서 3장, 갈라디아서 5장 같은 위대한 말씀들을 오늘을 위한 말씀—모든 사람이 인정하듯—이라고 말하는 것은 모순이다. 그것이 말이 안되는 것은 단순히 전자와 후자가 사실상 같은 말을 하고 있기 때문이다.

예를 들어, 서신서에 이런 말씀이 있다. "너희는 하나님의 택하신 거룩하고 사랑하신 자처럼 긍휼과 자비와 겸손과 온유와 오래 참음을 옷 입고"(골 3:12). 또 이런 말씀도 있다. "사랑은 오래 참고 사랑은 온유하며 투기하는 자가 되지 아니하며 사랑은 자랑하지 아니하며 교만하지 아니하며 무례히 행치 아니하며 자기의 유익을 구치 아니하며 성내지 아니하며 악한 것을 생각지 아니하며 불의를 기뻐하지 아니하며 진리와 함께 기뻐하고 모든 것을 참으며 모든 것을 믿으며 모든 것을 바라며 모든 것을 견디느니라"(고전 13:4-7).

혼히들 바울의 가르침은 "교회 시대를 위한" 것이고 예수의 가르침은 "다른 시대"를 위한 것이라는 가정으로 여기에 반론을 펴지만, 그것도 자세히 따져 보면 앞뒤가 안 맞는 말이다. 우리의 마음과 삶이 바울 서신의 내용에 진정 부합된다면 산상수훈을 펴도 그와 다른 내용은 거의 없다.

우리는 오늘의 삶에 대한 예수의 가르침의 타당성을 부인할 것이 아니라, 그동안 그분이 잘못 해석되어 왔음을 단순히 인정해야 한다. 구체적으로 팔복은 복 받는 **방법**에 대한 가르침이 아니다. 팔복은 우리 쪽에서 뭔가를 해야 한다는 내용이 아니다. 하나님이 특별히 좋아하시거나 인간에게 유리한 조건들을 제시해 주는 것도 아니다.

가난하고 애통하고 핍박받는다고 해서 그 사람이 더 형편이 좋다는 말은 사실상 어디에도 없다. 여덟 가지 조건이 하나님이나 사람 앞에서 행복을 얻는 길로 제시되어 있는 것도 아니다. 또한 팔복은 "혁명 이후" 누가 높은 자가 될 것인가에 대한 지적도 아니다. **팔복은 예수와의 인격적 관계를 통해 지금 가까이 와 있는 하나님 나라를, 눈앞의 현실 상황을 바탕으로 설명하고 예시한 말씀이다.** 인간이 모든 희망을 포기한 현실 상황들 속에서 과연 하나님의 천국 통치가 예수 안에서 임했음을 보여주는 증거 사례를 팔복은 하나하나 꼽고 있다.

우리의 접근이 어디서 잘못됐는지에 대한 단서는 이미 앞에서 말한 바와 같다. 그러나 이제 우리는 예수의 교육 방식, 교수와 학습에 대한 그

4장_ 참된 부요를 누리는 자: 팔복

분의 접근 전략을 좀더 면밀히 살펴볼 필요가 있다. 그것을 통해 우리가 다시 팔복을 대할 때, 그 팔복이 최초의 청중들에게 가져다준 기쁨과 통찰을 되찾을 수 있을 것이다.

팔복을 단순히 복을 얻는 "방법"으로 이해한다면 그것은 "기쁜 소식"이 될 수 없다. 새로운 율법주의로 귀착될 뿐이다. 다른 것은 다 몰라도 천국을 활짝 열어 놓는 일만은 하지 못할 것이다. 새로운 이름의 바리새주의, 천국 문을 닫는 새로운 방식, 인간의 힘으로 의를 이룰 수 있는 아주 구미가 당기는 새로운 길을 만들어 낼 것이다.

영혼을 깊이 만지시는 가르침

예수의 교육 방법

앞에서 "시연 후 강의"라는 말을 통해 이미 어느 정도 소개한 것처럼, 예수는 주변 정황을 살려 구체적으로 가르치시며 가능한 한 눈앞의 실제 상황이나 일상 생활의 사건을 소재로 삼으신다. 그분의 유명한 비유 사용에서 그 점을 잘 볼 수 있다. 비유의 헬라어 원어 '파라발레인'(*para-ballein*)은 문자적으로 무엇을 다른 것과 나란히 놓는다는 뜻이다. 비유는 단순히 기억하기 쉬운 멋진 이야기가 아니다. 이해하기 어려운 것을 아주 친숙하고 항상 구체적인 것에 빗대어 곁에 나란히 놓음으로써 이해를 돕는 것이다.

그러나 예수의 "구체적인" 교육 방법은 비유의 사용에서 그치지 않는다. 사역 도중 주변에서 일어나는 사건들을 그대로 교육의 기회로 활용하시는 것을 보면 알 수 있다. 예를 들어, 한번은 그분이 가르치시고 있는데 무리 가운데 한 사람이 그분을 불러 이런 부탁을 한다. 자기 형에게

명하여 유업을 나누도록 해 자기 몫을 받아 생활을 시작할 수 있게 해달라는 것이다. 그러자 예수는, 부를 원 없이 소유했으나 실상은 아무것도 가지지 못한 자에 대한 이야기로 그에게 답하신다(눅 12장).

또 한번은, 예수의 어머니와 형제들이 그분 주변을 둘러싼 무리를 비집고 전갈을 보내 그분께 할 말이 있음을 알린다. 예수는 그 순간을 기회로 살려 천국의 새 가족의 의미를 가르치신다. 하나님 나라의 가정에서는 누구든지 하늘에 계신 아버지의 뜻대로 하는 자가 자신의 형제요 자매요 모친임을 알려 주신 것이다(마 12장).

또 한번은, 예수께서 가까운 제자들과 유월절 음식을 드시던 때다. 빵과 포도주라는 흔한 음식물을 사용해 예수는 "위로부터" 오는 새 생명을 위한 자신의 죽음의 심오한 의미를 가르쳐 주신다. "**이것**이 내 몸이니라." "**이것**은 나의 피니라"(마 26장).

몸과 피보다 더 구체적인 힘을 지닌 것은 없다.

일반의 통념과 습성을 바로잡는 가르침

예수의 구체적 교육에는 또 한 가지 형태가 있다. 팔복을 이해하는 데 절대적으로 필요한 부분이다. 당면한 상황을 지배하고 있던 **일반적** 통념이나 습성을 바로잡아 주시는 모습에서 그 예를 볼 수 있다. 그분은 자신 앞에 놓인 예외적 사례를 들어 일반적 통념이나 습성이 하나님을 따르는 삶의 지침으로 믿을 수 없는 것임을 지적해 주신다.

마가복음 10장에는 유명한 "부자 청년"의 이야기가 나온다. 이것은 누가복음 팔복의 첫 내용인 "가난한 자는 복이 있나니"에 흥미로운 의미를 던져 준다. 이후 많은 시대가 그러하듯, 부는 하나님의 특별한 은총의 표시라는 것이 그 시대의 일반적 통념이었다. 이 땅의 부를 다스리시는

4장_ 참된 부요를 누리는 자: 팔복

분이 하나님 자신일진대 달리 어떻게 부자가 될 수 있단 말인가? 그러나 이 청년은 하나님보다 부를 더 사랑했다. 사업을 계속할 것인가 하나님을 섬길 것인가 선택의 기로가 주어지자, 그는 고민 끝에 부를 택했다.

이어 예수는 제자들에게 부자가 스스로 하나님의 통치 아래, 즉 천국에 들어가기가 얼마나 어려운 일인지 말씀해 주셨다. 부는 곧 하나님의 은총을 **뜻한다**는 일반의 통념 때문에 제자들은 깜짝 놀랐다. 그들이 놀라는 반응을 보이자 예수는 이런 설명을 덧붙이셨다. "약대가 바늘귀로 나가는 것이 부자가 하나님의 나라에 들어가는 것보다 쉬우니라." 그러나 제자들은 이 "설명"이 전혀 이해가 되지 않았다. 그들은 "심히 놀라" 서로 수군거렸다. "그런즉 누가 구원을 **얻을 수** 있는가?"(26절)

여기서 예수께서 말씀하시지 않은 것을 정확하게 보는 것이 대단히 중요하다. 그분은 부자는 천국에 들어갈 수 없다고 말씀하시지 않았다. 사실 그분은 들어갈 수 있다고 말씀하셨다. 하나님의 도움, 즉 누구를 막론하고 천국에 들어갈 수 있는 유일한 길을 통해서 말이다. 그분은 또한 "구원받는" 일에 관한 한, 전체적으로 볼 때 가난한 자가 부자보다 유리하다고 말씀하시지 않았다. 다만 그분은 눈앞의 사례를 활용하여 하나님과 부에 대한 일반의 뿌리 깊은 통념을 뒤집으신 것뿐이다. 아무리 부자라 한들 하나님을 부보다 덜 사랑하는 사람을 하나님이 어떻게 좋게 **보실 수** 있겠는가?

그러므로 부자라고 해서 곧 하나님의 은총 안에 있다는 말은 아니다. 그렇다면 가난하다고 해서 자동적으로 하나님의 은총 밖에 있는 것도 아니다. 부자 청년의 사례가 세간의 통념을 바로잡아 주고 있다. 듣는 자들에게는 충격이었지만 하나님과 우리의 관계를 좀더 정확하게 생각하게 해준 사례다.

친척들은 저녁식사에 초대하지 말라?

이런 방식의 가르침에 대한 극명한 사례를 누가복음 14장에서 찾아볼 수 있다. 여기 예수는 어느 종교 지도자의 집에서 "일요일 저녁식사"를 들고 계신다. 주인이 친척들과 부유한 이웃들만 초대한 것을 보시고 그분은 이렇게 말씀하신다. "네가 점심이나 저녁이나 베풀거든 벗이나 형제나 친척이나 부한 이웃을 청하지 말라. 두렵건대 그 사람들이 너를 도로 청하여 네게 갚음이 될까 하라. 잔치를 배설하거든 차라리 가난한 자들과 병신들과 저는 자들과 소경들을 청하라. 그리하면 저희가 갚을 것이 없는 고로 네게 복이 되리니 이는 의인들의 부활 시에 네가 갚음을 받겠음이니라"(12-14절).

이 말씀은 당신의 친척들이 어떤 이들인가에 따라 당장 당신이 성경에서 가장 좋아하는 구절이 될 수 있다! 그들을 저녁에 초대하지 말라고 명백히 말하고 있지 않은가. 그러나 이것이 친척들을 저녁식사에 청해서는 안된다는 말이 아님을 굳이 밝힐 필요가 있을까? 비록 표현상으로는 분명히 그렇게 돼 있지만 말이다. 만일 그런 뜻의 말이라면 우리 중 기뻐할 사람들이 있을 것이다. 그러나 그분의 말씀은 그런 뜻이 아니다.

그렇지 않다면, 어머니나 삼촌이나 이모나 경제적으로 넉넉한 이웃을 저녁식사에 부르는 것은 그분의 말씀에 불순종하는 일이 된다. 모든 것은 우리 마음에 달려 있다. 그분은 단지 특정한 사건을 기회로 삼아, 도로 갚을 능력이 있는 넉넉한 이들과는 식사를 함께 하면서 정작 가난한 이들은 무시하는 세간의 관행을 바로잡아 주시는 것뿐이다.

그분은 우리에게 피차 주거니받거니 하는 작은 교제권을 벗어나 어려운 이들을 대접함으로써 보다 넓은 천국 통치의 세계로 들어갈 것을 명백히 명하고 계신다. 그 세계는 누구와 저녁을 함께 먹든 그것과 상관없이 우리의 사고와 마음이 새롭게 변하는 곳이다.

선한 사마리아인의 사례

때로는 하나의 가르침에 여러 가지 "구체적인 기법"이 함께 사용되는 경우가 있다. 예컨대 "선한 사마리아인"의 예화에는 **비유**와 **정황** 그리고 세간의 통념에 어긋나는 **사례**가 한데 어우러져 있다(눅 10장).

정황은 한 율법 전문가가 예수의 교리의 정확성을 시험하려다가 자기가 판 함정에 스스로 빠지는 장면이다. "영생을 얻으려면" 이웃을 내 몸처럼 사랑해야 한다는 예수의 말에 동의해 놓고 보니 아무래도 그에게는 그 요건이 생각보다 엄격해 보였다.

그리하여 "전문가"는 과연 전문가답게 말장난식 질문으로 함정을 빠져나가려 한다. "내 이웃이 누구오니이까?" 문제를 다시 원점으로 되돌려 놓는 막연한 질문, 이것이야말로 "전문가들"이 자랑삼는 무기다. 그는 자신이 이웃을 내 몸처럼 사랑하지 않았다는 것을 잘 알았기에 그런 자신을 정당화하려 했다. 그러나 그는 예수의 손안에 있다. 이제 예수는 그와 및 거기 서 있는 모든 이들에게 굳이 필기를 하거나 "녹음기에 담지" 않아도 잊혀지지 않을 몇 가지 교훈을 주실 참이다.

물론 이 이야기에는 "선한 사마리아인"이라는 말이 나오지 않는다. 예수의 말씀을 듣고 있던 이들에게 그 말은 소위 "모순어법" 즉 말이 안 되는 단어들을 함께 늘어놓는 표현과 같은 것이었다. 당시의 일반적 유대인에게 있어 "선한 사마리아인이란 오직 죽은 사마리아인뿐이었다"고 말할 수 있다.

예수는 행여 사람들의 마음 문이 닫히지 않도록 사마리아인을 후반부에 등장시키는 방식으로 능숙하게 이야기를 전개하신다. 여기 사마리아인은 이웃이 누구냐는 말장난식 질문에 대한 구체적 답이다. 동시에 예수는 특정 집단은 영생을 "당연히" 얻는다는 일반의 통념을 깨뜨리고 있다.

어떤 사람이 예루살렘에서 여리고로 내려가다 강도를 만나매 강도들이 그 옷을 벗기고 때려 거의 죽은 것을 버리고 간다. 여기 한 사람이 의식불명 아니면 적어도 움직일 수 없는 상태로 벌거벗은 채 피 흘리며 누워 있다. 그 길로 제사장이 지나간다. 제사장(목사?)은 지저분한 상황을 보고는 최대한 멀리 피하여 가던 길을 계속 간다. 이어 레위인(집사나 회계?)이—어쩌면 제사장의 행동을 보고—그와 똑같이 한다. 이 사람은 그들의 이웃이 아니었다! 그들은 그에 대해 아무런 책임이 없었다. 그가 누구인지도 몰랐다. 게다가 그들은 "종교적인 일을 하러" 급히 예루살렘으로 가고 있었는지도 모른다. 사람 하나 돕자고 의식(儀式)상 부정케 되는 모험을 누가 감히 이들에게 바랄 것인가?

이것이 영적인 것들에 빈곤하지 않고—"심령이 가난하지" 않고—오히려 가득 차 있던 이들의 통상적 삶이요 생각이다.

이번에는 멸시받는 혼혈인 사마리아인이 지나간다. 진정 영적인 것에 관한 한 그는 그야말로 완전 문외한이다. 유대인이라면 누구나 그렇게 알았다. 그러나 이 사람의 핵심은—사실 제사장과 레위인도 다를 바 없듯—그 마음에 있다. 그는 피해자를 보자마자 즉시 "불쌍히 여"기는 마음이 들었다. 그 마음으로 가련한 사람에게 달려가 최선의 응급 조치를 취한 것은 두말할 필요도 없다.

그러나 그는 거기서 행운을 빌어 주는 정도로 멈추지 않았다. 그를 자기 나귀에 태워 "모텔"로 데리고 가 하룻밤을 지내며 돌보아 주었다. 이튿날 그는 여관 주인으로부터 환자가 회복될 때까지 돌보아 주겠다는 다짐을 받아 낸다. 그리고 돈을 준다. 아울러 추가로 드는 비용은 돌아오는 길에 갚겠다고 말한다.

지금 예수는 그야말로 아픈 데를 찌르고 있다. 하지만 이 이야기는 현실의 삶에서 나온 것이다. 그냥 비유일 수도 있지만 예수께서 실제 발생했던 사건을 들려주었을 가능성도 얼마든지 있는 그런 경우들 가운데 하나다. 실제로 그런 일이 종종 일어난다는 사실을 청중들도 모두 알고 있었다. 그런 일은 오늘날에도 일어나고 있다.

이어 예수는 질문을 던져 이야기의 핵심으로 들어가신다. "이 세 사람 중에 누가 강도 만난 자의 이웃이 되겠느냐?" 정상적인 사람이라면 답은 하나밖에 없다. 여기서 더 말장난을 했다가는 절망적 불경의 마음만 폭로될 뿐이다. 그리하여 그 신학 전문가는 마지못해 답한다. "자비를 베푼 자니이다." 차마 "사마리아인"이라는 말은 입 밖에 나오지 않는다.

이웃이 되는 법

그러나 우리는 말해야 한다. 그 의미를 알아야 한다. 그 의미란, 누가 영생을 얻었는가에 대한 예수의 청중들의 일반적 통념이 인간의 마음 상태를 근거로 바뀌어져야 한다는 것이다. 선한 사마리아인 이야기가 가르치려는 것은, 이웃을 사랑하기만 하면 영생을 얻을 수 있다는 말이 아니다. 그럴듯한 율법주의로 얼렁뚱땅 넘어가서는 안될 주제다. 하나님을 향한 우리의 자세는 여전히 심각하게 생각해야 할 문제다. 그러나 하나님이 보시기에, 사람들을 사랑하는 것보다 더 중요한 일은 없다. 우리의 이웃이 누구인지 규명해 주는 것은 바로 우리의 사랑이다. 누군가를 돌보아 줄 때 우리는 그 사람의 이웃이 되는 것이다.

그러므로 우리가 할 일은 먼저 이웃이 될 사람들의 반경을 정한 뒤,

나머지 사람들은 넘어진 곳에 그냥 놓아둔 채, 그들만 골라 사랑의 대상으로 삼는 것이 아니다. 예수는 "내 이웃이 누구오니이까?"라는 질문을 보기 좋게 물리치시고 대신 이 상황에 타당한 유일한 질문인 "나는 누구에게 이웃이 될 것인가?"로 초점을 바꾸신다. 이 질문에 대한 답은 일상에서 부딪치는 개개의 사건 속에서만 찾을 수 있다는 것을 그분은 또한 아신다. 오늘 하루 누가 내 이웃이 될지 아침에는 아직 알 수 없다. 삶의 여로에서 누가 우리의 이웃으로 드러날지는 우리의 마음 상태에 따라 정해질 것이며 누구를 능히 이웃 삼을 수 있을지는 하나님께 대한 우리의 믿음에 크게 좌우될 것이다.

만일 예수가 오늘 여기에 계시다면 이야기는 사뭇 달라질 것이다. 요즘 우리 사회에서 선한 사마리아인이라는 말은 특별히 훌륭한 사람을 가리키는 말이다. "선행"을 베푸는 이들을 보호하기 위한 "선한 사마리아인법"까지 있을 정도다.

예수께서 지금 이 예화의 논지를 살리려 하신다면 제사장이나 레위인의 자리에 오히려 "선한 사마리아인"을 놓아야 할지도 모른다. 혹 그분이 지금 이스라엘에 계시다면 "선한 팔레스타인인" 이야기를 들려주실지 모른다. 반대로 팔레스타인 사람들은 "선한 이스라엘인" 이야기를 듣게 되리라.

미국에 사는 이들에게 들려주실 이야기는 말할 것도 없이 "선한 이라크인", "선한 공산주의자", "선한 회교도" 등이 될 것이다. 지역에 따라서는 "선한 여권 운동가"나 "선한 동성애자"가 되어야 할 것이다. 어떤 곳에서는 "선한 그리스도인"이나 "선한 교인"이라야 적절한 충격 효과가 날지도 모른다. 사실, 최근의 세속화 기류를 감안할 때 선한 제사장이나 선한 집사에 대한 이야기는 분명 특효가 있을 것이다. 이 모든 것은 영생을 확실히 얻은 자와 그렇지 못한 자에 대한 일반의 어줍잖은 통념을 깨뜨리는 것이다.

선한 사마리아인의 이야기를 통해 예수께서 가르치시는 것은 어려운 사람을 도와야 한다는 것 정도가 아니다. 좀더 깊이 들어가서, 그분은 "가진" 자, 하나님 편에 "있는" 자, "복 있는" 자를 외적 조건을 보아 판단할 수 없다는 것을 가르치신다. 그것은 마음의 문제다. 하나님 나라와 크고 작은 인간의 나라는 오직 그 마음속에서만 하나로 맞물릴 수 있다. 마음대로 문화적·사회적 반경을 그어 보라. 하나님은 반드시 뚫고 나갈 길을 찾아내실 것이다. "사람은 외모를 보거니와 나 여호와는 중심을 보느니라"(삼상 16:7). "사람 중에 높임을 받는 그것은 하나님 앞에 미움을 받는 것이니라"(눅 16:15).

예수께서 이런 방법으로 가르치시는 이유

주변 정황을 살린 이런 "구체적" 교육 방법은 분명 요즘 우리가 가르치고 배우는 방식과는 사뭇 다르다. 그 차이 때문에 우리로서는 예수께서 가르치시는 바가 정확히 **무엇**인지 이해하기 어렵다. 그분의 교육 방법을 이해하기 전에는 가르침의 내용을 이해할 수 없고, 그분의 가르침이 행해지던 그 세계를 어느 정도 참작하지 않고는 그분의 교육 방법을 이해할 수 없다.

우선 무엇보다도 우리는 예수 시대의 유명한 스승들의 목표가, 정보를 전달하는 데 있지 않고 듣는 이들의 삶에 중요한 변화를 일으키는 데 있었다는 점을 인식해야 한다. 물론 그렇게 하려면 정보 전달도 필요하겠지만, 교육의 목표가 삶에 전혀 영향을 미치지 않을 수도 있는 지식 전달에 있다는 생각은 지극히 현대적 개념이다.

오늘날 학습자들은 대개 자신을 일종의 용기(容器), 즉 교사가 소유하고 있고 전달하려 하는 정보로 채워질 순전히 수동적인 공간으로 생각한다. 소위 "주입식" 모델이다. 교사는 배우는 자의 삶에 변화를 줄지 안 줄지 모를 "진리"로 그 용기의 빈 부분을 채워야 한다. 그들 **속에** 정보를 집어넣어야 하는 것이다. 그리고는 정보를 "제대로" 받았는지 보려고 이 환자들을 "시험"한다. 시험 결과는 삶을 살아가는 방식보다는 배운 것을 언어로 **재생**할 수 있는지 여부를 보아 결정된다.

오늘 우리에게 산상수훈 ─ 좀더 현실성 있게 "쉐라톤 호텔 세미나" ─ 청강 초청이 온다면 우리는 노트와 펜과 녹음기를 들고 나타날 것이다. 우리는 "그저 듣고만" 있는 제자들 모습에 깜짝 놀랄 것이며 필요하다면 누구나 "통째로 얻을" 수 있도록 녹음 담당자가 있는지 주변을 둘러볼 것이다.

우리는 군중을 헤집고 예수의 오른팔 격인 베드로에게 가, 세미나 책자와 다른 자료들이 다 어디 있느냐고 물을지 모른다. 그러고는 "듣기만 하시오!"라는 베드로의 한 마디 말에 어안이 벙벙해질 것이다. 어쩌면 우리는 자리에 앉아 모든 영적 정보를 일단은 챙겨 둘 수 있으리라는 안도와 함께 "녹음" 버튼을 누르리라. 건전지가 다 됐거나 테이프가 꼬이지만 않았다면 말이다.

예수 시대의 교사/학생 상황은 우리로서는 상상이 안될 정도로 지금과 너무 달랐다. 필기가 아주 희귀한 현상은 아니었으나 그렇다고 교사가 말하는 내용을 "얻기" 위한 방편은 진정 아니었다. 단순한 사실이지만 당시에는 오늘날처럼 "정보뿐"인 교육에 별다른 가치가 부여되지 않았다.

물론 현실의 필요에 타당한 정보는 언제나 소중하게 여겨졌다. 그러나 오늘날 고등학교와 대학교 교육에서 흔히 얻는 식으로 "시시한 지식"만 얻으려 하는 것은, 그런 발상 자체가 가능한 것이라면 한낱 웃음거리로 치부되었을 것이다. 상식 퀴즈 따위는 그 당시에는 분명 인기 있는 게임이 될 수 없었다. (오늘날 생각 있는 사람이라면, 교육 제도가 거의 붕괴 직전 상태인데도 상식 퀴즈 따위가 인기를 끄는 사회에 대해 한번쯤 의구심을 품어 볼 만도 하다.)

예수 시대의 교사, 특히 종교 교사들의 교육은 노트나 녹음기나 심지어 암기에도 의존하지 않은 채 오래오래 남을 인상으로 듣는 이들의 삶에 영향을 미치는 그런 교육이었다. 그 방법으로도 변화되지 않는 것은 변화되지 않는 것이었다. 물론 이것은 마음과 자아의 법칙에 정확히 들어맞는 원리다.

나는 케네디 대통령의 피살 소식을 듣던 순간 내가 어디서 무엇을 하고 있었는지 정확히 생생하게 기억한다. 매디슨에 있는 위스콘신 대학교에서 다른 학생들과 함께 농구를 하고 있었다. 우리는 막 경기를 마치고 코트에서 걸어나오고 있었다. 소식을 듣던 순간 내가 정확히 체육관 어느 구석에서 어느 쪽을 보고 있었는지도 기억난다. 적어 두지도 않았고 외우지도 않았다. 이 사건에 대해 비슷한 경험을 이야기할 수 있는 사람들이 족히 수백만은 될 것이다.

자신의 삶에 진정한 변화를 일으키는 일은 자동적으로 기억하게 돼 있다. 위대한 교사의 비밀은 듣는 이들의 삶의 실제 흐름에 영향을 주는 말, 그런 경험을 제공하는 데 있다. 예수께서 특유의 교육 방식으로 하신 일이 바로 그것이다. 그분은 자신의 가르침을 청중의 삶을 구성하는 구체적 사건과 연결시키셨다. 일상 생활에서 드러나는 듣는 이들의 마음과 습관, 그것이 예수의 말씀의 표적이었다.

그분은 오늘도 우리 삶의 현실의 한복판, 우리의 통념 속으로 들어와 우리와 함께 움직이신다. 그리고 부드럽고도 단호하게 우리의 풍선에서 바람을 빼신다. 그분이 그렇게 하실 때 우리는 그것을 "얻어" 기억하려고 애쓸 필요가 없다. 우리가 원하든 원하지 않든 수긍하든 수긍하지 않든, 그것은 우리 삶에 깊숙이 와 박힌다. 언젠가 어떤 식으로는 거기에 대해 입장을 정해야 할 날이 온다. "세상 물정"에 대한 우리의 일반적 통념이 더 이상 통하지 않는 비유, 사건, 사례가 우리 마음에 내려앉아 어디서나 볼 수 있는 "조그만 캡슐" 약처럼 서서히 효력을 발한다. 위대한 스승이신 예수께서 자신의 일을 하셨다. 아니, 지금도 계속하고 계신다.

예수는 이런 방식으로 가르치셨을 뿐 아니라 그 나라의 학생인 우리에게도 똑같은 방식으로 가르칠 것을 명하셨다. 천국의 교육 방법에 대해서도 그분은 역시 비유를 사용하여 가르치셨다. "천국의 제자된 서기관마다 마치 새것과 옛것을 그 곳간에서 내어오는 집주인과 같으니라"(마 13:52). 다른 사람들에게 인간 실존의 구체적 현실 속에 임재하는 하나님 나라를 보여줌으로써, 우리는 듣는 자들의 머리만이 아니라 가슴과 삶에 영향을 미치게 된다. 그들은 그것을 붙들기 위해 굳이 필기를 할 필요가 없다.

팔복에 담긴 예수의 참뜻

누가복음판 팔복

예수의 교육 방법에 대한 이러한 이해를 바탕으로 이제 다시 팔복으로 돌아가 보자. 이번에는 누가복음이다. 누가복음에 나오는 복은 마태복음의 팔복보다 직설적이기 때문에 그만큼 "미화"가 어려울 뿐 아니라 앞서 언급했던 무서운 "화"의 메시지가 "복"에 뒤따라 나온다.

여기의 상황은 마태복음에 나오는 것과 상당히 다르다. 비록 같은 주제가 여럿 다루어지고 있기는 하지만, 내가 보기에 두 본문은 똑같은 설교에 대한 기록이 아니다.[7] 여기서 예수는 밤새도록 산에서 기도하신 후다. 세계 역사에 자신의 특별한 사자 또는 "사도"가 될 열두 명의 제자들을 지명하기 위한 준비였다.

이른 아침 그분은 제자들을 부르신 뒤 "뽑힌 자" 열둘을 호명하신다. 이어 그들과 함께 내려와 평지에 서시니 온 지방에서 온 "허다한 무리"가 "예수의 말씀도 듣고 병 고침을 얻으려고" 모여 있었다. "온 무리가 예수를 만지려고 힘쓰니 이는 능력이 예수께로 나서 모든 사람을 낫게 함이러라"(6:17-19).

이 친숙한 정황 속에서 그분은 제자들을 보시며 네 부류의 사람을 열거하신다. 하나님의 천국 통치가 임함으로 **인해** 복 있는 자가 된 자들이다.

가난한 자.

주린 자.

슬픔에 잠긴 자.

예수와의 관계 때문에 미움받고 상처 입은 자.

다시 말하지만, 이들은 예수를 둘러싸고 있는 무리 중에 있던 바로 그 사람들이다. 이런 부류의 사람들을 미화한다는 것은 필시 어려운 일일 것이다. 누가복음의 첫 복을 "자신이 가난하다고 생각하는 자는 복이 있나니"라고 번역한 책은 아직 보지 못했다. 그럼에도 교회사가 보여주는 바와 같이 많은 사람들이 가난과 비탄과 순교를 우리를 거룩하게 해주고 하나님의 복을 받기에 합당하게 해주는 공로요 조건으로 가르쳐 온 것이 사실이다.

그러나 그 못지 않게 분명한 것은 가난하고 주리고 슬픔에 잠긴 자이면서도 죄 자체만큼이나 불경건을 고수한 이들이 무수히 많다는 사실이다. 그렇다고 그들이 하나님의 긍휼에서 제외되는 것은 물론 아니다. 또한, 예수를 인하여 욕 들은 것 때문에 그분을 버리고 하나님과 인간에게 깊은 원한을 품고 산 사람들도 많이 있다. 복 있는 자와는 거리가 먼 모습이다.

이 모두가 현실 속에 있는 일이라는 것도 우리는 잘 안다. 바울은 이렇게 말했다. "내가 내게 있는 모든 것으로 구제하고 또 내 몸을 불사르게 내어줄지라도 사랑이 없으면 내게 아무 유익이 없느니라." 그러므로 팔복의 요지는 절대로 하나님의 승인, 구원, 복을 보장하는 조건을 제시하는 것이 아니다.

마찬가지로, 우리의 인간 관계의 반경이 극도로 좁은 것 때문에 고통받거나 하지 않는 이상, 우리는 가난하거나 주리거나 비탄에 잠기거나 핍박받지 **않으면서도** 하나님을 기쁘시게 하고 그분의 복을 누리는 이들이 있다는 것을 익히 알고 있다. 그들은 마음을 다하여 예수를 의지하며, 그분의 이름으로 이웃과 다른 사람들을 사랑하고 섬긴다. 그들의 마음은 믿음으로 평안과 기쁨이 충만하다. 이들은 "공의를 행하며 인자를 사랑하며 겸손히 그 하나님과 함께 행하는" 자들이다. 하나님의 복을 받아 살려면 이 "복 있는" 자의 목록에 반드시 들어야 한다는 주장은 과거의 통념으로 눈이 어두워진 자들만이 고집할 수 있는 것이다.

팔복: 하나님 나라의 선포

그렇다면 예수가 팔복으로 우리에게 주시려는 말씀은 과연 무엇인가?

4장_ 참된 부요를 누리는 자: 팔복

팔복에 대한 반응으로 우리는 어떻게 살아야 하는가? 이것은 이 장 첫머리에서 제기한 질문이다. 이제 그 물음에 대답할 때가 됐다.

앞에서 팔복을 이해하는 열쇠를 이미 지적한 바 있다. 팔복이란 예수의 근본 메시지, 즉 하나님의 통치와 의가, 세상 속 우리 가운데 인간으로 찾아오신 예수를 믿는 믿음을 통해 모든 인간에게 값없이 주어진다는 사실을 분명히 밝혀 주는 하나의 도구다. 그 작업은, 단순히 인간의 관점으로 볼 때 가장 절망적이요 하나님의 복이나 관심의 가능성에서조차 완전히 제외된 것으로 간주되는 사람들, 바로 그들을 취하여 하나님의 손길과 천국의 풍성한 공급을 누리는 자들로 제시함으로써 이루어진다.

하나님의 돌보심과 공급에 대한 이러한 사실은, 어떠한 인간 조건도 하나님의 복에서 배제되지 않는다는 것과 하나님은 그 사랑과 구원으로 누구라도 찾아오실 수 있다는 것을 만인에게 증거하고 있다. 하나님은 때로는 스스로 도울 수조차 없거나 그럴 마음이 없는 자들까지도 도우신다. (앞서 충분히 이야기한 바 있는 또 하나의 잘 알려진 통념이다!) 당시의 종교 제도는 많은 무리를 밖으로 몰아냈지만 예수는 그들 모두를 하나님 나라로 받아들이셨다. 누구라도 올 수 있었다. 지금도 그렇다. 이것이 팔복의 복음이다.

"탕감받은 자", "억눌린 자, 침 뱉음 당한 자, 버림받은 자"의 목록을 그저 한번 살펴보라. 우리 많은 "서기관들"이 놓치는 예수의 요지를 사이먼과 가펑클의 옛 노래가 포착하고 있으니 재미있는 일이다. 영적으로 파산하거나 가난한 자들에 대해서는 이미 앞에서 살펴보았다. 이번에는 애통하는 자들로 넘어가 보자. 누가는 그들을 "우는 자"라고 표현한다(6:21). 예컨대, 배우자에게 버림받은 사실로 억장이 무너지는 남자나 여자, 어린 딸의 죽음으로 가슴 찢기는 비통과 우울에 잠긴 부모가 그

193

런 사람들이다. 마땅히 일할 나이이건만 "경제 불황"이나 몸바쳐 온 회사의 경영권 이전으로 일자리나 사업이나 평생 저축을 날린 채 인생의 석양을 맞는 이들도 있다. 가슴을 멍들게 하는 일들이 얼마나 많은가! 그러나 예수 안에서 하나님 나라를 보며 그리로 들어가 그 안에서 사는 법을 배우면서 그들은 위로를 받고 눈물이 웃음으로 바뀐다. 그렇다. 이제 이들은 그런 비통한 일을 당하기 전보다 훨씬 행복한 자들이다.

이어 온유한 자들이 있다. ("온유한 자는 복이 있나니 저희가 땅을 기업으로 받을 것임이요.") 이들은 부끄럼 잘 타고 소심하고 약하고 무른 자들이다. 다른 사람들이 지나가면 마치 그게 옳기라도 하다는 양 얼른 길을 비켜 주고, 주변에 시끄러운 일이라도 생기면 자동적으로 자기와 관련된 일이라고 생각한다. 남들이 앞으로 나서 목소리를 높이면 이들은 뒤로 물러선다. 성대는 움직이고 있을지 모르나 입 밖으로는 아무 소리도 내지 못한다. 궁지에 몰리지 않는 한 마땅한 권리도 주장하지 못하며, 궁지에 몰렸을 때도 무력한 분노일 때가 대부분이다. 그러나 천국이 이들을 감싸안으면 온 땅이 이들의 아버지의 것이다. 또한 필요할 때는 이들 자신의 것이다. 여호와가 이들의 목자시니 이들에게 부족함이 없으리로다.

다음은 매사를 옳게 바로잡아야 한다는 열망에 불타는 이들이다. ("의에 주리고 목마른 자는 복이 있나니 저희가 배부를 것임이요.") 정작 잘못은 자신에게 있을 수도 있다. 어쩌면 자신의 실패가 너무나 엄청나 밤낮 자신의 죄 앞에 웅크리고 앉아 깨끗해져야 한다고 속으로 절규하는 것일지도 모른다. 아니면, 외부로부터 엄청난 피해와 끔찍한 불의를 당해 그 손해에 정당한 대가가 지불되는 것을 보지 않고는 견딜 수 없는 심정일 수도 있다. 자기 아이의 살해범이 감옥에서 금방 풀려 나와 오히려 자기를 비웃고 있는 것을 볼 때의 부모의 심정과 같이 말이다. 그러나 천국의 신비한 힘은 과거마저 변화시킬 수 있고 인간이 경험하는 돌이킬 수 없는 끔찍한 손실도 광대하신 하나님 앞에서는 오히려 사소한 것으로 보이게 만들 수 있다. 그분은 우리 영혼을 회복시키사 최고의 의로 가득 채워 주신다.

긍휼히 여기는 자도 있다. ("긍휼히 여기는 자는 복이 있나니 저희가 긍휼히 여김을 받을 것임이요.") 물론 세상의 똑똑한 자들은 "긍휼히 여기는 자는 화가 있나니 저희가 이용을 당할 것임이요"라고 말할 것이다. 천국의 통치 바깥에서는 그보다 더 맞는 말도 없다. 우리 부모님은 1930년대 초 내가 태어나기 직전, 파산을 맞아 의류 사업을 몽땅 날렸다. 당시는 대공황 중이었다. 부모님은 사람들에게 필수품을 내주며 강제로 돈을 받을 수는 없었다. 갚을 수 없을 것을 뻔히 알면서도 "외상으로" 옷을 내준 것이다.

분명 귀에 익은 이야기일 것이다. 긍휼히 여기는 자들은 "세상 사는" 법을 아는 자들에게 항상 멸시당한다. 그러나 인간의 체제 바깥, 천국의 놀라운 풍요 속에서 그들은 자신의 필요를 채움받는 긍휼을 누린다. 설사 하나님께 내세울 일말의 "권리"가 그들에게 있었다 해도, 그 권리로는 감히 상상할 수도 없는 것이다.

이어 마음이 청결한 자가 있다. ("마음이 청결한 자는 복이 있나니 저희가 하나님을 볼 것임이요.") 자신을 포함해 아무것에도 도무지 양이 차지 않는 이들이다. 완벽주의자들이다. 이들은 만인에게, 무엇보다 자기 자신에게 고통을 준다. 종교의 경우 이들은 **그 누구의** 교리와 행동과 마음과 태도에서도 반드시 오류를 찾아낸다. 자신에게는 더 엄격할 수 있다. 이들은 자신의 동기를 쉬지 않고 점검한다. 이들은 예수의 손이 더럽지 않았는데도 씻기를 원했는가 하면, 그분을 먹기를 탐하고 포도주를 즐기는 자라고 불렀다.

음식은 언제나 뭔가 미진하고 옷과 머리는 언제나 마음에 안 든다. 이들은 무슨 일이든 잘못된 부분을 금방 짚어 낼 수 있다. 얼마나 비참한 사람들인가! 그러나 천국은 그들에게도 열려 있다. 마침내 거기서 그들은 자신의 청결한 마음에 참된 만족을 주는 대상을 찾을 것이다. **하나님을 볼 것이다.** 그분 안에서 비로소 자신이 여태껏 찾아 왔던 것, 전혀 흠 없이 완벽한 것을 발견하게 될 것이다.

화평케 하는 자도 있다. ("화평케 하는 자는 복이 있나니 저희가 하나님의 아들이라 일컬음을 받을 것임이요.") 이들이 목록에 끼어 있는 것은, 하나님 나라 밖에서는 흔히들 하는 말처럼 이들이 "다른 모든 이름으로 일컬음을 받을지라도 하나님의 자녀로 불리우는 일은 없기" 때문이다. 이유는, 이들이 언제나 중간에 끼어 있기 때문이다. 전화를 받고 달려온 경찰에게 가정 불화의 중재를 맡겨 보라. 그보다 난처한 상황은 없다. 어느 쪽도 경찰을 믿지 않는다. 중재자란 양쪽을 다 보는 자라는 것을 부부는 알고 있다. 거기서 어느 한쪽 편을 들 수는 없는 일이다.

그러나 하나님의 통치 안에서는 잘못한 자들(양쪽 다인 경우가 대부분이므로)을 화목하게 하는 것은 하나님 아버지를 닮은 모습으로 인정된다. 하나님 자신이 "은혜를 모르는 자와 악한 자에게도 인자로우시"기 때문이다(눅 6:35). 화평케 하는 자가 상대하는 자들은 정확히 은혜를 모르는 자와 악한 자다. 경험이 있는 자라면 누구나 잘 안다.

이어 의를 주장하다가 핍박당하는 이들이 있다. ("의를 위하여 핍박을 받은 자는 복이 있나니 천국이 저희 것임이라.") 이들의 괴로움은 대개 잠깐으로 그치지 않는다. 불의에 동조하지 않는다는 이유만으로 인생이 파멸되거나 목숨을 잃는 경우도 많다.

간혹 이런 "의의 고발자들"을 보호하는 법안이 통과되는 경우도 있지만, 법으로 보호받을 수 있는 부분은 실제 저질러진 해악에 비하면 훨씬 미흡한 예가 많다. 인간 삶의 대부분의 불의는 법으로 처리될 수 없는 것들이다. 그런 불의의 자리에 처한다는 것은 끔찍한 일이다. 그러나 이들도 천국의 소유가 될 수 있다. 천국의 소유가 되면 그것만으로 복된 삶을 누리기에 충분하다. 해를 당할 수 없는 완벽한 안전이 이들의 것이 된다.

마지막으로, "예수쟁이가 되어 미쳤다"는 이유로 욕과 핍박과 기만을 당하는 이들이 있다. 당시 예수의 제자들을 보는 세상의 눈이 바로 이러했다. "이 시골뜨기 목수를 진짜 세상을 구원할 자로 생각하다니!" 이런 대우를 받아 보지 않은 사람이 그 모욕감을 이해한다는 것은 거의 불가능한 일이다.

인간적인 관점에서 이것은 하나님의 복과 가장 거리가 먼 위치일 수 있다. 주변 사회의 눈으로 볼 때는 이들이 하나님을 정면 대적하고 있기 때문이다. 그러므로 사람들은 이들을 죽이는 것이 곧 하나님을 섬기는 일이라고 생각한다(요 16:2). 그러나 이런 일이 일어날 때 기뻐하고 즐거워하라고 예수는 말씀하신다. 이미 지금부터 우리가 하나님의 세상, 즉 천국에서 영원히 없어지지 않는 큰 상을 얻었음을 알기 때문이다. 우리의 이름은 하나님 아버지와 그 영원한 가족들 앞에 높이 들리워지고 그 공동체의 동행과 사랑과 자원은 이제와 영원히 우리의 유업이 된다.

간혹 나는 이런 식으로 팔복을 이해하는 것이, 의에 주리고 목마른 자와 마음이 청결한 자의 경우만 빼고는 무리 없이 잘 들어맞는다는 말을 듣는다. 그러나 기존의 "조작적"이거나 혹은 율법적인 해석이 잘못된 것이라면 그 두 경우도 예외일 수 없다. 예수께서 6복과 2복을 나누어 전혀 다른 의미로 말씀하고 계실 리 만무하다. 뿐만 아니라 각각 "의"(6절)와 "마음이 청결한 자"(8절)로 번역된 헬라어 원어가 여러 가지로 다르게 번역될 수 있음을 감안할 때, 나는 여기 제시된 해석이 더없이 신빙성 있는 것이라 믿는다.

예수의 사역은 살아 있는 팔복이다

이렇듯 인간의 관점에서 절망적인 자들에게는 복을 선포하시고 유복한 자들에게는 화를 선고하심으로써 예수는 만인 앞에 하나님 나라를 열어 놓으신다.

예수의 생애의 두 가지 유명한 장면이 그분의 삶/사역과 팔복과의 연관성을 잘 보여주고 있다. 첫번째 장면은 예수께서 한참 인기가 고조되던 공생애 초기에 고향 나사렛을 찾으실 때의 일이다. 날로 더하는 명성이 그분을 앞섰고, 여느 때와 마찬가지로 그분은 안식일 집회 때 성경을 읽고 강론하고 싶은 뜻을 밝히셨다.

그분은 선지자 이사야의 글을 읽으셨다. "주의 성령이 내게 임하셨으니 이는 가난한 자에게 복음을 전하게 하시려고 내게 기름을 부으시고 나를 보내사 포로 된 자에게 자유를 눈먼 자에게 다시 보게 함을 전파하며 눌린 자를 자유케 하고 주의 은혜의 해를 전파하게 하려 하심이라"(눅 4:18-19). 이어 그분은 고향 사람들에게 이 복이 그들에게 임할 통로가 바로 자신임을 알리셨다.

그들의 반응은 폭력이었다. 그들은 예수를 죽이려고 했다. 하나님의 기름부음 받은 지도자로 자처하고 있음을 정확히 이해했기 때문이다. 그들이 알던 예수는 "요셉의 아들" 목수가 아니던가. 그 자리에 있던 사람들 중에는 삯을 내고 그에게 일을 맡겼던 이들도 많지 않던가.

그러나 예수께서 선지자의 말을 인용하여 열거하고 있는 사람들을 눈여겨보라. 가난한 자, 포로 된 자, 눈먼 자, 눌린 자. 그야말로 마태복음과 누가복음에 나오는 복 있는 자의 목록과 동일하다. 인간적으로는 소망 없는 자들로 보이지만, 예수의 손을 통해 하늘 나라의 복을 알게 되는 자들이다.

두번째 장면은 사역이 좀더 진행된 후의 일이다. 세례 요한은 옥에 갇힌 지 꽤 오래도록 그 안에서 예수의 사역을 주목하고 있었다. 요한의 예수에 대한 이해는 오랫동안 극히 제한적인 수준을 벗어나지 못했다. 그분을 이해하는 것은 그의 일이 아니었다. 그러나 힘 있는 메시아라면 마땅히 해야 할 일, 즉 정부를 장악하여 세상을 바로잡는 일을 예수께서 하지 않자 요한은 점점 조바심이 났다. 그리하여 마침내 그는 제자들을 보내 이 예수가 오실 자 곧 기름부음 받은 자인지, 아니면 다른 사람을 기다려야 하는지 직접 묻게 한다.

예수는 요한의 학생들에게 그분 주위에서 보고 들은 것을 그대로 가서 전하라고만 말씀하신다. "소경이 보며 앉은뱅이가 걸으며 문둥이가 깨끗함을 받으며 귀머거리가 들으며 죽은 자가 살아나며 가난한 자에게 복음이 전파된다 하라." 이어 그분은 팔복과 유사한 표현으로 이렇게 덧붙이신다. "나를 인하여 실족하지 아니하는 자는 복이 있도다"(마 11:4-6).

여기 "복"으로 번역된 '마카리오스'(makarios)라는 헬라어 단어는 마태복음 5장과 누가복음 6장에 쓰인 것과 동일한 낱말이다. 그것은 인간이 누릴 수 있는 가장 높은 수준의 행복을 일컫는 말이지만, 동시에 그리스인들이 신들의 특성으로 지복의 실존 상태를 표현할 때 사용한 말이기도 하다. 그러나 그보다 더 중요한 것이 있다. 여기 하나님의 충족한 공급을 통해 절박한 필요를 채움받고서 복 있는 자가 되는 "절망적인" 자들의 목록을 눈여겨보라. 현재의 하나님 나라에서 흘러나오는 예수의 사역이 그들을 복 있는 자 되게 한다.

사실, 인간적으로 절망적이고 비천한 자들이 그들의 상황 속으로 들어오시는 하나님의 손을 통해 맛보는 이 신분의 변화야말로 성경 전체를 꿰뚫고 있는 **가장** 중요한 주제일 것이다. 이것이야말로 앞장에서 이야기했던 위대한 반전(反轉)의 핵심 내용이다.

하나님 안에서의 신분 변화를 강조하는 중요한 성경 본문은 그밖에도 많이 있다. 출애굽기 15장의 "모세와 미리암의 노래", 사무엘상 1장의 한나의 기도, 사무엘상 17장의 다윗과 골리앗 기사, 역대하 20장의 여호사밧의 기도와 전쟁, 누가복음 1장의 동정녀 마리아의 찬송 등이 좋은 예다. 시편 34편, 37편, 107편 등도 하나님의 손이 인간 세상에서 낮은 자를 높이시고 높은 자를 낮추신다는 이 주제를 노래하고 있다. 하나님이 인생을 통치하신다는 것은 성경 전체에 흐르는 기쁜 소식이다. "좋은 소식을 가져오며 평화를 공포하며 복된 좋은 소식을 가져오며 구원을 공포하며 시온을 향하여 이르기를 '네 하나님이 통치하신다' 하는 자의 산을 넘는 발이 어찌 그리 아름다운고"(사 52:7).

예수께서 "처음 된" 자와 "나중 된" 자의 자리바꿈을 거듭 말씀하신 것도, 바로 하나님으로 인한 이 반전을 가리키는 것이다. 하나님이 우리를 돌봐 주신다는 말을 들을 때 우리들 대부분이 가장 먼저 보이는 반응은, 말할 것도 없이 자신이 현재 마음 두고 있는 많은 일들을 그분이 보장해 주시리라는 것이다. 앞서 언급한 "부자 청년" 기사의 장면에서 베드로는 자기와 및 다른 제자들이 그 부자 청년과는 달리 모든 것을 버리고 예수를 좇았음을 그분께 애써 밝히고 있다. "그런즉 우리가 무엇을 얻으리이까?" 베드로는 알고 싶었다.

예수는 그들이 금세에 있어 그 모든 희생을 몇 배나 받고 내세에 영생을 받으리라고 대답하신다. 그러고는 덧붙이신다. "그러나 먼저 된 자로서 나중 되고 나중 된 자로서 먼저 될 자가 많으니라"(막 10:31). 베드로와 다른 사람들이 중요하다고 생각한 많은 것들이 실은 그다지 중요하지 않으며, 그들이 중요하지 않다고 생각한 것이 정작 하나님 앞에서는 엄청나게 중요할 때가 많음을 예수는 알고 계셨다. 모든 것을 버리고 주를 좇은 데 대한 "상"을 이해하기에 앞서 우선 사고의 조정이 필요했을 것이다. 그래서 예수는 이 "자리바꿈" 표현을 덧붙여 그들에게 생각거리를 남겨 주신다.

대체로 말해서, 인간의 기준으로 복된 자나 "먼저 된" 자로 간주되는 많은 이들이 하나님의 기준으로 볼 때는 비참한 자나 "나중 된" 자이며, 인간의 기준으로 저주받은 자나 "나중 된" 자로 통하는 많은 이들이, 예수의 나라를 의지하는 순간 하나님의 기준으로 보아 얼마든지 복된 자나 "먼저 된" 자일 수 있다. 그러나 많은 이들이 그렇다는 것이지 반드시 모든 사람이 그런 것은 아니다. 팔복은 인간 앞에서 "나중 된" 자들의 목록이다. 그들이 각 개인을 향한 천국의 손길을 통해 하나님 앞에서 "먼저 된" 자들이 된다. 하나님 나라의 복음은 하나님의 천국 통치가 만인에게 열려 있기 때문에 아무도 팔복에서 제외되는 사람이 없다는 것이다. 누구나 천국 통치에 들어갈 수 있다. 천국 통치는 누구에게나 찾아올 수 있다. 다른 사람들을 향해서나 자신을 향해서나 바로 이 사실을 바탕으로 살아가는 것, 그것만이 우리가 예수의 팔복에 보일 수 있는 합당한 반응이다.

나의 삶에 적용하는 팔복의 메시지

"복 있는 자" 목록

주변의 절망적인 사람들 누구에게나 자신 있게 다가가서 이제 그들도 하나님의 복된 삶에 들어설 수 있음을 어려움 없이 확실히 전할 수 있다면, 당신은 정말 하나님 나라의 기쁜 소식 안에서 행하고 있는 것이다.

오늘의 세계에서 찾을 수 있는 "절망적인, 그러나 복의 대상이 되는" 이들이 당신의 경우에는 어떤 사람들일까? 예수의 목록에 나오는 이들은 물론 모두 포함될 것이다. 단지 사례로 꼽힌 것이기는 하지만, 그 목록은 시대를 초월한 절망의 조건들이기 때문이다. 그러나 스승이신 그분의 본을 따라 우리 주변 사람들에게 복음을 더 구체적으로 적용할 수는 없을까? 당신 주변에 가장 불행한 자들은 누구인가?

어리석은 세상을 향한 구원

우선 이 문제에는 갑자기 우울해지고 마는 어리석은 측면이 있다. 슈퍼마켓 계산대, 신문 가판대, 서점, TV, 라디오 등 갖가지 대중 매체에서 접하는 광고나 시사를 보고 있노라면 뚱뚱한 사람, 몸매에 균형을 잃은 사람, 대머리, 못생긴 사람, 늙은 사람, 성생활이 원활하지 못한 사람, 신체적 활동이 유행에 뒤진 사람 등이야말로 현대 세계의 가장 불행한 자들이라는 생각이 절로 들게 되어 있다.

서글픈 진실은, 특히 10대와 젊은층을 위시해 우리 주변의 많은 사람들이 날씬하고 균형 잡힌 몸매, "희소식" 모발, 젊어 보이는 용모 따위가 인간 실존의 복 또는 화(禍)의 유일한 조건이 되는 삶에 빠져들고 있다는 사실이다. 그들이 아는 것이라고는 그것밖에 없다. 그 외에는 들어 본 것이 없다. 오늘날 많은 사람들이 정말 그런 상태로 살아가고 있다.

이들이 쏟아 붓는 시간과 노력을 근거로 판단할진대 뚱뚱한 몸, 숱이 적은 머리, 주름이 지거나 축 늘어진 피부야말로 이들 사이에서 무조건 인간에 대한 정죄로 간주되고 있는 것을 분명히 알 수 있다. 이들은 자신들을 인간의 수용 가능한 한계를 벗어난 존재들로 여긴다. 아무리 어리석어 보일지라도 그들에게만은 그것이 사실이다. 이들을 보고 "지금 제 정신이야!" 하고 말한다 해도 그것은 예수의 천국 복음을 전하는 것이 아니다.

사실 예수는 가르침 중간중간에 모든 인간 개개인의 자연 그대로의 아름다움을 지적하곤 하셨다. 역사상 가장 화려했던 사람 "솔로몬의 그 모든 영광"도 한 떨기 소박한 들꽃보다 매혹적이고 아름답지 못함을 그분은 일깨워 주신다. 대통령 취임식 연회나 아카데미 시상식에서 아무나 데려다가 수선화 한 송이와 나란히 놓아 보라. 금세 분명해진다. 그러나 우리를 통해 흘러나오는 하나님 나라의 풍성한 삶은 우리에게 그 꽃들보다도 더한 천연의 아름다움을 입혀 준다. "오늘 있다가 내일 아궁이에 던지우는 들풀도 하나님이 이렇게 입히시거든 하물며 너희일까 보냐? 믿음이 적은 자들아"(마 6:30).

이것은 어리석은 세상을 향한 복음이다. 이것이 무엇보다도 절실히 필요한 까닭은 그 어리석음이 많은 이들에게 생사의 문제가 되고 있기 때문이다. 이 경우에 있어 죄란 바로 어리석음이다. 하나님 나라가 우리의 어리석음 때문에 이를 수 없다면 누가 구원을 얻을 수 있겠는가? 잃어진 영혼이 얻는 가짜 구원이 반드시 부자가 되는 것만은 아니다. 이 어리석음도 거기에 포함된다.

그러므로 우리 마음속으로 보아야 할 것이 있다.

외모가 눈에 거슬리는 자는 복이 있나니.

악취가 나는 자, 몸이 뒤틀린 자,

보기 흉한 자, 기형인 자,

너무 큰 자, 너무 작은 자, 시끄러운 자,

대머리, 뚱보, 늙은이는 복이 있나니……

모두가 예수의 잔치에서 요란한 축하의 주인공이 될 것임이라.

보다 심각하게 망가진 자들

다음으로 보다 "심각하게" 망가진 이들이 있다. 낙제자와 중퇴자와 탈진자. 파산한 자와 상처 입은 자. 마약 중독자와 이혼자. 에이즈 감염자와 포진(疱疹) 환자. 두뇌 손상자와 불치병자. 불임자와 과다 임신자와 미혼모. 일 중독자와 불완전 취업자와 실업자. 취직이 불가능한 자. 사기당한 자. 소외된 자. 제거된 자. 가출하여 거리를 배회하는 자식을 둔 부모. 병원에도 못 가보고 죽는 부모를 둔 자녀. 외로운 자. 무능한 자. 어리석은 자. 정서적으로 굶주린 자와 정서적으로 죽은 자. 일일이 다 늘어놓을 수도 없다. "하늘이 치유할 수 없는 땅의 슬픔은 없다"[8]는 말은 과연 사실인가? 그렇다, 사실이다! 그것이 바로 팔복을 통해 우리 곁으로 가까이 다가온 천국 복음이다. 죽을 때까지 기다릴 필요도 없다. 예수는 이와 같은 모든 이들에게 상황을 초월하여 현재의 하나님 나라의 현재의 복을 주신다. 인류가 예로부터 지금까지 구해 온 삶의 조건, 조용하게 변화시키는 예수의 우정을 통해 그것을 얻을 수 있다.

그리고 부도덕한 자들

도덕적 실패자들도 예수를 믿고 의지하며 하나님 나라 안에서 그분을 친구 삼을 때 하나님은 얼마든지 그들을 받아주신다. 살인자와 아동 성폭행자. 잔인한 자와 고집불통인 자. 마약 거물과 포르노 제작자. 전범과 사디스트. 테러 단원. 변태자와 부정한 자와 부정하게 치부한 자. 데이비드 버코위츠("샘의 아들"). 제프리 다머. 노리에가 대령.

"이 사람, 알고 보니 죄인들의 친구로군. 죄인들하고 식사까지 같이 하는 걸!" 예수를 물고 늘어지던 그 당시 사람들에게 우리는 여간해서 동정심이 느껴지지 않는다. 때로 나는 이런 사람들한테는 하나님 나라가 열리지 않았으면 좋겠다는 생각마저 든다. 그러나 하나님 나라는 그들에게도 열려 있다. 그것이 하나님의 마음이다. 요나가 악한 니느웨 사람들에게 말씀을 선포하는 경험을 통해 배운 바와 같이 우리는 하나님을 우리의 크기로 축소시켜서는 안된다.

바울은 고린도 교인들에게 보낸 첫번째 편지에서, 악을 계속 행할 경우 "하나님의 나라를 유업으로 받지" 못할 사람들의 섬뜩한 목록을 제시하고 있다. 바로 "음란하는 자나 우상 숭배하는 자나 간음하는 자나 탐색하는 자나 남색하는 자나 도적이나 탐람하는 자나 술 취하는 자나 후욕하는 자나 토색하는 자들"이다(6:9-10). 이어 그는 이렇게 덧붙인다. "너희 중에 이와 같은 자들이 있더니 주 예수 그리스도의 이름과 우리 하나님의 성령 안에서 씻음과 거룩함과 의롭다 하심을 얻었느니라."

한 사람의 회복중인 죄인으로서 내가 예수의 기쁜 소식을 받아들인다면 나는 살인마에게 다가가 이렇게 말할 수 있다. "당신도 하나님 나라 안에서 복을 받을 수 있습니다. 여기 누구에게나 예외가 없는 용서가 있습니다." 남색자와 근친상간 가해자에게, 사탄 숭배자에게, 노약자를 갈취하는 자에게, 사기꾼과 거짓말쟁이에게, 흡혈귀 같은 자와 복수심에 불타는 자에게, 복이 있나니! 복이 있나니! 복이 있나니! '우리 안에 있는 하나님 나라'의 품안으로 들어서는 순간 복이 있나니!

하나님이 보실 때 이들은 추악한 자들이다. 바로 그 사람들 속에서 코리 텐 붐(Corrie Ten Boom)은 자신의 가족들을 죽인 나치 당원의 손을 잡는다. 이것은 정녕 이 땅의 장면이 아니다. 예수를 믿는 자들이 모인 영적으로 건강한 모임이라면 어디서나 이렇게 "불 가운데서 건짐받은" 자들이 있게 마련이다. 모두 훌륭한 사람만 모여 있다면 뭔가 잘못돼 있다는 분명한 신호다. 하나님은 이 세상의 미련하고 약하고 천하고 멸시받는 자들을 택하사 인간적으로 높은 자들을 폐하시는 분이기 때문이다(고전 1:26-31, 6장).

그들 중에는 분명 세상에서 지혜롭고 영향력 있고 사회적 엘리트에 속하는 이들도 약간 있다. 그들도 하나님 나라의 일원이다. 하나님은 그들에게 반감이 없다. 다만 팔복은 영적 거인들의 목록이 아니다. 종종 이들 "복 있는" 자들로부터 남다른 품위와 영광이 느껴질 때가 있지만 그것은 그들에게서 나온 것이 아니라, 그들 가운데 거하는 하나님 나라의 광채다.

바로 이들이 세상의 소금과 빛

예수는 자신을 통해 복을 얻는 이 평범한 "무리"를 보시며, 천국의 삶으로 이 땅의 삶을 삶답게 만들 자들은 인간의 기준으로 "똑똑하고 잘난" 자들이 아니라, 바로 이들 평범한 무리라고 말씀하신다(마 5:13-16). 이들이 주변 세상에 빛이 될 수 있도록 하나님은 이들에게 "빛"—진리, 사랑, 능력—을 주신다. 또한 자신들이 살아가는 시대를 청결하게 보존하며 맛을 내도록 그들을 "소금"으로 삼으신다.

정녕 세상을 움직일 수 있는 자들은 인간들이 필요하다고 주장하는 어떤 자격도 성품도 갖추지 못한 바로 이 "작은" 자들이다. 그들이 어떻게 사느냐가 모든 시대와 장소의 수준을 결정할 것이다. 집안의 모든 이들에게 빛을 비춰고자 등잔에 불을 켜는 것처럼 하나님은 이들에게 특정한 광채를 주신다. 그러기에 예수는 자신이 만져 주신 이들에게 이렇게 말씀하신다. "이같이 너희 빛을 사람 앞에 비춰게 하여 저희로 너희 착한 행실을 보고 하늘에 계신 너희 아버지께 영광을 돌리게 하라"(마 5:16).

바울은 하나님 나라의 삶의 기초로써 사회적·문화적 구분이 완전히 폐해지는 것이야말로 그 백성 가운데 거하시는 예수의 임재의 필연적인 결과라고 명확히 이해했다. 그것은 사실상 **새로운 인류** 즉 "아브라함의 자손"을 뜻하는 것이다. 바울의 표현대로 "그리스도로 옷 입은" 자들은 유대인과 헬라인, 종과 자유자, 남자와 여자 사이에 아무런 차별도 두지 않는다. 아브라함이 믿음으로 그리한 것처럼 "그리스도께 속한 자면" 누구든지 천국의 생명을 유업으로 받는다(갈 3장).

골로새의 제자들에게 준 유사한 말씀에서, 바울은 새로운 인류는 그 현실 인식이 창조주의 시각과 일치하며 따라서 헬라인과 유대인, 할례자와 무할례자, 야만인, 스구디아인, 종과 자유인 사이에 전혀 차별이 없다고 말한다. 오직 중요한 것은 각 사람 안에 거하시는 그리스도이기 때문이다(골 3:10-11).

여기 스구디아인을 포함시킨 데는 중요한 교훈이 담겨 있다. 인간에게 주어질 수 있는 가장 낮은 위치를 가리키는 말로 생각하면 된다. 스구디아인은 야만인 중에 야만인으로, 잔인하고 미개하기 짝이 없는 자들로 알려져 있었다. 또한 사실이 그랬다. 그러나 "스구디아인은 복이 있나니." 하나님 나라 안에서는 이들도 정통 유대인이나 헬라인과 동일하게 복을 받을 수 있다.

구속받은 공동체에 대한 바울의 시각은 팔복의 복음을 그대로 따른 것이다. 그는 무슨 일을 하든 **인간의 재능**으로서의 탁월한 말이나 지혜나 문화에 절대 의존하지 않았다. 하나님의 사역을 이루어 갈 때나 새로운 인류를 대할 때도 그는 예수의 십자가로 얻어진 것 외에는 모든 조건을 일절 무시했다. "내가 너희 중에서 예수 그리스도와 그의 십자가에 못 박히신 것 외에는 아무것도 알지 아니하기로 작정하였음이라"(고전 2:2). 고린도후서 5:16-17에서는 이렇게 말한다. "그러므로 우리가 이제부터는 아무 사람도 육체대로 알지 아니하노라. 비록 우리가 그리스도도 육체대로 알았으나 이제부터는 이같이 알지 아니하노라. 그런즉 누구든지 그리스도 안에 있으면 새로운 피조물이라. 이전 것은 지나갔으니 보라 새 것이 되었도다."

이런 급진적이고 혁명적인 시각이, 예수께서 마태복음 5장에서 "복 있는 자"와 하나님의 통치에 대한 말씀을 마감하면서 "내가 율법이나 선지자나 폐하러 온 줄로 생각지 말라"는 경고를 덧붙이셔야 했던 이유를 잘 설명해 준다. 청중들의 귀에는 그런 내용이 기성 질서를 완전히 폐하는 말처럼 들렸을 것이다.

그분은 반드시 이 말씀을 하셔야 했다. **실제로** 청중들이 정확히 그런 생각을 하고 있었기 때문이다. 사실 그렇게밖에 생각할 수 없었다! 그들이 들은 것은 말만 그럴듯한 또 하나의 무력한 율법주의가 아니었다. 그들도 그것을 알았다. 전복된 세상의 정치(定置), 그들이 들은 것은 바로 그것이었다.

율법과 선지자는 빛나는 인간들−부자, 배운 사람, "가문 좋은" 자, 유명한 자, 힘 있는 자 등−이 하나님의 품을 독차지하는 종교적 압제의 사회 질서가 정당화될 만큼 멋대로 왜곡되어 있었다. 예수의 선포는 분

4장_ 참된 부요를 누리는 자: 팔복

명히 그들을 특권의 자리에서 몰아내고, 인간적 자격이 없는 보통 사람들을 예수를 믿는 믿음을 통해 하나님과의 교제 속으로 불러들였다.

이것은 자신들의 특권 옹호에만 열이 오른 종교 전문가들에 의해 하달된 신분 체제 외에는 아무것도 모른 채 여태껏 희망 없이 살아온 무지한 이들에게는, 일대 혼란을 줄 만큼 위력적인 메시지다. 그래서 예수는 그들에게 율법을 존중하라는, 폐하지 말고 완전케 하라는 경고를 주신다. 그러고 나서 그분은 마태복음 5:20 이하에서 하나님 나라의 삶에서 율법의 진정한 의미가 무엇인지 설명해 주신다. 이제 이들이 정확히 어떻게 율법을 존중해야 하며 서기관과 바리새인의 의보다 더 낫게 되어야 하는지 다음 장으로 넘어가 살펴보고자 한다.

5장_ 천국 마음의 의 :
서기관과 바리새인의 의를 넘어

못된 열매 맺는 좋은 나무가 없고 또 좋은 열매 맺는 못된 나무가 없느니라.
…… 선한 사람은 마음의 쌓은 선에서 선을 내고.
_ 누가복음 6:43-45

"온전하라" 는 계명은 이상주의의 허영이 아니며 실천 불가능한 일도 아니다.
그분이 우리를 그 계명을 지킬 수 있는 자로 빚으실 것이다.
_ C. S. 루이스, 「순전한 기독교」

도덕을 이해하신 주

예수는 도덕적 선과 악을 다루실 때 이론으로 시작하지 않으신다. 맹렬
한 분노, 멸시, 미움, 강박적 정욕, 이혼, 맹세를 이용한 말장난, 복수, 뺨
구타, 송사, 욕설, 강압, 요청 등 인간 존재의 현장 속으로 곧바로 들어가
신다(마 5:21-44). 드라마와 뉴스 그리고 현실 생활에서 부딪치는 주제
들이다.

이렇게 구체적인 접근을 취하시는 이유는, 그분의 목적이 단순히 강의에 있는 것이 아니라 사람들에게 선의 능력을 주시려는 데 있는 까닭이다. 그분은 과연 사람들을 선하게 변화시키는 길을 알고 계시며, 그 지식을 지식적 관념이나 종교적 영역이 아닌 현실 그대로의 삶에 적용하신다.

사람들은 선을 향한 깊은 갈망이 있지만 길을 찾지 못한다는 것을 그분은 아신다. 악을 위한 악을 원하는 사람은 아무도 없다. 불행히도 "필요악"으로 받아들일 뿐이다. 우리는 마음으로는 선을 원하나 몸은 악에 익숙해져 있다. 그러고는 장황한 정당론을 들고 나온다.

존 밀턴(John Milton)이 사탄의 입을 빌려 한 말이 맞다. "악이여, 나의 선이 되라." 사탄은 오직 하나님을 대적하기 위해 노골적으로 악을 궁극의 목표로 삼을 수 있다. 이 말은 과연 악마의 말이지 사람의 말은 아니다. 한편으로는, 인간의 모호한 태도가 한 주일학교 여자아이의 말에 잘 표현되어 있다. 거짓말이 무엇이냐는 질문에 아이는 이렇게 답했다. "거짓말은 하나님이 싫어하시는 것이지만 곤란할 때는 당장 도움이 되지요."

예수는 진정 선한 사람, 곧 천국을 발견하고 그 길대로 사는 사람이 된다는 것이 어떤 것인지 지저분한 현실 상황을 통해 구체적으로 예시하신 뒤(마 5:20-44)에, 바로 다음 부분에서 도덕이 완성된 아름다운 천국의 전체적인 모습을 보여주신다. 그것은 내가 죽는다면 좋아할 사람들까지 포함하여 모든 이들을 진심으로 사랑하는 모습이다. 이 사랑은 행위나 행사로 이루어지는 것이 아니라 비전과 기쁨과 사랑이 몸에 배어 늘 그 안에 거하는 상태를 말한다. 이것은 하나님의 사랑과 같은 질의 사랑이다(마 5:45-48). 하늘에 계신 우리 아버지가 완전하시고 온전하신 것처럼 우리도 "완전"하고 온전해야 한다.

이렇듯 그리 길지 않은 말씀을 통해 예수는 지극히 구체적인 현실에서 포괄적인 이론으로 옮겨 가신다. 아우렐리우스, 아우구스티누스, 토마스 아퀴나스, 존 웨슬리, 디트리히 본회퍼 등 후대 그리스도인들에 의해 온전히 꽃피워질 놀라운 위력을 지닌 도덕 이론이다. 그러나 예수는 이론이 행동으로 나타나야 할 현실 생활의 정황을 결코 놓치지 않는다. 그분의 목표는 이론을 주시는 데 있는 것이 아니라―그 일이라면 다른 사람들에게 넘기실 수 있다―하나의 역사적 운동을 시작하시는 데 있는 까닭이다.

역사를 지배해 온 도덕 이해

예수께서 인간의 선과 악에 대해 하신 말씀은, 그 완전한 깊이와 위력과 정당한 논리로, 이후 2,000년간 유럽 문화와 그 파생 문화들을 지배하게 된다. 예수와 그의 말씀을 떼어 내고는 "유럽"과 "서구 사회"의 의미를 누구도 상상조차 할 수 없다. 도덕 역사가 레키(W. E. H. Lecky)는 예수의 가르침을 "좋든 나쁘든 인간사에 적용된 가장 위력적인 도덕의 지렛대였음을 만인이 인정해야 하는 하나의 힘"이라고 묘사한 바 있다.[1]

현대 역사가 마이클 그랜트(Michael Grant)는 이렇게 말했다.

종교 역사뿐 아니라 세계 역사 전체에 가장 영향력 있는 인물은 예수 그리스도다. 역사에 길이 남은 몇 안되는 혁명 중 하나를 창출한 분이다. 가고 오는 세기를 통해 무수히 많은 사람들이 그의 삶과 가르침 속에서 물리칠 수 없는 깊은 의미와 삶을 움직이는 힘을 발견해 왔다. 20세기 말인 지금도 그래야만 하는 데는…… 그만한 충분한 이유가 있다.[2]

흔히들 프리드리히 니체를 예수의 철천지 원수로 알고 있다. 그러나 니체도 자신이 태어난 문명 속에서 예수의 필요 불가결한 역할을 분명히 보았다. 그는 또한 현대 세계가 기독교 전통의 도덕적 선의 기초를 이탈했다는 것과 그것 때문에 앞으로 엄청난 격변이 일어나리라는 것도 알았다. 과연 격변은 찾아왔고 지금도 일어나고 있다.

지금까지 200년이 넘도록 서구 사회에서는, 앞에서 소개된 버틀러 주교의 표현대로 "진보된 사상가들"이 예수와 그의 가르침에 조금도 의존하지 않는 세속화된 인간 본성과 지성을, 도덕의 이해와 실천의 기초로 삼으려 노력해 왔다.

임마누엘 칸트, 헤겔 등 자신들을 손색없는 그리스도인이라 생각한 지도층 인물들이 그 노력에 주요 역할을 맡았다. 이들은 예수의 존재조차 필요하지 않은 이상야릇한 기독교를 만들어 냈다. 그러고는 그것을 진지하게 자신의 학문의 장점으로 생각했다.

그들은 예수가 가르친 내용이 본래 인간 이성 안에 들어 있다고 주장한다. 요즘이라면 "의미나 온전함을 향한 인간의 추구" 안에 들어 있다고 말할 것이다. 도덕 이해는 역사적 전통과 전혀 별개로 인간의 신중한 사고와 경험을 통해 확립될 수 있다는 것이 그들의 생각이다. 그러나 인간의 자원만으로 도덕성을 찾으려던 수세기에 걸친 시도는 이미 실패로 드러났다. 이 점에 대해서는 이 장 마지막 부분에서 좀더 자세히 살펴볼 것이다.

산상 강화(講話)

그러나 마태복음 5장의 천국 마음에 대한 예수의 위력적인 말씀으로 바로 들어가기 전에, 반드시 짚고 넘어가야 할 몇 가지 오해가 있다.

5장_ 천국 마음의 의: 서기관과 바리새인의 의를 넘어

첫째, 소위 산상수훈이라고 하는 것(마 5-7장)을 우리는 실제로 한 편의 설교, 하나의 통일성 있는 강화(講話)로 읽어야 한다. 물론 요즘 말하는 설교와는 사뭇 다르다. 저 멀리 외딴 산 속에서 주어진 것도 아니다. 분명 "설교조"는 아니며, 오늘날 "설교"가 전달되는 장소에서 설교 역할을 하기에는 그 내용의 농도가 너무 짙다. 차라리 이것은 많은 무리의 보통 사람들에게 들려주신 "담화"나 이야기에 가까운 것이다. 그들은 갈릴리 호숫가 하늘거리는 풀밭에 앉아 그 말씀을 듣고 즐거워했다.

마태복음의 이 본문이 한 편의 설교 내지 강화라는 이야기는, 곧 그것이 하나의 주제를 중심으로 짜여져 있으며 단일한 사고의 흐름을 따라 전개되고 있다는 의미다. 이것은 이 본문을 통해 예수께서 하시는 말씀을 이해하는 데 결정적으로 중요한 요소다. 산상수훈을 한 편의 **설교**로 읽어야 한다던 프린스턴 신학교의 옛 설교학자 A. W. 블랙우드(Blackwood)의 말을 접하던 그 날은 내 인생에서 참으로 소중한 날이었다. 그는 산상수훈의 뛰어난 통일성을 간파했던 것이다.

당시만 해도 산상수훈을 설교로 읽는다는 것은 나로서는 **생각**할 수조차 없는 일이었다. 산상수훈이란 사실 주머니에 구슬을 쓸어 담듯 미지의 "편집자들"이 여기저기 돌아다니던 "말"들을 한데 모아놓은 것이라고만 배워 왔다. 그러므로 우리가 할 수 있는 일이라고는 구슬이나 보석을 꺼낼 때처럼, 그 "말"도 각자 하나씩 꺼내 따로따로 의미를 생각해 보는 것뿐이었다.

그 결과 산상수훈은 오늘날 대부분의 학자들에게 그런 것처럼, 내게도 이해할 수 없는 본문으로 남아 있었다. 클래런스 보먼(Clarence Bauman)은 산상수훈에 대한 19가지 판이하게 대립되는 해석을 연구하면서 "산상수훈은 현대의 양심에 하나의 수수께끼다"라는 말로 운을

뗐다.[3] 계속해서 그는 이렇게 말한다. "산상수훈은 성경 본문 중 가장 중요하면서도 가장 쟁점이 되는 부분이다"(3쪽).

보면 자신도 인식하고 있듯이 이 말에 함축된 의미는 엄청난 것이다. 가장 중요한 본문이 수수께끼다? 그럴 수 있다는 사실이 현대 세계의 교회의 실상을 잘 보여주고 있다. 가장 중요한 본문이 수수께끼이기에 우리는 삶에 대한 분명한 종합적 메시지 없이 제멋대로 흩어져 방황하고 있다. 저자의 의도와는 정반대로 이 본문이 삶의 분명한 길잡이 역할을 하지 못하고 있는 것이다.

산상수훈에 담긴 다양한 내용을 따로따로 떨어진 말들로 대한다면, 그것은 필경 우리에게 마땅히 해야 할 바와 하지 말아야 할 바를 명하는 "율법"으로 와 닿을 수밖에 없다. 그러니 불가능한 규정이나, 경우에 따라 터무니없는 이야기로 들리는 것은 당연한 일이다. 예를 들어, 손을 찍어내고 눈을 빼내라는 말(마 5:29-30)은 문자 그대로 받아들여서는 안됨에도 불구하고, 그것이 정말 예수의 **권고**인 것처럼 해석되는 경우가 대부분이다. (뒤에서 보겠지만 사실 그분은 오히려 그런 행동이 무익한 것임을 가르쳐 주셨다. 진정한 의란 마음의 문제이기 때문에 그런 행위는 아무런 변화도 낳지 못한다.)

그렇다면 마태복음 5-7장을 한 편의 설교나 강화로 이해하는 것은 왜 중요한가? 그것이 중요한 것은 산상수훈을 가장 유능한 화자가 의도적으로 구성한 한 편의 강화로 이해하지 않는 한, 각 부분 즉 각각의 지혜의 진주는 그것을 대하는 독자의 생각에 따라 의미가 완전히 달라지기 때문이다. 그렇게 되면 각각의 말씀의 의미가 강화 전체의 통일성에 지배받을 수 없게 된다. 그러나 이것이 바로 오늘날 대체로 벌어지고 있는 현상이다.

216   5장_ 천국 마음의 의: 서기관과 바리새인의 의를 넘어

역사적으로 가장 끈질기게 이어져 내려온 "독자의 생각"은, 방금 언급한 비참한 개념, 즉 예수가 여기서 **율법**을 주고 있다는 생각이다. 과연 그것이 사실이라면 이 율법이야말로 실천 불가능한 율법이다. 율법을 지킨다는 것은 본질상 자멸에 이르는 목표다. 그것보다는 내면의 자아가 달라져야 한다. 율법을 지키려는 노력은 사과나무에 배가 열리게 하려고 그 가지에 배를 달아매는 것과 다를 바 없다.

그렇다. 불가능하다. 정상적인 반응이다. 원래 불가능한 것이기 때문이다. 그러나 그렇기 때문에, 인간의 희망을 완전히 짓밟아 용서의 은혜에 매달리게 하는 데는 그것이 모세의 율법보다 훨씬 효력이 좋다. 예수가 모세보다 가혹하고 무지막지한 자로 제시되고 있다. 그 선의의 가혹함에 너무나 종속돼 있다 보니, 다들 그것을 아예 사실로 곧잘 믿어 버린다. 거룩함이란 갈수록 더 어려운 것이라고 우리는 생각한다. 완전히 잘못된 생각이다!

결론 부분에 명확히 지적되어 있는 것처럼, 산상수훈의 목표는 하나님 나라의 본질을 구체적으로 명확히 밝힘으로써 사람들로 하여금 이 땅의 삶에 대해 현실성 있는 희망을 품게 하는 데 있다. 예수는 다음과 같은 부름으로 사람들을 그 나라로 초청하고 있다. "회개하라, 하나님 나라의 삶이 이제 너희에게 선택 가능한 길이 되었다." 산상 강화의 각 부분들은 이 단일 목표를 근거로 해석돼야 한다. 그 각 부분에 참 의미를 부여해 주는 전체적 인생 계획이 무엇인지를 분별해야 한다.

강화의 각 부분은 우리를 짓밟아 우리 힘으로는 할 수 없다는 것을 (물론 우리는 할 수 없다!) 보이기 위해 추가로 주어진 **율법**과는 거리가 멀다. 오히려 예수를 의지하는 이들이 그 나라 안에서 지금부터 누릴 수 있는 사랑과 능력과 진리와 은혜의 아름다운 삶을 분명히 보여주는 것이다. "율법은 모세로 말미암아 주신 것이요 은혜와 진리는 예수 그리스도로 말미암아 온 것이라"(요 1:17). 그분의 가르침은 천국을 사는 이들에게 매일 매순간의 평범한 실존 속에서 하나님의 충만한 세상을 지향하며 살아갈 수 있는 길을 가르쳐 준다.

왜곡되고 무시당하는 예수의 지성

산상 강화의 풍부함과 정밀성을 충분히 이해하려면, 3장에서 언급했던 주제를 마지막으로 한번 더 강조할 필요가 있다. 거기서 우리는 예수를 선하지만 똑똑하지는 못한 존재로 보는 세간의 시각을 지적한 바 있다. 그 오해는 제자도의 죽음의 종소리다. 예수를 지성인의 반경 밖으로 몰아냄으로써 그분의 가르침의 실제적 능력을 앗아 가기 때문이다.

단어 연상 게임을 해보면 거의 어느 모임을 막론하고 "똑똑한 사람, 아는 것이 많은 사람, 지성인" 등의 단어에 으레 몇몇 낯익은 이름들이 따라나오게 돼 있다. 아인슈타인, 마이크로소프트사의 빌 게이츠, 그리고 로켓 과학자들이 필수로 먼저 나오기 마련이다. 그러나 이 연상에 결코 해당되지 않을 한 사람이 있으니 바로 예수다.

여기 대단히 중요한 사실이 있다. 그리스도인이든 비그리스도인이든 할 것 없이 예수 그리스도를 똑똑함이나 지적 능력 따위와 자동적으로 분리해 생각하는 것이 우리의 문화다. 예수를 "박학한 사람, 총명한 사람, 똑똑한 사람" 등의 단어와 자연스럽게 연결하여 생각할 사람은 천 명 중 하나도 안될 것이다.

그분은 아예 의식조차 없는 존재로 취급될 때가 너무 많다. 제사용 양이나 현실과 동떨어진 사회 비평가의 역할에 꼭 맞는 단순한 성상(聖像) 내지 인간 모양의 유령 같은 존재로밖에 보지 않는다.

자신의 정체에 대해, 그리고 자신의 기본 주제인 하나님 나라의 핵심 요지에 대해 깊은 혼란에 빠진 채 팔레스타인의 산을 방황하는 한 인간, 그것이 소위 "학자"라는 사람들이 예수에 대해 공공연히 갖고 있는 그림이다. 그가 이따금씩 횡설수설 내뱉은 엉뚱하면서도 뭔가 심오해 보이는 급진적인 말들이 지금 복음서에 수수께끼처럼 남아 있다는 정도로 말이다.

당신이라면 이런 사람에게 인생을 맡길 수 있겠는가? 당신에게 예수가 이런 존재라면 과연 그의 제자가 되고 싶은 마음이 들겠는가? 물론 그렇지 않을 것이다. 행동이 지식에 바탕을 두어야 한다는 것은 누구나 아는 바다. 현실의 실상과 최선의 대안을 안다고 믿어지는 자에게라야 자신을 지도하고 가르칠 권리를 내어줄 수 있는 것이다.

세상은 지성과 선을 대립 개념으로 굳혀 놓았다. 러시아의 속담에 "거룩할 정도로 멍청하다"는 말이 있다. 다시 말해서, 거룩한 사람이 되려면 완전히 바보가 돼야 한다. 수세기 전 단테도 "지식인의 거장"이라는 칭호의 대상으로 예수가 아닌 아리스토텔레스를 뽑는 오류를 범했다. 예수는 **거룩하기** 때문이다.

2-3세기의 유명한 그리스도인 지도자 테르툴리아누스는 이렇게 반문했다. "예루살렘이 아테네와, 교회가 아카데미와, 그리스도인이 이교도와 무슨 상관이 있단 말인가?"[4] 그가 생각한 정답은 "하등의 상관이 없다"는 것이다. 하나님께의 헌신은 인간의 지식과는 무관한 것이다. 현대 세속주의의 입장은 더 말할 것도 없다. 거룩함과 지성은 완전히 물과 기름이다. 오늘날 영성이나 도덕적 순결성을 뛰어난 지식과 연결시키려는 시도는, 그것을 인식하기 위해 어김없이 "부조화"의 갈등을 초래한다. 똑똑한 문제에 관한 한, 테레사 수녀도 예수 이상의 대우를 받지 못한다. 물

론 착하기야 하지만 정말 **똑똑한** 것은 아니라는 식이다. "똑똑하다"는 것은 삶의 "현실"을 능숙하게 다룰 줄 안다는 뜻이 아니던가.

인간 역사에 그토록 막대한 영향을 미쳐 온 예수를 기껏해야 "현실생활"의 언저리를 맴돌았고 지금도 다를 바 없는 비련의 인물로 보는 것이 부인할 수 없는 일반의 시각이다. 신앙을 고백하는 무수히 많은 그리스도인들도 매순간의 실존 속에서 황당할 정도로 예수를 무시하고 있으며, 그것은 단순히 그분을 존중하는 마음이 없는 데서 비롯된다. 이들은 예수를 큰 능력을 지닌 한 인격으로 진지하게 생각하거나 제시하지 않는다. 그렇다면 존중하는 마음조차 없는 상태에서 드려지는 헌신이나 예배에 과연 어떤 의미가 있을까? 별 의미가 없을 것이다.

오늘날 보통 사람들이 예수의 지상 생활 당시의 주변 환경에 대해 가지고 있는 인상은, 마크 트웨인 같은 19세기 유명한 관광객들의 눈에 비쳤던, 그분의 고향 팔레스타인의 모습에 크게 좌우되고 있는 것 같다. 예수의 사회적 배경에 대한 그들의 인상이 오늘날 대부분의 사람들 마음에 그대로 남아 있다. 우리는 소수의 농부들과 무식한 시골 사람들이 살아가는 황량한 폐허의 땅을 생각한다. 그중에 예수가 있다. 그러나 이것은 전혀 사실이 아니다. 사실, 당시 세계에서 예수가 속해 있던 사회는 오늘날 세계에서 이스라엘이 차지하는 자리와 똑같다고 보아야 한다.

예수 시대에 예루살렘은 온갖 "지식" 세계의 수많은 현자들을 포함하여 무수히 많은 방문객들이 일상으로 넘쳐나던 영광의 도시였다. 로마 전역 및 그 이상의 세계와 교류하던 국제적 환경이 바로 거기였다. 다른 곳에서 알고 논하는 문제라면 이미 거기서도 알고 논하는 문제였다. 바로 그런 정황 속에서 예수는 이미 열두 살 때부터 그 땅의 최고의 석학들과 며칠씩 함께 머물면서 그들의 마음을 매료시켰던 것이다. 다행히 최근 고고학과 역사학 연구를 통해 예수께서 한 일원이 되어 일하시고 사셨던 이 풍요로운 문화의 정확한 진상이 점차 밝혀지고 있다.[5]

"산상수훈" 개요

예수의 지혜와 심오함은 실효성 있는 인생관을 설득력 있게 제시하신 산상 강화 전체의 구조와 윤곽에 확연히 드러난다. 물론 강화 전체는 그분이 선포하신 가까이 온 하나님 나라를 전제로 한 것이다. 그러한 전체적 틀 안에서 강화의 첫 부분("복 있는" 자, 세상의 빛과 소금)은, 가능성 없어 보이는 사람들이 실은 하나님 나라 안에서 복을 얻었고 지금도 얻고 있다는 사실을 통해, 인간의 행복에 대한 일반의 통념을 바로잡고 있다. 이 부분은 앞장에서 다룬 바 있다.

"행복한 삶"과 그 주인공에 대한 급진적 시각 전환과 관련하여 예수의 청중들은 하나님의 세계의 삶은 "율법"과 무관한 것이 아닌가 하는 의혹을 품게 되었다. 한편으로, 그들은 자신의 삶이 율법에 미치지 못하는 것을 잘 알고 있었고 권한을 쥔 "윗사람들"은 그들이 그 사실을 결코 망각할 수 없게 했다. 그러나 다른 한편으로, 예수는 하나님 나라 안에서는 복이 그들의 것이라고 말씀하셨다. 이것이 그들에게는 마치 예수께서 율법을 무효화하는 말처럼 들렸다.

그러나 그들이 알고 있고 일상 생활에서 접하던 "율법"은 하나님의 율법이 아니었다. 그것은 당시 종교 지도자들이 만들어 낸 율법으로, 그 적용이 무척 엄중하고 가혹했다. 바로 예수께서 "서기관과 바리새인의 의"로 지칭하신 것이다(5:20). 하나님이 의도하신 율법은 영원히 하나님 나라에서 절대적인 필수 요소로 남는다. 예수는 자신의 목표가 제자들을 참된 율법의 성취로 인도하는 것임을 듣는 이들에게 분명히 하셨다.

그분이 생각하신 성취란, 그들을 인간적으로 **받아들여질**(acceptable) 만한 자로 만들기 위한 것이 아니었다. 이것은 다른 별개의 문제다. 그럼 에도 하나님의 율법의 성취가 중요한 것은 율법이 선하기 때문이다. 그 것은 인간의 삶에 꼭 맞는 것이다. 하나님 나라의 임재는 인간의 삶에 꼭 맞는 모든 것을 우리에게 가져다준다.

이제 마태복음 5:20-48에서 우리는 율법의 성취가 일상 생활에서 정확히 어떻게 나타나는지를 보게 된다. 천국 마음의 의가 가장 실감나 게 그려져 있는 매우 중요한 이 본문에는 선한 사람의 행실에 대한 옛 가 르침—예컨대 살인하지 않는 것—과 천국 마음에 대한 예수의 그림이 연 속적으로 잘 대비되어 나타난다. 천국 마음을 품은 자는 주변 모든 이들 을 사랑으로 따뜻하게 대하며 살게 된다. 마태복음 5장의 이 본문은, 맹 렬한 분노와 강박적 정욕 등 인간 악의 가장 깊은 뿌리에서 출발해 인간 성취의 정점인 "아가페", 즉 하나님의 사랑에까지 나아간다. 그리하여 인간 타락의 구조 체계가 완전히 힘을 잃고 만다. 인간의 인격 안에서 그 기초가 제거되기 때문이다.

이어 산상 강화의 나머지 부분인 6장과 7장은 우리를 천국의 삶에 서 빗나가게 하는 관행과 태도에 대해 일련의 경고를 던져 주고 있다. 첫 번째 경고는 천국이 아닌 다른 실체에 자신의 안전을 의존하는 태도에 관한 것이다. 예컨대, 인간 앞에서의 종교적/도덕적 명예(6:1-8), 물질적 재화나 부(6:19-34)를 들 수 있다. 이것은 "육신의 생각"으로서, 사도 바 울은 로마서 8장에서 그것을 한마디로 "사망"이라 일컬었다. 이 문제에 대해서는 6장에서 다룰 것이다.

이어 "비판"과 비난과 정죄로 다른 사람들을 통제하려는 태도에 대 한 경고가 있다. 후에 사도 바울은 "정죄의 직분"과 "영의 직분" 또는 "의의 직분"을 대비시켜 말한 바 있다(고후 3:6-10). 예수는 정죄의 "직분"과 그 무익함을 충분히 알고 계셨다. 반대로, 그분은 사랑하는 이들과 및 다른 사람들을 "사랑과 기도의 공동체"(7장의 제목) 안에서 진정으로 도울 수 있는 길을 보여주신다.

마지막으로, 예수는 우리가 그분의 가르침을 실천하지 않는 것에 대해 긴박한 경고를 주신다. 또한 실천이 없을 때 결국 우리를 무너뜨리게 될 요인들도 구체적으로 언급하신다. 디트리히 본회퍼는 단호하게 말한다. "예수께서 영원으로부터 가져다주시는 이 말씀에 대한 유일하고도 올바른 반응은 그대로 행하는 것이다."[6] 놀랍게도 전체 강화의 6분의 1(92절 중 15절)이 실천의 중요성을 강조하고 있다. 듣고 말만 하는 것이 아니라 실제로 행하는 것이야말로 천국의 실체를 알고 우리의 삶을 그 안에 연합시키는 길이다. 그래서 마지막 단락은 반석 위에 집을 짓는 지혜로운 사람(예수의 말씀을 **행하는** 사람)과 그렇지 않은 사람을 비교하는 유명한 장면으로 끝나고 있다.

이제 산상 강화의 단순하면서도 위력적인 구조를 다음과 같이 정리해 볼 수 있다.

1. 기본 전제: 예수를 믿는 믿음을 통한 하나님 나라의 삶(마 4:17-25, 이 책의 1-3장이 이 주제를 다루고 있다).
2. 세상의 빛과 소금은 하나님 나라 안에서 복된 삶을 누리는 보통 사람들이다(마 5:1-20, 이 책의 4장).
3. 천국 마음의 의: 구체적으로 하나님 안에 있는 사랑으로 묘사돼 있다(마 5:21-48, 이 책의 5장).
4. 경고: 잘못된 안전─명예와 부─에 대해(마 6장, 이 책의 6장).

5. 경고: 사람들을 돕는다는 명분으로 "정죄를 조작하는 것"에 대해. 기도와 사랑의 공동체를 향한 부르심(마 7:1-12, 이 책의 7장).

6. 경고: 강화가 요구하는 바를 실천하지 않는 것과 그에 따른 결과에 대해(마 7:13-27).

강화의 순서를 존중해야 한다

예수께서 이 강화에서 우리에게 행하라고 가르치시는 바를 **정확히** 이해하려면, 주제의 순서에 유념하고 그 중요성을 인식해야 한다. 지금 우리가 논의의 주제와 그 전달 방식을 완전히 통달하신 분으로부터 이 강화를 듣고 있다는 점을 감안할 때 그런 태도는 당연한 것이다. 강화의 뒷부분은 앞부분을 전제로 한다. 앞부분에 대한 정확한 이해를 바탕으로 하지 않고는 뒷부분을 이해할 수 없다.

예를 들어, 분노와 멸시에 대한 가르침(5:21-26)을 받을 수 있으려면 먼저 참된 복에 대한 가르침을 받은 후라야 한다. 반대로, 복에 대한 가르침을 받아들이면 분노와 멸시에 대한 가르침이 선하고 옳은 것으로 다가오게 돼 있다.

또 분노와 멸시와 강박적 정욕에서 벗어나 아버지의 나라를 살아가는 자녀답게 사랑으로 행하게 되면, 더 이상 명예나 부로 자신을 안전하게 지킬 필요가 없어진다. 반대로, 이 사랑의 나라의 실체에 젖어들지 않으면 명예, 교만, 허영, 부를 물리치는 것이 선하거나 옳아 보이지 않을 것이고, 따라서 어쩔 수 없이 그런 것들을 추구하게 될 것이다.

예수께서 따르신 천국 생활의 **순서**를 마음에 두지 않으면, 강화의 각각의 새 주제는 앞에서 이미 다루어진 내용과 전혀 상관없는 별개의 이야기처럼 보일 것이다. 그렇게 되면 산상 강화는 삶의 길잡이로서 그

의미를 완전히 혹은 거의 잃고 만다. 예컨대 한쪽 뺨을 때리거든 다른 쪽 뺨을 돌려 대고 자신을 미워하는 자에게 선을 베풀라는 "계명"을, 현재 상태의 혼란스런 영혼의 눈으로 황당한 듯 바라보는 이들의 곤경이 바로 거기에 있다. 그들에게 이런 지침이 불가능하거나 자신의 삶을 비참하게 만드는 계명으로 보이는 것은 당연한 일이다. 앞에서 주어진 예수의 가르침의 보다 근본적인 부분을 체험하지 못한 채 현재 상태의 삶만을 생각하고 있기 때문이다.

예수께서 산상 강화에서 다루시는 다양한 장면과 상황은, 사실상 **아가페** 사랑의 삶을 향한 점진적 성장의 **단계**다. 복의 진정한 출처를 아는 것, 분노와 강박적 정욕을 버리는 것, 내 뜻을 이루려고 남들을 오도하지 않는 것 등이 단계적 전제로 작용하는 것이다. 이런 것들이 전제가 될 때, 우리를 미워하고 아프게 하는 자들을 사랑하고 돕는 일이 자연스러운 성장의 열매로 나타나게 된다. 그런 자세가 전적으로 옳아 보이며 또한 그렇게 할 수 있는 힘이 생기는 것이다.

신앙 행위를 남에게 나타내려 하지 않는 것, 부에 의존하지 않는 것, 남을 바로잡아 준다고 하면서 정죄하지 않는 것 등에 대해서도 동일하게 말할 수 있다. 오직 예수께서 보여주신 순서대로 다루어 갈 때에만, 이런 자세들은 우리가 하나님이 창조하실 때부터 의도하신 모습으로 변해 가는 데 실제적 전략의 기초가 될 수 있다. 예수의 강화를 듣는 우리는 이런 순차적인 주제들이 우리의 의식 속에 한 부분으로 자리할 때까지 계속해서 각 주제를 뒤돌아보며 거듭 상기할 필요가 있다.

율법과 영혼

행동의 순종을 넘어서

예수는 인간 영혼의 구조를 정확히 아시기 때문에 잘못된 행동 자체에 중점을 두시지 않고 행동의 **근원**을 주로 다루신다. 따라서 그분은, 이미 지적한 것처럼 율법을 궁극적 답으로 삼으시는 백해무익한 일을 피하신다. 사람들은 한사코 그렇게 생각하지만 인간 실존의 문제는 잘못된 행동에 있지 않다는 것을 그분은 잘 아셨다. 그것은 증상일 뿐이다. 물론 그 자체로도 적지 않은 악을 유발할 때도 많이 있다.

행동의 근원을 살피는 것이야말로, 우리의 의가 "서기관과 바리새인보다" 더 나아야 한다는 그분의 말씀의 골자다. "천국에 들어가"려면 (5:20), 즉 하나님 나라의 충만함을 누리며 살아가려면 인간적으로 꾸며 내는 종교 인사들을 능가해야 한다.

그러기 위해 우리는 당연히 하나님이 의도하신 율법을 그대로 **지켜야** 한다. 그것이 예수의 말씀이다. 이것 역시 서기관과 바리새인의 의를 훨씬 "넘어서는" 것이다.[7] 그들은 율법에 대해 말은 많았지만 지키지 않았다. 그래서 예수는 듣는 이들에게 이렇게 말씀하셨다. "무엇이든지 저희의 말하는 바는 행하고 지키되 저희의 하는 행위는 본받지 말라. 저희는 말만 하고 행치 아니하며"(마 23:3).

정확히 이해한다면, 그리스도를 믿는 믿음과 율법을 지키는 삶과는 불가분의 관계다. 한번은 사람들이 예수를 찾아와 물었다. "우리가 어떻게 하여야 하나님의 일을 하오리이까?"(요 6:28) 예수는 이렇게 대답하셨다. "하나님의 보내신 자를 믿는 것이 하나님의 일이니라." 간단히 이렇게 바꿔 말할 수 있다. "예수 그리스도를 믿으라." 정확한 말이다. 그러나 예수를 믿는 것과 그분의 제자가 되어 말씀에 순종하는 법을 배우는 것이 전혀 별개의 문제가 되어 버린 현실을 우리는 앞에서 이미 살펴본 바 있다.

이런 분리의 비극적 결과가 오늘날 우리 주변 도처에 나타나고 있다. 현대 서구 사회의 모습은 예수께서 예언하신 바로 그 모습이다. 우리는 그분의 말씀을 **들었다**. 앞서 말한 것처럼 거의 2,000년 동안 들었다. 그러나 우리는 그 말씀대로 하지 않는 쪽을 택했다. 그분은 우리가 그 길로 갈 때 "그 집을 모래 위에 지은 어리석은 사람" 같이 된다고 경고하셨다. "비가 내리고 창수가 나고 바람이 불어 그 집에 부딪히매 무너져 그 무너짐이 심하니라"(마 7:26-27). 오늘날 우리는 그분이 예고하신 비극의 한복판에 서 있다. "전복" 비행을 하면서도 "실천"의 의를 완강히 거부하는 것으로 만족하고 있다.

오늘 우리의 기독교 모임에서 일부 사람들이 하나님의 율법을 그대로 지키기로 했다고 발표한다면 우리는 필시 의혹을 품으며 깜짝 놀랄 것이다. 특별 상담이 필요한 사람으로 보고 소속 기관 책임자에게 요주의 당부를 건넬지도 모른다. 아무런 좋은 결과도 기대할 수 없다고 확신할 것이다. 인간이 율법을 지켜 **구원받는** 것이 아님을 알기에 율법을 지키려 해야 할 다른 이유가 전혀 보이지 않는 것이다.

우리는 신약 시대에 바울의 뒤를 끈질기게 쫓아다니던 유대교 교사들의 일을 이상하게 전복시켜 스스로 그 안에 갇히고 말았다. 그들이 그리스도를 믿는 믿음에 의식법의 준수를 더하려 했다면, 우리는 그리스도를 믿는 믿음에서 도덕법을 **빼려** 한다. 믿음과 순종의 결합이야말로 21세기에 들어서는 교회의 중대 과제다.

인간 생활의 중심이 되는 하나님의 참된 율법

메시아가 오실 때까지 하나님께서 이스라엘에게 주셨던 진정한 율법은 이 땅을 사는 인류의 가장 소중한 재산이다. 그 율법은 십계명, 신명기 6:4-5의 "이스라엘아 들으라", 레위기 19:9-18의 이웃 사랑에 대한 위대한 말씀, 그리고 세례 요한을 끝으로 유대의 선지자들을 통해 이루어진 말씀의 더 자세한 설명과 적용 등으로 이루어져 있다.

"오늘 내가 너희에게 선포하는 이 율법과 같이 그 규례와 법도가 공의로운 큰 나라가 어디 있느냐?"(신 4:8) 모세는 감격하여 말한다. 구약의 기자들은 삶의 길을 찾아 헤매는 인간의 절박한 문제를 잘 알았으며, 이스라엘의 언약의 하나님 여호와가 계시한 율법이야말로 이 문제의 진정한 해답임을 알았다.

하나님의 참된 율법은 또한 하나님의 아름다운 마음의 표현으로서, 그 자체로 고유의 아름다움을 지니고 있다. 그것은 심오한 진리이며 따라서 그 자체로 소중한 것이다. 우리는 시편 119편을 위시해 여기저기에서 시편 기자들이 여호와의 소중한 선물인 율법을 사랑하는 것이 하나님 안의 복된 삶으로 나아가는 완전한 길잡이임을 깨달으며 그 선함과 능력에 흠뻑 취하는 모습을 볼 수 있다. 율법은 생각과 마음의 영원한 기쁨이었다.

우리는 신실하신 아들 예수가 하나님의 진정한 율법에 대해 이러한 관점을 조금도 벗어나지 않는다는 사실을 알아야 한다. 그분은 시편 119편을 얼마든지 직접 쓰실 수 있는 분이었다. 진지하지만 그러나 율법을 잘못 알고 있던 한 청년이 영생을 얻으려면 어떻게 해야 하느냐고 묻자 예수는 이렇게 답하신다. "계명을 지키라"(막 10:19). 참으로 많은 "유보적 해석들"이 있지만, 여기 이중적으로 해석해야 할 말은 전혀 찾아볼 수 없다. 예수의 정통성과 능력을 시험하려 했던 한 율법 전문가에게 주어진 대답도 동일하다(눅 10:28).

이어지는 기사를 보면 두 사람 모두 당시 사회를 지배하던 왜곡 축소된 율법관으로 예수를 교묘히 기만하려 한다. 그러나 예수께서 말씀하신 "서기관과 바리새인의 의"는 앞서 말한 것처럼 하나님의 율법이 **아니었다**. 예수는 부드럽지만 단호하게 두 사람의 기만에 동조하지 않으신다.

예수께서 진정한 하나님의 율법을 말씀하시자, 그들은 둘 다 스스로 통과했다고 믿었던 시험에 낙제로 드러나고 만다. 그렇다고 하나님의 율법이 말할 수 없이 선하고 소중한 것이며, 그 안에 사는 삶이 영원한 삶이라는 사실이 조금이라도 위축되는 것은 아니다. 분명히 율법은 의의 **근원**은 아니나 영원히 의의 **경로**다.

따라서, 산상 강화에서 예수는 청중들에게서 율법이 폐해질 것이라는 개념이 나타나는 것을 보고(마 5:17) 가장 강력한 정반대 말씀으로 거기에 응하신다. 천지가 없어지기 전에는 율법의 지극히 작은 부분, 하나님이 의도하신 "일점 일획"도 없어지지 않을 것이다(5:18). 반드시 그래야 하는 것은, 단순히 율법이 선하기 때문이다. 율법은 옳은 것이다. 하나님이 율법을 옹호하시는 것은 바로 그 이유 때문이다. 결코 자신의 손상된 체면 때문이 아니다.

지붕에서 발을 헛디디면 바닥에 떨어지는 것만큼이나 확실하게, 인간이 십계명과 모든 율법을 지키게 되는 그날이 인류 역사에 올 것이다. 그때는 거짓말을 하거나 훔치거나 탐내는 사람을 보면 지금 그렇게 하지 않는 사람을 보고 놀라는 것보다 더 놀라게 될 것이다. 그때는 하나님의 율법이 선지자들의 예언과 같이(렘 31:33; 히 10:16) 그들의 마음에 기록될 것이다. 이것은 그리스도의 미래의 승리와 인류의 영원한 구원에 절대로 빠질 수 없는 부분이다.

예수는 천국의 관점이나 하나님의 시각으로 볼 때, 계명을 행하며 가르치는 자는 인간 중에서 가장 큰 자이며 하나님의 진정한 계명 중에 지극히 작은 것 하나라도 버리고 또 그같이 사람을 가르치는 자는 인간 중에서 지극히 작은 자임을 지적해 주신다(마 5:19).

하나님의 율법은 천국의 실체와 사역, 그리고 하나님 자신의 행동의 특징이 된다. 율법을 지킬 때 우리는 그분의 길에 들어서 그분의 능력을 마시는 것이다. 예수는 그 길을 더욱 밝히 보이시며 우리를 그리로 인도하신다. 그분은 말씀하셨다. "너희가 나를 사랑하면 나의 계명을 지키라. 내가 아버지께 구하겠으니 그가 또 다른 보혜사를 너희에게 주사 영원토록 너희와 함께 있게 하시리니"(요 14:15-16).

행동의 깊은 근원

그러나 문제는 이것이다. 어떻게 율법을 지킬 것인가? 예수는 이 문제의 답을 잘 알고 계셨다. 하나님의 일을 하는 방법을 묻는 이들에게 하나님이 보내신 자를 믿으라고 말씀하신 것이 바로 그 때문이다(요 6:29). 그분은 우리가 율법을 지키기 위한 노력으로는 율법을 지킬 수 없다는 것을 아셨다. 율법을 제대로 지키려면 목표를 율법이 아닌 다른 것, 그 이상의 것에 두어야 한다. 율법의 행위가 자연스럽게 흘러나올 수밖에 없는 사람, **그런 존재**가 되는 것이 목표가 되어야 한다.

사과나무는 내면의 본질 때문에 자연스럽게 그리고 쉽게 사과를 맺는다. 예수께서 산상수훈에서 보여주신 천국 마음의 그림을 이해하는 데 가장 중요한 것이 바로 이 점이다.

서기관과 바리새인들의 근본적 오류도 여기에 있다. 이들은 율법이 요구하는 행위에 초점을 두어, 그 행위들이 구체적으로 무엇이며 어떤 식으로 행해야 하는지를 조목조목 자세히 규정했다. 이들은 또한 자신들이 해석하는 율법에 모든 사람들의 행위를 뜯어 맞추기 위해 엄청난 사회적 압력을 행사한다. 이들은 의를 행하는 것에 대해, 그리고 의를 행한다고 남들 눈에 비치는 것에 대해 극도의 자의식에 빠져 있다.

그러나 인격 내면의 차원인 마음과 성품은 하나님이 요구하신 것과 정반대에 머물러 있다. 궁극적으로 그 마음이 이들의 의식과 사고 체계를 지배하게 될 것은 물론이다. 그리하여 이들은 사실상 스스로 잘못인 줄 아는 바로 그것을 행하게 된다. 특히 이들의 말이 그 마음에 가득한 것을 드러낼 것이다(마 12:34). 이들은 "사람에게" 의롭게 보여야 하기 때문에 위선에 빠져들고 만다(마 6:1). 위선은 습성 또는 "누룩"이 되어 전 존재로 침투해 영향을 입힌다.

이 치명적 "누룩"이 주변의 모든 인간 관계에 영향을 미치는 정도는 아무리 경계해도 지나치지 않다. 그 영향이 부디 종교인들에게만 국한되기를 바라고 싶어질 정도다.

그릇 닦는 사람과 농부의 교훈

인격의 내면의 차원과 그것이 밖으로 드러나는 행동의 연관성을 바로 이해하여 하나님이 원하시는 본연의 존재가 되어 가는 실제적 길을 찾도록 돕기 위해, 예수는 늘 그러시는 것처럼(마 13:52) 이번에도 삶의 평범한 지식을 통해 교훈을 주신다.

먼저 그릇 닦는 사람의 교훈이 있다. 그분은 종교적으로 훌륭한 자들에게 이렇게 말씀하신다. "화 있을진저, 외식하는 서기관들과 바리새인들이여! 잔과 대접의 겉은 깨끗이 하되 그 안에는 탐욕과 방탕으로 가득하게 하는도다. 소경 된 바리새인아, 너는 먼저 안을 깨끗이 하라. 그리하면 겉도 깨끗하리라"(마 23:25-26).

잔을 안은 닦지 않고 겉만 닦기는 쉽지만 안을 깨끗이 닦으면서 겉만 더럽게 놓아두기는 어렵다. 안을 닦으면 자연히 그 과정에서 겉도 깨끗해지게 마련이다. 손이 가지 않는 부분이 있다 해도 미세할 뿐이다.

다음은 농부의 교훈이다. 예수께서 반복해서 말씀하신 것이자 다른 신약 기자들도 언급하는 것이다. 좋은 나무에서 좋은 열매가 맺히고 못된 나무에서 못된 열매가 맺힌다는 것을 그분은 지적하신다(눅 6:43-45). 예수의 동생 야고보는 좀더 구체적으로, 무화과나무가 감람 열매를 맺을 수 없고 포도나무가 무화과를 맺을 수 없다고 말한다(약 3:12).

행동은 무에서 생겨나는 것이 아니다. 행동은 마음에 담긴 것이 무엇인지 충실히 보여준다. 행동을 보면 마음에 가득한 것을 알 수 있다. 만인이 아는 사실이다. 정신적으로 유능하다는 것은 행동을 보고 마음을 분별할 수 있다는 말도 된다. 통상적 인간 관계의 차원에서 행동이란 결코 미지의 신비가 아니다. 우리는 상대를 곧잘 분별한다.

예컨대, 대중매체를 통해 날마다 우리 앞에 쏟아져 나오는 악한 행동들을 접할 때에도 우리는 익히 알고 있다. 도대체 어떤 부류의 내면 생활과 성품에서 그런 행동이 나올 수 있는지 조금만 생각해 보면 금방 알 수 있다. 그러면서도 우리는 여전히 "인간이 어떻게 저런 일을 할 수 있는지 이해가 안 간다"고 말하곤 한다. 가정이나 직장에서 일어나는 행동에 대해서도 마찬가지다.

우리가 변화의 목표로 삼아야 하는 것은 영혼의 내면 생활이다. 그러면 행동은 자연스럽고 쉽게 뒤따라 나온다. 그러나 거꾸로는 안된다.

신약성경은 본연의 모습을 이룬 내면 생활의 특성을 특별한 용어를 사용하여 지칭하고 있다. '디카이오수네'(*dikaiosune*)라는 헬라어 단어다.

디카이오수네

'디카이오수네', 또는 진정 선한 사람이 되는 것에 대한 예수의 말씀이 마태복음 5:20-48에 나와 있다. 여기서 잠시 이 특별한 용어에 대해 살펴볼 필요가 있다. 이 말은 고전 및 헬레니즘 그리스 문화의 사상계에서는 물론, 성경의 언어와 2-3세기 그리스-로마 세계를 정복하게 된 초기 기독교 내에서도 중요한 역할을 한 단어다.

삶의 길을 알고자 하는 인간의 필요는 시대를 초월하는 것이다. 물론 오늘날처럼 그것이 절박했던 시대는 없었다. 로스앤젤레스와 뉴욕에서, 런던에서, 파리에서, 베를린에서. 그러나 이 필요는 **항상** 절박한 것이다. 그것은 인간 조건의 불변의 한 부분이다. 그것은 특히 사회가 불안한 시기와 장소에서 더 절박하게 나타난다. 사회적 불안이 우리로 하여금 괜찮은 아무개, 천주교인, 미국인, 아르메니아인, 또는 유대인이 되는 것으로 문제가 해결되리라는 환상을 붙들 수 없게 만든다. 뭔가 더 깊은 것이 필요한 것이다.

그 깊은 것에 대한 추구가 주전 5세기경 혹은 그 이전부터 지중해권 세계에 심각한 지적·영적 화두가 되었다. 사실 그런 추구는 전 세계적 현상이지만[8] 아모스, 미가, 이사야 등 이스라엘의 위대한 선지자들을 통해 주어진 것보다 더 뛰어난 해답은 어디에도 없었다.

이 문제가 인간 이성의 힘 안에서 최초로 철저하게 체계적으로 다루어진 것은 플라톤의 「국가론」을 통해서다. 영어로 Republic으로 번역된 이 책은 'The City' 즉 '도시'로 옮기는 것이 더 정확하다. 이 책은 사실 인간의 영혼에 대한, 즉 인간이 의를 행하며 행복하게 살려면 영혼이 어떤 상태가 되어야 하는지에 대한 연구다. 그 요구되는 상태를 이 책은 정확히 '디카이오수네'라 표현하고 있다. 이것이 바로 헬라어로 기록된 산상 강화에서 예수께서 중심으로 삼으신 용어다. 플라톤의 책의 경우 이 말은 대개 "정의"(justice)로 번역돼 있다. 그러나 이것은 부적당한 번역이다. '디카이오수네'와 오늘날 우리가 이해하는 정의는 서로 간접적인 관계밖에 없기 때문이다.

'디카이오수네'를 원뜻을 최대한 살려 옮기려면 "한 사람을 진정 옳거나 선한 존재가 되게 해주는 그 무엇"이라고 풀어쓸 수밖에 없다. 간단히 "진정한 내면의 선"이라 말할 수 있다. 플라톤은 (소크라테스를 따라) 그 진정한 내면의 선의 정체를 정확하고 완전하게 밝히고자 했다.

윤리 이해의 중심 용어를 찾던 아리스토텔레스는 자신의 스승 플라톤이 사용한 '디카이오수네' 대신 흔히 "덕"(virtue)으로 번역되는 '아레테'(*arete*)라는 말을 사용했다. 역사상 아리스토텔레스는 용어 싸움에서 이겼고, 그리하여 덕은 인간의 의로운 마음을 지칭하는 말로 그 어떤 단어보다 오랜 세월 그 자리를 지켜 왔다. 덕이란 기술과 지혜와 힘과 선의 의지를 종합한 것으로, 이런 것들이 덕에 가치를 더해 준다.

구약 잠언은 사실 '디카이오수네'보다 '아레테'에 더 중점을 두고 있다. '아레테'는 빌립보서 4:8, 베드로후서 1:3-5 등 신약에도 등장한다. 그럼에도 히브리 전통과 신약 전통에서 더 높이 취급되는 단어는 '디카이오수네'다. 그것은 아마도 '아레테'가 주로 인간 자체의 능력과 성취를 강조하는 반면, '디카이오수네'에는 영혼과 하나님의 관계를 중시하는 의미가 들어 있기 때문일 것이다. 물론 현대 윤리학자 가운데 "의"의 문제에 몰두할 사람은 아무도 없을 것이다. 반면, 덕은 최근 이 분야에서 부흥 분위기를 타고 있다.

플라톤 이후 2세기쯤 지나, 분명 주전 285년 이전의 어느 시점에서 시작하여 구약이 헬라어로 번역되기 시작했다. 그 산물이 소위 70인역이다. '쩨다오카오'(*tsedawkaw*)와 '쩨데크'(*tsehdek*)라는 히브리어 단어가 '디카이오수네'라는 말로 옮겨졌고, 이 말은 흔히 영어로 "의"(right-eousness)로 번역된다. 그리하여 구약의 위대한 요절 중 하나인 창세기 15:6은 이렇게 말한다. "아브람이 여호와를 믿으니 여호와께서 이를 그의 의〔디카이오수네〕로 여기시고." 이사야에도 있다. "우리의 의(디카이오수네)는 다 더러운 옷 같으며"(64:6). 아모스에서도 볼 수 있다. "오직 공법을 물같이 정의〔디카이오수네〕를 하수같이 흘릴지로다"(5:24).

결과적으로, 고대 세계의 도덕 이해에 대한 최고의 양대 전통이 '디카이오수네'라는 말 안에서 일치점을 찾는다. 이 말은 헬라어판 구약성경이 생겨난 지 3세기 후 예수의 가르침 속에 다시 등장하여, 신약성경이 제시하는 기독교의 구원을 이해하는 데 중심 용어가 된다. 사실 바울에게 있어 예수의 구속 사역은 하나님 자신의 '디카이오수네'를 이해하는 열쇠가 된다(롬 1-8장). 하나님이 "진정 선하신" 분임을 명확히 보여주는 것이 바로 예수의 인격과 우리를 위한 죽으심이다.

두 '디카이오수네'의 여섯 가지 대조

마태복음 5장에서 예수는 여섯 가지 구체적 상황을 예로 들면서, '우리 안에 있는 하나님 나라'를 통해 마음에서 우러나는 선을 "의의 행위"만을 강조하는 옛 '디카이오수네'와 대비하여 보여주신다.

이제 우리는 산상 강화의 구조와 진행 순서에 대한 이러한 예비 지식을 바탕으로, 마침내 천국 마음의 의에 대한 예수의 가르침의 참뜻으로 들어갈 차례가 되었다. 이 장의 나머지 부분을 통해 이 여섯 가지 상황을 하나하나 깊이 살펴보고자 한다. 살면서 흔히 접하는 이런 낯익은 상황에 대한 양자 대비를 통해 우리는 하나님 나라를 사는 이들의 내면의 성품과 마음을 아주 확연히 볼 수 있게 된다.

상황	옛 디카이오수네	천국 디카이오수네
1. 주변 사람에게 화가 날 때(21-26절)	살인하지 않는다.	간절히 도우려는 마음이 있다. 분노하거나 멸시하지 않는다.
2. 성적 매력(27-30절)	성관계를 맺지 않는다.	음욕을 품지 않는다.
3. 배우자와의 불행한 관계(31-32절)	이혼 시 "이혼 증서"를 준다.	당시 행해지던 그런 이혼을 하지 않는다.
4. 상대방에게 뭔가를 믿게 하고 싶을 때 (33-37절)	설득용으로 했던 맹세를 지킨다.	가부만을 말한다. 말로 조작하지 않는다.
5. 신상에 해를 입었을 때(38-42절)	가해자에게 정확히 똑같은 해를 입힌다.	가해자에게 해를 입히지 않고 오히려 도와준다.
6. 원수가 있을 때 (43-48절)	원수를 미워한다.	하늘 아버지께서 그리하시는 것처럼 원수를 사랑하고 축복한다.

5장_ 천국 마음의 의: 서기관과 바리새인의 의를 넘어

분노와 멸시의 가마솥에서

악의 순서상 으뜸가는 분노

천국 '디카이오수네'의 첫 사례는 "형제"가 마음에 들지 않아 분노와 멸시로 대할 수 있는 상황에서 비롯된다.

인간의 악행을 그 심령의 뿌리로 더듬어 올라가면 일종의 분노가 얽혀 있는 경우를 비일비재하게 볼 수 있다. 분노의 옆자리에는 그 쌍둥이라 할 수 있는 멸시가 있다. 이 둘의 실체와 그것이 삶에 미치는 영향에 대한 예수의 이해야말로 천국의 선을 이루어 가기 위한 그분의 전략의 기초가 되고 있다. 예수께서 천국 마음의 의를 향한 최우선의 기본 단계로 제시하시는 것이 바로 분노와 멸시의 제거다.

예수는 살인하지 말라는 계명이 우리를 화나게 하는 이들과의 관계에서 충분한 도덕적 길잡이가 될 수 없음을 지적하시며, 그보다 깊게 더 깊게 인간 성품의 폐부로 들어가신다. "나는 너희에게 이르노니 형제에게 노하는['오르기조메노스', *orgizomenos*] 자마다 심판을 받게 되고"(5:22). 그분은 옛 가르침에서 살인에 적용되던 "심판을 받게 되고"라는 표현을 분노에 그대로 적용하고 있다. 이것은 "율법 앞에서 정죄를 받게 된다"는 뜻이다.

분노란 무엇인가

분노를 자세히 살펴보면, 그토록 강경한 발언에 대한 정당한 이유를 알게 된다. 가장 단순한 형태에서 분노란 우리의 삶에서 중요한 기능을 담당하는 자연발생적 반응이다. 그런 면에서 분노는 잘못된 것이 아니다. 분노란 우리의 뜻을 꺾고 삶을 방해한 이들에게 즉각 방해로 갚거나 심

237

하면 해를 입히도록, 우리를 몸 안으로부터 사로잡아 충동하는 하나의 **감정**이다.

사실, 분노는 그 자체로─"표출"과 후속 결과와는 별개로─다른 이들에게 해를 준다. 상대가 나에게 화나 있다는 것을 아는 순간, 나는 **이미** 상처를 입는다. 분노 자체만으로도 내 행동을 멈추게 하거나 방향을 바꾸게 하기에 충분하다. 그것은 또한 주변 모든 이들의 스트레스 수치를 높인다. 그리고 내 자신에게도 분노를 유발시킬 수 있다. 대개의 경우 그렇다. 상대의 분노가 나에게 하나의 구속을 가하기 때문이다. 그것은 내 **의지**를 방해한다. 그리하여 분노가 분노를 낳는다. 삶에서 분노의 주요 기능은, 내 의지의 방해 세력에 대한 경고를 통해 나로 하여금 미처 생각할 겨를도 없이 즉각 경계와 저항으로 맞서게 하는 것이다.

이것이 분노의 전부라면 문제는 없을 것이다. 그래도 가능한 한 피하는 것이 좋긴 하지만 이런 의미의 분노는 죄가 아니다. (두통이 죄는 아니지만 우리에게 정말 두통이 필요한가?) 신체적 고통이 그러하듯, 분노도 자신의 중요한 기능을 수행한 뒤 상황과 함께 사라질 것이다. 그러나 우리가 경험하는 실제 분노는 그 정도를 훨씬 벗어나 본질적으로 악한 일로 급속히 비화된다.

이유를 알려면 분노의 실체를 좀더 깊이 들여다볼 필요가 있다. 분노란 일차적으로 인간 의지의 한 기능이다. 여러 가지 면에서 그렇다. 앞서 말한 것처럼 의지가 방해받을 때 우리 안에는 자동적으로 분노가 일어난다. 그것이 분노를 야기시키는 원인이다. 그러나 우리를 방해한 이들을 향한 **반응**으로서의 분노에는 그들을 해치려는, 적어도 그런 일을 시도하려는 의지가 포함된다. 정도를 불문하고 모든 분노에는 어느 정도의 악의가 들어 있다. 상대가 나에게 분노할 때 언제나 상처가 되는 이

5장_ 천국 마음의 의: 서기관과 바리새인의 의를 넘어

유가 거기에 있다.[9]

따라서 우리는 특별히 다른 이득을 노리는 경우가 아닌 다음에야 다른 사람들을 화나게 하지 않으려 한다. 나에게 화난 사람들은 결국 내게 해가 되리라는 것을 우리는 안다. 싸늘한 시선(혹은 아예 쳐다보지 않는 것)이나 언성을 높이는 것(혹은 아예 말을 하지 않는 것) 정도에도 이미 나에게 고통을 주려는 **의도**가 묻어난다. 물론 의도는 곧 성공으로 이어진다.

분노와 상한 자아

그러나 분노가 예수의 호된 질책을 받아 마땅할 정도로 치명적 해악이 되는 것은 제3의 요소인 의지의 개입 때문이다. 우리는 분노**하기로** 의지적으로 선택할 수 있으며 많은 경우 실제로 그렇게 한다. 분노는 처음에는 자연발생적으로 일어난다. 그러나 우리는 적극적으로 분노를 받아들여 고의로 그 속에 **빠질** 수 있다. 그리고 대개 그렇게 한다. 아예 분노형 인간이 될 수도 있다. 분노의 격류가 언제나 준비돼 있어 조그만 일 하나로도 즉각 터져 나오는 것이다.

"운전중 분노"라는 현대 전염병에 걸린 이들이 좋은 예다. 분노 폭발은 무슨 사건 때문에 일어나는 것이 **절대** 아니다. 사람들은 대부분 분노를 산더미처럼 품고 다닌다. 헨리 데이비드 소로우가 말한 것처럼 분노는 대체로 인간의 삶의 특징인 "조용한 절망"에서 비롯되는 것일지도 모른다. 날이 갈수록 그 절망은 더 이상 조용하지 않다.

하지만 사람들은 도대체 왜 분노를 일부러 택하며 거기에 **빠지는** 것일까? 왜 몸 안에 분노를 산더미처럼 품고 다니는 것일까? 맨 처음 자신의 의지를 방해한 진짜 대상뿐 아니라 옆에 있는 다른 사람들에게까지 직간접으로 해를 입히며 많은 경우 자신의 삶과 건강과 행복에도 치명적 영향을 주는 분노를 왜 명예의 훈장처럼 달고 다니는 것일까? 오늘날 많은 사람들이 자신의 분노로 죽어 가고 있다는 것이 사실로 밝혀지고 있다.[10] 뿐만 아니라 간접 흡연의 경우처럼 많은 이들이 간접 분노로 죽어 가고 있다. 홧김에 당긴 총알에 엉뚱하게 어린아이가 죽는 사건이 로스앤젤레스를 비롯한 여러 도시에서 거의 한 주도 거르지 않고 일어나고 있다.

사람들은 왜 분노를 품고 키우는가? 이 문제에 대한 답이야말로 인간의 마음의 본질을 이해하는 데 빠져서는 안되는 부분이다. 분노를 쉽게 털어 내지 못하고 그 속에 빠져들 때, 거기에는 언제나 자기 의와 허영심의 요소가 끼어 있다. 분노를 품고 사는 사람을 찾아 보라. 거기 상한 자아의 주인공이 숨어 있다.

분노에 빠지는 이들은 자아와, 그 자아가 입은 실제 혹은 가상의 상처의 중요성을 정도 이상으로 부풀린다. 이제 분노는 은근히 끓어오르는 분한 마음에서 거룩한 십자군에 이르기까지 어느 것이나 될 수 있다. 내 소원을 방해하고 내 품위를 손상시킨 이들에게 어떻게든 해를 입혀야 하는 것이다. 이런 분노는 접촉 반경 내의 어떤 사람, 어떤 일을 두고도 폭발할 수 있다. 아예 다량의 아드레날린 분비에 중독되어 분노가 솟구칠 때 외에는 자신이 살아 있음을 제대로 느끼지 못할 수도 있다.

상황이 지난 후에도 분노를 두고두고 품고 있거나 완전 무분별한 격분의 지경까지 끓어오르게 놓아둘 수 있는 유일한 근거는, 바로 자기 의의 요소밖에 없다. 분노가 식어지지 않게 하려면 자신이 부당 대우를 받고 있다거나 용납 못할 불의를 색출하는 일에 가담하고 있다고 생각해야 한다. 내게 그것은 얼마나 쉬운 일인가.

5장_ 천국 마음의 의: 서기관과 바리새인의 의를 넘어

따라서 내면에 품은 분노는 그 자체로 인간의 인격과 삶을 붕괴하는 힘이 있다. 반드시 구체적 "행동"으로 표출되어야만 세상의 독소가 되는 것은 아니다. 분노란 그 자체가 숨길 수 없는 것이다. 존재 자체만으로 당사자의 몸과 주변 환경을 장악하는 것을 보아도 알 수 있다. 모든 정신적·정서적 자원이 분노를 키우고 어르는 데 결집되며 몸도 분노와 함께 박동한다. 모든 에너지가 분노의 힘을 유지하는 데 들어간다. 자신이 얼마나 부당한 대우를 받았는지 끝없이 되새긴다. 행동의 통제권을 분노에 내어줄 때, 말할 것도 없이 그 악은 순식간에 비참한 결과를 봇물처럼 쏟아 내며 나아가 모든 피해자의 마음과 몸에 또 다른 분노와 원한을 불러일으킨다.

분노를 권하는 사회

미국에서만 해마다 25,000건의 살인이 발생한다. 그중 1,000건은 직장에서 일어난다. 수많은 사람들이 직장에서 동료 직원의 폭력에 죽어 가고 있다.[11] 직장 살인은 대부분 장기간의 공공연한 분노와 위협 후에 발생하며 무죄한 주변 사람들까지 덩달아 살해되는 경우가 많다. 분명한 사실은, 살해자들이 일부러 분노를 택하여 그 속에 빠지지만 않았어도 25,000건의 살인은 전혀 일어나지 않았거나 기껏해야 미미한 정도로 그쳤을 것이라는 점이다.

분노와 멸시는 이 땅의 쌍둥이 재앙이다. 이 두 악한 감정에 탐욕과 성욕(잠시 후 살펴볼 것이다)까지 한데 어울리면 그야말로 치명적인 독소를 뿜어내며 인간 실존을 위태롭게 한다. 생전에 분노와 멸시의 문제를 극복하는 사람은 그리 많지 않다. 대부분 나이가 들어도 달라지지 않는다.

분노와 멸시의 실체를 바로 알면 역사와 삶이 우리 앞에 끝없이 쏟아내는 인간의 비극의 **실체**도 바로 알 수 있다. 그런 비극은 분노와 멸시를 일부러 택하는 이들의 의지적 결정이 빚어낸 당연한 결과일 뿐이다. 더 무서운 비극이 더 많이 일어나지 않는 것이 오히려 기적이다. 예수와 다른 성경 기자들의 분노에 대한 글을 읽을 때 우리는 그 점을 기억해야 한다. 분노의 뿌리를 제하는 것이야말로 인간 악의 나무를 말라죽게 하는 것이다. 바울이 단순히 "분노를 벗어 버리라"고 하는 까닭이 거기에 있다(골 3:8).

그러나 오늘날 영향력을 쥔 자들은, 우리는 **반드시** 분노해야 하며 사회악에 항거하려면 분노란 반드시 필요한 것이라 부추기고 있다. 이런 개념은 우리의 사고 깊숙이 뿌리를 내린다. 언젠가 나는 가정 문제로 어느 그리스도인 부부를 상담하면서 아이를 홧김에 훈육하지 말라고 권한 적이 있다. 그들은 놀라며 물었다. "감정 없이 벌을 주어야 한다는 말입니까?" 자신들의 분노에 자기 의가 섞여 있다는 것을 이들은 전혀 모르고 있었다.

어느 유명한 사회 인사는 절망과 분노야말로 정의를 위한 싸움의 필수 요소라고 가르치고 있다.[12] 이렇게 가르치는 자들은 결국 섣부른 말한 마디에 몇 배의 대가를 치를 것이다. 사실, 시민 상호 간의 분노와 원한으로 갈수록 병들어 가는 이 나라에서 우리는 이미 그 대가를 치르고 있다. 게다가 분노와 원한이 하나님의 이름으로 정당하게 옹호되는 경우도 많이 있다.

그러나 분노로 되는 일도 없고 분노가 없어 악화되는 일도 없다. 오히려 분노에 깔려 있는 자기 의가, 상대의 분노와 자기 의만 더욱 유발시킬 뿐이다. 물론 가정이든 국가이든 잘못된 일에 아무런 조치를 취하지 않으면 당연히 분노가 쌓여 결국 행동으로 터져 나오게 마련이다. 그것은 불가피한 일이며 '우리 안에 있는 하나님 나라' **밖에서는** 심지어 필요하기까지 하다.

　그러나 해답은 분노를 품는 것이 아니라 인내의 사랑으로 잘못을 바로잡는 것, 더 이상 실제 혹은 가상의 잘못을 더하지 않으면서 잘못을 바로잡는 것이다. 반면, 분노를 품고 키우는 것은 "마귀로 틈을 타"게 하는 것이다(엡 4:26-27). 마귀는 그 틈을 살릴 것이고 그 대가는 지옥이 될 것이다. 의지적 분노에 매번 담겨 있는 한 조각 달콤한 자기 의는, 상대방의 자기 의의 반응이라는 값비싼 대가를 몰고 온다. 그리고 분노가 지배하는 한, 그 악순환은 끝이 없다.

분노보다 더 악한 멸시

그러나 멸시는 분노보다 훨씬 악하며 그만큼 큰 정죄를 받아 마땅하다. 분노에는 그래도 자연발생적 순수한 분노가 있다고 하지만, 그와는 달리 멸시는 고의로 상대를 깎아내리는 것이다. 뿐만 아니라 멸시는 삶 속에 분노보다 더 만연해 있다. 절대로 정당화될 수 없고 어느 경우에도 선하지 않은 것이 멸시다. 그래서 예수는 우리에게 말씀하신다. "형제를 대하여 라가라 하는 자는 공회에 잡히게 되고"(22절).

　아람어 단어 '라가'는 예수 당시에 상대를 경멸의 대상으로 몰아붙이며 멸시의 표현으로 흔히 사용되던 말이다. 목구멍에 침을 모아 뱉을 때 나는 소리에서 유래된 단어일 수도 있다. 분노는 상대를 해치려 한다. 멸시는 상대가 해를 입든 말든 상관하지 않는다. 적어도 말은 그렇게 한다. 어떤 식으로든 생각할 가치조차 없는 존재라는 뜻이다. 화내는 것은 상대의 가치를 부인하지 않고도 가능하다. 그러나 멸시는 상대에게 상처를 주거나 더 비참하게 깎아내리기가 훨씬 쉽다.

물론 우리는 지금 '라가'라는 말을 쓰지는 않는다. 그러나 누군가를 바보, 멍청이, 얼간이, 괴짜라 부를 수 있다. 우리의 멸시용 언어사전에 들어 있는 다소 유화된 단어들이다. 그러나 이런 말들이 정말 입 밖으로 나가면 더러워질 수 있다. 우리의 언어 무기고에는 멸시를 나타내는 용어들이 즐비하게 늘어서 있다. 성적·인종적·문화적 색깔을 띤 것도 있고 단순한 인격 모독용도 있다. 절대 입 밖으로 내서는 안될 말들이다.

멸시의 의도와 결과는 언제나 상대를 배제시키고 밀어내고 따돌려 소외시키는 것이다. 멸시의 표현에 늘 난잡한 단어가 사용되는 이유도, 멸시가 그토록 잔인하고 위험한 이유도 바로 거기에 있다. 멸시는 분노보다 더 심하게 사회적 유대 관계를 깨뜨린다. 그럼에도 대단히 세련된 모습으로 행해질 수 있다.

학교 운동장에서, 파티 석상에서, 심지어 가정과 교회 예배당 안에서까지 우리는 그런 모습을 얼마나 자주 접하는가! 누군가를 깎아내리거나 치밀하게 제외시킨다. 대부분의 인간 생활에 언제나 있는 일이다. 정상적인 삶의 과정에서 적어도 멸시가 보이지 않게 숨어서 기회를 엿보고 있지 않은 상황은 거의 없다. 모든 사람이 멸시의 공포 속에 살아가고 있다. 멸시는 우리 의식의 테두리 안을 결코 벗어나지 못한다. 일단 "배제된" 이들은 더 심한 멸시의 표적으로 당연시 된다. 그러나 반대로, 존중하는 마음은 자동적으로 가혹 행위를 막는 벽이 되어 준다. 가정 내의 싸움은 거의 언제나 분노에서 멸시(언제나 상스러운 말로 표현되는)로, 거기서 다시 구타로 이어진다. 일단 멸시하는 마음이 들면 최초의 분노가 정당화되면서 세력이 걷잡을 수 없이 커진다.

최근 문화 연구가들은 비속어 사용의 급증 현상을 지적하고 있으

5장_ 천국 마음의 의: 서기관과 바리새인의 의를 넘어

며, 이런 현상은 젊은층에서 특히 심하다. 신기한 것은, 그들 중 대부분은 어느 누구도 개인의 취향 외에는 비속어를 비판할 근거를 찾지 못하고 있다는 점이다. 얼마나 이상한 일인가! 정말 멸시를 사회적으로 용인할 수 있단 말인가? 아니면 멸시를 인식조차 못하고 있는 것인가? 비속어와 욕설은 **언제나** 멸시의 표현이다. 지금 무수한 비속어가 멸시의 바다를 떠다니고 있고, 우리 사회는 그 바다를 표류하고 있다.

최근 표면상 아무 이유 없이 사람들을 죽인 12-14세 아동들에 관심이 모아진 바 있다. 관련 전문가들은 감정 없는 아이들이라는 진단을 내놓았다. 그러나 이들을 정확히 관찰해 보면, 그 행동이 사실은 감정 때문이었음을 알게 된다. 그들의 얼굴을 보라. 거기 멸시가 있다. 다른 사람들을 향한 경멸로 가득 차 있다. 동시에 "왕따"―멸시를 뜻하는 그들의 용어―를 당한 데 대한 공포와 격분이 들끓고 있다.

여기 예수의 말씀(마 5:22)은 누구든지 이웃에게 '라가'라 하는 자는 국가 최고의 권위―"공회" 또는 산헤드린―에 잡혀 반드시 그에 상응하는 중벌을 받게 된다는 것이다. 멸시하는 행동과 태도는 사람의 영혼에 영원한 해를 입혀 불구로 만드는 가슴의 비수와 같다. 어디서나 흔히 볼 수 있다고 해서 그 파괴성이 약화되는 것은 아니다. 최고의 도덕적 민감성이 기대될 법도 한 "고위층" 사회와 전문직 분야에서도 멸시는 하나의 예술이다. 멸시의 구사는 심지어 "좋은 지위"에 오르는 과정의 한 부분이다. 멸시의 대상과 방법을 모른다는 것은 장래성이 없다는 증거요, 스스로가 멸시의 대상이 될 수 있다는 확실한 신호다.

짧으면서도 깊이 있는 '친한 모임'(The Inner Ring)이라는 글에서 루이스는 이렇게 말한다. "유년기에서 노년기에 이르기까지, 일정 시기에 모든 이의 삶에서 그리고 모든 시기에 많은 이의 삶에서 가장 지배적인 요소 한 가지는, 주변의 모임에 속하고 싶은 욕망과 거기서 배제되는 것에 대한 공포다."[13]

소속이야말로 인간의 영적 본성에 기반을 둔 극히 중요한 필요다. 멸시는 이 가슴 시리도록 깊은 필요에 침을 뱉는다. 분노와 마찬가지로 멸시도 반드시 특별한 방식으로 행동화되어야 악해지는 것은 아니다. 멸시는 그 자체로 악하다. 존재 자체로 인간의 영혼을 고사시킨다. 그러나 언어―종류는 무수히 많다―나 동등한 위력의 몸짓이나 표정으로 표출될 때 멸시는 영혼의 심장을 찔러 생명의 힘을 앗아간다. 그 상처가 너무 깊고 그 파괴가 너무 심해 차라리 살인은 자비에 가까울 정도다. 그 위력은 멸시에 언제나 수반되는 원한과 격분의 강도를 보아서도 알 수 있다.

"미련한 놈!"

그러나 예수는 살인 없이도 존재할 수 있는 내면의 악을 말씀하시면서 점진적 단계로 한 걸음 더 깊이 들어가신다. "미련한 놈이라 하는 자는 지옥불에 들어가게 되리라"(22절).

지금 예수께서 생각하시는 것은 특유의 섬뜩한 멸시와 살벌한 분노를 한데 담아 "미련한 놈!"이라고 쏘아붙이는 장면이다. 이것은 분노나 멸시 자체보다 피해가 훨씬 크다. 요즘 '바보'니 '멍청이'니 하는 말은 분노와는 별 상관이 없이 그저 장난처럼 내뱉는 말이다. 그와는 달리 성경에서 말하는 '미련한 자'란 멸시는 물론 악의가 담긴 표현이다.

사실, 이제는 이 단어도 더 이상 예수의 가르침의 의미를 담아내지 못한다. 예수께서 생각하셨던 의미보다는 차라리 요즘의 '바보'에 더 가까운 뜻이 되고 말았다. 그러므로 사람들을 바보라 부르지 않음으로써 예수의 "율법"을 지키려고 하는 자들은 쉽게 빠져나갈 길이 생긴다. 그러나 굳이 바보라는 말을 사용하지 않고도 예수께서 정죄하신 바로 그 일을 가능하게 하는 용어는 우리에게 얼마든지 많이 있다.

우리 시대에 **바보**라는 말의 지배적 의미는 믿지 않게 바보짓을 한다는 쪽이다. 옛날 이야기였다가 몇 년 전 유명한 책 제목이 된 "바보들의 축제"가 좋은 예다. 적나라한 표현을 용서하기 바란다. 하지만 성경이 말하는 '미련한 놈'을 요즘 말로 가장 근접하게 표현한다면 개××나 ××놈 정도가 될 것이다. 일정에 맞춰 끝내야 하는 중요한 일을 망쳐 놓았거나 갑자기 차선을 바꿔 앞으로 끼어 드는 사람한테 흔히들 내뱉는 말이다. 이쯤이면 차마 예의 그 미화된 의미로 "개들의 축제"라고는 말하지 못할 것이다.

성경의 미련한 자란 어리석은 고집과 하나님을 대적하는 태도, 그리고 지각 있는 사람들이 지향하는 모든 것에 역행하는 자세를 총칭하여 이르는 말이다. 완고하게 비뚤어져 반항하고, 알면서도 악을 행하여 해를 자초하는 자다. 구약 잠언에 미련한 자의 영혼이 잘 묘사되어 있다. "어리석은 자는 방자하여 스스로 믿느니라"(잠 14:16). "미련한 자는 명철을 기뻐하지 아니하고 자기의 의사를 드러내기만 기뻐하느니라"(18:2). "개가 그 토한 것을 도로 먹는 것같이 미련한 자는 그 미련한 것을 거듭 행하느니라"(26:11). 비슷한 말씀이 얼마든지 많이 있다.

성경의 이러한 의미로 누군가에게 "미련한 자"라는 딱지를 붙인다는 것은 참으로 파괴적이고 해로운 영혼의 침해다. 그러므로 예수께서 지적하신 것처럼 그 가해자는 인간 실존의 쓰레기더미, 즉 지옥불에 들어가야 마땅한 것이다. 그 안에는 분노와 멸시의 모든 악이 함께 들어 있다. 남들을 그런 태도로 대하는 사람이 하나님 나라의 자세로 산다는 것은 불가능한 일이다. 하나님 나라와 전혀 상치되기 때문이다.

이 세 가지 금기는 율법이 아니다

오늘 우리에게는 예수의 이 모든 말씀이 지나치게 심각한 것으로 느껴지기 쉽다. 그러나 분노에서 멸시를 거쳐 언어의 모독으로 발전되는 이 세 가지 금기를 통해 그분이 하시는 일은 정확하게 무엇인가? 답은 이것이다. 예수는 지금 우리에게 인간의 소중함을 가르쳐 주고 있다. 인격의 가치를 드러내 보이시는 것이다. 인간의 소중함은 분명 살인을 범하지 않는 것만으로는 제대로 실현될 수 없다.

그러나 그분이 여기서 단순히 세 가지 금기 사항, 즉 삼가야 할 행동 "목록"의 세 가지 새로운 항목을 제시하고 있는 것은 결코 아니다. 물론 해서는 안 될 일들이지만 **그것**이 요지는 아니다. 만일 그것이 전부라면 인간의 똑똑한 마음은 금세 또 교묘한 우회로를 찾아낼 것이다. 어떤 이들에게 있어서는 화내지 않는 것이 오히려 상대를 짓밟는 길임을 우리는 이미 알고 있지 않은가? "나는 화내지 않아. 똑같이 해줄 뿐이야." 이런 말도 종종 듣지 않는가? 우리는 화내지 않고도 얼마든지 비열해질 수 있다.

그러므로 예수의 아름다운 산상 강화의 다른 모든 부분과 마찬가지로, 여기서도 우리는 **율법**의 개념을 완전히 마음 밖으로 몰아내야 한다. 앞서 말한 것처럼 예수는 선악간 행동의 **근원**이라는 좀더 깊은 차원에서 접근하고 있다. 우리 존재의 참모습, 우리를 향한 하나님의 사랑, 우리도 공유하여 그분의 삶과 조화를 이루게 될 그 사랑 속으로 우리를 깊이 이끌어 가시는 것이다. 이 차원에서 변화되지 않고는 아무도 천국의 의미에서 "의로울" 수 없다. 물론 그 차원이 변화될 때 부당하게 분노하지 **않는 것**, 멸시를 표현하지 **않는 것**, 남들을 "개××"라 부르지 **않는 것** 등의 문제는 자동으로 해결된다.

뉴욕에 가는 사람은 런던이나 애틀랜타에 가지 **않을** 것에 대해 생각

5장_ 천국 마음의 의: 서기관과 바리새인의 의를 넘어

할 필요가 없다. 공항이나 기차역에서 마중 나온 이들은 그가 다른 곳에 가지 않은 것을 두고 잘했다며 떠들지 않는다. 그는 절차를 밟아 뉴욕에 갔고 모든 일은 그것으로 해결됐다.

마찬가지로 주변 사람들을 하나님이 당신의 영원한 뜻을 위해 빚으신 자들로 보고 소중히 대한다면, 그들을 미워하지 않거나 바보나 멍청이라고 부르지 않기로 특별한 노력을 할 필요가 없다. 그런 일들을 하지 **않는** 것은 패키지의 한 부분으로 들어 있는 것이다. 바울은 이렇게 말했다. "남을 사랑하는 자는 율법을 다 이루었느니라"(롬 13:8). 과연 그렇다.

반면, 런던이나 애틀랜타에 가지 않는다는 계획으로 뉴욕에 갈 수는 없다. 마찬가지로 부당하게 화내지 **않는다**는 계획으로는 이웃 사랑에 이를 수 없다. 안되는 일이다. 물론 예수도 그런 계획을 의도하신 적이 없다. 십계명처럼 율법은 행동만을 다루기 때문에, 그 자체로 아무리 필요하고 선하고 아름답다 해도 행동의 **근원**인 인간의 마음에는 절대 이를 수 없다. 바울은 말한다. "만일 능히 살게 하는 율법을 주셨더면 의가 반드시 율법으로 말미암았으리라"(갈 3:21). 율법이 참으로 귀한 것이지만 율법으로는 안된다. 그러나 능하신 그리스도를 통한 은혜의 관계라면 얼마든지 가능하다.

그리스도를 따르는 제자도에서 그것을 배울 수 있다.

천국 마음에 대한 두 가지 긍정적 예화

다른 사람과의 관계에 관한 천국의 선의 계시는 아직 끝나지 않았다. 예수께서 보이신 "의"에 대한 옛 가르침과 천국 마음의 첫번째 대비에서 분노와 멸시의 위험성이 지적된 것은 최종 단계를 향한 기초에 지나지 않는다. 여기서 그분의 놀라운 "그러므로"가 나온다. 우리를 단순한 부정과 금기에서 하나님이 사랑하시는 것처럼 사랑해야 할 이웃을 향한 놀라운 긍정적 관심으로 인도하는 중요한 단어다.

앞에서 분명히 밝히신 내용을 지칭하며 예수는 말씀하신다. "그러므로"(23절). 인간의 영혼이 하나님 나라에서 그분께 그토록 소중할진대, **그렇다면** 이제 우리는 긍정적으로 다른 사람들을 어떻게 대해야 천국의 삶에 합당한 자가 될 것인가? 율법으로는 절대 이룰 수 없는 그 태도가 두 가지 예화를 통해 제시된다.

첫째, 당신은 지금 성전 관리들이 있는 제단 앞에 서서 막 하나님께 예물을 드리려는 참이다(마 5:23-24). 신자의 의식(儀式) 생활에서 가장 거룩한 순간 중 하나다. 즉시 해결해야 할 또 다른 의식의 문제가 아니고서는 그 어느 것도 이 의식을 방해할 수 없었다.

한참 진행중인데 갑자기 당신에게 화난 한 형제가 생각난다. 그 영혼이 평안을 찾는 것이 너무나 중요한 일임을 알기에, 그리고 둘 사이의 깨어진 관계가 참으로 가슴 아파 당신은 의식을 중단한다. 그리고 성전을 나와 그 사람을 찾아 화해한다. **이것**이 천국 마음의 긍정적 선을 보여주는 예다.

이 예화의 충격을 충분히 느끼려면 자신이 결혼식을 하고 있거나 세례를 받고 있거나 목사 등 중요한 직분으로 안수를 받고 있는 장면을 상상해 보면 된다. 순서 도중 우리는 그 자리에 있지도 않은 사람을 찾아 화해하기 위해 돌연 자리를 뜬다. 그것이 천국의 의, 즉 천국의 사랑을 보여주는 그림이다.

예수께서 천국 마음의 실체를 보일 예화로 택하신 이 장면은 오랜 세월 이스라엘 선지자들이 강조했던, 의식보다 도덕을 중시하는 사상을 그대로 뒤이은 것이다. "나는 인애를 원하고 제사를 원치 아니하며"(호

5장_ 천국 마음의 의: 서기관과 바리새인의 의를 넘어

6:6). 에두아르트 슈바이처(Eduard Schweizer)는 이렇게 말한다. "예수께서 명하신 대로 형제를 위해 의식 행위를 중단할 때, 의식의 관념성은 근본적으로 극복된 것이다."[14]

동료 인간과의 화해를 위해 거룩한 의식을 일상적으로 중단할 수 있는 사람의 성품과 삶의 질이 어떤 것이겠는지 한번 생각해 보라. 그런 사람에게서 볼 수 있는 사고 생활, 감정의 분위기와 기분, 몸과 마음의 습관, 묵상과 선택은 과연 어떤 것일까? 이 물음에 대한 대답 속에서 우리는 하나님의 능력과 사랑의 나라에 꼭 어울리는, 행위를 넘어선 참된 "마음의 의"의 모습을 찾을 수 있을 것이다.

물론 인간의 자아에 도사리고 있는 **율법적** 성향이 즉각 행동을 개시할 것이다. 결코 쉼을 모르는 듯한 이 성향이 이렇게 물어 올 것이다. 형제가 화해를 거부하면 어떻게 되는가? 다시 교회에 가지 말아야 하는가? ("먼저 가서 형제와 화목하고 그 후에 와서 예물을 드리라.") 상황의 다른 요소들은 일절 무시하고 언제나 이렇게 해야 되는가? 답은 절대 그렇지 않다는 것이다! 예수는 지금 형제가 나한테 화나 있는 상황에서는 절대 종교 행위에 임할 수 없다는 율법을 제정하고 있는 것이 아니다. "살인하지 말지니라"와 같은 율법을 명하고 있는 것이 아니다. 이 예화—이것은 **예화**다—의 목적은 마음에 걸리는 문제를 즉시 해결케 함과 동시에 천국 마음의 의를 보여주는 데 있다.

결과는 우리의 소관이나 책임이 아니다. 결과에 필요한 우리 몫의 일, 그것만이 우리의 책임일 뿐이다. 우리의 마음은 화해를 갈망하고 있는가? 우리는 우리의 몫을 다했는가? 정직히 그런가? 우리는 진정한 사랑의 행위를 의식의 행위 정도로 때우려는 마음을 거부하고 있는가? 형제의 분노가 그 자신의 영혼과 우리와 주변의 다른 이들에게 입히는 해를 인하여 우리는 아파하고 있는가? 만일 그렇다면, 우리는 "서기관과 바리새인의 의"를 넘어서 하나님의 길을 온전히 따르고 있는 것이다. 굳이 율법적 행동 목록이 주어지지 않아도 그런 마음으로 행할 수 있는 적절한 길을 우리는 반드시 찾을 수 있다.

천국 마음의 전형적 행동을 보여주는 두번째 예화는, **적**이 우리를 법으로 처리하려고 하는 상황에서 나온 것이다. 요즘 같으면 상대가 우리를 고소하는 경우라 할 수 있다.

여기서 예수는 아직 송사가 실행되기 전 함께 가는 길목에서 적에게 좋은 마음(*eunoon*) 곧 호의를 보이라고 말씀하신다. 적을 향해 진정한 사랑으로, 문제가 송사로 번지기 전에 해결하라는 것이다. 예컨대, 정성껏 상대를 만나서 내가 도울 수 있는 길이 무엇인지 솔직히 물을 수 있다. 그것이 바로 천국 마음이 행할 일이다.

적을 진정으로 사랑함으로써 우리는 하나님 나라와 그 자원의 실체 안에 있게 되며 우리의 적까지 그 안으로 끌어들일 수 있다. 거기는 모든 것이 전혀 다른 곳이며 하나님의 임재를 드러내는 그런 해답이 가능한 곳이다. 직접 경험해 보라. 하나님 나라에 과감히 뛰어들어 보라. 그것이 그 나라를 "구하는" 방법이다.

"적"을 이런 식으로 대하지 않을 때 우리는 자신과 적을 인간 제도와 그 **법** 안에 가두는 것이 되며, 결국 그 쓰라린 열매를 거두게 된다. 필경은 완전히 탈진될 때까지 거기서 벗어나지 못할 것이다. 여기 예수는 오늘날 우리 주변에서 끊임없이 벌어지고 있는 사태를 얼마나 사실적으로 묘사하고 있는가! 요즘 일부 법정에서는 가정을 버린 아버지를 끝내 돌아보지 않는 자녀들에게 감옥형을 선고하고 있다. 불가피한 제도라 말할 수 있을지 몰라도 누가 보기에도 그것은 한없이 초라한 인간 실존의

5장_ 천국 마음의 의: 서기관과 바리새인의 의를 넘어

모습이다.

　한 가지 꼭 알아야 할 것은, 예수가 여기서 우리에게 적의 요구에 무조건 따라야 한다고 말씀하고 있지 **않다**는 사실이다. 적이든 누구이든 상대에게 호의를 갖고 대한다는 것은 그 사람의 요구대로 다 한다는 뜻이 아니다. 진정 전심으로 상대의 유익과 행복을 구한다는 뜻이다. 그러려면 오히려 요구에 양보하지 **않아야** 할 때도 있다. 그러나 양보하지 않는 많은 방법 중에는 하나님께로부터 나온 것도 있고 그렇지 않은 것도 있다.

　예수의 말씀은 또한 법정에 가는 것을 금하신 것이 아니다. 그럼에도 율법을 찾는 이들이 그런 식으로 잘못 생각한 경우가 얼마나 많던가! 하지만 여기 그분의 말씀에 그런 내용은 전혀 들어 있지 않다. 한 예로, 내가 아는 한 사람은 사업을 하다가 동료에게 크게 사기를 당했다. 그러나 그는 동업자의 위법 행위와 요구에 그대로 따랐고, 그 문제로 법정에까지 가지는 않았다. 예수의 말씀을 그런 취지의 율법으로 이해한 것이다. 그는 자기가 아무 손해도 당하지 않도록 하나님이 당연히 손을 써주실 줄 알았다. 그러나 결국 엄청난 손해를 보았다. 지금 그는 하나님께 대단히 화가 나 있다. 하나님께뿐 아니다.

　여기 두번째 예화를 통해 예수께서 주시는 교훈은 바로 천국 마음의 반응 양식에 대한 것이다. 그분은 우리에게 무엇을 할 것인가가 아니라, 어떻게 할 것인가를 가르쳐 주신다. 사실 법정에는 갈 수도 있고 안 갈 수도 있다. 상황에 가장 적합하게 하면 된다. 그러나 어느 쪽을 택하든 적대감과 원한과 무자비한 **승부욕**으로 해서는 안된다. 상대의 유익을 위해 나의 유익을 희생하는 것이 현명해 보인다면 그럴 수 있는 준비가 돼 있어야 한다. 그리고 결과가 어떻게 나오든 끝까지 기쁨으로 하나님을 의지하라.

하나님 나라를 사는 우리에게는 사건의 결과가 진정 그렇게 중요하지 않다. 어쨌든 우리는 하나님 나라 안에 있기 때문이다. 거기에 대한 확신이 있기에 우리는 사랑으로 책임감 있는 결정을 내릴 수 있다. 우리에게 일어나는 어떤 일도 그 나라 안에서는 결코 "세상의 끝"이 아니다.

결국 이 두 예화를 통해 우리는 단순히 살인하지 않는 선과 하나님 나라의 선을 나란히 대조하여 보게 된다. 전자는 후자에 비하면 참으로 공허해 보인다. 만일 우리가 이런 예화를 율법으로 만들어 지킨다면 우리는 과연 형제 자매에게 의로운 자가 될 수 있을까? 전혀 그렇지 않다. 율법을 지키면서도 이웃을 미워하고 해칠 수 있는 다른 길을 얼마든지 찾아낼 수 있다. 결국에는 정말로 중요한 핵심을 놓치게 된다.

성욕 추구의 파괴성

성욕을 탐닉하며 추구하는 독소

산상 강화에서 예수는 다른 어떤 문제보다도 분노와 적의의 문제를 아주 길게 다루신다. 분명 그것이 가장 근본적인 문제이기 때문일 것이다. 인간의 삶에서 멸시와 억제되지 않은 분노를 제하여 낸다면, 그것만으로도 실제 발생하는 잘못된 행동을 크게 제한한 셈이다.

그러나 옛 '디카이오수네'와 새 '디카이오수네'의 이 첫번째 구체적 대비를 통해, 예수는 우리에게 자신이 주제를 다루시는 **방식**을 또한 보여주고 있다. 이제 천국의 의에 대한 그분의 설명이 담긴 나머지 다섯 가지 대비는 비교적 간략하게 다룰 수 있을 것이다.

그분이 다루시는 두번째 대비는 성에 관한 것이다. 물론 오늘의 상황에 딱 들어맞는 주제다. 대중 매체와 실생활 모두에서 섹스와 폭력은 매번 우리의 가장 큰 문제 영역으로 거론되고 있다. 폭력은 마음의 분노와 멸시가 행동으로 터져 나오는 것이다. 분노와 멸시는 끊임없이 서로 뒤엉키며 또한 명예, 마약, 술, 권력, 돈 등 인간의 마음이 끝없이 추구하는 다른 만족들과도 뒤엉킨다. 이런 것들에 대한 욕구가 우리 사회를 지배하고 있다. 끝 모르는 욕망이 쉴새없이 무제한 만족의 "해방"을 외쳐대고 있다.

욕설과 폭력의 경우와 마찬가지로 섹스를 다루실 때에도 예수는 당시 상황에서 사용되던 십계명 중 하나를 대비의 기준으로 삼으신다. "간음하지 말라." 엄격히 말해서 이것은 기혼자가 배우자 이외의 사람과 성관계를 맺는 것을 금하는 계명이다. 살인과 마찬가지로 간음도 절대적 금기다. 살인과 간음은 상황을 불문하고 절대 옳은 일이 될 수 없다.

그러나 살인의 경우에서 살펴본 것처럼 단순히 특정 대상과 간음을 행하지 않는다고 해서 성의 영역에서 그 사람과의 관계가 옳다거나 나 자신이 성적인 부분에서 바른 상태에 있다는 의미는 아니다.

예수는 계명이 금하는 구체적 행위를 범하지 않았다는 이유로 성적인 생활에서 자신을 옳고 의롭다고 생각한 수많은 남자들을 접하셨다. 마치 살인하지 않았으므로 이웃과의 관계에서 자신이 옳다고 생각하는 이들과 똑같은 사람들이었다.

그러나 오늘날 우리가 쉽게 알 수 있는 것처럼, 스스로 성적으로 깨끗하고 옳다고 생각한 이들이 눈으로 여자를 좇고 그 시선을 거두지 않으며 마음속으로 몸매의 곡선을 그려보고 음흉한 눈빛으로 얼굴과 자태를 훑을 수 있다는 것을 예수는 알고 계셨다. 분명 이들은 그 여자의 몸을 만지고 주무르고 눕히는 것이 어떤 일일지 상상하며 그런 행동에서 짜릿한 쾌감을 즐긴다.

　　이런 유의 행동을 모르는 사람은 없다. 시기와 정도는 달라도 비슷한 행동을 해보지 않은 사람은 거의 없다. 예수 시대에도 물론 다를 바 없었다. 그러나 그것은 모든 종류의 남자에게 공통된 현상이다. 목사와 대학 교수도 마찬가지다. 기회 균등의 시대인 오늘날에는 여자들이나 동성연애자들도 다를 바 없다. 여기 예수의 가르침은 이런 식으로 정욕을 즐기는 자는 하나님 나라의 선에 합당한 자가 아니라는 것이다.

욥의 눈

성경에서 가장 오래 된 책으로 꼽히기도 하는 욥기에 보면, 성적인 행동에 빠지는 과정이 대단히 분석적으로 표현돼 있다(욥 31장). 잘 알려진 바와 같이 욥은 자신의 순결함을 전면 항변하고 있다. 그는 예수께서 언급하고 계시는 이슈에 대해서도 알고 있으며 거기에 대해 면밀한 방책을 갖추고 있다. 그는 "내가 내 눈과 언약을 세웠나니"라고 말한다. 자기의 눈을 정욕을 추구하는 데 사용하지 않기로 깨달아 결심하였다고 할까. 이어 그는 묻는다. "어찌 처녀에게 주목하랴?" 음탕한 눈빛은 하나님의 눈을 벗어날 수 없다. 그리고 분명 허탄한 행위로 이어질 것이다(5절). 그러나 하나님은 욥의 삶에 그런 것이 전혀 없음을 알고 계신다(6절).

　　욥은 이 분야에서 자신의 순결함을 강조하기 위해 성적 부도덕에 빠지는 당시의 통상적 과정과 결과를 아주 자세히 열거한다. 현실을 정확히 알고 있었음이 분명하다. 그는 말한다. "언제 내 걸음이 길에서 떠났던가? 내 마음이 내 눈을 따라갔던가? 내 손에 더러운 것이 묻었던가? 그리하였으면 나의 심은 것을 타인이 먹으며 나의 소산이 뿌리까지 뽑히는 것이 마땅하니라. 언제 내 마음이 여인에게 유혹되어 이웃의 문을 엿

보아 기다렸던가? 그리하였으면 내 처가 타인의 매를 돌리며 타인이 더불어 동침하는 것이 마땅하니라"(욥 31:7-10).

하나님 앞에서 성적으로 옳다는 것은 정확히 욥처럼 되는 것이다. 자신의 신체 부위와 지각과 사고와 욕망을 성적인 농담과 장난과 자극 따위의 행위에 내어주지 않기로 구체적으로 결심하고 행동으로 몸에 배게 하는 것이다. 발과 눈과 손과 마음과 나머지 모든 것으로 단순히 그 선한 방책-선하고 옳은 것인 줄 알기에 스스로 세운-안에서 행하는 사람이 되는 것이다.

"마음의" 간음

그러므로 이 부분에서 예수의 말씀은 인간이 전혀 들어 보지 못한 내용이 아니다. 자기 정당화에 빠진 사람들을 빼고는 누구나 그분의 말씀을 분명히 이해할 것이며 간음이 옳지 않다는 것을 인정할 것이다. 그분의 말씀은 단순하다. "음욕을 채울 **뜻을 품고**-여자의 보이는 외모를 성적 공상의 수단으로 삼고-여자를 보는 자마다 이미 마음에 간음하였느니라"(마 5:28).

다시 말해서, 가시적 신체의 움직임만 빼고는 진짜 간음 행위의 모든 요소가 다 갖추어져 있는 셈이다. 마음의 요소가 거기 있다. 대개 가시적 행동에 못 미치는 유일한 이유는 적절한 상황뿐이다. 마음이 준비되어 있기에 상황만 주어지면 행동은 따라오게 돼 있다. 도둑이 상황만 주어지면 물건을 훔치는 것처럼, 간음하는 자도 상황만 주어지면 불륜의 관계를 맺는다. 물론 대개는 발각되지 않을 자신이 있는 경우를 뜻한다. 이것이 예수께서 말씀하신 "마음의 간음"이다. 마음으로 간음하는 자는 상대를 존중하는 것이 아니라 이용하는 것이다. 설사 성관계를 맺지 않더라도 마음 상태가 이미 잘못된 것이다.

마음에 성적 공상을 품고 있으면 분노와 멸시의 행위처럼 겉으로 드러나게 돼 있다. "몸짓 언어"와 표정에 그대로 묻어나는 것이다. 그 결과, 성욕 탐닉은 설사 "행동화"되지 않는다 해도 상황 속의 모든 이들에게 두루 영향을 미친다. 사실, 마음의 음욕이란 그 존재 자체가 사회적 자아의 구체적 일면이므로 어느 정도는 **항상** 행동화되기 마련이며 혼자만의 세계로 결코 감춰 둘 수 없다. "시선"이란 공적 효력을 갖는 공적 행위로서, 그 시선은 발생하는 인간 관계의 틀 전체에 영향을 미친다.[15]

주변 사람들은 물론 공상에 빠진 사람 자신도 그런 음욕에 깊은 영향을 받는다. 그리고 그런 공상은 거의 언제나 어느 정도의 부적절한 행동을 유발한다. 요즘 말하는 성희롱 행위가 모두 거기에 해당된다. 사실 마음의 간음은 분명 상대가 원한 것이 아니므로 이미 그 자체로 성희롱의 한 형태다. 공상에 빠진 사람과 주변의 모든 이들이 반드시 "해결해야" 할 문제이며 많은 경우 지속적 계획과 관리가 필요하다. 예수의 성윤리만 따른다면 우리가 알고 있는 성희롱이란 깨끗이 자취를 감출 것이다.

또한 음욕의 시선을 불러일으킬 만한 행동을 하지 않는 이들에 대한 불공평한 대우도 사라질 것이다. 이들에게는 흔히 인생의 길목에서 아주 미묘한 방식으로 다른 이들을 유혹하는 "성적 매력"—환심을 사려고 호의를 베푸는 것, 업무 실적의 기준을 "느슨하게" 봐주는 것, 직급을 올려 주는 것, 경제적 보상을 베푸는 것 등—이 없다. 물론 이들은 대부분 이런 이야기를 입밖에 꺼낼 수 **없다**. 자신이 "매력 없는" 자임을 굴욕적으로 인정하는 것이 될 터이기 때문이다. 그저 침묵 속에서 아파할 뿐이다.

그러나 실제 간음은 더 악하다

따라서 이렇게 마음의 음욕에 빠져 그것을 추구하고 탐닉하는 자는 누구도 '우리 안에 있는 하나님 나라'에 합당한 자가 될 수 없다. 그럼에도 불구하고 실제로 간음을 행하지 않는다는 것은 중요한 일이다. 실제 간음은 "마음의 간음"의 모든 잘못에 훨씬 많은 것이 더해진 행위다. 예수는 "방식만 옳다면" 실제 간음이 허용 가능하다거나 이왕 마음의 간음에 빠진 상태라면 끝까지 간다 해도 별 다를 바 없다는 식으로 절대 말씀하시지 않는다. 그분은 간음이 삶에 얼마나 지독한 파괴력을 갖는지 아셨다. 예수보다 4세기 전에 살았던 고전 도덕학자 아리스토텔레스도 간음을 전적으로 나쁜 일로 보았다. 그는 "간음이란⋯⋯ 전적으로 잘못된 일이기에 정당한 여자와 정당한 시간에 정당한 방법으로 간음한다는 것은 존재하지 않는다"고 말했다.[16] 20세기 중반까지만 해도 이것은 일반에 옳은 시각으로 통했다.

물론, 오늘날에는 이런 시각을 거의 찾아볼 수 없다. 현대 윤리학 분야의 저자 중 간음을 전적으로 나쁜 일로 보는 사람을 찾기란 어렵다. 사실 지금은 성적 관계에 있어서 쌍방의 동의만 있다면 아무 일이나 옳은 것으로 통하는 시대다. 간음을 했어도 임신만 하지 않으면 사실상 간음이 아니라는 궤변마저 들려오고 있다. 애초부터 "진짜" 금했던 것은 성관계가 아니라 딴 남자의 아내한테서 낳은 혹은 딴 여자의 남편이 낳은 아이를 자식으로 둠으로써 남자의 가계를 "불순하게" 하는 것이었다는 식이다.

그보다 더 만연된 풍조는 "낭만적" 사랑을 느끼는 자라면 누구와 성관계를 맺어도 옳다는 생각이다. 반대로, 낭만적 감정 없는 섹스는 설사 배우자와 나누는 것이라 할지라도 잘못된 것이라는 게 요즘의 생각이다. 그러나 문제의 "낭만적 사랑"을 자세히 살펴보면, 실은 예수께서 "마음의 간음"이라 지적하신 음욕의 추구에 지나지 않는 경우가 비일비재하다. 사랑하는 것이 아니라 음욕에 빠진 것인데도 원하는 것을 손에 넣기 위해 좀더 그럴 듯하게 스스로를 꾸미는 것이다.

성관계의 옳고 그름이 소위 낭만적 사랑과는 전혀 무관하다는 사실은 오늘날 거의 생각조차 할 수 없는 개념이다. 그러나 그것이 성경 전반에 흐르고 있는 사상이다. 올바른 섹스란 두 남녀가 증인들 앞에서 맺은 엄숙한 인생 서약으로 규정되는 것이다. 결국 성적 흥분과 기쁨이란 영원한 정절 속에서 서로 전 인격을 나누며 누리는 친밀함이라는 독특한 선물에 대한 반응으로 나오는 것이다.

친밀함이란 두 사람의 영혼이 서로를 자신 속으로 점점 깊이 받아들여 하나로 연합되어 가는 것을 말한다. 우리는 자유 의지가 있는 존재이기에 친밀함은 강요될 수 없으며 수동적인 것이 되어서도 안된다. 또한 우리는 극도로 유한한 존재이기에 친밀함은 반드시 배타성을 띠어야 한다. 이것이 바로 배반당하는 배우자가 경험하는 자아의 쓰라린 상처 이면의 형이상학적·영적 실체다. 배반하는 자의 상처와 공허함도 분명 배타성을 저버린 대가다.

오늘날 만연해 있는 낭만적 사랑에 대한 심각한 오해는, 사실상 영원한 정절 속에서 자신을 주고 상대를 받는 능력을 상실한 현대 서구의 실상을 그대로 보여주는 것이다.[17] 인간 관계는 친밀함이 불가능할 정도로 공허해지고 말았다. 그렇다면 간음에 대해 "못할 것 뭐 있나?" 하는 생각이 드는 것은 너무나 당연한 일이다. 위반할 언약이 없는 마당에 위반을 걱정한다는 것은 얼마나 부질없는 일인가.

현대인의 가장 뚜렷한 특징 중 하나는 간음을 행하지 말아야 할 이유를 찾지 못한다는 것이다. 그러나 친밀함이란 인간 영혼의 굶주림이며 우리는 거기서 벗어날 수 없다. 그것은 언제나 사실이었고 지금도 마찬가지로 사실이다. 사람들은 언젠가는 친밀함이 한 방울이라도 스며나올 것이라 기대하며 섹스라는 단추를 계속 누르고 있다. 헛수고일 뿐이다. 친밀함이란 하나님 나라 안에 있는 배타적 정절의 틀 안에서만 이루어지는 것이기 때문이다. 몸의 간음과 "마음의 간음"은 그 정절을 무너뜨린다.

섹스에 흘러든 분노와 멸시

물론 언약의 틀을 바탕으로 한 이런 친밀함은, 앞에서 예수께서 분노와 멸시에 대해 말씀하실 때 염두에 두셨던 바로 그 사랑의 마음의 표현이라 할 수 있다. 산상 강화의 순차적 진행은 여기서 금세 효력을 나타낸다. 분노와 멸시는 결혼이라는 독특한 언약적 친밀함에 자연스럽게 수반되는 성적 기쁨을 철저히 파괴한다. 배우자 간의 멸시 때문에 결정적 파국에 이른 결혼이 얼마나 많던가? 멸시의 대상은 상대의 신체, 지식 수준, 재능, 집안일 수도 있고 상대가 저지른 특정 행동일 수도 있다. 멸시는 언제나 분노를 낳고 분노는 다시 상대편 마음의 분노로 번져 악순환을 되풀이한다. 흔한 이야기다. 이런 상처는 좀처럼 치유되지 않고 오히려 속으로 곪아들어 간다. 이런 멸시에 찬 상태에서 "섹스"를 해봐야 대개는 상태만 악화시킬 뿐이다.

배우자 간의 분노와 멸시는 둘 사이의 성적 기쁨을 불가능하게 만들며 그 중요한 필요가 채워지지 않을 때 사람들은 거의 예외 없이 공상의 세계로 빠져든다. 불만에 찬 배우자는 자기 삶 속에서 부딪치는 실존 인물을 어떤 식으로든 성적 공상 속에서 특정 역할에 억지로 끼워 맞춘다.

261

물론 배우자만은 언제나 부적격자다. 공상은 점점 좌절을 낳고 좌절은 다시 분노와 멸시를 한껏 부추긴다.

급기야는 적대감 없이는 성적 자극을 느끼지조차 못하는 지경에 이를 수 있다. 그렇게 되면 정상적인 성적 자극과 만족이 불가능해진다. 성적 흥분을 유발하기 위해 "변태"와 비하(모욕, 속박 등)가 반드시 필요하게 된다. 결국 분노와 멸시의 악순환이 다시 시작된다. 이번에는 자신의 비정상적 성적 필요와 행동에 찬동하지 않는 자가 대상이 된다. 또는 자신에 대한 분노일 수도 있다.

슈퍼마켓 진열대의 잡지, 광고, 연애 소설, 거의 모든 영화와 TV 프로에 널려 있는 노골적인 섹스는 언제나 성적 공상을 자극하며 결국은 앞서 말한 좌절과 분노와 멸시의 악순환으로 이어진다. 인생을 살아갈 때 절대 잊어서는 안될 중요한 사실이 하나 있다. 반드시 잘못된 일이나 죄악이 아닐지라도 우리에게 결코 유익하지 않은 일들이 참으로 많다는 사실이다.

물론 노골적 포르노에 이르면 거기에는 언제나 멸시와 심지어 혐오의 요소가 포함돼 있음을 분명히 볼 수 있다. 아직 눈과 머리가 건재해 있다면 말이다. 포르노에 나오는 사람들은 **분명** 이용당하고 있다. 보는 이들은 그들이 혐오나 고통을 받아 "마땅하다"고 생각한다. 이들을 상대로 한 건강한 인간 관계란 애당초 불가능한 것이다.

근년 들어 잡지들이 대대적으로 퍼뜨리고 있는 "이웃집 소녀" 포르노 개념은 한마디로 절망적인 상황이다. 포르노는 "마음의 간음"과 함께 적대와 비하의 상상 속에 둥지를 튼다. 여기 예수의 가르침은 인간의 영혼과 육체의 폐부를 찌르며 욥처럼 단순히 멀리해야 할 내면의 실제적 혹은 잠재적 어두움의 차원을 우리에게 일깨워 주고 있다.

성욕이나 생각 자체는 선한 것

한편, 일부러 탐닉하지 않는 자연발생적 성욕은 분노나 고통처럼 잘못된 것이 아니라는 사실을 우리는 짚고 넘어갈 필요가 있다. 그 욕구는 삶에 중요한 기능을 담당하고 있으며, **그 기능**을 수행하는 한 선하고 올바른 것이다.

뿐만 아니라 단지 사람을 보고 섹스가 **생각난다**든지 상대에게 매력을 느끼는 것 자체는 잘못이 아니며, 분명 예수께서 "마음의 간음"이라 부른 것과는 거리가 멀다. 성적인 **유혹**이란 배우자가 아닌 사람과의 섹스를 생각하는 것이요, 대개는 눈앞에 보이는 다른 사람에 대해 욕구를 느끼는 것이다. 그러나 유혹을 스스로 만들어 내서는 안되지만 유혹 자체는 잘못이 아니다. 예수께서도 친히 유혹을 받으셨고 경험하셨고 이해하셨다.

그러므로 마태복음 5:28을 "여자를 보고 음욕이 드는 자마다" 또는 "음욕을 느끼며 여자를 보는 자마다"라고 옮긴 기존의 여러 번역은 심각한 실수를 범한 것이다. 이런 번역은 특히 젊은층에 커다란 해를 끼친다. 본문의 의미를 완전히 바꿈으로써 "마음의 간음"을 우리가 피할 수 없는 것, 의지의 개입 없이 저절로 발생하는 것으로 제시하고 있기 때문이다.

유혹을 받는 것이 곧 죄라는 이런 식의 번역은, 그 자체로 오역의 충분한 증거가 **됐어야** 한다. 성경의 전체적 가르침의 기본 원리에 어긋나는 번역은 옳지 못한 것이다.

마태복음 5:28에 쓰인 단어를 주의 깊게 살펴보면 그 의미가 분명해진다. 실제로 바르게 번역된 성경도 많이 있다. 여기 사용된 것은 헬라어 전치사 '프로스'(pros)와 여격 명사다. 그 두 단어를 합하면 음욕을 채울 **뜻을 품고** 여자를 본다는 의미가 된다. 즉 음욕을 위한 음욕이다. 음욕에 빠져 탐닉하는 것은 상대와의 섹스의 공상을 즐기기 때문이다. 섹스를 원하는 것이 여자를 바라보는 목표가 된다.

신약의 다른 부분에 "음심이 가득한 눈을 가"진 이들이라는 아주 생생한 표현이 나와 있다(벧후 2:14). 이들은 성적으로 매력 있는 여자를 볼 때 사람은 보지 않고 오직 자기가 그 여자와 성관계를 맺고 있는 모습만 보는 자들이다. 공상 속에서 간음이 이루어진다. 이것이야말로 의지적으로 피할 수 있고 또 피해야 하는 상태다. 그것은 우리의 선택이다.

불행히도 많은 사람들에게 그것은 하나의 선택된 습관이 되고 말았다. 그러나 절대로 그것은 **저절로** 일어나는 일이 아니다. 이들은 이 문제에 아무런 선택권도 없는 수동적 피해자가 결코 아니다. 그것은 중력의 법칙과는 다르다. 습관은 음욕에 탐닉하여 그것을 추구하고 반복하며 정교하게 다듬고 공상으로 즐긴 결과다. 예수께서 성적으로 잘못된 영혼 상태의 표출로 지적하신 것은 의도적으로 음욕을 탐닉하고 자극하는 것을 말한다. 아무도 그렇게 하거나 그런 존재가 될 필요가 없다. 이미 강박 장애나 중독 단계에 빠진 상태가 아니라면 말이다. 물론 그 경우에는 교훈과 권면 이상의 도움이 필요하다.

마음의 간음을 피하는 것만으로 충분치 않다

그렇다면 우리는 마음의 간음에 대한 예수의 가르침을 성적 영역의 의를 규정하는 하나의 **율법**으로 삼을 수 있는가? 몸으로도 간음하지 않고 여자를 보고 음욕에 빠지지도 않는다면, 과연 우리는 이 영역에서 의로운 마음을 지니게 될 것인가?

결코 그렇지 않다. 그것은 성적 불의에 대한 그분의 예화를 의에 대한 율법으로 바꾸는 또 하나의 오류가 될 것이다. 그렇게 되면 그분의 가르침의 요지를 완전히 놓칠 수밖에 없다. 그분의 요지는 자아의 내면, 즉 "마음"의 상태에 있는 것이다.

강박적 정욕 탐닉의 사례는 설사 외면적 간음 행위가 전혀 없더라도 내면에 여전히 불의가 있을 수 있음을 보여준다. 한 걸음 더 나아가, 성적 불의란 공상 속의 섹스의 대상이 될 사람을 아예 쳐다보지 않을 때에도 얼마든지 가능한 일이다. 그것을 피하는 것만으로는 성적으로 옳은 상태가 보장되지 않는다. "쳐다보지 말라"는 율법을 만들어 놓고 그 율법을 지키는 것이 의라고 생각한다면 그것은 오산이다. 모든 것은 마음 상태와 과정에 달려 있다.

예를 들어, 여자를 음욕을 품고 쳐다보지 않는 것을 목표로 삼은 남자들 및 그런 단체들이 있었다. (그리하여 이들은 근원을 변화시키지 않고 행동만 통제하려 든 바리새인들의 전형적인 실수를 범하고 말았다.) 그리고 그들은 목표를 성취했다. 몇 년이고 여자를 쳐다보지 않은 것이다. 어머니나 친동생조차 보지 않았다. 어떤 상황에서도 여자와 함께 있거나 여자를 보는 것을 절대 스스로 허용하지 않았다. 여자가 보이는 곳이면 어디든 가지 않았다.[18]

혹자는 이것이야말로 성적인 의에 대한 예수의 새로운 **율법**을 확실하게 지키는 방법이라고 말할지 모른다. 아예 눈길을 주지 않는다면 여자를 쳐다보며 음욕을 품을 일도 없지 않은가. 음욕이 들지 않게 처음부터 여자를 미워하도록 자신을 훈련하면 어떨까? 정말 그렇게 한 남자들이 있었다. 그렇다고 성적으로 의로운 것일까? 그것이 '우리 안에 있는 하나님 나라'의 길일까?

굳이 이런 질문 없이도 그것이 얼마나 잘못된 생각인지 누구나 알 수 있다. 그것이 집안의 여자들을 포함하여 여자들에 대한 사랑의 관계라고 누가 감히 말할 수 있겠는가? 천만부당한 일이다. 역사적으로 이런 해결책은 여자를 문제의 대상으로 삼거나 심지어 내재적인 악으로 보는 견해와 연관되어 왔다. 여자든 남자든 유혹에서 무조건 달아나거나 그 가능성을 피해야만 할 시기가 있는 것은 분명한 사실이지만, 그것은 일시적 방편으로 보아야 한다. 그것이 영구적 해답이 될 수는 없다. 우리의 실체는 그런 식으로 바뀌지 않는다. 그것을 삶의 지침으로 삼을 수는 없다.

부조리로 전락한 행위의 의

사실 예수는 마태복음 5:29-30에서 특정 행동을 지배하는 율법으로 섹스의 문제를 해결하려는 시도를 꼬집으신다. "만일 네 오른 눈이 너로 실족케 하거든 빼어내 버리라. 네 백체 중 하나가 없어지고 온몸이 지옥에 던지우지 않는 것이 유익하며"(29절). 오른손에 대해서도 똑같이 말씀하신다(30절).

율법이 불의를 제할 수 있다고 믿거든 율법이 금하는 행동을 아예할 수 없도록, 그야말로 율법식으로 손을 찍어내고 눈을 빼어내라는 것이 예수의 말씀이다.

장님이 되면 여자가 아예 안 보일 것이므로 과연 여자를 보며 음욕을 채울 수 없게 될 것이다. 또한 몸의 지체를 충분히 잘라 내면 불의한 **행동**을 일절 할 수 없게 될 것이다. 예수는 바로 이 논리를 따라 서기관과 바리새인들의 의를 부조리의 수준으로 전락시키고 있다.

그들의 시각에서 율법이란 지킬 수 있는 것이었고 죄를 짓지 않으면 의를 성취할 수 있었다. 잘못한 것이 없으면 곧 의로운 사람이다. 죄의 행동을 가능하게 하는 몸의 지체들을 없애 버리면 죄를 피할 수 있다. 그러면 사지 없는 몸뚱이로 천국에 굴러 들어갈 수 있을 것이다.

물론 하나님께 받아들여진다는 것은 너무도 중요한 일이라서, 만일 몸의 지체들을 잘라 내서 될 수 있는 일이라면 얼마든지 그렇게 하는 것이 현명한 일이다. 예수께서도 몇 차례 바로 그 점을 지적하신 바 있다(마 18:8-9; 막 9:43). 그러나 그런 식으로 하나님 앞에 점수를 딸 수 있다는 이야기는 어디에도 없다. 이 본문에서 예수의 가르침은 그와는 정반대다. 사지 없는 몸뚱이가 여전히 악한 마음을 품고 있을 수 있다. 진짜 문제는 언제나 무엇을 했는가 혹은 할 수 있는가가 아니라, 우리가 어떤 존재인가 하는 것이다. 손발이 있어 죄의 행위를 할 수 있다면 **그때** 나는 어떤 일을 할 자인가?[19] 몸의 지체를 없애는 것으로는 그 부분이 변화될 수 없다.

살인할 수 없고, 증오의 눈빛으로 쳐다볼 수도 없고 간음할 수 없고, 음욕의 눈길을 줄 수도 없는 정도까지 몸의 지체를 없앤다 해도, 우리의 **마음**에는 여전히 분노와 멸시와 엉뚱한 대상을 향한 강박적 정욕이 들끓을 수 있다. 아무리 철저히 억누르고 감추어도 소용없다. "속에서 곧 사람의 마음에서 나오는 것은 악한 생각 곧 음란과 도적질과 살인과 간음과 탐욕과 악독과 속임과 음탕과 흘기는 눈과 훼방과 교만과 광패니 이모든 악한 것이 다 속에서 나와서 사람을 더럽게 하느니라"(막 7:21-23).

반대로, 천국 마음의 선은 하나님과 주변 사람들을 향한 긍정적 사랑이다. 그 사랑이 마음에 가득할 때 온갖 형태의 악이 들어설 곳이 없게 된다. 하나님께서 의도하신 성의 특징인 존중과 순결의 행위는 바로 그선에서 비롯되는 것이다.

이혼증서를 넘어서

지금부터 다룰 몇 가지 문제는 엄밀한 의미에서 율법의 지위를 가진 것은 아니었다. 그럼에도 이런 생각들은 중요한 방식으로 "옛" 의를 규정하고 있었다. 그러나 이제 하나님 나라의 임재로 말미암아 그 의미와 위치가 바뀌게 되었다. 그중 첫째는 이혼에 대한 것이다.

예수 당시의 남자들이 가장 중요하게 생각한 것 중 하나는, 마음에 들지 않는 여자를 언제든지 처치할 수 있다는 것이었다. 어쩌면 모든 시대 남자들의 한결같은 생각일지도 모른다. 그 점에서 남자에게는 정말 굉장한 선택의 자유가 있었다. 반면 여자의 관점에서 이혼이란 그저 잔인한 것이요 실제적으로 선택 가능한 대안이 아니었다. 당시 시행되던 방식의 이혼이 잘못된 것이라는 예수의 가르침을 들은 측근의 제자들, 즉 남자들은 이런 반응을 보였다. "만일 사람이 아내에게 이같이 할진대 장가들지 않는 것이 좋삽나이다"(마 19:10).

남자는 아내를 내보내면서 이혼증서만 써주면 이혼의 문제에서 대체로 의롭고 선한 것으로 간주되었다. 이 증서는 여자에게 최소한 미혼 상태를 입증하는 서류의 역할을 했다. 그것은 여자가 혹시라도 남자와 동침하다 붙잡혀 간음죄로 기소될 경우 자신을 변호할 수 있는 중요한 근거였다. 유죄로 판명되면 죽음을 면할 수 없었기 때문이다. 이혼증서가 있으면 또한 재혼 상대를 구하는 것이 가능했으며, 이것도 저것도 다 안되면 창녀가 되어 생계를 이어갈 수 있었다.

남자가 "아무 연고를 물론하고"(마 19:3) 아내를 버릴 수 있었는지, 아니면 간음의 경우에만 그럴 수 있었는지에 대해서는 오랜 세월 율법 해석에 이견이 있어 왔다. 바리새인들은 예수를 이 논쟁에 끌어들였고, 예수는 명백히 샴마이(Shammai) 학파의 극히 제한적 입장을 취하셨다. 이 학파는 "도덕적" 근거에 한해서만 이혼을 허용했다. 반면, 힐렐(Hillel) 학파는 "아무 연고를 물론하고" 이혼을 허용했다. 예컨대 아내가 음식을 태우거나 너무 짜게 만들어도 남자는 이혼할 수 있었다. 심지어 랍비 아키바는 남편이 현재의 아내보다 외모가 더 마음에 드는 여자를 보고 아내를 바꾸고 싶을 때에도 이혼을 허용했다.[20]

그러나 실제에 있어서 여자들은 남편만 원하면 어떤 이유로든 이혼당할 수 **있다**는 것을 잘 알고 있었다. 주로 신명기 22-24장에 나오는 이혼에 대한 모세 율법은 분명 훨씬 제한적이며 여자 쪽의 성적 부도덕을 전제로 하고 있음에도 불구하고, 예수 당시 시행되던 율법은 남편의 지극히 사소한 기분까지 존중하여 전적으로 남자에게 유리하게 돼 있었다. 모세 율법에는 남자가 이혼의 권리를 완전히 상실하는 경우들까지 구체적으로 나와 있다.

예수는 이혼 문제의 의를 다루심에 있어 이혼을 절대적으로 금하신 것은 아니지만, 이혼이 결코 결혼한 남녀에 대한 하나님의 뜻이 아니라는 사실을 분명히 밝히신다. 결혼에 대한 하나님의 뜻은 두 사람이 하나로 연합하는 것이다. 이 연합은 부모나 기타 어떤 인간 관계의 연합보다 깊은 것이다. 이제 두 사람은 "한몸" 즉 자연스런 한 단위가 되어 하나의 삶을 이루어 간다. 한 쪽을 잃거나 대치하고는 결코 온전한 삶으로 남아 있을 수 없게 되는 것이다(마 19:5; 창 2:24).

마음의 완악함

그러나 예수는 이혼이 결코 있을 수 없는 일이라고는 말씀하시지 않는다. 우선 그분은 모세의 "부정함"의 예외 조항을 인정하신다. 여기에는 많은 사례가 포함될 수 있으나 주로 간음을 뜻할 때가 많다(마 5:32, 19:8-9). 그러나 모세의 예외 조항의 근거에 관한 그분의 해석은, 간음과 그와 같은 것들이 본질상 너무도 끔찍한 것이어서 그런 것을 이기고도 결혼

관계가 살아남을 수 없다는 말은 결코 아니다. 그것은 절대 사실이 아니다. 그런 조건을 이기고 굳게 선 결혼이 많이 있다. 이 점을 오해하여 지금도 일부에서는 간음을 행하면 성경의 가르침에 따라 **반드시** 이혼해야 한다고 생각하는 이들이 있다. 그러나 사실은 그렇지 않다.

오히려 예수께서 간음을 이혼을 허용하는 근거로 제시하신 것은 인간의 마음의 완악함 때문이다. 다시 말해서 이혼의 궁극적 근거는 인간의 비열함에 있다. 그것만 아니라면 간음도 이혼을 정당화하지 못한다. 여기서 예수께서 가장 염두에 두신 것은, 남자가 여자를 "버릴" 수 없을 경우 여자는 필시 목숨을 잃거나 극심한 학대를 당할 수 있다는 사실이다. 지금도 전혀 다르지 않다. "우리 마음의 완악함"이 그 정도다. 그렇다면 평생을 비참하게 사는 것보다 이혼하는 것이 낫다. 예수는 이 원리에 대해서는 결코 철회하지 않으신다.

그러나 이혼을 완전히 배제하지는 않지만 그분은 이혼이 사람들에게 미치는 영향을 아주 날카롭게 지적하신다. 첫째, 앞서 지적한 것처럼 그분은 이혼이 결코 결혼한 남녀를 향한 하나님의 뜻이 아님을 강조하신다. 이혼은 자연스런 한 가정의 단위를 와해시켜 관련된 두 사람에게 평생 해를 입힌다. 함께 사는 쪽이 아무리 **더** 불행하다 해도 그것만은 분명하다. 결혼이란 "이제 둘이 아니요 한몸"이 되는 것이기 때문이다(막 10:8). 이것은 본질상 하나님이 정하신 제도요 인간의 어떠한 행동도 그 질서를 변개시킬 수 없다.

현대인의 마음에 가장 수용이 되지 않는 것 가운데 하나는, 인간의 삶이 관련자들에게 씻을 수 없는 상처를 남기지 않고는 깨어지지 않는 자연 주기에 의해 움직인다는 사실일 것이다. 예를 들어, 유년기에 영양분을 충분히 공급받지 못한 아이는 남은 인생 동안 그 부정적 영향을 피할 수 없다. 이 결손은 나중에 보충할 수 없다. 또한 신생아가 첫 몇 주 동안 어머니와 연대감을 경험하지 못하면 회복 불능의 심리적 상처를 입는 것으로 많은 연구가들 사이에 알려져 있다.[21]

이것은 인간 생활에서 찾을 수 있는 다양한 자연 주기의 몇 가지 예다. 뇌의 물리적 구조도 인생의 특정 시기에 발달되지 못하면 몇몇 중요한 측면에서 영영 발달이 불가능하다는 것도 우리는 알고 있다. 자연 질서에는 한번 잃어버리면 다시는 되찾을 수 없는 것이 있는 법이다.

이혼도 인간 실존의 주요 자연 주기 가운데 하나를 무참히 무너뜨리는 것이다. 관련자들은 결코 이전과 같을 수 없다. 이혼이 모든 요인을 감안하여 정당화될 수 있는 경우이든 그렇지 않은 경우이든 상관없다. 그것이 바로, 이혼을 아무도 권장할 만한 "놀라운 경험"으로 보거나 이혼을 위한 이혼을 제창하지 않는 이유다. 그러나 물론 죽지 못해 사는 결혼도 좋은 것은 아니다. 따라서 우리는 이혼을 도저히 용납할 수 없는 특별한 악으로 분류하려는 시도에 저항해야 한다. 실제로, 때로는 모든 점을 감안할 때 이혼이 바른 길인 경우도 있다.

둘째, 남자(또는 여자)가 여자(또는 남자)에게 "이혼증서"를 주고 "모든 일을 법적으로" 처리했다고 해서 그것만으로 그 사람이 관계의 영역에서 의를 행했다거나 선한 사람이 되었다는 것은 아니다. 이것이 마태복음 5:31-32의 요지다. 예수는 이 가르침에서 그런 생각을 뒤엎으신다. 바로 그것이 옛 '디카이오수네'가 인정하던 바였고 당시의 남자들 사이에서 행해지던 일이었기 때문이다.

간음하게 함이요

셋째, 예수는 이혼에 대한 의의 옛 견해를 거부하는 이유를 아주 분명히 밝히신다. "부정함" 이외의 다른 이유로 아내를 버리는 자는 아내로 간음하게 하는 것이요 다른 남자한테 버림받은 여자를 아내로 삼는 자도 함께 간음하는 것이라고 그분은 말씀하신다(마 5:32, 19:9).[22] 이혼을 금하시려는 말씀이 아니라 이혼의 영향을 분명히 보여주시기 위한 것이다. 이 말씀의 정확한 의미는 무엇인가?

인간 역사상 대부분의 시대와 장소가 예외가 아니듯, 예수 당시의 유대 사회에서도 이혼이 여자에게 주는 파급 효과는 엄청난 것이었다. 극히 예외적인 경우를 빼고는 여자의 인생은 한마디로 끝장이었다. 반면 남자는 아무런 해도 입지 않았다. 어쩌다 당하는 약간의 경제적 손실이나 전처 가족들과의 껄끄러운 관계가 고작이었다.

그러나 예수 당시 이혼한 여자가 갈 수 있는 길은 현실적으로 세 가지뿐이었다. 우선 인심 좋은 어느 친척집에 들어가 살 수 있었으나 대개는 울며 겨자 먹기였고 하녀의 수준을 벗어나지 못했다. 혹 남자를 만나 재혼할 수 있었지만 언제나 "불량품" 신세로 구박을 면할 수 없었다. 마지막 방법은 창녀가 되는 길이었다. 요즘과는 달리 당시의 사회는 이혼한 여자를 전혀 지원하지 않았고 정당한 방법으로 자립하는 것도 허용되지 않았다.

예수께서 여자를 버리는 것은 간음하게 하는 것이요 이혼한 여자와 결혼하는 것도 간음하는 것이라 말씀하신 이유를 이런 상황을 통해 이해할 수 있다(마 5:32, 19:9). 재혼하지 **않는다**는 것은 여자로서 곧 비참한 미래를 뜻했다. 거의 모든 경우에 그것은 사회적 지위도 없고 자녀도 없이 늙어 간다는 말이었다. 한 인간으로서 영원한 실패자가 되는 것이었다. 그러나 다시 결혼한다 해도 평생을 성적으로 비참한 대우를 받으며 살아야 했다. 그것을 덮어 줄 너그러운 남자는 별로 없었다. "마음의 간음"이라는 말을 쓰실 때와 마찬가지로 "간음하게 한다"는 표현을 통해 예수는 여자들의 비참한 성적 실상을 지적하고 있다. 지금은 아니지만 그때는 그것이 이혼의 분명한 결과였다.

그렇다면 결혼하지 않는 것이 더 좋은가?

앞서 말한 것처럼, 여자를 쉽게 처치할 수 없을 바에야 차라리 장가들지 않는 것이 좋다는 것이 이혼에 대한 예수의 말씀을 들은 제자들의 즉각적 결론이었다(마 19:10). 그러나 예수는 결혼하지 않는 것도 인간이 스스로에게 불가능한 상황을 강요하는 것이 될 수 있다고 지적하신다. 후에 바울도 같은 말을 한다(고전 7:9). 따라서 그것은 특별히 자격을 갖춘 자들만이 택할 수 있는 길이다(11-12절). 물론 그보다 중요한 것은, 천국의 자원이 부부 간의 어려움을 해결하고 하나님과 사람 앞에서 깊고 선한 연합을 이루어 가기에 충분하다는 것을 예수께서 아셨다는 것이다. 물론 두 사람 모두 그 자원을 구하고 찾을 각오가 돼 있을 경우에 한해서다.

앞서 산상수훈의 순서에 대해 거듭 이야기했던 내용을 여기서도 잊어서는 안된다. 예수께서 분노와 멸시와 강박적 정욕을 다루신 **후에** 이혼을 다루시는 것은 결코 우연이 아니다. 자신에게 한번 물어보라. 분노와 멸시와 강박적 성욕 탐닉이 사라진다면 이혼 발생 건수가 얼마나 될까? 답은 물론 전무에 가까울 것이다. 아예 이혼 이야기가 나올 일조차 없을 것이다.

특히, 예수 시대에 여자들이―지금 우리 시대에는 남자들도 마찬가지지만―이혼 문제로 당하던 잔인한 대우가 깨끗이 사라질 것이다. 인간의 완악한 마음은 이혼의 허용을 불가피하게 만든다. 더 큰 해를 피하기 위해서다. 그러나 천국 마음은 완악하지 않기 때문에 종종 엄청난 아픔과 수고의 시간들을 거치지만, 부부는 서로를 용납하고 사랑으로 진리를 말하며 변화되어 가는 길을 함께 찾을 수 있다. 그리하여 마침내 두 사람의 삶은 영원한 언약으로 서로를 사랑하는 깊은 친밀함 속에서 점점 아름답게 하나를 이루어 갈 수 있다.

그렇다면 예수께 있어 이혼은 경우에 따라 정당한 것인가? 분명 그렇다고 본다. 마음의 완악함에 대한 그분의 원리가 이혼을 허용하고 있다. 물론 적용에는 세심한 주의가 필요하다. 이혼이란 의료 분야의 치료자 선별과 같은 것으로 볼 수 있다. 모든 정황을 바탕으로 살아날 수 없는 자를 냉정히 정해야 한다. 생존 가능한 자가 살아날 수 있으려면 살아날 수 없는 자들은 어쩔 수 없이 죽음을 맞이해야 한다. 일부 결혼에도 비슷한 개념이 적용될 수 있다. 그러나 앞서 언급한 바 법정에 가는 문제와 마찬가지로 **당시 행해지던, 그리고 요즘 흔히 행해지는 이혼은 결코 옳지 못한** 것이다. 지금은 남자나 여자나 아무 차이가 없다.

올바로 행해지는 이혼은 사랑의 행위가 될 수 있다. 사랑이 동기가 되고 관련자들의 순전한 유익이 목표가 될 수 있다. 매우 드물지만 가능한 일이며 꼭 필요한 경우도 있다. 반드시 상처와 상실이 뒤따르는 것이 이혼이지만, 그럼에도 불구하고 이처럼 진정 사랑을 기초로 행해질 때 이혼의 모습은 바른 것이다.

이런 입장은 나로서는 분명 달라진 부분이다. 60년대 초 동료 학생들과 함께 위스콘신 대학교의 어느 세미나실에 둘러앉아 있던 일이 부끄러움과 함께 떠오른다. 형식논리학 세미나를 맡은 교수는 아직 도착하지 않고 있었다. 동료 학생 하나가 막 진행중이던 자신의 이혼 사연을 털어놓았다. 그가 내 의견을 묻기도 전에 나는 다짜고짜 말했다. "이혼은 항상 잘못된 일이야."

지금 되돌아보면 무엇보다 이상했던 것은 내 말의 내용이나 그런 명시적 표현에 아무도 반박하지 않았다는 사실이다. 모두가 받아들이는 것 **같았다**. 물론 그것은 내 말이 당시의 문화적 가정을 대변한 것이었기 때문이다. 그러나 사실 그때 나는 남자들과 여자들이 서로에게 자행하는 일들의 실상을 거의 모르고 있었다.

후에 나는 어느 신앙심 좋은 여자의 상황을 접하게 되었다. 남편은 동성연애자라는 자신의 실체를 감추기 위해 그 여자와 결혼했다. 그는 결혼이 무효화될 수 없도록 모든 절차를 완벽하게 마쳤다. 그후부터는 여자와 아무 상관이 없었다. 개인적 관계가 전혀 없었다. 그는 동성 친구들을 집으로 데려와 여자가 보는 앞에서 때와 장소를 가리지 않고 마음 내키는 대로 성관계를 가졌다. 여자는 종교적 기준 때문에 이혼하지 않고 참고 견뎠다. 그러나 하루하루 한해 한해가 그야말로 끝없는 죽음의 나락이었다.

나는 아직 자기 의의 개념밖에 모르던 무지한 젊은이였다. 이 일과 그후에 접한 많은 사례들을 통해 나는 인간의 마음의 완악함을 알게 되었다. 그러나 예수는 물론 언제나 알고 계셨다.

투명한 말과 끝없는 사랑

옳다 옳다, 아니라 아니라

예수께서 옛 의와 천국의 의를 대비해 보여주시는 네번째 문제는, 자신의 말에 무게를 더하기 위해 뭔가 중요한 것 특히 하나님 자신을 걸고 **맹세하는** 습성에 관한 것이다. **진지한** 의미에서 신성한 것이 존재하지 않는 우리 사회와 같은 곳에서, 맹세 또는 선서란 기껏해야 위증죄를 성립

시키는 법적 형식의 효과밖에 없을지 모른다. 그러나 사람들이 실제로 맹세를 믿던 세상에서는 달랐다. "맹세는 저희 모든 다투는 일에 최후 확정이니라"(히 6:16).

그래서 요즘도 사람들은 예컨대 "하늘을 두고 맹세한다"느니, "하나님 앞에 맹세한다"고 말하며 또 "성경에 손을 얹고 맹세"하는 것이다. 그 밖에도 많이 있다. 우리는 욕할 때도 하나님을 들먹인다. 예수 그리스도의 이름을 한 자씩 힘주어 내뱉는다. 왜 그럴까? 분명 습관이다. 그러나 그 습관은 어디서 온 것일까? 깊은 내막이 있는 것이 분명하다.

맹세에 하나님 혹은 그분과 관계된 다른 것들을 사용하는 문제에서 옛 의의 규정은, 명백히 "망령되이" 혹은 어리석게 일컫는 경우가 아니라면(출 20:7) 높고 거룩한 것들을 원하는 대로 얼마든지 끌어댈 수 있다는 것이다. 한 가지 조심해야 할 것은 "하나님 앞에서" 하겠다고 말한 것은 반드시 지켜야 한다는 사실이었다. "네 맹세한 것을 주께 지키라"(마 5:33).

그러나 예수는 사람들이 맹세하는 이유의 핵심으로 곧바로 들어가신다. 사람들이 맹세를 하는 것은 자신의 정직성과 신뢰성을 부각시켜 자신이 말하는 것과 원하는 것에 다른 사람들의 동조를 얻어 내기 위한 것임을 그분은 아셨다. 그것은 자기 주장을 관철시키는 방법이다. 자신에게 중요한 약속이나 목적이나 정보나 지식을 선포하는 것이다. 그들은 듣는 자들이 자기 말을 받아들여 자기가 원하는 대로 해주기 원한다. 그리하여 그들은 "하나님을 걸고!" 내지 "하나님이 아신다!"는 말로 자신의 말과 존재에 무게를 더하려 한다. 이것은 순전히 조작술이다. 타인을 존중하여 결정권과 행동권을 완전히 그에게 맡기는 것이 아니라, 오히려 타인을 옆으로 밀쳐 내고 그의 판단과 의지를 자기가 지배하려는 속셈에서다.

예수 당시에는 정말로 삶의 커다란 부분을 차지했던 "맹세"의 문제
는, 비단 하나님의 이름을 망령되이 일컫거나 그분께 대한 사랑과 경외
의 마음 없이 경박하게 이용하는 데서 그치지 않는다. 물론 그럴 때도 많
지만 언제나 그런 것은 아니다. 예수께서 지적하시는 맹세의 악은 다른
사람들을 대하는 방식에 있어서 그것이 본질적으로 잘못된 접근이라는
데 있다.

그래서 예수는 단순히 이렇게 말씀하신다. "도무지 맹세하지 말지니
하늘로도 말라. 이는 하나님의 보좌임이요. 땅으로도 말라, 이는 하나님
의 발등상임이요. 예루살렘으로도 말라, 이는 큰 임금의 성임이요. 네 머
리로도 말라, 이는 네가 한 터럭도 희고 검게 할 수 없음이라"(5:34-36).

산상수훈의 많은 교훈을 되풀이하여 말한 예수의 동생 야고보는 이
점에 대해서도 동일하게 말하고 있다. "내 형제들아, 무엇보다도 맹세하
지 말지니 하늘로나 땅으로나 아무 다른 것으로도 맹세하지 말고 오직
너희의 그렇다 하는 것은 그렇다 하고 아니라 하는 것은 아니라 하여 죄
정함을 면하라"(약 5:12).

맹세의 본질은 당면한 문제와 아무런 상관도 없는 거창한 대상을 끌
어들여 다른 사람들로 하여금 자신의 말을 믿게 함으로써, 결국 자기 주
장을 관철시키려는 데 있다. 이것은 잘못된 것이다. 하나님이 의도하시
는 모습과는 다르다. 맹세 중 하나님께 약속한 것을 다 지킨다고 해서(옛
의) 그것만으로 맹세가 옳은 일이 되는 것은 아니다. 물론 어떤 상황에서
든 하나님께 한 약속은 지켜야 한다. 그러나 맹세의 잘못은 그보다 깊다.
맹세란 타인을 이용하는 것이요 상대의 이해와 판단을 무시하여 의지를
행사하지 못하게 함으로써, 결국 나의 목적을 위해 상대를 소유하려 하

는 것이다. 설사 상대가 내게 동조한다 해도 그것은 충분한 정보를 바탕으로 한 것이 아니다. 상황에 대한 상대의 이해를 내가 중간에서 막았기 때문이다.

그러므로 맹세는 "듣기는 좋으나 믿기지 않는 말재주"와 같은 것이다. "세일즈" 분야의 사람들에게서 흔히 볼 수 있는 일이다. 상품을 파는 경우도 그렇고 정치 분야처럼 추상적 개념을 파는 경우도 그렇다. 남캘리포니아에 아주 유명한 자동차 세일즈맨이 있다. 그는 자기 "개, 스팟"을 앞세우고 TV에 나와 그야말로 숨이 넘어갈 정도로 쉬지 않고 말을 쏟아 낸다. 그러나 실은 "스팟"은 타조도 될 수 있고 하마도 될 수 있다. 광활한 대지에 겹겹이 세워 둔 중고차들 앞에서 자기가 타고 있거나 그 옆으로 걸어가고 있는 동물이면 어떤 것이든 될 수 있다.

이 사람은 왜 이러고 있는가? 구매자들에게 거기서 차를 살 마음이 내키도록 분위기를 조성하기 위해서다. (파는 사람이 즐거워 보이거나 너무 똑똑해 보이지 않을 때 더 믿을 마음이 생길지도 모른다.) 고객을 존중하거나 섬기려는 목적에서는 분명 아니다. 본인만 원한다면 그런 길들도 얼마든지 많이 있다. 그러나 그는 그보다는 판매에 실속을 기하는 쪽을 택하고 있다.

전혀 그렇지 않은 일에 "그렇다", 정말 그럴 수밖에 없는 일에 "아니다"를 그럴듯하게 혹은 강압적으로 말하는 것 외에는 전혀 하는 일 없이 번듯하게 먹고 사는 이들이 얼마나 많은지 모른다. 이들은 사회나 정계에서 소위 각 단체의 "대변인"으로 통하고 있다.

이런 일이 본질상 불의하기 때문에 예수는 단순히 "도무지 맹세하지 말라"고 말씀하시는 것이다. 맹세 또는 전반적 "말재주"는 상대를 존중하지 않는다. 자유 의지가 있는 하나님의 피조물로서 인간은 외부의 강압이나 조작 없이 스스로 결정할 수 있어야 한다. 그러므로 긍정이면 긍정, 부정이면 부정, 예/아니오만 분명히 말하면 된다. 거기서 지나는 것은 "악으로 좇아", 즉 다른 사람의 생각과 선택을 말로 조작하여 자신의 뜻을 관철시키려는 악한 의도에서 나오는 것이다.

천국의 의는 자신의 최선의 결론에만 근거하여 판단과 결정을 내려야 한다는 인간 영혼의 필요를 존중한다. 그것은 매우 중요한 생물학적 필요다. 이 필요가 존중되지 않을 때 우리는 건강하게 자랄 수 없으며 성품 발달도 제대로 이루어질 수 없다.[23] 이것은 피조 세계를 향한 하나님의 뜻에도 방해가 된다.

개인적 피해에 대한 반응

두 가지 의의 다섯번째 대비는, 피해에 따른 복수에 대한 것이다. 여기서 말하는 잘못은 제도적 부조리나 사회악이 아니라 분명 개인적인 것이다. 그것을 어떻게 알 수 있는가? 언급된 옛 율법의 조항들을 보아 분명히 알 수 있다. 그러므로 톨스토이나 다른 사람들처럼 이 특정 본문을 전쟁이나 기타 사회악에 적용하는 것은 의미를 잘못 읽는 것이며 이미 예수의 가르침을 이해하는 데 심각한 피해를 끼쳐 왔다.

이 문제의 상황에 대한 옛 의는, 가해자는 가능한 한 자신이 입힌 것과 **똑같은** 피해를 당해야 한다는 것이었다. 이것은 모든 종류의 상해를 포괄하는 총칙으로, 심중에 꾀한 악과 재산 피해도 예외가 아니었다(레 24:17-21; 신 19:14-21). 후에 "복수의 율법"으로 불리게 된 이 법의 의도는 동등한 피해를 통해 양자 간 공평을 이루기 위한 것이었다.

가해자는 직접 손해를 입음으로 손해를 배상해야 했다. 하지만 피해자는 자기가 당한 것보다 더 큰 피해를 주어서는 안되었다. 그것이 옛 율법의 주안점이자 곧 문명의 커다란 진보였다. 한쪽 팔을 부러뜨린 사람에게 복수할 때 손가락 하나라도 더 부러뜨리거나 아예 양쪽 팔을 다 부러뜨릴 수는 없었다. 피해는 양쪽이 공평해야 했고 가해의 순환은 거기서 멈춰야 했다. 물론 결코 하찮거나 쉬운 일이 아니다. 전 세계와 가정과 직장 등에서의 현대 생활이 그 점을 여실히 보여주고 있다. 사실 이 방법은 여간해서 성공하기 어렵다. 분명 더 나은 방법이 필요하다.

그렇다면 개인적 피해를 입은 상황에서 천국 마음의 의는 무엇일까? 여기서 다시 한번 순서의 의미를 기억할 필요가 있다. 우리는 이미 하나님 나라의 말씀을 듣고 받아들였다. 분노와 멸시와 정욕의 추구도 해결되어 우리의 삶은 더 이상 그런 것들에 지배당하지 않게 되었다. 여전히 이따금씩 시험이 올 때가 있지만 그것은 지극히 자연스러운 일이다. 이제 그런 것들은 우리를 지배하지 못한다. 선을 행하고 악을 피하려는 진실된 의지를 즐거운 마음으로 결연히 수행하는 힘도 앗아 가지 못한다.

그런 상태라면, 신상에 피해를 입어도 그 피해가 갑자기 우리 세계의 모든 것이 되지는 않는다. 우리에게는 하나님의 세상에서 우리가 차지하는 자리와 인생에 대해 좀더 넓은 시각이 있다. 우리는 하나님을 본다. 그분의 손안에 있는 자신을 본다. 가해자를 볼 때에도 단지 우리를 괴롭히거나 상처를 준 존재 이상으로 보게 된다. 그도 하나의 인간임을 생각하고 그의 안타까운 한계(나에게도 있는)를 인정하며 하나님 안에서 그를 보는 것이다. 이런 시각과 거기 담긴 은혜가 이런 기도를 가능하게 한다. "아버지여, 저희를 사하여 주옵소서. 자기의 하는 것을 알지 못함이니이다." 과연 그들은 자기의 하는 것을 알지 못한다. 예수도 자기를 죽이는 자들을 위해 이 기도를 하실 때 그것을 잘 알고 계셨다.

무저항의 네 가지 사례

'우리 안에 있는 하나님 나라', 그 나라에 온전히 거하는 자가 개인적 모욕과 피해와 억압을 당할 때 반응하는 특징적 방식은 어떤 것인가? 예수는 네 가지 다른 유형의 천국 반응을 소개하고 있다.

1. 우리는 "오른편 뺨을 치는 자에게 왼편도 돌려 댈" 것이다(마 5:39). 계속 약자로 남아 있는 것이다. 부정적 의미에서, 자기 손으로 방어에 나서 자기 보호에 필요하다고 생각되는 일은 무엇이든 행하는 그런 사람이 되지 않을 것이다. 엄격히 자기 자신에만 국한된 일일 경우─예수의 말씀에 뺨을 돌려 대거나 약자로 남는 일을 내가 아닌 **다른 사람**에게 적용해야 한다는 의미는 들어 있지 않다─우리는 가해 가능성이 있는 자에게 해를 입히기보다는, 오히려 나를 고의로 해치려는 자에게 잠자코 피해를 당하는 쪽을 택할 것이다. 이것이 우리의 특징이요 일상적 행동이 될 것이다.

2. 우리는 "속옷을 가지고자 하는 자에게 겉옷까지 줄" 것이다 (5:40). 법정에서 송사로 우리를 이긴 자들을 필요에 따라 성심껏 도우려 할 것이다. 또는 우리를 고소하려는 사람을 사랑의 마음으로 만나 상대가 고소로 요구하려는 것보다 더 많은 것을 내어 줄 수도 있다. 결국 우리는 상대의 필요에 깊은 관심이 있으며 최대한 그를 도울 준비가 돼 있는 자다.

3. "억지로 오 리를 가게 하거든 그 사람과 십 리를 동행할" 것이다 (5:41). 경찰이나 기타 담당관리가 권리를 행사해 도움을 요청해 올 때 우리는 요구받은 것 이상의 일을 해줄 것이다. 그 관리와 그의 책임에 대한 존중의 표현으로 그리할 것이다. 우리는 상대에

게 관심을 갖고 그의 유익을 위해 천국의 마음으로 행동할 것이다. 그 관리의 문제를 우리 자신에게 중요한 일로 생각할 것이다.

4. 우리는 "구하는 자에게 줄" 것이다(5:42). 아무런 사전 근거나 자격이 없이 구하는 자에게도 쉽게 줄 것이다. 요구 자체를 유일한 근거로 우리의 마음은 움직일 것이다. 꾸고자 하는 자를 피하거나 무시하거나 "거절하지" 않을 것이다. 누가복음에는 이렇게 돼 있다. "네 것을 가져가는 자에게 다시 달라지 말며"(6:30).

사람들로 하여금 완전히 포기하게 하거나 참혹한 율법주의의 나락에 빠지게 하는 것은, 산상 강화의 어느 말씀보다도 바로 이 네 말씀이 아닌가 생각된다. 언급된 상황들이 일상에서 흔히 접하는 일이기 때문이다. 그러니 그들로서는 관련된 다른 요인들과 무관하게, 예수께서 **마땅히** 해야 할 바를 **율법**으로 정하고 있다고 생각할 수밖에 없다.

그러나 이 말씀이, 천국인이라는 특정 부류의 사람들이 그런 상황에 직면할 때 특징적으로 보이는 반응에 대한 예화라는 사실을 인식하면 모든 것이 달라진다. 이것은 개인적 위압이나 피해를 당한 자들에게 주는 "의로운 행동"의 율법이 아니다. 율법일 수 없는 이유는 너무도 분명하다. 언급된 사례가 몇 안된다는 점이다. 뿐만 아니라 이것을 **율법**으로 보면 그릇된 마음으로 "순종할" 수 있는 길이 금세 눈에 띄게 마련이다. 예컨대, 실제로 이런 말을 종종 듣는다. "좋아, 이쪽 뺨도 대주지. 하지만 그 다음엔 머리통을 날려 버리겠어."

그렇다면 천국 '디카이오수네'의 사람이 여기 예화에 명시된 행동들을 경우에 따라서는 그대로 행하지 **않는** 것도 가능한 일일까? 물론 가능하지만 그런 일은 매우 드물 것이다. 어디까지나 그것은 상황에 따른

5장_ 천국 마음의 의: 서기관과 바리새인의 의를 넘어

개인의 피해가 걸린 문제일 뿐, 보다 큰 선의 문제가 관련되어 있지 않기 때문이다. 결국 이것은 천국 마음을 품은 자의 **특징적** 행동이요 그 사람의 내면의 실체를 보여주는 것이다. 지금 우리는 "그리스도인이 되기 위해" 또는 "죽어서 천국에 가기 위해" 행해야 할 일들을 이야기하고 있는 것이 아니다. 현재 하나님의 생명에 들어선 이들이 일상을 살아가는 모습을 살펴보고 있는 것이다. 서기관과 바리새인의 의를 넘어서 살아가는 이들의 내면의 의를 보고 있는 것이다.

가정(假定)의 반전

인간의 질서와 하나님 나라의 질서 사이의 "위대한 반전"에 대해서는 앞에서 이미 이야기한 바 있다. 이 실체의 전복에 비추어 이제 우리는 인간 행동을 지배하는 각 가정(假定)의 반전을 충분히 이해할 수 있다. 인간의 질서 안의 가정이란 이런 것이다. 손해는 손해로 갚는다("악에 저항한다"). 법이 요구하는 만큼만 한다. 권리가 있는 자("가족", 나에게 호의를 베푼 자 등)에게만 준다.

그러나 하나님 나라에 들어서면 **가정**이 정반대로 달라진다. 악을 선으로 갚을 것이며 "저항"은 불가피한 경우로 국한될 것이다. 의무 이행에 머무르지 않고 그 이상의 일로 다른 사람들을 도울 것이다. 필요한 것을 달라고 했다는 그 이유만으로 누구에게나 줄 것이다.

법정 소송으로 내 귀중품을 빼앗는 이에게 필요에 따라 적절히 다른 것(겉옷)까지 줄 것이다. 능력이 허락하는 한, 다른 식으로 그를 도울 것이다.

정부 관리가 억지로 자기 일을 거들어 오 리를 가게 하면—예수 시대 로마 병사라면 누구나 유대인에게 요구할 수 있었던 것처럼—역시 필요에 따라 "적절히" 더 많은 도움을 베풀 것이다. 어쩌면 그는 오 리를 더 가야 할지 모르고 나는 그럴 여력이 있을지 모른다. 그렇다면 갈 것이다. "당신은 나한테 이 이상 요구할 수 없소." 그렇게 말하며 혼자 힘으로 하게 내버려두지 않을 것이다. 거꾸로, "예수의 명령"을 이유로 상대가 원하든 원치 않든 무조건 내 마음대로 오 리 길에 더 나서지도 않을 것이다.

나한테서 뭔가를 빌리려 하는 사람과 그의 부탁을 피하지 않을 것이다. 나에게 요구할 "권리"가 전혀 없는 자라 할지라도 필요와 부탁 그 자체를 권리로 여겨 기꺼이 내줄 것이다. 그것이 하나님이 사람을 대하시는 방식이다. 그분은 우리도 같은 방식으로 대하기를 원하신다.

물론 각 경우마다 나의 선물−계속 약자로 남는 것, 물건과 시간을 내주는 것, 힘으로 돕는 것−이 **적절한** 것인지 정확히 분별해야 한다. 그것은 하나님 앞에서 나의 책임이다. 왕의 자녀로서 나는 언제나 그분의 임재 안에 살고 있다. 반대로, 율법의 방식은 결정의 책임을 회피한다. 책임과 그에 따른 비난의 소지를 하나님께 전가시킨다. 모든 행동에 율법이 **있어야만** 하는 이들이, 그토록 빈곤하게 쪼들리는 삶을 살며 진정 깊이 있는 경건한 성품도 잘 개발되지 않는 이유가 거기에 있다.

예를 들어, 심장 이식 수술을 준비중인 심장병 전문의라면 지금 다른 사람과 십 리를 걸어가서는 안된다. 요구를 분명히 거절하고 첫 오 리에서 행운을 빌며 그와의 동행을 끝낸 뒤 서둘러 작별해야 한다. 반드시 맡아야 할 다른 일이 있음을 잘 알기에 스스로 결정을 내려야 한다. 율법 조항을 내세워 분별의 책임을 외면할 수는 없다.

이미 소비한 물품의 대금을 아직 지불하지 못한 상태라면 수중에 있는 **그 돈**을 "아무나 달라는 사람한테" 줄 자유가 나에게는 없다. 물론 아주 특별한 요인이 개입된 경우는 예외일 수 있다.

다른 편 뺨을 돌려 댈 경우 내가 목숨을 잃는다든지 다른 사람들이 큰 피해를 입게 된다면 나는 전체 상황을 고려해야 한다. 나 개인의 아픔이나 모욕 이상으로 훨씬 큰 요소가 개입돼 있는 것이다. 그러면 "내가 먼저 쏴야" 할까? 꼭 그렇지는 않지만 그렇다고 무조건 "약자로 남는 율법"을 읊고 있을 수만은 없다. 하나님 앞에서 행로를 **결정해야** 한다. 적절한 근거로 소정의 저항을 택할 수 있다.

물론 그 근거가 보복이 돼서는 **절대** 안된다. 하나님 나라에 사는 한, 앙갚음의 여지란 조금도 있을 수 없다. 초대 교인들이 분명히 이행하고 실천했던 것처럼 우리는 "악을 악으로 갚지" 않는다(롬 12:17; 벧전 3:9). 우리의 삶이 천국의 삶인 한, 그것은 있을 수 없는 일이다. 여기 예수의 요지가 바로 그것이다.

상대가 소송으로 내 속옷을 취했을 때 그 사람보다 나나 혹 다른 사람에게 내 겉옷이 더 필요할 수 있다. 그렇지 않은 경우라면 물론 상대에게 너그러운 사랑과 축복으로 겉옷을 내어줄 것이다. 혹 상대의 필요가 너무 절박해 설사 내가 큰 고생을 겪더라도 겉옷을 우선 그에게 주어야 할지도 모른다. 하지만 상대에게 내 겉옷이 전혀 필요하지 않다면 어떻게 할 것인가? 그렇다면 "예수의 명령"을 내세워 "율법"을 지켜야 한다는 이유로 굳이 강요하지 않을 것이다.

"나는 예수의 예화에 나타난 행동을 그대로 행했는가?" 구체적인 각 상황에서 우리가 물어야 할 질문은 그것이 아니다. 우리의 물음은 이것이다. "나는 예수의 예화에 예시되어 있는 그런 사람이 되고 있는가?"

장면을 바꾸어

우리의 반응이 천국의 실체로부터 비롯될 때, 실제로 인간 관계가 역동적으로 변화된다. 우리가 돌려 댄 다른 편 뺨을 보고 상대는 어떻게 나올까? 뺨을 이미 쳤거나 계속 치고 있는 경우라도 마찬가지다. 얼마나 오래 갈까? 그러고 나서는 어떻게 될까? 이런 상황에서 빠져 나올 때 우리는 늘 올바른 방법을 취하도록 조심해야 한다. 어떤 모양으로든 학대가 있는 경우에는 다른 사람들 특히 지정된 관계 기관에 먼저 알려야 한다.

괴롭히는 자들은 말할 것도 없이 우리의 저항과 분노를 구실 삼아 자기 안에 있는 악을 한껏 휘두르려 한다. 우리의 반응이 예수의 방식을 따를 때, 그들은 제풀에 힘을 잃고 자신의 존재에 회의를 품게 된다. 물론 그들은 분노와 그 이상의 악감정으로 행동하고 있다. 그러나 우리가 다른 편 뺨을 돌려 대 이미 맞았거나 곧 맞을 상태에 있을 때 그들이 붙들고 있던 분노와 악의 정당화 이유는 사라지고 만다. 분노가 분노를 부른다면, 인내의 선은 대개 상대의 분노를 식히게 마련이다. 그렇든 그렇지 않든 필요하다면 반드시 관계 기관에 알려야 한다.

우리 쪽의 분노와 멸시와 정욕 탐닉은 예수의 가르침과 모본을 따라 이미 해결됐기 때문에 사건에 끼어들지 못한다. 우리의 반응을 통해 하나님 나라와 그 모든 자원이 효력을 발하기 시작한다. 앞서 말한 것처럼 우리는 "하나님 나라에 과감히 뛰어들며" 우리를 공격하고 억누르던 이들은, 게임이 자신의 생각과 다르게 되어 가고 있으며 통제권이 더 이상 자신에게 없음을 갑자기 깨닫게 된다. 그들의 행동은 대부분 극적인 변화를 보이며 언제나 깊은 영향을 입게 마련이다. 그래서 하나님 나라 안에 예수와 함께 선 자는 자신의 반응이 무의미한 것이 될까봐 걱정할 필요가 전혀 없다.

상대가 달라지지 않으면 어떻게 할까? 마음을 더 독하게 먹고 계속 공격해 온다면? 그때는 최선의 판단에 따라 행동을 취할 수도 있고 취하지 않을 수도 있다. 예수께서 천국 마음을 보여주시려고 사용하신 다른 상황들의 경우와 마찬가지로 여기서도 우리가 절대 취해서는 안되는 태도와 반응들이 있음을 안다. 하지만 실제로 어떤 행동을 **취할** 것인지는 우리가 결정할 문제다. 모든 관련자를 사랑하는 마음과 내가 원하는 것을 희생할 각오로 우리가 알고 있는 최선의 결정을 내려야 한다. 모든 상황에서 우리는 더 넓은 시야를 갖고 있다. 우리는 수동적 존재가 아니라 언제나 분명한 시각과 의연한 사랑으로 행동하는 자다.

우리는 영원한 시각이 있기에 사건의 진정한 본질을 안다. 또한 어떤 사태가 벌어져도 자신이 하나님 안에서 안전하다는 것을 안다. 약자가 될 수 있는 것도 사실은 전혀 약자가 아니기 때문이다. 우리의 삶을 주관하던 분노와 정욕의 힘이 이미 깨어졌기 때문에, 우리는 개인적 손해와 억압을 당해도 그리스도 방식의 반응이 언제나 더 쉬운 길임을 안다. 그것만이 피해자로서 피해를 아름답게 극복할 수 있는 유일한 길이다.

원수를 대하는 태도

내가 죽어도 슬퍼하지 않을 자들, 그런 사람을 전혀 만들지 않고 평생을 산다는 것은 극히 어려운 일이다. 지금까지 이 땅을 살다 간 사람치고 기꺼이 "나를 죽일" 사람들—다른 "동족들"—과 맞서 보지 않은 사람은 별로 없다. 날마다 뉴스에는 "원수"의 표준 목록이 나오지만, 사실 그것은 세상 사람들을 피차 적으로 규정하는 불변의 증오의 실체에 비하면 빙산의 일각에 지나지 않는다.

예수께서 예시하는 옛 의와 천국 의의 마지막 대비는 원수, 즉 자나 깨나 우리의 고통과 파멸을 생각하며 우리를 끈질기게 멸시하고 증오하는 이들을 대하는 태도에 관한 것이다. 이에 대한 옛 "의"는 아주 단순하다. 사실 **복수의 율법**의 또 다른 적용에 지나지 않는다. 그들이 우리의 파멸을 구하면 우리도 똑같이 그들의 파멸을 구하면 된다. 그들이 우리를 미워하면 우리도 그들을 미워하면 된다. 그것은 어디까지나 옳은 일이다(마 5:43).

반면, 예수는 우리에게 원수를 사랑할 것과 그 사랑을 최고의 사랑 행위인 기도로 끌어올릴 것을 명하신다. "너희 원수를 사랑하며 너희를 핍박하는 자를 위하여 기도하라. 이같이 한즉 하늘에 계신 너희 아버지의 아들이 되리니 이는 하나님이 그 해를 악인과 선인에게 비춰게 하시며 비를 의로운 자와 불의한 자에게 내리우심이니라"(마 5:44-45).

자기를 사랑하는 자를 사랑하고 자기 집단에 속한 자를 챙기고 살피는 것은 반역 압제자들과 마피아와 테러단들도 하는 일이다. 그렇다면 하나님 가족의 일원이요 차원이 다른 세계의 실체와 삶을 누리는 자의 의가 어떻게 **그것**을 통해 구별될 수 있겠는가? 하나님을 전혀 알지 못하는 "이방인들"도 그렇게 한다.

예수는 제자들에게 "하늘에 계신 너희 아버지의 온전하심과 같이 너희도 온전하라['텔레이오이', *teleioi*]"고 말씀하신다(5:48). 우리가 하나님의 생명을 받아 사는 천국 시민이요 하나님 자신의 온전하심과 충만한 능력을 지닌 자이기 때문이다.

의는 곧 사랑이다

천국 마음의 완성: 아가페 사랑

이 대비를 끝으로 예수는 영원한 삶의 복과 짝을 이루는 "내면의 의"에 대한 설명을 마치신다. 하늘 아버지의 특징인 아가페 사랑으로 완성되는 그분의 그림은, 천국의 의에 대한 구체적 행위와 예화를 훨씬 넘어서는 것이다. 사랑은 예화가 아니다. 그것은 서기관과 바리새인의 의를 넘어서는 의 자체다. 예수께서 5:20-48에 주신 다양한 상황의 모든 예화는 그야말로 그 사랑에 대한 예화일 뿐이다.

이 사랑 안에서 우리는 천국에 온전히 들어가 천국과 살아 있는 연합을 이루게 된다. 우리는 하나님의 통치와 그분 자신이 지니신 의(디카이오수네)를 구하고 찾았다(6:33). 그 연합을 통해 우리는 삶의 힘으로서의 사랑을 발견한다. 그 사랑의 다양한 모습이 고린도전서 13장에 놀랍게 표현돼 있다. 그러나 바울의 이 아름다운 서술은 예수의 산상 강화와 똑같이 율법적인 의미로 오해되는 경우가 너무 많다.

사랑은 오래 참고 온유하며 시기하지 않으며 교만하지 않으며 무례하지 않으며 자기의 유익을 구하지 않으며 쉽게 성내지 않으며 잘못을 기억하지 않으며 불의를 기뻐하지 않으며 진실을 기뻐한다고 바울은 말한다. 사랑은 언제나 지켜 주고 언제나 받아 주며 언제나 희망 속에서 모든 것을 견뎌 낸다. 사랑은 언제까지나 떨어지지 아니한다(고전 13:4-8).

사람들은 흔히 이 말씀을, 오래 참고 온유하고 시기하지 않는 사람이 돼야 한다는 **명령**의 뜻으로 읽으며 또 그렇게 가르친다. 예수의 산상 강화를, 다른 사람들을 바보라 부르지 말고 여자를 음욕을 품고 쳐다보지 말고 맹세하지 말고 십 리를 함께 가야 한다는 명령으로 읽는 것과 똑같다.

그러나 바울의 표현을 잘 보면 뜻이 분명하다. 이런 일들을 하는 것은 사랑이다. 우리가 할 일은 "사랑을 따라 구하는" 것이다(고전 14:1). 사랑을 "잡으면" 결국 이런 일들이 실제로 우리를 통해 이루어지는 것을 보게 된다. 이런 경건한 행동과 습성은 사랑 안에 거하는 삶의 자연스런 열매다. 우리는 이미 신분상 오래 참고 온유하며 시기하지 않는 새 사람이 됐다. 바울의 메시지는 예수의 메시지와 동일하다. 바울이 언제나 자기가 가르친 것은 예수께로부터 배운 것이라고 앞장서 말한 것도 전혀 이상한 일이 아니다(갈 1:12).

행하기 어려운 일들인가

그렇다면 예수께서 천국 사랑의 예화로 보이신 일들과 바울이 말한 바 사랑이 하는 일들은 과연 행하기 어려운 것일까? 존재의 내면, 생각과 감정과 확신과 성향의 깊은 이면에 본질적 변화가 일어나 사랑이 자연스럽게 배어 나오는 사람이 되지 않는 한 과연 어려운 일이다. 그러나 일단 그렇게 되면 어렵지 않다. 오히려 이전처럼 행동하는 것이 어렵게 된다.

"아버지여, 저희를 사하여 주옵소서. 자기의 하는 것을 알지 못함이니이다." 십자가상의 이 기도가 예수께는 어려운 일이 아니었다. 함께 십자가에 달렸던 자들이 적어도 처음 얼마동안 그랬던 것처럼, 오히려 원수를 욕하고 하나님과 세상 모두에게 저주와 악을 토해 내는 것이 그분께는 더 어려운 일이었다. 그분이 우리를 부르심은 당신 자신을 우리에게 주시기 위함이다. 우리를 부르신 것은 그분 자신처럼 행하라고 부르시는 것이 아니라 우리를 그분과 같은 존재, 사랑으로 충만한 존재가 되게 하려고 부르시는 것이다. 그분의 행동과 말씀대로 행하는 것은 그분 안에서 우리의 변화된 존재의 자연스러운 표현이 된다.

20세기 영국의 유명한 철학자 버트런드 러셀(Bertrand Russell)은 비록 나중에는 무신론자가 되었으나 어려서는 그리스도인으로 자라났다. 진정한 의미는 몰랐을지 모르지만 예수의 가르침 자체는 잘 알았다. 그가 이런 말을 남겼다. "'원수를 사랑하라'는 기독교의 원리는 선한 것

5장_ 천국 마음의 의 : 서기관과 바리새인의 의를 넘어

이다.……반대할 말이 전혀 없다. 다만 너무 어려워 대부분 인간이 진심으로 행할 수 없을 뿐이다."[24]

자신이 이해한 의미에서 과연 맞는 말이다. 자신이나 다른 사람들이나 내면이 달라지지 않은 채로 원수를 사랑해야 한다고 생각했던 것이다. 물론 대부분의 경우 실패는 뻔한 것이다. 러셀이 증오로 가득 찬 사람이라는 것은 러셀을 오랫동안 잘 알던 이들도 러셀 자신도 잘 알고 있었다. 그러니 사랑이 어려울 수밖에 없지 않겠는가.[25]

러셀의 오류가 곧 바리새인의 오류다. 이제 식별이 될 것이다. 바리새인들은 행위가 자연스럽게 율법에 부합되는 사람이 되려 하기보다는 율법을 지키는 것을 목표로 삼는다. 예수는 인간의 마음을 버트런드 러셀보다 잘 아셨다. 그리하여 그분은 사람들의 통상적 사랑, 즉 자기를 사랑하는 자들을 향한 사랑과 하나님의 아가페 사랑을 대비해 보이심으로 천국의 의에 대한 설명을 맺으신다. 아가페 사랑은 삶에서 부딪치는 모든 이에게 가 닿는 사랑이다. 사람의 힘으로 만들어 낼 수 없는 것이다. 그것은 우리의 행위가 아니라 하나님과의 교제를 통해 되어진, 앞으로 될 수 있는 우리 존재의 핵심이다. 그렇다면 원수를 사랑하는 것을 포함한 사랑의 **행위**는 그 아가페 사랑이 우리 안에서 행하는 바요 또한 우리가 변화된 새 사람으로서 행하는 바가 될 것이다.

지식적 진공 상태에 빠진 현대의 도덕 이론

이 장 첫머리에서 우리는 인간의 자원만으로 도덕성을 구축하려던 수세기에 걸친 시도가 이미 실패로 드러났음을 지적한 바 있다. 이제 천국 마음의 의에 대한 예수의 설명에 비추어 다시 그 사실로 돌아가려 한다.

그런 지적은 무엇을 근거로 나온 것인가? 단순하다. 1장 서두에 밝힌 것처럼 현재 우리 문화의 지식 사회에 통용되는 도덕적 지식 체계는 사실상 전무하다는 것이다. 외부적 계시의 도움 없이 인간의 생각과 경험의 틀 안에서만 인생의 도덕적 지침을 찾아내려고 한 수세기의 노력의 결과가 바로 그것이다.

반면에 예수의 원리에 바탕을 둔 기독교의 도덕적 선에 대한 가르침은, 진정한 도덕 지식 체계를 구성할 수 있는 역사적·이론적·실제적 자격을 충분히 갖추고 있다. 맹목적인 수용을 조장하기 위해서 하는 말이 아니라 오히려 정반대다. 사고와 실생활의 모든 영역에서 이런 가르침을 가장 엄격하게 시험해 볼 것을 독려하기 위해 하는 말이다.

1장에 소개한 그 여학생은 하버드를 그만두면서 콜스 교수를 찾아가 이렇게 말했다. "그동안 철학 과목들을 다 들었어요. 우리는 무엇이 진실되고 무엇이 중요하며 무엇이 **선**인지를 이야기합니다. 그러나 정작 사람들이 선하게 **되도록** 가르치려면 어떻게 해야 되죠?" 그리고 덧붙였다. "선한 사람이 **되려고** 꾸준히 노력하지 않는다면 선을 아는 것이 무슨 의미가 있나요?" 그러나 앞서 지적한 것처럼 선을 아는 문제는 요즘 대학 과목에서 심각하게 제시되지 않고 있다. 이 문제에서 뭔가를 "안다"는 것은 전적으로 불가능한 일로 간주되고 있다.

사실, 선을 아는 것도 선한 사람이 되는 것도 대놓고 조롱거리로 삼는 것이 오늘날 대부분 학계의 현실이며 그런 태도는 그대로 우리의 삶으로 이어진다. 이것이 현대 세속 윤리학을 정립하려던 오랜 노력의 결과다. 그러나 보크 총장과 콜스 교수의 말이 공히 보여주는 바와 같이, 선을 알고 선한 존재가 되려는 인간의 관심은 여전히 그대로 남아 있다. 영원히 사라지지 않을 현실 생활의 이슈이기 때문이다.

천국 마음의 의에 대한 예수의 가르침은, 그분이 인생의 문제에 있어 타의 추종을 불허하는 위대한 스승임을 보여주거니와, 그것은 무엇보다도 바로 이 이슈, 인간이 어떤 존재가 되어야 하는지와 관련해 여실히 드러나고 있다. 진지하게 알고자 하는 자라면 누구나 직접 자신의 경험을 통해 그분의 가르침이 사실임을 확인할 수 있다. 그러나 단순히 그분의 가르침을 외면하고 현대 지성의 도그마 뒤에 숨는 방식으로는 그 가르침이 정말 유효한지 그렇지 않은지를 밝혀낼 수 없다.

6장_ 천국 투자: 명예와 부의 기만을 피하여

너희가 서로 영광을 취하고 유일하신 하나님께로부터 오는 영광은
구하지 아니하니 어찌 나를 믿을 수 있느냐?
_ 요한복음 5:44

바리새인들은 돈을 좋아하는 자라. 이 모든 것을 듣고 비웃거늘
예수께서 이르시되 "너희는 사람 앞에서 스스로 옳다 하는 자이나
너희 마음을 하나님께서 아시나니 사람 중에 높임을 받는 그것은
하나님 앞에 미움을 받는 것이니라."
_ 누가복음 16:14-15

예수의 산상 강화를 통해 지금까지 우리는 인간이라면 누구나 피할 수
없는 인생의 두 가지 중요한 질문에 대한 그분의 답을 배웠다. 진짜 부자
는 누구인가? 그리고 진정 선한 사람은 누구인가? 인간의 역사에서 일하
시는 하나님을 받아들여 그분과 친밀한 관계를 맺고 그것을 바탕으로
인생을 살아가는 사람, 그 사람이 복된 자라는 것을 우리는 알게 되었다.
그는 현재의 천국에 이미 들어와 있는 자다.

또한 진정 선한 사람이란, 가장 깊은 이해와 동기의 차원으로부터

자신이 대하는 모든 이들―물론 하나님과 자기 자신도 포함하여―의 유익을 전심으로 도모하는 자다. 하나님의 도우심을 통해 이들은 단지 "잘못을 범하지 않는" 정도로 통하던 의, 즉 서기관과 바리새인의 의를 뛰어넘어 "천국"과 연합을 이룬 내면의 마음과 생각을 따라 행동하게 되었다.

이들을 '우리 안에 있는 하나님 나라'와 살아 있는 연합의 자리에 이르게 한 것은, 바로 예수를 믿는 믿음이다. 예수와의 연합을 통해 이제 이들은 진리와 자유와 사랑의 힘으로 악의 구조를 무너뜨리는 그분의 모략에 동참자가 되었다. 악은 지금도 인간 역사를 지배하고 있다. 우리는 조용하지만 단호하게 예수의 그 힘과 한편이 될 수 있다. 우주의 실상을 바로 알기 때문이다. 사도 바울의 표현으로 "선으로 악을 이기는" 것은 단지 여기저기 산발적인 개인 차원의 노력이 아니다. 언젠가 실제로 이 땅이 그렇게 될 것이다. 예수의 부활과 지금도 인간 속에 살아 계신 그의 생명의 힘이 확실한 보증이다.

진정한 행복과 천국 마음의 선을 보여주신 예수는, 이제 마태복음 6장에서 우리에게 하나님과 끊임없이 동행하는 삶과 그 나라 안에서 건강하게 성장하는 것을 방해하는 두 가지 주요 문제를 일깨워 주신다. 하나는 특히 자신의 경건함에 대해 타인들의 인정을 받으려는 욕망이고, 또 하나는 물질적 부를 통해 자신의 안전을 꾀하려는 욕망이다.

이 두 욕망을 그냥 내버려두면, 우리를 천국의 통치―앞에서 "하나님의 의지가 효력을 발하는 영역"으로 표현했던―에서 끌어내 또다시 서기관과 바리새인의 시시한 "의"로 되돌려 놓고 말 것이다. 그러나 하나님께 대한 분명하고 지속적인 훈련된 믿음을 통해 그 욕망을 잘 다스린다면, 우리는 천국의 실체 안에서 빠른 속도로 성장할 것이다. 인생의 모든 영역을 점진적으로 하나님 나라에 통합시키게 될 것이며, 물론 거기에는 사회적·경제적 영역도 포함된다. 지금까지 무수히 많은 이들이 그 사실을 입증해 왔다.

명예의 덫

매혹적인 종교적 명성

종교적 명예와 존경에 대한 욕망은, 우리를 **곧바로** 서기관과 바리새인의 의로 끌어내릴 것이다. 그 욕망은 언제나 행동의 근원인 마음이 아니라, 보여지는 행동에 전적으로 초점을 두고 있기 때문이다. 예수는 서기관과 바리새인들에 대해 이렇게 지적하셨다. "저희 모든 행위를 사람에게 보이고자 하여 하나니 곧 그 차는 경문을 넓게 하며 옷술을 크게 하고 잔치의 상석과 회당의 상좌와 시장에서 문안 받는 것과 사람에게 랍비라 칭함을 받는 것을 좋아하느니라"(마 23:5-7).

인간의 삶―특히 종교적 삶―에서 감투와 공적 보상에 대한 욕망은 정말 놀랄 정도다. 자동차에 붙이고 다니는 학벌과 소속 단체에 대한 과시와 선전, 일상사가 되다시피 한 자격증과 경력 부풀리기, 그리고 "자존감" 문화의 한 부분으로 당연시되는 그 밖의 많은 행태들이 하나님의 임재 안에 있는 우리의 위치와 무관하게 그저 삶의 일부가 되고 말았다.

하나님 나라의 자녀들에게는 전혀 어울리지 않는 태도다. 예수는 말씀하신다. "그러나 너희는 랍비라 칭함을 받지 말라. 너희 선생은 하나이요 너희는 다 형제니라. 땅에 있는 자를 아비라 하지 말라. 너희 아버지는 하나이시니 곧 하늘에 계신 자시니라. 또한 지도자라 칭함을 받지 말라. 너희 지도자는 하나이니 곧 그리스도니라. 너희 중에 큰 자는 너희를 섬기는 자가 되어야 하리라"(8-11절).

얼마나 새로운 세계인가! 그러나 불행히도, 다음 주일 설교 본문에 대해 내기를 걸어야 한다면 이 말씀에는 걸지 않는 것이 좋을 것이다. 기독교의 헌신의 공적인 형태는 예수께서 이 말씀에서 배격하시는 내용과 너무나 비슷하다. 지역 교회들과 종교 단체들과 종교 매체에서 어떤 사람들이 무슨 이유로 명사 대접을 받는지만 살펴보면 금세 알 수 있다. 하나님을 향한 우리의 신실한 태도가 종교적 명예의 영향에 관한 것이라면, 우려해야 할 이유가 우리에게는 얼마든지 많이 있다.

오직 한분의 청중 앞에 서서

물론 우리는 외적인 형식이나 그 형식의 부재에 얽매이지 않아야 함을 이제는 분명히 안다. 형식은 틀렸으나 마음은 옳을 수 있고, 형식은 옳지만 마음이 틀렸을 수 있다. 다른 사람을 형식상 "아버지"라 부른다 해서 반드시 그 사람을 아버지로 여기는 것은 아니다. 법정 증언에 나서기 전 선서를 한다 해서 청중을 기만하려는 것이 아닌 것과 마찬가지다. 인간의 교활한 마음은, 오히려 법정 선서의 거부 자체를 예/아니오를 넘어서는 방책으로 악용할 수 있다. 중요한 것은 하나님 앞에서 우리 중심이 의도하는 바다.

예수는 마태복음 6:1 첫머리부터 원리 제시로 이야기의 포문을 여신다. "사람에게 보이려고 그들 앞에서 너희 의(디카이오수네)를 행치 않도록 주의하라. 그렇지 아니하면 하늘에 계신 너희 아버지께 상을 얻지 못하느니라."

두 가지를 주의 깊게 살펴볼 필요가 있다.

첫째, 예수의 가르침은 선행을 **감추어야** 한다는 뜻이 아니다. 경우에 따라 그래야 할 때도 있겠지만, 그것이 예수의 요지는 아니다. 선행이 알려지는 것은 본질상 전혀 잘못된 일이 아니다. "마음의 간음"의 경우와 마찬가지로 문제가 되는 것은 의도와 목적이다. 앞서 살펴본 것처럼, 상대를 **보다가** 성적 욕망이 들었는가가 아니라 성적 욕망을 **위해서** 보았는가가 중요한 것이다. 여기서도 동일하다. 선행을 하다가 사람들 눈에 뜬 것이 문제가 아니라 사람들 눈에 **띄려고** 선행을 하는 것이 문제인 것이다. 선행을 그 자체 때문에 하지 않고 인정받기 위해 하거나 다른 사람에게 그렇게 시킬 때마다 그것은 우리의 삶에서 하나님의 역할을 탈취하는 것이다.

둘째, 우리의 의도는 선행을 통해 바라고 기대하는 것으로 알 수 있다. 인간에게 보이려고 선행을 한다면 그것은 우리가 바라는 것이 인간에게서 나오는 것이기 때문이다. 하나님은 우리의 기대에 부응하여 반응하신다. 인간의 인정과 칭찬을 바라며 그것을 목표로 선행을 한다면 하나님은 정중하게도 옆으로 비켜서신다. 우리가 바라는 바가 하나님과 상관없기 때문이다.

이것은 하나님의 인격적 성품과 그분과의 관계의 본질에 그대로 부합하는 것이다. 앞에서 본 것처럼 하나님은 우리가 원하지 않을 때에는 임재를 꺼리신다. 하나님은 우리가 그분을 원할 때와 원하지 않을 때를 잘 아신다. 이와 비슷하게, 사람들이 진정 인간의 반응을 구할 때는 그분은 일반적으로 말해 끼어들지 않으신다. 우리의 목표가 자신의 경건함으로 인간에게 좋은 인상을 주는 데 있다면, 그분은 기꺼이 허용하시며 곁으로 비켜서신다. 물론 궁극적으로 그분의 날은 온다. "여호와의 날", 그분의 때가 올 것이다.

한편으로, 우리가 하나님 앞에서만 산다면 그분은 우리의 기대에 반응해 주신다. 그분 자신만을 향한 기대다. 유명한 기독교 사상가요 지도자인 오스 기니스(Os Guinness)는 미국 역사의 청교도들에 대해, 그들은 오직 한분의 청중 앞에 선 자처럼 살았다고 말한 바 있다. 오직 하나님의 의견만이 중요한 것처럼 인생을 살았던 것이다. 물론 그들은 그것이 예수 그리스도께서 가르치신 바임을 잘 알았다.

그러나 "오직 한분의 청중"의 원리는 경건 행위나 자선 행위뿐 아니라 우리가 하는 모든 일로 확대된다. 사도 바울은 우리에게 어떤 상황에서든 매사에 "마음을 다하여 주께 하듯 하고 사람에게 하듯 하지 말라"고 권고한다. "이는 유업의 상을 주께 받을 줄 앎이니 너희는 주 그리스도를 섬기느니라." 사실 우리는 모든 일을 "주 예수의 이름으로 하고 그를 힘입어 하나님 아버지께 감사"해야 한다(골 3:17-24). "의"의 행위에 대해서는 더 말할 것도 없다.

왼손이 모르게 하라

이제 예수는 하나님 앞에서의 선행의 올바른 동기에 대해 우리에게 구제, 기도, 금식의 세 가지 **예화**─율법이 아니라 예화임을 잊어선 안된다─를 들려주신다.

첫째, 그분은 가난한 이들을 구제하는 박애 행위, 즉 "자선 행위"에 대해 말씀하신다. 여기 "구제"(6:2)로 번역된 헬라어 단어는 영어의 **자선**(eleemosynary)이라는 말과 똑같은 말이다. 비영리 자선 단체나 기관을 지칭하는 말이다.

그런 행위를 할 때에, 예수는 "외식하는 자가 사람에게 영광을 얻으려고 회당과 거리에서 하는 것같이 너희 앞에 나팔을 불지 말라"고 말씀하신다(6:2). 그리고 덧붙이신다. "진실로 너희에게 이르노니 저희는 자기 상을 이미 받았느니라." 그들은 자기가 원하는 것을 얻었다. 그들은 사람들이 자신의 선행을 알아주기 원했다. 그리고 사람들은 과연 알아주었다. 자아는 부풀어오르고 영혼은 오그라든다.

여기서 "외식하는 자"에 대해 특별히 짚고 넘어갈 필요가 있다. 이것은 신약에서 예수만이 사용하신 단어다. 그분은 이 단어를 열일곱 번 사용하신다. 고전 헬라어에서 외식하는 자, 즉 **위선자**(hypocrite)라는 말은 본래 무대에 서는 배우를 가리키던 단어였으나 점차 위장을 하는 사람이면 누구나 지칭하는 말이 되었다. 이 단어와 그에 상응하는 인간 특성을 서구 세계의 도덕 용어로 끌어들인 사람은 예수 한분뿐이었음을 문서 기록을 통해 분명히 알 수 있다.[1] 하나님 앞에서 마음 내면의 도덕적 중요성을 남다르게 강조하시기 위함이었다. 우리는 창조적 존재이기에 마음이야말로 우리의 참 실상이다. 그리하여 예수는 세상을 향한 우리의 얼굴과 하나님 앞에서의 우리의 인격을 거듭 명백히 구분하곤 하셨다.

지금 우리는 예수 당시 팔레스타인에 멋진 극장들이 많이 있었음을 알고 있다. 분명 그분은 그 극장들을 잘 알고 있었을 것이다. 그분의 고향 나사렛에서 불과 몇 킬로미터 거리의 세포리스라는 도시에도 극장이 있었다. 예수가 젊은 나이였을 때 건립된 것이다. 그때 예수는 아버지와 함께 거기서 인부로 일했을지도 모른다. 헤롯 대왕은 예루살렘은 물론 여리고와 사마리아에도 이미 멋진 극장을 지은 바 있었다.[2] "외식하는 자"에 대해 말씀하실 때 그분은 청중의 마음을 온전히 사로잡는 아주 생생한 이미지를 사용하신 셈이다. 연극 인물들이라면 청중들도 익히 알고 있었기 때문이다. 그리하여 그들은 당시 가장 눈에 띄는 종교 행위가 실상은 많은 부분 허위로 꾸며 낸 것이었음을 알게 되었다.

예수께서 지적하신 그런 행동을 사람들이 실제로 할 수 있으리라고는 여간해서 믿어지지 않는다. 그러나 그들은 실제로 그랬다. 자신의 선행에 시선을 끌기 위해 문자적으로 나팔을 부는 것은 오늘날 우리의 방식은 아니다. 그러나 이러한 특정 행동에는 인간의 영속적 특성이 잘 예시되어 있다. 오늘날 병원이나 대학 등 사회 기관 건물의 신축에 돈을 내게 하는 것이 기존 건물의 보수를 위해 돈을 쓰게 하는 것보다 훨씬 쉽다는 것을 모금 관련자들은 잘 안다. 신축의 경우 기부자나 그 가족의 이름을 건물명으로 삼거나 적어도 이름을 새긴 명판을 내걸 수 있다. 그러나 건물 보수에는 그런 것이 없다. 걸레자루나 빗자루에 자기 이름을 새기고 싶어 하는 사람은 없을 것이다. 나팔을 불지 않더라도 선행에 생색을 내는 방법은 얼마든지 있다. 어떻게든 길을 찾아내는 것이 우리다.

이에 상반되는 예수의 가르침은, "자선 행위"를 할 때 "오른손이 하는 것을 왼손이 모르게" 해야 한다는 것이다. 그것이 어떻게 가능한 일일까? 실제 **해보려고** 해도 분명 실패로 끝날 것이다. 왼손에게 뭐라고 말할 것인가? "오른손이 하는 것을 못 본 척하라"고 말할 것인가? 그것은 불가능한 일이다. 오른손을 못 본 척한다는 것은 사실상 오른손을 의식하고 지켜봐야 한다는 뜻이다.

코미디언 빌 코스비는 자신의 어린 시절을 자주 연기로 소개하곤 했다. 거기 보면 아이들이 어떤 한 아이를 특정 활동에서 제외시킬 때 으레 하는 말이 있다. 한쪽 모퉁이에 서서 15분 동안 분홍색 북극곰에 대해 생각하지 않고 있어야 다음 번 놀이에 끼워 준다는 것이다. 물론 일부러 그 생각을 안한다는 것은 불가능한 일이다. 분홍색 북극곰을 생각하지 않는다는 생각을 해야 하고, 그것은 곧 분홍색 북극곰을 생각하는 것이 되기 때문이다.

그러나 예수는 행동을 **넘어서** 행동의 근원을 지적하고 계심을 우리는 잊어서는 안된다. 이것은 그분의 모든 말씀에 적용되는 일반 원리다. 선행이 그 성품에서 자연스럽게 흘러나올 정도로 날마다 하나님과의 동행을 통해 온전히 변화된 사람이라면, 의당 오른손이 하는 일을 왼손이 모르게 되어 있다. 예컨대 자기 차를 운전하거나 자기 나라 말을 할 때 전혀 의식하지 못하는 것과 같다. 그들이 하는 일은 자연스러우며 아예 자동적일 때도 많다. 내면이 온통 그런 **존재**가 되어 있기 때문이다. 다른 사람을 위한 선행에 굳이 많은 생각을 거칠 필요가 없는 이들이다. 보는 사람이 있든 없든 이들의 행위는 "은밀한" 것이다. 하나님과 주변 사람들을 향한 사랑에 사로잡혀 있기 때문이다. 이들은 자신의 행위를 거의 의식하지 못하며 기억하는 일도 드물다.

진정 하나님을 바라보며 하나님 앞에서 살아가는 그들에게 하나님은 응답해 주신다. "은밀한 중에 보시는 너의 아버지가 갚으시리라" (6:4). 남의 시선과 상관없이 베풀며 자신조차도 특별한 일이나 "거창한 일"로 느끼지 못하는 자, 그가 바로 하나님의 시선을 사로잡는 자요 하나님의 선행에 창조적으로 동참하는 자다. 이런 사람들은 하나님과의 교제의 참맛을 누릴 뿐 아니라 자신의 선행이 하나님의 능력으로 몇 배의 영향을 미치는 것을 보게 된다. 엄청난 열매를 맺기로 유명한 자들이다. 그러나 예수께서 아셨던 것처럼 우리는 그것이 그들과 함께하시는 "하나님의 손"으로 인한 것임을 알아야 한다.

기도할 때에

둘째, "외식하는 자"들은 기도할 때에도 다른 사람들에게 보이기 위해서 한다. 그러나 위선자라는 말의 뜻 그대로 그들의 실상은 겉보기와 다르다. 주변 사람들 눈에는 하나님 앞에 경건해 보인다. 그러나 그들의 관심은 사람들에게 좋은 인상을 심는 데 있다. "저희는 사람에게 보이려고 회당과 큰 거리 어귀에 서서 기도하기를 좋아하느니라"(6:5). 하나님 역시 좋게 봐주시리라는 생각은 있을 수도 있고 없을 수도 있다. 그것은 중요한 것이 아니다. 중요한 것은 사람들이 봐주는 것이다.

그리고 과연 뜻대로 된다. 사람들은 그들을 본다. 그것이 그들이 얻는 상이다. 원하는 것을 얻은 셈이다. 모든 과정이 인간 능력의 범주 안에 들어 있다. 이들은 자신의 행위에 하나님의 개입을 거부했고 따라서 하나님은 그들의 일에 관여하지 않으신다. 이들의 의는 "결단코 천국에 들어가지 못하"는 바리새인 수준의 의다. 이번에도 역시 자아는 부풀어 오르고 영혼은 오그라든다.

이와 유사한 일이 선의의 사람들에게도 종종 일어난다. 기도할 때 인간의 시선을 무시하는 데 익숙해 있지 않기 때문이다. 그러므로 이들은 기도할 때, 자신의 말이 남들에게 어떻게 들릴지에 온통 생각이 쏠려 있다. 하나님이 자신의 기도에 응답하지 않을 때 다른 사람들이 어떻게 볼까, 그것이 초미의 관심사일 수도 있다. 하나님의 환심을 사느라 절절매는 이들도 있다. 하나님 나라에서 기도할 때는 이렇게 자아를 의식하는 모든 태도를 깨끗이 버려야 한다.

그리하여 하나님 나라의 자녀는 기도할 때 심지어 시야에서 사라질 수도 있다. 남들이 나의 기도를 알든 모르든 거기에 초연하는 법을 배웠기 때문이다. 그들은 골방에 들어가 문을 닫는다. 거기서 아버지께 기도한다. 예수는 그분이 은밀한 중에 **보시는** 분일 뿐 아니라 은밀한 중에 **계신** 분이라 말씀하신다(6절). 아주 중요한 부분이다. 은밀한 곳이 하나님이 계시는 곳이다. 거기서 우리는 "전능하신 자의 그늘 아래" 선다(시 91편).

기도란 진정한 신학 연구의 방편, 즉 하나님이 어떤 분이신지 이해하는 길이라는 말이 있거니와 과연 맞는 말이다. 하나님은 영혼이시며 실체의 차원에 존재하신다. 그곳은 가시적 삶의 기초요 근원인 인간의 마음 또는 영혼이 존재하는 곳이기도 하다. 거기가 바로 인간 개개인이 "신령과 진정으로" 하나님을 만나는 곳이다.

기도의 열매 역시 신자의 삶에 엄청난 변화로 나타난다. "은밀한 중에 보시는 네 아버지께서 갚으시리라"(6절). 삶의 가시적 차원에, 가시적 세계의 용어로는 설명할 수 없는 매우 중요한 사건들이 개입한다. 바울의 말처럼 아무도 "신령한" 사람을 이해할 수 없다. "은밀한" 실체에 의해 움직이기 때문이다.

예수는 이 본문에서 또한 기도를 기계적 과정으로 오해하는 것에 대해 경고하신다. 기도를 마음의 문제가 아닌 물리적 또는 가시적 세계의 사건으로 와전시키는 또 하나의 오류다. 하나님을 모르는 이들, 즉 "이방인" 또는 '에트니코이'(ethnikoi)는 그저 소리만 반복해서 발하면 원하는 결과를 얻는 줄로 착각하고 있다. 여기 "중언부언"으로 번역된 '바탈로가사테'(battalogasate)라는 말(6:7)은 무의미한 반복을 뜻한다. 웅얼거리거나 뜻 없이 지껄이는 말과 같다. 세심하게 작성된 기도문과는 전혀 거리가 멀다.

"이방인"은 이스라엘의 하나님이자 예수의 하나님이요 살아 계시고 인격적인 우주의 하나님께 드리는 기도가, **공통 관심사에 관한 지적인 대화**라는 사실을 모른다. 이 기도는 하나의 목표를 위해 함께 노력하는 공동체 안에서 가능하며, 그 공동체는 아가페 사랑과 용서의 마음이 모든 관계의 기본이 된다(6:14-15). 반면, 이방인은 "신"을 이용하여 소원을 이룰 생각으로 무의미한 말을 쉬지 않고 반복한다.

이 오해를 잘 보여주는 사례가 사도행전 8장에 나와 있다. 비가시적 천국이 사도들을 통해 사마리아에 큰 능력으로 임했다. 사마리아는 일찍이 예수께서 따뜻한 영접을 받았던 곳이다. 그 성에 "크다 일컫는" 시몬이라는 마술사가 있었다. 그는 사도들의 말과 행동의 가시적 결과를 보고, 자신의 마술사 업종과 같은 계열인 줄 생각했다. 그리고 사도들로부터 그 "비밀"을 돈을 주고 사서 자기 사업에 이용할 수 있을 줄 알았다.

그는 사도들을 통해 나타난 가시적 현상이 하나님 앞에서 마음과 존재의 차원의 문제이며 그분과의 영적 연합의 결과임을 이해하지 못했다. 사도행전 19:11-17에 나오는 귀신 쫓는 유대인들도 비슷한 실수를 범한다.

천국의 기도와 그 효력은, 전적으로 하나님 앞에 온전히 정직하게 열려 있는 존재의 내면의 문제다. 기도란 전 존재를 다해 말하는 것이며 결연한 의지와 분명한 마음으로 하나님의 행동에 합류해 들어가는 것이다. 기도야말로 예수를 따르는 제자로서 우리가 배워야 할 가장 중요한 것 가운데 하나다. 그분은 우리에게 삶의 모습으로 기도하는 법과 기도의 모습으로 사는 법을 가르쳐 주신다.

예수는 아주 적절하게도 산상 강화의 바로 이 시점에서 흔히 주기도문으로 알려진 모범 기도를 일러 주신다. 사실 그것은 **제자**의 기도이며, 그 역할은 하나님 나라의 삶에서 절대적으로 중요한 것이다. 이 기도에 대해서는 다음 장에서, 하나님이 지금도 지어 가고 계신 "기도와 사랑의 공동체"를 생각할 때 집중적으로 살펴볼 것이다.

지금까지 이 책의 내용을 이해한 독자라면, 여기 예수께서 기도에 대한 가르침을 통해 공중 기도를 금하시거나 자신이 주신 모델 기도대로만 기도해야 한다는 식의 율법을 정하고 있다는 생각에 빠지지 않을 것이다. 그러나 오해가 워낙 만연되어 있기 때문에, 산상수훈이 율법이 아니라 삶—하나님의 진정한 율법이 궁극적으로 자연스럽게 완성될 삶—에 대한 가르침이라는 사실은 아무리 반복해 말해도 지나치지 않다.

마찬가지로, 그분의 가르침은 기록된 기도문이나 기도서의 사용을 전혀 배제하지 않는다. 그러나 즉흥적이고 비형식적인 종교 행위도 사전에 규정된 형식적 행위 못지않게, 아니 그 이상으로 얼마든지 "인간을 기쁘게 하는 육신적인" 것이 될 수 있다. 비형식에 자긍심을 갖는 사람이라면 특히 더 그렇다.

하나님 앞에서만 하는 금식

셋째, 금식도 빈번히 과시와 명예의 도구로 와전돼 왔다. 금식이란 일정 기간 동안 일정 정도만큼 정상적 음식과 마실 것을 스스로 박탈하는 것이다. 하나님과 동행하는 신자의 삶의 한 차원을 이루는 철저히 성경적인 행위다. 그러나 예수 당시의 "외식하는 자들"은 금식할 때 어떻게든 핼쑥해 보이려 했다. 특수 화장으로 얼굴을 보기 흉하게 만드는 기발한 방법까지 개발해 냈다. 자신이 금식중임을 남들에게 분명하게 보이기 위해서였다.

여기서도 예수는 그들이 자기가 원하는 것을 얻는다고 지적하신다. 그들은 자신의 "경건함"을 남들에게 보이기 원하며, 과연 그 모습은 사람들 눈에 띄고도 남는다. 예수는 다시 말씀하신다. "내가 진실로 너희에게 이르노니 저희는 자기 상을 이미 받았느니라"(마 6:16). 그들이 원한 유일한 상은 그것이었다.

이어 그분은 천국 생활의 한 행위로서 금식의 올바른 방향을 우리에게 가르쳐 주신다. "너는 금식할 때에 머리에 기름을 바르고 얼굴을 씻으라. 이는 금식하는 자로 사람에게 보이지 않고 오직 은밀한 중에 계신 네 아버지께 보이게 하려 함이라. 은밀한 중에 보시는 네 아버지께서 갚으시리라"(6:17-18). 예수의 말씀은 그 특유의 참신한 의미로 우리를 다시 한번 놀라게 한다.

물론 그리스도의 마음으로 금식해 본 경험이 없는 자라면 금식이 괴로운 것이라고 생각할 법도 하다. 괴롭다면 사실대로 그렇게 보여야 하는 것 아닌가? 예수께서 지금 우리에게 "꾸미라"고 하시는 것인가? 하나님만 바라보고 금식하지 않는 자나 아직 그 **방법**을 배우지 못한 자라면 과연 괴로울 것이다. "외식하는 자들"은 더 말할 것도 없다.

그러나 "은밀한" 금식을 배우면 비가시적인 천국이 우리의 영과 육을 직접 떠받쳐 준다는 사실을 예수는 아셨다. 우리는 괴롭지 않을 것이다. 그러나 분명 **달라질** 것이다. "육체에" 거하는 물리적인 인간 실존이 알지 못하는 방식으로 넘치는 힘과 기쁨을 맛보게 될 것이다. 그것은 "은밀한" 근원에서 오는 힘과 기쁨이다.

예수는 세례와 공생애 시작 사이에 오랜 금식의 시간을 가지시던 중 사탄으로부터 돌들로 떡덩이가 되게 하여 먹으라는 시험을 받으셨다. 그분의 대답은 천국과 천국의 삶을 이해하는 데 매우 중요한 것이다. 그분은 신명기의 말씀을 인용하신다. "사람이 떡으로만 살 것이 아니요 하나님의 입으로 나오는 모든 말씀으로 살 것이라"(마 4:4; 신 8:3). 여기서 우리는 "하나님의 입으로 나오는 모든 말씀"이 무엇을 뜻하는지 잘 이해할 필요가 있다.

하나님의 말씀인 "만나"

신명기 8장의 본문에 열쇠가 들어 있다. 거기서 "하나님의 입에서 나오는 말씀"이 일차적으로 지칭한 것은 "만나"였다. 만나는 이스라엘 백성

　　　　　　6장_ 천국 투자: 명예와 부의 기만을 피하여

이 이집트와 가나안 중간의 광야를 방황하는 동안 먹고 살았던 음식이다. 그런데 이 **만나**란 아주 재미있는 단어다. 본래 이 말은 "무엇이든" 또는 "무엇인가?"라는 뜻이다. 과연 만나는 정체 불명의 물질이었다. 그것은 인간의 물리적 필요에 적합한 소화 가능한 형태의 물질로, 이미 세상에 알려진 과정을 통해서가 아니라 하나님의 행동 또는 "말씀"에 의해 직접 만들어진 것이다.

중요한 것은, 광야에서 음식의 필요만 하나님의 직접적 행동에 의해 채워진 것이 아니라 의복과 신발의 필요도 채워졌다는 사실이다. 이스라엘 백성은 40년 동안 똑같은 신발을 신고 똑같은 옷을 입었다(신 8:4). 하나님이 계속 새롭게 해주신 것이다. 그것은 그들이 받았던 천국 생활 훈련의 중요한 한 부분이었다. 몇 세기 후 느헤미야는 또 하나의 위대한 역사적 구원이 하나님의 손을 통해 이루어지고 있는 시점에서, 광야에서의 하나님의 공급을 다시 떠올리고 있다. "사십 년 동안을 들에서 기르시되 결핍함이 없게 하시므로 그 옷이 해어지지 아니하였고 발이 부릍지 아니하였사오며"(느 9:21).

물론 이 모든 것은 하나님이 처음부터 말씀과 행동으로 모든 물리적 질서를 창조하신 분이요 바위에서 물을 내시며 지팡이에 "움이 돋고 순이 나고 꽃이 피어서 살구 열매가 열"리게 하신(민 17:8) 분이라는 전체 문맥 안에서 보아야 한다.

이 하나님은 물리적·비물리적 실체를 지배하는 모든 기본 공식의 주인이시다. 알베르트 아인슈타인이 발견한 유명한 $e=mc^2$ 같은 공식이 좋은 예다. (여기서 e는 에너지, m은 물질의 질량, c는 빛의 속도를 뜻한다.) 인간의 관점에서, 우리에게 사용 가능한 것은 주로 **물질**이다. 삶의 필요를 채우기 위해 우리는 제한된 한계 내에서 그 물질을 조작해 유용한 형태의 에너지를 만들 수 있다. 그때 거치는 것이 소화, 연소, 원자 분열 또는 융합 등의 과정이다.

그러나 하나님께서는 공식의 "에너지" 쪽도 똑같이 사용 가능하다. 그분은 끝없는 에너지 공급량을 소유하고 있다. 그래서 그분은 소량의 떡과 물고기를 "증식시켜" 수천 명을 먹이실 수 있고, 당신을 향해 믿음으로 금식하는 자의 몸의 물리적 필요를 직접 채워 주실 수 있다. 그분의 '레마'(*rhema*) 곧 "말씀"은(마 4:4) 금식중 우리의 굶주린 몸의 물리적 양식이 되는 구체적 실체다.

물론 우리 모두가 그리하고 또 그래야 하는 것처럼 예수도 정상적인 음식을 먹었다. 그것은 하나님이 정하신 바 겸손과 감사로 받아야 할 정상적 과정이다. 그러나 예수는 하나님께서 몸에 직접 채워 주시는 양식도 알았다. 그리고 우리도 그것을 알기 원하신다. 예수께서 사마리아 여인을 만나는 복음서의 기사는(요 4장) 성경 전체를 통틀어 신학적으로 가장 귀중한 본문 가운데 하나다. 그중에서도 가장 위대한 가르침은 기사의 끝 부분에 등장하고 있으나 그냥 간과될 때가 많다.

늦은 오후였다. 예수께서 마을 우물가에 앉아 여행에 지친 몸을 쉬는 사이 제자들은 음식을 구하러 마을에 들어갔다. 제자들이 돌아와 보니 예수는 "여자"와 대화를 나누고 있었다. 그분이 이런 불명예스러운 일을 하시다니, 제자들은 깜짝 놀랐다. 여자는 급히 마을로 뛰어가 사람들에게 그분 이야기를 했고 그러자 동네 사람들은 "여자"의 보고에 대한 반응으로 예수를 보러 나왔다. 그때 제자들은 예수께 자기들이 구해 온 음식을 드시도록 권했다.

그분의 대답은 금식에 대해, 그리고 우리가 천국과 연합될 때 일어나는 사건에 대해 많은 것을 가르쳐 준다. 그분은 말씀하신다. "내게는

6장_ 천국 투자: 명예와 부의 기만을 피하여

너희가 알지 못하는 먹을 양식이 있느니라." 인간이 먹을 수 있는 양식에 대해 제한된 이해밖에 없던 제자들은 즉시 누군가 다른 사람이 음식을 갖다 드린 줄로 생각한다. 그러자 예수는 자신에게 양식이 된 천국의 음식에 대해 설명해 주신다. "나의 양식은 나를 보내신 이의 뜻을 행하며 그의 일을 온전히 이루는 이것이니라"(요 4:34).

하나님의 충만한 세상의 실체에서 비롯된 다른 많은 성경 말씀들과 마찬가지로 여기서도 우리는 이 말씀이 단지 "듣기 좋은 말"인지 여부를 결정해야 한다. 분명 **뭔가** 의미는 있겠지만 기껏해야 종교적 인간 조건이나 마음 상태에 대한 모호한 발언에 지나지 않을 것이라고 많은 이들이 말할 것이다. 예를 들어, 예수의 이 말씀에 대한 세간의 이해는 흔히 이런 것이다. 즉 사람이 하나님의 뜻을 행하거나 "착한 일"을 하면 자신과 삶에 대해 기분이 좋아지며 주변 사람들로부터 후원과 격려를 받게 된다는 것이다. 이렇게 예수의 기쁜 소식은 사실상 인간 조건에 대한 모호한 희망 사항으로 전락하고 만다.

그러나 그런 접근을 취하기에 앞서 최소한 물어야 할 것이 있다. "내게는 너희가 알지 못하는 먹을 양식이 있느니라"는 말이 과연 사실일진대, 그 말을 처음 듣던 제자들에게 분명히 전달된 의미는 무엇일까? 요한복음 4장의 경우, 예수와 제자들이 거론한 이슈는 정확히 물리적 양식의 필요와 그것을 채우는 방식에 관한 것이었다. 예수는 물리적 양식도 영적 근원에서 직접 채워질 수 있음을 지적하고 있다.

이에 비하여 요한복음 3장에서는 또 하나의 생명의 문제가 거론되고 있다. 예수는 그런 또 하나의 생명이 여기 이 땅 위의 인간들 속에 들어오는 방법을 설명하기 위해 "위에서" 태어나는 개념을 제시하고 있다. 이 "태어남" 역시 기껏해야 인생의 새 출발 정도나 뜻하는 "듣기 좋은 말"이 아니라 분명히 하나의 **실체**요 실제적 사건 내지 조건이다.

물론 이 모든 본문에서 정말 중요한 역할을 하는 것은 "실체"에 대해, 특히 하나님과 그분의 세상에 대해 실제로 품고 있는 우리의 믿음이다. 하나님 나라에 대한 믿음이 부족할 때 우리는 성경 말씀을 "듣기 좋은 말"로 읽을 수밖에 없다. 많은 사람들이 모든 성경 말씀과 심지어 종교 전체를 단순히 그 범주에 집어넣고 있다. 조지 산타야나(George Santayana)는 종교란 "삶의 짐에 대한 서정적 탄식", 즉 잠시 짜릿한 감정에 빠지는 것 정도로 보았다.

어떤 사람이 목사 앞에서 평정을 잃고 욕을 했다고 한다. 당혹스런 침묵이 흐른 뒤 그는 겸연쩍게 목사를 쳐다보며 이렇게 말했다. "괜찮습니다, 목사님. 저는 욕을 조금 하고 목사님은 기도를 조금 하지만 아무 의미 없기는 둘 다 마찬가지 아닙니까?" 하나님 나라를 향한 우리의 믿음에 하나의 도전이 있으니, 즉 그 나라를 말할 때 사실로 믿고 말하느냐는 것이다.

예수가 "사실로" 알고 말씀하셨다는 점, 그리고 그 말씀이 의미하는 내용은 그분의 성품과 주변 사람들을 사랑하고 돕는 능력 속에 잘 나타나 있다. 그분의 놀라운 삶과 사역은 아버지와의 관계에서 나온 것이다. 물론 우리와 하나님의 관계는 예수님의 수준만큼은 못된다. 그러나 그분과 그분의 나라로 양식을 삼을 때, 우리가 그분 안에서 보는 것은 분명 우리의 것이 된다.

내 살을 먹으라

그분은 우리에게 자신을 "먹으라"고 말씀하셨다. "나는 하늘로서 내려온 산 떡이니 사람이 이 떡을 먹으면 영생하리라"(요 6:51). "하늘로서 내려온 떡이니 사람으로 하여금 먹고 죽지 아니하게 하는 것"은 만나가 아니라 그분이다(48-50절). 금식의 실행은 예수 자신을 양분으로 삼아야한다는 이 가르침과 좋은 짝을 이룬다. 금식은 하나님이 직접 영혼을 먹이시고 붙드시며 새롭게 하심을 강조해 준다. 금식이란 예수와 아버지께서 당신들의 삶을 우리의 삶과 영원히 연합하시는 또 다른 세계의 실체에 대한 간증이다(요 14:23). 이 참된 "음식"을 굳게 의지할 때 그 결과는 명백한 것이다.

다음은 최근 천국의 금식을 배워 실행하기 시작한 한 목사의 고백이다.

금식의 훈련이 내게 새로운 중요성을 띠면서 규칙적 삶의 일부로 자리하고 있다.…… "성 베네딕트의 규율"에 보면 수사들에게 "금식을 사랑할" 것을 권하는 조항이 있다. 이제 설교할 때마다 금식하는 것은 나의 일상적 습관이 되었다. 하나님을 의지하는 마음과 내 입에서 나가는 말의 놀라운 능력을 깊이 절감하곤 한다. 그것은 교인들 중 설교 테이프 사역을 맡고 있는 사랑하는 자매를 통해 입증되고 있다. 이 자매는 올해 1월부터 설교 테이프 주문량이 두 배로 늘었다며 이렇게 말했다. "정말 신기해요. 무엇 때문인지는 모르지만 계속 그렇게 해주세요!"

목사는 은밀한 중에 계신 아버지 앞에서 금식하는 법을 배웠고 아버지는 그의 사역의 노력에 함께 역사하사 "갚아" 주셨다. 가시적 세계에 나타난 결과는 목사 자신의 능력의 요인을 훨씬 벗어나는 것이었다. 예수의 말씀대로 된 것이다.

은밀함의 필수 훈련

산상 강화의 이 본문에서 예수께서 우리에게 가르치시는 것은 다른 사람들의 의견에 지배당하지 않아야 한다는 것이다. 바울은 그렇게 지배당하는 것을 눈의 노예가 된다는 뜻의 **아이서비스**[eye-service, '오프탈모둘리안'(ophthalmodoulian), 골 3:22; 엡 6:6]라는 멋진 말로 표현했다. 물론 여기에는 남에게 보이기 위해 선을 행하는 것과 남이 볼까 두려워 나쁜 짓을 하지 않는 것이 똑같이 해당된다. 행동이든 무행동이든 결정적 동기는 하나님 나라를 존중하는 마음에 있어야 한다. 우리는 예수의 사람들로서 그 나라를 사는 자들이다.

행동이든 무행동이든 인간의 인정이 동기가 될 때, 그것은 하나님의 임재를 나와 무관한 것으로 밀쳐 내고 스스로 인간 나라에 종속되는 것이다. 악을 피할 때에도 선을 행할 때에도 오직 하나님을 존중하여 그리해야 한다. 누가 볼까 두려워 악을 피하는 것도 어쨌든 악을 피하는 것이므로 괜찮다고 생각할지 모른다. 그러나 그것은 하나님을 존중하지 않는, 그리고 다른 사람들만 없다면 그분께 불순종할 우리의 태도를 그대로 드러내는 것이다. 양쪽 경우 다 기본 원리는 똑같다.

은밀함의 **훈련**은 우리의 영혼과 행동에 대한 인간 의견의 지배력을 깨뜨리는 데 도움이 된다. 훈련이란 당장의 노력으로 안되는 일을 이룰 수 있도록 주어진 능력 안에서 스스로 힘을 길러 가는 과정이다. 예수는 여기서 우리를 은밀함의 훈련으로 인도하고 있다. 우선 우리의 종교 단체에서 인정된 일들―헌금, 기도, 금식, 예배 참석 등―을 하되 이따금씩 아무도 모르게 해본다. 행위의 동기와 보상을 인간에게 두지 않는 것이다. 그렇게 눈의 노예로부터 벗어나면 남이 알든 모르든 그것은 중요하지 않게 된다. 계속해서 그렇게 살아가는 법을 배워 나간다.

6장_ 천국 투자: 명예와 부의 기만을 피하여

이것은 산상수훈의 이 부분에서 예수께서 우리에게 가르치시는 바를 이해하는 데 매우 중요한 점이다. 특히, 언제나 도사리고 있는 율법주의—의를 특정 행동으로만 이해하는—의 위험을 감안하여, 우리는 예수께서 선행과 기도와 금식을 **반드시** 은밀한 중에만 해야 한다는 식으로 율법화하지 않으신 이유를 알아야 한다. 성경의 실상과 예수 자신의 행동을 볼 때 그것은 분명히 율법이 아니다.

예수께서 종종 잘못 굳어진 관습을 바로잡아 주신다는 점을 생각해 보라. 앞의 여러 장에서 이미 언급한 내용이다. 마태복음 6:1-18의 전제가 되는 굳어진 관습은 분명 선행, 기도, 금식을 사람에게 보이려고 하는 행위다. 그분은 우리에게 그런 관습을 따르지 말라고 가르치신다. 그래서 "너희는 구제[기도, 금식]할 때에 은밀하게 하라"는 말씀을 주신 것이다. 그러나 그분의 말씀은 "너희 선행[기도, 금식]을 절대로 아무도 보게 하거나 알게 하지 말라. 그렇지 않으면 죄가 된다"는 뜻이 **아니다**.

이 말씀이 산상 강화의 앞부분에서 주셨던 "이같이 너희 빛을 사람 앞에 비취게 하여 **저희로 너희 착한 행실을 보고** 하늘에 계신 너희 아버지께 영광을 돌리게 하라"(5:16)는 명령과 전혀 모순되지 않는 이유가 거기에 있다. 그분의 가르침은 율법이 아니라 훈련으로 이어진다. 그 훈련이 우리를 하나님을 향한 전인적 사랑의 율법을 성취할 수 있는 자로 준비시켜 준다.

"종교적 외면"

기독교 신자들의 지역 모임인 교회를 자세히 살펴보면, 예수께서 이 가르침을 통해 우리의 교회가 영생의 학교로서 무력할 수밖에 없는 근본적 이유를 지적하고 계심을 알 수 있다. 과연 기관이란 그 기관을 처음 존재케 한 중심 기능을 왜곡하고 파괴하는 경향이 있다는 것이 사회/역사 전개의 일반 법칙이 아닌가 싶다. 몇 년 전 클라이드 리드(Clyde Reid)는 우리의 교회 활동들이 오히려 하나님을 **외면하는** 쪽으로 짜여져 있음을 지적하는 가슴 아프리만큼 예리한 글을 발표한 바 있다. 그의 "종교적 외면의 법칙"은 이렇게 돼 있다. "우리는 하나님을 가리고 진정한 종교 체험을 막는 쪽으로 교회를 조직하며 유지하고 있다."[3]

교회 생활에 대한 설득력 있는 많은 관측과 함께 그는 이렇게 말한다.

> 오늘날 교회의 장년부 교인들은 심각한 신앙적 질문을 거의 제기하지 않는다. 자기의 회의가 드러날까봐 혹은 이상한 사람으로 생각될까봐 두렵기 때문이다. 교회 안에는 종교적 문제에 대해 은연중 **침묵의 모의**가 있다. 교회가 별로 내세울 만하게 사람들의 삶을 변화시키거나 행동에 영향을 미치지 못하고 있다는 사실이 그 모의 덕에 은폐되고 있다.[4]

대부분의 교회 모임을 보면, 서로가 마음을 깊이 열 수 있는 시간과 기회가 거의 없다. 두렵기 때문이다. 마음을 열면 서로 부딪치고 분노하여 갈라질지 모른다고 우리는 생각한다. 다른 사람들이 나를 어떻게 생각하고 어떻게 대할까, 그것이 두려워 우리는 마음을 열지 못한다. 교회에서 보내는 시간 중 "다른 사람들이 어떻게 생각할까"를 생각하는 시간과 "하나님이 어떻게 생각하실까"를 생각하는 시간을 솔직히 양으로 따져 비교해 본다면 우리는 아마 충격을 받을 것이다. 교회의 지도자 자리에 있는 이들은 이 점을 깊이 생각할 필요가 있다.

오늘날 교회 예배에서 벌어지는 "아이서비스"는 종종 사람들의 마음을 "움직이려는" 형태로 나타난다. "예배 참 좋았어." 우리는 흔히 그렇게 말한다. 하지만 무슨 의미로 하는 말인가? 진정 하나님이 예배를 어떻게 보셨을까를 생각하며 하는 말인가? 좋은 예배에 대한 인간의 시각은 하나님의 시각과 어떤 상관 관계가 있는가? 우리는 여기에 대단히 조심할 필요가 있다. 그렇지 않으면, "진실로 이르노니 저희는 자기 상을 이미 받았느니라"는 규정이 우리에게 적용될 수도 있다.

자신이 목사라 해보자. 하나님이 우리 교회 예배에서 혹은 **나의** 사역 노력에 대한 반응으로 진정 아무 일도 하시지 않는다면, 설사 참석한 이들이 예배를 좋게 보고 좋게 말하며 다음 주에 친구들을 데리고 다시 온다 해도 그것이 정말 얼마나 중요한 것이 될까? 나는 사람들의 환심을 사내 설교를 듣도록 해야 한다는 유혹에 빠질 수 있으며, 하나님 없이 얼마든지 그렇게 해나갈 수 있다.

여호와께서 선지자 에스겔에게 하신 말씀이 자신의 경우가 되지 않게 하려면 지도자 위치에 있는 자들은 어떻게 해야 할까?

> 백성이 모이는 것같이 네게 나아오며 내 백성처럼 네 앞에 앉아서 네 말을 들으나 그대로 행치 아니하니 이는 그 입으로는 사랑을 나타내어도 마음은 이욕을 좇음이라. 그들이 너를 음악을 잘하며 고운 음성으로 사랑의 노래를 하는 자같이 여겼나니 네 말을 듣고도 준행치 아니하거니와(겔 33:31-32).

삶의 자리가 어디이든 우리의 삶과 일이 하나님 나라의 것이 되려면 인간의 인정을 일차 목표나 주요 목표로 삼아서는 안된다. 다른 사람들이 나에 대해 어떻게 생각하든 사랑으로 허용할 수 있어야 한다. 물론 경우에 따라 설명을 통해 나를 더 잘 이해하고 나의 일의 가치를 알 수 있도록 도와줄 수도 있다. 그것 역시 사랑의 행위다. 그러나 어떤 경우이든 우리는 주님을 섬김으로써만 다른 사람들을 섬길 수 있다.

부의 굴레

네 보물이 있는 곳에

하나님 나라 밖에서 안전을 구하는 것에 대한 예수의 경고는 보물에 대한 가르침으로 이어진다. 보물이란 우리가 가치를 부여하여 간직하려 하는 물건이다. 그 자체로는 전혀 가치가 없을 수도 있으나 그럼에도 불구하고 우리는 지극 정성으로 그것을 간수한다. 소중히 여긴다는 말도 보물에서 나왔다. 예를 들어 우리는 집이나 은행에 "금고"를 둘 수 있다. 상자가 금고(safe)라니 재미있는 말 아닌가? 사전에 보면 '금고'란 '물건(식료품 또는 귀중품)을 안전하게 보관하는 장소나 용기'로 정의돼 있다.

　물론 물질만 보물의 대상이 되는 것은 아니다. 예컨대 자신의 명예, 사람, 사람과의 관계, 학교나 기업이나 국가의 안전과 명예도 다 보물이 될 수 있다. 유대-기독교 전통의 가장 중요한 계명은 하나님과 그분의 세계를 그 무엇보다 소중히 여기라는 것이다. 그것이 바로 마음을 다하고 성품을 다하고 뜻을 다하고 힘을 다하여 하나님을 사랑한다는 말의 의미다. 그분을 보물로 삼고, 그분과 그분께서 아끼시는 것을 아끼며, 그분을 지키고 돕는다는 뜻이다. 우리의 지혜와 안전과 성취는 **그분**을 그렇게 소중히 여기는 데서만 얻어질 수 있다. 그제서야 우리는 이웃도 그분이 아끼시는 대로 바르게 사랑할 수 있다.

　사람은 누구나 보물이 있기 마련이다. 그것은 인간 존재의 필수 요소다. 아무런 보물도 가진 것이 없다면 이미 인간이기를 포기한 것이다. 보물을 모욕, 파괴, 박탈하는 것만큼 치욕적인 일은 없다. 사실, 상대의 보물이 무엇인지 애써 알려고 하는 것만으로도 이미 심각한 침해다. 아주 특별한 경우를 제외하고는 아무도 타인의 보물을 알 권리가 없다. 서로의 보물을 아는 것은 친밀한 관계의 중요한 부분이다. 보물이란 우리의 영혼 또는 의지와 직접 연결되어 있으며 결국 인간 존엄성과 맞닿아 있다. 예를 들어 부모는 자녀의 "보물 공간"을 존중해 주는 것이 아주 중요하다. 그 공간은 아이의 영혼의 한가운데 자리하고 있기에 그것을 존중하고 함양해 주지 않으면 아이는 커다란 피해를 입을 수 있다.

내 아들 존 새뮤얼에게는 어렸을 때 '졸린 개'라는 이름의 인형이 있었다. 생김새가 가히 짐작이 갈 것이다. 존은 놀 때나 잘 때나 이 인형을 늘 옆에 두었다. 시간이 흐르자 인형은 낡아지고 닳아졌다. 물론 아이 엄마는 인형을 최대한 깨끗하게 손보아 주었다. 그러나 지혜가 무궁무진하던 나는―그런 지혜는 젊을 때 훨씬 많았다―마침내 졸린 개를 다른 인형으로 바꾸기로 했다. 그리하여 우리는 다른 조그만 인형을 구한 뒤 졸린 개를 치워 버렸다. 존은 그 일을 영 받아들이지 못했다. 떠나간 작은 친구를 여린 마음으로 두고두고 슬퍼했다. 물론 낡은 인형을 굳이 그렇게 빼앗아 없애 버려야 할 이유는 전혀 없었다.

노동수용소에 갇힌 사람들이나 길거리에서 살아가는 집 없는 노숙자들은 남들 눈에는 한낱 우스꽝스러워 보일 수 있는 물건을 간직하려고 온갖 수고도 마다하지 않으며 심지어 목숨을 걸기도 한다. 그들 중 보물이 없는 사람은 하나도 없다. 사진 한 장일 수도 있고 낡은 편지일 수도 있고 장신구나 하찮은 물건일 수도 있다. 사람의 보물은 그가 보호하고 간수하고 지키려는 대상을 보아 알 수 있다. 나의 보물이 다른 사람에게는 전혀 무가치한 것일 때도 많다. 물론 그렇지 않을 때도 있다. 돈, 부, 물질의 경우가 거기에 해당된다.

그러므로 보물을 논한다는 것은 곧 보물로 **여기는 마음**을 논한다는 것이다. 단지 "비영적"이고 물리적인 "외면적 물질"을 논하는 것으로 대충 넘어갈 문제가 아니다. 이것은 우리 영혼의 근본적 상태를 다루는 문제다. 물질적 영역에서의 우리의 현재의 삶이 영원한 삶인지에 대한 여부와 그 정도를 다루는 문제인 것이다.

좀과 동록과 도적이 없는 곳

예수께서 보물과 관련하여 우리에게 맨 처음 말씀하시는 것은 "땅에" 있는 것을 보물로 삼는 것이 좋은 전략이 못된다는 점이다. 땅의 보물은 본질상 외부의 침입에 안전할 수 없다. 여기는 "좀과 동록이 해하며 도적이 구멍을 뚫고 도적질"하는 곳이다(마 6:19). 사이버 공간도 "바이러스"와 정전과 백업 데이터의 소실로부터 안전하지 못하다.

다른 대안을 모른다면 참으로 우울한 생각일 수 있다. 앞에서 톨스토이가 신앙에 이르게 된 여정을 소개한 바 있다. 잘 알려져 있듯이 그는 자기가 소중히 여겨 온 모든 것들이 죽거나 사라질 것이라는 생각에 오랜 세월 답답한 우울에 빠져들었다.[5] 역사상 최고의 문호 중 한 사람이 된 이후의 일이었다. 그러나 그에게 전수되었던 "교육받은 자들의 세계관"은 오늘날도 그러하듯 철저한 절망만 안겨 주었다. 예수의 가르침 속에서 그는 대안을 찾았고, 그 대안은 이내 그를 인생에 대한 절망과 일의 무의미에서 건져 주었다.

예수의 지혜는 우리를 위하여 "보물을 하늘에 쌓아 두라"는 것이다(6:20). 그곳은 자연의 힘이나 인간의 악이 우리가 소중히 여기는 것을 해칠 수 없는 곳이다. 이 말은, 곧 하나님이 유지하시고 다스리시는 영적 실체의 영역에 뭔가 변화를 남기는 쪽으로 삶의 방향을 맞추라는 말이다. 우리의 삶을 하나님이 하시는 일에 투자하라는 말이다. 하나님의 일은 소실될 수 없다.

물론 그렇게 하려면 우리는 예수 자신과의 관계 및 그분을 통한 하나님과의 관계에 투자해야 한다. 그러나 그것과 밀접한 관계가 있는 또 다른 투자가 있다. 다른 사람들—나의 영향력의 반경 내에 있는 사람들—의 유익에 자신을 내어주어야 한다는 것이다. 그들은 하나님의 보물이다. 성경은 "여호와의 분깃은 자기 백성이라"고 말한다(신 32:9). 거기에는 분명 독특하고 근본적인 방식으로 우리 자신도 포함된다. 우리는 아무도 하지 못하는 방식으로 자신의 영혼과 삶을 돌볼 수 있다. 그런 의미에서 인간에게는 자신만이 돌볼 수 있는 영역이 있다.

우리는 또한 자신과 이웃들이 한 부분으로 속해 있는 이 놀랍도록 부요하고 아름다운 물리적 영역, 즉 이 땅 자체를 돌본다. "천지가 주의 규례대로 오늘까지 있음은 만물이 주의 종이 된 연고니이다"(시 119:91). 하나님 자신이 이 땅을 진심으로 사랑하시며 결코 거기서 손을 떼지 않으신다. 그분이 사랑하시는 곳이요 좋은 곳이기에 그것을 돌보는 우리의 일도 영원한 일이요 영생의 한 부분이 된다.

만물에는 마땅히 존중해야 할 자연 질서가 있다. 경험과 교육에 건강한 지각을 빼앗기지만 않았어도 인간은 자연히 그것을 깨닫게 돼 있다. 하나님이 이스라엘 백성에게 주신 옛 율법 속에서 그런 표현을 많이 찾아볼 수 있다. 예를 들어 이 율법의 한 소박한 규정을 보면, 염소 새끼를 그 어미의 젖으로 삶지 못하도록 돼 있다. 이는 정통 유대교 가정에 중요한 부분이다. "말도 안되는 소리야!" 생각 없는 사람은 그렇게 말할 수 있다. 물론 이 율법이 금하는 행동을 특정 상황에서 반드시 행해야 할 불가피한 필요나 이유가 있다면 얼마든지 그럴 수 있다.

그러나 염소 새끼와 그 어미로 더불어 가까이 살며 그들의 연합을 깊이 들여다본 자라면, 염소 새끼의 생명을 유지하도록 어미에게 주어진 젖을 바로 그 새끼를 삶는 데 사용한다는 것이 얼마나 부당한 일인지 잘 알 것이다. 사실, 생명이란 그런 합당함과 부당함을 가려 순리에 맞도록 지음받은 것이다.[6] 그러므로 "보물을 하늘에 쌓아 둔다"는 것은 가슴에 깊이 와 닿는 천국 생활의 이 모든 측면, 즉 하나님이 이 땅에서 하시는 모든 일을 소중히 여긴다는 뜻이다. 하늘이 지시한 질서와 방법을 좇아, 특히 예수께서 친히 보여주신 본을 따라 그렇게 하는 것이다. 그렇게 살 때 우리의 보물은 **절대 안전**하다. 우리가 하는 모든 일은 영원히 가치를 발한다. 하나님의 영생에 싸인 자신의 삶 속에 그대로 보존되는 것이다.

이것이 바로 사도 바울이 말한 "성령을 위하여 심는" 삶의 커다란 한 부분이다. 그렇게 심는 자는 "성령으로부터 영생을 거"둔다. 그래서 바울은 계속해서 이렇게 말한다. "우리가 선을 행하되 낙심하지 말지니 피곤하지 아니하면 때가 이르매 거두리라. 그러므로 우리는 기회 있는 대로 모든 이에게 착한 일을 하되 더욱 믿음의 가정들에게 할지니라"(갈 6:8-10). 이것이 바로 매일, 매시간 하늘에 보물을 쌓으며 사는 **길**이다.

삶의 중심은 마음

그렇게 할 때 보물만 절대 안전하게 보호되는 것이 아니라 우리의 삶 전체가 실체와 본연의 관계를 되찾게 된다. 이제 우리의 영혼은 시각이 분명해져 만물을 제대로 대할 수 있다. 보물은 마음을 사로잡는다. 예수는 "네 보물이 있는 그곳에는 네 마음도 있느니라"(마 6:21) 하고 말씀하신다. 마음이란 곧 의지요 영혼이며 우리의 삶이 흘러나오는 존재의 중심이라는 사실을 잊지 말라. 우리의 모든 일에 방향을 정해 주는 것이 바로 마음이다. 그러므로 방향이 제대로 정해진 마음은 인격 전체에 건강과 온전함을 가져다준다.

이 진리를 명확히 가르쳐 주시고자 예수는 우리의 "심안"과 "육안"을 비교하신다. 시력이 주변 환경에 대한 몸의 활동에 영향을 미친다는 것은 다 아는 사실이다. "눈은 몸의 등불이니." 눈이 성하면 몸이 주변 환경 속에서 쉽게 움직인다. 예수의 말씀처럼 "온몸이 밝을 것"이다(6:23).

하나님 나라에 속한 것을 소중히 여기는 사람은 모든 것을 본연의 가치와 관계 속에서 보게 된다. 반대로, "땅에" 속한 것을 보물로 삼는 자는 그 시각이 왜곡되어, 사실상 체계적으로 매사를 오도한다. 약물이나 특정 활동에 중독된 사람이 극단적인 예에 속한다. 다른 모든 것은—심지어 자신의 몸과 영혼까지—중독 대상 및 그 탐닉과의 관계에서만 보게 된다.

그러므로 "눈이 나쁘면 온몸이 어두울 것"이다. 그러나 영혼의 눈, 즉 "네게 있는 빛"이 제 기능을 못하면 모든 것이 어둡다(6:23). 한마디로 앞뒤 분간도 하지 못한다. 자신이 어디 있으며 어디로 가고 있는지 알지 못한다. "잃어버린 영혼", 곧 죽은 영혼이란 바로 그것을 두고 하는 말이다.

하나님과 재물을 겸하여 섬길 수 없다

보물이란 어쩔 수 없이 섬김의 대상이다. 하루 종일 그것을 위해 땀 흘리고 온 밤을 그것에 대해 생각한다. 보물은 곧 우리의 꿈이다. 그러나 이 세상과 비가시적 천국을 둘 다 섬길 수 있다고 생각하는 이들이 적지 않다. 잠깐 동안은 그렇게 될지 모른다. 그러나 하나가 다른 하나에 종속되어야 할 시간이 반드시 오게 돼 있다. 행동의 **궁극적** 목적이나 근거가 두 개일 수는 없다. 그것이 삶이다. 아무도 피할 수 없다.

우리는 하나님과 "땅에" 속한 것을 동시에 섬길 수 없다. 양쪽의 요구가 서로 상충되기 때문이다. 예를 들어 이미 하나님을 최우선으로 삼은 사람이 아니라면, 재정적 안전과 인간의 인정과 욕망의 성취를 위해 당연히 해야 할 일들이 필경은 하나님의 뜻에 어긋나는 것일 수밖에 없다. 십계명의 첫 계명인 "너는 나 외에는 다른 신들을 네게 있게 말지니라"는 말씀이 열 계명 중 **첫째로** 나오는 이유가 바로 거기에 있다.

그러므로 하나님과 재물을 동시에 보물로 삼아 섬긴다는 것은 언어도단이다. 이유 여하를 막론하고 하나님이 그것을 용납하시리라고 상상할 수 없다. 물론 하나님을 위해 물질을 섬길 수는 있다. 그분을 위해 물질을 아끼고 잘 사용하는 것이다. 그것은 곧 예수께서 서두에 하신 말씀대로 보물을 하늘에 쌓아 두는 일이다. 여기에 대해서는 예수의 제자 내지 학생이 되는 것과 관련하여 8장에서 훨씬 더 많은 이야기를 하게 될 것이다.

하늘 보물의 현재성

이 하늘 보물을 "장래"를 위한 것으로만 간주하는 경향이 있는 것 같다. 이를테면 사망 후에나 혜택을 받을 수 있는 생명보험처럼 생각하는 것이다. 물론 우리는 예수 그리스도의 친구인 우리에게 다음 말씀의 내용이 보장돼 있음을 반드시 알아야 한다. "썩지 않고 더럽지 않고 쇠하지 아니하는 기업을 잇게 하시나니 곧 너희를 위하여 하늘에 간직하신 것이라. 너희가 말세에 나타내기로 예비하신 구원을 얻기 위하여 믿음으

로 말미암아 하나님의 능력으로 보호하심을 입었나니"(벧전 1:4-5). 이
것은 중요한 것이다. 이집트인들이 오래전에 깨달은 것처럼 우리는 이
땅에 살아 있는 시간보다 "죽어 있는" 시간이 훨씬 길 것이다.

그러나 하늘에 쌓아 둔 우리의 보물은 지금 현재 가져다 쓸 수 있는
것이기도 하다. 필요할 때마다 꺼내 쓸 수 있고 또 그래야 한다. 사실상
그 보물이란 현재 내 삶에 하나로 연합되어 있는 하나님 자신 및 그 나라
의 놀라운 모임과 다를 바 없기 때문이다. 지금 이미 "너희가 이른 곳은
시온 산과 살아 계신 하나님의 도성인 하늘의 예루살렘과 천만 천사와
하늘에 기록한 장자들의 총회와 교회와 만민의 심판자이신 하나님과 및
온전케 된 의인의 영들과 새 언약의 중보이신 예수"다(히 12:22-24). 장
래가 아니라 현재다.

내세를 떠나 인간에게 가장 소중한 것은 이 놀라운 실체, 현재의 하
나님 나라의 일원이 되는 것이다. 영원은 지금 진행중이다. 나는 지금 영
원히 지속될 삶을 살고 있다. 하늘에 있는 내 보물을 현재의 필요를 위해
찾아 쓰고 있다. 이생의 필요를 채우는 방편으로 은행에 좋은 신용을 쌓
는 것과 하나님께 좋은 신용을 쌓는 것 중 하나를 택해야 한다면, 나는 조
금도 주저하지 않을 것이다. 은행은 안중에도 없을 것이다!

이미 지금 나의 참 생명은 "그리스도와 함께 하나님 안에 감춰"어 있
다(골 3:3). 하늘에 있는 내 "보물"은 단지 내가 거기 쌓아 둔 미미한 것에
서 그치지 않는다. **그곳에 있는** 내 사랑의 대상이자 내 안전과 행복의 근
원, 그분이 내 보물이다. 그분은 "우리의 피난처시요 힘이시니 환난 중
에 만날 큰 도움"이신 하나님 자신이다(시 46:1). 사도 바울이 자신의 경
험을 통해 우리에게 가르쳐 준 바와 같이 "나의 하나님이 그리스도 예수
안에서 영광 가운데 그 풍성한 대로 너희 모든 쓸 것을 채우시리라"(빌

4:19). 이것이 '우리 안에 있는 하나님 나라'에 대한 성경의 한결같은 증거다.

나의 가치는 새 몇 마리?

바로 이러한 배경에서 이제 우리는 예수의 산상 강화의 전개를 따라, 이 책 앞부분에서 언급했던 주제로 다시 돌아간다. "우리에게는 염려할 이유가 전혀 없다." "현 세상은 우리가 살기에 더없이 안전한 곳이다." 이 것이야말로 예수께서, 그리고 성경 전체가 우리에게 주시는 분명한 말씀이다. "나의 평생에 선하심과 인자하심이 정녕 나를 따르리니 내가 여호와의 집에 영원히 거하리로다"(시 23편).

이 말이 이상하거나 심지어 **억지같이** 들린다는 것을 잘 안다. 그러나 그렇게 들리는 것은, 인간의 현실적 자아와 전체 주변 환경을 바라보는 태도가 물리적 혹은 "이 땅의" 실체만이 유일한 실체인 것처럼 고질적으로 그쪽으로 기울어져 있기 때문이다. 그러니 그 실체 이외의 다른 것을 보물로 삼는다는 것은 잘못된 일일 **수밖에** 없다. 그것은 환각에 기대어 사는 것이다. "땅의" 것을 인간 실존의 최고의 가치로 삼지 않는 한, 우리는 미친 사람처럼 취급받을 각오가 돼 있어야 한다.

그러나 일반 사람들이 의당 그래야 한다고 생각하는 것처럼 우리가 "재물"을 보물로 삼는다면 우리의 운명은 이미 정해져 있다. 우리의 운명은 불안이다. 염려다. 좌절이다. **불안**과 **염려**라는 단어는 둘 다 목을 조르는 것이나 숨이 막히는 것과 상관이 있다. 말할 것도 없이 불안할 때의 기분이 그런 것이다. 벌어지는 사건들이 우리의 목을 졸라 숨을 끊어 버릴 것만 같다. 우리는 해를 입는다. 무슨 일이 닥칠지 두렵다. 아무리 노력해도 대책이 되기에는 미흡하다. 인간의 많은 문제들 가운데 여태껏 가장 많은 에너지— "걱정하지 말고 기분 좋게 살라!"는 노래에서부터 시간당 250달러의 정신과 치료에 이르기까지—가 쏟아 부어진 것이 아마도 이 불안과 염려의 문제일 것이다.

예수를 의지할 때 우리에게는 천국의 영역에서 풍성한 보물을 누린다는 또 다른 대안이 있기에, 그분은 우리에게 또 하나의 "그러므로"를 말씀하신다. "그러므로 목숨을 위하여 무엇을 먹을까, 무엇을 마실까, 몸을 위하여 무엇을 입을까 염려하지 말라"(마 6:25). 그분은 계속하여 목숨이 음식보다 중요하며 몸이 의복보다 중요하다고 말씀하신다. 삶이란 하나님의 불멸의 나라를 지금 누리는 일이다. 지금 우리가 살고 있는 삶이 영원의 한 부분인 것이다.

예수는 우리 주변의 자연의 생물들을 보라고 일깨워 주신다. 특히 그분은 새와 들풀을 가리켜 보이신다. 이 주제와 관련하여 새에게서 얻을 수 있는 가장 중요한 교훈은 새들은 "보물을 땅에 쌓아 두지" 않는다는 것이다. 그들은 하나님 아래 자신의 세상에서 매일의 필요에 따라 매일의 양식을 받는다. 새를 보면 주기도문의 문구가 생각난다. "오늘날 우리에게 일용할 양식을 주옵시고."

천국의 현재적 실체—광야에서 만나를 만들어 낸 것도 이것인데, 만나는 하루 단위로 거두어야 했고 안식일을 제외하고는 쌓아 두면 상했다—가 새들에게 다시 나타나고 있다. 복음서에 나오는 어린아이들의 모습에서도 그것을 볼 수 있다. 그들은 "천국에서 가장 큰 자"다. 어린아이는 자력으로 양식을 공급해 남의 도움 없이 독립적으로 살아갈 힘이 없다. 전적으로 타인의 공급에 의지해야 한다.

새들이라고 일을 안하는 것은 아니다. 이 세상에서 가장 바쁜 피조물 중 하나가 바로 새다. 닭을 비롯해 어떤 새들은 **매우** 열심히 일하는 것을 볼 수 있다. 우리도 일해야 하며 때로 열심히 해야 한다. 그러나 새들은 먹이나 물이나 집 같은 물리적 생계 유지 문제로 염려하지 않는 것 같다. 단순히 필요할 때 찾아 나서고 눈에 띄는 것을 취할 뿐이다. 우리가 바로 그래야 한다. 보물이 하늘에 있기에, 우리에게는 생계의 필요에 관한 한 단순히 현재를 살아갈 수 있는 자유가 있다. 물론 우리는 열심히 일하여 사랑하는 이들을 돌본다. 그러나 염려하지 않는다. 사랑하는 이들에 대해서도 염려하지 않는다. 먹을 것과 입을 것과 하나님이 있기에 자족할 수 있다(딤전 6:8).

　새를 위한 하나님의 지속적 공급은 복음서에서 예수의 가르침 속에 여러 차례 반복되어 나타나는 유머의 기초가 되었다. 산상수훈에서 그분은 "너희는 새들보다 귀하지 아니하냐?"는 반문으로 아버지의 공급을 강조해 주신다. 마태복음 10장에서는 몸의 죽음을 두려워하지 말 것을 가르치며 이렇게 말씀하신다. "몸은 죽여도 영혼은 능히 죽이지 못하는 자들을 두려워하지 말고." 물론 몸의 죽음은 오직 "땅에" 있는 보물과 관계된 것이다. 대부분의 사람들이 가장 아끼는 보물은 이 땅에서 목숨을 부지하는 것이다. 그 결과 그들은 평생을 몸의 죽음에 대한 두려움의 굴레 속에서 살아간다(히 2:15).

　그러나 예수는 진정 두려워해야 할 유일한 대상은 몸과 영혼을 동시에 "지옥", 즉 우주의 영원한 쓰레기 매립지에 멸하실 수 있는 분이라고 지적하신다(마 10:28). 그런데 바로 그분이 또한 참새를 자상하게 돌보시는 분이다. 참새 두 마리가 "한 앗사리온"에 팔린다. 당시 통용되던 최소 단위의 통화였다. 세일하는 날에는 두 앗사리온에 다섯 마리도 살 수 있었던 것 같다(눅 12:6). 그러나 하나님은 그 참새들을 일일이 지켜보고 계신다. 또한 매순간 머리털의 숫자를 아실 만큼 우리를 자세히 지켜보신다. 그러므로 "두려워 말라. 너희는 많은 참새보다 귀하니라"(막 10:31).

다른 곳에서 예수는 까마귀로 유머를 만드신다. 나로서는 참새보다는 훨씬 호감이 덜 가는 새다. 그러나 하나님은 까마귀도 먹이신다. "너희는 새보다 얼마나 더 귀하냐?"(눅 12:24) 새를 기준으로 사람의 값을 매겨 본 일이 있는가? 참새 다섯 마리? 매 한 마리? 앵무새 두 마리? 흰머리 독수리 한 마리?

백합화

지금까지는 양식과 양식을 보물 삼는 것에 대해 이야기했다. 그러나 차라리 굶어 죽을지언정 외모가 흉한 것만큼은 못 견디는 이들도 있다. 그래서 사도 요한에 따르면 "세상", 즉 인간 질서의 세 가지 구성 요소 가운데 하나는 "안목의 정욕"이다(요일 2:16). 예수는 외모를 보물로 삼는 이들이 참으로 많다는 사실을 잘 아셨다. 외모의 주요 요소는 크기다. 오늘날에도 뚱뚱한 몸매와 날씬한 몸매, 큰 키와 작은 키 등 여러 가지 차원에서 그 중요성을 볼 수 있다. 키는 특히 남자들이 중요하게 여기며 경우에 따라 여자들도 키를 따진다. 대부분의 남자들보다 클 정도로 "너무 큰" 여자는 그 키 때문에 고생할 수 있다. 몇 년 전 대중가요에도 있었지만 "작은 사람들"은 존재의 이유가 없다.

그러나 물론 키를 중시하며 염려한다고 해서, 예컨대 사사건건 키 문제로 고민하며 열등감을 느낀다고 해서 키가 변하는 것은 절대 아니다. "너희 중에 누가 염려함으로 그 키를 한 자나 더할 수 있느냐?"(마 6:27) 사실 키는 인간—앞서 말했듯 "하나님의 위대한 우주 안에 영원한 숙명을 지닌 다함없는 영적 존재"—의 매력과 아름다움과는 전혀 무관한 것이다.

하나님의 모든 피조물은 저마다 고유의 아름다움을 지니고 있다. 물리적 측면에서 아름다워지려는 시도는 영원히 성공할 수 없다. 영혼의 내적 미가 빠진 아름다움은 한낱 번들거리는 치장에 지나지 않는다. 잠언은 말한다. "아름다운 여인이 삼가지 아니하는 것은 마치 돼지코에 금고리 같으니라"(잠 11:22). 내가 지금까지 만나 본 가장 아름다운 사람들을 들자면, 도로시 데이(Dorothy Day), 말콤 머거리지(Malcolm Muggeridge), 애그네스 샌포드(Agnes Sanford), 골다 마이어(Golda Meir), 에델 워터스(Ethel Waters) 등 몸이 보이지 않을 정도로 영혼이 밝게 빛나던 노인들을 빼놓을 수 없다. 이런 아름다움은 노인들만의 몫이 아니다. 인간 본연의 아름다움은 받으려는 자에게는 누구에게나 주어지는 천국의 선물이다.

예수는 산자락에 피어난 작은 들꽃은 최고 권력자의 최고의 "치장"–"솔로몬의 모든 영광"(6:29)–으로도 감히 견줄 수 없는 아름다운 광채를 힘들이지 않고 발한다고 지적하신다. 이 들꽃 한 송이를 본 다음 우리의 권력과 문화의 중심에서 벌어지는 각종 행사와 시상식에 등장하는 부자연스러운 여자들과 밀랍 같은 남자들을 쳐다보면 그들이 차라리 측은해 보일 정도다. 감히 경쟁 상대조차 못된다.

그러나 이 꽃들을 능가하는 아름다움이 이제 우리의 것이다. 우리의 삶이 하나님과 그분의 세계 안에 있기 때문이다. 하나님이 하루 만에 땔감이나 쓰레기로 사라지는 들풀을 그렇게 아름답게 입히신다면 "하물며 너희일까 보냐? 믿음이 적은 자들아!"(6:30) 여기 "믿음이 적은 자들"로 옮겨진 '올리고피스토이'(oligopistoi)라는 말은 예수께서 처음 만들어 낸 말일 것이다. 이 단어는 복음서의 다섯 구절에 열 번 나타난다. 예수께서 당신과 하나님께 대해 믿음이 적은 제자들을 부드럽게 꾸짖기 위해 지어내신 별명이 아닌가 생각된다. 믿음의 눈은 인간을 제자리에, 즉 '우리 안에 있는 하나님 나라'에 놓고 본다. 영원한 가치를 지닌 찬란한 존재로 본다. 물론 결국에는 "우리 생명이신 그리스도께서 나타나실 그때에 너희도 그와 함께 영광 중에 나타나리라"(골 3:4).

하나님을 모르는 자들—앞서 본 것처럼 기도할 때 무의미한 말을 기계적으로 반복하는 "이방인들"—은 먹고 마시고 입기 위해 살아간다. "이는 다 이방인들이 구하는 것이다." 자연히 그들의 삶은 어떻게 보일까, 어떻게 먹고 살까에 대한 불안, 분노, 우울로 가득하다.

반면, 예수와 그 아버지를 아는 자들은 자신을 위해 예비된 공급이 있음을 안다. 일을 하지만 "땅의" 것들에 대해 걱정하지 않는다. 오히려 언제나 "먼저 그의 나라"를 구한다. 즉 이들은 "하나님이 하시는 일과 하나님 자신이 지니신 의(디카이오수네)에 동화하고 동참하는 일을 최우선으로 삼는다. 그 외의 모든 필요는 그분이 채우실 것이다"(6:33). 이들은 곧 체험을 통해 그 사실을 확인한다.

아버지의 **의**를 구하라는 이 말씀은 명예와 부에 대한 가르침을 다시 5장의 중심 구절, 즉 "하늘에 계신 너희 아버지의 아들이 되"는 것(5:45)과 "하늘에 계신 너희 아버지의 온전하심과 같이 너희도 온전"하게 되는 것(5:48)으로 연결시킨다. 두 구절 모두 하나님의 사랑의 성품을 의미하고 있다. 하나님의 가족이 된 자들만이 실제로 소유할 수 있는 사랑이다. 이 사랑이 천국 생활에 대한 예수의 말씀 전체를 관통하고 있는 핵심 주제다. 그것은 지속적으로 우리의 시야를 바로잡아 주며 우리에게 희망을 준다.

이제 예수는 강화의 이 부분(마 6:19-34)을 또 하나의 유머로 마무리하신다. "내일 일을 위하여 염려하지 말라. 내일 일은 내일 염려할 것이요 한 날 괴로움은 그날에 족하니라"(6:34).

진정 우리가 모든 위험으로부터 절대적으로 안전한 것에 믿음을 두고 있고 또 자신의 체험을 포함한 여러 통로를 통해 그것이 과연 **거기에** 있음을 배워 알고 있다면, 불안이란 전혀 근거와 의미를 잃고 만다. 불안이란 이전에 실망을 줄 수밖에 없는, 인간의 인정과 부 같은 것들을 의지하던 때에 몸에 밴 나쁜 습관의 잔재에 지나지 않는다. 이제 우리의 전략은 그런 염려를 단호히 거부하고, 감사로 과거를 돌아보며 희망과 기도로 미래를 내다보는 것이 되어야 한다.

역시 바울은 이 점 또한 **알고** 있었다. "아무것도 염려하지 말고 오직 모든 일에 기도와 간구로 너희 구할 것을 감사함으로 하나님께 아뢰라. 그리하면 모든 지각에 뛰어난 하나님의 평강이 그리스도 예수 안에서 너희 마음과 생각을 지키시리라"(빌 4:6-7).

타인의 의견과 물질의 "보물"을 의지하던 옛 모습에서 벗어날 때 이 모든 일이 훨씬 쉽다는 것을 우리는 알게 될 것이다.

"세상에서는 너희가 환난을 당하나"

앞에서, 이 땅의 재물을 보물로 삼지 않으면 미친 사람 취급을 각오해야 한다고 말한 바 있다. 주변 사람들을 사랑으로 존중하되, 명예의 기만을 피하여 그들의 의견에 좌우되지 않을 때에도 결과는 동일하다. 어쨌든 "부유한 자는 복이 있나니"와 "모든 사람이 칭찬하는 자는 복이 있나니"가 세상의 "팔복"인 것이다(눅 6:24-26).

그래서 예수는 제자들에게 "세상이" 그들을 미워할 것이라고 말씀하셨다(요 15:19). 분명 제자들은 이 말에, 자신들의 스승이 "기성 체제"

에 거부당해 살해되었을 때의 충격 못지않은 충격을 받았을 것이다. 신약에서 이 구절의 경우처럼 사용된 "세상"(코스모스, *kosmos*)이란 말은 지구와 물리적 실체를 가리키는 것이 아니라, 인간의 본성적 능력이 역사를 통해 형성해 온 하나의 구조를 이르는 말이다. 인간은 누구나 그 사회, 문화적 구조 안에서 살아갈 수밖에 없다. 여기서 세상이란 그러한 개인들을 일컫는 말이 아니다. 물론 예수는 무수히 많은 개인들로부터 큰 사랑을 받으셨고, 그분의 첫 제자들 및 이후의 제자들도 마찬가지였다. 그럼에도 불구하고 그분과 제자들은 살해당했다. 오늘날에도 심심찮게 일어나는 일이다.

16세기 네덜란드의 메노파(Menonite) 교인들은 범죄자 취급을 받아 대개 잡히는 대로 처형되었다. 그중 한 사람인 더크 윌렌스(Dirk Willens)가 빙판 위에서 쫓기고 있을 때 쫓던 자가 얼음이 깨져 물에 빠졌다. 살려 달라는 소리를 듣고 윌렌스는 다시 돌아와 그를 물에서 건져 주었다. 쫓던 자는 윌렌스의 그런 행동이 놀랍기도 하고 고맙기도 했지만, 어쨌든 자신의 의무인지라 그를 체포했다. 며칠 후 윌렌스는 아스페렌 마을에서 화형에 처해졌다. 그리스도를 닮은 바로 그 모습 때문에 처형된 것이다.[7]

그러므로 이 장을 마감하는 시점에서 분명히 해두고 싶은 것이 있다. 생명이신 주님의 성품을 닮는 자들도 삶의 통상적 문제로부터 예외가 될 수 없으며, 오히려 예나 지금이나 세상의 질서에 "맞지 않고" 동조하지 않음으로 인해 더 많은 문제를 겪게 될 것이다. 그것이 죽음, 투옥, 경제나 교육의 박탈 등으로 나타나는 경우도 적지 않다. 이 모든 일들이 우리 역사에 계속 되풀이돼 왔다.

사실, 20세기에 순교한 그리스도인의 수가 지난 1900년 동안의 기독교 순교자를 다 합한 것보다 더 많다고 한다.[8] 현대 "서구" 교회는 제자도와 복음의 의미에 있어서 역사적 환각의 거품 속에 살아가고 있다. 본질적으로 미국 문화를 지배하는 계몽주의적 가치관―행복의 추구, 무제한 선택의 자유, 권위의 경멸―이 또한 교회를 지배하고 있다. 그 결과, 대부분의 경건한 그리스도인들의 마음조차도 성공의 복음, 해방의 복음, 편안한 인생관으로 가득 차 있다. 야고보와 요한의 단호한 인식과 얼마나 다른가. "세상〔코스무, kosmou〕과 벗된 것이 하나님의 원수임을 알지 못하느뇨"(약 4:4). "누구든지 세상을 사랑하면 아버지의 사랑이 그 속에 있지 아니하니"(요일 2:15).

이렇듯, 명예와 부에 의존하지 않는 삶을 말할 때 그것은 결코 만사형통하는 삶이 아니다. 실은, 의지할 친구나 부가 아예 없을 때도 있다. 바로 그것이 요지임은 말할 것도 없다. 그럴 때에도 우리는 마음이 동요되지 않는다. 이 세상의 삶은 고된 것이며 예수의 제자들도 마찬가지다. 요한복음 14-16장은 예수께서 남기신 "졸업식 격려사"와도 같다. 거기서 그분은 근심에 찬 친구들에게 단순하게 말씀하신다. "세상〔코스무, kosmou〕에서는 너희가 환난을 당하나." 그분은 이것을 부정하지 않으신다. 오히려 이어지는 말씀으로 그것을 초월하신다. "담대하라! 내가 세상을 이기었노라"(16:33). 시편 기자는 오래전에 이것을 깨달았다. "의인은 고난이 많으나 여호와께서 그 모든 고난에서 건지시는도다"(시 34:19).

7장_ 기도와 사랑의 공동체

하나님이 그 아들을 세상에 보내신 것은 세상을 심판하려 하심이 아니요
저로 말미암아 세상이 구원을 받게 하려 하심이라.
_ 요한복음 3:17

육체가 다른 육체와의 물리적 연합을 갈구하는 것처럼 인간 공동체에는
근본적으로 공동체에 대한, 다른 인간 영혼과의 직접적 접촉에 대한
깊은 인간적 욕망이 있다. 그러나 영적 공동체 안에는
인간과 인간의 직접적 관계는 어떤 식으로든 절대 존재하지 않는다.
_ 디트리히 본회퍼, 「신도의 공동생활」

구하라, 그러면 너희에게 주실 것이요.
_ 마태복음 7:7

정죄함이 없나니

예수는 과거와 미래의 인간 역사 전체와 우주를 내다보신다. 그분은 우
리에게 염려할 필요가 전혀 없다고 말씀하신다. 단순히 그분을 믿음으
로—그분의 친구가 되어 선으로 악을 이기는 그분의 모략에 동참자가 됨

으로—들어갈 수 있는 하나님의 삶, 곧 영혼의 참된 집이 있기 때문이다. 그분은 또한 우리가 영혼 깊은 곳으로부터 새로워질 수 있는 길, '바리새인과 서기관의 의를 넘어' 하나님의 세계에서 진정 인간 본연의 모습이 되는 길을 보여주신다.

산상 강화의 결론 부분에서 이제 그분의 말씀은 '우리 안에 있는 하나님 나라'에서 흘러나오는 의와 능력으로부터 우리를 필히 단절시키고야 말, "인간적인 너무나 인간적인" 몇몇 구체적 습성과 내면의 태도에 대한 경고로 이어진다.

마태복음 7:1-12에서 그분은 비난과 정죄, 그리고 상대의 문제에 대해 내 자신의 "놀라운 해답"을 강요하는 행동을 통해 주변의 가까운 이들을 "관리" 또는 통제하려고 하는 우리의 치명적 잘못을 지적해 주신다. 이것 역시 '토라'(*Torah*), '로고스'(*Logos*), '우리 안에 있는 하나님 나라'를 벗어나 자신의 세계를 자기 손으로 거머쥐려고 하는 확실한 방법이다. 크든 작든, 이제 비극은 시간 문제다.

거의 인류의 보편적인 이러한 인간의 습성이 1-6절의 주제다. 그 문제를 짧지만 날카롭게 다루신 뒤, 예수는 7-12절에서 사랑하는 이들을 진정 효과적으로 은혜스럽게 돌보고 돕는 길을 제시하신다. 그것은 **요청**의 길이요 **구하는** 길이다. 그것이 자연스럽게 천국의 기도로 이어진다. 그것은 언제나 효력이 확실한 길이다. 사람들을 우리의 의도와 계획의 틀에 맞추는 것이 아니라 천국으로 이끌어 들이기 때문이다. 거기서 기도와 사랑의 공동체가 생겨난다.

순서의 중요성을 다시 강조함

이 본문을 대하기 전에 우리는 분노와 멸시와 정욕의 추구와 말장난과 앙갚음과 복수, 그리고 "멋진 외모"와 안전한 부에 대한 짐과 염려를 이미 벗어 버렸음을 다시 한번 확인한다.

우리가 아직도 분노와 멸시와 정욕에 지배당하고 있다면—예컨대 아직도 "기분 내키는 대로 집안을 다스리고" 있다면—예수께서 지금 다루시려고 하는 민감한 부분들은 한마디로 공중누각이 되고 만다. 우리는 예수께서 친히 택하신 지점—진정한 행복 또는 "복"의 본질—에서 출발하여 그분의 순서를 따라 분노와 멸시와 정욕 탐닉과 조작과 복수를 처리하고 나서, 그것을 바탕으로 인간의 명예와 부를 의지하는 자세를 버려야 한다. 그제서야 다음 내용을 맞이할 준비가 된 것이다. 지식의 주이신 그분은 과연 인간과 도덕의 실체를 제대로 다루시며, 거기에는 분명 순서가 있다. 그 순서를 무시하면 위험을 자초하게 된다.

마태복음 7:1-12의 가르침은 산상 강화의 다른 부분들보다 이러한 순서와 전개가 더욱 중요한 곳이다. 1-5절, 6절, 7-11절, 이 세 부분은 화자가 이야기 말미에 아무렇게나 불쑥불쑥 던져 놓은, 뜻은 깊지만 서로 상관없는 말들처럼 보인다. 실제로 흔히들 그렇게 보고 있다. 그러나 그렇지 않다. 이 부분은 전체 가르침과 그 전개에 절대적으로 중요하다. 그것은 가족, 친구, 직장 동료, "옆집" 사람을 대함에 있어 천국 생활의 내적 특성을 보여주고 있다. 우리와 가장 가까운 이들을 대하는 천국의 태도를 예시해 주는 것이다. 이 부분이 빠진다면 산상수훈의 나머지 부분은 반석 위에 "인생"의 집을 짓는 설계도가 될 수 없다.

물론 우리는 천국 삶의 태도가 보여주는 긍정적 특성이 아가페 사랑인 것을 알고 있으며, 그 점에 대해서는 이미 자세히 다룬 바 있다. 그러나 이 사랑은 내용이 무궁무진한 주제이기 때문에 이제 예수는 그 주제로 좀더 깊이 들어가신다. 이번에도 그분은 "행동"의 차원에서 사랑을 다루신다. 그러나 거기에는 내면의 태도에 대한 새로운 시각도 포함돼 있다. 그 태도는 구체적 상황들 속에서 아가페 사랑의 특성을 띠고 상대에게 도움을 주는 쪽으로 나타난다.

그래서 12절은 이렇게 말한다. "그러므로 무엇이든지 남에게 대접을 받고자 하는 대로 너희도 남을 대접하라." 물론 이것은 온 세상이 다 아는 그분의 황금률이요 이후의 모든 도덕 사상가들이 기준으로 삼아야만 했던 것이다. 예수는 "이것이 율법이요 선지자"라고 말씀하신다. 다시 말해서 **그것**이 사랑인 것이다. 하나님이 우리를 위해 의도하신 모든 것이 바로 그 안에 들어 있다.

12절의 "그러므로"는 1-11절의 내용과 상관이 있다. 언제나 그렇듯 우리는 이 "그러므로"가 왜 그 자리에 있는지 주의 깊게 살펴야 한다. 그것은 12절이 곧 1-11절에 예시된 내용의 요점이라는 의미다. 천국 생활에서는 남들이 나를 당연히 존중해 주기 원하는 만큼 나도 남을 존중한다. 그것이 사랑의 모습이다. 가까운 이들과의 관계에서 사랑은 지금도 그 모습으로 나타난다.

앞부분(1-11절)에 아가페 사랑은 구체적으로 세 가지 모습으로 예시되어 있다.

1. 주변 사람들을 정죄하거나 비난하지 않는다(1-5절).
2. "놀라운 것들"을 그들에게 강요하지 않는다(6절).
3. 그들에게, 그리고 하나님께 원하는 것을 단순히 구한다(7-11절).

비판하지 말라

우리에게 가깝고 소중한 이들을 진정 돕고자 한다면, 천국의 능력 안에서 가족과 "이웃들"과 더불어 사는 법을 배우고자 한다면, 우리는 정죄와 비난이라는 인간의 뿌리깊은 습성을 버려야 한다. "비판하지 말라"는 예수의 말씀이 바로 그런 의미다. 그분은 우리가 남을 정죄하거나 비난하지 않는 사람이 되어야 하며 그렇게 될 수 있다고 말씀하신다. 우리가 그렇게 될 때 하나님 나라의 능력이 더욱 풍성히 흘러넘쳐 주변 사람들을 복되게 하며 그분의 길로 인도하게 될 것이다.

그러나 이 말씀을 처음 들으면 마치 분노와 멸시와 정욕 추구를 버려야 한다는 말을 들을 때처럼 우선 믿기지 않는 마음부터 들 수 있다. 우리가 **정말** 그렇게 살 수 있을까? 상대방의 잘못과 나의 불만을 드러내지 않으면서도 대인 관계를 제대로 이끌어 갈 수 있을까? 정죄―하는 것과 받는 것―없는 삶은 상상조차 할 수 없을 정도로, 이미 그것은 "정상적"인 인간 실존의 커다란 한 부분이 되어 버렸다.

적절한 상황에서 적절한 비난과 정죄를 가할 수 있는 권리쯤은 우리에게 있어야 하지 않을까? 우리는 정죄에 "사람을 고쳐 주는" 위력이 있다고 굳게 믿는다. 그것이 뜻대로 안되면 적어도 내가 옳은 편이라는 것만큼은 분명히 해야 하지 않을까? 그것 자체만으로도 결코 작은 문제가 아니다.

그러나 남을 정죄한다는 것은 정확히 어떤 의미인가? 정죄란 곧 상대를 마땅히 배척해야 할 나쁜 사람―인간 자체가 구제 불능일 수 있다는 심각한 의미에서―으로 규정하는 말과 같다. 정죄당하는 자는 우리 눈에 인생 쓰레기로 보인다. 결코 받아들여질 수 없는 존재다. 우리는 그 사람에게 축출을 **선고**하는 셈이다. 그러나 분명 우리는 이렇게 하지 않고도 행복하게 잘 사는 법을 배울 수 있다.

누가 남을 "바로잡을" 수 있는가

솔직히 처음부터 이런 완전한 배척을 의도하는 경우는 드물다. 그러나 많은 경우 그것이 실제 나타나는 결과다. 배척하지 않고서도 남을 바로잡아 준다는 것은 영적으로 인격적으로 깊은 성숙을 요하는 일이다. 그래서 바울은 갈라디아 교인들에게 이렇게 말했다. "형제들아, 사람이 만일 무슨 범죄한 일이 드러나거든 신령한 너희는 온유한 심령으로 그러한 자를 바로잡고 네 자신을 돌아보아 너도 시험을 받을까 두려워하라. 너희가 짐을 서로 지라. 그리하여 그리스도의 법을 성취하라"(갈 6:1-2).

바울의 말을 통해 예수께서 우리에게 주시는 지혜는 아주 깊은 것이다. 첫째, 우리는 상대의 죄가 절대적으로 확실히 드러나기 전에는 바로잡는 일에 나서지 않는다. 사랑은 "모든 것을 믿으며 모든 것을 바"란다고 한 고린도전서 13장 말씀이 여기에 적용된다. 범죄 발생 여부가 조금이라도 불확실해 보이면 발생하지 않은 것으로 간주하라. 적어도 바로잡는 일에 착수하지 말라.

둘째, 아무나 다른 사람을 바로잡을 수 있는 것은 아니다. 바로잡는 작업은 자신의 힘으로가 아니라 하나님의 능력으로 살아가는 이들에게 한정된 일이다. 그 능력은 또한 지혜일 뿐만 아니라 인간의 수준을 단연 능가하는 사랑이기 때문이다. 본문의 "신령한 자"란 바로 그런 이들을 두고 하는 말이다. 삶이 합당한 자만이 "바로잡는" 위치에 설 수 있다.

셋째, "바로잡는" 일이란 상대를 "고쳐 주는" 문제가 아니다. 잘못된 일 그것을 고치지 않을 경우 치르게 될 대가로 상대에게 엄포를 놓는 것도 아니다. 그것은 **회복**의 문제다. 범죄가 "드러난" 자를 대하는 목적은, 오직 그가 예수의 길로 다시 돌아와 견고히 섬으로써 천국 생활과 성품 개발의 과정이 지속될 수 있게 하기 위함이다. 이 구체적 목표에 도움이 되지 않는 일은 아무것도 하지 말아야 한다.

넷째, 남의 회복을 돕는 자는 자신도 상대의 "드러난" 범죄나 혹 그보다 악한 일도 행할 수 있다는 사실을 분명히 알고서 상대를 대해야 한다. 당연히 자기 의나 우월감은 추호도 발붙일 여지가 없다. 그런 태도를 가지고 남을 회복시킨다는 것은 한마디로 불가능한 일이다. 회복을 돕는 자는 회복되는 자가 죄에 빠진 상태에서 느끼는 부담, 즉 "짐"을 함께 공감하려 노력해야 한다. 그럴 때 올바른 방향을 잃지 않을 수 있다.

물론 이런 가르침은 교회 모임에만 적용하도록 주어진 것은 결코 아니었다. 인간의 삶에 대한 이 교훈의 중요성은 가장 가까운 관계, 즉 배우자와 자녀, 친척과 이웃, 직장 동료 등에 적용될 때 가장 큰 진가를 발한다. 왜곡되고 전복된 이 세상에서 이런 관계야말로 친밀함이 멸시를 낳을 위험이 가장 큰 영역이기도 하기 때문이다. 가족들이 서로를 대할 때 초면의 손님 대하듯 존중하는 마음만 품어도 대부분의 가정은 훨씬 건강하고 행복해질 것이다.

가족 간의 사랑인 '스토르게'(storge)에 대한 C. S. 루이스의 말은 이 점에 대해 깊은 교훈을 준다. 행복한 가정 생활을 원하는 자라면 누구나 꼭 읽어야 할 글이다.[1] 그는 "부모를 대하는 자녀들의 나쁜 매너보다 자녀를 대하는 부모들의 나쁜 매너에 훨씬 깊은 인상을 받았다"고 고백한다.

부모들은 "다른 아이들을 그렇게 대했다가는 곧바로 관계가 끝장나고 말 그런 무례한 태도로" 자기 자녀를 대한다. 아이들은 이해하지만 어른들은 이해하지 못하는 문제들에 대해 독단적 태도를 취하는가 하면, 무례하게 말을 끊고, 뻔한 모순을 내세우며, 아이들이 심각하게 여기는 문제를 비웃고, 자녀의 친구들에 대해 모욕적인 말을 한다. 그러니 이

341

런 질문이 나오는 것도 쉽게 이해가 된다. "왜 아이들은 항상 집에 붙어 있지 못하는 거지?" "왜 아이들은 자기 집만 빼고 다른 집은 다 좋아하는 거야?" 루이스는 묻는다. "야만보다 문명을 좋아하지 않을 이가 누가 있는가?"

13세기에 천주교의 위대한 도미니크 수도회를 창설한 성 도미니크는 예수가 모본이 되신 친절한 삶의 방식을 아름답게 보여준다. 많은 이들 중에서 그의 형제 베니스의 폴은 이렇게 증거했다. "그[도미니크]는 다른 이들에게 바라는 만큼 자신도 [도미니크 수도회의] 규율을 엄격히 지키려 했다. 아무도 그의 교정과 처벌에 반감을 품지 않을 정도로 그는 위반자들을 공정하게 애정으로 징계했다."

프루게리오 수사도 도미니크에 대해 이렇게 말했다. "그는 스스로 규율을 엄격하게 준수했고 다른 사람들도 똑같이 해주기를 원했다. 위반자들을 향한 그의 지적과 교정은 매우 온유하고 친절하여 때로 속죄의 과정이 아주 혹독했음에도 아무도 반감을 품지 않았다."[2] 정죄 없는 마음의 당연한 귀결이다.

이것은 분명 통상적인 인간 대우와 너무 다르다. 지금도 간혹 특정 대상을 가리켜 "울 밖에" 있다는 말을 쓸 때가 있다. 고대 부족들이 사람을 소속 집단에서 축출하던 관습에 기원을 둔 옛스런 표현이다. 축출 대상자들은 부족의 합의에 의해 어둠 속에서, 즉 부족의 불과 빛이 미치지 않아 사물이 거의 분간되지 않는 곳에서 살아야 했다. 울 **밖에** 살았던 것이다.

수천 년 동안 정죄와 축출의 가장 대표적인 상징은 문둥병자였다. 성적으로 부정한 자와 이혼한 여자도 똑같이 긴 역사를 지니고 있다. 복음서의 가장 중요한 교훈 중 하나는 예수께서 그런 사람들을 대하신 방식이다. 그분은 그들을 받아 주고 만져 주고 그들과 함께 먹었다. 아주 자연스럽게 그리하셨다. 교육용이나 전시용으로가 아니라 그들 자신을 위해 그렇게 대하셨다.

안타깝게도 요즘은 집 없는 노숙자들과 에이즈 환자가 마치 문둥병자와 부정한 자를 합해 놓은 존재라도 되는 듯한 시선을 받고 있다. 예수라면 삶 속에서 자연스럽게 부딪치는 대로 이들과도 얼마든지 함께 지내실 것이다. 그분이 자기 의에 빠져 깊이 타락한 지도자들을 정죄하신 것은 분명하지만(마 23장; 눅 11:29-54) 그 밖의 상황에서는 그런 모습을 전혀 볼 수 없다. 그분이라면 그런 이들에게 적절하게 정죄를 표하실 수 있음을 우리는 믿을 수 있다. 그러나 우리는 그렇게 하기가 거의 어렵다. 복수와 마찬가지로 분노와 정죄도 하나님께 맡기는 것이 안전하다. 정죄의 내용이 옳은 한, 정죄해도 좋다는 생각을 우리는 조심해야 한다. 절대 그렇게 단순한 문제가 아니다. 예수라면 성전에 들어가, 종교로 이득을 취하는 자들을 채찍으로 때리며 쫓아내실 수 있다고 나는 믿는다. 그러나 내가 그러리라고는 믿을 수 없다.

정죄에 개입되는 분노와 멸시

정죄의 위력이 얼마나 끔찍한 것인지는 잠깐만 생각해 보면 알 수 있다. 정죄는 우리 존재의 핵심, 연약한 부분에 비수처럼 꽂힌다. 정죄의 상처가 그토록 큰 것도 그 때문이요 우리가 정죄에 그토록 의존하는 것도 그 때문이다. 정죄와 손을 끊겠다는 결단, 즉 정죄하지도 않고 정죄받지도 않겠다는 결단은 인생의 중대한 전환점이다. 그리스도인들이 흔히 하는 말대로 우리가 그리스도의 제자로서 진정 "남들과 다른" 자들이라면 그것이 가장 극명하게 나타나야 할 부분이 바로 이 부분이다. 남을 정죄하지도 않고 남들이 가해 오는 정죄를 "받지도" 않는 것이다.

물론 먼저 분노와 멸시를 버리면 정죄와의 싸움은 반 이상 이긴 것이다. 정죄에는 언제나 어느 정도의 자기 의와 정죄 대상자를 배격하는 태도가 수반된다. 그리고 자기 의에는 언제나 비교와 정죄의 요소가 수반된다. 예수는 "자기를 의롭다고 믿고 다른 사람을 멸시하는 자들"에 대해 말씀하신 적이 있다(눅 18:9). 이 둘의 공존은 우연이 아니다. 대부분의 경우 멸시는 정죄의 중요한 한 부분이다. 우리의 영혼과 태도에서 멸시를 버릴 때 정죄는 거의 일어나지 않는다. 특히 극도의 참담한 결과를 수반하는 정죄는 절대 일어날 수 없다.

분노는 멸시만큼 정죄와 밀접하게 얽혀 있지는 않으나 관계가 깊은 것은 사실이다. 분노의 행동을 지켜보면 거의 언제나 정죄로 이어지는 것을 볼 수 있다. 원인은 정죄가 사람에게 깊은 상처를 주는 아주 간편한 방법이라는 데서도 찾을 수 있다. 분노는 상처를 주려 한다. 반대로, 정죄는 신속하고 간단하게 분노로 이어진다. 정죄당하는 자는 고통을 입어 마땅한 자일 뿐, 보호와 존중의 대상은 결코 아니다. 정죄당하는 고통은 다시 분노의 반응을 낳는다. 이렇게 끝없는 악순환이 계속된다.

그러므로 정죄를 해결하려면 반드시 분노와 멸시를 해결해야 한다. 분노와 멸시가 해결된 사람은 해결해야 할 정죄의 문제가 별로 남아 있지 않다. 별로 없지만 있기는 있다. 정죄에 옳은 부분도 있는 것처럼 보이기 때문이다.

사실 "정죄의 직분"도 있으며 거기엔 분명 "영광"이 있다(고후 3:9). 남을 정죄해야 할 긍정적 의무감을 느끼는 선한 이들을 나는 많이 보았다. 이들은 분노나 멸시 없이 심지어 애통과 긍휼의 마음으로 정죄할 때도 있다. 그러나 정죄의 결과는 똑같다. 정죄당하는 자에게 그것은 여전

7장_ 기도와 사랑의 공동체

히 뼈아픈 공격이요 가혹한 폭력이다. 정죄가 사람에게 득이 될 수는 있으나 그 대가는 엄청난 것이다.

정죄가 자라서 수치가 되는 경우도 많다. 수치는 의와 선을 가장 심각하게 대하는 사람들 사이에 가장 깊게 만연해 있다. 그것은 우리 영혼의 가장 깊은 차원으로 파고드는 정죄의 또 다른 차원이다. 자신의 존재 자체를 스스로 정죄할 때 우리는 수치를 느낀다. 수치는 우리의 정체를 건드리며 자기 거부를 유발한다. 나라는 존재 자체가 실패작으로 느껴지는 것이다. 우리는 다른 사람이 되기 원한다. 물론 불가능한 일이다. 그래서 그것은 덫이 되고, 우리의 삶은 절망에 빠진다.

이것을 통해 우리는 사람을 그 정체, 곧 그들이 어떤 **부류의 존재**인가 때문에 차별하는 것이 얼마나 잔인하고 파괴적인 일인지 알 수 있다. 또한 하나님 나라의 복음에 인간의 삶을 바꾸는 놀라운 능력이 있는 까닭도 알 수 있다. 복음은 모든 부류의 모든 인간에게 천국의 문을 열어 준다. 복음은 진정 우리를 모든 정죄와 비난과 수치를 벗어난 **다른 부류**의 사람이 되게 해주며, 그 사실을 또한 알게 해준다. 천국에 들어서기만 하면 "슬퍼하는 자에게 화관을 주어 그 재를 대신하며 희락의 기름으로 그 슬픔을 대신하며 찬송의 옷으로 그 근심을 대신"해 주신다(사 61:3).

비판을 받지 아니하려거든

정죄와 비난의 결과는 보나마나 똑같은 기준에 의한 역공이다. 예컨대, 자녀가 약물을 복용한다고 비난하는 부모는 곧 커피나 담배나 술에 대해 똑같은 정죄를 당하게 된다. 예수의 말씀을 유감없이 입증하는 흔한 사례다. "비판을 받지 아니하려거든 비판하지 말라. 너희의 비판하는 그 비판으로 너희가 비판을 받을 것이요 너희의 헤아리는 그 헤아림으로 너희가 헤아림을 받을 것이니라"(마 7:1-2).

자녀가 부모에게서 정말로 흠잡기에 "무난한" 중독거리를 찾을 수 없다면 음식, 직장일 등 아무것이나 과도하다고 여겨지는 것—사실이든 상상이든—을 어떻게든 찾아낼 것이다. 정죄당한 자의 무의식의 마음이나 혹 몸이 동원되어서라도 어쨌든 역공은 반드시 있다.

역공이 용인되지 않을 때가 있다. 가정이라는 상황에서 그런 경우가 많다. 그 경우 역공은 이면으로 파고들어가 다양한 형태의 전혀 다른 행동으로 나타날 수 있다. 예컨대 완벽주의, 게으름, 권위의 거부, 수동적 공격 성향(습관적 지각이나 고의적 실패 같은), 심지어 신체 증상으로 나타날 수도 있다. 정죄는 분노를 불러일으키며 분노는 반드시 공격을 낳는다. 그것은 다시 멸시, "미련한 놈!", 수치, 심지어 신체적 상해와 구타로 이어지기가 아주 쉽다. 이러한 공격성은 마음의 놀라운 작용 때문에 자기 자신을 향할 수 있으며 많은 경우 실제로 그렇다.

우리에게 가깝고 소중한 이들을 바로잡아 주거나 "도와주는" 전략 차원의 정죄가 거의 언제나 실패할 수밖에 없는 이유를, 이러한 정죄의 상호 순환성이 잘 설명해 준다. 정죄당한 자가 바람직한 방법으로 자신을 변화시키는 반응을 보이는 경우는 극히 드물다. 그런 반응이 가능한 자라면 이미 영적으로 성숙한 사람일 가능성이 아주 높다. 잠언은 말한다. "지혜 있는 자를 책망하라. 그가 너를 사랑하리라"(잠 9:8). 그렇다. 하지만 거의 대부분의 경우 우리가 정죄하는 이들은 지혜로운 이들이 아니다. 우리가 상대하는 이들은 쉽게 깊은 상처를 받고 분노하여 우리에게 똑같이 도로 갚을 사람들이요 그중에는 아주 어린아이들도 있다.

몇십 년 전 미국 사회에 이른바 세대 차이라고 하는 것이 출현했다. 50-60년대, 내가 어렸을 때만 해도 그런 것이 없었다. 예수께서 우리에

　　　　　　　7장 _ 기도와 사랑의 공동체

게 지적해 주신 바로 그것이(정죄가) 원인이 됐다. "정죄의 상호 순환성 법칙"이라 할 수 있다. 대중 예술, 성도덕 혹은 부도덕, "기성 체제" 거부, 베트남 전쟁, 징병, 인종 분리, 사회에서 교육의 역할 등 기타 많은 요인들도 거기에 한몫 가세했음은 물론이다.

그러나 이제 와서 "원인"이 무엇이며 누가 먼저 "시작"했는지는 그다지 중요하지 않다. 문제는 미국인 전체가 젊은층과 기성 세대, 기성 세대와 젊은층, 세대와 세대를 피차 적으로 대하는 개념에 사로잡혀 있다는 것이다. 연령층 상호 간에 비난, 오해, 불신, 정죄, 수치가 온통 뒤엉켜 있다. 이런 뒤엉킨 감정을 제법 강력하게 대변하면서 "부머"(boomers)니 "버스터"(busters)니 "X세대"(Xers)니 하는 말들이 생겨났을 정도다. 그 밖에도 사람들을 피차 정죄 집단으로 한데 묶는 방법은 얼마든지 많이 있다. 팔복의 복음만 가슴속으로 온전히 받아들여도 이런 정죄와 역정죄의 살벌한 싸움에서 벗어날 수 있다.

정죄를 버린 후에 도우라

예수는 사랑하는 이들을 돕는 또 다른 길, 더 나은 길을 우리에게 보이신다. 그분은 말씀하신다. "어찌하여 형제의 눈 속에 있는 티는 보고 네 눈 속에 있는 들보는 깨닫지 못하느냐? 보라, 네 눈 속에 들보가 있는데 어찌하여 형제에게 말하기를 나로 네 눈 속에 있는 티를 빼게 하라 하겠느냐?"(마 7:3-4) 우리는 이런 의문이 들 수 있다. 내 눈 속에 들보가 있다는 것, 나의 성품에 해결해야 할 중대한 문제가 있다는 것을 예수가 어떻게 아실까? 다음 절에서 그분은 이렇게까지 말씀하신다. "외식하는 자여, 먼저 네 눈 속에서 들보를 빼어라. 그 후에야 밝히 보고 형제의 눈 속에서 티를 빼리라."

정죄의 의미에서 남을 "비판"하는 자들이 위선자라는 사실을 그분은 어떻게 아실까? 단지 인간이란 누구나 문제가 있기에 우리에게도 어딘가 문제가 있으며, 따라서 자신이 완전해질 때까지는 아무도 정죄해서는 안된다는 뜻인가? 예의 그 "죄 없는 자가 먼저 돌로 치라"는 논리인가? 아니다. 그렇지 않다. 그분이 그렇게 말씀하신 것은 정죄의 본질과 거기에 수반되는 요소를 잘 아시기 때문이다.

정죄 자체가 우리 눈 속에 있는 들보다. 남을 정죄하고 있다는 사실 자체가 우리의 마음에 그분이 말씀하신 천국의 의가 없다는 증거라는 것을 그분은 아신다. 정죄는 우리 눈을 멀게 해 상대의 참모습을 보지 못하게 한다. 특히 통상적으로 분노와 멸시와 자기 의가 수반될 때 더 그렇다. 형제를 보지 못하기에 형제를 도울 길도 "밝히 볼" 수 없다. 정죄하지 않는 사람으로 성장하기까지는 결코 상대를 진정으로 돕는 길을 알 수 없다. 이야기는 끝났다. "들보를 뺀다"는 것은 사랑하는 이들을 더 효과적으로 정죄하기 위해 단순히 우리 삶의 잘못된 부분을 고치는 문제가 아니다.

"비판"과 분별

그러나 "비판"을 버리는 데 어려움을 느끼는 이들이 있다. 그 단어의 의미 속에는 삶에 절대적으로 중요한 또 다른 측면이 들어 있기 때문이다. 그것만큼은 예수도 버려야 한다고 말씀하신 적이 없다. 예수께서 여기 마태복음 7장에 사용하신 '크리노'(*krino*)라는 말은 본래 '분리하다, 구분하다, 판단하다, 평가하다'는 뜻이다.

예를 들어 치과의사는 환자의 이를 검진한 뒤 이렇게 말할 수 있다. "양치질을 꾸준히 하지 않으셨군요. 잇몸이 패이고 있습니다. 오른쪽 아래에 충치도 있습니다." 지금 의사는 환자의 치아와 잇몸의 상태, 치아 관리 습관에 대해 판단을 내리고 있다. 분별하고 관찰하여 실상을 말해 주고 있다.

그러나 이것을 두고 의사가 환자를 혹은 치아와 잇몸을 정죄하고 있다고 생각할 사람은 없을 것이다. 의사는 환자의 상태를 정상 상태와 구분하여 평가하고 있다. 그것이 의사의 본업이다. 물론 의사가 환자를 정죄할 수도 있다. 치아를 잘 관리하지 않는 사람을 무조건 미워하거나 멸시할 수도 있다. 그렇다면 그것은 환자를 "울 밖에" 놓는 행위요 의사답지 못한 처사다. 그러나 그것은 보편적인 경우는 아니다.

남을 정죄하지 않기 위해 사물을 구분하고 분별하는 정당한 행위까지 버릴 필요는 없으며 그럴 수도 없다. 그러나 인간으로서의 가치를 공격하거나 문제아로 낙인찍지 않으면서 상대의 책임을 지적하며 실패를 이야기해 줄 수 있는—윗사람의 신분으로 있을 경우 징계까지 줄 수 있는—자로 자신을 훈련하는 것은 **가능한** 일이다. 지식에 근거한 **아가페** 사랑이 습성으로 몸에 밸 때 그것은 가능하다. 앞에서 언급했던 바울의 말과 성 도미니크의 예를 떠올려 보라.

그러나 이것은 아무래도 복잡한 작업이다. 우리 쪽에서 방법을 모르는 경우도 많지만 꼭 그래서만은 아니다. 평가 대상자가 우리의 평가를 인신 공격으로밖에는 달리 받아들일 줄 모르기 때문일 수도 있다. 그것은 사람들이 절박하게 인정을 구하는 이 시대에 특히 그렇다. 영적 존재로서의 자신에 대해 혹은 하나님의 선하신 세상에서의 자신의 위치에 대해 충분한 확신이 없다보니 사람들은 자신의 행위에 대한 부정적 평가는 무조건 자신의 인격에 대한 정죄로 간주한다. 달리 반응할 기반이 전혀 없는 것이다.

"죄는 미워하되 죄인은 사랑하라"는 옛 격언이 이제는 더 이상 통하지 않는다는 사실을 바로 아는 것은 흥미롭고도 중요한 일이다. 요즘은 상대가 나의 행위나 일하는 방식에 불만을 표하면 곧 나를 정죄하고 거부하는 것으로 간주되는 세상이다. 우리 문화가 자아란 바로 영적 존재라는 개념을 상실해 버린 참담한 결과의 또 다른 증거다. 영혼이야말로 내면의 본질을 품고 있을 뿐 아니라 내면의 본질 **자체**가 아니던가. 그러나 세상은 이렇게 말한다. "내 **행동**이 곧 나다. 내 행동을 못마땅해 하면서 어떻게 나를 사랑한다고 말할 수 있단 말인가?"

물론 이런 태도는 상대로 하여금 내가 하는 모든 일에 동조를 표하게 만드는 조작적 술책이 될 수도 있다. 누구의 반대도 없이 완전한 자유─미국인의 마음에 너무나 소중한 것─로 내가 원하는 것을 즐길 수 있는 것이다. 아니면 적어도 "나한테 자기 생각을 강요한" 상대에게 나도 맹렬한 비난으로 맞설 수 있다. 오늘날 공적 강연에서든 사적 대화에서든 침착하게 자신의 참모습과 가치를 잃지 않으면서 이런 술책에 대응할 수 있는 사람은 많지 않다. 차라리 생각하지 않거나 적어도 입 다물고 있는 편이 나으리라.

이렇게 만연한 오해를 감안할 때 정죄와 분별을 구분하는 일은 한결 더 중요해진다. 우리는 정죄란 무엇이며, 최선의 능력을 다해 사물을 "구분"하는 보다 기본적인 의미의 판단과는 어떤 관계가 있는지, 마음에 분명한 이해가 있어야 한다. 단순히 분별을 버릴 수는 없다. 예수 자신도 마태복음 7장의 뒷부분 반을 우리에게 정확한 분별, 즉 "판단"을 가르치시는 데 할애하고 있다. 그러나 사람을 정죄하는 행위는 버려야 한다. 분노와 멸시를 이미 버렸고 또 정죄의 의미를 밝히 알고 나면 그것은 결코 어려운 일이 아니다.

정죄 없는 가정

물론 정죄 없는 삶의 모델을 하나의 생활 양식으로 접해 본 경험이 있다면 큰 도움이 될 것이다. 나는 초등학교 시절 아주 어렸을 때 내가 자라난 남부 미주리 지역에서 한 놀라운 가정을 알게 됐다. 나의 형수 버타 본올맨 월라드의 친정인 본올맨(VonAllman) 가정이었다.

사실 우리 가족도 자상하고 책임감 있는 훌륭한 사람들이라고 생각하지만, 할아버지 엘머와 할머니 노라가 통솔하던 본올맨 가정에는 적어도 나로서는 이전에 한번도 보지 못했고 이후에도 보지 못한 특성이 있었다. 그들은 정죄하지 않았다. 그들은 열심히 일했고 매우 정직했으며 아이들을 신중하게 훈육했다. 그러나 나는 그들에게서 정죄나 정죄적 비난의 기미를 손톱만큼도 보거나 느끼지 못했다.

그 집에서 아이들은 시선의 대상일 뿐 아니라 경청의 대상이라는 것을 나는 금세 알 수 있었다. ("아이들은 보면 되지 들어 줄 대상은 아니다"라는 말은 얼마나 잔인한 말인가.) 그 집 자녀들의 삶을 쭉 지켜보면서, 그리고 나 자신 그 집 손자손녀들과 함께 자라면서, 정죄하지 않는 마음이 후손의 삶에 그대로 전수되는 것을 보았다.

나는 2학년 때 형 J. I. 월라드와 형수 버타와 함께 살게 되었고 그후에도 이따금씩 함께 살곤 했다. 사람이 정죄를 통해 남을 벌하거나 통제하지 않으면서도 선하고 강직한 삶을 살 수 있다는 것을 내게 보여준 것은 본올맨 가정—주로 버타 형수—이었다.

함께 살았던 모든 기간은 물론 그 이후로도 형수는 단 한번도 나를 정죄하거나 비난하지 않았다. 내가 그런 대우를 받아 마땅한 일을 많이 했음에도 불구하고 말이다. 당시만 해도 나는 형수가 "원래" 그런 사람인 줄 알았다. 그러나 지금은 그것이 형수가 부모로부터, 그리고 부모를

351

통해 그리스도로부터 배운 마음이라는 것을 안다.

지금 우리가 살고 있는 이런 세상에서 자라면서 정죄 없는 삶의 현실적 가능성을 상상하기란 쉽지 않다. 아주 분명하고 아주 현실적인 모본의 지속적 영향이 예수의 온유한 방식을 이해하는 데 큰 도움이 될 수 있다. 안타깝게도 나는 형수와 그 가정의 정신을 좇아 사는 법을 곧바로 배우지 못한 채 오랜 세월 주변 사람들을 계속 정죄하며 살았다. 지금도 예수의 가르침을 "불가능한 율법"으로 생각할 가능성은 얼마든지 있다.

우리의 우주에서 지금 일하고 계시는 예수와 동행하는 삶에 들어갈 때, 우리는 정죄가 전혀 설 곳이 없는 새로운 실체 안에 서게 된다. 바울은 말한다. 하나님 앞에서 "그리스도 예수 안에 있는 자에게는 결코 정죄함이 없나니"(롬 8:1). 다른 사람들로부터 오는 정죄에 관해서는 나는 그것을 받지 않으려고, 그냥 무시하며 떨쳐 버리려고 노력한다. 전체적인 시야에서 예수—나를 정죄하는 것과는 전혀 거리가 먼—께서 나를 위해 죽으시고 지금도 천국에서 나를 위해 중보하고 계시다는 사실을 **오직** 굳게 붙들면서 정죄를 바라보는 법을 배웠다. 그것이 나를 고통과 분노 중에 상대에게 역정죄로 맞서지 않도록 지켜 준다.

"나를 정죄하지 않으시는 그분에 비할 때 나를 정죄하는 이 사람은 누구인가?" 스스로 던지는 질문이다. 그러므로 설사 누가 나를 정죄해도 낙심하지 않을 수 있다. 특히 "아무것도 나를 그리스도의 영원한 사랑에서 끊을 수 없음"을 알기에 더욱 그렇다(롬 8:33-35). 이런 문맥에서 볼 때 정죄의 게임을 완전히 버리는 것만이 지혜로운 일일 것이다.

선한 것이 해가 될 때

진주와 돼지

이른바 "정죄 조작"의 행위는 사랑하는 이들의 삶을 조종하는 데 오용되는 또 다른 술책과 병행될 때가 많다. 상대가 원하든 않든, 받을 준비가 되어 있든 그렇지 못하든 무조건 하나님의 것을 **강요**하는 행위다. 우리가 억지로 주려는 것은 예컨대 교육, 좋은 음식 등 일반적으로 좋은 것들일 수도 있다.

젊은이들을 강제로 학교에 묶어 두는 "의무 교육"의 개념 자체가—아주 어린아이들을 그것도 지혜롭고 부드럽게 다루는 경우를 제외하고—소중한 것을 타인에게 강요하는 잘못된 행태의 대표적 사례다. 그것이 현대 사회에 몰고 오는 비참한 결과는 예수께서 하신 말씀이 진리임을 정확히 확인시켜 주고 있다. 그분의 말씀은 사실상 하나의 격언이 되었지만, 불행히도 그분이 애초에 의도하신 바와는 전혀 거리가 멀다.

그분은 말씀하셨다. "거룩한 것을 개에게 주지 말며 너희 진주를 돼지 앞에 던지지 말라. 저희가 그것을 발로 밟고 돌이켜 너희를 찢어 상할까 염려하라"(마 7:6).

이 구절의 전통적 해석은 예수의 마음과 그분의 가르침에 정면으로 어긋나는 것이다. 그 해석에 의하면, 우리에게는 다른 이들에게 줄 수 있는 놀라운 보물이 있다. 그 "보물"은 상대에게 진정 도움이 될 만한 것들로 혹 복음 자체일 수도 있다. 그러나 그 보물을 받을 자격이 없는 이들이 있다. 우리는 그런 자들을 주의해야 한다. 일반적으로 우리의 "보물"을 받아들이지 않거나 제대로 사용하지 않을 자들이 거기에 해당된다. 바로 이들이 문제의 "돼지"요 "개"다. 우리는 이렇게 무가치하거나 악한 이들에게 좋은 것을 허비해서는 안된다. 이것이 마태복음 7:6에 대한 전통적인 표준 해석이다.

그러나 예수의 마음에 이보다 더 크게 어긋나는 것도 찾기 어려울 것이다. 사실, 그런 의미로 본다면 하나님의 진주이신 그리스도께서 이 세상에 오신 일이야말로 돼지 앞의 진주의 사례가 될 것이다.

그러므로 우리는 예수의 말씀에는 특정 부류의 사람들을 돼지나 개로 보아야 한다는 의미가 전혀 없다는 사실을 무엇보다도 분명히 해두어야 한다. 그분의 말씀은, 거부하거나 오용할 소지가 있는 이들에게는 좋은 것을 주거나 선을 행하지 말아야 한다는 의미도 아니다. 사실, 그분의 가르침은 그와는 정반대다. 우리는 "은혜를 모르는 자와 악한 자에게도 인자"하신 하늘에 계신 아버지처럼 되어야 한다(눅 6:35).

돼지에게 진주를 주는 것의 문제는 돼지의 무가치성에 있는 것이 아니다. 여기서 문제는 가치가 아니라 도움이다. 돼지는 진주를 소화할 수도 없고 거기서 양분을 취할 수도 없다. 마찬가지로 개도 성경이나 십자가 수난상을 먹고살 수 없다. 그것은 개가 먹을 수 없는 것이다. 어느 날 내가 또 다른 성경이나 진주를 들고 돼지와 개에게 다가갈 때 그 동물들은 결국 "돌이켜〔나〕를 찢어 상하게 할" 것이다. 이유는, 적어도 **나는** 먹을 수 있는 대상이기 때문이다. 동물을 키워 본 사람들은 예수의 말씀이 금세 이해가 될 것이다.

좋은 것이요 대개는 정말 소중한 것임에도 불구하고 상대가 전혀 소화할 수 없고 양분을 취할 수 없는 것을 무조건 강요하여 상대를 교정, 통제하려는 우리의 노력을 얼마나 잘 보여주는 그림인가. 대개 우리는 상대의 생각을 들어 보지도 않는다. 듣지 않아도 "안다." 예수는 주변에서 이런 일이 끊임없이 벌어지는 것을 보았다. 우리 주변도 그와 다를 바 없다. 결과는 대개 돼지와 개의 경우와 전혀 다를 바 없다. 우리의 선한 의도로 달라지는 것은 아무것도 없다. 상대는 끝내 화가 나 우리를 공격할 것이다. 요지는 "진주"의 허비가 아니라 진주를 받는 사람이 전혀 도움을 입지 못한다는 데 있다.

부모와 자녀 사이에서 이런 일을 흔히 볼 수 있다. 역공은 정죄와 함께—이 둘은 대개 함께 다닌다—세대 간 소외의 일차적인 원인이다. 자녀이든 친구이든 상대는 진주를 던지는 우리에게 달리 어떻게 반응해야 할지 모른다. 우리를 사랑하긴 하지만—예컨대 부모나 친구로서—우리의 "뚱딴지 같은 강요"나 맹목적 고집을 더 이상 감당하지 못하는 것이다.

젊은이들이 고등학교 졸업과 동시에 교회를 "졸업"해서 20년이고 평생이고 다시 돌아오지 않는 주요 원인은, 본인이 아무 의미를 느끼지 못하는데도 무조건 종교를 강요하는 데 있다. 젊은 세대가 자신들의 참신한 지혜를 수용하지 못한다며 나이든 세대를 역공으로 정죄함으로써 그 간극은 더욱 커진다.

솔직히, "진주"를 줄 때 우리에게는 흔히 우월적 태도가 있게 마련이며 그래서 정작 상대의 참모습은 보지 못하게 된다. 해답은 어디까지나 **우리**에게 있다. 그것이면 충분하지 않은가? 그리하여 우리가 베푸는 도움에는 순식간에 멸시와 성급함과 분노와 정죄가 끼어든다.

그러나 "진주" 자체가 좋은 것이기에 우리는 자신의 태도가 잘못되어 있을 수 있다는 사실을 좀처럼 깨닫지 못한다. 마음이 잘못된 사람이 남에게 진주를 줄 수 있을까? 불행히도 우리는 그럴 수 있다. 지금까지 그래왔다. 상대가 고마움도 모른 채 우리가 던진 "진주"를 밟고 다닐 때 우리가 솔직히 느끼는 감정, 그것이 애초부터 우리 마음 상태가 어떠했는지를 잘 보여주는 신호다.

많은 경우에, 이른바 적절한 정죄와 놀라운 해답이라는 명분으로 정작 우리가 행하는 일은, 상대를 그 자신의 책임과 하나님의 손에서 끌어내 우리의 통제 아래 두려는 것이다. 그것은 예수의 본뜻과는 전혀 어긋나는 것이며, 대개는 우리 자신도 의식적으로 그럴 뜻은 없다. 우리는 다만 사랑하는 이들에 대한 염려로 가득 차 있는지 모른다. 그러나 "맹세"의 경우에서 살펴본 것처럼 우리는 다른 사람을 대할 때는 언제나, 그가 자신의 자유 의지로 스스로 택한 길에 대해 하나님 앞에서 직접 책임을 지는 영적 존재로 보고 존중해야 한다.

하나님은 값비싼 대가를 치르고 인간에게 자기 결정권을 주셨다. 그분은 분명 그것에 놀라운 가치를 부여하신다. 사실 그분으로서는 그것만이 당신의 영원한 뜻을 위해 당신이 원하시는 인격적 존재들을 얻으실 수 있는 **유일한** 길이다. 우리는 어떤 식으로든 말장난으로 타인을 조작해서는 안되는 것처럼(마 5:37) 정죄나 "진주"나 거룩한 것으로 타인에게 의와 선을 강요하며 괴롭게 해서도 안된다.

뱀과 비둘기

그러나 다른 사람을 돕고 싶은 마음은 어찌할 것인가? 아무것도 하지 말아야 할 것인가? 그것은 합당한 답이 아닐 것이다. 주변 사람을 진정 사랑하는 것과 어울리지 않는다. 성 아우구스티누스는 "이웃으로 하여금 하나님을 사랑하게 도와주는 것"을 이웃 사랑으로 보았다. 그리고 그것이 가족과 이웃과 "접촉 반경 내의 모든 사람"에게 적용되는 것으로 보았다.[3] 과연 맞는 말이다. 대체적으로 말해, 사람과의 관계에서 중요한 것은 무엇을 하느냐가 아니라 언제, 어떻게 하느냐의 문제다. 분명한 것은, 우월적 태도나 정죄는 이웃 사랑에 전혀 도움이 안된다는 것이다.

예수께서 천국의 섬김으로 인간의 필요를 채우도록 제자들을 파송하시며 당부하신 말씀은 이것이다. "너희는 뱀같이 지혜롭고 비둘기같이 순결하라"(마 10:16). 이 소박한 이미지는, 남을 정죄하거나 도움도 안 될 좋은 것을 강요하지 않으면서도 진정으로 도울 수 있는 대인 접촉의 긍정적 측면을 잘 보여주고 있다.

뱀의 지혜란 무엇인가? 행동할 시점이 이를 때까지 잘 관찰하고 주시하는 것이다. 적시를 포착하는 것이다. 뱀은 그저 겁이나 주려고 먹이를 쫓아다니거나 먹잇감과 엎치락뒤치락하지 않는다. 일단 한번 움직이면 신속하게 결정타를 날린다. 비둘기는 어떤가? 비둘기는 꾸미지 않는다. 술책을 쓸 줄 모른다. 교활함이란 비둘기와는 거리가 먼 것이다. 이 온순한 동물은 이중성이라고는 전혀 없다. 그런 의미에서 "순결한" 것이다. 성경은 교활하지 않은 마음을 아주 중요하게 가르친다. 천국에서 큰 자인 어린아이들의 특성 중 하나가 속이지 못하는 것이다. 성인인 우리도 그와 같아야 한다.

이것이 바로 다른 사람들과 **더불어** 천국을 살아가는 데 있어 우리가 품어야 할 특성들이다. 강요를 통해 상대의 방법과 태도와 심지어 사람 자체까지 바꾸려 하는 것이 아니다. 이런 특성들은 다른 사람의 자유와 개성을 진정으로 존중하는 마음, 인내심, 믿음, 소망, 진실성 같은 보다 깊은 특성을 바탕으로 세워지는 것이다.

공동체의 심장인 요청

요청의 역동성

반복되는 말이지만 "다른 편 뺨을 돌려 대는" 부분에서 살펴본 것처럼,

그러한 특성들이 있을 때 인간 관계의 역동성은 완전히 달라진다. 변화의 가장 중요한 요소는 이것이다. 내가 친구나 친척을 정죄하고 내 "진주"를 강요하는 한, 나는 그들에게도 문제가 된다. 그들은 내게 반응해야 하며, 그 반응은 대개 예수의 말씀처럼 상대쪽에서 나를 되받아 "비판"하거나 "찢어 상케 하는" 것으로 나타난다.

그러나 일단 내가 조작하려는 태도를 버리고 뒤로 물러나 사려 깊은 마음을 품고 있으면 나는 더 이상 그들에게 문제가 되지 않는다. 경청하는 나에게 그들은 자신을 변호할 필요가 없으며 오히려 마음을 열기 시작한다. 어느덧 나는 그들에게 하나의 믿을 만한 동지요 자원으로 보이기 시작할 수 있다. 이제 그들은 자기가 만들어 낸 상황이나, 심지어 바로 자기 자신이 문제라는 것을 보게 된다. 내가 더 이상 상대를 **몰아가지** 않기에, 솔직하게 마음을 나누는 진정한 대화가 매력 있는 대안으로 떠오른다. **요청**이 지니는 역동적인 치유력이 자연스럽게 시작된다. 이것이 주변 사람들에게 진정 도움이 되는 방법의 긍정적 예화이자 마지막 예화다(7:7-11).

그러므로 다른 사람에게 영향을 미치는—자신은 물론 상대의 유익을 위해—천국의 방법은 단순히 구하는 것이다. 상대에게 변화를 구하는 것이요 상대가 나에게 **구하는** 것을 어떻게든 들어주는 것이다. 상대의 삶과 마음을 변화시켜 달라고 하나님께 구하는 것은 바로 그 역동의 자연스런 연장이다. 물론 이런 변화에는 상대가 취할 수 있거나 내가 바랄 수 있는, 인간의 의식적 선택 이상의 것이 포함된다.

하나님 앞에서 상대를 존중하며 사려 깊고 은혜롭게 접근하는 한, 우리는 적절한 방식으로 계속 구하며 계속 찾으며 그들의 삶의 문을 계속 두드릴 수 있다. 구하고 찾고 두드리라는 이 가르침은 일차적으로 하나님께 드리는 기도가 아닌 다른 사람을 대하는 태도에 적용되는 것임에 유의해야 한다. 마음문의 빗장은 안쪽에 있다는 것을 잊지 말고 존중해야 한다. 우리는 그 사실을 기뻐하며 결코 무시하지 않을 것이다. 우리는 사람과 하나님 앞에서 상대의 변화에 대한 소망과 기대를 부드럽게, 그러나 끈질기게 간직할 수 있다. 사실, **구한다**는 것은 영적인 세계의 위대한 법칙이다. 그것을 통해 모든 일은 하나님과의 협력 속에서, 그리고 모든 개인의 자유와 가치와 조화를 이루는 가운데 성취되는 것이다.

영적 성향의 단일성

예수의 가르침을 이해하려면, 인간이란 영혼의 성향 깊은 곳에서 하나님과 타인을 대하는 태도가 서로 다를 수 없다는 사실을 깨달아야 한다. 우리는 전인적 존재이며 무슨 일을 하든 성품이 그대로 배어 나오게 돼 있다. 예컨대 하나님을 사랑하면서 인간을 미워할 수는 없다. 사도 요한은 이렇게 말했다. "보는 바 그 형제를 사랑치 아니하는 자가 보지 못하는 바 하나님을 사랑할 수 없느니라"(요일 4:20). "사랑하지 아니하는 자는 하나님을 알지 못하나니 이는 하나님은 사랑이심이라"(4:8).

　　마찬가지로 야고보도 한 입으로 하나님을 찬송하고 동시에 "하나님의 형상대로 지음을 받은" 사람을 저주하는 것이 옳지 않다고 말한다(3:9). 그는 또한 하나님 앞에서의 겸손과 인간 앞에서의 겸손이 서로 연계된 것임을 지적한다. 하나님 앞에서 겸손한 자는 형제와 자매를 "판단하지" 않는다(4:6-12).

　　영적 성향의 필연적 단일성이라는 이 동일한 기본 요지를 용서에 대한, 그리고 용서와 기도에 대한 예수의 가르침에서도 그대로 볼 수 있다. "너희가 사람의 과실을 용서하면 너희 천부께서도 너희 과실을 용서하시려니와 너희가 사람의 과실을 용서하지 아니하면 너희 아버지께서도 너희 과실을 용서하지 아니하시리라"(마 6:14-15). 또한 예수를 시인하느냐 부끄러워하느냐의 문제에서도 볼 수 있다. "누구든지 이 음란하고 죄 많은 세대에서 나와 내 말을 부끄러워하면 인자도 아버지의 영광으로 거룩한 천사들과 함께 올 때에 그 사람을 부끄러워하리라"(막 8:38).

또한 기도에 관해서도 분명히 볼 수 있다. "서서 기도할 때에 아무에게나 혐의가 있거든 용서하라. 그리하여야 하늘에 계신 너희 아버지도 너희 허물을 사하여 주시리라"(막 11:25). 용서란 주는 것의 일면일 뿐이며, 따라서 용서하지 않는 자는 영적으로 "주는" 세계―기도가 응답되는 곳―에 살지 않는 것이다.

하나님 나라의 삶이란, 주식 투자나 외국어 학습의 경우처럼 **행위**를 통해 자신의 삶에 대한 통제력을 유지하며 자신의 목적을 위해 하나님을 **이용**하는 것이 아니다. 우리는 예수와 그의 나라가 보여주는 바대로 자아의 가장 깊은 실체를 하나님께 내어 드려야 한다. 자신의 깊은 자아를 움켜쥔 채 천국을 "이용할" 수는 없다. 천국에는 일방통행이란 거의 없다. 예컨대 하나님은 나를 용서하시지만 나는 남을 용서할 수 없다든지, 예수는 하늘의 무리 앞에서 내게 우정을 고백하시지만 나는 내 주변의 평범한 이들 앞에서 그분을 고백할 수 없다는 것은 있을 수 없는 일이다. 인간과 인간 사이, 인간과 하나님 사이에 역사하는 요청의 위력에 대한 예수의 가르침을 이해하려면 이런 사실들을 마음에 깊이 유념해야 한다.

상대에게 뭔가를 하라거나 달라거나 혹은 뭔가가 되라고 **요청하는** 것은, 곧 강요나 억지가 없는 단순한 속박의 영역에 그 사람과 **함께** 서는 것이다. 우리는 함께 있다. 요청이란 본질상 양쪽을 하나로 묶어 주는 것이다. 반대로 일방적 요구는 즉시 사람을 이간시킨다. 이 특유의 동반의 "세계"가 바로 천국의 특성이요, 실은 인간이 인간답게 살도록 지어진 곳이다.

우리는 자녀들에게 "주세요"와 "고맙습니다"를 가르친다. 일단은 예의의 문제이며 정말로 필요한 것이다. 그러나 그것은 또한 자신이 원하거나 자신에게 필요한 것을 얻어 내는 길이기도 하다. 그런데 그 길은 상대의 자유에 자신을 맡겨야 하는 길이다. 구하고 요청하는 행동은 본질상 상대가 거부할 수도 있음을 인정하는 것이다. 그럴 때 우리는 "비둘기같이 순결하게" 그 반응을 받아들여야 한다. 이제 우리는 거부한다고 상대를 벌하지 않는다. 그럼에도 우리는 구한다. 구해야 한다. 그리고 대부분의 경우 상대는 거부하지 않는다. 예수는 말씀하셨다. "구하라, 그러면 너희에게 주실 것이요. 찾으라, 그러면 찾을 것이요. 문을 두드리라, 그러면 너희에게 열릴 것이니." 이것이 사람들과 관계 맺는 방식이다. 그리고 이것이 흔히들 인용하는 이 구절의 일차적 의미다.

에밀리 디킨슨(Emily Dickinson)은 이렇게 썼다.

영혼은 스스로 친구를 택한 뒤
문을 걸어 닫는다.
그 신성한 자율적 결정에
더 이상 강요하지 말라.[4]

기도의 연속선

구하고 받는 것이 기쁨과 사랑의 생활 양식이 된 관계를 보는 것은 얼마나 아름다운 일인가. 사랑하는 이들이 저마다 심각하게 혹은 재미있게 서로에게 더 많이 주려고 하는 모습을 종종 볼 수 있다. 그것이 관계의 본연의 모습이다. 물론 우리는 관계에 있어서 구하는 측면을 간과해서는 안된다. 주는 것은 강요와는 다르기 때문에 균형이 이루어져야 한다. 하나님이 우리가 구하지도 않은 것을 우리에게 필요하다고 무턱대고 주시지 않는 이유가 거기에 있다. 기도란 인격과 인격이 만나는 본연의 방식이다. 그래서 예수는 마태복음 7:7-11에서 사람에게 구하는 것에서 하늘에 계신 아버지께 구하는 것으로 자연스럽게 옮겨 가고 있다. 이 두 관계는 하나의 연속선상에 있음을 그분은 분명히 가르쳐 주셨다.

그분은 물으신다. "너희 중에 누가 아들이 떡을 달라 하면 돌을 주며"(7:9). 인간의 마음의 실상을 그대로 읽고 계신 것이다. 물론 그런 잔인한 일을 하거나, 생선을 달라 하는 자식의 손에 뱀을 놓아 줄 괴물이 혹 있을지 모른다(10절). 그러나 그렇다고 해서 대체로 구하는 행위 자체에 원하는 결과를 얻게 해주는 위력이 있다는 사실이 조금도 약화되지는 않는다. 예외 상황은 오히려 법칙을 더 확증해 줄 뿐이다.

구하는 것의 위력은 너무도 커서 많은 사람들이 거기에 불편을 느낄 정도다. 부탁을 잘 하는 사람을 일부러 피해 다니는 이들을 우리는 알고 있지 않은가? 상대가 자신이 전혀 모르는 사람이거나 앞으로 다시는 만날 일이 없는 사람일 수도 있다. 어쨌든 그들은 요청의 위력을 느끼기 원치 않는다. 자기 집 개가 보는 앞에서 샌드위치를 먹고 싶은 사람이 누가 있을까?

조용하고 산뜻한 곳으로 잠깐 나들이를 나서며 책과 함께 정성 들여 준비한 가장 즐겨먹는 샌드위치일지라도 상관없다. 여기 얼굴이 있고 눈빛이 있다. 이미 내 무릎에 그 앞발을 올려놓았을 수도 있다. 나머지는 뻔한 일이다. 우주의 근본 세력을 어찌 거부할 수 있겠는가.

인간의 친밀한 관계와 만남에서 대개는 요청 그 자체만으로도 원하는 결과를 얻어 내는 데 충분하다. 물론 관계와 만남이 이전의 경험으로 손상을 입었거나 관련자의 상처가 너무 깊을 때는 예외일 것이다. 때로는 바람직한 이유로 요청을 거부해야 할 때도 있다. 그러나 이것은 보편적인 상황은 아니다.

이러한 요청의 실상은 우리 모두가 볼 수 있는 분명한 사실이다. 예수는 이 실체를 이용하셔서 하나님께 요청하는 주제로 옮겨 가 우리에게 기도의 위력을 가르쳐 주신다. "너희가 악한 자라도 좋은 것으로 자식에게 줄 줄 알거든 하물며 하늘에 계신 너희 아버지께서 구하는 자에게 좋은 것으로 주시지 않겠느냐?"(7:11)

상대의 유익을 위해 영향력을 행사해야 할 것 같은 절박한 필요, 그 필요에 대한 기본 해답이 마침내 여기서 주어진다. 그 해답은 기도, 즉 하나님께 구하는 것이다. 이것이야말로 우리가 타인에게 주려는 유익을 확실히 성취할 수 있는 보장된 길이다. **하나님께 의지하는 믿음이야말로 다른 사람을 마땅히 대해야 할 모습으로 대할 수 있는 유일한 길이다.** 그리하여 우리는 또 하나의 "그러므로"를 주목해야 한다. 우리가 원하는 선한 목적을 성취함에 있어 기도의 위력을 분명히 알았기에, "그러므로 무엇이든지 남에게 대접을 받고자 하는 대로 너희도 남을 대접하라"고 예수는 말씀하신다. 즉 요청과 기도의 위력이 과연 그러하기 **때문에**, 자기가 대접받고 싶은 대로 남을 대접하라는 말이다. 이것이 "율법이요 선지자", 즉 하나님의 계시된 뜻이 우리에게 요구하는 바다(7:12).

싸움과 다툼은 어디서 나는가

기도의 위력을 통해 주어지는 공동체의 조화에 대한 또 다른 관점을 야고보서 4장에서 찾아볼 수 있다. 여기서 야고보는 기도를, 원하는 것을 두고 서로 싸우는 것에 대한 대안으로 제시하고 있다. 야고보는 묻는다. "너희 중에 싸움이 어디로 다툼이 어디로 좇아 나느뇨?" 지금 그는 그리스도인들을 상대로 이야기하고 있다. 그의 답은 이렇다. "너희 지체 중에서 싸우는 정욕으로 좇아 난 것이 아니냐. 너희가 욕심을 내어도 얻지 못하고 살인하며 시기하여도 능히 취하지 못하나니 너희가 다투고 싸우는도다"(1-2절).

그렇다면 우리는 어떻게 해야 하는가? 구해야 한다. 그것이 경쟁의 해답이다. 우리는 하나님께 요청해야 하며, 자신이 원하는 것만이 아니라 모두에게 유익한 것을 요청해야 한다. 우리는 다른 사람들의 성공을 위해 기도해야 한다. "너희가 얻지 못함은 구하지 아니함이요 구하여도 받지 못함은 정욕으로 쓰려고 잘못 구함이라"(2-3절). 삶에 대한 이런 식의 접근은 모두 잘못된 것이다.

우리는 이웃을 내 몸처럼 사랑해야 하며 자신이 받기를 원하는 대로 해주어야 한다. 천국 복음을 받아들이면 그것이 가능해진다. 복음은 결핍과 승패 관계를 없애 버리기 때문이다. 그럴 때 우리는 기도는 물론 행위로도 자신의 유익뿐 아니라 다른 이들의 유익을 구할 수 있게 된다. 기도의 삶은 우리에게 필요를 채움받는 길을 보여주며, 모든 구성원의 소원이 고루 조화를 이루게 해준다. 천국을 살아가는 우리는, 자신을 진정한 선에서 빗나가게 하는 습관적 정욕에서 이미 벗어난 자다. 여러 가지 면에서, 모두가 공존할 수 있는 공간은 바로 기도의 삶에서 찾을 수 있다.[5]

사랑의 공동체의 중재자

이렇듯 구함과 요청에 대한 예수의 가르침은, 우리를 현재 이 땅에 임재해 있는 하나님 나라 안에서의 공동 생활의 가장 깊은 본질로 이끌어 들인다. 이 삶은 수평적으로 사람을 대하는 차원과 수직적으로 하나님을 대하는 차원 모두를 통해 나타난다. 이것을 이해하면 천국 안에서든 밖에서든 가족과 동료 그리스도인들과 이 땅의 동료 시민들을 대하는 방식에 일대 혁명이 이루어진다.

너무도 값진 책 「신도의 공동 생활」에서 디트리히 본회퍼(Dietrich Bonhoeffer)는 긴 지면을 할애해 기도와 사랑의 공동체의 고유의 특성을 제시하고 있다. 이 장 앞머리에 이미 한 부분을 인용한 바 있다. 거기서 그는 영적 공동체 안에는 인간과 인간의 **직접적** 관계가 절대 존재하지 않는다고 강조하고 있다.

다르게 말하자면, 예수의 제자로 사는 사람들 안에는 예수의 임재와 행동이 빠진 관계란 존재할 수 없다. "일대일" 관계란 없다. 모든 관계는 예수를 통해 중재된다. 나는 너와 함께, 너에게, 너를 위해 해줄 일을 생각할 수 없다. 우리-예수와 나-가 너와 함께, 너에게, 너를 위해 해줄 일을 생각할 뿐이다. 마찬가지로 나는, 네가 나와 함께, 나에게, 나를 위해 해줄 일도 생각할 수 없다. 너와 예수가 나와 함께, 나에게, 나를 위해 해줄 일을 생각할 뿐이다.

이 점에 있어 본회퍼의 통찰과 언어는 너무 위력적이어서 그의 말을 그대로 인용하지 않는다면 실수가 될 것이다.

기독교 공동체는 예수 그리스도만을 기초로 세워지기 때문에 정신적〔단순히 인간적〕실체가 아니라 영적 실체다. 그 점에서 기독교 공동체는 다른 모든 공동체들과 절대적으로 다르다.…… 기독교의 형제애는 우리가 실현해야 할 이상이 아니라 그리스도 안에서 하나님께서 창조하신, 우리가 동참할 수 있는 하나의 실체다. 우리의 모든 교제의 기초와 힘과 약속이 오직 예수 그리스도 안에 있다는 사실을 명확히 깨달을수록 그 교제를 생각하고 기도하고 소망하는 우리의 마음은 더욱 아름다워질 것이다.[6]

본회퍼에 따르면, 기도하는 공동체의 사랑의 특성은 지고한 형태의 인간적 사랑과 근본적으로 다르다.

> 인간의 사랑은 자신을 위해 상대에게 향하지만 영적 사랑은 그리스도를 위해 상대를 사랑한다. 그러므로 인간의 사랑은 상대와의 직접적 접촉을 구한다. 상대를 자유로운 인격으로 사랑하는 것이 아니라 그 사랑에 구속될 대상으로 사랑한다.…… 인간의 사랑은 항거할 수 없는 힘으로 상대를 지배하려 한다. 진실과는 거의 상관이 없다. 그것은 진실을 상대화한다. 사랑과 사랑의 대상 사이에 아무것도, 심지어 진실조차도 올 수 없기 때문이다.

정신적 공동체를 움직이는 것은 욕망이며 진실은 그 욕망에 굴복해야 한다. 반면, 천국의 사랑 안에서는

> 사랑하는 이와 사랑받는 이들 사이에 예수 그리스도가 서 계신다.…… 나와 다른 사람들 사이에 그리스도가 서 계시기 때문에 나는 감히 그들과의 직접적 관계를 꿈꾸지 않는다. 내가 구원받을 수 있다는 말을 오직 그리스도만이 하실 수 있는 것처럼 다른 사람들도 오직 그리스도에 의해서만 구원받을 수 있다. 이것은 곧 나의 사랑으로 상대를 규제하고 지

배하고 강요하려는 모든 시도에서 상대를 놓아주어야 한다는 뜻이다.…… 그러므로 이 영적 사랑은 형제에게 그리스도 이야기를 하기보다는 오히려 그리스도께 형제 이야기를 더 많이 하게 된다. 다른 사람을 만나는 가장 직접적인 방법은 언제나 그리스도께 드리는 기도를 통하는 것이요 다른 사람을 향한 사랑은 전적으로 그리스도 안의 진리에 의존하고 있다는 것을, 영적인 사랑은 잘 안다.

웃음과 구속(救贖)

본회퍼의 말은 마태복음 7:1-12에 나타난 예수의 가르침의 의미와 목적을 더없이 잘 표현해 주고 있다. 우리는 자신의 판단과 "진주"로 주변 사람들을 괴롭게 하는 것이 아니라 무력한 요청으로 그들 앞에 선다. 동시에 그들을 위한 요청을 가지고, 지혜로우시고 능력 많으신 왕 앞에 선다. "간접적" 사랑의 영적 공동체에는 인간의 현실이 같이 얽혀 있다. 잠시 그 점을 언급하고 싶다. 본회퍼는 이것 또한 아주 잘 이해했다. 인생의 모든 자연스런 관계—가족, 급우, 직장 동료, 이웃은 물론 정치, 예술, 지식 분야에 있는 이들과의 관계까지—는 올바르게만 맺는다면 그 자체로 아주 선한 것이다. 이런 관계를 떠난 영성(spirituality)이란 있을 수 없다. 우리는 이런 관계들 **안에서** 영성을 구해야 한다.

그러므로 다른 이들과의 순수하게 "영적인" 관계는 차라리 위험한 것이다. 인간 조건과 본질상 부합하지 않기 때문이다. 인간 조건이란 노동과 영광과 혼란과 죽음이 있는 조건이다. 그것은 "인간의 꿈과 존엄성"과 "인간의 현실" 사이의 끊임없는 부조화의 한 단면이다. 우리는 이루지 못할 꿈과 지저분한 미완성의 구름을 몰고 다니는, 육신을 입은 유한한 존재다. 우리의 "영성"이 삶의 자연스런 정황과 인간 관계—어쨌든 언제나 그 자리에 존재하는—로부터 분리될 때, 가장 먼저 나타나는 신호 중 하나는 웃을 수 있는 힘을 상실한다는 것이다.

웃음이란 부조화에 대한 인간의 자동적 반응이다. 천국의 삶에서 아무리 성숙했다 할지라도 인간이 있는 곳이면 바닥나지 않는 것이 부조화다. 우리의 유한성 속에 씻길 수 없이 찍혀 있는 것이 웃음이다. 천국에는 분명 기쁨과 더불어 웃음이 가득할 것이다. 우리의 유한성은 언제나 그대로 남아 있을 것이기 때문이다. 아무도 웃지 않는 영원을 한번 상상해 보라!

우리가 정죄와 비난과 "진주"로 다른 사람들을 비참하게 만들 때 사라지는 것 중 하나가 바로 이 웃음이라는 사실을 잊지 말아야 한다. 우리의 모습은 차마 볼 수 없이 흉해진다. 그러나 함께 나누는 진실된 웃음이야말로 인간이 하나가 되어 삶의 궁지를 타개해 나갈 수 있는 가장 확실한 방법 가운데 하나다. 웃음은 진정한 공동체에 필수적인 것이다.

그러니 웃음이 건강에 그토록 좋은 것은 당연한 일이다. 심지어 웃음은 구속의 상징이기도 하다. 모든 피조 세계에서 구속보다 더 큰 부조화는 없기 때문이다. 구속이 이를 때 "우리가 꿈꾸는 것 같았도다. 그때에 우리 입에는 웃음이 가득하고 우리 혀에는 찬양이 찼었도다"(시 126:1-2).

그래서 하나님으로부터 백 세 된 남자가 구십 세 된 여자의 몸에서 아이를 낳을 것이라는 말씀을 들었을 때 아브라함은 엎드려 웃었다(창 17:17). 나중에 사라도 똑같은 "조크"를 듣고 웃었다(18:12-15). 하나님은 아브라함에게 약속의 자녀의 이름을 "웃음"이라 정해 주셨다. 이삭은 "웃음"이란 뜻이다. "네 아내 사라가 정녕 네게 아들을 낳으리니 너는 그 이름을 웃음이라 하라. 내가 그와 내 언약을 세우리니"(창 17:19). 이것은 그들이 웃은 데 대한 벌이었을까? 그럴 리 없다. 오히려 그것은

7장_ 기도와 사랑의 공동체

하나님께 불가능이 없음을 두고두고 일깨우는 한 방편이었다. 어린 "웃음"이 집안에 태어나 청년으로 자라 가는 모습에 그들은 얼마나 큰 기쁨을 누렸을까!

이미 여러 차례 지적한 바 있듯이 세간에 굳어진 예수의 이미지는 그분이 재미있고 매력 있고 사랑스러운 분임을 전혀 느낄 수 없게 한다. 복음서 도처에서 평범한 사람들이 그분께 보인 반응을 보면 그 이미지가 완전 거짓임을 알 수 있다. 인간적 관점에서 그분은 당대 지도자들이 인기를 시기하여 죽일 만큼(마 27:18) 매력 있는 사람이요 강력한 연사였다. 그분은 유머의 대가이셨고, 여느 훌륭한 연사와 다를 바 없이 듣는 이들이 진리를 쉽게 이해할 수 있도록 유머를 즐겨 사용하셨다.[7] 그러나 오늘날 파티—진짜 파티—의 손님 목록에 그분을 올릴 사람은 거의 없다. 우리는 예수를 지식인으로 생각하지 않는 것만큼 함께 지내기 즐거운 명랑한 친구로도 생각하지 않는다. 그러니 사람들이 그분의 제자가 되려고 하지 않는 것도 당연한 일 아닌가.

우주적 정황에서 본 기도

응답되지 않는 기도에 대해

그러나 요청이 위력이 있긴 하지만 우리가 원하는 것을 언제나 가져다 주지는 않는다. 사람에게 하는 요청도 그렇고 하나님께 기도로 드리는 요청도 그렇다. 지극히 마땅한 일이다. 요청과 기도가 실패 없는 자동 장치가 아님은 참으로 다행한 일이다. 인간이 유한하다는 말은 지식과 능력과 사랑과 대화 역량이 모두 제한되어 있다는 뜻이다. 그럼에도 우리는 행동해야 한다. 계속 나아가야 한다. 그러므로 나쁜 뜻으로 거절하는 경우를 무시하더라도, 요청이란 매번 그대로 받아들여지는 것은 아니며 내 쪽에서도 남의 요청을 언제나 들어줄 수는 없다는 사실은 별로 이상한 일이 아니다.

우리는 바라고 구하는 대로 무조건 응답되는 것이 안전할 만큼 지식도 충분하지 못하고 욕망도 완전하지 못하다. C. S. 루이스는 그것이 하나님께 드리는 기도의 제 모습임을 다음과 같이 단순히 잘 표현해 주고 있다.

> 기도란 언제나…… "응답되는" 것이 아니다. 그것은 기도가 하나의 동인(動因)으로서 약해서가 아니라 오히려 강하기 때문이다. 기도는 일단 "효력"을 낼 때는 시공의 제한을 받지 않는다. 응답할 수도 있고 거절할 수도 있는 임의 재량이 하나님께 있는 이유가 바로 거기에 있다. 만일 그렇지 않다면 기도는 우리를 파멸로 몰아넣고 말 것이다. 학교 교장이 학생들에게 이렇게 말하는 것은 전혀 무모한 일이 아니다. "이러이러한 일은 정해진 교칙상 자유로이 할 수 있다. 그러나 그 밖에 이러이러한 일은 일반 교칙으로 허용하기에는 너무 위험한 일이다. 그런 일을 하기 원하거든 나를 찾아와 요청해야 한다. 내 방에서 문제 전반에 대해 나와 대화해야 한다. 결과는…… 두고 봐야 한다."[8]

C. S. 루이스는 또한 우리 인간에게는 두 종류의 인과 법칙이 있다고 지적한다. 하나는 전적으로 우리의 통제하에 있다. 또 하나는 요청을 통해 작동하는 것으로, 우리가 통제할 수 없는 것이다. 화단에 잡초가 있거나 자동차 바퀴가 터졌다면 그저 잡초가 죽고 바퀴가 고쳐지도록 기도만 하고 있는 것은 바람직하지 않다. 물론 다른 사람에게 부탁해서 상황을

수습할 수도 있다. 상대는 경우에 따라 들어줄 수도 있고 거절할 수도 있다. 그러나 할 수 있거든 자기 힘으로 잡초를 뽑거나 바퀴를 갈아 끼우는 것이 좋다. 기본적으로 그것은 하나님의 위임으로 순리상 나의 영역에 속한 문제다. 그러나 헤로인에 중독됐거나 지적 유행 풍조의 미로에 빠진 친구가 있다면, 어떤 방식으로 돕든지 반드시 기도하는 것이 좋다. 상대를 "고쳐 주는" 것이 내 능력 밖이기 때문만은 아니다. 내 능력 밖이어야 더 좋기 때문이다.

예수는 베드로가 당신을 부인할 것을 아시면서도 그런 끔찍한 일이 일어나지 않도록 무조건 그를 "고쳐 주지" 않았다. 인생의 본질과 구속(救贖)에 대해 깊은 교훈을 주는 사건이다. 그분은 얼마든지 그러실 수 있었다. 그러나 그랬다면 베드로는 마땅히 되어야 할 모습으로 자라 가지 못했을 것이다. 그래서 예수는 베드로에게 이렇게 말씀하신다. "내가 너를 위하여 네 믿음이 떨어지지 않기를 기도하였노니 너는 돌이킨 후에 네 형제를 굳게 하라"(눅 22:32). 슬픔도 있었겠지만 아버지를 향한 놀라운 믿음이 담겨 있는 말씀이다.

성경 전체를 통틀어 베드로에게 보여주신 예수의 이 반응만큼 기도와 사랑의 공동체를 강력히 예시해 주는 장면은 없을 것이다. 예수께서는 베드로가 다가오는 시험을 이겨 내기를 얼마나 간절히 원하셨던가! 그러나 그분은 베드로가 하나님과 사람 앞에서—또한 결과적으로 이후의 모든 인간 역사 앞에서—성공할 수도 있고 실패할 수도 있도록 그냥 두셨다. 그분은 베드로에게 정죄나 수치심이나 "지혜의 진주"를 사용하지 않으셨다. 초자연적 능력으로 그의 영혼이나 두뇌를 바꿔 놓지도 않았다. 다만 이것뿐이었다. "내가 너를 위하여 네 믿음이 떨어지지 않기를 기도하였노니." 마태복음 7:7-11에 완벽하게 부합되는 모습이다. 이것이 우리가 주변 사람들과의 관계에 실천해야 할 예수의 아름다운 모본이다.

기도에 대한 보다 깊은 이해

그렇다면 이것이야말로 예수께서 그분의 나라 안에서 우리에게 가져다주시는 기도와 사랑의 공동체다. 그 중심은 분명 기도다. 산상 강화를 끝내기 전 기도와 기도의 방법에 대해 몇 가지 짚어 둘 문제가 있다. 또한 마태복음 6장의 주기도문에 대한 이야기도 뒤로 미루어 둔 바 있다. 이제 곧 주기도문으로 돌아가서 그 내용을 천국 생활의 실천에 통합하게 될 것이다. 이 기도야말로 영원히, 이 땅을 사는 그리스도의 제자들의 삶과 공동체의 핵심을 이루는 것이다.

여기서 다룰 몇 가지 요긴한 내용들이 아무쪼록 요청의 삶의 더 깊은 체험으로 들어가는 데 도움이 되기 바란다. 예수께서 말씀과 모본으로 가르치신 모든 행동이 그렇듯, 기도의 유효성도 단순히 그분의 말씀대로 기도하고 포기하지 않는 모든 이들에게 저절로 입증되도록 되어 있다.[9] 기도의 "영웅"의 몸짓을 취하려는 유혹에 빠질 때 기도는 훨씬 배우기 어렵다. 이것은 중요한 것이다. 영웅적 행위가 전혀 영웅적 행위로 보이지 않는 수준까지 성장하기 전에는 일반적으로 그런 몸짓은 영적 생활에 전혀 어울리지 않는다.

물론 기도의 영웅들이 있으며 우리는 하나님이 그들에게 주신 소명을 존중해야 한다. 리즈 하월즈(Rees Howells)나 "기도하는" 존 하이드("Praying" John Hyde)를 생각할 수 있다.[10] 그러나 그것은 소수의 사람들에게 주시는 특별한 부르심이다. 이 부르심을 기도 생활의 이상으로 본다면, 그것은 불필요한 죄책감의 짐만 더하는 것이요 결국은 천국 생활의 전반적·현실적 측면인 기도를 아예 포기하는 결과를 낳을 것은 뻔한 일이다. 영웅적 기도가 필요한 시기가 있으나 영웅이 되려는 의도로 되는 것은 아니다. 언제나 우리는 가까운 아버지와 함께 걸으며 이야기하는 어린아이일 뿐이다.

기도의 기본은 요청이다

이제 우리는 천국 기도를 발전시키는 데 잦은 걸림돌이 되는 몇 가지 구체적 사안을 살펴보고자 한다. 첫째는 "기도란 정확히 무엇인가" 하는 핵심 문제에 대한 이해다. 복음서에 예수의 삶과 가르침을 통해 나타나는 기도의 그림은 아주 분명하다. 기본적으로 기도란 구하는 것이요 하나님께 뭔가를 요청하는 것이다.

곧 살펴보겠지만, 관련 본문들—예컨대 주기도문 자체—을 보면 그 점에 조금도 의심의 여지가 없다. 그것은 또한 신약의 나머지 부분 및 성경 전체와도 잘 부합된다. 예를 들어 주기도문과 열왕기상 8:22-56의 기도를 비교해 보라. 그럼에도 불구하고 이런 기도의 그림에 많은 이들이 불편을 느낀다. 특히 **내가** 원하는 것을 하나님께 요청한다는 개념이 못내 거북하게 느껴진다.

한번은 어느 아름다운 부부가 수련회 후 나를 몇 시간 거리의 공항까지 태워다 준 일이 있었다. 함께 차안에서 대화를 나누다가, 그들의 아들이 사업상 어려움을 겪고 있다는 이야기가 나왔다. 나는 그들에게 이 문제로 어떻게 기도하고 있으며 그간에 기도를 통해 어떤 체험이 있었는지 물었다. 그들은 깜짝 놀라며 아들의 사업을 위해서도 기도해야 되느냐고 물었다. 아들의 건강이나 구원 문제라면 당장 어려움 없이 기도했을 것이다. 그러나 사업 문제로? 그것도 자기들의 이익과 직접 관련된 사업인데? 그들에게는 전혀 불가능한 일로 보였다.

이런 불편함의 이면에는 중요한 진리의 요소가 숨어 있다. 물론 의도야 선한 것이다. 과연 기도란 결코 구하는 것**만은** 아니며 나의 소원을 구하는 것**만도** 아니다. 하나님은 우주의 하수인이나 해결사가 아니며 우주는 내 욕심과 필요를 채우기 위해 존재하는 것이 아니다. 그럼에도 불구하고 나는 나의 관심사를 위해 기도해야 한다. 기도를 불가능한 것으로 느끼는 이들이 많이 있다. 자신과는 거리가 먼-실제로 관심도 없고 알지도 못하는-훌륭한 필요를 위해서만 기도해야 된다고 생각하기 때문이다.

나에게 전혀 중요하지 않은 "훌륭한 일"에 대해 기도하려고 애쓸 때 기도는 **죽는다**. 그 훌륭한 일들을 위한 의미 있는 기도에 이르는 길은 먼저 내게 진정 관심사가 되는 문제부터 기도하는 것이다. 우리의 관심의 반경은 하나님의 크신 사랑 안에서 점점 커질 수밖에 없다.

기도란 구하는 것이며 거기에는 단순히 우리와 하나님 사이의 인격적 관계, 즉 체험적 상호 작용이 전제가 된다. 자녀가 부모에게, 친구가 친구에게 요청하는 경우와 같다. 기도란 우리의 자연스런 관심사를 자연스럽게 표현하는 것이며, 하나님은 남을 위한 기도뿐 아니라 나 자신을 위한 기도도 들어주신다. 다시 말하지만 성경에 나오는 기도를 보면 분명히 알 수 있다. 그것이 가장 잘 나타난 곳이 최고의 기도서인 시편이다.[11]

따라서 나는 기도의 가장 적절한 묘사는 단순히 이런 것이라 생각한다. "기도란 하나님과 우리가 함께 행하는 일에 대해 하나님께 말씀드리는 것이다." 이 묘사는 기도의 초점을 즉각 우리의 현 위치에 맞추어 주지만, 동시에 자기 중심주의는 허용하지 않는다. 이 대화의 동행 과정에는 의당 요청이 있게 마련이다. 기도는 내 삶의 관심사—하나님의 관심사이기도 한—를 하나님께 숨김없이 나누는 것이다. 물론 그분은 내 관심사에 관심이 있으시며 특히 우리의 관심사는 그분의 관심사와 일치되어야 한다. 이것이 하나님과 함께 걷는 삶이다. 거기서 우리는 기도하는 것이다.

기도 생활과 다른 측면들

그러나 기도에 대해 말할 때 흔히들 기도를 삶의 다른 타당한 측면들—기도의 본연의 모습이 포함되는—과 혼동할 때가 많다. 유익하지 못한 생각이다. 사실 그것은 기도가 다른 것으로 대치되거나 아예 사라지는 결과를 낳을 수 있다. 우리는 기도를, 나름대로 중요하지만 분명 기도는 아닌 특정 상태나 활동과 혼동할 수 있다. 그리하여 선의의 사람들이 자신도 의식하지 못하는 사이에 전혀 기도하지 않는 지경에 이르게 된다. 그들이 하는 일은 좋은 일이다. 다만 기도가 아닐 뿐이다. 기도가 아니므로 당연히 기도의 결과도 없다. 나는 이런 경우를 자주 접한다. 심지어 교회 전체가 그런 경우도 보았다. 그것이 우리의 삶과 하나님께 대한 믿음에 미치는 해는 아주 큰 것이다.

그러므로 우리는, 예컨대 기도란 분명 하나님께 말하는 것이지만 하나님께 말한다고 무조건 기도는 아니라는 사실을 심각하게 생각해야 한다. 또한 찬양은 놀라운 행위이며 우리 마음에 찬양이 가득하지 않은 한, 참된 기도란 매우 어려운 것이다. 그럼에도 불구하고 찬양은 기도가 아니다.

그러나 하나님의 위대하심과 선하심에 대한 분명한 확신만이 기도 생활의 기초가 될 수 있으며, 그런 확신은 당연히 찬양으로 표현되게 마런이다. 사실, 하나님을 바로 아는 자라면 오직 찬양만이 삶의 합당한 태도다. 그것만이 제대로 된 태도다. 신약의 위대한 "믿음 장"인 히브리서 11장은 단순히 이렇게 말한다. "하나님께 나아가는 자는 반드시 그가 계신 것과 또한 그가 자기를 찾는 자들에게 상 주시는 이심을 믿어야 할지니라"(6절). 하나님을 이렇게 이해하고 실제로 그분과의 교제 속에서 살아가는 이의 마음에 찬양은 피할 수 없는 결과다.

감사도 살아 있는 기도에 빠질 수 없는 요소다. 그러나 그 목적은 하나님을 조작하여 우리의 감사를 믿게 만들어서 우리에게 더 많은 것을 주시게 하려는 것이 아니다. 물론 말도 안되는 해괴한 생각이지만, 많은 이들이 은근히 이런 생각을 품고 있거나 실제 행동으로 시도하기도 한다. 어쨌든 예수가 행하신 방식의 기도에는 놀라운 결과가 따르며 감사는 우리의 영원한 주제가 된다. 감사야말로 하나님과의 관계의 실체이기 때문이다. 감사와 찬양은 서로 짝과 같다. 하나님의 풍요로운 공급 속에 살아가고 있음을 알 때 감사는 **당연한** 것이다.

그래서 바울은 빌립보 교인들에게 이렇게 말했다. "아무것도 염려하지 말고 오직 모든 일에 기도와 간구로 너희 구할 것을 감사함으로 하나님께 아뢰라. 그리하면 모든 지각에 뛰어난 하나님의 평강이 그리스도 예수 안에서 너희 마음과 생각을 지키시리라"(4:6).

그러므로 기도란 두 인격─서로 다르면서도 하늘 아버지와 관계된 이 땅의 자녀들─사이의 인격적 관계에 꼭 필요한 여러 요소들이 모여서 이루어진 총체적 활동이다. 그러나 여전히 기도의 **핵심**은 요청이다.

우리가 하나님을 변화시킬 수 있는가

우리의 기도에 대한 하나님의 응답은 뻔한 제스처가 아니다. 그분은 어차피 하실 일을 하시면서 마치 우리 기도에 응답하는 것처럼 가장하시는 분이 아니다. 우리의 요청은 하나님이 하시거나 하시지 않는 일에 정말 변화를 가져온다. 어차피 모든 일이 우리의 기도와 무관하게 될 대로 된다는 개념은 하나님을 진심으로 믿는 많은 이들의 생각을 사로잡는 망령이다. 그것은 기도를 심리적으로 불가능하게 만들며, 기껏해야 죽은 의식으로 대치시킨다. 물론 하나님은 이런 기도에 응답하시지 않는다. 우리라도 그럴 것이다.

자녀의 요청 때문에 행동이 달라진 적이 한번도 없는 부모가 있다고 하자. 예를 들어, 부모는 아이들이 구하든 말든 금요일 저녁이면 용돈을 준다. 그러면서도 아이들에게는 요청의 의식을 반드시 거치게 한다. 아이들은 그대로 한다. 금요일 저녁이면 부모에게 다가가 주말 용돈을 청한다. 자기들이 그렇게 하든 하지 않든 부모는 어차피 부모 맘대로 하리라는 것을 알면서도 그렇게 한다. 부모도 아이들의 이런 생각을 잘 안다. 안타깝게도 이것이 적지 않은 사람들이 기도에 대해 가지고 있는 생각이다.

물론 이것은 기도의 성경적 개념이 아니며, 기도가 삶의 중요한 부분이 된 사람들의 생각도 아니다. 이 문제에 대해 내 생각을 바꾸어 준 것은 구약의 두 장면이다. 이것을 계기로 나는 비로소 기도에 대한 예수의 가르침에 들어설 수 있었다. 나 역시 하나님을, 자신의 의지와 하등의 상관없이 모든 것을 당연히 알고 계시고 자신이 하는 일에 조금도 마음을 바꾸시는 일이 없는, 눈 하나 깜짝 않는 요지부동의 존재로 가르치는 신학 속에서 자라났던 것이다.

첫번째 장면은 모세가 산에서 십계명의 첫 돌판을 받고 있는 도중에 발생한 이스라엘 백성의 반역 사건 직후에 펼쳐진 장면이다. 마음이 다시 이집트로 돌아선 이스라엘 백성은 우상을 만들어 숭배하며 한바탕 난장판을 벌였다. 그러자 하나님은 모세에게 그들을 진멸하시고 모세를 통해 새 나라를 세우겠다고 말씀하신다(출 32:10).

이 상황에서 모세가 하나님께 보인 반응은 성경 전체를 통틀어 기도에 대해 가장 깊은 교훈을 주는 본문 가운데 하나다(12-14절). 첫째, 모세가 하나님을 **설득**하는 모습을 눈여겨보기 바란다. 모세는 하나님께, 친히 이집트에서 인도하여 내신 백성에 대한 그분의 계획이 실패로 돌아가야 할 이유를 따져 묻는다. 하나님이 그 일을 성취하실 수 없었단 말인가? 둘째, 모세는 이집트 사람들이 분명 하나님이 그 백성을 광야에서 죽이려고 인도하여 냈다고 말할 것이라고 지적한다. 그런 하나님이 좋은 하나님이요 위대한 하나님인지 그들은 의심할 것이다. 셋째, 아브라함과 이삭과 야곱에게 하신 언약의 문제가 있다. 진멸을 눈앞에 둔 이 반역의 백성은 그들의 후손이다. 하나님은 이들 후손에 대해 선조에게 하신 맹세가 있다. 이들 후손을 멸하시는 것이 그 맹세를 지키시는 일인가?

모세는 언약을 맺으시는 이스라엘의 하나님의 특별한 이름인 "여호와"께 "주의" 백성을 멸하실 "뜻을 돌이"켜 달라고 담대히 청한다(12절). 그리고 결과는 이것이었다. "여호와께서 뜻을 돌이키사 말씀하신 화를 그 백성에게 내리지 아니하시니라"(14절).

구약의 두번째 장면은 유다의 성군 중 한 사람인 히스기야에 관한 장면이다. 그는 이미 놀라운 기도 응답을 수차 맛보았던 사람이다. 특히 앗수르 왕 산헤립과의 대결이 좋은 예다(왕하 19:8-37). 시인 바이런(George Gordon Byron)은 이 사건을 기념하여 '산헤립 멸망'이라는 시를 짓기도 했다.

그런 히스기야가 병들어 죽게 되었다. 그의 친구인 선지자 이사야가 하나님의 말씀을 가지고 왔다. "네가 죽고 살지 못하리라"(20:1). 이 죽음을 허용하는 단호한 의지의 선고 앞에서 히스기야는 바로 모세가 했던 일을 한다. 그는 "낯을 벽으로 향하고 여호와께 기도"하며 "심히 통곡"했다. 그러면서 자기가 주 앞에서 진실과 전심으로 행한 것과 주의 보시기에 선하게 행한 것을 근거로 하나님을 설득했다(2-3절).

이사야가 왕궁을 반도 벗어나기 전에 하나님은 그에게 다시 돌아가 히스기야에게 이렇게 말할 것을 명하신다. "내가 네 기도를 들었고 네 눈물을 보았노라. 내가 너를 낫게 하리니……내가 네 날을 십오 년을 더 할 것이며"(4-6절). 그분은 과연 그의 수명을 연장해 주셨다.

이 장면들 속에서 우리가 보는 것은 당신 앞에 신실하게 서는 자들에게 **설득당하시는** 하나님이다. 여기서 우리는 앞서 이야기했던, 자녀의 요청에 좋은 것으로 주는 부모의 반응을 다시 떠올릴 필요가 있다. 요청에 자동적으로 이루어지는 요소란 전혀 없다. 기도에 "무조건 공식"이란 없다. 요청한 내용은 주어질 수도 있고 주어지지 않을 수도 있다. 어느 경우이든 선한 이유에서다. 인격 간의 관계란 바로 그런 것이다.

하나님은 위대하신 분이기에 당신의 일을 얼마든지 이런 식으로 수행하실 수 있다. 물론 그분의 본질과 정체와 전체적 목적은 달라지지 않는다. 그러나 인간 개개인과 관련된 많은 특정 문제들에 대한 그분의 뜻은 달라질 수 있다. 그렇다고 그분의 격이 떨어지는 것은 아니다. 천만의 말씀이다. 적절하다고 생각되는 상황에서 뜻을 바꾸실 수 없는 하나님이야말로 능력이 유한한 하나님일 것이다. 하나님이 그때그때 적절하다고 생각되는 대로 인간을 대하기로 하셨다면 그것은 전혀 문제가 안된다.

인격에 반응하는 우주

여기서 우리의 우주 전체에 대한 깊은 진리가 도출된다. 우주란 인격의 소원과 의지에 반응하는 세상이며, 그 방법은 아주 다양하다. 그것이 바로 근본적으로 삼위일체적인 우주—다수이기에는 너무나 "하나"이고 하나이기에는 너무나 "다수"인 인격 상호 간의 연합이라는 궁극적 실체에 바탕을 둔—에 우리가 기대해야 할 바다.

이 우주의 물리적 측면에 대해 많은 과학자들은 모든 사물과 사건은 전적으로 쿼크(quark)라는 입자에 의해 생성, 결정된다고 말한다.[12] 물리적 우주를 구성하는 궁극적 물질 요소는 쿼크다. 엄격한 물리적 실체에 대한 엄격한 과학적 분석에서 쿼크 이상의 것은 아무것도 가정할 필요가 없다는 것이다.

그러나 모든 실체가 물리적인 것은 아니다. 사실, 존재하는 모든 것이 물리적인 것임을 입증하려고 시도하는 **과학**은 세상에 없다. 그런 과학이 있다면 누구나 지적해 보기 바란다. 설사 있다 해도 그런 "과학"은 실패할 수밖에 없다. 쿼크는 결코 그 자체로 절대적 존재가 아니다. 그 존재와 본질—모든 것을 결정한다는 그 결정 법칙까지 포함하여—이 쿼크 자체가 아닌 다른 것으로부터 와야만 한다.

그 "다른 것"이 하나님이기 때문에 쿼크를 포함한 모든 물리적 실체는 그분의 뜻에 종속되어 있다. 인간의 몸은 상당 정도까지 생각과 소원과 의지에 즉각 반응하게 돼 있다. 그래야 인간은 행동하고 지각할 수 있다. 여기에 대해 어떤 철학 이론을 가지고 있든 우리 모두는 그것이 삶 속에서 사실임을 알고 있다. 그것을 모르고는 행동하거나 살아갈 수 없으며 생명체의 구실을 다할 수 없다. 삶에 대한 이 핵심 사실은 물질이 인격과 무관하지 않음을 잘 보여준다. 물질은 인격의 영향을 받으며 또한 인격에 영향을 준다. 이것은 우리의 세계와 그 안에서의 우리의 자리에 대한 엄연한 사실이다.

그렇다면 물리적 실체가 특정 방식으로 움직이기를 바라는 소원과 의지는, 제한된 반경 내에서 그 자체만으로 물리적 실체에 직접 영향을 미치는 셈이다. 방금 말한 것처럼 우리 인체의 활동이 바로 이 경우다. 소원과 의지나 혹은 단순히 생각이 자신의 영혼과 몸 이상의 것에 영향을 미치는지 여부는 아직 분명하지 않다. 여기서 염력(念力)—생각과 의지만으로 물체를 움직일 수 있다는 능력—의 실체로 깊이 들어갈 마음은 없다. 그러나 기도에 대한 최근의 과학적 연구들이 그와 아주 유사한 힘의 존재를 강하게 뒷받침하고 있다.

기도에 대한 과학적 연구

기도의 효과에 대한 실험 연구들이 행해진 지는 꽤 오래 되었다. 1950년대 캘리포니아 레드랜즈 대학교의 윌리엄 파커(William R. Parker)는 '기도 치료 집단' 프로그램을 개발했다. 여러 질병의 환자들을 소그룹으로 나눈 뒤 치료에 기도를 사용한 이들과 사용하지 않은 이들의 삶의 변화를 추적한 것이다. 아울러 기도의 여러 종류와 태도에 따른 효과도 연구했다. 정확히 예수 그리스도의 마음으로 하는 기도는 그것을 사용하는 법을 배운 이들에게 놀라운 긍정적 효과를 주는 것으로 밝혀졌다. 연구 결과가 상세히 소개된 「기도는 당신의 삶을 바꿀 수 있다」(*Prayer Can Change Your Life*)라는 책은 지금도 충분히 읽을 가치가 있으며 특히 신유 기도 실행의 몇 가지 측면을 배우는 데 도움이 된다.[13] 발표 당시에 이 책은 정말 특이한 책이었다.

그러나 1980년대 말 이후 의학지 및 기타 전문지에 기도의 효과에 대한 연구가 130편이 넘게 발표되었다. 많은 연구가 철저한 과학적 통제하에 이루어졌으며 그중에는 인간 이외의 생물체를 위한 기도를 다룬 것도 있다. 가장 유명한 것은 1988년에 발표된 캘리포니아 대학교 샌프란시스코 의대의 랜돌프 버드(Randolph Byrd)의 연구일 것이다. 심장 발작 병력이 있거나 증상이 심한 393명의 심장병 환자를 대상으로 한 연구였다. 어떤 환자들이 기도를 받는 이들이고 어떤 환자들이 기도를 받지 않는 이들인지 환자 자신도 의료진도 모르게 했다.

결과는 미국의 주요 방송과 신문에서 일제히 상세하게 보도할 만큼 인상적인 것이었다. 기도를 받은 환자들 쪽이 사망자도 훨씬 적었고 약효가 가장 센 약물을 사용해야 하는 사람도 적었으며 생명 유지 장치를 부착해야 하는 사람은 하나도 없었다. 의학박사 래리 도시(Larry Dossey)의 책 「치유의 말」(*Healing Words*)에 이 결과가 다른 많은 연구들과 함께 아주 자세히 실려 있다.[14]

도시는 씨앗의 발아, 식물, 박테리아 등 인간 이외의 생명에 대한 기도의 실험도 함께 보고하고 있다(190, 218-221쪽). 또한 거리는 기도의 효과와 아무런 관계가 없는 것으로 나타났다. 바로 옆에 있는 것을 위한 기도나 지구 반대편에 있는 것을 위한 기도나 효과는 동일했다. 대상을 상자에 넣고 납땜을 해 모든 형태의 알려진 물리적 에너지−전파, 분자 등−를 차단한 경우에도 효과는 지속됐다.

마지막으로 연구 자료에 대한 도시의 해석에 따르면, 대체적으로 기도의 방법과 대상은 중요하지 않다. 기계적 과정이라는 의미에서, 특효의 방법은 없다는 것이다(9-10쪽). 기도란 "길 없는 길"과 같다(18쪽). 물론 가장 큰 이유는, 그의 관점에서는 기도의 효과를 얻기 위해 통해야 할 "외부의 하나님"이 존재하지 않기 때문이다(8쪽). 하나님이란 어디까지나 알 수 없는 존재이고(23쪽) 기도의 "대상"은 우리 내면에 있기 때문이다.

도시가 수긍조로 인용한 생물학자 데이븐포트(R. Davenport)의 말처럼 사실 "물리적 실체는…… 우리가 자연 안에서 변화의 체험을 겪는 동안 우리의 의식으로부터 생겨난다"(68쪽). 이것이 사물에 대한 작금의 널리 알려진 철학적 이해다. 기도의 과학적 연구를 진지하게 대하기 위해 이런 견해를 받아들일 필요는 없다.

기도를 비인격적 힘과의 교류로만 이루어진 순전히 인간적인 일로 보는 이런 해석은 예수의 기도 해석과는 분명 다르다. 그러나 여기서는 그런 해석을 비판하는 것이 아니라 이해하는 것이 내 취지다. 어떤 해석을 막론하고 기도란 사고와 의지와 소원의 특정한 구사요 표현이다. 기도가 삶에 미치는 효과에 대한 이런 과학적 연구 결과는 인간의 인격이, 사고와 의지와 소원의 적절한 구사를 통해 통상의 물리적 인과 법칙을 초월하는 효과를 발휘할 수 있음을 보여주는 것이라고 나는 믿는다. 그것이 도시의 입장의 핵심이며 파커의 입장도 그보다는 덜 분명하지만 방향은 같다. 다만 이들은 둘 다 인간의 건강에 관심을 가진 전문인답게 인간에게 알려진 유익한 자원이면 무엇이든 사용해야 한다고 믿은 것뿐이다. 더욱이 둘 다 당면한 본업인 치료의 진전을 원했을 뿐 신학적 논쟁에 걸려들 생각은 분명 없었을 것이다. 정직한 사람이라면 누구나 그들의 접근에 공감이 갈 것이다.

그렇더라도 비인격적 힘의 관점에서 보는 이런 기도가, 하나님 나라 안에서 한 활동으로서의 기도를 잘 담아낸 것인지, 아니면 순전히 인간적 영역의 좀더 깊은 연장에 지나지 않은지의 문제는 여전히 남아 있다. 인간의 나라는 세간의 지배적인 유물론적 실체 해석에서 생각하는 것보다 영역도 훨씬 넓고 본질도 크게 다를 것이다. 나는 그렇다고 믿는다. 그러나 그렇다고 해서 인간의 삶에 대한 천국의 우월성과 우선순위가 밀려나는 것은 결코 아니다. "외부의 하나님을 통하지 않는 기도"의 위력에 대해 모든 이야기가 끝난 후에도 우리는 여전히 그 하나님과의 관계를 정리해야 하며 인간 실존의 여러 차원, 특히 도덕적 차원을 해결해야 한다. 도시 방식의 기도에는 이런 부분이 분명히 개입돼 있지 않다.

이 "외부의" 기도는 자신이 아닌 인격에게 나아가 내 힘으로 못하는 일을 **그 인격**이 대신 해줄 것을 요청하는 것이다. 그것은 인간의 역사를 거듭 간섭해 오셨고 지금도 그렇게 하시는 하나님께 나아가는 것이다. 그것은 피조 세계와 잠시 이 땅에 허용하신 인류의 삶에 대한 그분의 목표와 뜻을 성취하기 위해 그분과 함께 지식을 좇아 일하는 것이다. 그러므로 이것은 단지 **정신**의 기도가 아니라 **영혼**의 기도 내지 천국의 기도다. 정신의 기도란 "외부의 하나님"과 상관없이 인간 내면의 힘을 구사하는 것이다. 물론 좀더 넓은 영역의 비물리적 실체가 끼어들 수는 있다.

여기서 우리는 앞서 말한 바 영적인 공동체와 정신적 공동체 또는 순전히 인간적 실체에 대한 본회퍼의 구분을 다시 떠올릴 필요가 있다. 인간의 물리적 측면은 분명 실체이며 절대 간과해서는 안된다. 그러나 하나님의 충만한 세계에서 기도의 범위를 이해하기 위해서는 도시의 입장에서 말하는 물리적 세계를 훨씬 뛰어넘어야 한다.

천국의 기도에서 인격은 별개의 실체를 갖는 궁극적 존재다. 인격 간의 상호 작용은 그저 "연합의 느낌"을 통해서가 아니라 목적 지향의 분명한 대화인, 말하고 듣는 과정을 통해 이루어진다. 민수기 12:7-8에서 하나님은 자신이 명확히 선호하시는 관계의 유형을 강조하시며 이렇게 말씀하신다. "내 종 모세와는 그렇지 아니하니 그는 나의 온 집에 충성뜀이라. 그와는 내가 대면하여 명백히 말하고 은밀한 말로 아니하며 그는 또 여호와의 형상을 보겠거늘"(7-8절).

예수께서 친히 하신 말씀에 따르면, 하나님은 당신을 사랑하는 모든 이들과 바로 그런 관계를 맺기 원하신다. "사람이 나를 사랑하면 내 말을 지키리니 내 아버지께서 저를 사랑하실 것이요 우리가 저에게 와서 거처를 저와 함께하리라"(요 14:23). 성경의 전통을 아는 자라면 이것을 결코 묘한 기분이나 뜨거운 감정만의 문제로 생각하지 않을 것이다. 하나님은 무엇보다도 말씀하시고 들으시는 하나님이다.[15]

통치를 가르치는 기도

천국의 기도는 우리 각 개인이 천국에서 하나님과 함께 통치하는 법을 한 걸음씩 차근차근 배워나가서, 그분 앞에 진정 중요한 존재가 되도록 하기 위해 하나님이 명시적으로 제정하신 한 방편이다. 그 통치를 배우고 실행함으로써 개인의 삶은 본연의 중요성을 띠게 된다. 기도에는 흔히 많은 노력, 지속적인 노력, 사안에 따라서는 오랜 세월의 노력이 필요한데, 그 이유도 바로 통치의 고귀한 부르심에서 찾을 수 있다. 기도란 무엇보다도 성품을 형성하는 길이다. 기도는 자유와 능력을 섬김과 사랑에 접목시켜 준다. 하나님이 우리의 삶에서 결국 얻으시는 것—사실상 우리가 자신의 삶에서 결국 얻는 것—은 단순히 우리가 갖추게 될 인격이다. 하나님의 뜻은 우리가 그분의 능력을 받아 원하는 일을 능히 할 수 있는 인격으로 성장하는 것이다. 그럴 때 우리는 "세세토록 왕 노릇"할 준비를 갖추게 된다(계 22:5).

모든 사람이 사실상 삶 속에서 추구하는 것이 통치임에도 불구하고 통치란 분명 현대인의 마음에는 너무 거창한 단어다. 우리가 배워 온 "통치"의 개념은 다른 사람들을 지배하는 것이다. 그러나 하나님의 모략의 핵심에서, 통치란 단순히 선의 창조와 지배에 있어서 자유와 능력을 갖춘다는 뜻이다. 기도의 삶의 훈련을 통해 우리는 하나님의 무한한 능력과의 조화로운 연합 속에서 통치하게 된다.

이 훈련의 한 가지 중요한 요소는, 하나님을 앞질러 문제를 내 손으로 거머쥐는 것이 아니라 하나님이 움직이실 때를 잠잠히 기다리는 것이다. 바로 이런 기다림의 체험 속에서 하나님 앞에 더없이 값진 성품, 즉 그분의 능력을 받아 자신이 택하는 일을 능히 해낼 수 있는 성품이 빚어지는 것이다. 야고보가 시련 중의 인내가 우리를 "온전하게"〔'텔레이온', teleion〕, 즉 "온전히 기능하게" 해준다고 말한 것도 그런 이유에서다(1:4).

기도하며 하나님의 일하심을 기다려야 하는 것은, 때로 기도의 응답에 다른 이들이나 나 자신의 변화가 포함되기 때문일 수도 있다. 때로는 그 변화 과정 속에 인간의 범위를 완전히 벗어나 영적 세계에서 벌어지는 싸움이 개입될 때도 있다(단 10:13). 우리는 언제나 우리가 보지 못하는 보다 넓은 행동의 정황 속에 살고 있다. 그러나 기도를 중단하게 하는 정확한 원인이 무엇이든, 예수는 우리에게 요청을 끝까지 거두지 말 것을 강조하여 가르치셨다. 간단히 말해 이것은 모든 진지한 인간 관계에 동일하게 적용되는 사항이다. 우리는 어떤 식으로든 문제가 해결될 때까지 계속 그 문제를 놓지 않는다.

예수는 인간의 삶에서 취한 한 예화를 통해 인간을 향한 요청과 하나님께 드리는 기도의 연속성을 다시 한번 보여주신다. 여기서 그분은 기도를, 여행중에 찾아온 손님을 위해 밤중에 음식을 빌리러 친구 집을 찾아가는 일에 비유하셨다. 손님이 너무 늦게 찾아와 자기 집에는 먹을

7장_ 기도와 사랑의 공동체

것이 없었던 것이다(눅 11:5-6).

이웃에게 음식을 요청하자 안에서 이런 대답이 들려온다. "나를 괴롭게 하지 말라. 문이 이미 닫혔고 아이들이 나와 함께 침소에 누웠으니 일어나 네게 줄 수가 없노라"(7절). 그러나 그는 줄 것이다. 계속 거기 서서 기다리면 그는 줄 것이다. 아이들을 깨우고 문을 다시 열어야 한다 해도—당시에는 작은 일이 아니었다—줄 것이다.

한 시간 후에 이웃이 밖을 내다보니 구하는 자가 여전히 손을 비비며 서 있다. 그러니 달리 어쩌겠는가? 예수께서 지적하신 바와 같다. "비록 벗됨을 인하여서는 일어나 주지 아니할지라도 그 강청함을 인하여 일어나 그 소용대로 주리라"(8절). 물론 구하는 자가 가 버리면 그는 주지 않을 것이다. 설사 주려 해도 구하는 자가 거기 없으니 받지 못할 것이다. 그것은 상식이다. 예수는 이 상식을 기도의 삶으로 그대로 끌어들이신다.

요청을 거두지 않는 일의 중요성에 대한 또 하나의 생생한 예화를 누가복음 18장에서 만날 수 있다. 앞의 예화처럼, 필요한 것에 대한 기도를 중단하지 말 것을 가르치시려는 분명한 의도로 들려주신 예화다.

항상 기도하고 낙망치 말아야 될 것을 저희에게 비유로 하여 가라사대 어떤 도시에 하나님을 두려워 아니하고 사람을 무시하는 한 재판관이 있는데 그 도시에 한 과부가 있어 자주 그에게 가서 "내 원수에 대한 나의 원한을 풀어 주소서" 하되 그가 얼마동안 듣지 아니하다가 후에 속으로 생각하되 '내가 하나님을 두려워 아니하고 사람을 무시하나 이 과부가 나를 번거롭게 하니 내가 그 원한을 풀어 주리라. 그렇지 않으면 늘 와서 나를 괴롭게 하리라' 하였느니라(18:1-5).

이어 예수는 말씀하신다. "불의한 재판관의 말한 것을 들으라. 하물며 하나님께서 그 밤낮 부르짖는 택하신 자들의 원한을 풀어 주지 아니하시겠느냐? 저희에게 오래 참으시겠느냐? 내가 너희에게 이르노니 속히 그 원한을 풀어 주시리라"(6-8절). 그러나 전제가 있다. 요청이 중단되지 않아야 한다는 것이다. 요청이 계속되고 있어야 한다. 그것이 우리가 해야 할 몫이다.

여기서 중심 교훈은, 기도가 인격과 인격 간의 관계의 방식으로 진행될 것을 기대해야 한다는 것이다. 물론 기도는 어김없이 그런 관계의 방식이지만 **요청**이라는 전반적 특성은 그대로 남아 있다. 사실, 그 반대의 가정이야말로 기도를 "중단"하게 하는 가장 큰 원인이 된다. 기도를 음료수 자판기에 동전을 집어넣는 것이나 폭탄을 떨어뜨리는 것으로 잘못 생각하는 이들이 많이 있다. 단번의 간단한 행동으로 자동 장치가 작동됨으로써 필연적으로 그 결과가 나타나야 하는 것이다. 같은 문제로 두 번 기도하는 것은─하나님이 아직 모르고 계시기라도 하다는 양─처음부터 믿음이 없었다는 증거밖에 되지 않는다고 진심으로 그렇게 가르치는 사람들도 나는 보았다.

이런 견해는 또한 매번 정확한 말투를 사용해야 한다는 잘못된 노력으로 이어진다. 예컨대 "예수님의 이름으로 기도합니다"나 "주님의 뜻이라면" 따위의 말을 꼭 빠뜨려서는 안된다는 생각이다. "정확하게" 하면 응답될 것이라는 개념은 기도를 음료수 자판기처럼 취급하는 것이다. 기도는 절대 자동 장치가 아니다. 앞서 인용한 C. S. 루이스의 지혜로운 말처럼 기도란 언제나 인격적 협상이다. 기도를 가르치실 때마다 예수께서 늘 힘쓰신 것이 바로 이 점을 분명히 하는 것이었다.

　　　　　　　7장_ 기도와 사랑의 공동체

하나님의 품위 손상?

그러나 신앙에 전통적 도그마가 있듯 불신앙도 마찬가지다. 내가 알고 있는 고학력 지식인들 중에는 인간은 하나님의 본질을 전혀 알 수 없다고 생각하는 이들이 있다. 그러면서도 그들은 하나님이 인간으로부터 뭔가를 받거나 인간의 요청에 "응한다"는 것은 하나님의 품위에 못 미치는 일이라고 주저 없이 말한다. "높은" 사람들이 의당 그렇게 하는 것처럼 하나님도 곁에서 귀찮게 굴기에는 너무 "높으신" 분이다. 하지만 하나님의 진정한 본질을 전혀 알지 못한다면 설령 응답하신다 해도 **그것** 역시 확실히 알 수 없어야 한다.

이것은 아주 오래된 편견이다. 적어도 플라톤만큼 오래된 것이다. 플라톤은 신이 "제물과 기도에 의해 뜻을 바꾸는" 존재라는 생각을 하나님을 향한 교만의 한 형태로 보았다.[16] 이 편견은 키케로나 흄 같은 이들을 통해 계속 이어져 내려왔다.[17] 우리는 앞에서 그것이 현대의 많은 좌익 신학자들을 통해 표출되고 있음을 살펴본 바 있다.

기도에 대한 견해들 중에는 하나님을—또한 어쩌면 인간까지—깎아내리는 것이 있음을 분명 인정해야 한다. 정확한 말투만 쓰면 하나님도 응답할 수밖에 없다고 생각하는 이들이 좋은 예다. 다양한 형태의 제물로 하나님 마음을 사려고 하는 이들도 있다. 그러나 이것은 예수께서 주시는 기도의 견해가 아니다. 앞서 설명한 것처럼 하나님과 우리 각 사람은 우리를 향한 그분의 뜻이라는 틀 안에서 함께 대화하며, 하나님은 그 대화로 인하여 애초에 뜻하지 않으셨던 일을 하시기도 하고 애초에 하시려던 일을 거두시기도 한다. **이것이 하나님이 친히 택하신 방법이라면** 그것은 그분의 품위에 전혀 어긋나는 것이 아니다.

뜻을 바꾸지 않는 것이 그 자체로 "더 큰" 것은 아니다. 그것은 크다는 것에 대한 인간의 잘못된 개념으로, 타락한 세상에 너무나 팽배한 행동 유형에서 나온 것이다. 거기서 하나님은 우주의 세도가로 바뀌고 만다. 이 잘못된 개념은 "최고학력 지식층"의 "완전"에 대한 고전적 개념으로 한층 심화된다. 이들은 하나님의 절대적 불변성의 필요를 강조한다. 그러나 '우리 안에 있는 하나님 나라'처럼, 인격의 세계에서는 뜻을 바꿀 수 있으면서도 최초의 선한 목적을 이룰 수 있는 것이 훨씬 더 큰 것이다. 그것이 성경이 보여주는, 그리고 예수의 인격에 성육신 되고 그분의 말씀 속에 제시된 하나님의 성품의 본질적 단면이다. 하나님을 "움직이지 않는 동인(動因)"으로 보는 고전적 사고 방식과는 정반대로, 역사의 기록 속에 나타난 하나님은 "가장 많이 움직인 동인"이시다. 그분은 바로 우리 안에 살아 계신 분이요, 우리가 기도와 사랑의 공동체 안에서 다가가 만날 수 있는 분이다.

가장 위대한 기도

주기도문

기도에 대한 예수의 분명한 가르침과 모본만 보더라도 이 모든 것이 한결 분명해진다. 그분의 제자라면 당연히 살펴봐야 할 내용이다. 그분은 혼자서 기도하는 시간도 많이 가지셨지만 제자들이 보는 앞에서 기도하신 적도 많았다. 한번은 예수께서 베드로와 야고보와 요한을 데리고 산으로 올라가셨다. 거기서 "기도하실 때에 용모가 변화되고 그 옷이 희어져 광채가" 났다(눅 9:29).

비현실적인 이야기로 들릴 수 있다. 그분의 세 친구도 자기들이 무엇을 보고 있는지 알지 못하다가 훨씬 나중에 가서야 깨닫게 되었다(벧후 1:16-19). 그러나 앞서 말한 것처럼 우리가 삼위일체적인 우주에 살고 있다는 사실을 잊지 말라. 그곳은 인격적 성질의 무한 에너지가 궁극적 실체가 되는 곳이다. 기도할 때 우리는 실존하는 세계 곧 천국의 실체 속으로 들어가는 것이며, 우리의 몸과 영혼은 비로소 창조 때의 본연의 기능으로 활동하기 시작한다. 사실, 예수의 "변형"은 인간 역사에 기록된 물질의 본질에 대한 최고의 계시로 보아야 한다.

물질, 즉 평범한 물리적 "재료"는 유한한 인격이 전개되고 표출되는 장소다. 그 유한한 인격은 몸 안에, 하나님을 섬길 수도 있고 대적할 수도 있는 중요한 자원을 품고 있다. 온전한 인간, 즉 인자(人子)이신 예수는 물질의 역할을 자신의 인격 안에서 온전한 수준으로 끌어올리신 유일한 분이다. 우리가 복음서에서 대하는 모습이 바로 그것이다. 우리 각자로 말하면 그것은 아직 미래, 장차 올 세상에 속한 것이다(빌 3:20-21; 요일 3:2). 그러나 지금도 우리의 몸과 영혼이 기도에 임할 때 그 효과는 엄청난 것이다.

조지 폭스(George Fox)는 초기 프렌드파(퀘이커) 운동의 중심 인물이다. 윌리엄 펜(William Penn)은 그에 대해 이렇게 말했다.

그러나 무엇보다도, 그는 기도에 탁월했다. 그의 영혼은 내면을 지향하며 무게가 있었다. 그의 복장과 행동은 위엄과 품위가 있었다. 그는 말수가 적으면서도 그의 말에는 힘이 있었다. 이 모든 것이 낯선 이들에게까지 경탄을 자아내기 일쑤였고, 그러면 그들은 곧 위로의 말로 다른 사람들을 찾아 나서곤 했다. 내가 여태껏 보거나 느꼈던 가장 장엄하고 생생하며 위엄 있는 모습은 기도하는 그의 모습이라고 말할 수밖에 없다.[18]

기도하는 예수의 모습은 분명 조지 폭스의 모습보다도 인상적이었을 것이다. 예수께서 제자들 앞에서 변형된 사건이 있은 지 얼마 후 누가복음에는 이런 기록이 나온다. 예수는 제자들과 함께 "한 곳에서 기도하시고" 계셨다. "마치시매 제자 중 하나가 여짜오되 '주여, [세례] 요한이 자기 제자들에게 기도를 가르친 것과 같이 우리에게도 가르쳐 주옵소서'"(11:1). 물론 이것은 스승과 제자의 관계를 정확히 표현한 것이다. 제자들은 주님께서 매우 중요한 일을 하시는 것을 보았고 그분의 설명도 들었다. 이제 그들은 말한다. 우리에게도 방법을 가르쳐 주소서. 실행으로 이끌어 주소서.

여기 예수의 반응을 우리는 아주 진지하게 취급해야 한다. 많은 이들이 기도를 배우는 일에 별 진전을 보지 못하는 이유는 "우리에게도 기도를 가르쳐 주옵소서"라는 명백한 요구에 대한 예수의 대답을 심각하게 받아들이지 않기 때문이다. 기도란 말의 한 형태다. 예수는 우리에게 기도할 때 하나님께 해야 할 말을 일러 주셨다. 그 말을 온전히 받아들일 때 기도를 가장 잘 배울 수 있다. 예수는 이 주제에서도 대가이시다.

물론 단순한 **반복**은 천국의 기도가 아니라는 것을 우리는 이미 6장에서 살펴보았다. 아무리 예수께서 일러 주신 말이라도 뜻 없는 반복은 역시 참된 기도가 아니다. 그보다 우리는 그분이 주신 말을 사용하여 하늘 아버지께 지식과 사랑을 좇아 말씀드리는 법을 배워야 한다. 우리는 아버지와 공동의 삶을 살아가고 있다. 그러나 어쨌든 우리는 그 말을 사용한다. 그리고 그 말을 기초로 하여, 아니 오직 그 말이 기초가 될 때에만 우리는 "해 아래" 우리의 삶과 시간의 세부 사항에 대한 기도로 넘어갈 수 있다. 그런 적용은 어느 정도는 우리의 주도권으로 되는 일이며, 하나님은 우리를 그리로 이끄시고 또 그것을 기대하신다.

먼저 하나님을 불러야 한다

마태복음 6장과 누가복음 11장의 주기도문의 표현 차이는 별로 중요하지 않다. 여기서는 두 본문을 동일한 하나의 기도 혹은 기도의 윤곽으로 다루려 한다. 첫째, 호칭이 있다. 누가복음에는 "아버지"로 돼 있고 마태복음은 그 특성에 맞게 호칭의 대상을 "하늘에 계신 우리 아버지"로 부연하고 있다. 기도의 "호칭" 부분은 대단히 중요한 것이다. 감히 그것을 가볍게 대하거나 무시해서는 안된다. 호칭은 기도를 큰 소리의 혹은 침묵의 넋두리와 구별시켜 주는 요소 중 하나다. 불행히도 많은 이들이 그것과 기도를 혼동하고 있다.

누군가에게 말할 때 우리는 다른 모든 사람과 구별하여 그 사람의 이름을 부른다. **특별히 그 사람**과 말하려는 뜻을 밝히는 것이다. 이름은 또한 상대와의 관계에서 나의 신분을 나타내 준다. 이것은 친밀한 관계에 거의 언제나 적용되는 것이다. 나는 내 아들을 "사랑하는 아들아", 딸을 "귀여운 공주", 아내를 "여보"라고 부른다. 나 외에는 아무도 우리 가족을 그렇게 부르지 않는다. 그럴 수 없다. 마찬가지로 아이들이 나를 "아빠", 아내가 "여보"라 부를 때 그것은 우리의 관계의 틀을 보여준다. 그것은 강철보다 강한 것이다. 모든 사건과 모든 말은 그 틀을 조건으로 이루어지게 된다.

우리 사회 풍조의 두드러진 한 변화는, 근간에 나타난 호칭 형태의 변화에서 찾아볼 수 있다. 이런 변화는 우연이 아니며 사소한 일도 아니다. 일상 생활 속에서의 자아 정체에 대한 깊고 복합적인 모호함과 불확실성을 대변해 주는 것이다. 예를 들어 짧은 편지나 메모에서 상대를 "친애하는 ○○에게"라고 부르는 것은 이제 멋없는 구식 표현으로 통한다. 그냥 "○○에게"로 쓸 뿐이다. 이런 추세로 가다가는 나중에는 "헤이, 거기"가 될지도 모르는 일이다.

아마도 취지는, 좋지도 않으면서 좋은 척하는 위선을 버리자는 뜻일 것이다. 얼마나 숭고한 생각인가! 그러나 "친애하는 ○○에게" 형태에 표현되는 것은 호감이 아니라 예의라는 것을 아무도 이해하지 못하는 것 같다. 형태의 변화가 낳은 결과는 위선의 배제가 아니라 예의의 상실이다. 위선은 온갖 형태로 여전히 건재를 과시하고 있다.

하늘에 계신 우리 아버지여

하나님께 말할 때는 그분을 "하늘에 계신 우리 아버지"라고 불러야 한다고 예수는 말씀하신다. 이것은 실체의 틀이며 우리는 그 틀 안에서 기도한다. 많은 사람들이 기도―이해와 실천 모두―에 대해 느끼는 큰 어려움들은 바로 이 틀을 은혜로 받아 스스로 그 안에 들어가지 못하는 데서 비롯되는 것이다. 이것은 그들이 실제로 천국의 틀 안에서 살고 있지 않거나 심지어 거기에 반항하고 있기 때문일 수도 있다. 그러나 일상적이면서도 깊이 있게 그 틀 안에서 사는 법을 배우기 전에는 기도 생활에도 안정과 발전을 체험할 수 없다.

이미 천국을 받아들여 시선이 하나님께로 "돌려져" 있는 사람이, 그분을 "부르는" 상태로 들어가는 보편적 방법은 성경의 특정 본문을 택해 깊이 묵상하며 읽는 것이다. 마르틴 루터는, 기도를 위한 "마음의 워밍업"이 잘 훈련된 이들은 "성경의 한 장을 라이터로 사용할 수 있는" 자라고 말했다. 여기 루터가 사용한 'Feuerzeug'라는 독일어 단어는 현대 독일인들이 주머니 라이터를 가리킬 때 사용하는 바로 그 단어다.[19]

피조 세계와 이 땅의 자신의 자녀들을 향한 우리 아버지의 마음을 잘 보여주는 성경의 위대한 본문들이 그러한 취지에 가장 큰 도움이 될 것

7장_ 기도와 사랑의 공동체

이다. 그런 본문들로는 창세기 1장, 15장; 출애굽기 19장; 열왕기상 8장; 역대하 16장, 19장; 느헤미야 9장; 시편 여러 부분(예컨대 34편, 37편, 91편, 103편); 이사야 30장, 44장, 56-66장; 누가복음 11장; 로마서 8장; 빌립보서 4장 등을 꼽을 수 있다.

위대한 찬송가를 읽거나 부르는 것, 주께서 역사 속에서 자신의 사람들에게 주신 기록된 기도문을 사용하는 것도 큰 도움이 된다. 이런 일을 할 때는 서두르지 말아야 한다. 말씀이나 찬송가 가사나 기도문을 조용히 깊이 묵상하고 흡입하며 그 안에 충만한 이미지를 받아들일 때 분명 우리의 마음은 하나님께로 바로 향하게 될 것이다.

그 점에서 몸의 특정 자세도 도움이 될 수 있다. 루터는 "무릎 꿇는 자세나 양손을 맞잡고 하늘을 우러르는 자세"를 권한다.[20]

성 도미니크의 제자들은 그가 기도하던 방식을 아홉 가지로 묘사한 바 있다. 교회 제단 앞에 겸손히 고개 숙이는 자세, 십자가상 앞에서 얼굴을 땅에 대고 엎드리는 자세, 양팔을 십자가처럼 펴고 서는 자세, 몸을 위로 똑바로 펴고 최대한 곧게 서는 자세 등을 예로 들 수 있다.[21]

물론 이런 자세의 문제는 법칙이 아니다. 누구도 반드시 그래야 할 필요는 없다. 사실, 하나님께 기도하는 데 필요한 자세는 전적으로 하나님과 나 사이의 내면의 문제다. 읽기, 몸 자세, 노래, 특별한 환경 따위는 모두가 마음의 집중과 바른 태도를 돕기 위해 사용되는 것이다. 도움 되는 것과 그렇지 않은 것의 문제일 뿐이다. 각 개인에게 중요한 것은, 기도를 시작하는 방식은 그리 중요하지 않다는 생각을 버리고 자신에게 도움이 되는 길을 찾아야 한다는 것이다.

예수는 아버지를 대하는 자세의 일부로, 주로 서서 "하늘을 우러러 보셨다." 그 이유는 물론 자신이 말씀하시는 대상이 **거기** 계셨기 때문이다. 우리는 이것을 기억해야 한다. 고개를 숙이고 눈을 감는 것이 경우에 따라 유용할 수도 있지만 그것이 **진정한** 기도의 유일한 방식이요 "정통 자세"라는 생각은 버려야 한다. 그 자세에는 나름의 특별한 장점이 있으나 기도에서 중시해야 할 것이 그것만은 아니다. 이상해 보일지 모르지만, 눈을 뜨고 왔다갔다 걸으며 드리는 기도에서 생생한 활력을 경험하는 이들도 많이 있다.

어느 경우이든 기도할 때 우리는 마음을 하나님께 고정시키고 자신의 세상을 그분께로 향하게 하는 시간이 필요하다. 그 목적에 유익한 것이면 무엇이든 해야 한다. 그것이 될 때 우리는 "**우리** 아버지"라는 기도와 함께 시공을 뛰어넘어 하나님의 자녀 중에 자리하게 된다. 하나님을 과연 우리 **아버지**로 보게 된다. 얼굴을 맞대고 대화하시려고 직접 우리 곁에 와 계시는 우리 아버지를 보게 된다. **하나님이 하늘에 계신 우리 아버지가** 되신다는 것이 바로 그런 의미다.

안타깝게도 "하늘〔단수 heaven〕에 계신 우리 아버지"라는 전통 표현은 "나중을 위해 멀리 계신 우리 아버지"라는 뜻이 되고 말았다. 앞장에서 설명한 것처럼, 대부분의 번역에서 실수로 누락된 복수 **하늘들** (heavens)의 의미에 담긴 하나님은 지극히 "먼" 곳에 계시면서도 동시에 우리 머리 주변의 공중, 즉 첫째 "하늘"에 내려와 계신 분이다. 복수를 빼 버리면 주기도문의 표현에서 예수께서 의도하신 의미도 사라지고 만다. 그 의미란 곧 "언제나 우리 곁에 계신 우리 아버지"다.

하나님을 이렇게 부르도록 가르친 누가복음 11장의 모델 기도의 나머지 부분은 요청 또는 요청의 범주들로 구성돼 있다.

요청은 다섯 가지로 되어 있다.

7장_ 기도와 사랑의 공동체

1. "하나님"의 이름이 최고의 존중과 사랑을 받는 것
2. 그분의 나라가 이 땅에 온전히 임하는 것
3. 우리의 오늘의 필요가 오늘 채워지는 것
4. 우리의 죄에 형벌 대신 용서를 받는 것
5. 우리에게 시련(시험)이 허용되거나 나쁜 일이 일어나지 않는 것

마태복음 6장도 일부 조금씩 부연된 표현 외에는 기본적으로 이와 동일하다. 두 본문을 함께 생각해 보려고 한다.

이름이 "거룩히" 여김을 받으시오며

첫번째와 두번째 요청은 인간의 영역에서의 하나님의 위치와 직접 관련된 것이다. 우선 첫번째는 하나님의 이름이 존중되게 해달라는 요청이다. 옛 번역에는 "**이름이** 거룩히 여김을 받으시오며"로 되어 있다.

성경의 세계에서 이름이란 단순히 이름만이 아니다. 이름 속에는 그 이름으로 지칭되는 실체가 담겨 있다. 하나님의 이름에 대한 유대인들의 경외는 아주 대단해서, 특히 경건한 유대인들은 그 이름을 발음조차 하지 않았다. 그래서 우리는 **여호와**라는 단어의 실제 발음을 모른다. 역사 속에서 발음을 상실한 것이다.

"거룩히 여기다"는 뜻으로 사용된 영어 단어 'hollow'의 의미를 이해하는 사람은 오늘날 거의 없다. 오히려 이 단어를 할로윈이나 유령과만 연결짓는 경향이 있다. 그러므로 이 말은 실제로 누구에게나 '거룩하게 하다'는 뜻으로 통하는 'sanctify'라는 말로 바꾸는 것이 좋다. 하나님의 이름을 거룩히 여긴다는 것은 유일무이한 것으로 존중한다는 뜻이다. 실제로 그것은 그분의 이름에 인간 세계의 절대적인 위치를 부여해

그 무엇보다도 사랑하고 귀히 여긴다는 개념이다.

"거룩히 여기다"로 번역된 헬라어 단어는 '하기아스테토'(*hagias-theto*)다. 이것은 예컨대, 요한복음 17:17에서 예수께서 하나님께 모든 제자들, 특히 사도들을 그분의 진리로 **거룩하게** 해달라고 기도하실 때 사용하신 것과 기본적으로 똑같은 단어다. 이 단어는 데살로니가전서 5:23에도 등장한다. 하나님께서 데살로니가 성도들의 영과 혼과 몸을 예수께서 다시 오실 때까지 온전히 흠 없이 보전해 주시기를 바라는 바울의 소망이 표현된 구절이다. 이들 본문에서도 이 단어는, 대상이 되는 이들을 아주 특별한 종류의 별도의 실체 안에 둔다는 의미다.

이 요청은 인간 세계의 가장 깊은 필요에 근거를 두고 있다. 인간의 삶이란 단지 인간의 삶 자체만을 내용으로 삼지 않는다. 그 근원과 통치자의 위대하심과 선하심을 올바로 깨닫지 못하는 한, 인간의 삶은 어느것 하나도 제대로 될 수 없다. 그러므로 그분의 이름 자체를 최대한 귀하게 여겨야 한다. 그렇게 하기 전에는 인간의 나침반은 언제나 잘못된 방향을 가리킬 것이며, 각 개인의 삶과 전체 역사는 늘 방향을 잃고 표류할 수밖에 없다. 솔직히 말해 그것이 바로 현재 우리가 처해 있는 상황이다.

그러나 이 첫번째 요청은 "아바", 즉 아빠를 사랑하는 아이의 자연스런 요청이기도 하다. 그 사실이 이 요청에 담긴 우주적 의미에 가려져서는 안된다. 아빠나 엄마가 비난을 받고 명예가 손상되는 것을 볼 때 아이는 마음에 엄청난 상처를 입는다. 아이의 세계는 곧 부모이기 때문에 그런 비난은 아이의 실존의 기초를 흔들어 놓는다. 아이는 무조건 모든 면에서 자기 부모가 "최고"인 줄 안다. 부모에 대한 그 애틋한 믿음은 인생 초기에 아이의 행복에 정말 필수적인 것이다.

그러므로 이 첫번째 요청을 들을 때 우리는 이것이 부모를 위해 질투심을 느낄 정도로 부모를 사랑하는 아이의 기도라는 사실을 기억했으면 좋겠다. 사실 두번째 요청도 마찬가지다. 또한 "아바"—이 경우 정말 "최고"인—가 참으로 그런 대우를 받기를 바라는 그 갈망을 우리도 함께 느꼈으면 좋겠다. 이 사실을 깊이 묵상하며 마음에 새겼으면 좋겠고, 하나님이 그런 대우를 받지 못하시는 것을 슬퍼하며 울 수 있었으면 좋겠다. 아이가 자기 아빠나 엄마를 최고로 생각하지 않는 이들을 만날 때 느끼는 **아픔**을 우리도 느껴야 한다. 또한 그 아픔의 범위를 하늘에 계신 우리 아버지를 경탄과 믿음으로 대하지 않는 인간 세상 전체로 넓혀 가야 한다.

나라이 임하옵시며

두번째 요청은 첫번째 요청의 당연한 귀결이다. 모든 것을 선하게 주관하시는 "아바"를 믿는 아이가, 아직 그분의 나라가 온전히 임하지 않은 모든 곳에 그분의 통치가 실현되기를 바라는 것은 당연한 일이다. 하나님의 나라는 그분의 의지가 **효력**을 발하는 영역이라는 사실을 다시 떠올리기 바란다. 즉 그분의 나라는 그분이 원하시는 것과 실제로 일어나는 일이 일치되는 영역이다. 서글픈 이 지구상—요즘은 흔히 "가이아" (Gaia)로 불리는—에서 흔히 볼 수 없는 장면이다.

그러므로 마태복음 6장의 모델 기도에 부연된 "뜻이 하늘에서 이룬 것같이 땅에서도 이루어지이다"라는 구절은 "나라이 임하옵시며"의 의미를 더 명확하게 해주는 표현에 지나지 않는다. 이 말의 뜻이 '존재하게 하다'가 아님은 앞에서 몇 번 지적한 바 있다. 하나님의 나라는 영원 전부터 있었고 영원 후까지 있을 것이다. 새삼 존재하게 되는 것도 아니고 존재가 중단되는 것도 아니다. 그러나 인간 세상에서는 다른 "나라들"이

한시적으로 권력을 잡을 수 있고 실제로 그럴 때가 많다. 두번째 요청은 어느 곳이 되었든 그런 나라들이 하나님 나라로 대치되어 그분의 통치를 받게 되기를 간구하는 것이다.

집, 놀이터, 도시의 거리, 직장, 학교 등 우리가 살아가는 장소들이 거기에 해당된다. 우리의 마음을 점하고 있는 장소도 거기이고, 우리가 천국과 하나님의 통치가 임하여 효력을 발하게 되기를 구하는 장소도 바로 거기다. 그 다음으로 생각할 영역은, 다른 사람들의 행동보다는 먼저 우리 **자신의** 행동이다. 우리는 자신의 약점과 한계와 습관을 알고 있다. 자신의 의지적 선택의 힘이 얼마나 미약한지 알고 있다. 그래서 우리의 지식과 의지의 범위를 초월한 방법으로 하나님의 행동의 흐름을 좇아 행하게 해달라고 도움을 청하는 것이다.

그러나 우리는 주변 세상의 다른 이들의 어두운 행동을 위해서도 기도한다. 스스로 거부하고 경멸하는 바로 그것에 얽매여 사는 이들을 우리는 본다. 특히 우리는 이 땅의 너무도 많은 부분을 다스리고 있는 구조적·제도적 악에 대해 기도한다. 악이 우세한 이런 상황들로 인해 날마다 수많은 사람들이 아무런 생각도 없이 심각한 악행에 빠져들고 있다. 자기가 하고 있는 일을 자기도 모르며, 거기서 빠져 나와 정체를 밝히 볼 능력도 없다. 이것이 "문화"의 힘이다.

문화란 사람들이 생각 없이 하는 일, 굳이 설명이나 정당화가 필요 없을 정도로 "자연스런" 일 속에서 찾을 수 있다. 문화는 누구에게나 있다. 다양한 양식의 다차원적 문화들이라고 표현하는 편이 옳을 것이다. 이런 문화들이 우리의 삶을 형성한다. 물론 개인의 문화는 대부분 옳고 선하고 필요한 것이다. 그러나 다 그런 것은 아니다. 개인의 악이 머무는 장소가 육신─그 자체로는 선하고 옳은 것─이라면, 문화는 악이 집단의

7장_ 기도와 사랑의 공동체

형태를 띠는 곳이기 때문이다. 그러므로 우리는 우리 아버지께서 이런 고차원적 악의 형태들을 깨뜨려 주시기를 기도한다. 그리고 무엇보다도, 우리 **자신이** 얽혀들어 있는 악을 보게 해달라고 기도한다. 거기에 가담하는 것이 아니라 그 위에 빛을 비추며 효과적인 행동으로 악을 제하게 해달라고 구하는 것이다.

일용할 양식을 주옵시고

주기도문에 나타난 세번째 요청은 당장의 생계 유지에 관한 것이다. 물론 상징적으로 중심이 되는 것은 양식이지만, 이 요청에는 인간답게 기능하며 살아가는 데 필요한 것이면 무엇이든 포함된다. 바울은 "먹을 것과 입을 것"이 있으면 족한 줄 알라고 말한다(딤전 6:8). 이것은 앞에서 말한 마태복음 6:25-34에 나오는 새와 꽃에 대한 예수의 말씀과 정확히 부합되는 것이며 또한 광야를 방황하던 언약 백성을 향한 하나님의 공급과도 일치되는 것이다(신 8:3-5).

물론 이 요청은 우리를 모든 불안에서 건져 주시는 우리 아버지에 대한 믿음의 표현이다. 강조점은 오늘의 필요에 대한 **오늘의 공급**에 있다. 이것은 하나님이 언제나 오늘─그날이 언제이든─임재하시는 분이기 때문이다. 그분의 통치는 "영원한 지금"이다. 그러므로 우리는 내일 필요할 것을 오늘 채워 달라고 구하지 않는다. 오늘 내 손에 있다고 해서 내일 막상 필요할 때도 내 손에 있으리라는 보장은 없다. 오늘 내게는 하나님이 계시며, 나에게 필요한 모든 것은 **그분께** 있다. 내일도 동일할 것이다. 그러므로 나는 단순히 오늘 필요한 것을 오늘 구한다. 지금 필요한 것을 지금 구한다.

아이들이 바로 그렇게 한다. 아이가 내일 먹을 것이 없을까봐 오트

밀과 토스트 조각과 베이컨을 따로 모아 둔다면 엄마는 정말 기가 막힐 것이다. 우리가 살고 있는 세상은 아이의 이런 행동이 정상으로 보일 만한 상황들을 쉽게 떠올릴 수 있는 곳이다. 그러나 일반적으로 아이가 그런 행동을 보일 때 부모는 아이가 부모의 매일의 공급을 믿지 못하는 것에 대해 어이가 없고 속이 상할 것이다. 어른이 되어 그런 책임이 생길 때까지 아이는 내일의 공급에 대해 생각조차 할 필요가 없다.

예수의 가르침과 기도에 대해 여기서 분명히 해둘 점이 있다. 앞에서도 말했지만 내일 사용할 것을 지금 가지고 있다든지, 그것을 얻고자 지금 순리적인 방법으로 일하거나 심지어 기도하는 것은 전혀 잘못이 아니다. 천국의 삶을 방해하거나 가로막는 것은 내일의 양식을 소유하는 것이 아니라 미래의 안전을 거기에 의존하는 것이다. 우리의 미래의 참된 안전은 거기에 있지 않다. 오직 날마다 우리와 함께하시는 하나님께 있을 뿐이다.

오래전 영국에는 국회 개회 중에는 누구의 재산이나 생명이나 명예도 안전하지 않다는 말이 있었다. 우리의 양식을 무(無)로 바꿔 놓을 수 있는 것은 정부의 조처 말고도 수없이 많이 있다. "자기를 위하여 재물을 쌓아 두고 하나님께 대하여 부요치 못한" 모든 이의 불확실한 상황이 바로 그런 것이다(눅 12:21). 그러나 기도에 대한 예수의 가르침을 받아들이고 실행할 때 우리는 미래에 대한 염려에서 완전히 자유케 된다. 우리의 삶과 대인 관계에 미치는 놀라운 변화의 힘이 무엇인지 쉽게 상상이 갈 것이다.

우리의 잘못으로 우리를 벌하지 마옵시고

네번째 요청은 죄의 용서를 구하는 것이다. 아버지께 우리를 자비와 불쌍히 여기는 마음으로 대해 주시기를 구하는 것이다. 다른 사람의 잘못을 용서한다는 것은 곧 그 잘못을 이유로 어떤 식으로든 그에게 고통을 주지 않기로 결심하는 것이다. 그렇다고 잘못의 결과로 그들에게 찾아올 수 있는 고통을 막아야 한다는 뜻은 **아니다**. 우리가 남을 용서할 때도 그렇고 다른 사람이나 하나님이 우리를 용서하실 때도 마찬가지다. 물론 고통이 올 때 그들을 도와줄 수 **있지만** 그것이 용서의 일부는 아니다. 뿐만 아니라 그것은 대개 현명한 처사도 못된다. 행동의 자연스런 결과는 우리를 본연의 모습으로 빚으시기 위해 하나님이 적절히 규정해 두신 것이다. 그 교훈을 희석시키는 것은 우리가 도우려는 이들에게 오히려 해가 될 수 있다.

그러나 삶을 가능하게 하는 것은 오직 불쌍히 여기는 마음이나 자비뿐이다. 인간이 듣기 좋아하는 말은 아니지만, 인간이란 아무리 대단해봐야 결국 "그림자같이 다니"는 불쌍한 존재에 지나지 않는다(시 39:6). 하나님의 자비만이 우리를 죄로 진멸되지 않게 한다(애 3:22). 아버지가 자식을 불쌍히 여김같이 여호와는 우리를 불쌍히 여기신다. 그분은 우리의 체질을 아시며 우리가 진토임을 기억하신다. 그분은 우리의 죄를 따라 처치하지 않으시며 우리의 죄악을 따라 갚지도 않으신다(시 103:10-14). 이것이 '우리 안에 있는 하나님 나라'의 놀라운 치유의 특성이다.

일단 그 나라에 들어가 그것을 의지하면 불쌍히 여기는 마음은 우리 삶의 일상적 공기가 된다. 물론 애초에 우리가 그 나라에 들어갈 수 있는 것도 우리를 향한 그분의 궁휼 때문이다. 그분은 그 불쌍히 여기는 마음으로 두고두고 우리를 참아 주신다. "주는 가장 자비하시고 궁휼히 여기는 자시니라"(약 5:11). 그러나 우리 또한 "다 마음을 같이 하여 체휼하여 형제를 사랑하며 불쌍히 여기며 겸손"해야 한다(벧전 3:8).

하나님의 불쌍히 여기심을 진정으로 **알면서** 동시에 다른 이들을 냉정하게 대하는 것은 심리적으로 불가능한 일이다. 그래서 우리는 "하나님이 우리를 용서하시는 것과 똑같은 방식으로 다른 사람을 용서하는" 것이다. 그것이 우리 기도의 일부다. 그러나 그것은 용서의 약속이나 결심이 아니다. 다른 이들을 향한 용서에 도움을 구하는 것이다. 용서는 우리의 일이지만—우리가 용서한다—도움 없이는 할 수 없음을 알기 때문이다. 그러나 우리는 도움을 기대할 수 있다. 이 장 앞부분에서 말했던 "영적 성향의 단일성"으로 이 모든 문제가 해결되기 때문이다.

그러므로 가족들과 함께 사는 나의 삶도 나를 불쌍히 여기는 그들의 마음에 근거를 두고 있다. 아내에게는 나를 긍휼히 여길 은혜가 주어지며 아이들 또한 마찬가지다. 이전에는 나의 부모, 조부모, 형제, 자매가 그랬다. 그들 모두가 나를 자비로 대했다. 나를 측은히 보았고 불쌍히 여겼다.

이제 나도 '우리 안에 있는 하나님 나라'를 알기에 주변 사람들을 자비로 대할 것이다. 정죄하지 않는 정도가 아니다. 물론 그것도 중요하지만 그것으로 충분하지 않다. 자비를 품어야 한다. "긍휼과 진리가 같이 만"날 수 있을 만큼 위대한 것이 천국이요 하나님이다(시 85:7-10). 또한 "긍휼은 심판을 이기고 자랑"한다(약 2:13). 아들의 삶과 죽음을 통해, 그리고 크고 영원하신 자신의 마음에서 주시는 아버지의 공급이 그것을 가능하게 한다.

이런 부분을 바로 이해하면 가장 고통스러운 가정 문제 중 하나를 해결하는 데 도움이 될 수 있다. 우리 모두에게는 부모를 공경해야 할 깊은 생물학적 필요가 있다. 이 필요가 다음 계명에 잘 반영돼 있다. "네 부모를 공경하라. 그리하면 너의 하나님 나 여호와가 네게 준 땅에서 네 생명이 길리라"(출 20:12).

부모를 공경한다는 것은 그들의 존재를 인해 감사하는 것이요, 인간 실존의 존속을 위해 생명의 부여자로서 그들이 맡은 실제적 역할을 존중하는 것이다. 물론 그런 의미로 부모를 공경하려면 자신의 존재를 인해서도 감사해야 한다. 그러나 대체로 우리에게는 부모를 불쌍히 여기는 마음도 필요하다. 아무리 좋은 부모라도 여러 부분에서 적지 않은 잘못을 범해 온 것이 사실이기 때문이다. 지금도 잘못이 있을 수 있다.

부모에게 심한 반감을 느껴 온 이들은 부모가 늙고 나서야 본연의 도리대로 그들의 존재를 인해 감사하며 공경하게 되는 경우가 흔히 있다. 늙은 부모를 보며 비로소 불쌍한 마음이 들고 자비를 품게 되는 것이다. 일말의 슬픔도 있겠지만 끝내는 기쁨과 평안이 따를 것이다. '우리 안에 있는 하나님 나라'의 가장 큰 선물 중 하나는 부모-자녀 관계의 치유, 즉 "아비의 마음을 자녀에게로 돌이키게 하고 자녀들의 마음을 그들의 아비에게로 돌이키게" 하는 것이다(말 4:6).

물론 우리가 부모에게 **일방적 요구**를 계속하는 한, **구하는** 것은 불가능하며 긍휼도 설 자리를 잃는다. 일방적 요구가 필요할 때도 있을 것이다. 예컨대, 그런 식의 접근밖에는 남은 것이 없을 만큼 관계가 이미 악화될 대로 악화됐을 수도 있다. 그러나 할 수만 있다면 일방적 요구를 삼가는 것이 좋다. 불쌍히 여기는 마음을 바탕으로 살게 되면 구하기도 더 쉬워지고 주기도 더 쉬워진다. 거기에는 용서도 포함된다. 남을 불쌍히 여길 줄도 모르고 남의 긍휼을 받을 줄도 모르는 냉혈 인간은 풀리지 않는 문제들에 파묻혀 고역스런 삶을 살게 된다.

오늘날 우리는 자신을 용서하지 못하는 이들에 대한 이야기를 심심찮게 듣는다. 그러나 대개 문제는 훨씬 깊다. 대부분의 경우 이들은 긍휼을 바탕으로 한 삶을 거부하는 자들이다. 이들의 문제는 자신에게 엄격한 것이 아니라 교만이다. 이들이 자신에게 엄격하다면 그것은 교만 때문이다. 자신의 삶이 남들의 불쌍히 여기는 마음이 있어야만 가능하다는 것, 자신에게 일어나는 좋은 일들 중에는 "자격 없이" 거저 주어지는 일이 훨씬 많다는 것을 이들은 받아들이려고 하지 않는다. 그것만 인정한다면 삶이 온통 뒤바뀔 것이다. 자신을 벌하는 일을 금세 그만두게 될 것이다.[22]

최근 「선한 사람에게 나쁜 일이 일어날 때」(*When Bad Things Happen to Good People*)라는 유명한 책이 출간됐다. 그러나 전체를 다 보려면 다른 상황들도 함께 생각해야 한다. 예를 들어, 선한 사람에게 나쁜 일이 일어나지 않을 때는 어떤가? 거기에 대해서도 족히 책 한 권을 쓸 수 있지 않을까? 나쁜 사람에게 나쁜 일이 일어나지 않을 때는 어떤가? 나쁜 사람에게 좋은 일이 일어날 때는 또 어떤가?

그 책에는 중요한 요점도 있고 거기 소개된 개인의 사례들은 아주 감동적인 것이다. 그러나 선한 사람의 고난의 문제에 대해 이 책이 던져주는 답은, 하나님이 거기에 대해 전혀 손쓰실 수 없다는 것이다. 인간 역사를 통해 똑같은 책들이 여러 번 거듭 쓰여져 왔고, 그 책들이 주는 답은 모두 표준 대답 중 하나다. 그러나 하나님 앞에서의 인간의 자리를 온전히 알려면 인간 상황의 모든 차원을 다 보는 것이 중요하다.

이 부분을 읽으면서 혹 거북하게 느껴졌다면 그럴 만한 이유가 있다. "우리 죄를 사하여 주옵시고"에 대해 이야기하면서 나는 시종 **자비**나 그보다 점잖은 **인정**이라는 말 대신에 **불쌍히 여긴다**는 단어를 사용해 왔다. 불쌍히 여기는 것만이 인간 조건의 심장에 가 닿을 수 있는 까닭이다. 자비와는 달리 불쌍히 여김을 받는다는 말은 왠지 마음에 거부감을 준다. 자비도 실상은 불쌍히 여김과 같은 뜻이건만 요즘은 자비라는 단어에서 전통적인 깊은 의미가 사라지고 말았다. 지금은 자비를 품는다는 말은 "잠시 여유를 준다"는 의미 정도의 약간 고상한 표현이지만, 누군가를 불쌍히 여긴다는 말은 상대를 딱하게 보고 심지어 얕보는 의미로 통한다.

오늘날 많은 그리스도인들마저도 "우리 죄를 사하여 주옵시고"를 "잠시 여유를 주옵시고"로 읽는다. 20세기 말의 전형적 방식으로 그것은 자아와 자기 중심주의를 지켜 준다. "나는 죄인이 아니다, 잠시 여유가 필요할 뿐이다!" 하지만 아니다. 나에게는 여유 이상의 것이 필요하다. 나에게는 상대의 불쌍히 여기는 마음이 필요하다. 내 존재의 실상이 그렇다. 용서를 구하면서 자존심이 건드려지지 않는다면 용서를 구한 것이 아니다. 용서가 뭔지도 모르는 것이다.

모델 기도에서 예수는 우리에게 죄에 대해 불쌍히 여겨 달라고 구할 것을 가르치신다. 그것이 없다면 삶은 절망이다. 그것이 있을 때, 우리가 살아갈 일상적 공간으로서의 불쌍히 여김이 선물로 주어진다. 그 공간에서 살 때 인간의 삶을 비참하게 만드는 많은 문제들이 간단히 해결될 수 있다. 또한 자존심을 버릴 때에만 찾아오는 투명한 마음으로 주변의 선한 일들을 실행할 수 있으며, 그것은 하나님의 손과의 협력을 통해 언제나 실현 가능한 일이다.

우리를 시험에 들게 하지 마옵시고

마지막 요청은 아버지께 우리를 시험하지 말도록 구하는 것이다. "우리를 시험에 들게 하지 마옵시고." 여기 "시험"의 우선적 의미는 죄를 향한 시험은 아니다. 그러나 유혹은 언제나 죄를 향한 것이다. 그리고 죄를 향한 시험은 언제나 유혹이다. 우리는 거기에 져 죄에 빠질 수 있다. 나아가, 우리에게 일어나는 나쁜 일들은 언제나 유혹이다. 그래서 마태복음 6장은 이 마지막 요청을 다음 말로 부연하고 있다. "우리에게 일어날 수 있는 나쁜 일들에서 우리를 구하여 주옵소서."

이 요청은 솔직히 고통과 우리가 싫어하는 일들을 당하지 않게 해달라는 기도이지만 그것이 전부는 아니다. 이 속에는 인간이란 과중한 짐을 견딜 수 없다는 사실과 고통이란 좋은 것이 아니라는 사실이 표현돼 있다. 이것은 우리 자신의 능력을 "절대 믿지 않는다"는 결이다. 첫 요청이 하나님을 높이는 것으로 시작됐다면 마지막 요청은 인간의 연약함을 인정하는 것으로 끝난다.

하나님은 우리가 유혹을 당하지 않도록 기도하기 원하시며 우리는 마땅히 그래야 한다. 우리에게 일어나는 나쁜 일들은 언제나 우리의 믿음에 도전을 가해 오며, 우리는 그 도전을 견뎌 내지 못할 수도 있다. 그것은 **위험한** 것이다. 나쁜 일이 일어날 낌새만 보여도 사람들이 즉시 하나님을 비난하는 것만 봐도 알 수 있다. 선한 사람에게 나쁜 일이 일어나는 이유에 대한 방금 전에 언급한 그 책의 인기는 "나쁜 일들"이 신앙을 무너뜨리는 경향이 있음을 보여주는 명백한 증거다.

자신의 신앙의 힘을 과신하는 것—물론 대개는 고통이 없을 때의 이야기다—은 위험을 한층 더 부채질한다. 야고보와 요한의 태도가 좋은 예다. 그들은 예수께서 정부를 세우실 줄 알고 미리부터 고위직을 구했다. 예수는 그들에게 자신이 당하시려는 일을 당할 수 있느냐고 물으셨다. 그러자 그들은 "할 수 있나이다!" 하고 답했다(마 20:22). 바로 이것이 우리가 삼가야 하는, 자기를 믿는 태도다. 모델 기도의 마지막 요청은 그런 태도를 버리도록 우리를 돕기 위한 것이다. 다시 말하지만 우리는 그분의 긍휼히 여김을 구하고 있다. 이번에는 환경으로부터의 보호로 그 형태만 다를 뿐이다. 우리는 그런 긍휼을 베푸실 마음도 있고 능력도 있는 아버지께 우리에게 나쁜 일들이 일어나지 않게 해주실 것을 구하고 있다.

이 기도를 항상 의식적으로 생활 태도의 한 부분으로 삼을 때 우리는 하나님이 과연 우리를 유혹에서 지키시고 악에서 건지시는 것을 **보게 된다**. 지속적으로! 선한 이들은 물론 "악한" 이들에게도 좋은 일들이 수없이 일어나는 것을 보게 된다. 물론 우리에게는 여전히 유혹이 있으며, 인간이라면 누구나 당하는 나쁜 일들도 있다. 완전 예외인 사람은 아무도 없다. 분명한 사실이다.

그러나 우리가 또한 확신할 수 있는 것은, 우리에게 닥쳐오는 모든 유혹과 악은 하나님의 계획 가운데 특별한 기능이 있다는 사실이다. 날마다 양식을 주시는 것처럼 그분은 우리의 모든 필요―아무리 긴박한 것일지라도―를 지속적으로 채워 주신다. 매번 미리 주시지 않을지는 몰라도 대부분 필요할 때 적시에 주신다. 그분은 바로 우리 곁에 함께 계신 분이다. 우리 아버지의 임재와 선하심에 대한 많은 체험을 바탕으로 한 이 근본적 확신은 결코 흔들리지 않을 것이다. 그분의 능력이 우리 삶 속에서 바로 우리의 약함―소망의 믿음과 함께―으로 인해 온전하게 됨을 우리는 직접 경험하게 될 것이다.

바울의 놀라운 간증의 비밀이 여기에 있다. "그러므로 내가 그리스도를 위하여 약한 것들과 능욕과 궁핍과 핍박과 곤란을 기뻐하노니 이는 내가 약할 그때에 곧 강함이니라"(고후 12:10).

시편 23편, 34편, 37편, 91편 같은 위대한 시편들이 바로 체험을 바탕으로 한 이러한 확신을 잘 보여주고 있다. 이런 시편 및 유사한 성경 본문들에 부담을 느끼는 이들이 많이 있다. 약속의 내용이 너무 지나쳐, 솔직히 현실성이 없어 보이기 때문이다. 그러나 성경은 우리에게 인간이 이해하는 의미의 유혹이 없다고 약속하지 않는다. 다만 성경의 약속은 하나님이 우리를 한시도 예외 없이 지키시며 어떤 일이 닥쳐도 능히 감당케 하신다는 것이다.

예를 들어, 시편 91편은 여호와의 임재 아래 "거하는" 이들에게 베푸시는 완전한 보호에 대한 놀라운 선포다. 하지만 좀 **심하지 않은가?** "화가 네게 미치지 못하며"(10절). 정말 그럴까? 또 이런 말씀도 있다. "저가 나를 사랑한즉 내가 저를 건지리라. 저가 내 이름을 안즉 내가 저를 높이리라. 저가 내게 간구하리니 내가 응답하리라. 저희 환난 때에 내가 저와 함께하여 저를 건지고 영화롭게 하리라. 내가 장수함으로 저를 만족케 하며 나의 구원으로 보이리라"(14-16절). 위에 말한 다른 시편들에도 비슷한 약속이 나온다. 우리가 이해해야 할 것은, 하나님은 일반적으로 우리에게 유혹이 임하지 않게 하신다는 사실이다. 주기도문 안에서 살아갈 때 특히 그렇다. 아울러 우리는 하나님이 유혹을 허용하실 때는 반드시 유혹을 제하시는 것보다 더 좋은 뜻이 있기 때문이라는 것을 알아야 한다.

우리에게 닥치는 "나쁜 일들"과 고통은 아버지께서 우리를 대하실 때 선호하시는 방식이 아니다. 필요할 때도 있겠지만 전체적으로 보아 결코 그분이 우선적으로 택하실 길은 아니다. 예수께서 우리에게 가르치신 하나님의 모습이 그 점을 분명히 입증해 준다. 시편 기자의 고백은 많은 이들에게 그대로 사실이다. "고난 당하기 전에는 내가 그릇 행하였더니 이제는 주의 말씀을 지키나이다.…… 고난 당한 것이 내게 유익이라"(시 119:67, 71). 징계는 하나님의 지상 가족 가운데 속한 우리의 현실적 자리에 필수적인 것이다. "징계가 당시에는 즐거워 보이지 않고 슬퍼보이나 후에…… 의의 평강한 열매를 맺나니"(히 12:11).

우리 머릿속의 잘못된 하나님관이 이 진리를 왜곡한다. 기독교 역사가 대체로 음울한 색채를 띠고 있는 것도 그 "왜곡" 탓이 크다. 현대 기독교도 다를 바 없다. 실제는 인간의 모습인 가학적 성향을 우리는 하나님께 투영한다. 인간 사회에 워낙 분노와 증오와 멸시가 팽배해 있다 보니 인간이 실제로 타인의 고통을 즐기는 것도 보기 드문 일이 아니다. 하나님에 대한 가장 나쁜 생각 중 하나는 그분도 인간의 고통을 즐기신다는 것이다. 이런 생각이 사디즘(sadism)이라는 말의 출처가 된 마르키드 사드(Marquis de Sade)의 신판(神版)인 마르키 드 하나님(Marquis de God)의 이미지를 조장하고 있다.

마르키 드 하나님. 인간에 대한 큰 사랑을 형벌로 표현할 준비가 돼 있는 자…… 격노의 순간, 지진 활동으로 대륙들이 진동한다. 도덕적 의분이 터져 나오면 최신 유행의 변종 바이러스를 풀어 낸다.…… 마르키 드 하나님은 한마디로 증오하는 신이다. 죄와 죄인들을 어찌나 지독히 경멸하는지 아예 멸종시켜 버리려 살육에 나설 정도다.

그는 만물의 영장으로 지은 인간에게 멸종을 눈앞에 두고서도 마치 훈련받은 강아지처럼 억지로 춤을 추게 한다. 얼마나 잘 추느냐에 따라 강아지 비스킷 같은 은혜를 줄 수도 있고 거둘 수도 있다.[23]

그러니 예수께서 우리에게, 우리가 하나님의 본질에 대해 안다고 생각하는 모든 것을 잊어버리고 자신이 보여주신 하늘에 계신 우리 아버지의 모습에 온전히 잠기라고 말씀하신 것도(마 11:25-27; 요 3:13, 17:6-8) 무리가 아니다. 주기도문의 마지막 요청은 하나님에 대한 계시다. 그 하나님은 자녀들을 기쁨으로 건져 주시는 분이요 달리 더 좋은 뜻이 없는 한—그런 경우는 아주 드물다—우리가 요청만 하면 **언제나** 그렇게 하실 분이다.

　유혹과 악에서 건져 달라고 하나님께 구하지 않는 자들은 그분이 건져 주셔도 대개는 그 손길을 인식하지 못한다. 그들은 자신의 삶이 우연과 행운과 타인의 기분과 자신의 머리에 의해 움직인다는 환각 속에 살아간다. 하나님을 구하지도, 삶 속에 지속적으로 모셔들이지도 않기에 어느 정도는 꼭 환각만은 아닐 것이다. 그런 인생관으로 만족하는 이라면 하나님도 필경 그대로 내버려두실 것이다. 우리가 아무리 잘못돼 있더라도 하나님은 우리를 존중하신다. 그러나 우리의 삶은 결코 '우리 안에 있는 하나님 나라'의 삶이 되지 못할 것이다. 기도에 대한 예수의 말씀은 그 나라에 언제나 열려 있는 문이다.

기도 생활의 영원한 틀

개인적으로 나는 20대 중반까지만 해도 주기도문이 기도 생활에 들어서는 문이라는 것을 깨닫지 못했다. 내가 알기로 3대째 우리 집은 아침식사 때마다 그 기도를 한 목소리로 외우곤 했다. 그러나 어느 시점에서, 설명할 수 없는 이유로 인하여 나는 그 기도를 새로운 방식으로 사용하기 시작했다. 각 구절을 하나씩 떼어 천천히 묵상하며 그 의미 속으로 깊이 들어가, 내 현재의 삶의 중요한 세목을 그 안에서 자세히 들여다본 것이다.

　이런 방식의 기도 안에 "살아가기" 시작하면서—나로서는 그렇게

밖에 표현할 수 없다―새벽 2시에 일어나 그저 주기도문의 한두 구절 안에 거하며 하나님 앞에서 기쁨의 한 시간을 보낸 밤도 많았다. 지금도 그러하듯 때로는 깊은 묵상 속에서 주기도문 **전체를** 기도하지 않을 수 없던 때도 있었다. 그렇지 않으면 내 깨달음은 한두 구절의 부요함에서 그쳐, 내용 전체의 유익을 누리지 못할 것 같았다.

지금은 첫번째 요청부터 시작하지 않고 곧바로 중간이나 끝으로 들어가 한동안 거기 머물러 있을 때도 있다. 어떤 때는 그냥 "하늘에 충만하신 우리 아버지"라는 호칭의 말만 가지고 하루를 살아갈 방향과 태도를 정립하고 재정립하는 경우도 있다. 어찌된 일인지 특히 나는 로스앤젤레스 고속도로를 운전하는 중에 그 호칭을 사용하며 큰 유익을 맛보곤 한다. "하늘에 충만하신 우리 아버지"라는 그 호칭은 웬만한 나라 몇 개보다 더 많은 인구로 거대하게 쭉쭉 뻗은 도시를 하나님 앞에서 원래의 합당한 제자리에 두고 제 모습으로 보게 해준다. 그리고 내가 누구이며 어디에 있는지에 대한 감각도 일깨워 준다. 이 호칭이 엄청난 위력을 발하지 못하는 상황은 본 적이 없다.

물론 기도에는 주기도문에서 다뤄지는 내용보다 훨씬 더 많은 의미가 있다. 주기도문은 우리에게 기도를 가르치는 **하나의** 기도다. 그것은 기도 생활의 기초다. 입문이자 지속적 기반이다. 그것은 모든 기도의 영원한 틀이다. 그 안에 머무를 때에만 그 밖으로 넘어갈 수 있다. 그것은 위대한 기도의 교향악단에 없어서는 안될 베이스다. 그것은 세상을 끊임없이 하나님의 눈으로 볼 수 있는 강력한 렌즈다.

흠정역(KJV)을 통해 오랜 세월 친숙해진 영어 표현은 이제 서구인들의 의식 속에 보석처럼 박혀 있다. 그러나 주기도문의 온전한 의미와 천국 복음에서 차지하는 위치를 좀더 깊이 이해하기 위해 표현을 바꾸어 보는 것도 유익할 것이다.

언제나 우리 곁에 계시는 사랑하는 아버지,

아버지의 이름이 귀히 여김을 받으며 사랑받기 원합니다.

아버지의 통치가 우리 안에 온전케 되기 원합니다.

아버지의 뜻이 하늘에서 이루어지는 것같이

여기 이 땅에서도 이루어지기 원합니다.

오늘 우리에게 필요한 것을 오늘 우리에게 주옵소서.

어떤 모양으로든 우리에게 잘못하는 모든 이들을

우리가 용서하는 것같이

아버지께 대한 우리의 죄와 잘못을 용서해 주옵소서.

우리가 유혹을 당하지 않게 해주시고

모든 나쁜 일에서 건져 주옵소서.

아버지가 주관자이시며

모든 권세가 아버지께 있으며

모든 영광도 영원히 아버지의 것이기 때문입니다.

그것이 바로 우리가 원하는 바입니다.

"바로 우리가 원하는 바"는 "아멘"을 풀어쓴 표현으로 틀린 말은 아니다. 이 위대한 기도의 말미에 필요한 것은 하나님의 선하심과 하나님의 세계에 대한 긍정의 메아리다. 마음에 허락만 된다면 그저 가끔씩은 "와!" 탄성을 발할 수도 있으리라. 하나님도 별로 개의치 않으실 것이다.

8장_ 예수의 제자 또는 학생이 되는 법

그러므로 너희는 가서 모든 족속으로 제자를 삼아.

_ 마태복음 28:19

구주를 생각만 해도
내 맘이 좋거든
주 얼굴 뵈올 때에야
얼마나 좋으랴.

_ 클레어보의 베르나르(Bernard of Clairvaux)

우리의 스승은 누구인가

당신을 가르치는 자는 누구인가? 당신은 누구의 제자인가? 정직히 답해
보라.

한 가지는 분명하다. 우리는 누군가의 제자다. 인생을 사는 법을 누
군가 다른 사람으로부터 배웠다. 이 법칙에는 예외가 없다. 인간이란 다
른 이들로부터 살아가는 법을 배우고 계속 배워야 하는 피조물인 까닭

이다. 아리스토텔레스는 우리가 부모에게 지는 빚보다 스승들에게 지는 빚이 더 크다고 말했다. 부모는 우리에게 생명을 주지만 스승들은 선한 삶을 가르쳐 주기 때문이다.

이 모든 것을 현실적으로 인정하기란 어렵다. 오늘날 특히 서구 문화에서 우리는 자신을 "독립적" 존재로 생각하기를 좋아한다. 그러나 이것은 우리를 가르친 자들로부터 그래야 한다고 배웠기 때문이다. 이런 개인주의는 우리를 "현대인" 되게 하는 유산의 일부다. 그러나 분명한 것은, 이런 개인주의적 자세가 궁극의 진리에 대한 나 자신의 개인적·독립적 통찰을 통해 얻어진 것이 아니라는 사실이다.

우리는 분명 몇몇 "다른 이들"의 제자다. 십중팔구 그들은 우리의 최선의 유익과 거리가 멀거나 앞뒤가 맞지 않는 방식으로 우리를 지금의 모습으로 빚었을 것이다. 우리는 분명 중요한 시기에 우리 곁에 있었던, 지금 살아 있을 수도 있고 이미 죽었을 수도 있는 몇몇 중요한 사람들의 제자다. 우리의 사고와 감정과 행동의 일반적 반응 양식은 그들을 통해 형성되었다. 다행히도 이것은 지속적인 과정이며 어느 정도 자체 교정 능력을 갖추고 있다.

맨 처음 우리는 부모나 가족 중 가장 가까운 이들의 제자다. 대개 이것은 아주 다행한 일이다. 그들은 하나님을 알고 그분의 길로 행하는 귀하고 강직한 이들일 수 있다. 나를 포함해 많은 이들이 대체로 그런 경우였다.

그러나 늘 그런 것은 아니다. 우리의 성장기 가족 관계는 약간 해로운 것에서 정말 기구한 것까지 매우 다양할 수 있다. 불과 몇 십 년 전보다 요즘 들어 유난히 그런 모습이 많아졌다. 예컨대, 알코올 중독자 부모 밑에서 자란 아이들의 향후 결과를 우리는 익히 알고 있다. 그들은 알코

　　　8장_ 예수의 제자 또는 학생이 되는 법

올 중독자 부모와의 관계를 통해 이 세상에 **존재**하는 법을 배운다. 많은 경우 그것은 참으로 비참한 일이다.

그 다음에 우리는 유치원 교사들의 제자가 되고, 이어서 가장 위력적인 "제자화" 관계 중 하나인 놀이 친구와 또래 집단의 제자가 된다. 그리고 다시 교사들의 제자가 된다. 그러나 10대와 20대가 되어 만나는 교사들은 그 역할이 사뭇 다르다. 다분히 의식적으로 선택하는 우리 자아상의 주요 골격에 초석을 놓는 것이 바로 그들이다. 그 자아상은 우리 인생의 중요한 관계들 속에서 우리를 세워 줄 수도 있고 망가뜨릴 수도 있다.

이 후기의 교사들에는 흔히 아주 매혹적이고 영향력 있는 사람들이 포함된다. 군대 같은 곳의 교육 지도자나 대학 교수 등 정말 교사들일 수도 있다. 그러나 예술인, 음악가, 작가, 전문인 등 다양한 부류의 공인일 수도 있다. 거의 언제나 이들은 우리에게 인생이 무엇인가에 대해 강렬한 인상을 심어 준다. 거기서 자신과 타인, 그리고 하나님을 향한 의식적 행동의 방향—절대적으로 필요한 것—이 제시된다. 설혹 잘못된 방향일지라도 우리에게는 그런 방향이 반드시 필요하다.

자신을 가르치고 훈련한 자들이 누구인지 인식하고 그들의 가르침이 나에게 남긴 결과를 평가하는 것은 인생의 주요한 전기 가운데 하나다. 이것은 괴로운 작업인지라 막상 부딪치기 어려울 때도 있다. 그러나 그것은 다른 스승들, 바라건대 더 나은 스승들, 그리고 모든 스승 중의 스승이신 하나님을 선택하게 되는 계기가 될 수도 있다.

이 땅의 "예수의 사람들"

이 땅에 있는 자신의 사람들에 대한 예수의 프로그램에는 한 가지 전제가 있었다. 그들이 그분의 학생이자 동역자로 살아야 한다는 것이었다.

그들은 지혜, 아름다움, 능력, 선함 등 모든 측면에서 그분이 참으로 매력적인 분임을 깨달아야 했고, 그리하여 끊임없이 그분의 임재 안에 있기를 구하며 인생의 모든 측면에서 그분의 인도와 지시와 도움을 받기를 바라야 했다. 그분이야말로 모든 시공을 초월하여 기도와 사랑의 공동체의 살아 있는 머리이기 때문이다.

이 전제 위에서 그분은 자신의 사람들에게 약속을 주셨다. 이 특정 "세대"가 끝나고 우주가 새로운 국면에 들어설 때까지 매순간 그들과 함께하신다는 것이다(마 28:20; 히 13:5-6). 더 넓게 말해, 우리가 현재 살고 있는 이 시기 동안 그분이 자신의 사람들을 위해 예비하신 **공급**은 정확히 이 땅의 천국 생활에서 그분의 제자가 된 이들의 몫으로 마련된 공급이다. 지속적으로 예수의 학생이 아니면서 성경의 위대한 약속들을 자신의 것인 양 읽는 자는, 마치 다른 사람의 구좌에서 돈을 빼 쓰려는 사람과 같다. 그 성공은 기껏해야 산발적인 것이다.

이렇게 예수의 지속적인 제자가 되면 그 결과는 당연히 모든 일을 "주 예수의 이름으로" 하는 법을 배우는 것이다(골 3:17). 그분의 이름으로 한다는 것은, 그분을 위해 또는 그분을 대신하여 하는 것이요 그분 자신이 하시는 것처럼 한다는 뜻이다. 물론 이것은 그분이 우리에게 "분부한 모든 것을…… 지키는" 법을 배운다는 뜻이다(마 28:20). 그분의 임재 안에서 우리의 내면 생활은 변화될 것이며, 그분의 행동 방침이 우리에게도 자연스런 (또한 초자연적인) 행동 방침이 되는 그런 사람이 될 것이다.

좁은 길과 좋은 나무

분명 예수께서 보시는 바로는, 인간이 그분의 말씀대로 행하지 않을 타당한 이유가 전혀 없다. 그분은 우리에게 가장 좋은 것만을 행하라고 말씀하시기 때문이다. 언젠가 그분은 제자들에게 이렇게 물으셨다. "너희는 나를 불러 '주여, 주여' 하면서도 어찌하여 나의 말하는 것을 행치 아니하느냐?"(눅 6:46) 당신이 그분 앞에 서서 그분이 최선의 길이라 말씀하신 것을 행하지 않은 이유를 해명하는 장면을 한번 상상해 보라. 그분 말씀대로 행치 않는 것이 더 타당해 보이는 경우가 있을지도 모른다. 그분도 그런 상황을 충분히 이해하신다. 그러나 그분을 믿는 자의 삶의 전반적 태도로는 통하지 않는 자세다. 그분은 우리에게 쉽고 즐거운 순종의 길, 진정 충만한 삶의 길을 마련해 주셨다. 바로 그분의 제자가 되는 길이다. 즉 기독교 "제자도"다. 그분의 복음은 **생명과 기독교 제자도를 위한** 복음이다.

다시 말해 "이제 천국이 모두에게 열렸으니 그 사실에 비추어 인생을 다시 생각하라"(마 4:17)는 그분의 기본 메시지는, 우리 모두가 자동으로 느끼는 삶다운 삶을 살아가는 데 필요한 자원을 제시하며, 그리하여 자연스럽게 우리를 이 땅의 천국 생활에서 그분의 제자가 되는 길로 인도한다.

그러므로 마음에서 우러나는 일상적인 순종과 실천이 산상 강화의 마지막 주제다. 그분이 최선의 길로 아시고 일러 주신 일들을 한사코 행하지 않기 위해 상상 가능한 모든 일들이 시도되리라는 것을 그분은 분명 미리 내다보셨다. 과연 우리는 역사와 우리 주변에서 그 실상을 보고 있다.

그래서 산상 강화의 결론 부분인 마태복음 7:13-27에서 그분은 우리가 기도와 사랑의 공동체로 들어가는 길을 놓치지 않게 하시려고 네 가지 시각적 대비를 보여주신다. 그 공동체는 사람들이 실제로 자기가 대접받기 원하는 대로 남을 대접함으로써 율법과 선지자가 이루어지는 곳이다(7:12).

그분은 먼저, 이 천국 공동체는 좁은 문으로 들어가는 곳임을 지적하신다. 즉 들어가는 바른 길이 정해져 있다는 것이다. 아무 길―"멸망으로 인도하는 넓은 길"―로나 다 되는 것이 아니다(13-14절).

이어 그분은 우리를 그릇 인도할 사람들, 겉은 괜찮아 보이지만 참 행동의 거점인 속은 오직 자신의 욕망에 지배당할 자들에 대해 경고하신다. 그들은 겉으로는 양 같지만 속으로는 양을 잡아먹을, 곧 자기 목적을 위해 우리를 이용할 생각밖에 없다(15절). 이들은 바로 예수의 동생 유다가 "자기 몸만 기르는 목자요······ 그 정욕대로 행하는 자라. 그 입으로 자랑하는 말을 내며 이(利)를 위하여 아첨하느니라" 하고 묘사한 자들이다(유 12-16).

우리를 그릇 인도할 자들을 분별하려면 그들의 말에는 별로 신경쓸 것 없이 그 행동만 보면 된다. 그들의 행위야말로 내면의 정체를 밝혀 줄 정확한 표징이 될 것이다. 나무와 식물은 열매로 그 본질을 나타낸다. 무화과나무에는 포도 열매가 아닌 무화과 열매가 맺힌다. 사람도 그 행동을 면밀히 정직하게 살펴보면 그 속에 그 사람의 실체가 드러나게 돼 있다(마 7:16-20).

우리가 믿을 수 있는 이들은 예수께서 가르치신 최선의 길을 실천하려고 애쓰는 자들이다. 그분을 "주"라고 부르거나 심지어 그분의 이름으로 놀라운 일들을 행해도 그것이 순종을 대신할 수는 없다. 천국에 들어가는 자는 하늘에 계신 예수의 아버지의 뜻대로 행하는 자다(21절). 아버지의 뜻은 정확하게 예수께서 여기 산상에서 지금까지 가르치신 내용이다. 그것이 "율법과 선지자"의 참뜻이다(12절).

그분의 말씀을 듣고 그대로 행하는 자는 절대로 무너지지 않는 인생

8장_ 예수의 제자 또는 학생이 되는 법

의 집을 짓는 것이다. 그 집은 모래 위가 아닌 반석 위에 짓는 집이다. 모래는 인생의 풍파에 꺼져 내릴 수밖에 없다. 이 모든 것을 요즘 말로 간단히 말하면 "그냥 하라!"는 것이다. "그냥 하지 **않을** 때 그것은 복된 천국의 실체를 스스로 걷어차는 것임을 그분은 아신다.

마태복음 7장에서 이 부분에 대해 나오는 네 가지 시각적 대비는 다음과 같다.

1. 좁은 문과 넓은 문(13-14절).
2. "속"이 좋은 나무와 나쁜 나무(15-20절). 관련 그림−양의 옷을 입은 이리. 이들에게는 자발적이고 지속적인 예수의 선한 마음이 없다(15절). 속은 "이리"다.
3. "내 아버지의 뜻대로" 행하는 자들과 "주의 이름으로" 하는 큰 일들로 순종을 대치하려는 자들에 대한 최후의 심판(21-23절).
4. 예수의 말씀을 듣고 행하는 자들(반석 위의 집)과 듣고도 행치 않는 자들(모래 위의 집)(24-27절).

좁은 문은 흔히들 생각하는 대로 교리적 정확성을 의미하는 것이 아니다. 좁은 문이란 곧 순종이요 순종에 필요한 믿음을 말한다. 그것이 교리적 정확성을 말하는 것이 아님은, 정확한 교리를 전혀 모르고도 예수를 전폭적으로 믿는 많은 이들을 보아 알 수 있다. 반대로, 교리적으로는 매우 정확해 보이지만 미움과 용서하지 않는 마음으로 가득 찬 사람들도 많이 있다. 반면에, 넓은 문이란 무엇이든 내 마음대로 하는 삶이다.

좋은 나무의 열매도 순종이다. 순종이란 오직 예수와의 교제를 통해 되어져 가는 우리의 존재(나무의 "속")의 귀결이다. 양의 옷을 입은 이

421

리는 외면의 행위로 짐짓 제자인 척 **꾸미려는** 자를 말한다. 그러나 내면의 실체로 모든 것이 드러나고 만다.

"내 아버지의 뜻"이란 지금까지 예수께서 산상 강화에서 주신 바로 그 내용을 말한다. "하나님이 보내신 자를 믿는" 것으로 시작해서 그분의 말씀을 행할 때, 우리는 하나님의 길에 발을 들여놓는다. 즉 "천국에 들어가는" 것이다. 거기서 다음 단계인 인간 역사의 종말과 최후의 심판으로 이어지는 완성된 천국에 들어서는 것은 당연한 것이다.

이 모든 것을 한마디로 말하면, 예수께서 최선의 것으로 보여주신 그 길을 실천할 때 우리는 절대 무너지지 않는 "반석 위에" 인생을 짓는 것이다. "그 반석은 곧 그리스도"시다(고전 10:4).

고린도전서 13장, 골로새서 3장, 베드로전서 2장, 베드로후서 1:1-15, 요한일서 3:1-5:5 등 바울과 베드로와 요한의 위대한 본문들도 모두 정확히 똑같은 메시지인, 예수의 제자들의 내면의 변화를 자세하게 설명한 것이다. 이런 말씀들의 중심 평가 기준은 언제나 우리 인격의 핵심적 특징이 되는 하나님의 사랑, 즉 아가페다. "율법"의 행위는 거기서 자연스럽게 흘러나오는 것이다. 앞에서 말한 것처럼, 율법은 인격적 선의 근원이 아니라 언제나 그 경로다.

어떻게 그분과 함께 있을 것인가

누군가의 제자가 되려면 절대적인 필수 조건이 하나 있다. 그 사람과 **같이** 있어야 한다는 것이다. 일반적으로 모든 학생과 스승 관계가 다 그렇다. 예수께서 인간의 모습으로 이 땅에 계실 때 그분을 **따른다**는 것도 정확히 그런 의미였다. 최초의 제자들에게 있어 그분을 따른다는 것은 곧 그분과 함께 있는다는 뜻이었다.

8장_ 예수의 제자 또는 학생이 되는 법

예수의 제자란, 곧 **그분과 함께 있어 그분으로부터 그분처럼 되는 법을 배우는** 자를 뜻한다. 일상 생활에서 예를 찾아보면, 곱셈과 나눗셈을 배우는 아이는 교사의 제자다. 아이들은 교사와 함께 있어 교사로부터 승제산이라는 특정 영역에서 교사처럼 되는 법을 배운다. 피아노, 성악, 외국어, 테니스 등을 배우는 학생들도 마찬가지다. "함께" 있으며 보고 듣는 것은 절대 필수다.

우리에게는 일상 생활 속에서 인격과 인격으로 예수와 함께 있을 수 있는 방편이 주어져 있다. 이 스승과 제자 관계에서 우리의 몫을 수행하려면 이 방편에 대한 실제적 이해─형이상학적·신학적 이해는 아니어도─가 필요하다. 그러므로 예수는 앞서 긴 시간을 두고 자신의 가장 가까운 제자들에게 (그리고 우리에게) 임재할 특별한 방식을 그들에게 아주 자상하게 가르쳐 주셨다. 죽으시기 전에도 일러 주셨고 부활과 승천의 중간 기간에도 거듭 말씀해 주셨다. 그분은 그 임재가 정확히 어떤 것인지 제자들이 자신이 떠나기 전 분명히 깨닫기 원하셨다.

요한복음 14장에서 그분은, 제자들이 알고 있던 가시적인 인간의 모습의 자신은 곧 그들 곁을 떠난다는 사실을 조심스럽게 말씀하신다. 이어 그분은 다른 "힘 주시는 분"─"위로자"(Comforter)라는 말은 오늘날 '파라클레톤'(*paracleton*)을 번역하는 단어로 적합하지 않다─이 오셔서 그들과 교제하시며 그들의 삶 속에 역사하실 것을 설명해 주신다. NASV(New American Standard Version)의 요한복음 14:16 난하주에 본래의 의미가 잘 표현돼 있다. '파라클레테'(*paraclete*)란 '곁에서 도와주도록 부름받은 자'를 뜻한다. 즉 제자들이 여태까지 알았던 가시적인 예수가 아닌, 이 다른 힘 주시는 분이 세상 끝날까지 그들과 함께 있을 것이다.

그러나 인간의 질서, 곧 "세상"(코스모스, *kosmos*)은 예수께서 말씀하신 이 "진리의 영"을 받지 못한다. "저를 **보지도** 못하고 알지도 못"하기 때문이다. 일반적으로 말해, 눈에 보이지 않는 것은 실체로 수용하지 않는 것이 현대를 살아가는 인간 지성의 표준 양상이다. 여기 예수께서 자신의 인격을 가리키며 재차 확언하신 하나님의 영적 본질은, 일찍이 역사 속에서 유대인들에게 이미 제시된 내용이다(예. 출 20:4; 신 4:12, 15 등). 그러나 우상에 대해서는 잘 알던 그들도 이 사실만은 제대로 깨닫지 못했다. 그것이 예수 시대에까지 이어짐으로써 오직 겉으로 보여지는 '바리새인과 서기관의 의"가 지배하는 모습으로 나타난 것이다. 임재하신 하나님 앞에 모든 생각과 뜻이 언제나 벌거벗은 것같이 드러나 있다는 사실을 철저히 깨우친 자라면 그런 "의"로 꾸미고 살 생각은 꿈에도 못할 것이다. 그러나 오늘날 우리 중에도 그렇게 살려는 이들이 많이 있다.

인격이신 하나님은 모든 인간이, 원하든 원치 않든, 무조건 보아야 하는 물리적 실체가 아니다. 물론 그분은 마음만 먹으면 아무 방법으로나 인간의 마음에 자신을 나타내실 수 있다. 그러나 인격의 본질과 인격적 관계의 본질에 깊이 근거한 선한 이유들로 인하여 그분이 최선의 길로 택하신 것은 **말씀**, 즉 **대화**다. 그래서 제자도의 절대적 중심이 되는 것은 성경이다. 고독과 침묵의 충분한 활용이 인간 영혼의 성장에 중요한 기초가 되는 이유를 여기서도 찾을 수 있다. 하나님과 더불어 말하고 듣는 최적의 조건이 고독과 침묵으로 조성되는 까닭이다.[1]

임재 방식이 바뀔 것을 일러 주심

사도행전 1장에는 예수께서 부활 후 승천하시기까지 40일 동안 열한 사도들과 함께 보낸 일에 대한 흥미로운 기사가 실려 있다. 이 기사는 예수

8장_ 예수의 제자 또는 학생이 되는 법

께서 지금 당신의 사람들과 함께 있는 방식을 이해하는 데 절대적으로 중요한 것이다. 여기서 분명히 알 수 있는 것은 이 기간 중 그분이 가시적 임재 **없이** 제자들과 대화하는 상태와, 가시적 임재 **중에** 대화하는 상태를 번갈아 하셨다는 사실이다.

"그의 택하신 사도들에게 **성령으로** 명하시고 승천하신 날까지의 일"이라고 성경은 말한다.

이어 기자는 곧바로 덧붙인다. "해 받으신 후에 **또한** 저희에게 확실한 많은 증거로 친히 사심을 나타내사 사십 일 동안 저희에게 보이시며 하나님 나라의 일을 말씀하시니라"(행 1:2-3).

위대하신 스승 예수는 앞으로 자신의 임재 방식에 대한 메시지를 학생들이 분명히 이해할 수 있도록 필요한 모든 조처를 취하고 있다. 그분이 제자들에게 앞으로 일어날 일을 말씀하시면 과연 그 일이 일어나고, 그러면 그분은 일어난 일에 대해 다시 이야기하신다. 교훈은 계속 되풀이된다. 이것이 교사이신 예수의 모습이다. 제자들은 그분이 앞으로 **어떻게** 자신들과 함께 계실 것이며, 그분이 눈에 보이지 않게 되어도 자신들이 **어떻게** 그분의 제자이자 동역자로 천국의 삶을 계속해서 살아갈 것인지, 최대한 명확하게 이해할 필요가 있었다. 이것은 절대 필수적인 부분이었다. 교회가 존재하는 한, 그 임재 방식이 끝까지 지속될 것이기 때문이다. 적어도 오늘까지는 그렇다.

성령의 임재로 충만케 됨

그러나 승천 이전의 비가시적인 임재의 구체적인 실체에 대해 제자들의 모든 의문과 오해가 곧바로 풀리지는 않았다. 다음 단계로의 진전을 가리키면서, 예수는 그들에게 하나님의 성령으로 충만케 되리라는 구약의 약속을 일깨워 주신다. 이 약속은 세례 요한의 메시지를 통해 새롭게 되었고 예수께서 친히 되풀이하여 강조하신 것이다. 이제 그분은 제자들에게, 예루살렘을 떠나지 말고 기다리고 있으면 수일 후에 성령의 충만을 받게 된다고 말씀하신다(행 1:4-5). 누가복음 24:49의 표현처럼 그들은 "위로부터 능력을 입히울 때까지" 거기서 기다려야 했다.

예수께서 부활 후 제자들에게 아주 조심스럽게 처음으로 보이신 성령의 실체에 대한 **체험**이 없었다면, 그들은 그렇게 말씀대로 기다리지 못했을 것이다. 생각조차 하기 힘든 일이다. 실은 그런 체험 후에도 그들은 "이스라엘 나라를 회복하심"에 대해 묻고 있었을 정도다(행 1:6). 정치적 체제의 **가시적** 실체를 뜻하는 말이다. 아직도 그들은 예수께서 약속하신 성령의 충만 혹은 "세례"를 그렇게밖에는 생각할 수 없었다. 그러나 그분의 약속은 가시적인 나라에 의존하지 않는 다른 "능력"에 관한 것이었다. 그것은 가시적인 지위가 없는 능력에 관한 것이었다. 그 충만한 능력 속에서 그분의 사람들은 그때부터 지금까지, 예루살렘에서 땅끝까지 존재하며 증거해 왔다(8절).

비록 완전한 이해는 없었지만, 가르침과 체험에 힘입어 그들은 정말로 기다렸다. 그리고 성령의 **충만**을 받았다. 동시에 그들은 그 순간의 사건을 설명할 수 있을 만큼 충분히 이해하게 되었다. 오순절에 일어난 일들을, 하나님이 이스라엘에게 주신 약속과 자신들이 체험한 예수, 그리고 자신들의 현재 신분과 앞으로 항상 감당할 본분에 비추어 이해하고 설명하게 된 것이다(행 2:14-40).

성령의 충만이 그들에게 임했다. 불과 열흘 전 예수의 자취가 사라진 것을 본 바로 그 하늘에서 급하고 강한 소리와 함께 임했다(행 2:2). 그러자 베드로는 유대인 세계의 중심지에서 일어나, 하나님이 옛적에 유대인들을 모든 나라의 빛과 복으로 부르신 사실을 재해석했다. "이 약속은 너희와 너희 자녀와 모든 먼 데 사람 곧 우리 주 하나님이 얼마든지 부르시는 자들에게 하신 것이라"(2:39).

성령과 천국 안에 사는 삶

예수의 첫 제자들은, 그분 자신을 믿는 개인과 집단에 임하시는 그분의 인격적 임재를 지금 이 땅에서 하나님 나라의 **실제적** 실체로 이해하게 되었다. 곧 예수의 임재가 바로 삶의 한 요인으로서 천국의 실체가 되었던 것이다. 사도 요한이 서신에 그토록 자주 언급한 또 하나의 "생명"도 바로 이 실체요 바울의 구속 이해의 근간을 이루는 "그리스도 안에서"도 바로 이 임재를 두고 하는 말이다.[2]

불행히도 인간 영혼의 집요한 율법적인 성향은 오랜 세월 많은 이들로 하여금 이 성령의 충만을 외적 현상으로만 잘못 이해하게 했다. 표적과 기사, 방언, 청빈, 순결, 순종, 불신자를 회심시키는 능력, 각 교단의 특징이 된 특정 행위나 상징 등이 좋은 예다. 그러나 이런 것들은 중요한 것이지만 천국 생활 자체의 실체는 아니다. 천국 생활의 실체는 내면적인 것이다. "은밀한 곳에 계신 아버지"와 함께 숨겨진 것이다. 많은 사람들을 회심케 하거나 방언과 표적과 기사 따위를 행하는 이들에게도 그것이 부재한 경우를 우리는 종종 본다.

그렇다고 인격 속에 들어 있는 천국의 참된 임재를 진정 숨길 수 있다는 말은 아니다. 그것은 숨길 수 없다. 그 점에 관한 한 내면 속의 천국의 부재도 마찬가지다. 그러나 동시에 천국의 임재는 꾸며 내거나 통제하거나 요구에 따라 만들어 내거나 표준화하거나 인간이 인간에게 베풀어 줄 수 있는 것도 아니다.

가시적인 세상에 나타나는 성령의 구체적 현상들과는 달리, 예수의 나라에서 성령 안에 사는 삶의 실체는 하나님을 독점하여 결국 우리가 "제대로 깨달은" 자들임을 입증하는 수단으로 사용될 수 없다. 성령이란 지극히 미묘한 방법으로도 결코 매매될 수 없는 것이다. 그러나 고금을 통해 예수의 사람들에게는 앞서 언급한 "마술사" 시몬(행 8:9-24)의 잘못된 생각이 섞여 있다. 우리 모두는 이러한 성향에 대항해야 한다. 우리가 확신할 수 있는 것은 예수의 영은 이런 성향에 절대 동조하지 않는다는 사실이다.

　　그래서 바울은 아주 단순히 이렇게 말한다. "무릇 하나님의 영으로 인도함을 받는 그들은 곧 하나님의 아들이라"(롬 8:14). 바울이 말하는 인도함, 즉 교제의 삶은 외적 현상이 아니라 내적 실체다. "하나님의 나라는 먹는 것과 마시는 것이〔그것을 어떤 방식으로 하느냐의 문제가〕 아니요 오직 성령 안에서 의(디카이오수네)와 평강과 희락이라. 이로써 그리스도를 섬기는 자는 하나님께 기뻐하심을 받으며 사람에게도 칭찬을 받느니라"(롬 14:17-18).

　　또한 골로새 교인들에게 쓴 편지에서 바울은 그들이 주께 합당히 행하여 범사에 그분을 기쁘시게 하고 모든 선한 일에 열매를 맺으며 하나님을 아는 것에 꾸준히 자랄 것을 위해 기도한다(골 1:10). 이어 그는 그들이 "그 영광의 힘을 좇아 모든 능력으로 능하게" 되기를 위해 기도한다(11절). 혹자는 이 능력이 놀라운 외적 현상들을 위한 것이라고 생각할지 모른다! 그러나 아니다. 그것은 골로새 교인들이 "기쁨으로 모든 견딤과 오래 참음에 이르게 하시고 우리로 하여금 빛 가운데서 성도의 기업의 부분을 얻기에 합당하게 하신 아버지께 감사"하는 자가 되기 위해 필요한 것이다. 부활하신 그리스도께 동참한 자의 가장 고귀한 결과는 내면의 자아가 변하여 그분처럼 되는 것이다.

그러므로 **실제적 관점에서 우리 모두가 살아야 할** 천국은, 한마디로 예수와 지속적인 교제를 체험하는 것이다. 그분은 역사 속에서, 그리고 이 땅의 실존 속에서 우리가 매일, 매시간, 매순간 만날 수 있는 분이다. 그래서 전도자 빌립은 새로운 나라의 반경이 유대를 벗어나기 시작할 즈음, 사마리아 성에서 "하나님 나라와 및 예수 그리스도의 이름에 관하여 전도"했다(행 8:12). 천국은 예수의 이름을 통해 그곳 사람들에게 실체가 되었다. 예수는 떠나신 후에도 그 이름을 사용하여 친히 역사하셨다. 사도행전 마지막 부분에 보면 로마에 있던 바울도 "하나님 나라를 전파하며 주 예수 그리스도에 관한 것을 가르"쳤다(행 28:23, 31).

"하나님의 나라를 너희는 빼앗기고 그 나라의 열매 맺는 백성이 받으리라"(마 21:43) 하신, 유대 나라―개개인 유대인이 아님을 강조한다―에 대한 예수의 예언은 이렇게 성취됐다. 그 열매 맺는 백성은 바로 "예수"의 이름을 믿는 백성이었다.

우리에게 임한 하나님 나라 **안에서**, 예수를 처음 믿은 상태에서 충만과 일상적 순종의 삶으로 나아가는 길은 말할 것도 없이 제자도(discipleship), 곧 실생활 속에서 예수를 따르는 것이다. 늘 보이던 육신의 모습으로 제자들 앞에 마지막으로 서신 예수께서, 그들에게 이 땅의 모든 족속으로 제자를 삼으라 말씀하신 이유가 거기에 있다. 제자를 삼으려면 반드시 먼저 자신부터 제자가 돼야 한다.

따라서 우리는 예수의 제자의 길을 아주 자세히 살펴볼 필요가 있다. 지금부터 예수의 제자의 모습, 예수의 제자가 되는 법, 그리고 제자 삼는 방법을 차례로 살펴볼 것이다.[3]

예수의 제자 모습

제자도의 단순성

무엇보다도 우리는 예수의 제자가 **된다는 것**은 매우 분명하고 명백한 것임을 알아야 한다. 신비감을 조성하는 것은 그것을 오해하는 데서 비롯된 것이다. 자신이 그분의 제자인지 아닌지 조금이라도 의심해야 할 타당한 이유란 전혀 없다. 다른 사람이 그분의 제자인지 여부도 언제나 증거가 명백할 수밖에 없다. 물론 우리는 그런 증거를 수집할 능력이 없을 수 있으며, 사실 그런 증거를 모으거나 사용할 만한 합당한 경우란 거의 없을 것이다.

그러나 이것은 우리 기독교 문화의 많은 이들에게 뜻밖의 이야기나 충격으로 들릴지 모른다. 한 개인이 그리스도인인지 여부는 불확실하거나 심지어 알 수 없는 일이라는 것이 우리 기독교 문화의 오랜 전통이다. 이 전통의 바닥에 깔려 있는 문제는 언제나 그 사람이 "최종 지점에 골인할" 것인가의 문제였다. 흔히들 이것을 그 사람이 하나님께 "택함"받아 "선민 중에" 있는가의 문제로 생각해 왔다. 아니면 죄를 너무 많이 지었는지, 충분히 착한지 등의 문제일 수도 있다. 말할 것도 없이 이것은 확실하게 답하기 어려운 문제이며 어쩌면 대답이 불가능할지도 모른다. 우리는 천국의 책들을 들여다볼 수 없기 때문이다.

이 해묵은 논쟁에 들어서는 것은 우리의 길에서 크게 벗어나는 일이다. 그러나 다행히 그럴 필요가 없다. 제자가 아니면서 그리스도인이 될 수 있다는 것은 오늘날 거의 보편적으로 동의하는 사항이다.[4] 매일의 실존 속에서 실제로 예수의 제자요 동역자인 사람은 "그리스도인"이라는 단어에 어떤 의미로도 전혀 손색이 없는 자다. 신약에서 그리스도인이

8장_ 예수의 제자 또는 학생이 되는 법

라는 말은—세 번밖에 나오지 않는다—분명 제자들을 더 이상 유대인으로 부를 수 없어 쓰기 시작한 말이다. 많은 부류의 이방인들이 그들 중 일부가 되었기 때문이다.

사람들에게 자신이 유명한 정치가, 음악가, 변호사, 극작가의 제자인지 여부를 묻는다면 그들은 단 1초도 생각할 필요가 없을 것이다. 유명하지 않은 이한테서 외국어나 벽돌쌓기를 배우고 있는지를 물어도 결과는 마찬가지다. 이것은 결코 자신이 알 수 없는 일이 아니다. 예수의 제자에 대해서는 더 말할 것도 없다.

그러나 사람들에게 자신이 해당 인물이나 직업 분야의 **훌륭한** 제자인지를 물으면 대개는 망설일 것이다. 아니라고 할 수도 있고 그렇다고 할 수도 있다. 더 좋은 학생이 될 수 있느냐고 묻는다면 분명 그렇다고 답할 것이다. 예수의 제자의 모습에도 그대로 해당되는 사안이다. 어느 분야나 관계에서든 제자란 완전한 자는 아닌 까닭이다. 아주 미숙하고 무능한 초보자이면서도 여전히 제자일 수 있다.

복음서에서 우리는 예수께서 제자들을 "야단치는" 장면을 자주 보거니와, 이것은 새삼스러운 현실의 단면이다. 그것은 제자들을 거부하는 것과는 거리가 멀다. 사실 그것은 그들에게 충실성을 보이는 한 방편이었다. 징계가 참 아들임을 보이시는 하나님의 방법인 것과 같다(히 12:7-10). 자신의 제자들을 진지하게 대하여 필요한 과업으로 이끄는 것이 훌륭한 "스승"이다.

제자의 정체

그렇다면 이미 말한 내용을 바탕으로, 제자란 상대와 같은 존재가 되고 상대가 하는 일을 할 수 있기 위해 적절한 조건 아래서 그 사람과 함께 있기로 작정한 자를 말한다.

　이것이 예수의 제자에게는 어떻게 적용되는가? 성육신하신 주님이 하시는 일은 정확히 무엇인가? 그분이 "잘하시는" 일은 무엇인가? 복음서에서 답을 찾을 수 있다. 그분은 하나님 나라 안에 사시며, 그 나라를 다른 사람들의 유익을 위해 사용하실 뿐 아니라 그들이 직접 들어갈 수 있게 해주신다. 그분의 인격과 사역에 대한 더 깊은 신학적 진리도 이 단순한 사실을 바꿔 놓지 못한다.

　이방인을 향한 복음의 첫 "공식" 제시에서 베드로가 한 말 속에 제자인 우리들의 스승의 모습이 선명히 그려져 있다. 그는 고넬료에게 이렇게 말한다. "하나님이 나사렛 예수에게 성령과 능력을 기름 붓듯 하셨으매 저가 두루 다니시며 착한 일을 행하시고 마귀에게 눌린 모든 자를 고치셨으니 이는 하나님이 함께하셨음이라"(행 10:38).

　예수의 제자로서 나는, 은혜로 또한 자진하여 그분과 함께 있어 그분으로부터 하나님 나라 안에서 살아가는 법을 배운다. 이것이 결정적 개념이다. 이것은 앞서 사용한 표현으로, 하나님의 뜻이 실제 효력을 발하는 영역 안에서 산다는 뜻이다. 그분의 삶이 **내 삶**을 통해 흘러나온다. 이것을 표현하는 또 하나의 중요한 방식은, 예수로부터 내 삶을 사는 법을 배우되 그분이 나라면 내 자리에서 사실 그 삶을 배우는 것이다. 반드시 그분이 하신 모든 일을 배우는 것은 아니지만, 나의 모든 일을 그분이 자신의 일을 하신 방식대로 행하는 법을 배우는 것이다.

　예를 들어, 내 경우 삶의 주요 역할은 한 "연구" 대학교에서의 교수 역할이다. 그렇다면 예수의 제자로서 언제나 내 앞에 놓여 있는 질문이 있다. 그분이라면 이 역할을 수행할 때 구체적으로 관련된 학생들과 동료 교수들을 어떻게 대하실까? 과목을 어떻게 계획하시며 왜 그렇게 하실까? 시험을 어떻게 출제하고 시행하며 채점하실까? 연구 주제는 무엇이며 왜 하필 그것일까? 각 특정 과목을 그분은 어떻게 가르치실까?

일상의 삶 전체가 제자도의 장이다

나의 실제 생활이 예수의 제자의 삶의 장이라는 사실은 대단히 중요하다. 이것을 알면 요즈음의 "전임 사역"과 "시간제 사역"의 구분에서 비롯되는 시끄러운 분란에서 벗어날 수 있다. 예수의 제자란 흔히 생각하는 것처럼 반드시 구체적으로 종교적인 일에만 헌신된 자가 아니다. 반복해서 말하지만, 나는 예수로부터 **내 삶**, 내 **모든** 삶, 내 실제 삶을 사는 법을 배우고 있다. 그분의 삶을 사는 법을 배우는 것이 아니다. 이 땅에서의 그분의 삶은 비할 바 없이 놀라운 삶이었다. 그러나 그 삶은 이미 끝났다. 나도 그 어느 누구도 심지어 그분 자신도 그 삶을 다시 살지 않을 것이다. 더욱이 어떤 경우이든 그분은 내 삶, 즉 나라는 존재 자체에 관심이 있으시다. 거기에 나의 필요가 있다. 나의 필요는, 내 삶을 살되 그분이 나라면 살아가실 그 모습대로 살 수 있게 되는 것이다.

그러므로 그분의 제자로서 나는 반드시 특별한 종교적인 일—"전임 사역"의 일부로서든 "시간제 사역"의 일부로서든—을 하는 법을 배우는 것이 아니다. 분명히 규정 가능한 한계 안에서 예수의 제자도는 무엇을 하느냐의 문제가 아니라 어떻게 하느냐의 문제다. "종교적인" 것이든 아니든 모든 것은 거기에 귀속된다.

요리와 부엌일을 맡아 했던 로렌스 형제는 이렇게 말한다.

우리의 성화(sanctification)는 우리의 일을 바꾸는 데 달린 것이 아니라 흔히 자신을 위해 하는 그 일을 하나님을 위해 하는 데 있다.…… 기도 시간은 다른 시간들과는 달라야 한다는 생각은 커다란 착각이다. 우리에게는 기도할 때 기도로 하나님을 따르는 것 못지않게 행동할 때 행동으로 하나님을 따라야 할 준엄한 의무가 있다.[5]

이 책에서 지금까지 길게 살펴본 것처럼, 예수의 가르침 자체가 삶을 이루는 것은 아니다. 이것을 이해하는 것이 천국의 삶에 아주 중요하다. 그분의 가르침은 전혀 그런 의도가 아니다. 오히려 그 가르침은 누군가의 삶을 전제로 한 것이다. 이것이 전혀 문제가 되지 않음은, 말할 것도 없이 우리 각자에게 자동적으로 삶이 주어지기 때문이다. 우리는 이 삶이 무엇인지 정확히 알고 있다. 그것은 곧 우리의 존재요 우리가 하는 일이다. 하나님이 우리에게 원하시는 것이 바로 이 삶이다. 우리는 삶의 진정한 존엄성을 깊이 깨달아야 한다. 모든 인간에게 우리는 확신 있게 말할 수 있다. "하나님이 원하시는 인격은 거기 현실 생활의 한복판에 있는 **당신**이오."

복음서의 예수의 가르침은 허락된 시간, 장소, 가족, 이웃, 재능, 기회 속에서 내게 주어진 삶을 사는 **법**을 가르쳐 준다. 성경에 남겨진 그분의 말씀은 특정한 문제들을 처리하는 방법에 관한 일반적 가르침으로, 우리의 모든 필요를 채워 준다. 지금까지 이야기한 노선을 따라 그것을 실행에 옮기기만 하면 인간의 삶을 괴롭히는 문제들은 대부분 사라질 것이다. 앞에서 말한 것처럼 예수께서 마태복음 5-7장의 가르침의 초점을 살인과 분노, 멸시와 정욕, 가족의 거부, 언어 폭력 등에 맞추고 있는 이유가 거기에 있다. 이것이 실제 삶이다. 그분의 가르침은 그 자체로 삶을 이루는 것은 아니지만 모든 이들의 삶의 모든 지점과 맞물려 있다.

그러므로 천국의 삶은 단순히 나쁜 일을 하지 **않는** 문제가 아니다.

예수의 제자의 일차적 관심은, "해 아래서" 자신의 날 동안 행해질 수 있는 긍정적 선과 "창세로부터 너희를 위하여 예비된 나라"(마 25:34)를 향해 자라 가며 내면에 이루어 가는 긍정적 힘과 덕에 있다. 우리가 평생 동안 자신의 삶에서 얻는 것은 장차 되어질 자신의 인격이다. 하나님이 얻으시는 것도 다르지 않다. 그래서 현실 생활이 그렇게 중요한 것이다.

그러므로 자신과 가족과 직장과 공동체—특히 신앙 공동체—를 잘 가꾸는 것이야말로 스승과 동행하는 제자의 삶의 핵심이 된다. 바로 그 전체 정황을 염두에 둘 때에야 우리는 가장 풍부하고 정확한 의미로 다음과 같이 말할 수 있다. "나는 예수로부터 내 삶을 사는 법을 배우되 그분이 나라면 내 자리에서 사실 그 삶을 배운다."

내 일의 영광

그러나 최대한 구체적으로 적용해 보자. 일을 생각해 보라. 생계 수단의 직업 말이다. 이것이야말로 예수의 제자의 삶에 초점을 두는 가장 분명한 길 가운데 하나다. 결정적으로 말해, 예수의 **제자**란 내 일을 하되 그분이 하시는 것처럼 하는 법을 그분으로부터 배우는 것이다. 신약에는 이것이 예수의 "이름으로" 한다고 표현돼 있다.

자신의 일을 제자도의 일차적 장으로 생각하지 **않는** 것은, 깨어 있는 시간의 많은 부분 혹은 대부분을 그분과 동행하는 삶에서 자동적으로 제외시키는 것이다. 잠깐만 생각해 보면 분명히 알 수 있다. 그것은 자신의 가장 커다란 흥미와 관심 영역 하나를 자기 힘으로 또는 예수가 아닌 다른 이들의 지도와 지시에 따라 해나가려는 자세와 같다. 그러나 이것이 오늘날 신앙을 고백하는 대부분 그리스도인들의 현주소다. 제자도란 주로 종교적 활동 및 "전임 사역"과 상관된 특별한 소명이라는 지배적 견해도 이런 현상의 한 원인으로 작용하고 있다.

그러나 정확히 어떻게 자신의 일을 예수의 제자도의 일차적 장으로 삼을 것인가? 우선 단언할 수 있는 것은, 깐깐한 그리스도인 건물주, 모든 예의 법도의 열렬한 지지자, 타인의 행동의 냉혹한 비판자가 되는 것은 절대 아니다. 예수와 그분의 산상수훈을 비롯한 여러 가르침에 대한 지금까지의 공부로 이 점이 이미 충분히 분명해졌기 바란다.

민감하면서도 주제넘게 나서거나 참견하거나 아첨하지 않는 자세로 다른 이들을 섬기고, 동시에 모두가 아는 잘못된 일들에는 부드럽지만 단호하게 협조를 거부하는 것, 그것이 우리의 공개적인 일상적 태도가 돼야 한다. 여기에 자신의 직장에서 요구되는 활동을 위한 끊임없는 기도와 모든 관계자들을 향한 진실된 사랑이 함께 어우러져야 한다.

상황의 필요에 따라 예수의 가르침과 모본의 내용, 곧 복수하지 않는 것, 재정적 이득을 위해 압제하지 않는 것, 특별한 곤경에 처한 이들을 인식하고 적절히 돕는 것 등이 특별히 적용될 수 있다. 또한 예수를 아는 일에 대해 분명히 영적 필요나 흥미가 있는 이들을 잘 살펴서 말로 도움을 줄 준비가 돼 있어야 한다. 말을 할 때는 상대에게 정말 도움이 되도록 진정한 사랑으로 사려 깊게 해야 한다.

나는 복음에 합당한 삶만으로 주변 사람들에 대한 우리의 책무를 다한다는 것은 틀린 말이라고 생각한다. 우리는 적절치 못하거나, 심지어 해롭게 말할 수 있는 가능성도 얼마든지 있다. 그러나 적절한 말은 생명과 기쁨을 가져다주는 아름답고 능력 있는 것이다. 사람들 속에서 예수의 사람으로 살아가는 것만으로 남들이 좋은 영향을 입을 것이라고 가정해서는 안된다. 사람들은 우리를 그저 또 하나의 특이한 인간으로 치부할 수도 있다.

어느 학교에서 이런 사례를 본 적이 있다. 점심 시간에 한 교수가 성경과 먹을 것을 들고 옆 예배실로 가는 모습이 사람들 눈에 띄었다. 혼자서 공부하고 기도하기 위해서였다. 같은 시간 또 다른 교수가 자기 조교를 사무실로 불러 성관계를 맺었다. 그 상황에서 두 행동 중 어느 것에도 특별히 관심을 둔 사람은 아무도 없었다. 사람들이 하는 일은 어차피 다양하지 않은가. 우리는 거기에 익숙해 있다. 오직 말로써만 이해를 도울 수 있는 상황이 있는 법이다.

그러나 다시 말하지만, 내가 해야 할 구체적인 일-도끼 자루 제작, 타코 요리, 자동차 판매, 유치원 교육, 투자 자문, 정치, 전도, 기독교 교육 프로그램 운영, 예술 공연, 영어 교사 등 어떤 것이든-은 하나님의 중요한 관심사다. 그분은 내가 그 일을 제대로 잘하기 원하신다. 그것은 반드시 해야 할 일이며, **예수께서 친히 하시는 것처럼** 해야 할 일이다. 그것을 대치할 수 있는 것은 아무것도 없다. 내 생각에, 적어도 일을 하고 있는 동안만은 특별히 종교적인 모든 활동도 2순위로 물러나야 한다. "그 일"을 열심히 지식을 좇아 하나님의 능력으로 하는 것이 더 중요하다. 그것이 하나님을 향한 우리의 헌신이다. (물론 우리의 일이 인간에게 유익을 주는 일이라는 전제 아래 하는 말이다.)

자신의 일에 있어 우리는 모든 면에서 최고의 선에 뜻을 두어야 한다. 그리고 하나님의 끊임없는 능력과 인도에 대해 의식적으로 기대하면서 그 선을 추구해야 한다. 일이 곧 삶이 되도록 해서는 절대로 안되겠지만, 그럼에도 우리는 일의 질을 향상시키기 위해 적당한 한계 내에서 자신의 편의와 안락을 일상적으로 희생해야 한다. 도끼 자루이든 타코이든 가르치는 학생의 외국어 실력이든 일의 질은 어느 분야에나 동일하게 적용된다.

그것은 결과적으로 우리의 봉사를 통해 도움 받는 이들에게 커다란 유익을 끼친다. 그러나 우리의 마음은 그들에게 얽매여 있지 않다. 사람의 인정은 분명 우리의 목표가 아니다. 우리가 일을 잘하려는 까닭은, 그것이 예수께서 원하시는 바요 우리가 그분을 사모하고 사랑하기 때문이다. 그분이라면 그렇게 하실 것이다. 우리는 우리의 일을 "마음을 다하여['엑스 프시케', *ex psyche*] 주께 하듯 하고 사람에게 하듯 하지" 않는다(골 3:23). "너희는 주 그리스도를 섬기느니라"(25절). 그분의 제자로서 우리는 일을 하면서 그분과 인격적 교제를 나누며, 그분은 약속대로 우리와 함께하시며 우리에게 최선의 길을 가르쳐 주신다.

13년간 미네소타 트윈스 야구팀의 중견수로 활약한 커비 퍼킷(Kirby Puckett)보다 좋은 예도 드물 것이다. 그는 평균 타율 3할 1푼 8리로 10년 연속 올스타 선수로 뽑혔으며 수비수로 골든 글러브를 여섯 차례나 수상했다. 그는 가장 사랑받는 야구 선수 가운데 한 사람이었고 잘 알려진 그리스도인이었다.

한번은 클리블랜드 인디언즈의 투수 데니스 마티네즈가 공을 잘못 던져 커비의 왼쪽 뺨을 크게 다치게 한 적이 있다. 마티네즈는 커비가 자기를 미워할 줄 알았다. 그러나 상처가 좀 회복된 커비는 마티네즈를 "나의 좋은 친구"라 부르며 오히려 잘못을, 속구를 피하지 못한 자신의 탓으로 돌렸다. 그는 지역 사회에서도 여러 선한 사업에 훌륭한 지도자였으며 자신의 삶에 걸맞는 말로 자연스럽게 신앙을 표현했다. 커비의 신앙의 대상이 누구이며 자기를 해친 자를 미워하지 않는 이유가 무엇인지 모든 사람이 알았다. 그는 하나님을 의지하며 그분의 세계에서 산 자였다.

이런 "일의 제자도"를 체험으로 알지 못하는 자는, 그 안에서 누리는 해방과 도우심과 기쁨을 상상할 수 없다. 중요한 점을 반복해 말하거니와, 만일 제자도를 특정한 종교적 시간으로만 국한시킨다면 우리가 깨어 있는 시간은 대부분 우리 삶에 찾아오는 천국의 임재로부터 단절될 수밖에 없다.[6] 그 깨어 있는 시간은 **우리** 일을 우리 마음대로 하는 시간이 될 것이다. 결국 우리가 일하는 시간—종교적인 일도 마찬가지—은 "하나님으로부터 휴가"가 될 것이다.

한편으로는, 자신의 일이 마음에 들지 않거나 못내 싫다면—우리 문화에 만연한 현상이다!—그 일에서 빠져 나오든지, 아니면 그 안에서 기쁨을 찾는 가장 **빠른** 길은 예수께서 하실 것같이 그 일을 하는 것이다. 이것이 제자도의 핵심이다. 자신의 일을 '우리 안에 있는 하나님 나라'에 통합하지 않고는 제대로 예수의 제자가 될 수 없다.

예수의 제자로서의 사역자

이번에는 다른 사람들에게 하나님 나라를 전하는 것이 "일"—보수를 받는—인 자들에 관해 따로 언급할 필요가 있다. 흔히 "교회 일"이나 앞서 말한 "전임 사역"에 해당된다. 예수는 이스라엘 민족에게 하나님의 통치/나라를 전하는 공생애 사역에 들어서신 직후 친히 "제자 삼는" 일을 시작하셨다. 자신이 하신 일을 가르치고자 그 일에 **제자**를 뽑으신 것이다. 복음서에 분명히 열거되고 예시된 바와 같이 그분의 사역에는 크게 세 가지 측면이 있다(마 4:23, 9:35, 10:7-8).

선포 첫째는 단순히 인간 역사에 나타난 하나님의 새로운 일을 **선포**하는 것이었다. 하늘에 계신 하나님의 정부 또는 "나라"가 이제 예수 자신의 인격 안에서, 그리고 그 인격을 통해 모든 사람들에게 가까이 임했다. 앞에서 살펴본 것처럼 천국은 **바로 지금**, **바로 여기**에 있다. 우리 머리 곁을 맴돌며 우리 몸 주변에 있다. "우리가 그를 힘입어 살며 기동하며 있느니라." 영원이란 장차 일어나기를 기다리는 것, 먼 훗날에 시작되는 것이 아니다. 지금 여기가 바로 영원이다. 시간은 영원 안에서 제 갈 길을 가고 있다.

예수께서 오심으로 이제 천국은 언제나 그랬던 것처럼, 단지 여기에 있는 정도를 벗어나 이스라엘의 모든 개인ー "이스라엘 집의 잃어버린 양"ー이 직접 들어갈 수 있게 **가까이** 다가왔다. 그들의 삶의 모습과 행위가 어떻든 상관없었다. 인간적으로 복된 무리인 상류층이 아니어도 좋았다. 그저 이 사람 예수를 인간 역사 속에 하나님을 인격적으로 드러내실 기름부음 받은 자요 그 역사의 주님으로 믿기만 하면 됐다.

하나님의 통치가 지금 모든 사람들에게 다가왔다는 이 메시지는 선포되고 "전파"되어야 했다. 예수께서 그리하셨고 이내 제자들도 같은 일을 하도록 보내심을 받았다. 역사적으로 혈통적 유대인ー그러한 목적으로 역사적으로 준비된ー에게 기초가 놓인 뒤에는 이제 모든 "족속"에게 전파되어야 했다. 그분의 제자인 자들은 지금도 만인에게 다가온 천국을 선포하고 있다. 우리는 사역에서도 그분의 제자이기에 그분으로부터 그 일을 하는 법을 배운다.

현시 예수의 사역의 두번째 측면은 하나님의 천국 통치의 **현시**(manifesting)였다. 따라서 그분의 제자들은 이 일에서도 제자가 되어야 했다. 현시는 말과 행위를 통해 이루어졌다. 그 말과 행위에는 인생과 자연의 통상적인 순리를 (또한 악령의 세력을) 초월하거나 심지어 파기하는 능력이 있었다. 그것은 지금 여기에 찾아오신 하나님의 선하신 임재에 대한 계시였다. 물론 이런 사역은 일차적으로 어려운 이들을 돕기 위한 사랑의 행위였다. 그러나 그것은 하나님의 통치의 징후(세메이온,

8장_ 예수의 제자 또는 학생이 되는 법

semeion) 내지 "표시"이기도 했다. 하나님께서 머잖아 단순히 "성도들" 또는 "거룩한 자들"(행 9:32)로 알려지게 될 천국의 종들과 함께 일하신다는 증거였던 것이다. 이런 일들은 비록 인간을 통해 행해졌지만 동시에 "아버지께로 말미암[은]…… 선한 일"이기도 했다(요 10:32).

이 부분에서도 제자들은 곁에서 보고 도우면서 일을 배웠다. 그러고는 그분과 똑같이 전파하고 일하도록 보내심을 받았다. "가면서 전파하여 말하되 '천국이 가까웠다' 하고 병든 자를 고치며 죽은 자를 살리며 문둥이를 깨끗하게 하며 귀신을 쫓아내되 너희가 거저 받았으니 거저 주어라"(마 10:7-8).

아직 훈련이 끝나지는 않았지만, 그들은 **일단 나서** 볼 만한 믿음은 있었다! 그리고 처음부터 놀라운 성과를 경험했다(눅 10장). 육신에 거하시던 당시의 관점으로 예수는 이 일을 통해서 인간 역사를 향한 자신의 일을 연약하고 오점 많은 인간들에게 맡긴다는 계획이 큰 성과를 거두리라는 확신을 얻으셨을 것이다(눅 10:17-24). 그러나 제자들은 제자들대로 예수에 대한 체험의 진보를 통해 이 분야의 사역에 대해 아직도 배워야 할 것이 많았다. 그들의 진보를 복음서와 사도행전에서 분명히 볼 수 있다.

가르침 제자도의 세번째 측면은 하나님의 성품과 인간 세계에서의 그분의 통치의 본질에 대해 가르치는 것이었다. "천국은 마치……와 같으니"로 시작되는 예수의 많은 비유가 그래서 나온 것이다. 예수의 사역의 이 측면은 그 본질상 제자들에게 습득된 속도가 가장 느리다. 제자들을 최초로 파송할 당시 예수께서 그들에게 선포와 현시의 사명만 주시고 아직 가르치는 일을 명하지 **않으신** 것은 눈여겨봐야 할 대목이다. 그분은 천국에 대한 진정한 이해가 그들 속에 아직은 갖춰지지 않은 것을 아셨다. 자신이 떠나신 후 자신처럼 가르칠 수 있도록 능력을 길러 주시면서 그분이 의존하신 것은, 그 자신의 가르침의 내용과 방법에 대한 그들의 기억력이다. 나중에 특별한 방식으로 그들과 함께 거하며 도우시게 될 '파라클레토스'(*paracletos*), 곧 성령의 조력도 함께 생각하셨음은 말할 것도 없다(요 14:26).

그럼에도 불구하고 어쨌든 분명한 것은, 그분이 제자들에게 전반적으로 자신과 같은 방식으로 가르칠 것을 기대하셨다는 것이다. 그 방식이란 평범한 삶의 정황들 속에서 하나님의 통치의 본질을 나타내 보이는 것이다. 제자들은 계시된 진리를 가르치되 실제로 자신에게 일어났던 사건의 정황 속에서 가르쳐야 했다. 자신들의 삶 속에 침입해 들어온 하나님의 실체를 씨 뿌리기, 고기 잡기 등 평범한 활동에 비유하여 설명해야 했다.

그래서 마태복음 13장의 "천국 비유"를 마치신 후, 예수는 듣는 이들에게 가르치는 법에 대한 일반 지침 하나를 일러 주신다. "그러므로 천국의 제자〔'마테테우테이스', *matheteutheis*〕된 서기관마다 마치 새 것과 옛것을 그 곳간에서 내어오는 집주인과 같으니라"(마 13:52). 한 집에서 오랫동안 살 때 집안에 점점 불어나는 온갖 세간들을 생각해 보라. 현실 생활의 평범한 사건들 속에서 자신이 체험한 하나님의 통치의 곳간, 천국의 제자의 가르침은 바로 거기서 나오는 것이다.

예수는 분명 육체로 거하실 때 공학과 컴퓨터 네트워크에 대해 가르치지 않았다. 자신의 전문 기술이자 생업이었던 목공일에 대해서도 가르치지 않았다. '우리 안에 있는 하나님 나라'의 사역을 수행하는 법, 그것이 그분의 구체적 훈련 분야였기 때문이다. 그러나 그때와는 달리 지금은 그분은 **모든** 주제에 대해 가르치고 있다. 엔지니어, 컴퓨터 분석가,

8장_ 예수의 제자 또는 학생이 되는 법

목수 등 모든 분야의 자신의 사람들, 감사하게도 "전임 사역자"에게까지 교훈을 주고 계신다. 그러나 천국의 특수 사역자들이 하는 일은 언제나 우선순위 면에서 일정한 우위를 점한다. 삶의 모든 영역에서 제자를 삼고 훈련하는 특별한 역할 때문이다.

물론 여기서 일에 대해 이야기한 내용은 가족 관계, 여가, 공동체의 관계와 활동, 창조적 예술 체험 등 우리 삶의 일부분을 이루고 있는 것이면 무엇에나 동일하게 적용된다. 어떻게 이런 일들이 하나님 나라의 한 부분이 될 수 있을까? 우리가 언제나 물어야 할 질문이다. 그리고 우리는 이 물음의 답에 예수의 인도하심과 도우심을 기대할 수 있다.

그러나 그런 작업에 임할 때 우리는 거창하게 자기 의에 빠져 자아 도취적 태도로 하지 않는다. 우리는 그분의 은혜와 넓은 마음을 안다. 우리가 독립적 인격이 되기 원하시는 그분의 소망도 안다. 우리는 그저 로봇이 아니라 중요한 존재가 될 자들이다. 그분의 영과 우리의 관계 속에 거하시는 성령께서 모든 건강치 못한 억압적 관계를 불가능하게 하시며, 우리 삶의 모든 부분을 주님의 초장에서 기쁨에 찬 여정이 되게 하신다.

기쁨은 그분과의 교제에서 누리는 우리의 분깃이다. 기쁨은 확신과 창의력을 가져다준다. 이것은 그분의 기쁨이며, 작은 기쁨이거나 눌린 "기쁨"이 아니다. 그것은 강건한 기쁨이다. 그 안에는 생생한 환희가 가득 넘친다. 우리를 천국의 의 안에 살게 하는 것은 기쁨뿐이다. 기쁨에는 진정 힘과 위력이 있다. 캘커타의 테레사 수녀가 이유 없이 동료 수녀들에게 미소의 사람이 될 것을 요구한 것이 아니다.

그렇다면 요컨대, 신약성경이 말하는 예수의 제자는 그분으로부터 자신의 삶—어떤 분야의 삶이든—을 배우되 그분이 친히 사실 것처럼 사는 법을 배우기로 굳게 결심한 자다. 그들은 그분께 최선의 방법을 배워 거기에 따라 계획을 세운다. 그리고 필요한 단계를 취하며 점진적으로 자신의 삶의 일들을 정리, 재정리한다. 이 모든 것은 어떤 식으로든 그분이 이 땅에 세워 주신 특별하고 안전한 공동체 안에서 이루어질 것이다. 거기야말로 제자들이 예수께서 분부하신 모든 것을 지키는 법을 배울 수 있는 최적의 장이다. 이것이 마태복음 28:18-20의 지상 명령에 그려진 과정이다.

제자가 되는 법

삶의 모든 세부적인 영역에서 지속적으로 예수의 제자요 동역자가 되기 원하는 이들이 많이 있다. 그중 많은 이들이 그리스도인으로서 신앙을 고백하지만, 그렇지 않은 사람들도 있다. 그러나 어느 경우이든 '우리 안에 있는 하나님 나라'에서 예수의 제자로서 그분과 동행한다는 것이 그들에게는 현실적으로 가능한 일로 보이지 않는 경우가 대부분이다. 그러니 그들에게서 실제적이고 경험적인 단계를 별로 찾아볼 수 없는 것은 당연한 일이다. 그들은 예수의 제자도가 무엇인지 제대로 이해하지 못하고 있으며, 당연히 그것은 그들에게 멋있을지는 몰라도 자신과는 거리가 먼 이상으로 남아 있을 뿐이다.

앞서 말한 것처럼, 제자가 되지 않고도 얼마든지 그리스도인과 교인이 될 수 있다는 것이 요즘 일반에 통용되는 생각이다. 그리스도인이 되는 것과 예수의 제자가 되는 것 사이에는 사실상 아무런 연관이 없어 보인다. 이것은 제자가 되고 싶어 하는 이들에게 한층 혼란을 더해 준다. "전임 사역"에 들어설 뜻은 없지만 위에 말한 것 같은 의미로 예수의 제자가 되고 싶은 자들이 가야 할 길은 정확히 무엇인가?

　　　　　8장_ 예수의 제자 또는 학생이 되는 법

나는 우리가 그 길의 효과적인 단계를 분명히 찾아낼 수 있다고 믿는다. 그러나 그 단계를 이야기하기 앞서 우선 예비 목표를 분명히 할 필요가 있다. 방금 살펴본 것처럼 예수의 제자란 그분과 함께 있으면서 그분처럼 되는 법을 배우는 자다. 그렇다면 우리가 물어야 할 것은 이것이다. 우리로 하여금 **제자가 되도록 선택하게 하는 영혼의 상태**는 무엇인가? 예수의 실체에 대해 어떤 사고와 확신이 있기에, 인간은 그분의 제자의 길을 선택하게 되는 것일까?

분명 그분께 깊은 감격과 사랑을 느껴야 할 것이고, 그분이 역사상 누구보다도 훌륭한 분임을 진정 믿어야 할 것이다. 그분께 속하는 것, 즉 그분의 일이 곧 내 삶이 되도록 이 세상을 향한 그분의 일에 동참하는 것이야말로 인생 최고의 기회라는 확신이 있어야 할 것이다.

밭과 진주

예수는 제자가 되게 하는 영혼의 상태를 두 가지 비유를 통해 보여주셨다. 사실 이것은 우리 모두가 경험을 통해 익히 잘 아는 상태다. 그러므로 이 두 비유는 천국의 "서기관"이 삶의 일상적인 것들, "새것과 옛것"을 통해 가르친다는 예수의 말씀의 뜻을 밝혀 주는 예화이기도 하다.

첫째, 그분은 말씀하셨다. "천국은 마치 밭에 감추인 보화와 같으니 사람이 이를 발견한 후 숨겨 두고 기뻐하여 돌아가서 자기의 소유를 다 팔아 그 밭을 샀느니라"(마 13:44).

둘째, 그분은 말씀하셨다. "또 천국은 마치 좋은 진주를 구하는 장사와 같으니 극히 값진 진주 하나를 만나매 가서 자기의 소유를 다 팔아 그 진주를 샀느니라"(13:45-46).

짧은 이야기지만 예수와 동행하는 천국의 삶을 선택하는 자의 영혼의 상태가 완벽하게 표현돼 있다. 선택을 통해 얻게 되는 **유익**, 그냥 흘려 보낼 수도 있는 **기회**, 발견된 가치에 대한 **애정**, 이 모든 것에 대한 **흥분과 기쁨**. 이런 것들이 모두 오랜 옛날 이 땅에 처음 오신 예수께 마음이 끌렸던 자들의 상태와 정확히 일치하고 있다. 오늘날에도 제자도는 바로 그러한 영혼의 상태에서 효과적으로 선택될 수 있다.

비유의 취지: 명료성

이런 이미지를 염두에 두고 나서야 우리는 너무나 잘 알려진 값비싼 "제자도의 대가"를 정확히 평가할 수 있다. 진주를 발견한 상인이 그것을 사는 데 드는 대가로 고민했을까? 말도 안되는 질문이다! 밭에서 보화—혹 원유나 금—를 발견한 사람은 어땠을까? 천만의 말이다. 이들의 유일한 걱정은 "거래 성사" 여부였다. 바로 **이것**이 제자의 영혼이다.

슬프게, 마지못해 예수의 제자가 되는 사람은 아무도 없다. 그분은 말씀하셨다. "손에 쟁기를 잡고 뒤를 돌아보는 자는 하나님의 나라에 합당치 아니하느니라"(눅 9:62). 치를 대가가 아까워 탄식하며 들어가는 이는 아무도 없다. 그들은 기회를 알고 있다. 오늘날 우리 기독교 문화에서 제자도의 길을 가장 크게 방해하는 것 중 하나는, 그 길이 지독히 어려워 필경은 인생을 망칠 것이라는 개념이다. "아프리카 선교사로 보낼까" 두려워 하나님께 삶을 헌신하지 않았다는 이야기는 교계의 전형적 단골 메뉴가 되었다.

흔히들 잘못 해석하고 있는 누가복음 14장의 가르침의 요지는 이런 것이다. 거기서 예수는, 모든 가족들과 자신의 목숨까지 "미워하고" 자기 십자가를 지고 자기의 모든 소유를 버리지 않는 자는 "나의 제자가 되지 못하리라"고 말씀하신다(눅 14:26-27, 33). 이 말씀의 뜻은, 예수와의 천국 교제보다 더 값진 것이 있을 수 있다고 생각하는 자는 그분에게서 배울 수 없다는 의미다. 인생의 기본 사실들을 이해하지 못한 자는 시간과 마음을 투자해 예수께 배울 리가 만무하며, 따라서 배워야 할 교훈의 기본 내용을 결코 깨달을 수 없다.

고등학교 수학 교사가 학생에게 이렇게 말하는 것과도 같다. "내가 진실로 진실로 너에게 이르노니 소수와 분수를 모르고서는 대수(代數)를 할 수 없느니라." 학생이 나쁜 아이라서 교사가 대수의 학습을 허용하지 않겠다는 것이 아니다. 먼저 소수와 분수를 통달하지 않고서는 기본 대수를 이해하는 것이 불가능하다는 말일 뿐이다.

그러므로 대가의 계산은 탄식과 신음의 시간이 아니다. "내 모든 '놀라운' 것들(실은 삶에 비참한 절망만 더해 주는 것일 수도 있다)을 천국의 삶보다 더 싸게 쳐야 하다니 얼마나 끔찍한 일인가! 요구하면 실제로 다 버릴 각오를 해야 하다니 얼마나 서글픈 일인가!" 대가의 계산은 우리를 명료성과 결단의 지점으로 데려다 주기 위한 것이다. 눈을 떠, **보게** 해주는 것이다. 진주와 숨은 보화를 찾은 이들이 했던 일이 바로 대가의 계산이다. 그 계산에서 그들의 결단과 기쁨이 나왔다. 계산의 결과는 바로 결단과 기쁨이다.

누가복음의 이 본문은 한마디로 **명료성**에 대한 것이다. 비참함에 대한 것도 아니요 예수의 제자가 되기 위해 지불해야 하는 턱없이 지독한 값에 대한 것도 아니다. 문제의 "진주"에 지독한 값 같은 것은 없었다. 그분을 위한 고난은 실은 합당한 자로 여기심을 기뻐해야 할 일이다(행 5:41; 빌 1:29). 요지는 간단하다. 그분의 제자로서 받는 것이 다른 모든 가치의 대상보다 더 우월하다는 것을 분명히 보지 못하는 한, 그분의 제자 될 수 없다는 사실이다. 우리는 그분의 교훈을 배우는 데 필요한 일들을 하지 못할 것이고 따라서 절대로 천국의 삶으로 더 깊이 들어가지 못할 것이다.

"나를 더 사랑하느냐?"

동일한 교훈이 배경만 달리하여 요한복음 마지막 장에 다시 나온다. 예수께서 오른팔 격으로 뽑으신 시몬 베드로를 다루시는 장면이다. 알다시피 베드로의 충성심은 비참하게 무너지고 말았다. 그러나 예수는 그를 아셨다. 믿음이 떨어지지 않도록 그를 위해 기도하신 그분을 우리는 앞에서 보았다. 과연 그의 믿음은 떨어지지 않았다. 그러나 베드로는 자신이 현재 선 자리를 좀더 명료하게 알 필요가 있었다.

그 명료성을 얻게 하시고자 예수는 흔히 "사랑"으로 번역되는 단어로 멋진 재담을 사용하신다. 호숫가에서 아침을 먹은 후 예수는 베드로에게 말씀하신다. "베드로야, 네가 이 사람들(혹 이것들)보다 나를 더 사랑하느냐?" 어쩌면 그분은 베드로의 생업 수단이었던 배와 조업 장비 또는 주변에 서 있던 동료들, 친구들, 가족들을 가리키셨는지 모른다. 여기 그분이 사용하신 단어는 최고의 사랑인 '아가파스'(*agapas*)다. 베드로는 답한다. "주여, 그러하외다. 내가 주를 사랑하는 줄 주께서 아시나이다." 그러나 그가 대답에 사용한 말은 친구 간의 사랑을 뜻하는 '필로' (*philo*)라는 단어다. 그러자 예수께서 말씀하신다. "내 어린양을 먹이라"(요 21:15).

예수의 말씀만 "내 양을 치라"로 달라질 뿐 똑같은 대화가 반복된다 (16절). 이것은 결코 시간과 힘의 낭비가 아니다. 우리는 예수께서 지금 가르치는 중이며 자신의 학생을 그 가르침에 근거해 명료성과 결단의 자리로 이끌고 있음을 알아야 한다. 반복과 풀어 말하기는 영향력의 깊이를 더하는 한 방편이다.

이어 예수께서 세번째로 물으신다. "네가 나를 사랑하느냐?" 그러나 이번에는 그분이 친히 '필로'로 단어를 바꾸신다. 다시 말해서 베드로의 수준을 그대로 받아들이신 것이다. 그러나 베드로는 이어지는 질문에 근심한다. 자신에게 '아가페'가 없음에 대한 근심이었을지도 모른다. 그는 답한다. "주여, 모든 것을 아시오매 내가 주를 사랑하는 줄을 주께서 아시나이다"(17절). 그는 예수께서 자신의 사랑의 질과 수준을 정확히 알고 계심을 아픈 마음으로 인정했다.

그럼에도 불구하고 예수는 그에게 자신의 양을 먹일 책임을 맡기신다. 그리고 한 걸음 더 나아가, 자신의 부르심이 그에게 노년의 십자가의 죽음을 뜻하는 것임도 일러 주신다. 그러고 나서야 베드로에게는 선택의 순간이 주어진다. 베드로는 선택했고 그후로 다시는 돌아서지 않았다. 그는 보화를 놓치지 않았다. 십자가의 죽음까지 포함해 자신이 받는 보화가 얼마나 엄청난 것인지 알았던 것이다. 그는 그분을 "믿고 말할 수 없는 영광스러운 즐거움으로 기뻐"하는 삶을 살았다(벧전 1:8). 이렇게 베드로는 제자의 영혼의 자연스런 상태를 이해하게 되었다. 물론 그것이 금세 쉽게 오는 것이 아님을 그는 경험을 통해 알았다.

우리가 해야 할 일

제자도를 선택하게 하는 영혼의 상태가 명료해졌다면, 이제 천국의 기쁨의 비전을 확실히 맞이하기 위해 우리가 취해야 할 실제적 단계는 무엇인가? 물론 그 비전은 하나님의 주도권을 좇아 우리에게 허락되는 체험을 통해 주어진다. 사실 하나님의 주도권은 언제나 개입되는 요소다. 예수의 아름다움과 선하심을 보는 것은 언제나 은혜의 선물이기 때문이다. 그 외에 물론 다른 사람들이 감당할 역할이 있을 수 있다. 그러나 이런 것들은 우리가 직접 통제할 수 없는 요인들이다. 우리가 알고 싶은 것은, 예수의 제자가 되는 것이 최선의 길이라 여겨질 때 내가 할 수 있는 일이 무엇인가 하는 점이다. 어떻게 하면 기쁨과 흥분으로 "소유를 다 팔아 지극히 값진 진주를 살" 만큼 예수를 온전히 사모할 수 있을까?

구하라

첫째로 해야 할 일은 예수의 실체를 더 온전히 보고 싶은 열망을 그분께 거듭 강조하여 표현하는 것이다. 천국의 법칙은 구하는 것임을 잊지 말라. 우리는 그분을 보기 원한다. 복음서에 제시된 정도로만 아니라, 역사 속에 사셨고 지금도 살아 계시며 과장됨이 없이 우주의 존재를 붙들고 계신 그분의 실체를 보기 원한다. 우리가 가족의 요청을 들어주는 것과 같이, 그분은 분명 우리의 요청을 들어주실 것이다.

우리는 이 열망의 표현을 중대한 일로 여겨서, 그 일에 최소한 몇 시간 혹은 하루를 조용하게 따로 낼 수 있어야 한다. 그분을 보여 달라는 기도를 글로 써 보는 것도 좋다. 물론 혼자서 할 일이지만, 어느 시점부터는 함께 대화하며 기도해 줄 수 있는 식견 있는 사역자나 친구에게 자신의 상황을 나누는 것이 좋다.

말씀에 거하라

둘째, 우리는 그분을 더 온전히 보기 위해 우리에게 주어진 모든 수단을 활용해야 한다. 여기서 언급할 수 있는 것이 몇 가지 있지만 특히 두 가지가 중요하다. 예수의 가장 유명한 말씀 가운데 하나가 바로 그 핵심이다. 요한복음 8장에서 예수는 주변 사람들에게 이렇게 말씀하셨다. "너희가

8장_ 예수의 제자 또는 학생이 되는 법

내 말에 거하면 참 내 제자가 되고 진리를 알지니 진리가 너희를 자유케 하리라"(8:31-32). 문맥에 분명히 나타나 있듯이 그분은 우리가 인생의 모든 죄의 굴레, 특히 자기 의의 종교의 굴레에서 자유하게 된다고 말씀하신다. 긍정적 의미에서 우리는 하나님 나라의 삶에 들어갈 자유를 얻게 된다.

그분의 말씀에 "거한다"는 것은 무슨 뜻인가? 이 책에서 공부해 온 바로 그 내용 곧 '우리 안에 있는 하나님 나라', 진짜 부자와 부자가 아닌 자, 마음의 진정한 의와 그것이 행동으로 표현되는 방식 등에 대한 그분의 기쁜 소식을 삶의 중심으로 삼는다는 뜻이다. 우리의 영혼을 복음서의 기록으로 채우는 것이다. 우리는 공적인 학습은 물론 개인적 공부와 연구를 통해 그분의 가르침에 온전히 마음을 쏟을 것이다. 부정적 의미에서, 끊임없이 우리의 관심을 요구하는 무익하고 천박한 헛된 것들에 마음의 공간과 힘을 절대 내어주지 않을 것이다. 피하는 데 필요한 만큼만 관심을 가질 것이다.

그분의 말씀에 거하려면 복음서를 깊이 있게 꾸준히 공부해야 하지만 그것이 전부는 아니다. 그 말씀을 삶으로 옮겨야 한다. 말씀 안에 거하려면 먼저 말씀을 알아야 한다. 말씀이 무엇이며 그 의미가 무엇인지 알아야 한다. 그러나 말씀 안에 진정으로 거하는 것은 실천을 통해서만 가능하다. 물론 처음에는 아주 미흡할 것이다. 아직은 헌신된 제자의 수준에 이르지 않았을 수도 있다. 그저 생각 단계일 수도 있다. 그럼에도 불구하고 우리가 믿을 수 있는 것이 있다. 예수는 불완전하게나마 자신의 말씀을 실행하고자 노력하는 우리를 반드시 만나 주신다. 그분의 말씀이 있는 곳에 그분이 계신다. 그분은 자신의 말씀을 세상에 홀로 버려두시지 않는다. 그 말씀대로 따르려고 단순히 노력하는 이들 한사람 한사람에게 그분은 자신의 아름다움과 힘을 반드시 보여주신다.

예수를 더 밝히 보려는 이런 노력을 우리는 장난 삼아 해서는 안된다. 깊은 생각으로 진지하게 해야 한다. RNEB(Revised New English Bible)이나 NRSV(New Revised Standard Version)같이 신빙성 있고 읽기 쉬운 4복음서 번역을 찾아야 한다. 리빙 바이블(Living Bible)도 좋지만 다른 번역과 함께 읽는 것이 좋다. 일주일이나 다만 며칠이라도 호젓한 기도원에서 보낼 계획을 세울 수 있다면 4복음서를 반복해서 통독할 수 있다. 읽을 때는 노트에 느낌과 생각을 간단히 기록하는 것이 좋다.

이렇게 며칠이나 몇 주 동안 적당한 휴식과 함께 복음서를 최대한 여러 번 통독한다면, 그것만으로도 예수를 명확히 볼 수 있고 따라서 제자로의 온전한 전환이 가능할 것이다. 예수는 분명 그 전환 과정에서 우리를 만나 주시며 절대 혼자 애쓰게 버려두시지 않는다. 그분이야말로 우리보다 제자의 삶에 훨씬 관심이 깊으신 까닭이다. 그분은 언제나 진짜 이슈를 명확히 보신다. 그러나 우리 대부분은 그렇지 못하다.

예수의 제자가 되는 데 도움이 되는, 우리가 할 수 있는 일이 몇 가지 더 있다. 그분의 참제자로 살아온 다른 이들의 삶을 들여다보는 것도 결코 간과할 수 없는 일이다. 그들에게서 비취는 예수의 광채가 그분의 위대하심에 대해 아주 선명하고 강한 인상을 주는 경우가 많이 있다. 예컨대 성 프란체스코, 존 웨슬리, 데이비드 브레이너드, 알베르트 슈바이처, 테레사 수녀 같은 이들을 가까이 들여다보면 우리의 비전과 소망도 예수 자신을 향해 한껏 비상한다. 그러나 다른 제자들의 삶을 보기 전에 먼저 복음서에 자신의 영혼을 흠뻑 적시는 것이 좋다.

이 위인들은 아무래도 예수 자신보다는 그 차원이 좀더 "인간적"이기 때문에 먼저 그들과 함께 몇 걸음 내딛은 후에 천국의 실체를 조금씩 맛보면서 차차 견고한 걸음으로 이어 가는 것이 더 쉬울 수도 있다. 위대한 제자들의 삶과 성품을 만나는 것은 나 개인의 삶에도 언제나 특별한 힘이 되어 왔다. 일반적으로 예수의 참된 제자들과 동역자들—살아 있는 사람이든 죽어 "온전히 살아 있는" 사람이든—을 가까이 하는 것은 우리 자신이 실제적인 의지 및 결단의 자리로 나아가는 데 도움이 된다. 그러므로 우리는 그분의 제자들 무리를 찾아 그들과 깊은 관계를 맺도록 노력해야 한다.

이제 결단하라: 결단과 의지의 힘

그러나 제자가 되는 길의 마지막 단계는 결단이다. 우리는 결단을 통해 예수의 평생 제자가 된다. "대가"—그분의 제자가 됨으로써 혹은 되지 않음으로써 얻는 것과 잃는 것—를 명료하게 알았으면 이제 실제적 결단이 가능하다. 그러나 결단이란 어디까지나 우리가 내려야 하는 것이다. 결단은 저절로 되지 않는다. 제자란 어쩌다 떠밀려 되는 것이 아니다.

단순한 지적 같지만, 오늘날 흔히 간과되거나 무시되고 있는 부분이다. 심지어 예수와 그분의 나라에 진지한 관심이 있다는 사람들 사이에서도 그렇다. 나는 예수의 제자가 되어 이 책에 제시된 모습으로 살기로 실제로 결단한 사람을 거의 만나 보지 못한다. 대부분의 그리스도인들에게 그것은 마음에 명확히 떠오르는 개념이 아니다. 오늘날 제자의 의미에 대한 혼란, 그리고 지도자들과 교사들이 제자도를 가르치지도 강조하지도 않는 현실을 감안할 때 그런 결과는 거의 불가피한 것이다.

그러나 최종적으로 우리가 제자가 되지 못하는 이유는, 오직 우리 자신이 결단하지 않기 때문이다. 우리는 제자가 되려는 의지가 없다. 우리 삶에 실종된 것은 결단과 의지의 힘이다. 우리는 엄숙한 한 순간에 예수의 제자로 자신을 드러야 하며 또한 그 결단을 주변 사람들에게 알려야 한다.

월리엄 로(William Law)는 「헌신된 거룩한 삶의 중대한 소명」(*A Serious Call to a Devout and Holy Life*)이라는 책 2장에서, "대다수 그리스도인들이 기독교의 거룩함과 헌신에 크게 미치지 못하는 이유"를 묻고 있다.[7] 이 질문에 대한 답의 배경으로 그는 구체적 사례를 들어 다시 질문한다. 당시에는 상스러운 욕설이 남자들의 행동에서 유난히 두드러진 특징이었고 진지한 그리스도인들도 예외가 아니었다. 그래서 그는 이렇게 묻는다. "남자들 셋 중 둘은 이 더럽고 추한 죄에 빠져 있으니 어찌 된 일인가?" 그의 지적에 따르면, 그것은 그들이 잘못을 몰라서도 아니고 끊을 수 없을 만큼 무력해서도 아니다.

답은 그들이 이 문제에서 하나님을 기쁘시게 할 의지가 없다는 것이다.

> 한 남자에게 있어 자신의 삶의 모든 행동에서 하나님을 기쁘시게 하는 것을 세상 최고의 행복이요 선으로 삼아 그렇게 살려는 의지를 품을 만큼의 신앙만 있다면, 그는 절대 더 이상 욕하지 않을 것이다. 자신의 군주를 기쁘게 하려는 의지가 있는 남자가 군주의 면전에서 불손한 행동을 취할 수 없는 것처럼 그 사람도 마음속에 그런 의지가 있으면서 동시에 욕을 할 수는 없을 것이다.[8]

로의 지적에 따르면 "심지어 더 훌륭하다는 사람들의 삶에도 이런 죄와 우매함이 얽혀 있는" 것은, 한마디로 하나님을 기쁘시게 하려는 의지가 없기 때문이다.

…… 초대 교인들을 그토록 탁월한 신앙의 모본이 되게 한 것도, 모든 훌륭한 성인들과 순교자들과 박해에서 승리한 영광의 무리를 가능케 한 것도 이러한 전반적인 의지에 의해서였다. 여기서 잠시 멈추어 왜 자신이 초대 교인들처럼 경건하지 못한지 자문해 본다면, 그것이 결코 무지나 무능 때문이 아니라 순전히 철저한 의지를 품어 본 적이 없기 때문이라는 답이 심중에 분명히 떠오를 것이다.[9]

우리는 이렇게 솔직한 말에 익숙하지 않을지 모르며 따라서 쉽게 반감이 들 수도 있다. 그러나 다른 한편으로, 만일 우리가 로의 도움을 받아들여 정말 자문해 본다면 그것은 얼마든지 우리 삶의 중대한 전환점이 될 수도 있다. 우리에게는 정말 예수의 평생 제자가 되려는 의지가 있는가? 우리는 정말 스스로 믿는다고 고백하는 모든 고귀한 일들을 행하며 그런 존재가 되고자 하는 의지가 있는가? 그렇게 살기로 **결단한** 적이 있는가? 그때가 언제인가? 그리고 그 결단을 어떻게 실행에 옮겼는가?

의지와 결단은 예수의 제자도의 절대 기초다. 이 장의 마지막 주제인 제자 **삼기** 부분에서도 잠깐 그 이야기가 다시 나올 것이다.

다른 사람들이 제자가 되도록 돕는 일

명료한 생각과 결단을 통해 예수의 제자가 되는 것은, 맨 처음의 믿음을 그분의 천국 안에서 충만한 순종의 삶으로 이어 주는 다리다. 그 삶에 들어간 이들은 이제 그 새로운 실체를 주변 사람들과 나누고 싶을 수밖에 없다. 좋은 것을 보면 진정 사랑하는 이들과 나누고 싶은 것이 자연스런 반응이다. 진정으로 열정을 느끼는 다른 모든 일 못지않게 이제 우리는 천국을 나누는 일을 더 이상 "전임 사역자"에게만 맡기고 싶은 마음이 없어진다.

예수께서 가시적인 친숙한 모습으로 자신의 사람들을 마지막으로 만난 자리에서 그들에게 주신 명령은 "제자를 삼으라"는 것이었다(마 28:19). 제자를 삼는다는 표현이 약간 두렵게 느껴질 수도 있다. 또 현대 교회가 하는 일 역시 그분의 첫 제자들의 초기 반응과 외견상 거의 달라 보이지 않는다. 그럼에도 예수께서 우리를 향하신 기대와 희망을 바꾸셨다고 생각할 이유는 전혀 없다. 우리에게는 오직 실제적인 한 가지 질문만이 남아 있다. 어떻게 제자를 삼을 것인가?

답은 세 가지다. 물론 먼저 우리가 제자라야 하고, 제자를 삼을 의지가 있어야 하며, 사람들로 하여금 예수가 바로 참 스승임을 믿게 하는 법을 알아야 한다.

제자라야 한다

무엇보다 첫째로 분명한 사실은, 제자를 삼으려면 먼저 우리가 제자라야 한다는 것이다. 물론 예수의 제자가 아닌 사람을 통해 그분의 제자가 된 이들도 분명 있을 것이다. 하나님은 그 일까지도 주관하시며 우리는 그분의 행사를 제한할 수 없다. 그분만이 아시는 이유와 수단들이 있다. 그러나 그런 식의 "제자 삼기"는 우리가 계획할 수 있는 성격의 것이 아니다. 인간의 표현으로 우연히, 하나님의 은혜를 통해 이루어지기 때문이다. 이것을 계획의 기초로 삼을 수는 없다. 그런 "우연"의 제자 삼기가 모든 족속으로 제자를 삼으라 하신 예수의 말씀의 참 의도였다고 보기는 어렵다.

제자 삼는 일을 계획하려면 먼저 제자란 무엇이며 제자가 되는 방법

8장_ 예수의 제자 또는 학생이 되는 법

이 무엇인지 알아야 한다. 예수의 초대 제자들처럼 우리도 그런 것들을 개인적 경험을 통해 알아야 한다. 그들은 자신이 **먼저** 예수의 제자가 되었다. 우리도 예수의 학생이요 동역자의 자리에 서야 한다. 그래야만이 제자를 삼으려는 노력에 그분의 적절한 인도하심과 능력을 받을 수 있다. 결국 그들은 우리의 제자가 아니라 **그분의** 제자가 될 자들이다.

시류를 거슬러

이렇듯 우리는 제자를 삼는 일에도 제자다. 예수처럼 제자 삼는 법을 그분으로부터 배우는 것이다. 앞서 말한 것처럼 여기에는 하나님 나라에 대한 선포와 현시와 가르침이 내포된다. 가르침의 부분은 제자 삼기에서 대단히 중요하다. 가르침을 통해 우리는 다른 이들에게 "하나님의 뜻이 실제 효력을 나타내는 영역"에 대한 정확한 사고를 돕고 그 이유와 방법에 대한 이해를 돕는다. 그 일을 할 수 있는 지점에 이를 때 제자 삼기는 더 이상 신비로운 일이 아니다. 물론 제자가 되었던 자신의 경험이 중요한 역할을 한다. 제자 삼기란 적절한 방법으로 사람들에게 예수와 그 나라에 대해 알려 주고, 기도와 인도를 통해 결단을 내리도록 돕는 일일 뿐이다.

그러나 여기서 우리는 2장 마지막 부분에서 제시된 심각한 현실에 다시 부딪친다. 거기서 우리는 몇몇 저명한 사역자들의 솔직한 고백을 통해, 하나님 나라의 메시지에 대한 현대 교회의 이해가 얼마나 취약한 것인지 보았다. 국제적으로 이름난 지도자들이 기독교 교육에 있어서 하나님 나라에 대한 메시지가 거의 없다고 지적했는가 하면, 그중에는 그 주제의 설교를 들어 본 적도 해본 적도 없다고 고백한 이들도 있었다. 그렇다면 이러한 현실 속에서 제자를 삼는다는 것은 우리에게 어떤 의미가 있는가? 스승으로서의 예수가 사라진 마당에—단지 희생 제물용 어린양이나 사회적·개인적 "해방"의 예언자 정도로 대치된 채—그분의 제자를 삼는다는 것은 사실 매우 전망이 흐린 일이다. 스승 없이는 학생도 있을 수 없다.

제자 삼는 일이 기독교 실존의 한구석으로 밀리고 있는데도 회심자 내지 교인 만들기는 기독교 사역자들의 절대 목표가 되고 있는 현상도, 하나님 나라와 스승이신 예수의 증발에 비추어 그 이유가 분명해진다. 많은 교회들이 제자도에 대한 개념이 전혀 없으며 따라서 그 일을 다른 준(準)교회 기관에 넘겨주고 말았다.

교회 안의 코끼리

그러나 예수의 사람들은 헌신된 학생이라는 그림을 항상 명확히 염두에 둔다면, 그분의 임재의 실체에 대해 우리가 얻는 인상은 전혀 다르다. 꽤 오래전 어떤 마약 재활 프로그램에서 재미있는 광고를 내보낸 일이 있다. 아들은 숙제, 아내는 설거지 식으로 각자 자기 일을 하고 있는 어떤 평범한 가정에 코끼리 한 마리가 집안을 빙빙 돌아다니는 장면이다. 모두가 애써 코끼리의 존재를 무시하려 하지만 그 집에서 가장 큰 물체는 단연 코끼리다.

제자도의 부재는 바로 교회 안의 코끼리다. 흔히들 거론하는 도덕적 실패, 재정 비리, 신자와 불신자의 놀라운 유사성 따위의 문제가 아니다. 이런 것들은 근본 문제의 결과일 뿐이다. 현재 기독교 신자들 사이에 만연해 있는 부정적 실체의 근본은, '우리 안에 있는 하나님 나라'의 삶을 사는 법을 꾸준히 배우지 않는 데 있다. 그리고 이런 현실이 당연한 것처럼 **용인**되고 있다. 그리스도인들을, 하나님께 자신의 삶 전체를 헌신

하는 무리와 교회를 대할 때도 소비자의 자세를 견지하는 무리로 구분하는 것은 1,500년이 넘도록 당연한 현실로 용인되어 왔다.[10]

그리고 오랫동안 용인되어 온 그 부분은—믿음으로만 구원받는다는 종교개혁의 진정 위대하고 선한 메시지가 사뭇 와전되어—현재는 급기야 복음 메시지의 핵심 속으로 파고들기에 이르렀다. 이제 그리스도인이 되어 죄를 용서받기 위해 굳이 예수의 평생 제자가 될 필요는 없다는 것이 "기쁜 소식"의 한 부분으로 간주되고 있다. "값싼 은혜"라는 말의 정확한 의미가 거기서 나온다. 그러나 사실 그 말은 "값비싼 불신"으로 표현하는 것이 더 맞다.

신약 복음서에 대한 이러한 왜곡은 앞의 여러 장에서 이미 살펴본 바 있으며, 우리의 교회 생활의 이런 현실을 두고 여기서 탄식하거나 항변할 마음은 없다. 더욱이, 내가 지금 예수의 "참제자"만이 죽어서 천국에 갈 수 있다고 말하는 것이 아님을 아주 분명히 해두고 싶다. 사실 나는 그렇지 않다고 믿는다. 그러나, 그렇다고 해서 누구에게든 제자도에 못 미치는 채로 그냥 안주하도록 권할 마음은 없다. 용서 자체에 관한 한, 하나님의 너그러움은 우리가 이 땅에서든 어디에서든 영영 이해할 수 있는 것보다 훨씬 큰 것임을 나는 안다.

하나님이 독생자를 주셔서 우리를 위해 죽게 하셨다는 말이 바로 그런 의미일 것이다. 하나님은 당신의 생각에 합한 자라면 누구나 천국에 들어가게 하시리라고 나는 확신한다. 그러나 "합한다"는 것은 인기 있는 영화나 인기 있는 설교의 천국관을 그대로 지닌 자들이 생각하는 것보다는 어려운 문제일 것이다. 천국의 불은 지옥의 불보다 더 뜨거울 수 있다.

내가 천국에 "간다면" 정말 얼마나 기쁠까? 때로 그런 생각을 해보는 것도 도움이 될 수 있다. 무제한의 룸서비스와 놀라운 편의시설이 딸린 멋진 에어컨 특급 호텔에서 영원을 보내는 것과 같을까? 교회나 가정이나 이웃이나 정치 싸움판에서 내가 목격했던 무섭고 독하고 음란하고 증오에 찬 그리스도인들도, 3장에서 살펴본 것처럼 하나님의 실체의 무한한 충만 속에서 정말 그분을 닮은 많은 무리와 함께 영원히 살게 된다면 얼마나 행복하고 유익한 자들이 될까? 종종 그런 생각을 해본다.

죽음을 통과하는 것만으로 인간의 성품이 바뀐다는 개념이 널리 만연돼 있다. 제자도는 필요하지 않다. 그저 "들어가는" 데 필요한 정도만 믿으면 된다. 그러나 나는 성경의 전통에서도 심리적 실체에서도 그런 생각의 근거를 전혀 찾을 수 없었다. 죽는 순간 죽을 때의 그 인격으로 영원히 고정된다면 어떻게 될까? 더럽혀진 성품이나 증오에 찬 마음을 우리는 천국에서 어떻게 해야 할까?

분명 지금 뭔가를 해야 한다. 여기서 다시 의지와 결단의 문제가 생긴다. 이번에는 제자를 삼는 것과 관련해서다.

제자를 삼으려는 의지

예수의 제자를 삼기 위해 우리가 두번째로 해야 할 일은 제자를 삼겠다는 의지를 품는 것이다. 앞에서도 이야기했던 가장 중요한 부분이다. 사람들은 자신의 실제 삶을, 예수께서 자신의 자리에서 사실 그 모습으로 사는 법을 날마다 그분으로부터 배워야 한다. 그들을 그 지점에 데려다놓는 것이 우리의 의식적 목표요 의식적 실행이 되어야 한다. 그렇게 의지적으로 실행할 때 우리가 알고 있는 그리스도인들의 모습은 모든 면에서 달라질 것이다.

예를 들어, 그리스도인들은 상한 감정을 달래고 깊은 상처—받은 것이든 입힌 것이든—를 다독이며 사람들의 분노와 복수와 용서하지 않는 마음을 그치게 하는 데 많은 시간을 쏟고 있다. 그러나 반대로, 그리스도인 및 다른 이들을 애초부터 상처받지 않는 자, 분노하지 않는 자, 당연히 용서하는 자가 되도록 가르치고 능력을 길러 주는 데 시간을 들인다고 생각해 보라. 시편 기자는 말한다. "주의 법을 사랑하는 자에게는 큰 평안이 있으니 저희에게 장애물이 없으리이다"(시 119:165). 의지적으로 제자를 삼는다는 것은 곧 사람들에게 이 말씀처럼 되는 길을 열어 주는 것이다. 제자도가 인류에게 그토록 위대한 선물인 이유가 여기에 있다.

물론 실제로 이런 의지를 품는다는 것은 결코 작은 일이 아니다. 그것은 거대한 방향 전환을 뜻한다. 현재 다시 생각해 볼 여지조차 없이 그리스도인들의 지역 교회와 교단—사실 기독교 문화 전체—을 지배하고 있는 소비자 기독교의 전통의 무게가 그런 의지와 정면 대치된다. 그러한 대치는 의식의 차원이 아니라 "관행"과 일상의 연속과 "마땅히 그렇게 해야 할 직무"의 관성으로 찾아온다. 이런 기성 질서가 사실상 목사나 교사들로 하여금 제자 삼는 일을 **전혀** 자신과 관련된 문제로 생각하지 못하게 할 수 있다. 나도 한때 목사였기에 이해할 수 있다.

헨리 나우웬(Henri Nouwen)이 우리의 현재 상태를 잘 묘사했다.

우리는 그저 우리에게 전수된 많은 "당위"와 "의무"를 좇아간다. 그것이 마치 우리 주님의 복음의 진정한 유산이라도 되는 것처럼 그것들을 끼고 살아간다. 사람들을 부추겨 교회에 나오게 해야 한다. 중고등부 아이들은 재미있게 해줘야 한다. 돈을 거둬들여야 한다. 무엇보다도 모든 사람이 행복해야 한다. 그뿐 아니라 우리는 교회와 사회의 권위들과도 좋은 사이로 지내야 한다. 우리 교구의 대다수 사람들이 우리를 좋아하거나 최소한 존경해야 한다. 우리는 일정에 따라 직급이 올라가야 한다. 그리고 편안한 삶을 살 수 있을 만큼 휴가와 월급이 충분해야 한다.[11]

대부분의 상황에서 제자 삼는 일이 지역 교회 자체가 아닌 준교회 기관이나 혹 신학교의 몫으로 여겨지는 이유가 바로 여기에 있다. 교회 지도자는 회심자 배출이나 교인 인도에만 전념하고 제자도는 저절로 해결되거나 "전문가"가 해결하도록 두면 된다는 것이 기본 가정이다. 그냥 "어쩌다" 그렇게 되기를 막연히 바라는지 모르지만 그런 일은 거의 없다는 것이 기록의 분명한 증거다.

한편, 예수의 제자를 삼겠다는 분명한 의지는 교회 생활에 꽤 혼란을 일으킬 수 있다. 단지 교인이거나 회심자인 이들은 의당 자신의 위치에 당혹감을 느낄 수도 있다. 2등급 시민이라도 된 듯한 자신들의 위치 때문에 말이다. 아직은 제자가 아닌 그리스도인들의 교회와 지도자에 대해 가지고 있는 기존의 이해는 분명 새로운 조명 아래서 적절한 방식으로 다루어져야 할 것이다. 이 점에 대해서는 다음 장에서 더 자세히 다룰 것이다. 그러나 여기서 말해야 할 것은, 제자나 제자 삼는 자는 누구에 대해서든-그리스도인이든 아니든, 제자이든 아니든-우월감을 가져서는 안된다는 것이다. 우리는 사랑과 기도의 공동체를 세우도록 부름받았다는 사실을 잊어서는 안된다.

제자도 전도?

전도는 어떻게 되는가? 제자를 삼기 위한 계획된 프로그램이 있는데 동시에 제자가 아닌 회심자나 "교인"을 만들기 위한 계획을 세워도 좋은가? 아직은 제자가 아닌 자들이 자신은 절대 제자가 될 필요가 없으며,

그것이 진정한 "은혜"의 메시지의 핵심이라고 믿도록 그냥 두어도 될까? 회심자들에게 기독교의 본질이 예수와 교회에 대한 소비자 식의 관계에 있다고 명시적으로 말한다면 그것이 회심자나 교인을 겨냥한 전도에 어떤 영향을 미칠까?

제자도 전도가 어떤 것인지, 현재 우리에게 그런 개념이 있기는 한가? '우리 안에 있는 하나님 나라'에서 예수의 제자가 되겠다는 결단에 자연스럽게 이르게 할, 우리가 전할 메시지는 무엇인가? 이 책의 여기까지 함께 왔으니 이제는 그것이 무엇인지 이해할 수 있으리라 믿는다. 진정 삶 전체로 예수 그리스도의 전 인격을 의지하는 것이 무엇인지 깨닫는다면, 삶 전체에서 그분의 제자가 되라는 부르심은 당연히 다음 단계가 될 것이다. 그것이 **제자도 전도**다. 현재의 전도와는 아주 다른 것이다.

그러므로 제자를 삼겠다는 굳은 의지가 있을 때 우리가 알고 있는 교회, 곧 하나님의 "가시적" 사람들의 특성은 근본부터 달라질 것이다. 회중이나 모임의 재적 인원 가운데 적지만 강한 참된 제자들만이 놀라운 변화의 힘을 발할 것이다. 예수의 제자도가 중심이 되고 적절한 훈련 과정을 통해 제자도가 개발되는 곳이라면, 오늘날 그리스도인들과 기독교 모임들을 괴롭히고 마비시키고 심지어 죽이기까지 하는 거의 모든 문제가 아예 발생조차 하지 않을 것이다.

그러나 우리는 제자를 삼겠다는 의지가 반드시 필요함을 거듭 강조해야 한다. 그렇지 않고서는 제자는 없다. 물론 우리는 지금 제자가 아닌, 소비자 기독교를 제해야 한다는 말을 하는 것이 아니다. 그것은 그것대로 제자리가 있다. 다만 우리의 의지에 관한 한, 그것을 부차적인 일로 삼아야 한다는 말을 하는 것이다. 제자는 "어쩌다" 생기게 하고 회심자 만들기에 의지를 두는 것이 아니라, 회심자는 "어쩌다" 생기게 하고 제자 삼는 일에 의지를 두자는 것이다. 이 전환이 얼마나 대대적이고 어려운 일인지 우리는 충분히 인정한다. 다시 말하지만 리더십을 행사하는 자들부터 반드시 예수의 신실하고 친밀한 **제자라야** 하는 이유가 바로 여기에 있다. 그분이 그 길을 보여주신다.

그러나 그분이 우리 대신 결단해 주시지는 않는다. 우리의 의지는 그분의 것이 아니라 우리의 것이다. 우리의 의지는 우리의 책임이다. 제자를 삼으려면 반드시 제자를 삼겠다는 의지가 필요하다. 지금 우리는 "전임 사역자"의 의무를 이야기하는 것이 아니라 친구이자 이웃으로서의 우리의 의무를 이야기하고 있다. 우리가 처한 자리가 어디이든 멀리서 지켜보는 이들은 물론 계속해서 우리의 말을 듣고 따르는 많은 이들이, 우리를 통해 천국의 삶을 배울 현실적 기회가 주어진 데 대해 감사와 기쁨의 반응을 보이게 될 것이다.

사람들의 진짜 신념을 바꾼다

이렇듯 예수의 명령을 따라 모든 민족 또는 "족속"으로 그분의 제자를 삼으려면, 먼저 우리가 그분의 제자가 되어야 하며 다른 이들을 그분의 제자로 이끌겠다는 의지가 있어야 한다. 그러나 일단 그런 의지가 섰다면 이제 어떻게 그들을 그분의 제자의 자리로 이끌 것인가? 분명 "진주"로 그들을 귀찮게 하는 방법은 아닐 것이다.

제자가 되는 법에 대해 이미 했던 이야기가 여기에도 대체로 해당되지만, 적용 방식을 약간 달리해야 한다. 그러나 다른 이들을 예수의 제자가 되게 하는 길은, 한마디로 예수와의 교제를 통한 천국 생활의 비전으로 그들을 **매혹**하는 것이다. 이 일은 예수께 배운 방식으로 그들에게 천국을 선포하고 현시하고 가르침으로 이루어진다. 그리하여 사람들의 삶을 지배하는 신념 체계를 바꾸는 것이다.

그러나 우리는 거기서 그칠 수 없다. 특히 오늘날은 더욱 그렇다. 그 의미를 좀더 구체적으로 말해 줘야 한다.

신자나 불신자 할 것 없이 현대인의 마음과 영혼은, 어쩔 수 없이 대중 매체에 끌려 다닐 수밖에 없는 사회 의식과 소위 "정보 사회"에 의해 쉴새없이 난타당하고 있다. 물론 이런 것들은 하나님 나라의 실체와 정면으로 대치되는 것이다. 반드시 의도적이지는 않더라도 이런 세력들은 거의 항거할 수 없이 우리의 감정, 상상, 사고, 신념을 예수와 하나님 아버지의 세계, 그리고 인간 영혼의 깊은 필요와 갈급함과는 반대되는 쪽으로 몰아간다.

이것은 모략의 문제가 아니다. 실은 그보다 훨씬 더 강력한 것이다. 지식과 실체의 요건을 규정하는 것이 익명의 다원적 "권위" 구조이고, 그것이 우리 교육 체계 전체—기독교 교육이든 일반 교육이든—를 통해 조용히 무섭게 전수되고 있다. 예수의 비할 바 없이 완전한 가르침은 전혀 공식적인 인정을 받지 **못한다**.

영광의 우연?

3장에서 우리는 최근 미국 공영방송에서 방영된 '영광의 우연'이라는 우수 연작물에 대해 잠깐 이야기한 바 있다. 유럽에서 제작된 이 프로그램은 일부 국가에서 역사상 어느 프로그램보다도 뜨거운 반응을 불러일으켰다. 그런 종류로서는 과연 대작이므로 그 같은 반응은 마땅한 것이다. 그럼에도 불구하고 반드시 지적해야 할 것은, 예수 자신 그리고 인생과 하나님에 대한 그분의 가르침이, 이 프로그램에서는 전혀 토의의 주제가 되지 못한다는 점이다. 예수에게 빚을 지고 있는 문명과 지식 문화 그 존재 자체를 다루고 있으면서도, 정작 그분은 단 한번도 거론조차 되지 않는다. 행여 누군가 이 주제에 접근하는 시각을 달리해야 한다는 말을 내비치기라도 한다면 거의 모든 사람들이 놀라고 당황할 것이다.

이 프로그램은 국제적으로 이름난 많은 과학자들 및 철학자들과의 심층 인터뷰로 이루어져 있다. "영광의 우연"의 실체는 결국 인간의 지성인 것으로 밝혀진다. 아니면, 물리적 우주 전체일 수도 있다. 하나님의 존재 가능성, 우주가 물리적 에너지와 물질의 영역을 초월하는 목적에 의해 신중하게 계획된 것일 수 있다는 가능성은 일고의 가치도 없는 것으로 언급조차 되지 않는다.

이런 현실관이 바로 제자 삼는 그리스도인이 부딪쳐야 할 상황이다. 우리의 삶의 근원이요 신앙의 대상인 하나님 없이 오직 "분자와 진보"만 있다면, 예수의 제자도나 기독교 신앙에는 정녕 아무것도 남지 않기 때문이다. 사고의 해체와 재구성에 극도로 밝고 능하지 않고서야, 그런 제자도가 남아 있다고 믿을 수 없다. 그런 사람은 백만 명 중 한 명도 안될 것이다.

오늘날 예수의 제자를 삼으려면 그들에게 그분과 하나님을 실체로 제시해야 한다. 우리 세계의 중심에 "공식적인" 지식과 실체로 버티고 있는 바로 그 모든 것들에 맞서야 한다. 물론 '영광의 우연'이 자동적으로 가정하여 대변하는 신념은 오늘날 제자도를 방해하는 신념 체계들 중 하나에 지나지 않는다. 그런 신념 체계는 어느 시대에나 있지만, 자연 과학이 실체의 열쇠라는 전폭적이면서도 배타적인 믿음은 우리 시대 최대의 대립 신념이다.

강조하지만, 과학 자체에 대한 신념이 아니라 과학이 진리의 유일한 근원이라는 만연된 신념이 그렇다는 것이다. 여기서 우리의 요지는 절대로 어떤 신념에 대해 도전하여 그 신념을 변화시킬 것인가 하는 문제가 아니다. 우리의 요지는, **사람들을 제자 삼을 수 있기 위해서는, 그것이 무엇이든, 예수가 우주의 주님이라는 믿음을 방해하는 그들의 실제 신념 체계를 변화시켜야 한다**는 점이다. 이것은 기본적인 일로서 모든 제자 삼는 자의 의식에 흔들리지 않는 목표가 돼야 한다.

변화된 신념은 행동과 성품을 바꾼다

그 변화는 기본이면서 또한 결정적인 것이기도 하다. 그리고 거기가 희망의 지점이다. 신념을 바꾸어 주면 사람들은 과연 달라진다. 오늘날 우리의 교육과 리더십의 가장 큰 취약점 중 하나는, 사람들의 실제 신념을 바꿔 주지 않으면서 선한 행동을 하게 만드는 데만 너무 많은 시간을 소모하고 있다는 점이다.

이것은 잘 먹혀들지 않는 접근이며 교회 생활의 공공연한 비밀이기도 하다. 솔직히 우리는 이런 방법으로 행동을 제어하는 것을 대폭 줄여야 한다. 젊은 학생들을 대할 때 특히 그렇다. 우리는 우리가 다가가 섬기는 이들의 마음을 바꾸는 데 집중해야 한다. 그렇게 할 때 예수께서 익히 아시고 가르치신 것처럼 행동은 반드시 따라나오게 돼 있다.

그러나 우리 문화 속에는 신앙 또는 신념에 관한 심각한 착각이 하나 있다. 그것은 오랜 세월에 걸쳐 사람들이 문화적인 동일감의 한 방편으로, 자기가 정작 믿지도 않는 것을 믿는다고 고백한 데서 비롯된 것이다. 앞서 말한 소위 소비자 기독교의 성행도 바로 이 착각과 맥을 같이 한다. 바로 인간의 삶은 신념에 지배되지 않는다는 착각이다. 비극적인 오해다.

믿음대로 살지 못한다는 표현을 흔히들 사용한다. 그러나 사실 그것은 믿음과 행동이 다른 경우를 두고 하는 이야기가 아니다. 행위를 통해 진짜 신념이 밝혀진 것뿐이다. 인간이란 언제나 신념대로 살게 돼 있다. 그 외에는 가능하지 않다. 그것이 신념의 본질이다. 성직자를 포함해 지도자들이 다른 이들의 **행동을** 유도하는 데 그토록 많은 노력을 투자해야 하는 이유는, 그들의 접근 방식이 대상자들의 실제 신념과 동떨어져 있기 때문이다.

언젠가 나는 어느 목사가, 자기가 그토록 열심히 준비한 저녁 예배에 교인들이 나오지 않을 때 너무나 속이 상하다고 말하는 것을 들었다. 나도 목사였기 때문에 그 심정 이해가 간다. 그러나 단순히, 주일 저녁에 집에 머물려고 하는 교인들의 신념에 초점을 두었더라면 결실이 더욱 좋았을 것이다.

상대의 진짜 신념이 무엇인지 연구하라

자신이 보기에 마땅히 해야 될 일들을 사람들에게 무턱대고 하도록 하는 것보다는 자신과 그들의 진짜 신념에 솔직해지는 것, 그것이 우리가 해야 할 일이다. 그럴 때 우리는 질문과 가르침과 모본과 기도와 성령께 의지함으로써, 예수의 길과 반대되는 신념을 바꾸는 작업에 임할 수 있다. 그리스도인이든 아니든, 다른 이들에게 하나님 나라의 제자도를 자원하여 선택할 수 있는 길을 열어 주는 것이다.

이 중요한 사역의 주요 부분은, 우리가 대하는 이들의 진짜 신념이 무엇인지 이해하는 것이다. 그들 자신도 우리도, 그들이 정작 믿지 않는 것을 믿고 있는 것처럼 착각해서는 안된다. 단체의 연대감을 위해 특정 신념을 공유할 때, 사회적 프리미엄이 붙는 점을 감안해 사람들이 자신이 믿지도 않는 것을 얼마든지 믿는다고 말할 수 있다는 사실을 우리는 알아야 한다. 그런 상태가 오래 지속되다 보면 자신도 그 사실—믿지도 않으면서 믿는다고 말하고 있다는—을 모를 수 있다. 자신도 인식하지 못하는 사이에 그렇게 될 수 있다. 그런데도 이들은 자신이 "믿음"이 약한 줄로만 알고 당혹감에 빠질 수 있다. 그런 당혹감은 오늘날 믿음을 고백하는 그리스도인들 사이에 흔히 볼 수 있는 모습이다.

물론 이러한 혼란은 종교적 고백에만 한정된 것은 아니다. 부부 간의 외도와 구타, 아동 학대와 무시, 교육의 불이행 등이 모두 가치관과 신념을 고백하는 이들의 삶에서 일어나는 일이다. 애초에 신념이 바르다면 그런 일은 일어나지 않을 것이다. 이런 슬픈 현실은 실제 신념에 의해 유발된다. 분명한 사실이다. 실제 신념이 실제 생활을 지배한다. "전적으로 시스템 자체가 현재의 결과를 내도록 되어 있습니다." 앞에서 이미 인용한 바 있는 관리의 원리다. 우리는 이 점을 늘 잊지 말아야 한다.

우리의 특정 가정이나 단체나 교회의 정황에서 천국을 제시한다는 것은, 곧 신념(신앙과 동일한)의 본질과 그것이 우리 인격의 나머지 부분에 미치는 영향을 가르쳐야 한다는 뜻이다. 또한 우리는 친구들과 동료들을 잘 연구하여 그들의 진짜 신념을 파악하고, 그들이 그것에 대해 정직해질 수 있도록 도와주어야 한다. 신념이란, 우리 인생에서 기차가 달리는 레일과 같은 것임을 우리는 잘 안다. 따라서 우리는 상대의 진정한 마음 상태와 전혀 혹은 거의 상관이 없는 많은 소소한 것들에 대한 이야기로 시간을 보낼 것이 아니라, 그들의 진짜 신념과 회의에 중점을 두어야 한다.[12]

그런 신념을 검토하고 그것의 정당한 혹은 정당치 못한 정도를 파악할 때는 최대한 철저하게 공정성을 기해야 한다. 검토를 하는 데 공정하지 않거나 이런 진정한 문제를 경시하는 태도가 조금이라도 있어서는 안된다. 뒤이어서 우리가 전개하려는 모든 일을 약화시키며 거기에 악영향을 미치기 때문이다. 심각한 문제를 교묘히 회피하거나 예수와 그분의 가르침에 대한 정직한 회의를 공정하게 대하지 않으면서 예수의 제자를 삼을 수는 없다.

물론 우리 자신의 실력만으로 사람들의 신념을 바꿀 수는 없다. 그럼에도 불구하고 우리는 언제나 최대한 지식과 실력과 철저함을 갖추어야 한다. 우리가 감당해야 할 필수 역할이 있다. 우리는 그 역할을 잘 감당하는 법을 주의 깊게 연구해야 한다.

그것은 곧 '영광의 우연'에 가정된 것과 같은 대립 신념들에 정면으로 맞서야 한다는 뜻이다. 각 신념의 정체를 밝히고, 그것이 왜, 어떻게 잘못된 것인지 명확하고 철저하게 진술해야 한다. 물론 이것은 목회자의 표준 의무이지만, 그 중요성으로 인해 한 가족, 시민, 이웃으로서의 우리의 의무이기도 하다. 이 일은 기도, 봉사, 성령에의 의지와 늘 병행되어야 하지만 그런 것들로 대치될 수는 없다. 우리에게는 이 절대 필수 작업이 턱없이 부족하다. 전에도 그랬고 지금도 그렇다. 이것은 우리 시대 제자도의 취약성의 원인이 되는 또 한 가지 요소다. 이런 상태에서 예수와 그분의 말씀에 대해 기쁨에 찬 믿음이 생겨나기란 거의 불가능한 일이다.

앞으로 나아갈 유일한 길

실제적으로 말해 이 책에서 다룬 생각들은 지구상의 예수의 사람들―그리고 지구 자체―의 장래성에 가장 중요한 요소 가운데 하나다. 현실을 뛰어넘어 새로운 비전의 믿음과 제자도로 나아가지 않는 한, 하나님 나라의 복음의 진정한 의미와 능력은 결코 진가를 발할 수 없다. 그렇게 되면 그 복음의 의미와 능력은, 그것이 예수 그리스도를 향한 믿음의 진정한 한 부분이 아니라는 개념에 언제나 패배하고 말 것이며, 교회는 생명 없는 소비자 기독교에서 한치도 벗어나지 못할 것이다.

물론 인간 역사를 향한 하나님의 뜻은 궁극적으로 실현될 것이다. 하나님의 모략은 패배하지 않는다. 그러나 무수히 많은 인간 개인들은 하나님이 전혀 뜻하시지 않은 헛되고 부질없는 실존을 살아가게 될 것이다.

제자 삼는 사역의 일차적 짐은, 말할 것도 없이 교회와 사회에서 어떤 역량으로든 가르침과 인도를 맡은 우리와 같은 이들의 몫이다. 특히 우리는 아주 정직하게 자문해야 한다. 우리가 제시하는 정보와 우리가 살아가는 삶은, 과연 예수와 함께 세상에 들어감으로써 그분의 제자들을 통해 역사적 교회와 그것을 중심으로 꽃피운 기독교 문명을 산출할 수 있었던 그 정보와 삶과 동일한 것인가? 정직하게 그렇다고 말할 수 없다면, 우리는 돌아가야 한다. 예수의 복음과 천국의 근원으로, 그리고 본연의 모습을 지녔던 과거의 제자도와 제자 삼기로 돌아가야 한다.

9장_ 그리스도를 닮기 위한 교육 과정

그러므로 누구든지 나의 이 말을 듣고 행하는 자는
그 집을 반석 위에 지은 지혜로운 사람 같으니 비가 내리고
창수가 나고 바람이 불어 그 집에 부딪치되 무너지지 아니하나니.

_ 마태복음 7:24-25

내가 너희에게 분부한 모든 것을 가르쳐 지키게 하라.

_ 마태복음 28:20

주님의 학급의 공부 과목

예수의 이런 말씀은, 그분의 말씀을 듣고 행하는 것이 가능한 일이어야
함을 보여준다. 또한 그분이 최선이라 말씀하신 모든 것을 그분의 제자
들이 일상적으로 행할 수 있도록 훈련하는 일도 가능한 일이어야 한다.

오늘날 우리에게는 그 같은 일들이 꿈같아 보일 수 있다. 심지어 기
독교의 희망—사실상 개인의 희망—에 대한 우리의 현재의 시각에 위협
으로 느껴질 수도 있다. 그러나 그것은 단지 소비자 기독교가 통상적 규

범이 된 시대, 우리 안에 있는 예수의 나라에 대한 전폭적인 헌신이 오직 자기 뜻에 맞을 때에만 취할 수 있는 선택적 방안으로 간주되는 시대에 우리가 지금 살고 있기 때문이다. 반면에, 처음부터 끝까지 성경이 가르치는 길은 "너희는 도를 행하는 자가 되고 듣기만 하〔는〕…… 자가 되지 말라"는 것이다.

지금까지 그 점을 강조해 왔기 때문에, 이제 우리는 방법과 수단의 문제를 다루어야 한다. 우리는 예수의 제자들에게 무엇을 가르칠 수 있을까? 어떻게 그들을 예수께서 옳다 하신 것들을 일상적으로 행하는 자들로 훈련할 수 있을까? 실은 어떻게 **우리 자신이** 그분의 말씀을 실천할 수 있을까?

이 질문의 답에 필요한 내용은 대부분 이미 앞에서 배웠지만 여기서는 체계적으로 최대한 자세하게 답할 필요가 있다. 먼저 몇 가지 예비 사항을 짚고 넘어가려고 한다.

순종과 풍성한 삶: 불가분의 두 측면

"반석 위의" 삶은 분명 좋은 생활 양식이어야 한다. 당신은 무너지지 않을 풍성한 삶을 사는 법을 터득한 지혜로운 자가 되고 싶지 않은가? 고독과 두려움과 불안은 간 곳 없고 언제나 평안과 기쁨이 넘치는 삶을 원하는가? 분노와 시기와 정욕과 탐심 없이 이웃을 내 몸처럼 사랑하기 원하는가? 다른 이들한테 칭찬받을 필요가 없는 사람, 설사 그들이 나를 싫어하거나 정죄해도 모욕을 느끼거나 충격에 휩싸이지 않는 사람이 되고 싶은가? 계속 창의적으로 선한 삶을 살아갈 영감과 힘을 지니고 싶은가? 듣기에는 더없이 좋은 말이다. 그렇지 않은가?

또한 당신을 저주하는, 속이는, 일터에서 구타하는, 침 뱉으며 달려

드는, 당신의 종교나 문화를 비웃는, 심지어 당신을 **죽이는** 자들을 진심으로 자연스럽게 축복할 수 있는 힘과 지혜를 갖고 싶지 않은가? 당신이 하던 일을 내려놓고 억지로 자기를 돕게 만드는 자에게 요구 이상의 필요한 도움을 줄 수 있는, 또는 당신의 한쪽 **뺨**을 때린 자에게 다른 쪽 **뺨**을 돌려 댈 수 있는 그런 힘과 지혜를 갖고 싶은가? 분명, 그럴 수 있으려면 우리 내면의 사고와 감정의 모든 실체가 달라져야 한다.

이런 질문을 읽는 당신이 평범한 사람이라면 지금쯤 서서히 망설임과 회의가 일기 시작할 것이다. 그렇다. 한편으로 그것은 삶의 **풍요**처럼 들린다. 누구에게나 곧바로 호감을 주는 아주 바람직한 모습이다. 그러나 다른 한편으로는 **순종**처럼 보인다. 우리의 계획을 망쳐 놓고 우리의 삶을 망가뜨릴 수도 있는 것이다. 그리하여 우리는 스스로 묻는다. 그런 사람, 곧 반석 위에 집을 짓는 지혜로운 사람이 될 경우 내 수중에서 사라질 그 모든 "선택할 수 있는 행동들"을 나는 정말 포기하고 싶은가?

그러나 지금쯤이면 분명해졌겠지만, 예수의 나라에서 순종의 참된 뜻은 순종이 곧 풍요라는 사실이다. 천국의 순종은 천국의 풍요다. 이 둘은 별개의 것이 아니다. 능력과 사랑과 평안이 흘러나오는 영혼 내면의 상태, 곧 압제자를 너그러이 축복하고 다른 쪽 **뺨**을 사랑으로 돌려 대는 그 상태다. 그리스도를 닮은 이런 행동은 인격에 충만한 힘과 기쁨의 표현이지 결코 흔히들 생각하는 것처럼 나약함과 우울과 슬픔의 표현, 또는 의지의 억지 구사가 아니다. 혹시 "필요할" 경우를 위해 잘 간직해 둬야만 할 것 같은 모든 옛 "선택들"이 실은 생각조차 나지 않을 것이다.

그러나 오늘날 이 순종의 참뜻은 아주 잘 간직된 비밀이 된 것 같다. 그리하여 **그리스도를 믿는 믿음**과 **그리스도 안에서 사는 삶**의 순종/풍요의 상관 관계는 하나의 신비가 되고 말았다. 물론 그 둘의 상관 관계는 기독교 역사의 많은 시점에서 제 기능을 잘 감당해 왔다. 문화와 문학의 기록을 보면 누구나 알 수 있다. 오늘날에도 그리스도를 믿는 믿음이, 점진적으로 순종과 풍요로 발전해 가는 이들이 있다. 그러나 아주 많지는 않다. 그리스도인의 통상적 경험은 그런 식으로 진행되지 않는다. 그 주된 이유는 예수께서 가르침과 모본으로 보이신 방법, 곧 내적 본질에 대한 효과적 가르침이 사람들에게 거의 제시되지 않기 때문이다.

훈련 프로그램은 어디에?

우리는 구체적인 훈련 없이는 "듣고 행하는" 자가 될 수 없다는 **사실**을 분명히 알아야 한다. 훈련이란 어느 정도 개인 차원에서 수행되는 것이지만, 언제나 그 이상의 것이 필요하다. 이미 앞서 그 길을 가고 있는 이들을 통해 반드시 제시되어야 한다.

예수께서 자신의 사람들을 향해 품으신 생각이 바로 그것이다. 그리스도를 닮는 훈련은 그분의 제자들이 그 무리에 새로 들어오는 이들을 위해 감당해야 할 책임이다. 그러나 현재 우리에게는 제자도의 헌신에 대한 분명한 이해뿐만 아니라, 삼위일체적 실체 내의 성령 "충만"한 틀 안에서 그리스도를 닮아 가는 데 필요한 의도적이고 효과적인 훈련이 **없다**. 앞장에서 우리는 제자도의 부재(不在)는 "교회 안의 코끼리"라고 언급한 바 있다. 이 코끼리를 계속 먹여 살지게 하는 것은, 예수의 사람들로 하여금 그분의 말씀을 일상 속에서 능히 행하도록 하는 효과적인 훈련 프로그램이 없기 때문이다.

당신의 교회 주보나 게시판에 '나에게 침 뱉는 자를 진심으로 축복하는 법'에 대한 6주 과정 세미나 광고가 났다고 상상해 보라. 침 뱉기라는 원시적 모욕 형태는 지금도 생각보다 훨씬 더 흔히 자행되고 있다. 최

9장_ 그리스도를 닮기 위한 교육 과정

근에 어느 프로 야구 선수가 심판의 얼굴에 침을 뱉는 장면이 TV에 수없이 방영되어 이제는 누구나 알고 있다. 그 경우 심판이 상대를 진심으로 축복하기 위해서는 얼마나 놀라운 은혜와 성숙이 필요할지 가히 짐작이 간다. 물론 그가 그런 반응을 해야 한다고 생각할 사람은 아무도 없겠지만 말이다. 그러나 예수라면 그렇게 하셨을 것이다.

광고된 세미나의 주제가 고의로 정욕을 좇거나 탐심을 품지 않고 사는 법, 주변 사람들에 대한 정죄를 그치는 법, 분노와 그 모든 관련 감정에서 벗어나는 법을 다루고 있다고 상상해 보라. 천국 마음의 의를 설명하실 때 예수께서 언급하신 현실 생활의 모든 영역을 우리는 기억하고 있다(5장 참조).

정해진 주제의 공부와 실습을 마친 자들은 세미나가 끝난 후 실제로 자기에게 침 뱉는 자를 축복하게 된다고 상상해 보라. 실제적인 문제의 경우, 사람들에게 뭔가를 **하도록** 가르친다는 것은 적절한 경우가 닥칠 때 실제로 그렇게 행할 수 있는 능력을 길러 준다는 뜻이다.

아이들이나 어른들에게 자전거 타기나 수영을 가르친다면 그들은 정말로 적절한 경우에 자전거를 타거나 수영을 한다. 우리는 그저 자전거를 타야 한다든지 타는 것이 좋다든지 타지 못하면 창피한 일이라고 가르치는 것이 아니다. 마찬가지로, 사람들에게 자신을 저주하는 자를 축복하도록 가르친다면 그들은 정말로 자신과 가족을 저주하는 자를 축복한다. 해당 경우가 발생할 때 그들은 그것을 인식하고 예수의 마음으로 반응하는 것이다. 이제는 예수의 마음이 자신의 마음이 되었다. 그들은 그분처럼 행하며, 그리고 잘한다.

아직 상상력이 고갈되지 않았다면 좀더 상상해 보자. 어느 교회 옆을 지나가는데 전면에 이런 큰 안내판이 붙어 있다. "우리 교회는 자신을 예수께 진지하게 헌신한 모든 이들에게 그분이 명하신 모든 일을 행하는 법을 가르쳐 드립니다." 마침 얼마 전 복음서를—특히 이 장의 제목 밑에 인용된 마태복음 28:20—읽은 사람이라면 이런 생각이 들지 모른다. "물론이지. 그게 바로 교회의 창시자인 예수가 우리에게 하라고 명하신 일이지 않은가."

그러나 곧이어 이 교회가 참 특이한 교회라는 생각이 들 것이다. 그 다음에는 "저렇게 해도 되는 것일까?" 그러고는 "**정말** 그럴 수 있을까? 교회나 신앙 모임에서 '예수께서 명하신 구체적인 일들을 실천하도록 가르치는 방안'을 임원 회의의 의제나 실천사항으로 삼았던 것이 마지막으로 언제일까?" 하고 생각할 것이다.

그리스도를 닮기 위한 교육 과정의 필수성

이 장에서 나의 희망은 우리의 마음속에서, 그리고 가능하다면 우리가 속한 모임 속에서 이런 이슈들에 대해 조금씩 탐색을 시작할 수 있도록 하는 것이다. 물론 우리가 처한 현재 상황에 대해 누구를 탓하거나 기관과 사람들을 비난할 의도는 조금도 없다. 사실 아무도 탓할 대상은 없다. 지금 우리 대부분은 오랜 무의식의 역사의 산물 속에 표류해 살고 있다. 더욱이 인간의 본성은 내면의 깊은 변화에 저항하기 마련이다. 그런 변화는 자신의 정체감을 위협하기 때문이다. 지금 우리는 처한 상황을 제대로 이해하는 것이 필요하다. 예수의 사람들로서 우리는 지금 정확하게 어디에 있으며, 이 지점에 와 있는 이유는 무엇인가? 물어야 한다. 그런 다음에야 거기에 대한 대책을 모색하는 단계로 들어갈 수 있다.

현재로서 한 가지 분명한 사실은, 우리에게는 훈련을 통해 예수의 사람들을 순종과 풍요로 이끌어 주려는 진지하고 기대에 찬 의지가 없다는 점이다. 그러나 훈련을 통한 순종과 풍요야말로 예수께서 우리에게 주신 제자도다. 방금 전 세미나와 안내판에 대한 이야기가 그런 의지의 결핍을 의심의 여지없이 잘 보여주고 있다. 요즘 알리스터 맥그래스(Alister McGrath) 같은 훌륭한 저자들이 "하나님은 당신의 사람들이" 예수 안에 있는 기독교 영성의 "충만한 삶을…… 소유하기 원하신다"고 인정하고 있음에도 그런 실상은 여전하다.[1] 깊이 묵상해 볼수록 얼마나 아찔한 생각인가. 그리스도 안에서 단순히 모호한 개념이나 소원 정도가 아닌 풍성한 삶을 실제로 맛보려는 진지한 생각과 의지는 어떻게든 다시 회복돼야 한다.

우선 우리는 지역 교회나 더 넓은 차원의 기관에서 시행하는 수많은 프로그램들을 흔히들 제자훈련 프로그램이라고 부른다는 사실부터 짚고 넘어갈 필요가 있다. 그런 프로그램들의 유익을 폄하하자는 것이 아니다. 거기에는 과연 많은 유익이 있다. 주일학교, 특별 과정, 세미나는 물론 알코올 중독 방지회(AA)의 12단계 프로그램과 다양한 형태의 전국적 운동이 모두 여기에 해당된다.

그러나 이런 프로그램들은 행동 수정에 강조점을 두는 경우가 너무나 많다. 그것도 유익한 것이지만 인간의 삶이란 그것만으로는 충분하지 않다. 그것은 인간의 문제의 근원을 건드리지 못한다. 그 근원은 내면 생활의 성품이다. 예수와 및 천국의 제자도에 대한 그분의 부르심은 거기에 강조점이 있다.

우리의 많은 훌륭한 활동들 이면에는 여전히 믿음과 순종 사이의 단절이라는 복병이 도사리고 있다. 그 단절은 신학과 제도에서 다양한 모습으로 나타나고 있다. 그중 많은 것들에 대해 이미 앞의 여러 장에서 이야기한 바 있지만, 여기에 대해서는 이 책에서 다룰 수 있는 것보다 훨씬 더 철저한 검토가 필요하다. 이러한 단절은 인간 조건의 심각한 파산 상태를 잘 보여준다. 현대 그리스도인의 삶의 한복판에 그 단절이 버티고 서 있다. 그러나 그 (믿음과 순종 사이의) 단절 역시 의지의 문제가 아니다. 거기에는 인간의 모략이 전혀 개입돼 있지 않다. 누구도 그럴 의지는 없었다. 선한 의지의 대양(大洋) 속에서 대부분은 그 단절을 의식조차 못하고 있다. 그러나 단절은 이렇게 건재하며 일상의 믿음과 삶에 치명적인 영향을 미치고 있다.

이 뿌리깊은 신학적·제도적 단절로 인해 우리는 역사의 흐름 속에서 점차 예수 그리스도와 그분이 주시는 영생에 대해 **자동적으로** 특정한 생각을 갖게 되었다. 사람들의 실제 스승으로서의 예수는 우리 신앙 지성의 지평에서 사라지고 말았다. 그런 면에서 그분은 오늘날 우리의 기독교 "운영" 방식의 한 부분이 되지 못한다.

스승으로서의 예수의 부재 사실에 직면하면서, 거기에 변화를 일으키도록 돕는 것이 예수와 그 나라에 대한 이 책의 주요 목표다. 이제 우리는 "그리스도를 닮기 위한 교육 과정", 즉 '우리 안에 있는 하나님 나라'에 속한 예수의 제자들을 위한 공부와 실천 과정을 제시해야 할 시점에 와 있다. 우선 이것부터 생각해야 한다. 예수의 가르침대로 행하는 법을 배우기로 이미 헌신한 자들을 도와서 그 말씀을 일상적으로 실천할 수 있게 하려면 정확히 무엇을 어떻게 해야 하는가? 혹 우리 자신이 "하나님의 나라에 매혹된" 자일 수도 있다. 그렇다면 우리는 무엇을 공부할 것이며, "예수가 나라면 내 자리에서 사실 그 삶을 그분으로부터 배우기 위해" 어떻게 **자신을** 훈련할 것인가? 기억하고 있겠지만 그것이 바로 예수의 제자의 삶이다.

9장_ 그리스도를 닮기 위한 교육 과정

단순히 정보를 더하는 것이 아니다

이 일에 착수하면서 반드시 알아야 할 아주 중요한 것이 있다. "가르침"은—우리 자신을 향한 것이든 다른 이들을 위한 것이든—단순히 정보의 수집이나 전달의 문제가 아니라는 점이다. 우리의 임무는 예수께서 믿고 가르치고 실천하신 것들을 제자들 또는 학생들에게 알려 주는 차원이 아니다. 대체로 이 시점이면 그 일은 이미 다 돼 있기 마련이다. 그 일을 더 반복하는 것만으로는 별 유익이 없다. 학생들 대부분은 모든 정확한 **정보**를 이미 보유하고 있다. 정확도를 시험해 본다면 분명히 통과할 것이다.

물론 그 정보는 필수적인 것이다. 따지고 보면 학생들이 예수를 믿는 이유도 많은 부분 그 정보에 있다. 그들은 필시 그 모든 것이 진실이기를 간절히 바랄 것이다. 진심으로 그것을 믿기 원한다. 그러나 아직 제대로 이해하지는 못한다. 그들은 마치 베드로와 같다. 예수께서 인류를 구원하실 메시아라는 베드로의 고백은 과연 지축을 흔들 만한 것이었고, 그것은 맞았다. 그러나 그 의미는 전혀 몰랐던 것이다(마 16:16-19, 23).

대개 사람들은 처음에, **예수**께서 천국의 메시지를 믿으셨다는 사실 하나만 믿고 제자가 된다. 물론 그들 자신도 그 메시지에 힘을 얻을 수 있다. 그러나 그들이 갖고 있는 정보는 아직 실생활의 일부가 되지 못한다. 의식적으로는 수용하고 인정하지만 신체적·사회적 존재로서는 여전히 그 메시지가 사실이 아닌 것처럼 행동하곤 한다. 여기가 바로 "듣고 행하는" 훈련이 시작돼야 할 지점이다.

정답을 알 뿐 아니라 그대로 믿기

또한 그 지점은 이 사회에 발달된 교육 관행이 우리의 영혼에 깊은 상처를 입히며 생활 속에 천국의 도래를 방해하는 곳이기도 하다. "정답만 알면" 제대로 배운 것으로 간주되는 것이 우리 문화다. 어떤 답이 맞는지 알기만 하면 된다. 나는 내가 가르치는 대학교 학생들에게 간혹 답안지에 쓴 답을 정말 사실로 믿느냐고 농담조로 묻곤 한다. 학생들은 언제나 웃는다. 답을 쓰는 데 믿음은 필요하지 않음을 그들은 알기 때문이다. 믿음은 생활만 통제할 뿐이다.

정말 재미있는 일 아닌가. 정답은 썼지만 그것을 믿지 않는다는 이유로 학생의 점수를 깎을 수는 없다. 믿지 않아도 엄연히 "안다." 사실, 객관식 시험의 경우 펜이 미끄러져 실수로 "정답"을 표시해도 학생은 "점수"를 얻는다. 순전히 우연일지라도 모든 항목의 "정답"만 맞추면 당연히 A학점을 받는다.

그러므로 지금도 계속되는 그분의 프로그램에 동참하는 예수의 조력자로서 "내가 너희에게 분부한 모든 것을 가르쳐 지키게 하는" 우리의 일 가운데 한 가지 중요한 특징은, 곧 "그분의 제자들로 하여금 자신이 이미 들은 모든 것을 실제로 믿도록 해주는" 데 있다. 자신을 향해서나 다른 이들을 향해서나 우리의 과업은, 실제 삶의 상황에서 그 정답에 대해 자동적으로 반응하도록 하는 것이다.

일반적으로 교인들은 하나님, 예수, 올바른 삶, 자신의 운명 등에 대해 엄청난 양의 정보를 가지고 있다. 기독교 전통을 통해 주어진 정보다. 물론 그중에는 틀렸거나 왜곡된 부분도 있다. 거기서 완전히 자유로운 사람은 없으며 **나도** 예외는 아니다. 그러나 대체적으로 우리는 "정답"을 알고 있으며 그 답은 과연 소중한 것이다. 그러나 실상을 보면, 우리는 그 정답들을 "현실" 생활에서 무수히 많은 것들을 별 의심 없이 진실 그대로 믿는 것처럼 그렇게 믿지는 못하는 편이다.

예를 들어 그리스도인이라면 대부분 삼위일체, 성육신, 대속, 다른 표준 교리들에 대해 어느 정도의 정보를 가지고 있다. 그러나 삼위일체에 대해 "정답"을 아는 것과 삼위일체의 실체를 실제로 믿는 것은 천양지차다.

삼위일체의 실체를 믿는 유익은, "정답"을 안다고 하나님께로부터 A를 받는 그런 유의 것이 아니다. 뭔가를 믿는다는 것은 그것이 사실인 것처럼 행동한다는 것임을 잊지 말라. 2 더하기 2가 4라고 믿는다는 것은 곧 집안에 돈이나 사과가 얼마나 있는지 알고자 할 때 그 공식에 준하여 행동한다는 뜻이다. 그것을 믿는 유익은 산수 시험에 통과하는 것이 아니라 현실을 훨씬 능숙하게 처리할 수 있다는 점이다. 잠시 동안만 2 더하기 2가 6인 것처럼 살아 보면 금세 알 수 있다.

그러므로 삼위일체를 **믿는** 유익은 삼위일체가 실체인 것처럼 사는 삶이다. 그것은 무엇보다도 우리를 둘러싸고 있는 우주가, 실제로 사랑과 지식과 능력이 무한한 지극히 놀라운 인격적 존재들의 자기 충족적 공동체인 것처럼 사는 삶이다. 그렇게 믿을 때 우리의 삶은 마치 2 더하기 2가 4인 것처럼, 실제 행동을 통해 자연히 그 우주의 실체와 하나가 된다. 우리는 믿음으로 삼위일체의 실체를 의지하여 행동하며, 그 실체는 우리를 따뜻하게 맞아 준다. 과연 거기에 그 실체가 존재하기 때문이다. 그리하여 우리의 삶은 하나님의 진정한 세계에 하나로 녹아드는 것이다.

요지는 이것이다. 예수의 모든 말씀을 행하도록 그들을 훈련하는 일은, 한마디로 **그들로 하여금 예수를 처음 믿은 결과로 이미 얻은 정보를, 전 인격을 다해 믿도록 해주는 것**이다. 그 첫 믿음이 절망 중 최후의 몸짓에서 나온 것이었다 해도 그렇다.[2]

제자는 아직 완전하지 않다

이것을 이해하면 예수의 제자들은 천국의 비전과 실천이 이미 실현된 자들이라는 일반적인 오해를 버리는 데도 도움이 된다. 제자를 곧 영적으로 성숙한 상태인 것처럼 이야기하는 것을 종종 듣는다. 반드시 그런 것은 아니다. 물론 제자는 중요한 걸음을 내디딘 자이지만, 사실 아직은 천국의 실체를 별로 맛보지 못했을 수도 있다.

예수의 제자들은 그분처럼 되는 법을 배우고자 그분과 함께 있기로 한 자들이다. 처음 제자가 되기로 했을 때 그들이 필연적으로 깨달은 것은 **예수가 옳다**는 사실뿐이다. 그분이 가장 위대하고 뛰어나신 분이라는 것, 그 점에 대해서는 확신한다. 이 첫 믿음은 하나님의 은혜의 선물이다. 그리하여 그들은 **예수**를 소유한다. 그러나 아직 그 **삶**을 소유한 것은 아니다. 그 삶은 그분의 제자로 살아가면서 점점 더 소유하게 된다. 시간이 지나면서 과연 그들은 나날이 더해 가는 은혜를 힘입어 "영적으로 성숙한 상태"에 이르게 된다. 현실 생활에서 누리는 은혜(하나님과의 교제)의 양과 질이 점점 높아진다. 진정한 인격이신 예수 그리스도에 대한 체험적 지식이 점점 깊어지는 것과 같다. 바로 이것이 현재 상태에서 누리는 영생이다(벧후 3:18; 비교. 요 17:3).

처음 과정에 들어설 때만 해도 이들에게는 예컨대, 온유한 자와 핍박받는 자가 진정 복 있는 자로 믿어지지는 않는다. 가난한 자는 더 말할 것도 없다. 그것이 사실인 것처럼 자동적으로 믿어지지 않는 것이다. 그러나 그들은 예수께서 그렇게 믿으신다는 것을 안다. 그리고 자기는 아직 진심으로 믿어지지 않을지라도 그분이 옳다는 것을 그들은 믿는다.

나아가 그들에게는 그것을 믿기 원하는 마음이 있다. 예수의 능력과 아름다움을 보며 그분을 한없이 사랑하고 온전히 믿기 때문이다. 그

9장 _ 그리스도를 닮기 위한 교육 과정

분의 학생이 되어 범사에 그분을 의지하거나 혹은 의지할 **뜻**이 있는 까닭이 거기에 있다. 이들의 외침은 절망 중에 있었으나 솔직하게 외쳤던 복음서의 한 사람과 같다. "내가 믿나이다. 나의 믿음 없는 것을 도와주소서"(막 9:24). 이 사람은 예수를 믿었고 귀신 들린 아들의 문제로 그분의 도움을 의지했다. 그러나 그 외의 하나님 나라와 더 넓은 세계에 대해서는 믿음이 적었다. 그래서 부르짖은 것이다. "나의 믿음 없는 것을 도와주소서!"

사도 베드로는 여기 수반되는 믿음의 성격을 바르고 유익하게 이렇게 표현한다. "너희는 저를 죽은 자 가운데서 살리시고 영광을 주신 **하나님을 그리스도로 말미암아 믿는** 자니 너희 믿음과 소망이 **하나님께** 있게 하셨느니라"(벧전 1:21). 우리는 예수께 사로잡혀 그분의 제자가 되어 자신을 그분께 드린다. 그러면 그분은 우리가 삶의 모든 부분에서 하나님을 의지하며 그분을 진정으로 깨달을 수 있도록 이끌어 주신다. 그러나 그 진행은 시간을 필요로 하며 부분적으로 다른 이들의 노력을 통해 오도록 돼 있다. 먼저 그분의 제자가 되어, 우리를 예수의 모든 말씀을 일상적으로 행할 수 있도록 훈련시킬 준비가 된 자들이다.

이렇듯 그분의 제자가 되려면 그분을 믿어야 한다. 그분의 제자로 자라 가려면 그분이 사실로 아셨던 내용을 점점 더 믿어야 한다. 그분의 나라에 들어가려면 그분을 믿어야 한다. 그 나라에 정착하여 그분과 함께 다스리는 법을 배우려면 그분의 믿음을 공유해야 한다.

그분의 제자로서 우리는 그리스도를 믿는 데서부터 **그리스도의** 믿음을 공유하는 데까지 훈련의 과정을 통과한다(갈 2:16-20). 천국 복음의 선포자요 교사로서 우리는 **예수에 대한** 복음의 선포를 멈추지 않는다. 그것이 영원한 기초다. 그러나 우리는 **예수의** 복음(막 1:1), 곧 '우리 안에 있는 하나님 나라'의 삶이 모든 인간에게 현재 가까이 와 있다는 복음을 선포할 필요와 기회도 늘 인식해야 한다. 그것 없이는 예수에 대한 복음은 철저히 불완전한 것이다.

분명한 목표

주요 목표로 삼아서는 안되는 것 네 가지

그리스도를 닮기 위한 교육 과정을 정확히 세우려면 그 과정을 통해 성취할 주요 목표를 아주 분명하고 단순하게 인식할 필요가 있다. 물론 주요 목표로서 피해야 할 사항도 분명히 알아야 한다.

흔히 **주요 목표**로 여기는 두 가지 특정 목표를 더 이상 그 자리에 두어서는 안된다. 이런 것들은 진정한 목표가 아니라 부수적인 사항들이다. 하나는 특정 상황에서 행동할 때 예수께서 가르치신 말씀에 대해 **외형적으로만 동조**하는 것이고, 또 하나는 **정확한 교리를 완벽하게 고백**하는 것이다. 역사적으로 볼 때 바로 이 두 가지가 가시적인 교회를 지배해 왔다. 현재는 후자가 전자보다 훨씬 강하다.

의심의 여지없이, 결과는 내면적인 데서 나타난다. 이런 목표는 일상적으로 "듣고 행하는" 자들을 배출하는 인격적 성장과 개발의 과정을 제시하지 못한다. 인간의 마음과 영혼을 짓눌러 사람들을 예수로부터 분리시키거나, 아니면 "입술로는 나를 존경하나 그 마음은 내게서 멀리 떠"난(사 29:13) 편협한 율법주의자와 신학 전문가들을 만들어 내거나, 둘 중 하나다. 세상에는 이런 것들이 더 이상 필요하지 않다.

또한 두 가지 전략—주요 목표는 분명 아니지만 흔히 사용되는—에 대해서도 동일하게 말할 수 있다. 하나는 교회 활동이나 기타 외적인 종교 행위나 온갖 "영적인 일"에 충성을 독려하는 것이고, 또 하나는 특별한 마음의 상태나 황홀한 체험을 추구하는 것이다. 다 좋은 것들이다. 그러나 다시 한번 분명히 말하지만, 이 두 가지 역시 외형적인 동조와 완벽한 교리 고백과 마찬가지로 그리스도를 닮기 위한 적절한 교육 과정의 주요 목표가 돼서는 안된다.

특별한 체험, 교회에 충성하는 것, 정확한 교리, 예수의 가르침에 대한 외형적 동조, 이 모두는 내면의 자아가 변화되면 적절하게 자동적으로 따라오는 것들이다. 그러나 이런 것들이 내면의 변화를 만들어 내지는 못한다.

인간의 마음밭은 훨씬 깊은 기경(起耕)이 필요하다. 이 네 가지 강조점은 그 자체로 좋은 것이며 제대로만 이해한다면 반드시 필요한 것이기도 하다. 그러나 주요 목표가 될 때, 그것들은 영혼에 짐을 지우며 그리스도를 닮는 일을 불가능까지는 아니더라도 극도로 어렵게 만든다. 이 네 가지 강조점에 대해 우리는 관련된 모든 이들에게 거듭 큰 소리로 외쳐야 한다. "그런 식으로는 반석 위에 집을 지을 수가 없소."

훈련 과정의 두 가지 주요 목표

"반석 위의 집", 곧 듣고 행하는 삶을 위한 훈련 과정이 제대로 효과를 내려면 앞의 네 가지와는 다른 두 가지 주요 목표가 필요하다.

첫째 목표는, 제자들이 예수를 통해 이 땅에 찾아오신 "하늘 아버지"를 깊이 사랑하고 늘 기뻐하며, 또한 그분의 선하신 뜻과 그 뜻을 이루시는 능력에 "함정"과 제한이 없으심을 확신하도록 이끌어 주는 것이다.

사도들 가운데 "연소자"였던 요한은 긴 인생 여정의 끝을 눈앞에 두고 이렇게 말했다. "우리가 저 [예수]에게서 듣고 너희에게 전하는 소식이 이것이니……"(요일 1:5). 이 문장의 뒷부분을 보기 전에 먼저 자신에게 자문해 본다면 오늘날 우리의 실상을 이해하는 데 큰 도움이 될 것이다. 우리에게서 자동적으로 나오게 될 다음 연결 구문은 어떤 것일까? 우리가 보는 바 예수께서 주신 핵심 메시지는 무엇인가? 친구들과 주변 사람들에게도 동일하게 물어볼 수 있다. 실제로 우리 자신과 그들의 답을 종이에 써 본다면 그 내용에 놀라기도 하고 새삼 깨닫는 면도 있을 것이다.

그러나 평생 동안의 예수께 대한 직접적인 체험을 바탕으로, 노사도는 그분이 주신 소식이 바로 **이것**이라고 말한다. "곧 하나님은 빛이시라. 그에게는 어두움이 조금도 없으시니라"(5절). 요한에 의하면 그 말씀이 바로 그분이 주신 **핵심** 메시지다. 요한에게는 그 고백이 "너희에게 전하는" 소식이기도 하다(5절). 그것이 오늘 우리가 전해야 할 메시지다. 나중에 더 자세히 보겠지만, 자원하여 듣는 자들로 하여금 예수를 통해 이 땅에 찾아오신 "하늘 아버지"를 깊이 사랑하고 늘 기뻐하도록 하는 것도 바로 이 메시지다. 궁극적으로는 우리에게 **그분의** 우주가 "우리가 살기에는 완벽하게 안전한 곳"이라는 확신을 갖게 하는 것도 이 메시지다. 완전한 사랑은 모든 두려움을 내쫓는다.

모든 "내적" 장애물이 제거되고 마음이 이처럼 위대하고 아름다우신 하나님으로 가득할 때 "내가 너희에게 분부한 모든 것"을 행하는 것은 "당연한" 반응이다.

그리스도를 닮기 위한 교육 과정의 두번째 주요 목표는, 하나님 나라에 역행하는 우리의 자동적인 반응들을 제거하는 것이다. 즉 제자들로 하여금 사고와 감정과 행동을 지배하던 구습과 그 "노예" 상태에서 벗어나게 하는 것이다(요 8:34; 롬 6:6). 이것들은 '우리 안에 있는 하나님

　　　　　　　　9장_ 그리스도를 닮기 위한 교육 과정

나라' 밖에서 오랜 인생을 살면서 신체적·사회적 자아의 일부로 굳어진 "자동적인" 반응 형태다. 바울이 예리하게 깨달았던 "내 속에 거하는 죄"가 바로 이런 것들로 구성된다. "원함은 내게 있으나 선을 행하는 것은 없"는 상태가 거기서 비롯된다(롬 7:18).

예수의 학생들로 그분의 말씀을 지켜 행하게 하려면 하나님과 예수에 대해, 그리고 인류를 향한 그분의 뜻에 대해 진리를 선포하고 가르치는 것만으로는 충분하지 않다. 현재 교회와 신학교에서 이루어지고 있는 대부분의 훈련의 밑바탕에 그런 잘못된 생각이 깔려 있다. 아무리 그 방향으로 밀고 나가도 그것만으로는 충분하지 않다.

우리의 존재 가운데 의식의 지배 아래 있는 부분은 극히 적다. 우리의 행동이 의식적 생각과 자발적인 의지에서 나오는 부분도 극히 적다. 우리는 마음이 삶에 미치는 위력을 늘 과장하는 경향이 있지만, 인간의 마음 자체는 극도로 연약한 도구다. 우리는 본질상 육체를 입고 있는 존재다. 우리는 몸으로 산다. 사람이 변화되려면 몸이 변화되어야 하며 그것은 말로는 안되는 일이다.

그러므로 예수로부터 들은 것을 **행하게** 하는 훈련에는 우선 우리 몸의 행동을 새롭게 함으로써, 그동안의 "자동적인" 사고와 감정과 행동을 의도적으로 와해시키는 작업이 따라야 한다. 이어서 우리는 의지적으로 다양한 실천을 통해 우리 몸을 하나님 앞에 그분의 도구로 드려야 한다. 이러한 훈련을 거듭함으로써, 우리의 모든 자아는 조금씩 주변과 내면의 옛 나라들로부터 벗어나 "그의 사랑의 아들의 나라"로 들어가게 되는 것이다(골 1:13).

그리스도를 닮기 위한 교육 과정에서 이 부분은 "영성 생활 훈련"으로 이루어진다. 여기에 대해서는 이 장 뒷부분에서 다시 이야기할 것이다.

여기서 한 가지만 덧붙여 말하면, 교육 과정의 이 2대 "주요 목표"는 각각 개별적으로 추구할 것이 아니라, 상호 긴밀한 관계 속에서 추구해야 한다. 먼저 제자들로 하여금 하나님을 사랑하게 한 다음에 바로 노예 행실과 구습에서 벗어나게 하는 것이 아니다. 물론 그 반대도 아니다. 두 가지 주요 목표의 추구는 나란히 병행되고 동시에 진행돼야 한다. 인간이란 물론 자신의 생각을 따라 살기 마련이지만 동시에 육신을 입고 사회에 속해 있는 존재이기도 한 점을 감안할 때 그것은 마땅한 것이다. 우리의 삶은 사회 상황에 쉽게 지배당하기 때문이다.

이제 이 두 가지 주요 목표를 성취하기 위해 우리가 해야 할 일이 무엇인지 구체적으로 살펴보기로 하자. 비로소 그리스도를 닮기 위한 교육 과정의 핵심으로 들어가는 것이다.

하나님께 사로잡힌 마음

마음을 하나님께로 향함

첫번째 주요 목표에 관해 우리 앞에 놓인 가장 중요한 질문은 이것이다. 어떻게 사람들로 하여금 사랑스러운 대상을 사랑하도록 도울 것인가? 간단히 답하면, 그 사랑스러운 대상에 마음을 두도록 유도하고 **구하고** 돕는 것이다. 토마스 아퀴나스는 이렇게 말했다. "사랑이란 사랑하는 대상을 간절히 생각할 때 태어나는 것이다." 또한 "사랑은 지식을 따른다."[3] 사랑이란 좋은 것을 봄으로써 의지 안에 생겨나는 감정 반응이다. 흔히들 하는 말과는 달리, 사랑은 혹 똑바로 보지 못할 수는 있어도 절대 눈먼 것은 아니다. 사랑하는 대상을 보지 않고는 사랑은 존재할 수 없다.

그러므로 교사로서 우리는 사랑스러운 대상이신 하나님을 제자들 앞에 최대한 온전하고 강력하게 제시해야 한다. 그 일에 최선의 노력을 다해야 한다. 그러나 이미 에밀리 디킨슨의 말을 통해 배운 것처럼, 궁극적으로 우리는 "영혼은 스스로 친구를 택한 뒤 문을 걸어 닫는다"는 사실을 잊어서는 안된다.[4] 물론 최대한 지식을 좇아 책임감 있게 행동하지만 우리의 자리는 언제나 **구하는** 자리다. 그들에게 구하고, 하나님께 구하고, 그리고 그들의 반응에 반응하는 것이다.

하나님은 인간 영혼의 가장 내밀한 부분을 여는 유일한 열쇠를, 그 영혼 자신의 손에 두셨다. 그분은 결코 그 열쇠를 빼앗지도 않으시며 다른 사람에게 주지도 않으신다. 인간이 타인의 영혼을 파괴할 수 있을지는 몰라도 그 사람의 의지를 꺾고 영혼을 열게 할 수는 없다. 방금 인용한 시인의 표현을 다시 빌리면, 영혼은 "관심의 창을 돌처럼 닫아 버릴" 수 있다. 영혼은 열쇠를 잃어버려 다시 찾는 데 외부의 도움이 필요할 수도 있다. 그러나 절박하게 필요한 그 도움을 영혼은 거부할 수 있다. 그러나 사랑하고픈 욕구만큼은 영원히 영혼을 떠나지 않는다. 그것은 사랑받으려는 욕구보다 더 깊은 것이다.

"장미꽃 향기를 맡을 여유를 잃지 말라"는 말이 있다. 무슨 뜻인가? 장미꽃을 즐기려면 반드시 감각과 마음을 최대한 온전히 꽃송이에 근접시켜 거기에 집중해야 한다. 향기를 맡으려면 가까이 다가가 한동안 그대로 있어야 한다. 그렇게 할 때 우리는 그 꽃에서 기쁨을 얻는다. 그 꽃을 사랑하게 된다.

여유를 내서 장미꽃 향기를 맡으면 그 아름다운 내음이 한동안 좋은 인상으로 남는다. 충분히 자꾸 되살리기만 한다면 삶 전체의 질이 달라질 수도 있다. 장미라는 특수한 꽃은─아무리 수수한 꽃이라도 모든 꽃은—아름다운 것들이 안전하게 살 수 있는 "더 커다란" 세상에 대한 이 땅의 미약하지만 억제할 수 없는 증거다.

이 간단한 예에 깊은 진리가 담겨 있다. 하나님을 사랑하고 그 사랑으로 삶이 충만해지도록 하려면, 마음이 하나님의 영광의 실체 앞에 다가가 충분히 머물러야 한다. 마음이 뿌리를 내려 거기 고정될 수 있어야 한다. 물론 그런 일이 일어나기를 자원해야 하는데, 예수의 진정한 제자라면 그런 자원하는 마음이 있을 수밖에 없다. 예수의 제자들이 그분의 학교에 입학하여 배우려는 교훈이 바로 이것이다.

그러므로 교육 과정 첫 부분의 질문은 단순히 이것이다. 제자들의 마음과 심령에 **어떻게** 하나님을 충분히 보여줄 수 있을까? 하나님을 사랑하고 기뻐하는 마음이 자아 전체의 자연스런 성향으로 유도되고 확립될 수 있도록 그들의 마음을 하나님께 향하게 하는 것이다. 그것은 자원하는 영혼의 마음을 충만케 하면서 쉽고도 즐거운 전 인격의 지배로 퍼져 나갈 것이다. 그렇게 되면 우리의 첫번째 주요 목표는 성취된다.

우리의 마음과 우리의 선택

여기서 우리가 이해해야 할 것이 있다. 마음을 **채우고** 있는 것이 거의 대부분 행동을 지배한다는 사실이다. 마음의 내용이 기분의 상태를 정하고 다시 거기서 행동이 흘러나온다. 선택 가능한 여러 행동 대안들도 마음이 생각해 내는 것이다. 마음은 그 자체의 위력은 별로 없지만 인간에게 있어 가장 폭넓고 가장 기본적인 자유의 영역이기도 하다. 직접적인 의미와 간접적인 의미, 둘 다에서 그렇다. 인간이 하는 모든 일 가운데 가장 자유로운 것은 무엇보다도 **생각의 내용**을 정하는 일이다. 즉 우리의 마음을 둘 곳을 택하는 일이다. 생각의 자유는 언제나 직접적 자유다. 그

9장_ 그리스도를 닮기 위한 교육 과정

자유를 구사하기 위해 뭔가 다른 일을 할 필요가 없다. 자신이 생각하기로 택한 것으로 마음만 돌리면 된다. 인간의 성품은 그 사람이 선택하는 생각의 내용에 가장 깊이 드러난다. 그것이 우리의 마음을 끊임없이 채우고 있는 것이다. 거기에는 그 사람이 생각할 수 있는 것과 생각조차 못하는 것이 다 포함된다.

그러나 마음은 다른 행동이 전제되어야 가능할 수 있는, 간접적 자유의 뿌리이기도 하다. 예를 들어, 성과가 아주 뛰어난 알코올 중독 방지회 프로그램은 사람들을 음주에서 벗어나게 하기 위해 마련된 것이다. 이들은 다짐만으로 술을 끊을 수 없다는 사실을 배웠다. 유명한 12단계 프로그램의 제1단계부터 제4단계까지는 각 개인이 직접적으로 의사를 자유로이 구사하면서 실행하도록 돼 있다. 이때의 자유 의사는 마음을 마땅히 두어야 할 곳, 곧 현재 모습대로의 자기 자신과 자기를 도와줄 수 있는 하나님께 두는 자유인 것이다.[5]

이 첫 네 단계가 다른 일들(나머지 여덟 단계)을 가능하게 한다. 마음이 첫 네 단계에서 요구하는 곳으로 향해 있지 않으면 나머지 단계는 불가능하다. 결국 이들이 원하는 것은 술에서 자유한 자로 일상을 살아가는 것이다. 그것이 목표다. 그러나 마땅히 두어야 할 마음의 자리를 끊임없이 직접 살피지 않는 한, 이 "자유"는 결코 실현될 수 없다.

인생을 구하는 이 놀라운 프로그램에서 우리는 인간 성품의 전반 구조를 볼 수 있다. 생각이 있는 자에게는 너무나 분명한 사실이다. 그러나 우리는 거의 생각하지 않는다. 하우스먼(A. E. Housman)의 말대로 "우리는 어쩌다 생각날 때만 생각한다." 그러므로 우리를 향하신 하나님의 부르심의 일부는 언제나 **생각하라**는 것이었다. 사실 "회개하라"는 예수의 부르심은, 그동안 우리가 생각해 온 방식에 대해 다시 생각해 보라는 부르심에 지나지 않는다. 그러므로 우리는 분명히 알아야 한다. 제자들을 그리스도의 온전한 분량으로 자라게 하는 일에서 가장 중요하고 가장 근본적인 부분은, **마음이 늘 하나님을 향해 있도록 그들의 마음의 통찰과 습관을 형성해 주는** 일이다. 이것이 제대로 되면, 마음 가득한 사랑으로 하나님을 대할 것이고 삶에는 기쁨과 순종이 넘칠 것이다.

지금 설명한 내용이 바로 성경 기자들의 한결같은 간증이다. 시편 16편은 그중 한 예일 뿐이다.

> 여호와는 나의 산업과 나의 잔의 소득이시니…… 밤마다 내 심장이 나를 교훈하도다. 내가 여호와를 항상 내 앞에 모심이여. 그가 내 우편에 계시므로 내가 요동치 아니하리로다. 이러므로 내 마음이 기쁘고 내 영광도 즐거워하며 내 육체도 안전히 거하리니 이는 내 영혼을 음부에 버리지 아니하시며 주의 거룩한 자로 썩지 않게 하실 것임이니이다. 주께서 생명의 길로 내게 보이시리니 주의 앞에는 기쁨이 충만하고 주의 우편에는 영원한 즐거움이 있나이다(시 16:5-11).

반면에, 의지의 왜곡이나 "뒤틀림"—다른 시대의 신학자들은 이것을 "타락"이라 불렀다—은 일차적으로 바른 방식으로 바른 대상에 마음을 두기를 거부하는 것이다.[6] 바울의 말대로 우리는 "마음에 하나님 두기를 싫어" 한다(롬 1:28).

작은 예로, 약속이나 계약을 지킬 마음이 없는 사람은 그것을 지키는 방법이 아닌 어기는 방법을 생각의 내용으로 택할 것이다. 이것은 관찰 가능한 사실이다. 약속을 지키는 법을 생각하는 자는 특별히 자신의 능력을 벗어나는 상황이 없는 한 반드시 지키게 돼 있다.[7] 인간의 성품의 구조가 그렇다. 제자를 훈련할 때 우리는 그 구조를 언제나 염두에 두어야 한다.

명확히 알아야 할 세 영역

하나님이 인간의 마음을 찾아오시는 방법에는 크게 세 가지가 있다. 그 것을 통해 우리는 하나님을 향한 깊은 사랑에 잠길 수 있다. 이 방법들은 우리 자신의 마음을 그분으로 채우는 길이자 또한 다른 이들에게 하나님을 보여주는 길이기도 하다. 사랑받으실 하나님은 이 방법을 통해 제자들의 사랑을 받으신다. 하나님이 우리에게 오시는 세 가지 길은 이렇다. (1) 그분은 피조 세계를 통해 우리에게 오신다. (2) 그분은 인간 역사 속에서의 공적인 행동을 통해 우리에게 오신다. (3) 그분은 개인적 체험을 통해 우리에게 오신다.[8]

1. "천지를 지으신 전능하신 하나님 아버지"
상대가 자신이든 타인이든 '우리 안에 있는 하나님 나라'의 충만한 삶을 훈련할 때 첫번째로 해야 할 일은, 하늘에 계신 우리 아버지를 모든 "천지" 만물의 창조자요 섭리자로 제시하는 것이다. 유대-기독교인이 체험한 시초부터 그분은 "지극히 높으신 하나님"(엘 엘리온, *El Elyon*), 곧 "천지"를 지으시고 또한 소유하신 분으로 이해되었다(창 14:18-19).

하나님에 대한 이 확신은, 당신과 나를 포함해 모든 "자연"의 실체가, 그 존재와 놀라운 질서와 위엄이, 자신이 아닌 외부의 힘에 의존하고 있다는 보편적 이해나 느낌에 그 기초를 두고 있다. 자연의 물체나 사건 가운데 저절로 생겨나거나 자력으로 지탱하는 것을 우리는 한번도 본 일이 없다. 반면에, 음식이나 가구나 컴퓨터나 비행기 따위의 제작에서 인간의 사고와 설계가 차지하는 역할이라면 익히 잘 알고 있다. 그러므로 인간이 자기 주변에 존재하는 모든 것들 속에서 "지극히 높으신 하나님"을 발견하는 것은 매우 자연스런 추론이며 실제로 인간은 언제나 그런 추론을 해왔다.

베드로와 바울과 함께 같은 시대를 살았던 유명한 그리스 철학자 에픽테투스(Epictetus)는 이렇게 말했다. "감사를 아는 겸허한 마음에는 무엇이든 단 한 가지 피조물로도 신의 섭리의 증거로 충분하다."[9] 바울도 모든 인류는 타락의 정도와 무관하게 여전히 책임이 있다고 말한다. 하나님이 자연의 실체 속에 분명히 보이기 때문이다. "창세로부터 그의 보이지 아니하는 것들[이]…… 그 만드신 만물에 분명히 보여 알게 되나니"(롬 1:19-20).

로마서 좀더 뒷부분(10:18)에서 그는 "그리스도의 말씀" 자체, 즉 복음을 시편 19편이 말하는 자연으로부터 나와 "세계 끝까지" 이르는 하나님의 말씀과 동일선상에 놓고 있다. 모든 시대를 거쳐 오늘에 이르기까지 위대한 사상가들은 언제나 이것이 올바른 사고라는 확신이 있었다.

그러나 자연을 통해 창조주를 발견함에 있어 이성의 과정이 중요하고 결정적인 것이기는 하지만, 거기에 이성만 개입되는 것은 아니다. 대부분의 사람들의 경우 자연을 통한 하나님 발견은 **추론**보다 **느낌**을 통해 올 수 있다. 마치 우리가 옆 사람의 생각과 감정과 존재를 "느낌"으로 알거나 "읽을" 수는 있어도 **추론**은 어려운 것과 같다.

이 상황에 대한 최고의 표현을 많은 이들이 시인 워즈워스(William Wordsworth)의 말에서 찾는다.

9장 _ 그리스도를 닮기 위한 교육 과정

나는 한 임재를 느꼈다.

그러자 고결한 생각의 기쁨으로 마음이 현란해졌다.

또, 어디에나 속속들이 배어 있는 한 존재에 대한

숭고한 의식을 느꼈다.

그 존재의 거처는 저무는 햇살,

둥그런 바다와 숨쉬는 대기,

파란 하늘과 인간의 마음.

그리고, 한 움직임과 한 영을 느꼈다.

모든 생각하는 존재와 모든 생각의 대상의 동인이

만물에 가득 넘쳐흐른다.[10]

결국 요지는 이것이다. "듣고 행하는" 반석 위의 삶을 훈련함에 있어, 예수의 제자들의 마음에는 "천지를 지으신 전능하신 하나님 아버지"의 임재가 반드시 느껴져야 한다. 그분의 아름다우신 영광을 볼 수 있어야 하며, 강한 사랑으로 줄곧 그분께 마음이 끌려야 한다. 이것은 반드시 없어서는 안될 중요한 부분이며, 거기에 힘입어 우리는 마음과 목숨과 뜻과 힘을 다하여 그분을 사랑할 수 있게 된다.

정직하고 철저하게 구하고 가르침

물론 구하고 가르치는 중에 우리는 제자들에게 모든 용어-**하나님, 아버지, 창조자**-를 최대한 신중하고 자세하게 소개할 것이다. 이것을 위해 성경에 들어 있는 개념의 보고(寶庫)와 세상에 소개된 인간의 탁월한 사고와 저작들을 사용할 것이다. 무엇보다 중요한 것으로, 우리는 이미 받았거나 지금 받고 있는 다른 분야의 모든 교육과의 상호 연관 속에서 신중하게 이 작업을 해나갈 것이다.

이어 우리는 우리가 가르치는 이들의 반응을 기도하는 마음으로 경청한다. 우리는 모든 질문을 독려한다. 마음에 찾아드는 의문을 정직하게 다루는 것만이 굳건하고 건강한 믿음에 이르는 유일한 길임을 분명히 한다. 우리는 **절대로** 어려움을 가볍게 여기지 않으며, 가장 진지한 자세로 문제를 대하고, 의문과 회의가 있는 자에게 조금이라도 면박을 주거나 수치를 느끼게 하지 않을 것이다. 당장 들려줄 답을 모르거든 솔직하게 사실 그대로 말할 것이다. 그러고는 돌아가, 공부와 대화와 기도를 통해 답을 찾을 것이다.

공부하고 가르칠 때마다 우리는 자신의 마음과 듣는 이들의 마음속에 생기는 어렵고 모호한 문제에 최선의 주의를 기울일 것이다. 의미가 와 닿지 않는 것은 무엇인가? 이해되지 않는 부분은 무엇인가? 입증이나 증거에 관한 의문도 가볍게 여길 것은 아니지만 이런 명료하지 못한 부분이 그보다 더 중요하다. **제자**의 경우, 심중에 확실하지 않은 부분은 대부분 이해가 부족해서 생각이 명료하지 않은 결과다. 그것은 확신과 사랑을 가로막는다. 그러므로 우리는 마음에서 그런 것들이 깨끗이 사라질 때까지 결코 쉬지 말아야 한다.

물론 이런 일을 할 때 우리는 자신의 지혜와 능력만 의지하는 것이 아니라 예수의 제자들 안에 끊임없이 역사하시는 진리의 성령의 도움을 바라며 해야 한다. 무슨 일을 하든 성령과 함께한다는 것을 알고 한다. 뿐만 아니라 예술과 상상력, 시와 노래, 찬양, 기도, 예배 등을 통한 마음과 영혼의 개발도 함께 병행한다. 이 모두가, 모든 실체 중 가장 사랑스러운 대상이신 하나님을 알아 가는 우리의 마음에 도움이 되는 것들이다.

9장_ 그리스도를 닮기 위한 교육 과정

신학의 검증: 하나님을 향한 사랑

오늘날 기독교 신학에서 보다 자유주의 진영 쪽인 좌익의 독소는, 하나님을 실제로 사랑의 대상으로 제시하지 못한다는 점이다. 이들은 사랑에 대해—특히 공동체, 존중, 해방 등의 개념과 관련지어—많은 말들을 하지만, 결국 남는 것은 "사랑을 사랑한다"는 노래 가사 같은 것밖에 없다.

사랑 자체가 사랑의 대상이며, 많은 경우에 있어 사랑이란 특정한 연대 의식에 지나지 않는다. 그러고는 사랑이신 하나님에 대해 몇 마디 말을 덧붙인다. 그러나 사실상 이들이 전하는 내용은 사랑이 **궁극적**이라는 것이다. 신약성경에 예수를 통해 계시된 하나님과는 사뭇 다르다. 하나님의 사랑은 인간이 알고 있는 어떤 사랑과도 같지 않음을 성경은 분명히 보여주고 있다.

근본적으로, 하나님을 역사적 계시와 분리시켜 생각하려는 현대의 시도는 19-20세기 현대 철학의 철저한 기만의 산물이다. 이 철학은 하나님을—어쩌면 모든 것을—아는 것을 단순히 불가능한 일로 만들어 놓았다. 실은, 웃음거리로 만든 셈이다. 그것 때문에 사람들은 예수의 말씀과 전통을 대할 때에도 그분을, 우리가 전 존재를 다해 사랑할 수 있는 분이신 인격적 하나님께로 우리를 인도할 수 없는 분으로 보게 된다.

그러나 우익 신학도 이보다 별로 나을 바 없다. 우익 신학은 올바른 교리나 전통을 가진 것으로 만족하면서, 우주의 하나님을 향한 불타는 사랑과 기쁨과 헌신으로 나아가지 않은 채 거기서 멈춘다. 그런 것들은 필수 요소가 아닌 것으로 간주된다. 우리에게는 이미 정답이 있기 때문이다. 다른 한편으로는, 순수하게 전심으로 하나님을 사랑하는 자리로 나아가는 방법에 대해서도 우리에게 주어진 모본과 가르침이 별로 없다.

결국 모든 신학을 검증할 테스트는 바로 이것이다. 그 신학에서 제시하는 하나님이, 우리가 마음과 목숨과 뜻과 힘을 다하여 사랑할 수 있는 분인가? "별로 그렇지 않다"가 신중하고 솔직한 답이라면 우리는 방향을 바꾸거나 깊이를 더해야 한다. 우리의 접근이 아무리 지적으로, 교리적으로 정교해도 소용없다. 보통 사람들 앞에 하나님을 **사랑의 대상**-밝고 행복하고 친절한 분, 다가갈 수 있는 분, 절대 유능한 분-으로 제시하지 못한다면, 우리는 잘못된 길로 가고 있는 것이다. 같은 방향으로 계속 가서는 안된다. 돌아서 다른 길을 택해야 한다.

좌익이든 우익이든 혹은 알려진 비교의 척도가 없는 자이든, 하나님은 모든 신학자를 사랑하시며 그들 각자에 대해 놀라운 뜻을 품고 계신다. 그들은 우리의 이웃이며 우리는 하나님의 비전과 사랑을 그들에게 나누어야 한다. **그들도** 하나님을 사랑해야 한다. 하나님을 사랑하지 않는 신학자는 큰 위험에, 큰 해를 끼칠 수 있는 위험에 처해 있다. 신학자는 하나님을 알아야 하며 그분에 대한 확실한 믿음이 있어야 한다.

신앙 공동체에 속한 자이든 아니든 그들은 인간이며, 인간이 대체로 그러하듯 그들도 무엇보다 하나님에 대해 가장 많이 생각한다. 그러나 그들도 하나님을 바로 이해하지 못하면 그분을 믿을 수 없다. 많은 경우 그들에게 필요한 것은 증거나 입증이 아니다. 그들 스스로 자신과 세상에 대해, 옳든 그르든 알고 있다고 생각하는 부분과 관련해서 그들에게 하나님을 의미 있게 제시해 줄 사람이 필요하다. 그렇게 단언하는 분명한 이유는, 하나님이 자신을 직접 계시하시거나 특히 예수를 통하지 않고서는 될 수 없는 일이기 때문이다.

두 가지 해로운 신화
안타깝게도 예수를 위한 제자훈련의 이 부분과 관련하여 지금도 많은 신화가 기승을 부리고 있다. 그중 하나는, 창조주로서 하나님에 대한 문제는 최근 "과학 지식"의 진보를 통해 부정적인 쪽으로 이미 결론이 났으며, 따라서 아무리 자연 질서—그 밖에 있을 수 있는 모든 것—를 살펴봐도 하나님에 대해 이렇다할 내용을 전혀 알 수 없다는 개념이다.

그러나 100년 전만 해도 이런 문제를 긍정적인 쪽으로 보는 것이 일반적인 가정이었다. 하나님을 자연에 분명히 임재하는 존재로 본 것이다. 이런 긍정적 답은 통상 각급 학교에서 **지식**으로 가르쳐졌으며, 이견의 목소리는 별로 들리지 않았다. 물론 이견을 내세우는 자들은 곱지 못한 대우를 받곤 했다.

지금은 상황이 거의 정반대로 바뀌었다. 그러나 이전의 긍정적 답이 때로는 정확한 사고—사실 그것이 필요하지도 않았지만—보다는 순순히 믿으려는 마음에 그 근거가 있었던 것처럼, 지금 우리 문화를 지배하는 부정적 "답"도 주로 사회적으로 강요되는 불신의 마음에 근거를 두고 있다. 자연에서 하나님을 찾지 않는 그런 부정적 답은, 과연 사회적 조건화의 도움을 절실히 필요로 한다.

앞에서도 비슷한 대목에서 언급한 것처럼(3장) 지난 세기 동안 본질은 절대 조금도 달라진 것이 없다. 하나님, 세상, 인간에 대한 기본적인 이슈들은 특히 그렇다.[11] 다만 이 책에서는 이 정도로만 말할 수 있다. 즉 하나님을 창조주로 믿는 이유를 말하건대, 이전 시대에 좋은 이유였던 것들은 지금도 여전히 좋은 이유가 된다. 또한 예수의 제자를 훈련하는데 있어서도 우리는 그런 이유를 철저하고 신중하게 제시해야 할뿐 아니라 모든 적절한 방법으로 언제나 가장 새롭게 해야 한다.

부정적 편견이 지금 왜 그렇게 강한지 알려거든, 인간의 모든 전문 지식 체계가 하나님을 고려 대상에서 **배제**하는 데 행사하는 엄청난 기득권을 보면 된다. 하나님을 배제하지 못하면 그 전문 지식이 제시하는 지식과 실체는 거짓이 되고 만다. 하나님은 전혀 지식 체계의 일부가 아니다. 앞서 말한 것처럼, 어느 지식이나 실무 분야를 막론하고 현재 인간의 능력을 인정하는 데 하나님이 들어설 자리는 전혀 없다.

그러나 이 우주가 정녕 하나님의 우주일진대, 현대 지식의 거장들은 인간 역사상 그야말로 최대의 실수를 저지른 것이다. 지구가 평평하다든지 달에 토끼가 있다고 믿는 것도 그들의 실수에 비하면 아무것도 아니다. 현대 "지식"의 거장들을 옳다고 믿는 것은, 곧 진정한 실체로부터 영적인 하나님과 영적인 삶을 빼 버리는 것이다. 영적인 것을 환상으로 만드는 것이다. 지난 2-3세기의 "진보된 생각"이 그 환상을 입증하는 일에 매달려 왔다. 그러므로 우주를 하나님의 우주로 알리고 우리의 존재를 그분의 피조 세계의 일부로 밝히려는 싸움은 끊임없이 계속돼야 한다. 우리는 옆으로 물러설 수 없다. 사람들을 "듣고 행하는" 자로 훈련하는 우리는 이런 근본 문제에 대해 사랑과 지식을 좇아 열린 자세로 맞서야 한다.

여기서 언급해야 할 또 하나의 해로운 신화는, 창조주 하나님에 대한 문제를 제대로 다루려면 심오한 전문 학자가 돼야 한다는 개념이다. 물론 우리에게는 전문 학자들이 필요하며 우리는 그들을 소중히 여기고 기도해 주어야 한다. 오늘날 예수의 사람들 중에 그런 학자들이 부족하다. 어쩌면 당신이 그런 학자가 돼야 할지도 모른다. 그러나 피조물을 통해 사랑스러운 하나님을 제시하는 사역은 기본적으로 **목회적인** 일이다. 친구나 이웃인 우리들의 일이다. 전문 학자들이 도와줄 수는 있지만, 그 일을 하기로 결단하고 자료 내용에 충실하며(즉, 충분한 시간을 들여 공부하며) 거기에 제시되는 삼위일체 하나님의 협력에 의지하는 교사라면 누구나 할 수 있는 일이다.

그러나 "반석 위의" 믿음으로 나아갈 때 우리가 잊지 말아야 할 것은, "행함"—또는 행함의 결핍—이란 곧 신념의 산물이라는 사실이다. 그러므로 사람들을 "모든 것"을 행하는 자로 훈련하려면 그들의 신념을 바꾸어야 한다. 그럴 때에만 그들의 사랑을 바꿀 수 있다. 신념은 그대로 둔 채 성품이나 행동을 바꿀 수는 없다. 그것이 가능하다는 생각은 서구 문화의 중대한 착각 가운데 하나로, 단지 문화적 형태의 기독교에서 나온 것이다. 우리는 그 착각을 따라 일할 수 없다. 물리쳐야 한다.

처음 제자가 되게 할 때 사람들의 신념을 바꿔 주어야 하듯, 그 제자들을 충만하고 풍요로운 천국 생활—순종은 그 부산물이다—로 자라 가게 하려면 무엇보다 신념을 변화시켜야 한다. 제자들에게 이 우주가 정말 하나님의 세계라는 지식과 확신을 갖게 도와주는 것이야말로 "마음을 다하고 목숨을 다하고 뜻을 다하고 힘을 다하여 주 너의 하나님을 사랑"하는 자리로 크게 도약하도록 하는 것이다(막 12:30).

예수는 그것이 일차적인 "첫째" 계명이라고 하셨다. 그 사랑이 제자리에 있을 때 "듣고 행하는" 것을 포함해 다른 모든 중요한 것들은 자연히 따라온다는 사실을 아신 것이다. 지식을 바탕으로 뜨겁게 하나님을 사랑하는 것이 그리스도를 닮기 위한 교육 과정의 첫번째 목표가 돼야 하는 이유가 여기에 있다. 하나님이 제자들의 마음속에 "미쁘신 조물주"(벧전 4:19)로 항상 분명하게 임재할 때, 그 목표는 실질적으로 이루어진다.

2. 예수와 그 백성의 하나님

피조 세계를 통해 하나님을 아는 것이 그분을 향한 사랑의 기초이기는 하지만 그것만으로는 충분치 않으며 본래 하나님의 의도도 그렇지 않다. 그것은 하나님의 사랑, 특히 인간을 향한 그분의 사랑의 깊이를 밝혀 주는 데는 자격 미달이다. 이 모습 이대로의 인간을 향한 하나님의 "아버지 심정"도 선명히 보여줄 수 없다. 그러나 "미쁘신 조물주"는 자신을 추측의 대상으로 그냥 놓아두시지 않는다. 그분의 사랑은 우리를 찾아온다. 성경에 계시된 처음부터 시작해 하나님은 인간을 인격적으로 복주시고 얼굴을 맞대는 관계로 만나 주시며, 그 관계는 주기적인 방문을 통해 새롭게 된다(창 1:27-31, 2:7-3:8).

이것은 성경 기자들로 하여금 인간의 본질에 대해 의문을 품게 할 만큼 파격적인 대우다. 시편 기자는 노래한다. "사람이 무엇이관대 주께서 저를 생각하시며 인자가 무엇이관대 주께서 저를 권고하시나이까? 저를 천사보다 조금 못하게 하시고 영화와 존귀로 관을 씌우셨나이다. 주의 손으로 만드신 것을 다스리게 하시고 만물을 그 발 아래 두셨으니"(시 8:4-6).

아버지께 등을 돌려 자기들이 우주의 왕좌를 차지할 때에도 하나님은 계속 인간을 찾아오셔서 각 방면으로 그들의 구원을 준비하신다. 이것은 천사들도 모르는 일이다(벧전 1:12). 천사들은 구속받은 인간 공동체의 영원한 임재를 통해 하나님의 본질을 오는 여러 세대에 계속 배워 알게 될 것이다(엡 2:7, 3:10). 하나님은 모든 인간 개개인과 관계하실 뿐 아니라(요 1:9; 행 10:30-31, 14:17; 롬 1:14-15) 언약 백성을 통해 인간 역사에 공적인 임재로 자리하신다. 그 임재 속에서 그분은 당신을 찾고자 하는 이 땅의 모든 인간들에게 구체적 실체가 되신다.

구속 백성의 역사적 전통 속에서 창조와 언약이 어떻게 하나가 되는지 느헤미야 9:5-38의 장엄한 기도에 잘 표현돼 있다. 백성들이 모여 언

9장_ 그리스도를 닮기 위한 교육 과정

약을 지키지 못한 중죄를 회개하며 자신들을 포기하지 않는 은혜의 하나님 앞에 새로운 다짐을 드리는 장면이다. 기도의 첫머리는 7장에서 공부한 것처럼 하나님을 "부르는" 부분이다. 이 부름에 담긴 두 가지 중요한 요소가 정확히 창조와 언약이다.

창조 "오직 주는 여호와시라. 하늘과 하늘들의 하늘과 일월성신과 땅과 땅 위의 만물과 바다와 그 가운데 모든 것을 지으시고 다 보존하시오니 모든 천군이 주께 경배하나이다"(6절).

언약 "주는 하나님 여호와시라. 옛적에 아브람을 택하시고 갈대아 우르에서 인도하여 내시고 아브라함이라는 이름을 주시고"(7절).

이름을 바꿔 주신 것은 이제 아브람을 통해 "땅의 모든 족속이……복을 얻을 것"이기 때문이다(창 12:3). 아브라함 그리고 그로부터 대대로 이어져 내려오는 믿음의 전통은, 하나님의 아버지 심정의 본질이 만인에게 알려지는 **역사상 공적으로 지정된 장소**가 될 것이었다.

물론 이후에 아브라함의 자손인 예수를 따르게 될 이들―바울이 아브라함의 씨라 부른―은 자신들을 아브라함 언약의 지속과 성취로 이해했다. "새 언약" 곧 "신약"의 참예자로 본 것이다. 그들이 예수를 통한 언약의 전환과 지속을 어떻게 이해했는지 신약 사도행전의 앞장에 잘 나와 있다. 또한 그들의 기도 역시 느헤미야 9장에서 본 창조-언약의 연합을 동일하게 보여주고 있다.

그래서 사도행전 4장에서 사도들과 및 함께 있던 자들은 당국의 엄한 위협에 이렇게 반응한다. "하나님께 소리를 높여 가로되 '대주재여, 천지와 바다와 그 가운데 만유를 지은 이시요'"(24절). 이어 그들은 위대한 옛 언약의 왕 다윗의 말을 인용한다. 거기서 다윗과 "하나님의 기름부으신 거룩한 종 예수" 사이에 연합이 이루어진다(25-30절). 그러자 하나

님은 이 새 언약의 백성들에게 그들이 모인 곳을 진동시키사 성령 충만
케 하심으로 응답하신다. 그리하여 그들은 "담대히 하나님의 말씀을 전"
하게 된다(31절).

그리스도의 얼굴에 나타난 하나님의 영광

따라서 우리는 제자들로 하여금 예수의 인격을 보고 이해하게 함으로
써, 그들 마음에 하나님의 측량 못할 은혜와 관용과 지극히 선하심을 드
러낼 수 있다. 어둡고 지친 그날 밤, 예수가 들려주신 많은 말씀 때문에
그의 몇몇 제자들은 마음이 혼란스럽고 어지러웠다. 빌립이 불쑥 말한
다. "주여, 아버지를 우리에게 보여주옵소서. 그리하면 족하겠나이다"
(요 14:8). 예수는 참을성 있게 답하신다. "빌립아, 내가 이렇게 오래 너희
와 함께 있으되 네가 나를 알지 못하느냐? 나를 본 자는 아버지를 보았거
늘"(9절). 빌립에게나 다른 제자들에게 이것이 분명 사실이기에는 너무
나 꿈 같은 일이었다. 예수의 성품이 정말 하나님의 성품일 수 있을까?
충격의 답은 "과연 그렇다"는 것이다.

그렇다면 하나님을 사랑하는 비결은 곧 **예수를 보는** 것이다. 최대한
온전하고 명료하게 그분을 마음으로 만나는 것이다. 제자훈련의 취지를
살려 우리는 이것을 네 가지 중요한 측면으로 구분할 수 있다.

첫째, 우리는 한 인간으로 우리 가운데 사시던 그분의 아름다움과
진리와 능력을 가르친다. 복음서가 제자들의 마음에 영원한 임재요 소
유가 되도록 그 내용을 설명하고 그 뜻을 살려 내야 한다.

둘째, 우리는 그분이 우리를 위해 다른 죄수들 사이에 끼어 평범한
죄수로 처형당하신 사실을 가르친다. 그 원리는 정확히 이해하지 못해
도 좋다. 신학에서 말하는 구속(redemption)을 스스로 완전히 깨달았

9장_ 그리스도를 닮기 위한 교육 과정

다고 생각하는 자는 분명 나중에 깜짝 놀라게 될 것이다. 신학적 교만이 이 주제보다 더 흔히 나타나는 곳도 없을 것이다. 그러나 그 **사실** 자체는 언제나 마음에 두어야 한다. 십자가를 걸거나 매고 다니는 참 이유가 여기에 있다. 십자가를 둘러싼 모든 잘못되고 왜곡된 연상에 대해 오늘도 십자가는—매고 있는 본인이 모를지라도—말한다. "나는 예수의 고난과 죽음으로 사신 바 되어 이제 하나님께 속한 자다. 지금 나 자신이 한 부분으로 속한 하나님의 모략(the divine conspiracy)은 십자가의 형태로 인간 역사 위에 우뚝 서 있다."

제자들 개개인의 영혼에는, 우리 모두에게 하나님의 생명을 얻게 하시려고 우리 가운데 사시고 참혹한 죽임을 당하신 이 놀라운 인격의 실체가 지울 수 없이 각인돼 있어야 한다. 그것은 우리 의식의 영역 밖으로 **절대** 밀려날 수 없는 것이다. 바울은 말했다. "우리가 아직 죄인 되었을 때에 그리스도께서 우리를 위하여 죽으심으로 하나님께서 우리에게 대한 자기의 사랑을 확증하셨느니라"(롬 5:8).

하나님의 계시에 대한 기독교만의 배타성(exclusiveness)이 여기에 있다. 하나님이 모든 인간, 심지어 자기를 미워하는 이들까지 찾아가시려고 그 아들을 십자가에 죽게 하셨다는 것을 깨닫지 못하는 자는, 누구도 우주의 하나님의 마음과 뜻을 제대로 볼 수 없다. 그것이 하나님이다. 그러나 그것은 단지 신학적 문제에 대한 "정답"이 아니다. 하나님이 십자가에서 긍휼로 **나를** 바라보시며 내 길을 예비하신다. 지금 내 모습이 어떠하든, 그분은 바로 거기서 시작하여 한평생 내 손을 잡고 동행하실 변치 않는 마음의 준비가 돼 있다.

인간 개개인을 향한 예수의 죽음의 의미에 대한 바울의 깨달음이 로마서 8:31-39에 황홀할 정도로 섬세히 묘사되어 있다.

만일 하나님이 우리를 위하시면 누가 우리를 대적하리요? 자기 아들을 아끼지 아니하시고 우리 모든 사람을 위하여 내어주신 이가 어찌 그 아들과 함께 모든 것을 우리에게 은사로 주지 아니하시겠느뇨? 누가 능히 하나님의 택하신 자들을 송사하리요? 의롭다 하신 이는 하나님이시니 누가 정죄하리요? 죽으실 뿐 아니라 다시 살아나신 이는 그리스도 예수시니 그는 하나님 우편에 계신 자요 우리를 위하여 간구하시는 자시니라. 누가 우리를 그리스도의 사랑에서 끊으리요? 환난이나 곤고나 핍박이나 기근이나 적신이나 위험이나 칼이랴.…… 그러나 이 모든 일에 우리를 사랑하시는 이로 말미암아 우리가 넉넉히 이기느니라. 내가 확신하노니…… 다른 아무 피조물이라도 우리를 우리 주 그리스도 예수 안에 있는 하나님의 사랑에서 끊을 수 없으리라.

이 찬란한 말씀에 비추어 훈련받는 제자들의 영혼에 새겨져야 할 예수의 인격의 나머지 두 가지 측면도 이미 가늠할 수 있다.

셋째, 우리는 부활하신 예수의 실체, 지금 그 자신의 사람들 속에 한 인격으로 임재하시는 그분의 사실적 실존을 가르친다. 그분의 '에클레시아'(ecclesia), 즉 부족하지만 영광스러운 불러냄을 받은 무리 속에 거하시는 그분을 제시한다. 우리는 그분을, 교회사의 많은 놀라운 시점들을 거쳐 첫 부활절 아침의 그 신비로운 만남으로까지 추적해 올라갈 수 있다. 그러나 동시에 그 자신의 제자들 속에 지금 살아 계신 그분의 모습도 보여줄 수 있다. 예수의 실체는 본질적으로 그분 자신의 사람들 속에 계시된다.

그러므로 예수와 아버지를 온전하게 사랑하여 "듣고 행하는" 반석 위의 삶을 살려면, 우리의 마음이 그 자신의 모인 무리 가운데 **계속해서**

9장_ 그리스도를 닮기 위한 교육 과정

성육신하시는 성자 예수로 가득 차야 한다. 시공을 초월하여 모든 종류의 사람들이 그분과 동거하며 그분을 사랑하고 섬기고 전하고 기뻐했으며 지금도 그리하고 있음을 알 때, 그분을 향한 우리의 사랑은 한층 더 깊어진다.

넷째, 우리는 창조된 우주와 인간 역사의 주인이신 예수를 가르친다. 그분은 물리적 우주가 의존하고 있는 모든 원자와 분자와 쿼크와 "초끈"까지 다스리는 분이다.

오랜 세월 동안 인류는 실체에 대한 궁극적 기초를 통제할 꿈을 꾸어 왔다. 약간의 진보가 있었거니와, 그것이 인류의 운명의 방향이라는 확고한 의식을 그대로 유지하고 있다. 이것이 과학기술 활동의 신학적 의미다. 과학은 언제나 인간의 문제를 해결하는 도구로 자처해 왔다. 그러나 신학적 기반이 없으면 궤도를 이탈해 우상이 되고 만다.

그러나 예수는 말씀을 통해 이 모든 것의 주인이 되신다. 사탄은 예수를 유혹하며 자기가 이 땅의 모든 나라를 소유하고 있다고 떠벌렸다. 그러나 그의 본성답게 그것은 거짓이었다. 거짓은 그의 유일한 희망이다. 이 땅의 만왕의 왕도 예수 자신이요, 잠시 선하신 뜻이 있어 사탄과 악에게 인간에 대한 영향력을 허락하신 분도 그분이시다. 물리적 우주의 궁극 법칙을 유지하고 조종하시는 분은 바로 '**로고스**'(*Logos*)이신 예수다.

우리를 향하신 예수의 사랑과 그 놀라운 인격을 이 모든 방식으로 철저히 제시할 때, 제자들은 그분을 흠모할 수밖에 없다. 그분의 사랑과 아름다움이 우리의 삶을 가득 채우게 된다. 브레넌 매닝(Brennan Manning)이 프란체스코회에 입회하던 날, 한 나이 든 수사가 그에게 이렇게 말했다. "일단 예수 그리스도의 사랑을 알게 되면 세상 어느 것도 멋있어 보이거나 탐나지 않게 된다오."[12]

이것이 열쇠임을 예수는 아셨다. 그분의 계명을 지키는 것이야말로 그분을 향한 사랑의 진정한 증표였다. 계명의 순종을 실제로 가능하게 한 것이 바로 그 사랑이기 때문이다. "사람이 나를 사랑하면 내 말을 지키리니 내 아버지께서 저를 사랑하실 것이요 우리가 저에게 와서 거처를 저와 함께 하리라"(요 14:23).

3. 제자의 인생 여정에 나타나는 하나님의 손길

제자들을 마음과 목숨과 뜻과 힘을 다하여 주님을 사랑하는 자리로 이끌어 주는 데 필요한 세번째 가르침의 영역은, 우리 자신의 실존 곧 육신의 출생과 이후의 인생 여정의 삶이 선한 것이라는 사실과 관련돼 있다.

우리의 "미쁘신 조물주"요 "예수 그리스도의 얼굴에" 나타난 하나님은 사랑스럽고 위엄 있는 분이다. 그러나 그것이 우리가 그분에 대해 아는 전부라면, 그분은 멀리서만 흠모하고 경배해야 할 대상으로 남아 있을 것이다. 제자들이 기쁨이 가득한 마음으로 하나님을 사랑할 수 있으려면 자신의 삶을 온전히 선(善)의 틀 안에서 보아야 한다. "본다"는 말은 너무 강할지 모른다. 물론 그것이 우리의 소망이 되어야 하지만 말이다. 적어도 제자들은 마음 깊은 곳에 자신의 삶이 선한 것일 수밖에 없다는 확신이 있어야 한다. 제자들에게 "모든 것을 가르쳐 지키게" 하는 이들은 이런 확신을 심어 주는 것을 목표로 삼아야 한다.

아시시의 성 프란체스코를 통해 어려서부터 예수께 삶을 온전히 헌신한 성 클라라(Clare)는 죽기 전에 마지막으로 이렇게 고백했다. "주 하나님, 나를 창조하신 것을 찬송하나이다!" 이것이 예수의 제자의 매일의 호흡이 되어야 한다.

9장_ 그리스도를 닮기 위한 교육 과정

죽음을 앞에 둔 성 클라라에게 레이날도 수사가 질병의 고통을 조금만 더 참고 견디자고 말하자 성 클라라는 이렇게 답했다. "사랑하는 형제님, 예수님의 종 프란체스코를 통해 내 주 예수 그리스도의 은혜를 깨달은 이후, 나는 어떤 고통도 괴롭지 않았고 어떤 참회도 힘들지 않았고 어떤 질병도 어렵지 않았습니다."

그러고는 그 마지막 고백이 흘러나오기 전 성 클라라의 영혼에 이런 속삭임이 들려왔다. "네 가는 길을 안전히 호위하리니 평안히 떠나라. 지금까지 너를 지켜 오셨고 어머니가 아이를 사랑하듯 사랑해 오신 그분께 담대히 가거라."[13]

나라는 존재가 선한 것이라는 절대적 확신이 없는 한, 우리는 결코 하나님을 쉽게 막힘 없이 사랑할 수 없다. 그 사랑의 자연스러운 결과로 예수께 순종할 수도 없다. 시대와 장소와 나를 낳아 준 부모 등 나에게 주어진 길이 선한 것이며, 하나님의 충만한 세상에서 나의 가는 길에 구제 불가능한 사건은 일어나지도 않았고 일어날 수도 없다는 사실에 대해 우리는 조금의 의심도 없어야 한다.

이 점에 대해 조금이라도 의심이 있으면 그런 생각이 득세하여 우리의 영혼을 마비시킨다. 즉 하나님의 계명은 어디까지나 그 자신의 유익과 편의를 위한 것이요 결국 우리 몫은 우리가 챙겨야 한다는 생각에까지 이르게 된다. 유명한 그리스도인들의 (이 점에 관한 한 무명의 그리스도인들도) "도덕적 실패"를 잘 살펴보면 언제나 그런 개념이 바닥에 깔려 있음을 볼 수 있다. 그들에게는 하나님이, 그분의 풍성한 공급을 기대하지 말고 "자기 일은 자기가 알아서 하라"는 식의 봉사를 요구하는 분으로 비쳐진다. 결과는 사랑이 아니라 하나님께 대한 적개심이다. 그런 마음 상태에서 사랑의 행위를 지속적으로 한다는 것은 불가능한 일이다.

제자가 개발해야 할 믿음과 사랑의 아름다운 본을, 구약 인물 요셉에게서 찾을 수 있다. 요셉의 기사는 창세기 37-50장에 실려 있다. 요셉은 어려서부터 자신이 복 받은 자라는 의식이 있었고, 바로 그런 마음 때문에 하나님께 온전히 신실함을 지킬 수 있었다.

시기하는 형들에게 맞고 노예로 팔려 가서(37:18-36) 그의 곧은 도덕성 때문에 누명을 쓰고 몇 년씩 감옥에 갇혀 잊혀진 신세로 지내면서도(39:7-23), 그는 하나님 앞에서 자신의 삶이 선한 것이라는 확신을 잃지 않았다. 후에 이집트의 총리가 된 그는 형들의 배반에 대해 이렇게 말할 수 있었다. "당신들은 나를 해하려 하였으나 하나님은 그것을 선으로 바꾸사"(창 50:20).

우리의 평안과 기쁨을 지켜 주는 것은, 인생 여정에 찾아들 수 있는 모든 악과 고난에 대해 하나님의 우선적인 뜻은 언제나 우리의 유익에 있다는 확신이다. 요셉처럼 자유하여 옳은 길을 갈 수 있으려면 그분의 그 뜻에 대한 확신이 있어야 한다.

부모 공경

우리의 인생이 선한 것이 아니라는 의심은, 대부분 아주 구체적인 문제와 관련이 있다. 바로 부모와 가족, 자신의 몸, 결혼과 자녀, 삶의 기회, 일(work)과 소명(calling)—둘은 같지 않다—그리고 직장 등이다.

인간의 정체성의 핵심에는 가정, 특별히 부모가 자리하고 있다. 부모로 인해 감사하지 않고는 자신의 존재로 인해 감사할 수 없다. 물론 부모가 행한 모든 일에 감사하는 것은 아니다. 그중에는 아주 끔찍한 일도 있을 수 있다. 많은 경우 부모를 인해 감사할 수 있으려면 먼저 부모를 긍휼히 여기는 마음이 필요하다.

십계명의 제5계명은 이렇게 말한다. "네 부모를 공경하라." 그리고 덧붙인다. "그리하면 너의 하나님 나 여호와가 네게 준 땅에서 네 생명이 길리라"(출 20:12). 바울은 "이것이 약속 있는 첫 계명"이라고 지적한다(엡 6:2).

이 약속은 인간 영혼의 실체에 뿌리를 두고 있다. 생명이 길고 건강한 실존은 자신의 존재로 인해 하나님께 감사하는 마음을 필요로 하며, 자신의 생명의 통로가 된 부모로 인해 감사하지 않고는 자신의 존재로 인해 감사할 수 없다. 부모는 나의 정체의 한 부분이다. 부모를 거부하며 분노를 품는 것은 곧 자신을 거부하며 분노를 품는 것이다. 자신을 거부한 결과는 질병과 파멸, 그리고 영적·신체적 죽음이다. 자신을 거부하면서 동시에 하나님을 사랑한다는 것은 불가능한 일이다.

인간 영혼에 자기 거부라는 상처가 치유되지 않을 때 개인과 사회는 모든 종류의 끔찍한 악에 무방비 상태가 된다. 히틀러 같은 이들이 거기서 나온다. 그런 사람이 권좌에 오를 때마다 수백만의 생명이 지구의 조용한 구석에서 소멸되어 죽어 간다. 구약의 마지막 말이 이 심오한 문제를 잘 언급하고 있다. 이 말씀은 앞으로 올 "엘리야"에 대해 이렇게 말하고 있다. "그가 아비의 마음을 자녀에게로 돌이키게 하고 자녀들의 마음을 그들의 아비에게로 돌이키게 하리라. 돌이키지 아니하면 두렵건대 내가 와서 저주로 그 땅을 칠까 하노라"(말 4:6). 이 "마음을 돌이키는 것"은 인간 내면의 깊은 필요에 의해서다. '약속 준수자'(Promise Keepers) 운동이나 기타 개인 및 단체들도 요즈음 들어 이 문제를 제기하고 있다.

그러므로 제자들로 하여금 주님의 말씀을 "듣고 행하도록" 훈련할 때에 대개 한 가지 관건이 되는 것은, 부모를 공경하도록 돕는 일이다. 이것은 절대로 간과해서는 안되는 일이다. 어떤 이들한테는 쉬운 일일 수 있고, 이미 잘 해왔기 때문에 굳이 필요하지 않은 이들도 더러 있다. 그러나 현대 사회에서는 그런 경우가 극히 드물다.

부모 공경의 훈련에는 명확히 구분되는 몇 가지 단계가 있다. 첫째, 모든 제자는 자기 부모의 참모습에, 그리고 부모를 향한 자신의 감정에 솔직해야 한다. 또, 자신이 부모에게 행한 잘못된 태도와 행동을 고백하고 용서를 구해야 한다. 다음으로, 부모를 있는 그대로의 모습으로 받아들이고 긍휼히 여기며 용서해야 한다.

이 모든 일에는 조심스런 조언과 많은 기도가 필요하다. 훈련하는 교사가 현장에 함께 있어야 할 경우도 있고, 특별히 훈련받은 상담자의 도움이 필요할 때도 있다. 오랜 기간을 요하는 경우도 있다. 자녀는 부모를 대할 때 이전의 해로운 방식에 빠지지 않도록 조심해야 한다. 예컨대 억지로 부모의 이해를 받아내려고 한다든가, 끝까지 지지 않고 대들려고 한다든가, 자신이 옳다는 것을 입증하려고 하는 것 등이다. 이런 문제는 단순히 하나님께서 그분의 뜻을 좇아 해결하시도록 그분께 맡겨야 한다.

육체, 사랑과 성, 결혼과 자녀, 일의 성공 등 제자의 삶의 다른 영역들에 대해서도 비슷한 가르침과 훈련과 지도가 필요하다. 각각의 경우, 그 목표는 제자로 하여금 자신의 모습과 소유에 대해 감사할 수 있게 해주는 것이다. 필요한 과정도 거의 동일하다. 즉 정직에서 수용으로, 긍휼과 용서로, 하나님께 대한 감사로, 그리고 자신의 삶의 전 영역을 존중하는 마음으로 발전해 가는 것이다. 이 훈련이 이루어지면 바울의 말의 의미가 온전히 살아난다. "범사에 우리 주 예수 그리스도의 이름으로 항상 아버지 하나님께 감사하며"(엡 5:20). 또 "어떠한 형편에든지 내가 자족하기를 배웠노니…… 내게 능력 주시는 자 안에서 내가 모든 것을 할 수 있느니라"(빌 4:11, 13).

이것은 모든 상처를 치유하시고 만족에 대한 요구를 그치게 하시는 하나님의 영원한 삶에 내가 포함되는 것이다. **내가 거기에 포함된 것**을 분명히 안다면, 한 인간에게 그보다 더 중요한 것이 무엇이겠는가? 나는 **선택**되었다. **하나님**이 나를 택하신다. 그것이 천국의 메시지다.

사사건건 누가 옳으니 더 나으니 하는 문제로 서로 싸우던 고린도 교인들에게 바울은 이렇게 말한다. "만물이 다 너희 것임이라. 바울이나 아볼로나 게바나 세계나 생명이나 사망이나 지금 것이나 장래 것이나 다 너희 것이요 너희는 그리스도의 것이요 그리스도는 하나님의 것이니라"(고전 3:21-23).

물론 예수도 그 자신의 사람들의 개인적인 충만에 대해 동일하게 가르쳐 주셨다(막 10:30). 이 점에 관해 아주 감동적인 말씀이 선지자 이사야의 글에 등장한다. 당시 이스라엘 백성이 아닌 자들은 언제나 "바깥에서 안을 들여다보는" 신세였다. 영영 자신의 일가를 이룰 수 없었던 고자들도 마찬가지였다. 그러나 하나님은 그들에게 말씀하신다. "내가 내 집에서 내 성 안에서 자녀보다 나은 기념물과 이름을 주며 영영한 이름을 주어 끊치지 않게 할 것이며"(사 56:2-5).

또한 욥이 마침내 하나님 앞에 섰을 때, 자기 고난의 의문들에 대해 단 하나의 답도 주어지지 않았음에도 불구하고, 완전한 만족과 안식을 찾았다는 사실에도 주목할 필요가 있다. 그의 의문들은 선한 것이었고 그런 의문을 제기한 것은 죄도 아니었다. 그러나 하나님 자신 앞에서 그런 의문은 전혀 의미가 없었다. 흥미를 잃은 채 자취를 감추고 만다.

이제 이 점을 아주 분명히 하자. 우리의 삶은, 곁으로 비켜서서 '나의 삶이 이것과 달랐다면' 하고 생각할 수 있는 그런 삶이 아니다. 나의 현실 생활을 떠나서는 "나"도 존재하지 않는다. 나는 나의 삶과 분리될 수 없다. 바로 그 삶 속에서 하나님의 선하심을 발견해야 한다. 그것이 안될 때 우리는 그분이 나에게 선하신 분임을 믿지 못하며 따라서 그분과 진정 평안한 관계가 될 수 없다.

우리는 하나님의 선하심과 예수의 신실하심을 지금 내 모습 안에서 찾아야 한다. 그렇지 않고는 하늘 아버지와 독생자를 향한 사랑이 우리의 풍요/순종의 삶의 기초가 되는 것은 불가능한 일이다. 그분들은 나와 함께 내 삶 속에 거하시면서 하나님의 전체 계획에 비추어 내 삶의 모든 영역을 영광스럽게 하기 원하신다(요 14장).

오늘날 많은 이들이 이런 접근은 인생의 쓰라린 사건들에 대해 공정하게 대하는 것이 아니라고 말한다. 성폭행, 무서운 질병, 선천적 신체 장애, 전쟁, 기타 끔찍한 일들의 피해자들은 어떻게 되는가? 그러나 끔찍한 고난을 당했다면 그 고난이 삶의 초점이 되지 않게 해야 한다. 할 수만 있다면 하나님, 하나님의 세상, 그리고 그 안에 포함된 우리 자신의 영광스러운 모습에 초점을 두어야 한다. 자신의 힘으로 안될 때는, 천국의 능력을 얻도록 도와줄 이들을 찾아야 한다. 거기서 비롯되는 감사의 마음은, 다시 구속 및 하나님의 때에 우리에게 주어질 미래로 초점을 향하게 한다. 그 안에서 우리는 다시 한번 자신의 삶을 과거와 현재의 실상 그대로의 기쁨으로 받아들이게 된다.

9장_ 그리스도를 닮기 위한 교육 과정

선한 습관을 체득한다

"우리 몸 안에 있는 죄"의 굴레를 깨뜨림

지금까지 우리는 하나님 자신 안에서, 성육신하신 그 아들의 얼굴에서, 그리고 우리 각 개인의 실존을 선택하시고 돌보심에서, 그분의 아름다우심을 제자들이 보게 해주어야 한다고 말했다. 이것은 그리스도를 닮기 위한 교육 과정의 **두번째 주요 목표**와 나란히 병행돼야 한다. 앞에서 말한 것처럼, 그것은 하나님과 멀어진 세상의 오랜 습성으로 인해 우리의 삶을 지배하는 죄악된 행동의 위력을 깨뜨리는 것이다. 우리는 이런 습관적 행동의 실상을 파악하여 그 손아귀에서 벗어나야 한다.[14]

솔직히 말해 많은 이들이 이것을 불가능한 일로 보고 있다. 로마서 7:14-25에서 바울은 옳은 줄 알면서도 행치 못하는 무력함과 양심 사이에서 갈팡질팡하는 이들의 모습을 묘사하고 있다. 그는 "내 속에 거하는 죄"(17절)를, 내 의식적인 뜻이나 원함(20-24절)과는 무관하게 죄를 행하는 내 몸과 지체의 힘으로 규정하고 있다. 내 몸과 사회의 정황 속에 거할 때 악은 자기만의 생명을 입는다. 에이즈 바이러스가 몸의 세포 안에 살며 번식하는 것과 다르지 않다. 바울이 묘사하는 것은 현실이다. 그러나 많은 사람들이 이 말씀을, 바울이 자신의 삶이 언제나 그랬다고 고백한 것으로 잘못 생각하고 있다.

사실, 그의 서신들과 신약의 나머지 부분에 분명히 나와 있는 것처럼, 그리스도를 만나고 그 안에서 성장한 이후의 바울의 삶은 그와는 전혀 다른 모습이었다. 오해의 출처인 본문 자체(롬 6-8장)의 전체 가정도 그 점을 잘 보여주고 있다.

바울의 가정은 이것이다. "너희는 죄로 너희 죽을 몸에 왕 노릇하

지 못하게 하여 몸의 사욕을 순종치 말고 또한 너희 지체를 불의의 병기
로 죄에게 드리지 말고 오직 너희 자신을 죽은 자 가운데서 다시 산 자
같이 하나님께 드리며 너희 지체를 의의 병기로 하나님께 드리라"
(6:12-13).

오늘날 우리의 문제는 이런 삶이 어떤 것인지 거의 개념이 없다는
점이다. 현대의 모본은 더욱 찾아보기 힘들다. 이제 소비자 기독교는 규
범이 되었다. 소비자 그리스도인들은 용서를 위해 하나님의 은혜를 이
용하고 특별 행사를 위해 교회 예배를 활용하지만, 자신의 삶과 내면의
생각, 감정과 뜻을 천국 통치에 내어놓지는 않는다. 이러한 그리스도인
들은 내면이 변화되지 않은 자들이며 하나님 나라에 헌신되지 않은 자
들이다.

실상이 그렇기 때문에 그들은 비단 "불완전한" 정도가 아니라―우
리 모두는 불완전하지만―바울이 정확히 묘사한 것처럼, 자신이 알고 있
는 선을 일상적으로 진지하게 행할 능력도 의향도 없는 상태에서 벗어
나지 못한다.

그들은 여전히 죄에 **지배**당한다. 죄의 "노예"인 것이다(요 8:34; 롬
6:16). 그들의 삶은 예컨대 두려움, 탐심, 조급함, 이기심, 육체의 욕망 따
위에 지배당한다. 그들에게선 이런 모습이 사라지지 않는다. 그리스도
를 닮기 위한 교육 과정에서 폐지해야 할 목표로 삼아야 할 것이 바로 이
런 모습이다. 그것은 아주 지혜롭고 실제적인 방식으로 행해져야 한다.

"지체 안에 있는 죄"의 정체

"정상적인 인간 실존"의 과정에서 개인을 지배하는 것은 난공불락, 불가
항력의 우주적 세력이 아니다. 이 점을 마음에 확실히 새겨 두는 것이 첫

단계다. 그것은 옛 신학자들의 말처럼 우리를 지배하는 것은 형이상학적 필연이 아니라 인격적 또는 "도덕적" 형태의 속박이다.[15] 우리 앞에 맞선 것이 불가항력의 우주적 악의 세력이라고 생각한다면, 결과는 언제나 굴복과 포기일 수밖에 없다. 대개는 제대로 저항 한번 해보지 않는다. 자신이 무력하다고 믿는 자는 "될 대로 되라"는 식으로 싸움에서 손을 놓는다. 그 편이 한결 쉬워 보인다. 당장은 그렇다. 그렇게 우리는 다시 한번 "정상적" 인간이 될 수 있다. 그러나 곧이어 그 뒷감당을 해야 한다. 그리고 정상적 인간에게 그 뒷감당은 아주 혹독한 것이다.

사실, 천국 바깥의 인간 생활을 지배하는 죄의 습성은 대개가 아주 미약하고 심지어 우스꽝스럽기까지 하다. 그것은 그저 **습관**일 뿐이다. 생각과 감정과 행동의 자동 반응일 뿐이다. 잘못된 행동은 생각 없이 일어나는 것이 보통이다. 바로 그 점이 나쁜 습관에 위력을 더해 준다. 바울이 알았던 것처럼 대체로 나쁜 습관은 우리 몸과 사회적 정황에서 나타나는 현실적 특징이요 모든 인간 자아의 본질적 부분이다. 악습은 대체로 의식적 마음과 고의적인 의지를 거치지 않고 오히려 의식과는 정반대로 치달을 때가 많다. 우리가 저지르는 죄가 신중한 생각의 산물인 경우는 드물다.

우리의 일상적 행동은 의식적 마음과 고의적인 의지의 균형을 무너뜨리며 방어적 태도를 부추긴다. 그 결과 우리는 언제나 **이미** 저지른 일을 처리해야 하는 상황에 처하게 된다. 그때 등장하는 일반적 "죄의 습성"은 또 다른 죄로서, 이미 저지른 죄를 옹호하게 된다. 부정, 왜곡, 합리화 등이 그 좋은 예이며 심하면 다윗 왕처럼 사람을 죽일 수도 있다.

그러므로 잘못된 습관을, 예수의 나라에서 흘러나와 그 능력으로 유지되는 선한 습관으로 대치하기 위해서는, 주로 몸과 그 사회적 정황의 작업이 필요하다. 물론 회개와 믿음으로 내면에 깊은 변화가 먼저 있어야 한다. 그러나 습관의 대치는 "듣고 행하여" 반석 위에 집을 지으려는 모든 이에게 절대 필수 사항이다. 그것이 없다면, 막상 행동의 순간에 옳은 쪽을 택하려는 직접적인 노력도 거의 실효를 보기 어렵다.

우리 "안에" 있는 것

실제 생활에서 악이 존재하는 주요 형태가 바로 몸의 습관이라는 사실은, 앞으로 필요한 교육 과정을 이해하는 데 절대 필수적이므로 우리는 그 점을 강조해야 한다.[16] 악의 형태를 세상에 유행하는 방식대로 자아 외적인 것(사탄, "세상")이나 평범한 일상의 습관 이외의 다른 것으로 보는 한, 우리는 그 악을 결코 처리할 수 없다.

야고보는 시험을 참지 못하고 자신의 시험을 하나님 탓으로 돌리는 이들에 대해 말한다. 시험이 "생기도록" 길을 닦은 것은 물론 자기 자신이다. 야고보는 죄의 시험을 받는 것은 하나님의 문제가 아니라 우리의 내면 상태, 강박적 욕심(에피투미아스, *epithumias*)의 문제임을 지적한다. 그것이 없다면 하나님이라도 사람을 시험하실 수 없다. 그러나 욕심을 받아들여 품을 때 우리는 "욕심을 잉태"하는 것이며, 그것은 "죄를 낳고 죄가 장성한즉 사망을 낳"는다(1:12-15).

우리가 무심코 상황에 대해 보이는 반응은 단순히 우리 몸이 할 줄 "아는" 것의 표현이다. 물론 대부분의 상황에서 그것은 선한 것이다. 그렇게 하라고 존재하는 것이 우리 몸이다. 성인으로서 우리가 하는 일 가운데 몸의 "지식"에 의존하지 않는 것은 거의 없다. 말하기, 부엌일, 집 앞길 운전 따위는 별 생각이 필요 없는 일들이다. 그러나 불행히도 이것은 몸으로 "할 줄 아는" 잘못된 일일 경우에도 똑같이 해당된다.

예수의 가장 교훈적인 말씀 가운데 하나는 십자가를 지시기 전 측근의 제자들과 마지막 만난 자리에서 하신 말씀이다. 그분은 제자들에게 이제 자신이 영적 전쟁에 들어설 것이며, 따라서 그들과 말할 시간이 없게 될 것임을 일러 주신다. 이제 그분을 가장 강력하게 유혹할 권한이 "세상 임금"에게 허용되어, 어떻게든 그분을 시험하여 아버지께 불신을 보이게 하려 들 것이다.

겟세마네 동산의 씨름은 그가 온갖 방법을 동원하여 아버지를 믿지 못하도록 예수의 마음과 감정을 내려친 사건이다. 그분은 거의 죽게 될 지경이었다. 그러나 예수는 제자들에게 이렇게 덧붙이신다. "그는 **내게서** 얻을 것이 아무것도 없다"(요 14:30). 결국 그분이 안전하게 승리할 수 있었던 것은 자신 안에 악한 자를 들여놓지 **않았기** 때문이다.

이것은 실제 상황이다. 내가 내 안에 들어오도록 허용하여 세력을 **내어주지** 않는 한, 아무것도 나를 유혹하거나 죄에 빠뜨릴 수 없다. 내 안에 있는 영적으로 가장 위험한 것은 생각과 감정과 행동의 작은 습관들이다. 우리는 "남들도 다 그렇다"든지 "인간적"이라는 이유로 그런 습관을 "정상"으로 간주한다.

그러나 습관의 욕심을 따르지 않고 "정상적"인 사람들이 할 일을 하지 않아도 큰 문제 될 것은 전혀 없다. 이것은 훈련과 체험을 통해 분명히 확인할 수 있는 사실이다. 처음에는 격분한 습관이 우리가 반드시 죽을 것이라며 "으름장"을 놓지만 우리는 죽지 않는다. 태양은 떠오르고 삶은 계속된다. 그것은 이전에 꿈꾸던 것보다 훨씬 나은 삶이다.

제대로 이해한다면, 성경과 전통이 말하는 "자아에 대한 죽음"이란 단순히 이 사실을 받아들이는 것이다. 그것이 매일의 실존에 적용된 "십자가"다. 이것은 제자들이 자신을 몰아가는 "내 지체 속에 있는 죄의 법"

의 손아귀에서 벗어나기 위해 반드시 배워야 할 중요한 부분이다.

분노, 멸시, "정욕의 눈빛"은 죄의 충동이 지극히 사소한 것임을 잘 보여준다. "시선"은 습관일 뿐이다. 심오할 것도 중대할 것도 없다. 우리는 작은 단서만 있어도 욕정으로 바라보거나 탐심을 품는다. 자신의 경험을 조금만 떠올려 보면 그 단서가 무엇인지 금세 알 수 있을 것이다.

분노와 멸시와 그 밖의 많은 것도 욕정과 마찬가지다. 이것은 중력의 법칙 같은 것이 아니다. 난간을 헛디뎌 떨어지는 것은 습관이 아니다. 몸에 밴 정욕과 분노는 습관이다. 대체로 "나도 어쩔 수 없다"고 말하는 이들은, 인생을 잘 모르거나 "그것"을 버리기로 결단하지 않았거나 둘 중 하나다. 대개는 후자가 많다.

그러나 여기 진정 기쁜 소식이 있으니, 습관의 위력은 깨뜨릴 수 있다는 사실이다. 습관은 바뀔 수 있다. 하나님은 장차 되어질 우리의 모습에 지대한 관심이 있으시기 때문에 우리가 습관을 바꾸는 것을 도우신다. 물론 우리 대신 해주시지는 않는다. 예를 들어 분노나 정욕에 지배당하지 않기로 결단한 자는, 지금까지 분노와 정욕의 습관을 유발하던 "단서"를 오히려 그 습관을 몰아낼 다른 생각과 감정과 행동을 유발하는 기회로 활용하도록 자신을 훈련할 수 있다. (경험 있는 제자훈련자의 도움이 있다면 더 좋다.) 무수히 많은 이들이 실제로 그것을 체험해 왔다.

바로 이것이 앞에서 말한 알코올 중독 방지회 12단계 프로그램에 사용되는 전반적 과정이다. 물론 이것은 알코올 중독 방지회가 발견하거나 고안한 것이 아니다. 그것은 인간 인격의 "법칙"이라 할 수 있다. 그러나 음주를 끊고 건강하게 살겠다는 결단이 없는 자에게는 알코올 중독 방지회 프로그램도 무력한 것이다. 언제나 그렇듯 뜻이 있어야 길이 나온다. 행동의 순간마다 그 뜻이 지지를 얻을 수 있도록 행동과 욕망의 습관에 방향을 바꾸어 주어야 한다.

훈련은 누가 대신해 주지 않는다

여기서 그리스도를 닮기 위한 교육 과정의 근본 진리 하나가 나온다. 사고와 감정과 행동의 가장 기본적 습관을 바꾸기 위해 필요한 훈련은 누가 대신해 주지 않는다. 그러면서도 그것은 우리 힘으로 할 수 있는 일이 아니다. 어떤 삶이든지 만족을 얻으려면 자신을 넘어선 또 다른 힘이 필요하다. 영적인 삶도 그렇다.

"나를 떠나서는 너희가 아무것도 할 수 없음이라"(요 15:5). 예수의 잘 알려진 말씀이다. 그러나 이 말씀은, 일반적으로 "아무것도 하지 않는 것은 곧 그분을 떠난 삶"이라는 통찰과 균형을 잘 이루어야 한다.

분명, 어느 영역에서든 훈련의 결과란 타인에게서 양도될 수 없는 것이다. 하나님의 은혜로 주입되는 경우도 거의 없다. 다른 사람이 내 대신 외국어를 배워 줄 수 없고, 내 근육을 키우려 남이 아령을 들어 줄 수도 없다. 우리의 깊은 도덕성도 남이 대신해 주는 일로 개발될 수 없다. 다른 이들이 도와줄 부분이 있기도 하지만 우리가 행해야 한다. 오랜 기간을 두고 지혜롭게 꾸준히 행해야 한다.

그러나 우리는 혼자 힘으로 "옛 사람을 벗고 새 사람을 입을" 수 없다. 전환과 변화는 우리의 내적·외적 노력과 더불어 몇 가지 요인이 함께 작용한 결과다. 빌립보서 2장의 놀라운 본문에 이 점이 분명히 나와 있다. 바울은 예수의 "마음" 혹은 내면 깊은 성품을 설명하면서 우리도 그 "마음"을 품도록 부르고 있다.

여기서 말하는 마음이나 태도는 다른 이들의 유익을 구하는 사랑하는 종의 마음이다. 이것이 천국의 삶이다. 예수는 자원하여 종의 자리까지, 심지어 다른 이들을 위해 죽으시는 자리까지 자신을 버리셨다. 그것을 통해 그분은 하나님의 삶과 인간의 삶에 최고의 하나됨을 이루셨다. 그분은 주님이시다. 때가 되면 온 우주의 모든 사람이 그것을 시인할 것이다(빌 2:11).

바울은 계속하여, 우리가 복음의 말씀과 예수의 인격을 통해 천국의 삶을 받았다고 말한다. 우리는 그 삶을 선물로 받았다. 그러나 받은 후에는 각자가 해야 할 일이 있다. 앞에서 말한 것처럼 우리가 되어질 인격은 타인의 행위의 결과일 수 없기 때문이다.

그러므로 우리는 우리가 가진 구원을 "이루어야" 한다(2:12). 여기 사용된 '카테르가제스테'(katergazesthe)라는 말에는, 뭔가를 다듬거나 발전시켜 본래 의도된 온전한 상태에 이르게 한다는 의미가 담겨 있다. 그러나 우리는 새로운 삶이 전적으로 **우리**의 일인 것처럼 행하지는 않는다. 그것은 우리만의 일이 아니다. 하나님이 우리 안에서 함께 일하신다. "자기의 기쁘신 뜻을 위하여 너희로 소원을 두고 행하게" 하신다(13절). 이렇듯 우리와 함께 일하시는 분이 누구인지 알기 때문에, 우리는 "두렵고 떨림으로" 다른 사람이 대신해 줄 수 **없는** 우리의 일을 한다.

3중 역학

영적 성장의 "황금 삼각형"

우리의 구체적 자아를 안("마음")에서 밖("행동")으로 변화시키는 데 개입되는 요인들을 그림으로 나타내 보면 아래와 같다. 나는 이것을 "영적 성장의 황금 삼각형"이라 부른다. 이 그림은 분명 내면의 자아를 그리스도를 닮은 모습으로 변화시켜 줄, 실생활 속에서 3가지 요인의 상관 관계를

9장_ 그리스도를 닮기 위한 교육 과정

보이기 위한 것이다. 전체 과정에서 가장 중요한 것은 성령의 개입이므로 그것을 삼각형의 정점에 두었다. 또 일상 생활의 시련과 변화를 위해 구체적으로 계획된 우리의 활동은 밑면 양쪽에 위치해 있다. 이것은 실제로 변화가 일어나는 장이 우리의 현실 생활, 곧 하나님과 이웃으로 더불어 살아가는 삶임을 보여준다. 실제 생활 차원에서, 우리에게 부과되는 일("시련")의 역할은 우리가 자진하여 계획하는 일과 나란히 병행된다.

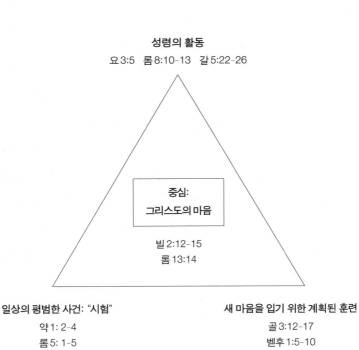

성령의 활동
요 3:5   롬 8:10-13   갈 5:22-26

중심:
그리스도의 마음

빌 2:12-15
롬 13:14

일상의 평범한 사건: "시험"
약 1: 2-4
롬 5: 1-5

새 마음을 입기 위한 계획된 훈련
골 3:12-17
벧후 1:5-10

성령이 하시는 일은 첫째, 우리 영혼 특히 마음속에 운행하며 예수의 인격과 천국의 실체를 제시하신다. 이것은 하나님 없는 삶의 현실과 대비되는, 복음서의 말씀을 통해 이루어진다. 예수께 대한 우리의 믿음은 언제나 성령을 통한 하나님의 역사로 시작되고 유지되는 반응이다. 그래서 바울은 말한다. "성령으로 아니하고는 누구든지 예수를 주시라 할 수 없느니라"(고전 12:3).

새 생명을 받은 후 성령은 계속 우리 안에 역사하시며 우리로 예수께서 하신 일을 하게 하시며 (성령의 "은사"를 통해) 내면의 성품을 키워가게 하신다. 그 내면의 성품이 외면의 삶에 성령의 "열매" 혹은 결과인 사랑, 희락, 화평, 인내 및 유사한 그리스도의 특성들로 나타난다(갈 2:23-25).

성령의 사역의 중요성은 아무리 강조해도 지나치지 않다. 그러나 삼각형의 정점, 즉 개인을 위한 하나님의 성령의 역사에만 거의 전적인 강조를 두는 것이 오늘날 기독교 교계의 전반적 실태다. 그 형태는 개인이나 단체의 역사와 입장에 따라 다양하게 나타난다.

교회 참석을 삶의 변화의 길로 보고 강조하는 것은 흔히 있는 일이다. 하나님이 교회에 계시니 참석만 하면 달라지게 **되어 있다**는 식이다. 물론 여기에는 중요한 진실이 있다. 이를테면 "부흥회" 같은 하나님의 공적 **현시**는 나를 포함해 많은 이들의 삶에 큰 변화를 일으켜 왔다. 그 밖에도 성령의 은사, 성령의 열매, 성령 세례 혹은 충만, 성령의 기름부으심 등에 강조점을 둘 수도 있다. 모두 아주 중요한 것들이다.

그러나 성령께서 우리**에게** 혹은 우리 **안에서** 행하시는 일에 의존하는 것은 분명 빼놓을 수 없이 중요한 일이지만, 그것만으로 깊은 성품의 변화가 저절로 일어나지는 않는다. 성령의 활동에는 우리의 반응이 뒤따라야 한다. 그리고 그 반응은 앞서 말한 것처럼 나 자신이 아닌 다른 사람이 대신해 줄 수 없다. 삼각형의 밑면 두 각이 보여주는 것처럼, 우리 쪽에서의 이런 능동적 참여에는 두 가지 측면이 있다.

일상의 삶 속에서 만나는 "시험"

첫째, 우리는 자신이 끊임없이 처하는 상황들을 하나님의 나라와 축복의 장으로 받아들여야 한다. 우리가 실제로 있는 자리를 배제하시고서 하나님은 우리에게 복 주실 수 없다. 모든 상황과 모든 순간이 "마음에 들지 않는다"고 믿음 없이 버린다면 우리의 삶에는 천국을 수용할 지점이 전혀 없어지고 만다. 그 상황과 순간들이 곧 우리의 삶인 까닭이다.

삶이란 과제의 연속으로 우리 앞에 다가온다. 그중 더 심각한 도전이 **시련**과 **환난**이다. 성경의 표현으로는 모두가 "시험"이다. 사람들이 살아가는 이야기를 한번 들어 보라! 잠자리에서 일어나는 것이 하루의 첫 시련인 자들도 있다. 그러고는 자기 몸을 챙겨야 한다. 출근하여 업무와 사람들에 부대끼는 일들. 그러나 천국을 알면 이 모든 것을 환영할 수 있다. 앞서 말한 것처럼 우리는 삶이 던져 주는 모든 것—아침에 일어나는 것까지 포함해—을 넉넉히 이길 수 있기 때문이다. 무슨 일이 닥치든지, 그것은 모두 우리를 자신의 세계로 반겨 주시는 하나님의 선하심과 위대하심을 확인시켜 주는 재료일 뿐이다.

그래서 예수의 동생 야고보는 신자들에게 보내는 편지의 서두를 이렇게 연다. 이것이야말로 천국 복음을 선포하는 말씀이다.

> 너희가 여러 가지 시험을 만나거든 온전히 기쁘게 여기라. 이는 너희 믿음의 시련이 인내를 만들어 내는 줄 너희가 앎이라. 인내를 온전히 이루라. 이는 너희로 온전하고 구비하여 조금도 부족함이 없게 하려 함이라(1:2-4).

얼마나 놀라운 말인가! 일상 생활의 도전을 이런 식으로 수행해 가기 위해서는 삼각형의 다른 두 각이 반드시 함께 있어야 함을 금세 알 수 있다. 즉 우리와 동행하시는 성령의 끊임없는 역사가 있어야 하며, 전체 인생계획에 본질적인 "영적 훈련"이 들어 있어야 한다. 사실 삼각형의 세 각은 상호 간에, 그리고 영적 성장의 전체 목표에 절대 필수적인 것이다. 어느 것도 단독으로는 성과를 낼 수 없다.

바울도 로마서 5장 서두에서 야고보와 비슷한 말을 한다. 그는 하나님이 은혜와 믿음과 화평을 선물로 주셨기 때문에 우리에게는 소망이 있다고 말한다. 그 다음에 이어지는 말은 정확히 야고보의 말과 똑같다. "우리가 환난 중에도 즐거워하나니〔'카욱소메타'(kauxometha), '크게 기뻐하다', '자랑하다'〕이는 환난은 인내를, 인내는 연단을, 연단은 소망을 이루는 줄 앎이로다. 소망이 부끄럽게 아니함은 우리에게 주신 성령으로 말미암아 하나님의 사랑이 우리 마음에 부은 바 됨이니"(롬 5:1-5).

이렇듯 평범한 실존의 "시련"을, 임마누엘 하나님의 통치를 살아 있는 실체로 체험하고 발견하는 장으로 받아들이는 것은, 예수의 "마음"으로 자라는 데 절대적인 필수 요소다. 시련을 피하려고 해서는 안된다. 사건이 발생할 때 그것을 "파멸의 비극"으로 보고 "세상 끝"으로 단정해서는 안된다. 우리는 모든 사건을 하나님의 능력과 신실하심을 확인하는 기회로 보아야 한다. 그럴 때 우리는 천국의 구체적 실체를 맛볼 수 있다.

그러나 일상의 "시련"에 곧바로 이렇게 반응할 수 있는 제자는 많지 않다. "모든 일"을 지켜 행하는 것이 저절로 되지 않는 것과 같다. 적절한 반응을 길러 줄 훈련이 반드시 필요하다. 이 훈련이 바로 영적 성장의 황금 삼각형에서 오른쪽 아래 각에 해당된다.

천국 습관을 기르는 정확한 방법은 나와 있지 않다

천국 생활의 성장은 우리의 통제 아래 있지 않다. 뿐만 아니라 그 과정에서 우리의 몫을 감당하는 체계적 방법도 우리에게는 주어져 있지 않다. 적어도 구체적 용어로 나와 있지는 않다. 공식은 물론 없다. 이것은 그 과정이 인격과의 동행이기 때문이다. 또한 그 과정에 요구되는 반응이 다분히 개인적이라는 문제 때문이기도 하다. 제자들 각 개인의 특별한 필요에 따른 반응인 것이다. 완벽한 일반 지침은 있을 수 없다. 성경에 그러한 것이 나와 있지 않은 이유가 바로 거기에 있다. 그래도 가장 가까운 것은 "지혜서" 특히 시편과 잠언이라고 할 수 있다.

우리가 가정할 수 있는 예수의 방법은, 일단 "듣고 행하기"로 결단한 후에는 그 결단을 수행하는 데 필요한 것이면 **무엇이든** 한다는 점이다. 과정의 정확한 세부 사항은 헌신된 제자 개개인이 신자들의 모임과 구속사에서 분별력 있게 귀감을 찾아 잘 본받아야 한다. 예수의 사람들의 역사가 우리에게 보여주는 것이 바로 그것이다.

바울이 골로새 교회에 보낸 편지는 제자의 영적 성장에 대한 전체적인 개괄로서는 신약에서 가장 적합한 부분일 것이다. 바울이 한번도 만나 본 적도 없고 가르칠 기회도 없었던 자들에게 쓴 편지여서 그렇지 않은가 생각된다. 우리가 이 장에서 이야기한 내용이 이 편지에 총괄적으로 제시돼 있다.

골로새서 1-2장은 앞에서 제시한 그리스도를 닮기 위한 교육 과정의 첫번째 주요 목표와 아주 근접한 내용이다. 3-4장은 두번째 주요 목표와 정확히 부합된다.

1-2장의 실제적 의미를 3:1-4에 요약한 후에, 바울은 5절에서 바로 두번째 주요 목표로 들어간다. "땅에 있는 지체를 죽이라." 편지의 독자

들 및 우리의 "땅에" 속한 체질을 생각할 때 땅에 있는 지체는 바로 "음란과 부정과 사욕과 악한 정욕과 탐심이니 탐심은 곧 우상 숭배"다. 자세히 들여다보지 않아도 이 목록이 마태복음 5장에서 다루는 내용과 같은 것임을 알 수 있다.

바울은 계속해서 말한다. "이제는 너희가 이 모든 것을 벗어 버리라. 곧 분과 악의와 훼방과 너희 입의 부끄러운 말이라. 너희가 서로 거짓말을 말라"(골 3:8-9). 그리고는 행동과 태도에서 더 깊은 **성품**의 차원으로 초점을 바꾼다. "옛 사람과 그 행위를 벗어 버리고 새 사람을 입었으니 이는 자기를 창조하신 자의 형상을 좇아 지식에까지 새롭게 하심을 받는 자니라"(9-10절).

이 과정에 들어선 자로서 우리는 "긍휼과 자비와 겸손과 온유와 오래 참음을 옷 입고 누가 뉘게 혐의가 있거든 서로 용납하여 피차 용서하되 주께서 너희를 그리하신 것과 같이 너희도 그리" 해야 한다(12-13절). 모든 것이 **우리가 行해야 할 바**를 강조해 표현하고 있음에 유의해야 한다.

그러나 모두가 안다

그럼에도 불구하고 바울은 골로새 교인들에게 **방법**은 말하지 않는다. 다만 그의 다른 서신서를 보면 이런 말씀이 있다. "내가 그리스도를 본받는 자 된 것같이 너희는 나를 본받는 자 되라"(고전 11:1). "너희는 내게 배우고 받고 듣고 본 바를 행하라. 그리하면 평강의 하나님이 너희와 함께 계시리라"(빌 4:9). 이런 말씀은 괴상한 사람의 엉뚱한 발언이 아니라 만인에게 적용되는 핵심 방법을 지적하는 것임을 우리는 알아야 한다. 그 편지를 읽는 이들은 모두가 그것을 알았다.

물론 우리에게 천국 생활의 방식을 **보이시는** 분은 누구보다도 예수다. 진정한 사도적 승계란, 우리를 앞서간 모든 신실한 자들로 더불어 그분처럼 되는 법을 배우며 그분과 함께 있는 것이다. 방금 인용한 바울의 고린도전서 말씀에 있는 것처럼 예수는 우리가 닮아야 할 궁극적 대상이다. 이어서, 그분 바로 뒤에서 그분을 닮은 자들이 있다. 그 행렬이 역사를 따라 지금까지 이어지고 있다. 하나님의 사람들의 역사는 그 본질이, 자신 안에서와 다른 이들 안에서 당시에도 살아 계셨고 지금도 살아 계시며 영원히 살아 계시는 예수의 인격에서 비롯되는 영원히 마르지 않는 보화다.

우리는 단지 예수의 **말씀**을 듣고 그대로 행하려고만 하는 자가 아니다. 그분의 **행위**를 보고 그대로 따르는 자다. 예를 들어, 그분이 고독과 침묵 속에 오랜 시간을 보내신 것을 보며 우리도 그분과 함께 고독과 침묵에 들어간다. 그분이 얼마나 충실한 성경 학도였는지를 보며 우리도 살아 계신 말씀이신 그분을 따라 기록된 말씀에 깊이 파고든다. 우리는 그분이 예배와 기도를 사용하신 방식과 주변 사람들을 섬기신 모습을 본다. 예수의 말씀을 붉은 글씨로 표시한 성경이 있다. 그분의 **행동**을 초록 글씨로 표시한 성경도 참으로 유익하지 않을까? "가라" 내지 "하라"는 뜻을 초록으로 표시하면 말이다.

하나님의 본래 의도대로 기능하며 살아가는 자가 되려면 관심을 영혼에, 더 바르게 말해 전 인격에 두는 것이 우리의 목표가 돼야 한다. 성경의 사람인 예수는 그것을 잘 아셨다. 이것이 성경 전체에 흐르는 지혜다. 잠언은 말한다. "무릇 지킬 만한 것보다 더욱 네 마음을 지키라. 생명의 근원이 이에서 남이니라"(4:23). 이사야는 말한다. "주께서 심지가 견고한 자를 평강에 평강으로 지키시리니 이는 그가 주를 의뢰함이니이다"(26:3). 복 있는 사람은 "그 율법을 주야로 묵상하는 자"다(시 1:2; 수 1:8).

바울은 젊은 사역 훈련생 디모데에게 "말과 행실과 사랑과 믿음과 정절에 대하여 믿는 자에게 본이" 될 것과 안수받을 때에 받은 은사를 잘 연마할 것을 권한다. 그는 또한 "네가 네 자신과 가르침을 삼가 이 일을 계속하라"고 말한다. 그렇게 할 때 디모데는 "네 자신과 네게 듣는 자를 구원"할 것이기 때문이다(딤전 4:12-16).

"옛 사람을 벗고 새 사람을 입는", 즉 우리 주님의 마음과 내적 성품을 품는 일에 성공하려면 인생 전반의 질서에서 그분의 삶을 적절히 본받아야 한다. 바로 이것이 그분의 사람들이 실천하고 또 새롭게 그 일원이 되는 이들에게 가르쳐야 하는 것이다. 지금까지도 그래 왔다. 이 계획에는 예수의 성품을 본받고 그분과 그분의 첫 제자들의 가르침에 나타난 행위를 실천하는 데 필요한 것이면 **무엇이든** 모두 포함된다. 간단히 줄여서 "골로새서 3장에 나오는 성품과 행위"라고 말할 수 있다. 하나님 나라에서의 성장하는 삶에 대한 우리의 계획은 영적 생활의 훈련을 중심으로 짜여져야 한다.

새 마음을 입기 위한 계획된 훈련

영적 훈련이란?

그렇다면 "영적 훈련"이란 정확히 무엇인가? 영적 훈련이 되도록 해주는 특정 연습은 어떤 것인가? 무엇보다도 염두에 둘 것은, 그것이 **훈련**이라는 점이다. 훈련이란 직접적 노력으로 안되는 일에 능하게 되고자, 자기 능력 내에서 시행하는 모든 활동을 말한다.[17]

"연습"은 훈련일 수 있다. 노래, 농구, 골프, 외국어 발음 등이 좋은 예다. 그러나 연습은 훈련이지만 모든 훈련이 연습은 아니다. 능하게 되

9장_ 그리스도를 닮기 위한 교육 과정

려는 그 행동에 가담하지 않는 훈련도 많이 있다.

예를 들어, 초고속으로 돌아가는 우리 문화에서는 잠자는 것과 쉬는 것도 위에 말한 의미에서 훈련이 될 수 있다. 앞에서 말한 것처럼 잠과 휴식은 직접적 노력으로 안되는 일, 즉 신체적·정서적 건강을 유지하는 것, 가족과 직장 동료들을 민감하게 사랑하는 것 등을 가능하게 해줄 것이다. 그러나 대체로 쉼이란 연습이 아니라 실제다. 물론 현대 세계에서는 때로 쉼의 연습도 필요할 수 있다. 막상 쉬려고 해도 쉴 줄을 모르는 이들이 있기 때문이다.

그러나 영적 훈련은 또한 **영적** 훈련이다. 하나님 및 천국과 관련하여 자신의 마음의 영적 영역—이제 은혜로 말미암아 영적으로 살아 있는—에서 온전히 활성화된 사람이 되려는 취지의 훈련이다. 영적 훈련은 단순히 인간적인 혹은 자연적인 것을 전적으로 의지하던 태도를 버리고 (바로 그런 의미에서 "육신"을 제하고, 도려내고, 죽이고) 대신 궁극의 실체이신 하나님과 그 나라를 의지하는 훈련이다.

예컨대, 금식을 하는 것은 나를 지탱해 주는 또 다른 음식이 있음을 알기 위함이다. 성경을 암송하고 묵상하는 것은 하나님 나라의 질서가 내 마음과 삶의 질서와 능력이 되게 하기 위함이다.

몸의 중심성

약간 엉뚱한 이야기 같지만, **모든** "영적" 훈련은 몸의 행동이요 본질상 몸의 행동이 뒤따라 오기 마련이다. 이것은 정확히 맞는 말이다. 몸은 우리가 지배권을 가지고 있는, 생각 바깥의 첫 에너지의 장이다. 몸 이외의 것에 미칠 수 있는 모든 영향력은 바로 몸에 대한 통제력에 기인한다. 뿐만 아니라, 우리가 버려야 할 잘못된 습관의 주요 저장소도 몸이요 새로운 습관이 들어서야 할 곳도 바로 몸이다. 우리는 주어진 한계 내에서 몸을 다스려 특정 행동을 하게 함으로써, 습관 특히 생각과 감정의 내적 습관을 바꿀 수 있다. 그리하여 지금은 우리 능력 밖에 있는 일도 점차 가능하게 된다.

천국의 행위는 특정한 삶의 질에서 자연스럽게 나온다. 하나님을 위해, 그리고 하나님을 통해 우리 인격의 내면과 외면에 힘을 길러 주는 활동, 그 활동에 몸을 가담시킴으로써 우리는 그런 삶을 가꾸어 간다.

그렇다면 그리스도를 닮기 위한 교육 과정의 두번째 부분에서 중요한 과제는 이것이다. 마치 나 자신이나 다른 사람이 하나님이고 천국이 나와 무관하거나 가깝지 않은 것처럼, 그렇게 내 삶을 지배해 온 생각과 감정과 행동의 습관을, 몸의 사용법을 바꿈으로써 무너뜨려 정복하는 것이다. 이것이 가능하게 되면─더 정확히 말해 이것과 나란히 병행하여─적극적인 방향으로 넘어갈 수 있다. 즉, **새로운** 습관이 된 천국의 습관을 기르기 위한 적절한 훈련으로 들어가는 것이다. 교육 과정의 이 부분에서 궁극적인 효과는 우리 몸을 영적 생활의 신뢰할 만한 동반자요 자원으로 만드는 것이다.

"마음에는 원이로되 육신이 약한" 제자도 초기에서부터 우리는 점점 육신─우리가 다분히 자동으로 느끼고 생각하고 행동하는 부분─이 영혼과 한편이 되어 영혼의 가장 깊은 뜻을 지지하는 단계로 나아가게 된다. 이것은 훈련의 필수 요소다. 이것을 통해 우리는 예수께서 최선의 길로 제시하신 것을 마음으로부터 행할 수 있게 된다.

예수를 본받아

예수의 제자들을 향한 영적 훈련의 의미를 좀더 깊이 이해하려면, 훈련

9장_ 그리스도를 닮기 위한 교육 과정

을 단순히 예수를 따라 그분의 행실을 본받는 것으로 보면 된다. 물론 우리의 상황에 맞게 적절히 조정할 필요가 있다. 예수와 함께 그분을 따랐던 이들의 행실을 보고 우리도 똑같은 행동으로 사는 법을 배운다면, 순종/풍요의 내적 장애물의 위력이 와해되는 삶의 길을 찾을 수 있다. 이렇듯 비록 반석 위에 삶을 짓기 위해 해야 할 일들이 공식으로 나와 있지는 않지만, 예수의 삶을 조금이라도 아는 자는 그것이 무엇인지 이미 알거나 쉽게 찾을 수 있다. 그것은 비밀이 아니다.

그러므로 우리는 기본적으로 옛 사람을 벗고 새 사람을 입기 위해, 예수께서 아버지와의 관계에서 자신의 삶을 풍요롭게 하기 위해 하신 일들을 그대로 따르기만 하면 된다. 물론 그분의 소명과 사명은 우리의 것과는 비교할 수 없었고, 그분께는 우리처럼 오랜 죄의 습관에서 비롯된 약점도 없었다. 그러나 그분이 사용하신 고독, 침묵, 성경 연구, 기도, 섬김은 모두 그분의 삶에서 훈련되어진 측면이 있었다. 아버지 안에서 그분의 삶의 행실에 유익했던 것이라면 우리에게도 유익한 것이라 확신한다. 어느 시점에서 그분께 광야의 40일이 필요했다면, 나 또한 3, 4일 정도 그런 시간을 보낼 수 있다는 것을 마침내 깨닫던 그날은, 내 인생에서 정말 중요한 날이었다.

이 중요한 자산은 그분의 사람들이 이 땅에 존재해 온 모든 시대를 거쳐 지금까지 이어져 내려오고 있다. 영적으로 커다란 진보를 이룬 사람들은 한결같이 영적 생활의 표준이라고 할 수 있는 훈련 목록을 진지하게 실행한 자들이다. 물론 오용과 오해도 있었지만 **훈련으로서의** 고독, 침묵, 묵상식 공부, 기도, 희생적 드림, 섬김 등의 위력은 틀림없는 것이다. 이것도 하나의 지식 분야다. 여기에 대한 무지는 우리에게 큰 불이익이 된다.

그러나 훈련에 대해 말만 하거나, "학적으로" 공부만 하거나, 남의 이야기를 듣기만 하는 자들은 훈련의 진가를 맛볼 수 없다. 자신의 세계와 성품을 바꿔 줄 훈련의 놀라운 힘을 맛보려면 스승이신 예수와 함께 훈련에 돌입해야 한다. 믿음과 겸손으로 임할 때 훈련은 위력을 발하게 돼 있다. 아니, 믿음과 겸손이 깊지 않아도 좋다. 꾸준히 행하면 나머지는 뒤따라 나온다. 훈련을 통해 천국이 열리기 때문이다.

예수께서 천국을 아는 방편으로 실행을 강조하셨거니와, 훈련이란 바로 그 연장선에 있는 것이다. 그분이 평생 행하신 고독, 섬김, 공부 등을 그대로 본받아 내면이 변화될 때 우리는 그분의 말씀을 행할 수 있게 된다. 이것은 바울이 말한 "너희 몸을…… 산 제사로 드리"는 일의 필수 요소다(롬 12:2). 결과는 훈련된 사람의 표지로 나타날 것이다. 훈련된 사람이란 필요할 때 필요한 일을 할 수 있는 자다.

같은 일을 다르게 하기

때로는 영적 훈련이란 이전에 해보지 않은 새로운 일을 하기보다는 똑같은 일을 다르게 하는 문제다.

나의 경우, 영적인 삶을 위한 훈련의 시행은 나 자신도 모르는 사이에 시작되었다. 하루 중 오랜 시간을 순전히 요한복음을 읽고 또 읽는 데 보냈던 그 첫 순간을 지금도 생생히 기억한다. 대학 2학년 때였다. 성경을 읽은 이유는 정확히 기억나지 않지만 학교 숙제가 아니었던 것만은 분명하다. 연휴 주말이라서 교정은 거의 텅 비어 있었다. 알고 보면 그 점이 중요한 대목이다.

세탁기가 돌아가는 동안 우선 성경을 읽기 시작했다. 세탁은 한두 시간 만에 끝났고, 그때쯤 나는 요한이 기록한 광채 나는 세상에 완전히 빠져들어 있었다. 전에 없던 경험이었다.

그날 나머지 시간은 그 세상 속에 사는 것 외에는 아무 일도 하지 않았다. 읽고 묵상하고 관주를 찾고 또 읽었다. 진정 그날 이후 내 세계는 이전 같지 않았다. 예수, 사람들, 그리고 그분을 둘러싼 환경 속에서 전에 몰랐던 실체를 발견했다. 물론 내가 완전히 "변화된" 것은 아니었다. 우리는 이 단어를 너무 쉽게 자주 쓰는지 모른다. 아직도 사라지지 않은 "고질적 죄들"이 있었다. 그러나 내 안에 새로운 것이 역사하고 있었다. 나는 사람이 변화되고, 그리고 변화되지 않는 방식에 대해 뭔가를 배웠다.

특히, 나는 영적 지각과 이해에 조금이라도 진보가 있으려면, **강도** (强度)가 반드시 필요하다는 것을 알았다. 교회에서든 집에서든 자신의 영혼에 일주일에 성경 몇 구절이나 몇 장을 똑똑 떨어뜨리는 정도로는 마음과 영혼의 질서를 재정립할 수 없다. 아무리 오래 계속할지라도 5분 간격으로 물 한 방울씩 떨어뜨려서는 목욕이 불가능한 것과 같다. 한꺼번에 많은 양의 물과 충분히 긴 시간이 필요하다. 기록된 말씀도 마찬가지다.

1, 2년 후 나는 기도에 관해서도 비슷한 교훈을 배웠다. 내가 자라난 전통에서 성경 읽기와 기도는 교회 예배 참석에 이어 두 가지 가장 중요한 종교 행위였다. 그러나 성경을 읽고 기도하되 특정한 방식으로 해야 삶의 진정한 변화로 이어진다는 것을 배울 기회는 없었다.

특히 나는 성경 읽기와 기도에 강도가 필요하다는 것과 적절한 강도를 위해서는 한번에 장시간 방해받지 않고 몰두해야 한다는 사실을 몰랐다. 개인의 삶 전체는 이것이 가능하도록 짜여져야 한다. 말씀을 공부하고 기도하는 시간에 마음이 산만하거나 서두르거나 지쳐 있어서는 안된다. 그러므로 삶을 변화시키는 효과적 기도와 공부는 "평상시의 삶"에 꿰매어 달 수 없다. 평상시의 삶은 잠시 물러나야 한다. 그보다 나은 것으로 대치되어야 한다.

당시 나는 학생이었기에 계획이나 의지가 없이도 적절한 심신의 상태에서 홀로 장시간을 내는 것이 가능했다. 근처 건물 3층에는 어린아이들이 주일학교 수업 때 모이는 방들이 있었다. 각 방에는 아이들이 쓰는 작은 의자와 탁자가 가득했고, 당연히 아이들 외에는 아무도 쓰는 사람이 없었다. 그러나 나는 월요일부터 토요일까지 그 방에 들어가 몇 시간이고 혼자만의 시간을 보낼 수 있었다. 의자도 필요 없었다. 내 용무를 보기에는 바닥으로 충분했다. 거기서 나는 폭넓고 강도 깊은 기도가, 기도의 대상들은 물론 자신의 영혼에 가져다주는 변화가 어떤 것인지 배웠다.

교육 과정의 몇 가지 구체적 훈련

지금까지 영적 훈련의 전반적 특성을 살펴보았다. 그것을 바탕으로 볼 때, 그렇다면 제자의 성장에 가장 유익한 구체적 훈련은 어떤 것들인가? 여기서 우리는 그런 훈련의 완전한 목록에 관심을 둘 필요는 없다. 사실 그런 것은 어차피 존재하지 않는다.[18] 방금 설명한 전반적 개념을 이해하는 것이 그래서 더 중요하다. 분명한 것은, 영적 성장에 절대 중심이 되는 몇 가지 훈련이 있다는 사실이다. 우리의 목표에서 본질적인 부분이기도 하다. 예수의 제자로서 우리 인생 전체의 성장 계획에 기초가 되어야 할 훈련이다.

금욕적 절제의 측면에서 고독과 침묵, 그리고 적극적 행위의 측면에서 공부와 예배가 바로 그것들이다.

절제를 통한 두 훈련: 고독과 침묵 고독이란 인간과의 접촉을 끊고 장시간 혼자 있는 것을 말한다. 인간과의 접촉에서 벗어나는 것은 잠깐 동안에 되는 일이 아니다. 접촉이란 끝난 후에도 오랫동안 여운이 남는 것이기 때문이다.

침묵은 고독의 자연스런 한 부분이자 본질적 완성이다. 대부분의 소음은 곧 인간과의 접촉이다. 침묵은 자연의 부드러운 소리를 제외한 모든 소리와 소음에서 벗어나는 것이다. 그러나 침묵에는 말을 하지 않는다는 의미도 들어 있다. 말없음이 영혼에 미치는 영향은 단순히 고요한 것과는 다르다. 침묵의 이 두 가지 측면은 옛 습관을 깨뜨리고 우리 안에 그리스도의 성품을 빚는 데 모두 중요하다.

그렇다면 절제를 통한 이 두 훈련이 그리스도를 닮기 위한 교육 과정에 그토록 중심이 되는 이유는 정확히 무엇인가? 교육 과정의 두번째 주요 목표는, 예수의 가르침과 정반대로 행하는 즉각적 반응의 위력을 깨뜨리는 것임을 기억하고 있을 것이다. 예컨대 멸시, 분노, 말의 조작, 앙갚음, 주변 사람의 악에 대한 침묵의 공모 등이다.

이런 반응은 주로 자아의 "표피적" 차원, 즉 주변 세상과의 첫 접촉 부위에 존재한다. 통상적 자극만 있으면 거의 완전 "자동"으로 나오는 반응이다. 우리가 사용하는 말이 그런 반응 일색이다. 그런 반응은 우리를 뜻대로 조정하는 주변 환경의 통제 "버튼" 역할을 한다. 그런 반응은 "깊지" 않다. 그저 항상 **거기** 있을 뿐이다. 즉각적 반응은 우리의 삶의 대부분이 이루어지는 부위다. 행동으로 나타날 때 그 반응은 우리의 전 존재를 깊은 상처와 불의로 몰고 갈 위력을 안고 있다.

이런 표피적 반응 행태와 그 결과로부터 벗어나게 해주는 것이 고독과 침묵이다. 고독과 침묵은 이런 반응 대신에 하나님의 도움으로 천국의 환경에 어울리는, 그리고 생각 있는 자라면 누구나 좋다고 인정할, 그런 차원의 삶에 맞는 새로운 즉각 반응으로 대치할 수 있는 여지를 제공한다. 허둥지둥 쫓겨다니는 삶에 맥을 끊고 내적 공간을 만들어 자신의 현재 행위와 **잠시 後**의 반응을 자각하게 하는 것이다.

싸움에 찌든 거리에서 사람들은 외쳐댄다. "평화를 달라!" "다 함께 그냥 잘 지낼 수는 없나?" 그러나 그런 외침이 전부라면 평화는 불가능하다. 평화를 실제로 가능하게 하는 일들을 해야 한다. 사람들이 평화에 대해 말하는 것을 들어 보면, 대부분의 경우 그들은 싸움을 불가피하게 만드는 사회와 영혼의 조건에 대해서는 노력의 의사가 없음을 금세 알 수 있다. 그런 조건은 그냥 둔 채 평화만 원하지만, 그것은 자기 방식의 평화일 뿐 불가능한 것이다.

다 함께 **그냥** 잘 지낼 수도 없다. 잘 지낼 수 있는 사람들이 돼야 한다. 그 과정의 중요한 부분으로서, 상대가 "열 받게" 해도 즉각 싸움으로 이어지지 않을 정도로 우리의 표피적 반응이 바뀌어야 한다. 고독과 침묵은 필요한 변화에 착수할 지점을 열어 준다. 물론 거기가 멈추어야 할 지점은 아니다.

고독과 침묵은 또한 사람과 사건에 대해 내면의 태도를 바꿀 공간을 제공한다. 한동안 우리 어깨에서 세상의 짐을 벗겨 냄으로써, 끊임없이 뭔가를 관리하고 통제하고 생각하는 우리의 습관에 제동을 건다. 영적으로 가장 위대한 성취 가운데 하나는 아무것도 하지 않는 능력이다. 그래서 그리스도인 철학자 파스칼은 아주 통찰력 있는 말을 했다. "나는 인간의 모든 불행이 한 가지 사실, 즉 자기 방에 조용히 머물러 있지 못하는 데서 비롯된다는 것을 깨달았다."[19]

아무것도 하지 않는다는 이 개념은 우리 주변 사람 대부분에게 그야말로 끔찍한 일이다. 그러나 아무것도 하지 않을 수 있는 사람은 적어도

9장_ 그리스도를 닮기 위한 교육 과정

잘못된 일을 삼갈 수 있을 것이다. 그리고 나아가, 올바른 일을 더 잘 할 수 있을 것이다.

아무것도 안 하는 데는 많은 유익이 있다. 내가 활동하는 동안에는 거의 움직일 기회가 주어지지 않던 주변 사람들에게 커다란 복이 될 수 있다. 우리가 한동안 조용히 쉴 수 있다면 하늘에 계신 자상하신 아버지께서 더 가까이 오실 것이다. 대체로 말해, 그분은 우리의 주의를 얻으려 다투시지 않는다. 우리가 "높은 자리"에 있는 한, 조금 비켜 서 계실 것이다.

인간은 누구나 아무것도 하지 않는 시간을 정기적으로 가질 필요가 있다. 고독과 침묵의 시간은 그 방법을 배울 수 있는 훌륭한 통로다. 하나님이 자신은 물론 우리의 유익을 위해 주신 율법에 따르면, 우리 시간의 7분의 1은 아무 일도 하지 않는 데 드려져야 한다. 우리 자신도, 가족도, 직원도, 동물도 아무 일도 하지 않아야 한다. 거기에는 물론 종교적인 일도 포함된다. 그것이 안식일이다.

그렇다면 고독과 침묵 속에서 무엇을 하는가? "해야 할 일"에 관한 한 아무것도 없다. "해야 할 일"을 하고 있는 한 아직 인간과의 접촉을 끊지 못한 것이다. 그러므로 고독과 침묵에 들어갈 때 업무 목록을 가지고 가지 말라. 고독과 침묵 속에서 뭔가를 즐길 수도 있을까? 그럴 수 있지만, 애써 그렇게 하려고 하지는 말라. 그냥 거기 있으라.

자신의 영적 성장에서 고독과 침묵으로 얻어야 할 것이 무엇인가에 대한 생각마저 버리라. 믿을 수 없는 좋은 것들을 발견하게 될 것이다. 그 하나는, 우리에게 영혼이 있다는 사실이다. 다른 하나는, 하나님이 가까이 계시며 우주가 선으로 가득 넘친다는 사실이다. 또 다른 하나는, 다른 사람들이 내가 흔히 생각하는 것만큼 그렇게 나쁘지 않다는 사실이다.

그러나 이런 것들을 발견**하려고** 하지 말라. 그럴수록 찾지 못할 것이다. 공연히 할 일만 더 많아져서 바빠질 뿐이다.

할 일이 너무 많은 삶의 치료제는 고독과 침묵이다. 거기서, 인간이란 분명 자신이 하는 일 이상의 존재임을 깨닫기 때문이다. 외로움의 치료제도 고독과 침묵이다. 거기서, 참으로 많은 방식으로 자신이 혼자가 아님을 깨닫기 때문이다.

고독과 침묵에 들어갈 때는 비교적 편안해야 한다. 여기서든 어떤 영적 훈련에서든 영웅이 될 필요가 없다. 개운한 몸으로 깨어날 때까지 충분히 자는 것이 좋다. 또한 내면의 존재가 달라질 정도로 충분히 긴 시간을 보내야 한다. 흙탕물은 한동안 가만히 두어야만 맑아진다.

이렇게 자아와 하나님을 발견하는 일은, 자신의 참모습을 점점 깨닫고 또 삶에서 내 몫으로 다가오는 이런저런 많은 일들을 **해야** 한다는 부담을 조금씩 벗으면서 이루어진다. 머릿속을 떠나지 않는 "해야 한다"는 그 괴로운 짐은 주로 텅 빈 영혼에서 비롯된다. 텅 빈 공간이 제대로 채워지면 그런 일들을—자신이 원하는 일까지도—반드시 하지 않아도 된다는 것을 점차 알게 된다.

자신의 욕망으로부터의 해방은 고독과 침묵의 가장 큰 선물 중 하나다. 이 모든 일이 일어나기 시작할 때 우리는 자신이 마땅히 있어야 할 곳에 이르고 있음을 알게 된다. 옛 죄의 굴레도, 실상을 제대로 보게 되면서 떨어져 나가기 시작한다. 그러면서 사람들을 진정으로 사랑할 수 있는 가능성이 내 앞에 여명처럼 밝아 온다.

이내 우리는 말로만의 은혜가 아니라 은혜로 사는 삶이 어떤 것인지도 깨달을 수 있다.

이런 것들이 고독과 침묵의 몇 가지 열매들이다. 물론 제자들은 구

9장_ 그리스도를 닮기 위한 교육 과정

체적 **방법**을 배울 필요가 있다. 지혜와 사랑으로 주변 사람들과 실제적으로 일정을 조정하는 일이 필요하다. 또한 가족들과 직장 동료들에게도 이런 영적 훈련을 권하고 도와야 한다.

분명 고독과 침묵의 열매는 우리의 첫번째 주요 목표, 즉 전심으로 하나님을 사랑하는 데 큰 유익이 될 것이다. 평상시의 산만한 삶은 하나님께 집중하는 데 큰 방해가 되며, 온갖 잡다한 것에 대한 생각의 습관이 분주한 삶 속에서는 여간해서 깨지지 않기 때문이다. 벗어나는 시간이 도움이 된다. 사람들은 자꾸만 잡념이 들어 기도가 안된다고 불평하곤 한다. 생각은 제 할 일을 하고 있을 뿐이다. 일상의 손아귀에서 벗어나야 한다. 적절한 고독과 침묵으로 충분히 가능한 일이다.

적극적 행위를 통한 두 훈련: 공부와 예배 이미 살펴본 것처럼 우리의 첫번째 자유 영역은 마음을 어디에 둘 것인가에 관한 것이다. 고독과 침묵의 도움이 없는 한, 우리의 마음은 계속 잘못된 것에 집중해 있을 것이며, 설령 바른 것에 몰두한다 해도 그 마음을 지배하려는 불안한 태도로 그렇게 할 것이다. 그러나 자신의 몸을 고독에 처하게 함으로써 생각과 감정을 끊임없이 지배하는 외부 자극에서 벗어나 다른 자극을 맞이할 때, 우리에게는 천국의 평화와 능력에 온전히 마음을 둘 수 있는 자유가 더욱 생기게 된다.

그 자유는 우리의 정서 상태와 나아가 몸의 조건마저 달라지게 할 것이다. 주변 사람들도 대부분 그것을 감지하며 행동이 달라지기 시작할 것이다. 사회적 정황도 좋은 쪽으로 변할 것이며, 우리가 반응해야 할 자극이나 대상도 전보다 훨씬 더 천국의 마음 안에 들게 될 것이다. 나는 이런 변화를 많이 보았다.

일단 고독이 자리를 잡은 뒤에는 진보를 가져오는 열쇠는 공부다.

공부를 통해서 우리는 하나님과 그 나라에 온전히 마음을 두게 된다. 그리고 공부는 하나님께 드리는 예배로 자연스럽게 완성된다.

주제가 무엇이든, 공부란 그 주제의 질서와 본질을 내 생각과 심지어 감정과 행동 속에 흡입하는 것이다. 예컨대 나에게는 알파벳을 모르는 때가 있었다. 그러나 나는 공부했다. 교사의 도움으로 알파벳을 마음에 두며 또 다들 아는 대로 신체 부위와 연관시켜 배웠다. 머지않아 알파벳의 질서가 내 마음과 몸 안에 들어왔다. 그 질서를 앎으로 해서 나는 알파벳을 재생, 인식, 활용할 수 있게 되었다. 공부를 통해 내 안에 흡입된 질서가 여러 좋은 일을 할 수 있는 힘을 나에게 준 것이다. 공부를 통해 내 것이 되기 전에는 할 수 없었던 일이다.

이 간단한 예가 보여주는 공부의 원리는, 가장 이론적인 것에서 가장 실제적인 것에 이르기까지 모든 분야에 적용된다. 악한 것을 공부할 때도 마찬가지다. 이 경우도 우리가 취하는 것은 악의 질서와 힘이다. 아니, 악이 우리를 취하는 것이리라. 그러나 다행히도 우리가 자연스럽게 공부하는 것은 대부분 선한 것이다. 예를 들어, 배관이나 노래를 배우는 사람은 적절한 방식으로 해당 주제와 활동에 대해 의지적으로 행함으로써 특정 질서를 마음에 익힌다. 이것이 공부의 원리다. 물론 공부는 언제나 우리를 "직접적 노력으로 안되는 일에 능하게" 해준다.

예수의 제자란 '우리 안에 있는 하나님 나라'의 질서를 자신의 존재 속에 흡입하기 원하는 자다. 그는 예수께서 친히 그러하시듯 그 나라 안에 살기 원하는데, 그렇게 되려면 그 질서의 내면화가 필요하다. 공부는 그것을 가능케 하는 주요 수단이다. 천국의 질서는 예수 안에, 기록된 성경 말씀 안에, 그 길로 행하는 다른 사람들 안에, 그리고 사실상 자연과 역사와 문화의 모든 좋은 것 안에 나타나 있으며, 제자는 그 질서를 전심으로 살피고 생각하고 연구하며 삶으로 실험하는 자다.

그래서 바울은 빌립보 교인들에게 이런 실제적인 권고를 하고 있다. "무엇에든지 참되며 무엇에든지 경건하며 무엇에든지 옳으며 무엇에든지 정결하며 무엇에든지 사랑할 만하며 무엇에든지 칭찬할 만하며 무슨 덕이 있든지 무슨 기림이 있든지 이것들을 생각하라. 너희는 내게 배우고 받고 듣고 본 바를 행하라. 그리하면 평강의 하나님이 너희와 함께 계시리라"(빌 4:8-9). 이 모든 것이 하나님과 그분의 통치에서 나오는 것이다.

물론 제자들의 모든 공부에 중심이 되는 것은 예수의 인격이다. 그러나 그분은 기록된 계시의 말씀과 절대 분리될 수 없다. 거기에는 구약의 율법서, 선지서, 역사서, 지혜서가 모두 포함된다. 제자들을 "듣고 행하게" 훈련하는 자라면, 늘 예수의 인격에 중심을 두면서도 그들을 이 모든 말씀으로 이끌어 줄 것이다.

예컨대, 시편 23편은 천국 생활의 탁월한 요약이다. 제자의 마음에는 언제나 이 말씀이 확연히 새겨져 있어야 한다. 모든 행동의 방향을 거기서 정할 뿐 아니라 늘 천국의 기쁨과 평화를 가꾸기 위해서다. 십계명, 주기도문, 산상수훈, 로마서 8장, 골로새서 3장, 빌립보서 2-4장, 기타 몇몇 성경 본문은 자주 깊이 묵상하며 대체로 암송해야 할 말씀이다. 이것은 그리스도를 닮기 위한 교육 과정의 필수 요소다. 이런 말씀 공부의 적극적 행위를 통해 천국의 질서는 우리의 전 인격에 스며들게 된다.

나는 진지하게 신앙을 고백하며 예수가 자신의 구주라고 말하면서도, 안타깝게도 이런 말씀들을 영혼과 마음에 흡입하여 삶 속에 적용하지 않는 이들을 많이 보아 왔다. 그 결과 이들은 계속 실패를 되풀이하며, 이 장에서 말한 풍요/순종을 향한 진보가 거의 없거나 아니면 전혀 없게 된다. 슬픈 사실이다. 다른 영적 훈련까지 함께 시도하는 이들도 있지만 성과는 별로 없다. 본질적 요소가 빠져 있기 때문이다. 마음과 삶의 질서가 천국의 질서가 아닌 다른 것으로 남아 있는 것이다.

공부란 결코 단순히 정보를 수집해 갖추는 문제가 아니다. 기록된 말씀을 공부하고 생명의 말씀이신 예수께 배워 천국의 질서가 깊이 내면화되면, 우리의 생각과 감정과 행동의 즉각적 반응까지 선하게 바뀐다. 그리하여 우리는 하나님의 영원한 통치의 흐름에 합류하게 된다. 생각과 신념이 정말로 달라지게 되며 그것이 모든 것을 바꾸어 놓는다.

우리는 공부 없이 예배해서는 안된다. 무지한 예배는 의미도 적을 뿐더러 위험의 소지가 크다. "하나님께 열심이 있으나 지식을 좇은 것이 아"닐 수 있으며(롬 10:2), 그것은 자신과 다른 이들에게 큰 해를 줄 수 있다. 그러나 모든 찬양을 받으시기에 합당하신 영광의 인격의 하나님께 자원함으로 빠져들어 마음이 온전히 새롭게 되려면, 반드시 공부에 예배가 더해져야 한다. 예배 없는 공부도 위험하다. 예수의 사람들은 그 결과를 늘 당하고 있다. 학문 분야에서 특히 그렇다. 하나님의 것들을 예배 없이 다루는 것은 언제나 그것을 왜곡하는 것이다.

예배를 통해 우리는 하나님의 광대하심과 선하심과 영광을 그분께 돌린다. 존재의 모든 가능한 측면, 곧 우리의 모든 감각과 개념과 활동과 창조 능력이 한데 어우러지는 것이 예배의 특성이다.

우리는 아름다움과 정교함을 다해 하나님을 높인다. 시와 노래, 색깔과 감촉, 음식과 향, 춤과 행진, 이 모든 것이 하나님을 높이는 데 사용된다. 때로 예배는 고요한 생각의 침잠, 뜨거운 교감의 열정, 온전한 의지의 굴복으로 나타나기도 한다. 예배란 하나님의 위대하심에 대한 적절한 표현을 찾으려는 몸짓이다. 그러나 행여 그 적절함에 근접한 것을 우리가 찾을 수 있다 해도 그것은 한순간뿐이다. 우리는 하나님, 그 아들, 그 나라, 우리를 향하신 그분의 선하심을 결코 제대로 표현할 수 없다.

그럼에도 예배는 우리가 공부하는 실체를 우리의 전 존재에 새겨 준다. 그 결과 우리 내면과 주변의 악의 세력이 근본적으로 무너져 내린다. 지속적이고 본질적인 변화가 일어나는 경우도 많다. 예배의 갱신을 통해 우리의 참 본향의 광채와 능력은 우리 존재의 모든 영역에서 살아 있는 실체가 된다. 예배하는 마음이 있을 때, "듣고 행하는" 것은 인간이 상상할 수 있는 가장 분명하고 확실하고 자연스런 반응이다.

지금까지 우리는 네 가지 영적 훈련—고독, 침묵, 공부, 예배—을 간략히 살펴보았다. 그리스도를 닮기 위한 교육 과정의 틀은 이들 훈련을 중심으로 짜여져야 한다. 이런 훈련은 교육 과정의 첫 주요 목표인 예수의 제자들로 하여금 마음과 목숨과 뜻과 힘을 다해 하나님을 사랑하도록 이끌어 주는 것을 달성하는 데 도움이 되며, 그 목표로 인해 더욱 활성화된다. 이제는 이들 상관 관계가 아주 분명해야 한다. 금식, 섬김, 교제 등 다른 훈련에 대해서도 이야기할 수 있다. 사실 그리스도를 닮기 위한 교육 과정을 완전히 다루려면 그런 훈련도 빼놓을 수 없다. 그러나 기도와 지식을 좇아 이 네 가지 훈련을 잘 해나가면 나머지 필요한 것은 반드시 따라나오게 될 것이다.

이 시점에서 우리에게 지침이 되어 줄 중요한 통찰은, 옛 사람을 벗고 새 사람을 입어 반석 위에 집을 지으려면 그것을 위한 명확한 계획이 있어야 한다는 점이다. 그 계획에는 "황금 삼각형"에 제시된 요소가 모두 들어 있어야 한다. 또한 우리는 자신의 전반적 삶의 내용과 질서가 천국에서 살고 있지 않은 이들의 삶과는 확연히 달라지리라는 전제하에 그 계획을 추구해야 한다. 그 계획에는 앞서 말한 네 가지 훈련 및 적절한 다른 훈련들이 주요 성분으로—여기저기 조각조각이 아니라—포함될 것이다. 우리는 이 계획을 의의 행위로 이해해서는 안된다. 그것은 의의 행위가 아니다. 예수와 함께 천국 생활을 하는 법에 대한 지혜의 길잡이일 뿐이다. 우리 각자가 물어야 할 질문은 이것이다. "그 삶을 위한 **나의** 계획은 무엇인가?"

교육 과정의 두 가지 목표를 성취하기 위한 실제적 단계

훈련의 예

모든 제자는 교육 과정의 두 가지 주요 목표—하나님께 사로잡힌 마음, 몸 안에 존재하는 악의 세력 파괴—의 성취에 필요한 것이면 무엇이든 해야 하지만, 그 외에도 각 제자는 예수의 특정한 가르침을 다루기 위해 경우에 따라서 개별 지도와 도움이 필요할 것이다.

예를 들어, 지금 내가 분노를 버리라, 남을 멸시하지 말라는 말씀과 씨름하고 있다고 하자. 이 경우 핵심 사항은 마음의 변화에 목표를 두는 것이다. 우리가 원하는 것은 "좋은 나무를 만드는" 것이다. 우리의 목표는 **단순히** 행동 변화에 있지 않고 영혼 내면의 변화에 있다. 그렇게 되어야 하나님이 "신령과 진정으로" 예배받으실 수 있으며, 올바른 행동이 율법적 **행위**가 되지 않는다.

우리가 원하는 것은 분노에 지배당하지 않고 진정 남을 사랑하고 존중하는 사람이 되는 것이다. 또한 다른 이들도 그렇게 변해 가도록 돕는 것이다. 물론 이런 가르침은 예컨대 "절대 남을 바보라 하지 말라", "항상 양보하라", "절대 법정에 가지 말라" 따위의 법칙으로 되는 것이 아니다. 이런 법칙을 지키고도 얼마든지 분노로 들끓을 수 있고, 적절한 상황

9장_ 그리스도를 닮기 위한 교육 과정

에 그 법칙을 따르지 않고도 얼마든지 사랑으로 충만할 수 있다.

이것이 예수의 모든 가르침에 적용된다는 사실을 이해하는 것이 아주 중요하다.

이 점을 놓치면 우리는 최악의 형식적인 율법주의에 빠질 수밖에 없다. 예수의 가르침을 따르다 비참한 삶이 될 것은 뻔한 일이다. 우리는 삶 속에서 타인의 선의의 비열함을 다들 맛볼 만큼 맛보았다. 우리를 책임감 있게 살게 하려는 것이 자신의 "책임"을 자각한 그들의 의도였다. 급기야는 가장 선하신 예수마저 그 "율법"으로 가장 비열한 분이 되고 만다. 그리하여 진정 그리스도를 닮는 일의 뿌리가 파괴돼 버린다.

타인을 향한 분노와 멸시는, 하나님을 모든 것을 주관하시는 분으로 보고 체험할 때에만 제거된다. 하나님을 그렇게 볼 때 우리는 자신이 안전하며 상대가 그분의 보배라는 확신을 가질 수 있다. 더 이상 언어 폭력을 일삼지 않아도 되는 것은 내가 "올라가기" 위해 남을 "깎아내릴" 필요가 없기 때문이다. 삶의 안전을 스스로 챙길 필요가 없는 것은 내가 이미 안전하기 때문이다.

더욱이, 내가 상대를 사랑과 공평과 긍휼로 대하면 상대도 그 **충격**으로 행동이 달라지게 마련이다. "사람의 행위가 여호와를 기쁘시게 하면 그 사람의 원수라도 그로 더불어 화목하게 하시느니라"(잠 16:7).

여기서 "계명"을 가르치기 위해 우리는 이 모든 것을 천국 복음의 문맥 안에서 되풀이하여 설명하고, 이해가 안되는 문제를 깨닫게 해주고, 개인별 실제 사례들을 통과하면서 예수의 명령이 선하고 옳은 것임을 체험으로 믿게 해준다. 또 각자의 분노나 멸시의 성향에 맞추어 과제를 내주고, 하루나 일주일 동안 진행 상황을 적어 보고하게 한다. 필요하다면 가르침과 실제적 제안을 추가한다. 이 과정에서 잘 선별된 영적 훈련의 적절한 사용이 포함되는 것은 두말할 필요도 없다.

또한 "맹세"로 남을 "위협"하여 나의 소원과 견해에 동조하도록 하지 말라는 "계명"이 있다. 나의 신념과 행위를 옹호하려고 다양한 비중 있는 대상(하늘로부터 자기 머리까지)을 들먹이는 행위다. 이 계명은 우리가 날마다 접하는 말의 "포장"이나 "강조"에 관한 것이다.

이 가르침의 기본은, 하나님 앞에서 다른 사람들을 존중하며 "그렇다, 아니다"라는 우리의 단순한 말을 근거로, 상대가 스스로 판단하게 해야 한다는 것이다. 상대를 몰아가거나 통제하거나 조작하려 해서는 안 된다. (마태복음 7:1-7의 가르침이 좋은 짝을 이루는데, 여기서 다루는 문제는 **강조**가 아니라 옳고 그른 대상과 그 이유에 대한 우리의 번득이는 판단이다.)

여기서 "계명"을 가르치기 위해 우리는 사람들로 하여금 "맹세"의 숨은 기능을 이해하게 하고, 맹세가 남에게 상처를 주는 사랑 없는 일임을 나타내 보이며, 기도와 자신의 모본을 통해 타인을 하나님의 손에 맡기는 법을 가르친다.

아울러 앞서 말한 것처럼, 개인별로 실제적 대책을 함께 모색한다. 언어 조작의 유혹을 느끼는 실생활의 사례들을 통과하면서 예수의 명령이 선하고 옳은 것임을 체험으로 믿게 해주고, 자연스런 순종의 사람이 되기 위해 취할 수 있는 실제적 대책을 발견하게 해준다.

가르침의 유형과 전반적 형태

이 모든 과정은 가르침의 한 유형을 형성한다. 구체적 내용은 "천국의 제자된 서기관"(마 13:52)에 의해 개별 지도식으로 채워질 수 있다. "내가 너희에게 분부한 모든 것을 가르쳐 지키게" 하는 일은 바로 이런 방식으로 성취된다. 이 **유형**은 예컨대 복수하지 않는 마음("다른 쪽 뺨"), 저주하는 자를 축복하는 것(벧전 3:23에 나타난 예수의 "방식"), 십 리의 동행, 의도적 정욕을 버리는 삶 등 모든 경우에 적용될 수 있다.

이 유형에는 두 가지 주요 요소가 있다.

1. 문제의 정황을, 예수를 통한 하늘 아버지의 현재적 통치 앞에 정확히 가져다 놓는다.
2. 개인별 실생활의 사례들을 통과하면서 체험에 기초한 이해와 확신을 갖게 해준다.

이 유형은 중간 정도의 계명에도 적용될 수 있다. "너희는 마음에 근심하지 말라"(요 14:1), "너희가 나를 사랑하면 나의 계명을 지키리라" (14:15), "내 안에 거하라"(15:4) 등이 좋은 예다. 그러나 이런 계명의 경우는 구체성이 덜하여 직접적 노력으로 순종할 성질의 것이 아니므로 "방법" 지도는 보다 전반적인 삶의 방식과 상관이 있다. 이 전반적 방식은 대부분 전적으로 영적 생활을 위한 적절한 훈련의 문제다.

훈련은 우리 내면의 자아 및 "돕는 분"(파라클레테, *paraclete*)과의 관계를 변화시켜, 마침내 우리로 하여금 원하는 일은 할 수 있고 원치 않는 일은 하지 않을 수 있는 사람이 되게 해준다. 물론 그리스도의 가르침에 순종하고 그분의 모본에 따르려는 진지한 의지가 없는 훈련은 전혀 무의미한 것이다.

여기에서 영원까지

영원한 삶의 다섯 차원(단계)

예수의 제자 또는 학생의 상황은 마땅히 변화와 성장의 상황이다. 하나님 안에서의 우리의 삶은 그런 상황을 통해 한 단계(차원)에서 다음 단계(차원)으로 진보해 간다. 몇 년이 지나면, 분명 잘 알지도 못하고 순종하던 예수의 종 혹은 "노예"의 차원에서 친구의 차원으로 옮겨 갈 수 있다.

첫 제자들에게 들려주신 "졸업식사"(요 14-16장)에서 예수는 "내가 너희를 사랑한 것같이 너희도 서로 사랑하라"는 포괄적 계명을 다시 한 번 주신다. 거기에는 예수를 위해서는 물론이요 "친구를 위하여 자기 목숨을 버리"는 것이 포함됨을 분명히 하신 후, 그분은 이렇게 말씀하신다. "너희가 나의 명하는 대로 행하면 곧 **나의** 친구라."

이것은 제자들의 진보에 바탕을 둔 아주 독특하고 중요한 신분 변화다. 이를테면 영전인 셈이다. 그분은 계속해서 말씀하신다. "이제부터는 너희를 종[`둘로스`, *doulous*]이라 하지 아니하리니 종은 주인의 하는 것을 알지 못함이라. 너희를 친구라 하였노니 내가 내 아버지께 들은 것을 다 너희에게 알게 하였음이라"(15:15).

물론 이것은 우리가 더 이상 예수를 섬기지 않는다는 말이 아니다. 그분은 여전히 우리의 주인이시며, 신약의 기자들이 자신을 지칭하는 표현으로 가장 즐겨 사용한 것은 "예수 그리스도의 종"이라는 말이다. 그러나 이제 기초가 달라졌다. 사랑으로 협력하는 공동의 노력이 그 기초가 된 것이다. 이제 그분의 목표가 우리의 목표다. 그분이 우리와 함께, 우리를 통해 하시는 일에는 천국에 대한 우리의 이해와 화합이 빠져서는 안 된다.

'우리 안에 있는 하나님 나라'의 영원한 삶에는 대략 다섯 차원이 있으며, 그 진행 순서는 대체로 다음과 같다.

1. **예수**를 "인자" 곧 우리를 구원하실 예정된 분으로 **믿고 의지**한다. 관련 성경 구절은 요한복음 3:15, 로마서 10:9-10, 고린도전서 12:3이다. 이 믿음은 하나의 실체이며, 그 자체로 정상적 인간 능력에 의해서가 아닌 "위에서 난 생명"의 참 현시다. 그것은 히브리서 11:1 말씀대로, "보지 못하는 것들의 증거"다. 진정 이 믿음이 있는 자라면 자신이 "포함된" 자임을 완전히 확신할 수 있다.

2. 그러나 예수의 인격에 대한 이 믿음은 자연히 하나님 나라의 삶에서 **그분의 제자가 되고 싶은 열망**으로 이어진다. 예수를 믿는 믿음이 그분의 제자가 되는 것과 전혀 자연스런 연관이 없는 것으로 간주되는 우리의 현 상황은, 많은 혼돈과 잘못된 동기로 일관된 역사 과정에서 비롯된 것이다. 우리가 예수의 제자라는 것은 곧 그분의 말씀 안에 산다는 것이요, 그분의 가르침을 실천한다는 뜻이다(요 8:31). 그럴 때 우리의 전 존재는 점진적으로 영생의 영광스런 세계로 들어가게 된다. "참으로 자유"하게 되는 것이다(요 8:36).

3. 제자도, 곧 계속해서 예수의 말씀 안에 거함으로써 실현된 풍성한 삶은, 자연히 **순종**으로 이어진다. 우리가 받은 가르침과 거기에 대한 실생활의 체험은 우리로 하여금 예수와 아버지를 마음과 목숨과 뜻과 (몸의) 힘을 다해, 즉 전 존재로 사랑하게 해준다. 그래서 우리는 설령 순종의 수고를 아직 모르거나 혹 "좋아하지" 않을지라도 그분께 순종하기를 진심으로 원한다. 예수는 말씀하셨

다. "너희가 나를 사랑하면 나의 계명을 지키리라"(요 14:15). "나의 계명을 가지고 지키는 자라야 나를 사랑하는 자니 나를 사랑하는 자는 내 아버지께 사랑을 받을 것이요 나도 그를 사랑하여 그에게 나를 나타내리라"(21절). 예수를 사랑하는 마음이 있기에, 우리는 순종을 가능케 하는 훈련의 과정을 통과할 수 있다. 그 사랑이 없이는 꾸준하게 배우지 못할 것이다.

4. 순종과 순종에 필요한 훈련의 삶은 **마음과 영혼 전체의 내적 변화**로 이어진다. "사랑과 희락과 화평과 오래 참음과 자비와 양선과 충성과 온유와 절제"가 제자의 평소 상태가 된다(갈 5:22; 비교. 벧후 1:2-11). 진정 사랑이 우리의 가장 깊은 중심이 된다. 이것을 "성령의 열매"라고 하는 것은, 그것이 우리의 노력의 직접적 결과가 아니라, 예수를 사모하고 본받으며 그분께 순종하는 법을 배우기 위해 필요한 모든 것을 행하는 사이에 우리 안에 생겨난 것이기 때문이다.

5. 마지막으로, **천국의 일을 수행하는 능력**이 있다. 예수께서 하신 말씀 중 가장 충격적인 것 가운데 하나는 이것이다. "나를 믿는 자는 나의 하는 일을 저도 할 것이요 또한 이보다 큰 것도 하리니"(요 14:12). 역시 "졸업식사"에 나오는 말씀이다. 우리는 이 말씀 앞에서 좌절과 무력감을 느낄 수 있다. 그러나 우리가 살고 있는 세상은 그런 일들을 절실히 필요로 하고 있다는 사실을 잊지 말자. 이것은 자신에게 취하거나 남에게 감동을 주려고 쇼로 하는 일이 아니다. 그러나 솔직히 말해, 큰 일은커녕 보통의 "일" 하나 제대로 소화하지 못하는 것이 우리들 대부분의 모습이다. 자신의 기도가 공적으로 한번만 응답돼도 몇 주씩 영적 우월감에

빠지는 것이 우리다. 위대한 능력이 저주가 아니라 축복이 되려면 반드시 위대한 성품이 요구된다. 그 성품이야말로 우리의 성장의 지향점이다.

그러나 하나님 나라에서는, 선을 위해 우리가 감당할 수 있는 최대한의 능력을 지니는 것이 하나님의 뜻이다. 사실, 인간의 성품 개발에 대한 그분의 궁극 목표는 우리에게 우리가 원하는 일을 할 수 있는 능력을 입혀 주시는 것이다. 우리가 예수를 온전히 닮아 "그리스도의 마음"을 온전히 품게 될 때 나타날 결과가 바로 그것이다. 그분이 크게 기뻐하며 한시름 놓으시게 될 것은 물론이다.

이 진행 과정을 돌아보며 우리가 보고 받아들여야 할 가장 중요한 것 가운데 하나는, 일단 예수를 믿는 마음이 있는 자라면 2단계(차원)에서 5단계(차원)까지 지식을 좇아 열심히 노력해야 한다는 점이다. 그것은 예수께 배우는 꾸준한 공부를 통해, 특히 그분의 행실을 따르고 본받아 영적 훈련의 효과적 틀을 세우는 것으로 가능하다. 우리의 삶 전체는 그 영적 훈련을 중심으로 짜여져야 한다. 이것이 바로 **우리가** "영으로써 몸의 행실을 죽이"고(롬 8:13) "옛 사람[을]……벗어 버리고 새 사람을 입"는(골 3:9-10 등) 비결이다. 우리 힘으로는 할 수 없지만 그럼에도 불구하고 우리가 하는 일이다. 우리는 각자 늘 자문해 보아야 한다. 지금 나는 **어떻게** 하고 있는가? 나의 계획은 정확히 무엇인가? 또한 제자들의 교사로서, 우리가 가르치는 모든 이들에게도 각자 자신의 계획을 찾도록 해주어야 한다.

교육 과정과 교회 생활

그리스도를 닮기 위한 교육 과정은 새로운 것이 아니다

현대 기독교 실천의 관점에서 볼 때, 그리스도를 닮기 위한 교육 과정의 이 제안은 많은 사람들에게 급진적이고 새로운 것으로 보일 것이다. 급진적인 것은 맞다. 팽배한 소비자 기독교 배경에 비추어 볼 때 특히 그렇다. 그러나 새로운 것은 전혀 아니다.

골로새 교회에 보낸 바울의 편지가 우리가 여기서 말한 교육 과정의 모델임은 이미 지적한 바 있다. 바울의 다른 서신들에 대해서도 동일하게 말할 수 있다. 특히 에베소에 보낸 편지와 그보다 정도는 약하지만 빌립보와 갈라디아에 보낸 편지가 그렇다. 후자의 경우 각 상황에 대한 바울의 개인적 관계와 그가 염두에 둔 구체적 관심사로 인해 체계성이 다소 떨어질 뿐이다.

그러나 이 점을 제대로 보려면 그런 서신들을 "소비자 기독교" 사고방식으로 읽어서는 안 된다. 그렇게 읽으면 사람들에게 교리적 정확성을 기하고 시험에 통과할 준비를 확실히 갖추게 하고자 "정답"을 제시하고 "오답"에 맞서 싸우는 것이 서신의 궁극 목표로 보일 것이다. 물론 정답이든 오답이든 "답"은 매우 중요하다. 그 점을 거듭 분명히 밝힌다. 그러나 답이란 지금 예수와 함께 사는 천국 생활과 관련해서만 중요한 것이다. **그것**이 바울의 주제이며 다른 성경 기자들도 마찬가지다.

그것이 마음에 분명하면, 성경 어디를 보아도 그리스도를 닮기 위한 교육 과정의 두 가지 주요 목표가 선명하게 보일 것이다. 사실, 성경의 내용이 전혀 새로운 성격과 의미로 다가올 것이다. 현대 서구 사회에 만연해 있는 소비자 기독교 내지 "바코드" 기독교의 입장을 옹호하거나 지지하는 내용이 성경에는 조금도 들어 있지 않다.

하지만 공정하게 말해 소비자 기독교는 사실상 교회사의 아주 초기부터 등장한다. 그 씨앗을 신약의 기록에서도 볼 수 있다. 그러다가 그것은 하나님께 전 생애를 드린 자들—때로 "종교인"으로 불리는—과 농사짓고 장사하고 가족들 먹여 살리고 정부와 일반 문화 업무에 종사하는 "저급" 신자들을 구분한 수도원 전통의 발전을 통해 전성기를 맞는다.

그리하여 「성 베네딕트의 규율」, 「그리스도를 본받아」, 「성 이냐시오의 신앙 훈련」 등 예수의 제자도를 다룬 가장 심오한 저서들 중 일부를 보면, 특정 부류의 그리스도인들은 그 책의 대상 독자가 **아닌** 것으로 전제되어 있다. 그러나 그 전제를 깨끗이 버리고 필요한 내용 조정만 거치면 이 책들의 내용이 바로 우리가 이 장에서 이야기한 것, 곧 반석 위의 삶을 위한 교육 과정, 훈련 과정과 같다는 것을 알 수 있다. 오랜 세기가 지나도록 이 책들이 예수의 제자로서 마음을 열고 읽는 모든 이들에게 놀라운 영향을 미치는 것이 바로 그 때문이다.

개신교의 훌륭한 분파들의 창설자와 사건과 책들을 통해서도 대체로 똑같은 사실을 발견할 수 있다. 물론 루터교, 개혁파(칼뱅), 청교도, 메노파, 퀘이커, 감리교 등의 전통을 두고 하는 말이다. 칼뱅의 「기독교 강요」, 존 웨슬리의 2권본 표준 「설교집」 같은 기념비적 작품을 읽어 보면, 내가 여기서 말한 그리스도를 닮기 위한 교육 과정에 전혀 새로운 것이 없음을 알게 될 것이다. 배열 방식만 약간 다를 수 있을 뿐이다. 분명, 나의 말들은 신앙 생활의 이런 명작들에 비하면 신학적으로나 실제적으로나 훨씬 깊이가 얕다. (이 책의 독자들을 향한 나의 가장 큰 바람 가운데 하나는, 그들이 예수의 사람들의 이 진짜 보화들로 다시 돌아갔으면 하는 것이다.)

그러나 이 위대한 개신교 전통들이 현대 상황에서 일반적으로 수용되고 행해지는 것들을 보면, 내가 여기서 말한 내용은 역시 급진적이고 새로운 것처럼 보인다. 아예 미친 소리로 들릴 수도 있다. (정상적 교회 상황에 이것을 실천하리라고 생각할 사람이 누가 있을까?) 만일 그렇다면, 나에게는 적어도 놀라운 동지들의 위로가 있다.

예를 들어, 장 칼뱅의 「기독교 강요」 3권은 그리스도인의 삶을 다룬 책이다. 3권 7장에서 칼뱅은 그리스도인의 삶을 한 단어로 압축한다. 바로 "자기 부인"이다. 자존감이 아니다. 자아 실현은 더욱 아니다. 여기 내가 제시한 순종과 훈련은 칼뱅이 그 책에서 말하는 내용에 비하면 차라리 미지근한 것이다. 그러나 그리스도를 믿는 믿음에 대한 그의 해석은 내가 여기서 믿음에 대해 말한 것과 똑같다. 읽어 보면 알 것이다. 앞에 언급한 다른 전통들에 대해서도 예외 없이 비슷하게 말할 수 있다. 다만 각 분파 고유의 독특한 부분들이 들어 있을 뿐이다.

우리는 현재가 이러하니 과거에도 늘 그랬을 것이라 생각하며 거기서 벗어나는 것은 뭔가 이상하거나 잘못된 것인 줄 안다. 이것이야말로 과거의 참 의미를 모르는 우리 시대의 결함 가운데 하나다. 그러나 오늘날 예수의 사람들이 앞으로 나아갈 수 있는 유일한 길은, 고금의 예수의 제자들이 "듣고 행하는" 법을 배워 반석 위에 삶을 지었던 그 과거의 실천들을 지금의 것으로 되찾는 것이다. 그런 실천은 신비가 아니다. 우리가 모르고 있을 뿐이다.

실제적 측면: 특히 목회자들을 위해

신자들의 지역 교회 상황에서 그리스도를 닮기 위한 교육 과정을 시행하려면, 대개 거기에 대해서 많은 말을 하지 않고 이후의 어느 시점까지 단지 지속적으로 특정 일들을 **행하는** 것이 아주 중요하다.

그런 모임을 이끌고 있는 우리는 첫째, 제시된 교육 과정이 사실상 나 자신의 삶의 본질임을 확신해야 한다. 나는 마음과 목숨과 뜻과 힘을 다하여 주님을 사랑하는가? 분명 그렇게 사랑하는 길을 배우고 있는가?

둘째, 우리가 섬기며 함께 사는 이들을 기도하는 마음으로 잘 관찰하여, 그중에 이미 "하나님 나라에 매혹돼" 예수의 제자가 될 준비가 되어 있는 자가 누구인지 찾아야 한다. 그러고는 그들이 의지적으로 예수의 제자가 되도록 돕는다. 그 다음은 충분한 시간을 들여 그들을 교육 과정으로 이끌어 준다. 교육 과정은 필요에 따라 조정될 수 있다.

처음에는 교회 전체의 사역으로 시행하는 것이 가능하지 않을 수도 있다. 물론 그렇다고 대충 넘어가서는 안된다. 요란하게 떠들지 않고 소수의 사람들에게 자신을 쏟아 부을 수 있다. 머잖아 그들이 다른 이들을 제자 삼는 사역에 동참하게 된다. 이 확장만큼은 확실히 믿을 수 있다. 사실 지구상에 여기에 견줄 수 있는 것은 아무것도 없다.

마지막으로, 우리는 대화와 교육과 설교―해당 직분의 경우―를 통해 천국 복음을 온전히 드러내야 한다. 실제적 의미에서 그것은 그런 다양한 의사 전달의 초점을―예수의 교육 방식을 포함해―복음서와 그분의 가르침에 둔다는 뜻이다. 이것은 기도와 사랑의 행위와 아울러 "사람들을 하나님 나라로 매혹하여" 본격적 제자도의 단계에 들어설 준비를 시키는 우리의 방법이다.

다시 말하지만, 우리가 하는 일에 대해 많은 말을 할 필요가 없다. 그것은 시간이 지나면 분명히 드러나게 돼 있다. 또한, 아직 제자가 아닌 그리스도인들을 절대 비판해서도 안된다. 대부분의 경우 그들은 예수의 제자가 될 심각한 기회가 한번도 주어지지 않은 자들이다. 그러나 천국의 말씀과 제자도의 부름을 명확히 잘 제시하기만 하면, 분명 그들은 대체로 좋은 반응을 보일 것이다.

물론 지역 교회 상황에서 예수의 제자도 및 관련 교육 과정을 심도 있게 추진해 나가면 분명 언제나 어려움이 따를 것이다. 우리는 그것을 각오해야 한다. 그러나 하나님은 자신을 섬기는 이들과 어떤 상황에서든 함께 계신다. 우리는 정말로 "크게 기뻐하며" 하나님의 확실한 은혜가 우리 가운데 살아 역사할 것을 기대할 수 있다.

나는 목회를 오래 하지는 않았지만 교회와 기타 유사한 상황에서 정기적으로 가르치는 일을 늘 계속해 왔다. 천국과 제자도를 향한 예수의 부르심의 힘과 능력은 대단하다. 우리가 결과를 온전히 하나님께 맡긴 채 정직과 관용과 지식과 사랑으로 그 부르심을 제시하기만 하면, 일반적으로 유형과 배경이 제각기 다르더라도 사람들은 좋은 반응을 보인다.

주변에 당장 큰 무리가 모이지는 않을지 모른다. 사실 한동안은 사람이 줄어들 수도 있다. 그러나 곧 많은 그리스도인들이 나오리라는 것만은 분명하다. 나는 이것을 "교회 성장을 싫어하는 이들을 위한 교회 성장"이라고 부른다. 큰 무리가 분명히 따라온다. 그것은 인간에게는 우리가 전하는 것, 즉 '우리 안에 있는 하나님 나라'의 말씀과 실체를 절박하게 필요로 하고 있다는 단순한 이유 때문이다.

10장_ 만물의 회복

"그렇다면 옛 노래의 예언들이 그럭저럭 이루어진 셈이군요." 빌보가 말했다.
"물론입니다!" 간달프가 말했다. "이루어지지 않을 이유가 무엇입니까?
당신도 분명 예언을 안 믿는 것은 아닙니다. 말한 것을 이루는 능력이
당신한테도 있기 때문입니다. 당신의 모든 모험과 도피가 당신의 유익만을 위한
단순한 행운의 결과라고 생각하지는 않으시겠지요? 배긴스 씨, 당신은 아주 괜찮은
사람입니다. 나는 당신을 아주 좋아합니다. 그러나 광활한 세계 속에서는
당신도 한낱 미물에 불과합니다!"
_ J. R. R. 톨킨, 「호빗」(The Hobbit)

그의 얼굴을 볼 터이요 그의 이름도 저희 이마에 있으리라.
다시 밤이 없겠고 등불과 햇빛이 쓸데없으니
이는 주 하나님이 저희에게 비춰심이라.
저희가 세세토록 왕 노릇하리로다.
_ 요한계시록 22:4-5

미래를 보아야 하는 이유

예수의 제자가 된 이들은 하나님 자신만큼이나 크고 선한 미래가 있는
무한의 삶을 배우게 된다. 그분의 모략의 동참자로서 이생에서 맛보는

경험은 상상조차 못할 아름다움과 선함으로 충만한 미래에 대한 기대로 우리의 마음을 부풀게 한다.

바울은 말한다. "우리 생명이신 그리스도께서 나타나실 그때에 너희도 그와 함께 영광 중에 나타나리라"(골 3:4). 요한은 외친다. "아버지께서 어떠한 사랑을 우리에게 주사 하나님의 자녀라 일컬음을 얻게 하셨는고.…… 장래에 어떻게 될 것은 아직 나타나지 아니하였으나 그가 나타내심이 되면 우리가 그와 같을 줄을 아는 것은"(요일 3:1-2). 다시 바울의 말로 돌아간다. "그가 만물을 자기에게 복종케 하실 수 있는 자의 역사로 우리의 낮은 몸을 자기 영광의 몸의 형체와 같이 변케 하시리라"(빌 3:20).

천국에서 강하고 창의적인 삶을 살려면 미래가 어떤 것인지 마음에 확실히 품어 둘 필요가 있다. 우리는 현재 그 나라 안에서 충만하게 살기 원하며, 바로 그것을 위해 미래는 반드시 의미가 있어야 한다. 미래란 지금 분명한 이해와 기쁨의 기대로 계획하고 결단할 수 있는 것이어야 한다. 이런 식으로 우리의 미래는 현재의 삶에 통합될 수 있고 현재의 삶은 다시 우리의 미래에 통합될 수 있다.

나는 믿음이 있는 신실한 그리스도인이면서도 자신의 지나온 인생에 깊이 실망하는 이들을 많이 만나 본다. 단순히 노화를 받아들이는 방식의 문제일 때도 있다. 나이가 드는 것을 더 이상 미래가 **없는** 것으로 보는 것이다. 그보다 잦은 문제는, 자신이 평생 꿈꾸어 온 일들을 상황이나 결정의 실수나 타인의 행위로 인해 이루지 못한 경우다. 이들은 자신의 잘못이 무엇이며 하나님이 정말 자신과 함께하신 것인지에 대해 괴로운 고민에 **빠**진다.

이들 선한 사람들의 고민은 다분히 자신의 미래에 펼쳐질 삶을 인식하지 못하는 데서 비롯된다. 현재의 삶, 즉 "육신의" 삶이 끝나는 것은 별로 중요하지 않다. 중요한 것은 우리가 어떤 사람이 되는가의 문제다. 우리의 성품이나 우리 앞에 끝없이 펼쳐진 하나님 나라의 삶은 상황이나 다른 사람들이 관할할 바가 아니다.

사실 이 모두는 지식적·능동적 존재로서 인간의 본질에 내재된 일반적 필요와 관련된 것이다. 우리의 우주는 어떻게 될 것인가? 인류와 우리 각 개인은 어떻게 될 것인가? 호흡처럼 자연스럽게 우리 안에 찾아드는 의문들이다. 인간의 삶과 의식은 본질상 미래를 내다보고 싶도록 되어 있다.[1] 인간은 누구나 그 미래가 어떤 것인지에 대해 깊은 관심이 있다.

과학자들과 철학자들이 이런 주제로 의견을 밝히면 우리는 흥분과 전율로 그 말에 귀기울인다. 그들의 이야기는 거의 언제나 물리적 우주의 미래에 관한 것이다. 인류의 미래도 혹 언급할 수 있다. 그러나 개인의 미래에 관해서라면 그들에게는 일말의 생각도 희망도 없다. 이야기조차 꺼내지 못할 정도다.

그래도 그들은 집요하게 우주의 미래에 매달린다. 우주가 무에서 "튀어나왔다"고 하는 이들도, 거꾸로 존재에서 무가 "튀어나올" 것으로 생각하지는 않는다. 인간이 다른 세계의 다른 행성으로 옮겨 다님으로써 우주의 미래가 보장된다는 것이 이들의 꿈이다. 끝없이 계속. 그것을 통해 개인에게도 흐릿하게나마 대리 미래가 생긴다. 인간의 미래는 암묵적으로 "우리"의 미래로 취급되는 까닭이다. "우리"가 존속될 것이다.

현재 이런 미래관은 우리 문화의 신성한 교의로 자리를 굳힐 정도로 떠받들어지고 있다. 인간의 마음에 어떤 모양으로든 미래의 그림이 **있어야만** 하기 때문이다. 초등학교 교육부터 대학 강좌며 연구비며 공영

방송 연작물에 이르기까지 각종 개발과 발표에 정부 자금이 대거 투입되고 있다. 이 관점은 자연 세계, 즉 물리적 우주를 하나의 **폐쇄** 조직으로 본다. 미래는 전적으로 우주 자체의 **내부** 자원에 의해 결정된다.

하나님께 열려 있는 우주

예수의 가르침에 중심을 둔 성경의 전통은 그와는 날카로운 대조를 보인다. 모든 면에서 주가 되는 것은 인격이다. 우주의 일부가 아니라 오히려 우주를 일부로 혹은 산물로 거느리는 창조주, 그분으로 충만하며 그분께 반응하는 피조 세계가 바로 우주다. 그러므로 우주는 자체 내로 폐쇄된 조직이 아니다. 우주의 현재와 미래의 과정은 물리적 감각으로 식별되거나 물리적 과학으로 다루어질 수 없는 인격적 요인—에너지와 방향의 원천—에 의해 결정된다.

그 인격적 요인이란 바로 하나님과 우리 안에 있는 그분의 나라다. 하나님과 그 나라는 예수의 인격과 말씀을 통해, 특히 산상의 변형과 부활을 통해 인간 역사에 분명히 모습을 드러냈다. 구속사의 정점이 된 이 두 사건을 통해 보통 사람들이 하나님 나라를 **보았다**(눅 9:27-28). 당연히 이 두 사건은 기독교의 역사적·제도적 실체의 기초를 제공하는 **지식** 전통의 심장을 차지하고 있다(벧후 1:16-18; 고전 15장).

천국의 복음은 가장 미세한 분자에서 가장 먼 은하계에 이르기까지 자연 세계를 위대하고 선한 것으로 본다. 자연 세계가 파멸되거나 그 존재가 끝난다고 생각할 이유는 조금도 없다. 하나님의 세 인격의 교제에 기초를 둔 삼위일체적 우주에서, 그것은 전적으로 자연 세계의 존재 목적의 문제다. 자연 세계가 그 우주에서 제 역할을 다하는 한—분명 지금 그렇게 하고 있는 것처럼—어떤 변화를 겪을지라도 그 존재는 계속될 것

10장_ 만물의 회복

이다. 물질적 우주는 하나님의 위대하심과 선하심의 본질적 표현이자 인간을 포함한 유한한 영들의 영원한 삶의 장이기도 하다.

이 우주에서의 인간의 미래

현재의 우주는 하나님 나라의 한 요소에 지나지 않는다. 그러나 그것은 아주 놀랍고 중요한 것이다. 바로 그 안에서 지금 '로고스'(*Logos*), 곧 부활하신 인자는 우리가 그분과 함께 거할 처소를 마련하고 계신다(요 14:2-4). 우리는 그분이 우주가 창조되기 전부터 아버지와 누렸던 영광의 환경 속에서 그분을 뵙게 될 것이다(17:24). 그리고 우주의 미래 통치에 적극 동참하게 될 것이다.

우리는 그저 앉아서 서로를 혹은 하나님을 영원히 쳐다보고만 있지 않을 것이다. 끊임없이 지속되는 하나님의 창조 사역에 영원한 '로고스'와 함께 동참할 것이다. "그분과 함께 통치하는" 것이다. 바로 그것이 왕과 제사장으로서 우리 각 개인을 향하신 하나님의 뜻이다(출 19:6; 계 5:10).

그러므로 현 단계의 삶에서의 "작은 일"에 대한 충성은 "많은 일"을 맡을 수 있는 인격을 우리에게 길러 준다. 그리하여 우리는 우리 "주인의 즐거움에 참예"할 수 있게 된다(마 25:21). 물론 그 "즐거움"은 모든 차원에서 선한 것을 창조하고 다스리는 것이다. 우주가 존재하기 전부터 우리에게는 저마다 하나님의 창조 질서 안에서 자기 자리가 예비되어 있다. 그분의 계획은 우리가 예수의 제자로서 우주의 지속적 창조에 제 몫을 감당할 수 있는 수준까지 성장하는 것이다.

조지 맥도널드(George MacDonald)의 시가 그런 미래를 생각하는 데 도움이 된다.

오 완전하신 하나님, 완전한 때가 되어

우리가 고향에, 본향집에 이를 때

모든 거룩한 짐을 기쁨으로 지게 될 때

생명과 평안 속에 심령의 방황이 끝날 때

주께서 우리를 주님처럼 되게 하신다면……

달빛을 발하며 푸른 나무로 옷 입고

장미와 보랏빛 바다 위로 황금빛 석양을 걸게 하신다면.[2]

달리 표현해, 하나님은 우리에게 **우리가** 원하는 것을 할 수 있는 능력을 입히셔서, 우주 안에 자유로이 놓아두기 원하신다. 우리 각자가 그런 사람이 되는 것이 그분의 뜻이다. 사랑하는 자녀들과 다른 이들이 최대한 그런 존재가 되는 것이 우리의 바람이요 뜻인 것처럼, 자신의 자녀들을 향한 하나님의 바람과 뜻도 바로 그것이다. 그러나 우리의 성품 곧 자아의 내적 방향이 그것이 가능한 수준으로 성장해야 한다.

이것을 통해 우리는 예수께서 위대한 천국 비유의 결구로 인용하신 선지자 다니엘의 말의 뜻을 알 수 있다. "그때에 의인들은 자기 아버지 나라에서 해와 같이 빛나리라"(마 13:43; 비교. 단 12:3). 이 말씀을 근거로 우리는 노래한다. "거기서 우리 영원히 주님의 은혜로 해처럼 밝게 살면서 주 찬양하리라." 그러나 우리가 알아야 할 것이 있다. 그 밝음은 언제나 능력과 에너지를 뜻한다는 것과 아버지의 나라에서 우리는 **능동적** 존재, 상상을 초월하는 창의적 존재가 된다는 것이다.

옛 예언

구약, 특히 후반부의 아름다운 예언은 모든 읽는 이의 마음을 사로잡는다. 그 예언을 읽을 때, 인간이 믿는 것이 무엇이며 종교나 무종교가 무엇인지는 그다지 중요해 보이지 않는다. 예언은 인류의 보화다. 예언에는 하나님이 특별한 언약의 책임을 위해 구별하신 전통들을 포함해, 그 어느 특정 전통보다도 훨씬 깊은 것이 표현돼 있다.

보라, 내가 새 하늘과 새 땅을 창조하나니…… 너희는 나의 창조하는 것을 인하여 영원히 기뻐하며 즐거워할지니라. 보라, 내가 예루살렘으로 즐거움을 창조하며 그 백성으로 기쁨을 삼고…… 우는 소리와 부르짖는 소리가 그 가운데서 다시는 들리지 아니할 것이며 거기는 날 수가 많지 못하여 죽는 유아와 수한이 차지 못한 노인이 다시는 없을 것이라.…… 그들이 가옥을 건축하고 그것에 거하겠고 포도원을 재배하고 열매를 먹을 것이며 그들의 건축한 데 타인이 거하지 아니할 것이며 그들의 재배한 것을 타인이 먹지 아니하리니…… 나의 택한 자가 그 손으로 일한 것을 길이 누릴 것임이며 그들의 수고가 헛되지 않겠고…… 그들이 부르기 전에 내가 응답하겠고…… 이리와 어린양이 함께 먹을 것이며…… 나의 성산에서는 해함도 없겠고 상함도 없으리라(사 65:17-25).

이 새 도성—그 이름은 "예루살렘" 또는 "하나님의 평강"이다—에 하나님은 "열방과 열족을 모으리니 그들이 와서 나의 영광을 볼 것"이다 (66:18). 그들은 자신이 본 하나님을 온 땅에 전파할 것이며, 모든 혈육이 이 땅의 하나님의 임재의 자리에 정기적으로 모여 그분을 기뻐하며 경배할 것이다(19-23절).

하나님의 인격적 임재의 능력은 인간의 정부가 한번도 이루지 못했던 공적 질서를 열방 안에 직접, 간접으로 성취할 것이다. 마침내 헤어진 지 오래인 친구들처럼 긍휼과 진리가 만나 서로 입맞출 것이다(시 85:10). 은혜와 진리는 인자의 인격 안에서 화목케 된다(요 1:17).

"예루살렘" 이 임하게 함

인간이 당하는 가장 커다란 악의 유혹은, 인간의 방법으로 "예루살렘"이 임하게 하려는 유혹이다.[3] 물론 세상에는 인간의 수단이 절대 필요하다. 그것이 하나님의 뜻이다. 우리는 행동해야 하며 그 행동은 중요한 것이다. 그러나 인간의 수단으로 성취할 수 있는 것은 한계가 있다. 그것만으로는 인간의 마음과 영혼을 바꿀 수 없다.

그렇기 때문에 "예루살렘"이 임하게 하려는 인간의 방법은, 언제나 진리나 자비 혹은 둘 모두를 없애는 결과를 낳는다. 사소한 결정은 물론 세계 역사가 그것을 잘 보여준다. 한편으로는 독재 권력의 횡포에서 볼 수 있고 다른 한편으로는 까다로운 관료주의에 희생된 죽음에서 볼 수 있다. 잘 알려진 것처럼 인간의 방법으로 선한 질서를 창출하기란 너무나 어려운 일이다. 다시 말하지만, 인간의 마음에 문제가 있기 때문이다. 하나님의 통치에 온전히 들어가지 않는 한, 우리가 필요하다고 느끼는 선은 이루어지지 않는다. 어느 시점에서, 그 선은 그것을 이루려고 시행된 바로 그 방법에 의해 궤멸될 것이다.

미래로 나아가는 하나님의 방법은 대화를 통해, 그리고 인간 안에 함께 사심을 통해 인간의 마음에 변화를 일으키는 것이다. 그것을 위해 그분은 분명한 목표를 부드럽지만 끈기 있게 밀고 나가신다. 그분은 아브라함, 모세, 바울 같은 이들을 찾으신다. 나와 **당신을** 찾으신다. 인자이신 예수께서 성취하셨고 또 성취하실 일이 수천 년 동안 지속돼 온 바

10장 _ 만물의 회복

로 이 과정이다. 이것은 또한 선지자들의 길이기도 하다. 그들은 하나님의 마음이 인간의 마음이 되는 날이 올 것을 내다보았다. "여호와의 법이 그 마음에 기록될 것이다." 즉, 하나님 보시기에 옳은 일이 당연지사로 행해지는 날, 악을 행한다는 것은 생각조차 할 수 없고 이해가 안되는 날이다. 그것이 하나님의 충만한 통치의 본질이다.

그때가 되면, 현재 인간 정부와 사회가 제멋대로 타락한 인간을 다스리는 데 기용하는 모든 잔혹하고 기만적인 수단은 무용지물이 된다. 착한 사람이 주변 사람들 마음속에 존경심을 불러일으키며 그 존경심으로 말미암아 그들에게 감화와 영향을 주고 심지어 그들을 다스릴 수 있듯이, 이 땅에 응집되어 임재하시는 삼위일체의 인격도 그 자신의 분명하고 강한 선(善)으로, 그리고 변화된 사람들을 통해 간접적으로 세상을 다스리신다.

이 부드러운 정부, 온전히 제 기능을 다하는 첫 정부의 모습이 예언 속에 반복돼 나타난다. 선의 가능성이 선의 수단으로 인하여 제한되거나 파괴되지 않는 정부다. 하나님의 통치 방식은 아름다운 예언의 영상 속에 이렇게 그려져 있다. '네 왕이 네게 임하나니 그는 공의로우며 구원을 베풀며 겸손하여서 나귀를 타나니…… 그가 이방 사람에게 화평을 전할 것이요 그의 정권은 바다에서 바다까지 이르고 유브라데 강에서 땅끝까지 이르리라'(슥 9:9-10).

난폭한 권력, 특히 마음이 하나님의 선과 멀어진 인간들이 행사하던 권력이 하나님의 임재로 대치된다. "내 성소를 그 가운데 세워서 영원히 이르게 하리니…… 열국이 나를 이스라엘을 거룩케 하는 여호와인줄 알리라"(렘 37:26-28).

모든 인류, 그리고 그 이상을 위하여

이 비폭력의 권능의 성령께서 기름부음 받은 자 곧 메시아 위에 임하신다.

> 그가 심판을 이방에 알게 하리라. 그가 다투지도 아니하며 들레지도 아
> 니하리니 아무도 길에서 그 소리를 듣지 못하리라. 상한 갈대를 꺾지
> 아니하며 꺼져 가는 심지를 끄지 아니하기를 심판하여 이길 때까지 하
> 리니(마 12:18-21; 사 42:1-4 인용).

이 예언적 미래가 인류의 어느 특정 집단, 예컨대 유대인이나 그리스도
인의 유익만을 위한 것이 아니라는 의식이 신약 시대에 활짝 피어나 성
경에 기록된다. 성경의 마지막 책인 "계시록"에 보면, **각 족속과 방언과
백성과 나라**라는 표현이 이 땅을 향한 하나님의 구속의 뜻의 결실을 지
칭하는 특징적 어구로 반복되고 있다. 물론 그분의 뜻에 독특한 역할을
감당하는 집단들이 있다. 그러나 그것은 결코 자신만의 유익을 위한 것
이거나 그들이 하나님께 특별한 권리나 자격이 있어서는 아니다.

성 아우구스티누스는 5세기 초에 이렇게 말했다.

> 이 천상의 도성은 이 땅에 체류하는 동안 각 나라에서 시민을 불러내며
> 각 언어에서 순례의 무리를 모은다. 이 땅의 평화를 지키고 유지하는
> 수단인 풍습과 법과 제도의 다양성을 꺼리지 않으며 오히려 아무리 다
> 양해도 그것들이 다 이 땅의 평화라는 동일한 한 목표를 위한 것임을 인
> 식한다. 그러므로 이 도성은 이런 다양성을 폐기하거나 철폐하기는커
> 녕 최고이자 참되신 유일하신 하나님을 예배하는 데 방해가 되지 않는
> 한, 오히려 그것을 보존하여 조화를 이루게 한다.[4]

이 땅의 역사에서 하나님의 초점은 단순히 인간에게 있다. 우리의 초점도 그러해야 한다. 그분이 독생자를 주신 대상은 바로 이 **세상**, 온 세상이다. 사실, 더 크게 보면 그분의 초점은 비단 인간만이 아니라 하나님 자신의 생명의 정황 속에 있는 피조된 우주 전체다. 여기에 대해서는 뒤에서 더 자세히 이야기할 것이다. 지금은 예언의 희망을 가능하게 하는 것이 무엇인가의 문제를 생각해 볼 필요가 있다.

예언의 비전과 희망의 이유

어떻게 인간 역사에서 그토록 영광스러운 결과를 기대할 수 있을까? 지식이 있는 자라면 우리가 처한 삶의 한복판에서 얼마든지 들 수 있는 의문이다. 답은 간단하다. 예언의 비전의 기초가 되는 하나님관, 즉 그분의 **존재**와 **성품**에서 찾을 수 있다. 옛 예언자들을 움직였던 그 하나님관이 예수 안에서 가장 온전하고 명확하게 나타난다.

앞에서 본 것처럼 이 하나님은 위대한 인격들이 하나로 연합된 공동체이며, 선과 능력에 조금도 제한이 없는 완전히 스스로 충만하신 분이다. 모든 피조 세계의 근원자이자 통치자이시기도 한 이 하나님의 실체가, 바로 우리가 삼위일체적 우주 안에 살고 있다는 말의 의미다. 이것이 '우리 안에 있는 하나님 나라'의 우주다.

이 예언의 비전을 공유하려면 "어설픈" 하나님을 "어설프게" 믿어서는 안된다. 예수의 위대하신 하나님을 분명히 볼 때에야, 비로소 세상 모든 것의 본질이 달라지며 빛 가운데 드러나게 된다.

이제 인간 역사는 더 이상 인간의 일이 아니다. 우리가 아닌 그분의 일이다. 개인의 인생도 마찬가지다. 우리는 집단 차원에서든 개인 차원에서든 꼭두각시가 아니다. 그러나 따지고 보면, 우리의 삶은 우리가 만드는 것이 아니다. "인생의 길이 자기에게 있지 아니하니 걸음을 지도함이 걷는 자에게 있지 아니하니이다"(렘 10:23). 역시 예언서에 나오는 말씀이다. 나라와 시대도 동일하다(사 40:12-26). 우리는 쇼의 전모가 아니라, 단지 우리는 선과 악의 거대한 세력 간의 거대한 전투의 한 부분으로서만—아주 중요한 것이다—의미가 있다.

순전히 인간적인 관점에서 보면, 어마어마한 규모에 무서운 힘을 갖춘 광막하고 어두운 물리적 우주도 이제 하나님의 처소로 보이게 된다. 우리는 핵의 위력을 당연히 위험시하며, 그래서 많은 사람들이 우리가 실제로 거대한 핵 원자로 안에 **살고** 있다는 것을 알면 깜짝 놀란다. 기초적 본질에서 우리의 태양계는 하나의 핵 원자로이며 태양계 너머의 물리적 우주도 다를 바 없다. 그러나 삼위일체적 우주에서는 핵의 위력도 단지 예수의 표현대로 "내 아버지 집"에 예비하신 또 하나의 요소에 지나지 않는다. 그 안에 거할 처소가 많이 있다.

현대의 사상적 기류 속에서 우리는 이러한 비전을 잃어버리기 쉽다. 여기에 대해서는 이미 여러 차례 이야기한 바 있다. 우리 문화를 지배하는 피상적인 견해는, 실체를 과학적 관찰과 설명으로 알 수 있는 것으로 국한시킨다. 과학자들은 과연 모든 친숙한 물리적 물체와 사건들이 아(亞)분자 물리학, 즉 쿼크류 차원의 작용에 의해 결정된다고 말한다. 일각에서는 그 이상 더 말할 것이 없다고 서둘러 단정하기도 한다. 그러나 아분자 "물질"이 그 자체의 독자적 힘으로 실체의 최종 차원이라는 단서는 어디에도 없다. 그것은 전통적으로 하나님께 해당되던 생각이다. 물질이 실체의 최종 차원이 아니라는 것은 신중하게 살펴보면 금세 알 수 있는 일이다.

자연과학의 법칙으로 모든 것을 이해할 수 있다는 생각도 만연돼 있

10장_ 만물의 회복

다. "정답"만 찾으면 된다는 식이다. 그러나 과학의 법칙 자체로는 아무 것도 이해할 수 없다. 이유는 분명하다. 과학의 법칙으로 뭔가가 설명되려면 그전에 "최초의 상태"가 있어야 한다. 법칙이 나오게 된 출발점이 있어야 "설명"이 가능한 것이다. 물론 과학의 법칙은 그 최초의 상태의 존재와 본질을 설명하지 못한다. 그러나 먼저 그것이 없이는 **어떤** 것도 설명될 수 없다.

많은 재미있고 중요한 것들이 과학으로 설명될지 모르나 존재는 설명될 수 없다. 과학의 법칙이 자연의 법칙인 이유도 과학은 설명하지 못한다.[5] 그리고 과학은 과학 자체도 설명하지 못한다.[6]

그러나 우리에게는 우리가 삼위일체적 우주─다른 모든 실체들의 근원이 되는 실체가 바로 세 인격이 하나로 연합된 하나님 자신인 곳─ 안에 살고 있다고 믿을 만한 이유가 있다. 깊은 본질이 사랑이신 이 하나님을 아는 것만이, 희망으로 빛나는 옛 예언의 유일한 출처다. 하나님은 인격적으로 인간을 찾아오셔서 친히 그들의 삶에 개입하심으로 자신을 알리셨다. **원하는** 자는 누구나 그 역사(history)를 볼 수 있다. 그러나 지금은 아무도 보지 **않아도** 된다. 이것이 하나님의 모략이 역사(work)하는 방식이다. 이 하나님을 알기에, 예언의 증거는 "만유를 회복하실 때" (행 3:21)를 절대적 확신으로 단호히 말하는 것이다.

그러나 하나님의 위대하신 존재와 사역, 그리고 역사에의 끊임없는 개입에, 악으로 점철된 인간의 질서가 정면으로 마주 서 있다. 오래된 선교 찬송에 이런 가사가 있다.

실론 섬에 향긋한 미풍이 불고
모든 전망이 밝아 보이건만

인간만 악을 행함은 어인 일인가?

눈먼 이방인들 목석에 절하니,

넘치는 자비로 부으시는

하나님의 선물도 헛되도다.[7]

요즈음은 목석에다 정치 사업, 사회 집단, 경제 수준, 교육, 기술, 인간 지식, 약물 등 다른 것들을 더해야 하리라. 이 모든 것에 인간은 절한다. 그런 것들을 자신의 삶과 행동의 궁극적 기준으로 삼는 것이다. 그것이 우리의 보는 바 전부라면 희망의 근거는 전혀 없다. 옛 예언의 비전도 실체가 아닌 환상의 그림으로 보일 수밖에 없다.

사실 피조물 자체도 인간이 우주의 예정된 자리, 즉 "하나님의 자녀들의 영광의 자유"에 이르기까지 통과하는 과정의 고통으로 함께 탄식하고 있다(롬 8:18-23). 그러나 예언서에서 하나님의 길은 형통해야 한다. 그분은 **하나님**이시기 때문이다. "나 여호와는 인애와 공평과 정직을 땅에 행하는 자인 줄 깨닫는 것이라. 나는 이 일을 기뻐하노라"(렘 9:24). 이것은 끝내 이루어져야 한다. 다른 길은 없다.

구속된 공동체를 통해서만 알 수 있는 하나님

예수를 죽인 사건으로 영원히 대표되는 최악의 인간 모습 앞에서도, 천국 복음은 하나님을 조금이라도 나쁜 분으로 믿지 못하도록 우리를 지켜준다. 그것은 오히려 하나님이 가져다주실 선을 믿도록 우리를 부른다.

무엇보다 중요한 것은, 이것이 하나님 자신의 사람들, 곧 빛의 자녀들의 미래와 관련돼 있다는 점이다. 역사상 그들은 대체로 본연의 모습과 한참 거리가 멀었다. 그것은 오늘도 마찬가지다. 그러나 "내가 나의 법을 그들의 속에 두며 그 마음에 기록하여…… 그들이 다시는 이웃과 형제를 가리켜 이르기를 '너는 여호와를 알라' 하지 아니하리니 이는 작은 자로부터 큰 자까지 다 나를 앎이니라"(렘 31:33-34; 참고. 겔 11:19-20; 히 10:16).

사람들 안에 거하심으로 자신을 알리시려는 뜻을 이루시고자 하나님은 수십 년의 고생스런 광야 생활 동안 놀랍게도 천막—**천막**!—에서 지내기로 하셨다. 그분은 모세에게 말씀하셨다. "내가 그 회막과 단을 거룩하게 하며…… 내가 이스라엘 자손 중에 거하여 그들의 하나님이 되리니 그들은 내가 그들의 하나님 여호와로서 그들 중에 거하려고 그들을 애굽 땅에서 인도하여 낸 줄을 알리라"(출 29:44-46).

하나님이 인간 공동체 안에 거하시는 그림은 그대로 새 언약으로 이어져 신약의 많은 본문에 나오지만, 바울이 에베소에 보낸 편지만큼 아름다운 것은 없다. 한때 "무가치한" 자였던 유대인 아닌 신자들에게 그는 이렇게 말한다. "이제부터 너희가…… 오직 성도들과 동일한 시민이요 하나님의 권속이라. 너희는 사도들과 선지자들의 터 위에 세우심을 입은 자라. 그리스도 예수께서 친히 모퉁이돌이 되셨느니라. 그의 안에서 건물마다 서로 연결하여 주 안에서 성전이 되어 가고 너희도 성령 안에서 하나님의 거하실 처소가 되기 위하여 예수 안에서 함께 지어져 가느니라"(엡 2:19-22).

인간 역사를 향하신 하나님의 뜻은, 생물학적·자연주의적 관점에서 보면 작고 보잘것없어 보이는 그 역사를 통해 한때 "평범한 인간"에 지나지 않던 이들의 영원한 공동체를 이루는 것이다.[8] 하나님의 뜻에 힘입어 이 공동체는 결국 전체 피조 세계에 충만케 되어 그 통치에 동참하게 될 것이다. 그 공동체를 특별한 처소 내지 집으로 삼고자 하신 하나님

575

의 창세 전의 뜻은 마침내 실현될 것이다. 그분은 이 공동체의 책임 부양자이자 가장 영예로운 입주자가 되실 것이다.

그러나 무엇 때문에 그렇게 하시는가? 요지는 무엇인가? 그 목적은, 전능하시며 사랑이신 하나님의 성품의 한 **필요**—그렇게밖에 표현할 수 없다—를 충족시키기 위한 것이다. 이것은 그분의 피조 세계에 나타난 목적과 동일한 것이다. 하나님의 심오한 성품은 피조 세계와 구속받은 공동체를 통해서만 알려질 수 있다. 그것이 하나님의 계시를 가능하게 한다. 나아가, 의식이 있는 모든 존재의 행복은 이 하나님을 아는 지식에 의존한다.

그러므로 오랜 세월의 준비 끝에, 구속은 아들의 모양으로 우리에게 찾아왔다. "그 은혜의 지극히 풍성함을 오는 여러 세대에 나타내려 하심이니라"(엡 2:7).

이 계획은 오랫동안 인간에게 "비밀"로 남아 있었다. 옛 언약의 사람들에게도 다를 바 없었다. 그들은 하나님의 모략에 이끌려 들어갔지만, 그것이 무엇인지 그 자신들도 몰랐다. 신약에 사용된 "비밀"이란 말은 오랫동안 감춰져 있다가 처음으로 밝혀진 것을 뜻한다. 이 자비의 "비밀"은 "만물을 창조하신 하나님 속에 감추었던" 것이다(엡 3:9). 그것이 복음을 통해 서서히 빛 가운데 드러난다. "이는 이제 교회로 말미암아 하늘에서 정사와 권세들에게 하나님의 각종 지혜를 알게 하려 하심이라"(3:10).

하나님의 미래에서 인간의 중요성

인간의 삶이나 인간 세상은 미래가 존재함으로 지탱되는 것이다. 거기에는 본질적으로 의미가 수반된다. 우리에게 의미란 사치품이 아니다.

그것은 영혼의 삶을 가능케 하는 영적 산소 같은 것이다.[9] 그것은 우리의 현재 상태를 "초월하여" 그것을 완성하는 세계로 나아가는 것이다. 인생의 현 사건들의 의미는 대체로 앞으로 맞이할 미래에 달려 있다. 그러므로 인간 세상에서 무엇이든 "미래가 없는" 것은 의미 또한 없다. 인간이 미래가 없는 것을 어떻게든 피하려 하는 까닭이 거기에 있다. 미래가 없는 것은 우리를 숨막히게 한다.

이런 삶의 구조는 언어에 잘 반영되어 있다. 의미와 유의미성이 가장 명료하게 나타나는 것이 언어다. 예컨대 'water'라는 단어를 따로 떼어 듣거나 보아서는 그것이 동사인지 명사인지 알 길이 없다. 그러나 나머지 문장이 주어지면 이 단어는 "내가 없는 사이 화초에 물 좀 주십시오"와 같이 동사가 될 수도 있고, "물은 지구상 생명체의 필수품이다"와 같이 명사가 될 수도 있다.

인생의 사건들도 이와 같다. 인간의 생명 자체도 그렇고 인생 전체도 그렇다. 그것은 미완성의 문장, 문단, 장, 책의 첫머리와 같다. 어떤 의미에서 인식과 식별은 가능하지만 이후의 내용을 알기 전에는 의미와 실체를 알 수 없다. 이렇듯 우리는 언제나 자신의 삶의 사건들과 인생 자체의 의미를 추구한다. 인간 역사 자체와 역사의 사건과 인물의 의미에 의문을 품는다. 한 가지 변함없는 사실은, 그 의미는 언제나 더 큰 정황 속에서 발견된다는 것이다.

예수를 통해 우리는 궁극의 정황인 하나님과 그 나라를 알게 된다. 그 나라의 미래적 단계 속에 우리 인생의 의미와 우리가 일부분으로 속해 있는 이 땅의 역사의 의미가 들어 있다. 앞에서 본 것처럼 예수는 "천국"의 현재적 실체를 강조하시며 그것을 복음의 기초로 삼으셨다. 그러나 그분은 그 나라에 미래적 완성이 있음을 또한 알고 계셨다. 이 땅과 이 땅의 삶을 초월하여 하나님 안에서 영원한 삶을 누리는 차원이다.

미래의 실체를 알면, 특히 현재의 경험과 미래의 연관성을 이해하면, 현재의 천국의 삶에 커다란 힘이 된다. 그제서야 우리는 비로소 현재의 삶이 무엇인지 제대로 이해하며 그 실체에 부합되는 것들을 선택하며 살 수 있다.

그러나 영원한 미래의 중요성을 그리스도인들만이 깨달은 것은 아니다. 생각이 깊은 다른 이들도 그것을 보았다. 비록 인간 역사를 향한 하나님의 뜻과 예수의 복음 고유의 구속은 몰랐지만 말이다. 인간 자아의 본성에 대한 통찰이 그것을 가능케 했다.

예를 들어, 소크라테스의 최후의 몇 시간에 대한 플라톤의 기록에 이런 말이 있다.

영혼이 불멸이라면 우리의 관심은 우리가 생명이라고 부르는 부분에만 머무를 것이 아니라 모든 시간에 필요하다. 사실 그것을 무시하는 것은 지금 보기에도 지극히 위험한 일이 될 것이다. 죽음으로 모든 것을 벗는다면 악한 이들에게 죽음은 큰 득이 되리라. 그러나 영혼은 분명 불멸하기에, 최대한 지혜롭고 선해지는 것 외에는 영혼이 악에서 벗어나거나 안전할 수 있는 길은 없다. 영혼은 교육과 훈련 외에는 다음 세상으로 아무것도 가지고 갈 수 없다. 이것은 이제 막 죽음을 맞이해 그곳을 향한 여정에 오른 이들에게 도움이 될 수도 있고 손해가 될 수도 있는, 대단히 중요한 것이다.[10]

그러나 안타깝게도 현재 기독교 복음이 제시하는 내용 가운데 의미도 실속도 가장 미흡한 부분은, 바로 하나님 나라에서의 인간 개인과 인류

10장_ 만물의 회복

전체의 미래에 관한 부분이다. 여기에는 수많은 이유가 있다. 육체 이후에도 우리의 존재가 지속한다는 개념 자체를 이상한 난센스로 치부하는 "과학적 인간관"은 물론, 우리에게 전수된 혼탁하고 무익한 천국 및 지옥관도 빼놓을 수 없다.

하나님의 모략에 관한 이 책을 마감하면서 이제 우리는 미래의 천국 생활이 어떤 것인지 다소나마 이해할 필요가 있다. 아울러 우리의 미래에 대한 예수와 그분의 제자들의 가르침이 과연 사실이라는 진실된 마음의 확신을 저해하는 주된 요소들을 공략할 필요도 있다.

인류의 보존과 회복

무엇보다도, 육체의 죽음 후에도 인간이 존속한다는 생각은 과연 합리적인 것인가? 다시 말하지만, 하나님과 그의 나라에 비추어 볼 때 절대적으로 그렇다. 우리 시대의 가장 저명한 그리스도인 사상가 가운데 한 사람인 존 힉(John Hick)의 말이 맞다.

> 예수께서 하나님에 대해 자신의 직접적 의식에서 하신 말씀을 우리가 정녕 믿는다면, 우리는 미래의 삶에 대한 그분의 믿음도 공유해야 한다. 다음의 논리가 이 믿음을 뒷받침한다. 즉 무한한 사랑의 하나님은 유한한 인격을 만드신 뒤 그 본성의 잠재력—하나님 자신에 대한 의식을 포함해—이 이제 막 실현되기 시작하자 그 존재를 종식시킬 분이 아니다.[11]

다시 말해서, 하나님의 세계의 실체를 감안할 때 인간의 존재가 끝나지 않는다는 생각은 더없이 합리적인 것이다.

그러나 우리의 존재의 지속은 일차적으로 우리의 유익을 위한 것이 아니라 하나님의 유익을 위한 것임을 분명히 부연해 말해야 한다. 그분이 우리를 계속 두기로 결정하시는 것은 단지 우리가 존재의 지속을 원하기 때문이 아니다. 그보다, 그분은 인류 전체는 물론 인간 개개인에게 파격적인 엄청난 투자를 아끼지 않으셨다. 말할 것도 없이, 그것은 그분이 보시기에 충분히 그럴 만한 가치가 있는 일이다. 그분은 인간의 존재가 종식되게 함으로써 그 결실을 잃으실 분이 아니다. 옛 예언은 말한다. "그가 자기 영혼의 수고한 것을 보고 만족히 여길 것이라"(사 53:10-11).

그렇다면 우리가 지금 존재하며 앞으로도 계속 존재할 것은, 그것이 하나님께 기쁨이 되기 때문이다. 그것이 그분이 보시기에 좋기 때문이다. 시편 23편은 바로 그런 맥락에서 이해되어야 한다. "내가 사망의 음침한 골짜기를 다닐지라도", 즉 죽음이 나를 덮쳐와도 "해를 두려워하지 않을 것은." 어떻게 그것이 가능하단 말인가? 지금 이것은 겁먹은 사람이 어둠 속에서 휘파람이나 불며 허세 부리는 이야기가 아니다. 나를 안위하는 하나님의 지팡이(보호)와 막대기(교정)의 실체를 체험을 통해 아는 것이다. "나의 평생에 선하심과 인자하심이 정녕 나를 따르리니 내가 여호와의 집에 영원히 거하리로다." 시편 기자는 그것을 어떻게 알까? 하나님을 알기 때문이다. 그는 현실 세계의 일상적 교제 속에서 그분을 알고 있다. 하나님이 어떤 분이며 그리하여 그분이 반드시 하실 일이 어떤 것인지, 우리는 그 교제를 통해 알 수 있다. 이것이 시편 23편이 말하는 바다.

그리고 가능성

그러므로 사후 "생존"의 기대 여부에 대한 모든 문제가, 예수의 하나님

10장_ 만물의 회복

의 존재로 간단히 해결된다. 나아가, 그분의 존재는 인격의 존재가 물질에 의존하고 있지 않음을 증명해 준다. 반대로, 물질이 그분께 의존하고 있다. 그분은 창조 전, 물리적 우주가 없을 때에도 잘 지내셨다. 그분에게 두뇌가 없이도 최상의 의식이 있으심은 두말할 필요도 없다.

많은 이들이 새삼 충격을 받지만, 하나님은 두뇌가 없다. 그것을 아쉬워 하시지도 않는다. 이 사실을 결코 잊어서는 안된다. 몸과 두뇌는 그분께로부터 온다. 그 반대가 아니다. 그분 안에서 우리의 인격적 존재는, 지금 몸과 두뇌가 있는 채로 안전한 것만큼이나 장차 몸과 두뇌 없이도 안전하게 될 것이다. 사실, 그보다 훨씬 더 안전할 것이다.

이것을 이해하지 못하거나 이런저런 이유로 거부하는 이들은, 현육체의 죽음 이후의 인간의 미래를 믿는 것이 마치 정서적 "필요"의 문제-실은, 도덕적 결손의 문제-나 되는 양 말하곤 한다. 사후 생존을 믿지 않는 자는 용기 있는 자이며 다른 이들은 비겁한 자라는 뜻이다. 그러나 열린 마음으로 이 문제에 접근하여 각 개인별 사례를 살펴보면, 용기와 비겁함은 사후 생존을 믿는 자들 쪽에나 믿지 않는 자들 쪽에나 동일하게 분포되어 있음을 알게 된다. 사후 세계를 믿지 않는 이들이 믿는 이들보다 유난히 더 용감한 것은 결코 아니다.

어쨌든 이것은 사안에 대한 경솔하고 유치한 접근 방식이다. 내가 아는 한 부인이 생각난다. 그녀는 사후의 삶에 대해 자녀들과 절대 이야기하지 않는다. 그 이유는, 나중에 그런 세계가 없는 것으로 밝혀질 때 자녀들이 실망할 것이 싫어서라고 한다. 이 무슨 말인가. 사후의 삶이 없다면 분명 실망할 수조차 없다. 반면, 사후의 삶이 있다면 그 자녀들은 거기에 제대로 준비되어 있지 않을 것이다. 실망이란 존재가 지속될 때만 가능한 것이다.

육신의 죽음이 정말로 인격의 종식이라면, 죽음이란 제 아무리 끔찍해도 그저 의사에게 가는 것과 다를 바 없다. 기분은 좋지 않지만 적어도 곧 끝날 것이다. 그러면 더 이상 아픔도 없고 고통도 없고 후회도 없다. 나도 없다. 나와 관한 한 아무것도 없다.

진정 용기 있는 사람이란, 종말이 없는 존재의 가능성을 흔쾌히 맞이할 수 있는 자다. 나의 존재가 영원히 끝나지 않으며, 거기에 대해 내가 할 수 있는 일이 미래의 존재를 최대한 바람직한 상태로 준비하는 것 외에, 아무것도 없다고 생각해 보라. 그것이야말로 진정한 용기가 요구되는 부분이다.

이렇듯 존재의 종식의 개념에서 구원을 찾는 것은 역사상 언제나 있어 왔던 주제다. 세계의 주요 종교 중에는 그것을 인간이 가장 갈구해야 할 상태로 가르치는 종교도 있다. 고대 에피쿠로스 학파는 그것을 강조하기로 유명했다. 시인 스윈번(A. Charles Swinburne)은 이렇게 표현했다.

> 삶에 대한 과도한 집착도
> 희망도 두려움도 다 벗고,
> 어떤 신에게든 우리는
> 찰나의 감사를 드리리.
> 영원한 삶이 없음을 인해,
> 죽은 자가 다시 살지 않고,
> 피곤에 지친 강물까지도
> 바다에 안착함을 인해.[12]

이 시인은 계속하여 특유의 어법으로 "오직 영원한 밤의 영원한 잠"을 칭송한다. 그러나 그 잠을 즐길 자가 아무도 존재하지 않는다. 그러니 그 것은 잠이 아니다.

현대 사상과 심지어 신학에서조차 그러한 것처럼, 만일 성경적 전통에서 보는 바대로 스스로 자신을 계시하시는 하나님을 도외시하거나 그분을 절망적 신비의 존재로 만든다면, 우리도 과연 영원한 밤을 꿈꾸는 편이 나을 것이다. 그렇게 되면 "떠날" 때도 후회가 없을 터이고, 머잖아 후회할 사람조차 전혀 없게 될 것이다. 곧 아무도 남지 않을 것이기 때문이다. 지구라는 작은 별의 생애는 우주적 시간에서 볼 때 한순간에 불과하다. 인간의 관점에서 보면, 슬퍼할 것도 별로 없고 머잖아 슬퍼할 자도 남지 않게 된다.

그러나 "하늘에 계신 우리 아버지"의 관점에서 보면 이야기는 전혀 달라진다. 그분은 자신이 창조하시고 계획하시고 애타게 바라시고 가슴 아파하시고 구속하시고 친구가 되신 이들을 소중히 여기신다. 그들과 그분과의 관계를 나타내는 성경의 표현은 당혹스러울 정도로 친밀한 것이다. 시편 기자는 외친다. "주의 멧비둘기의 생명을 들짐승에게 주지 마시며 주의 가난한 자의 목숨을 영영히 잊지 마소서"(시 74:19). 우리의 존재는 영원히 멈추지 않는다. 그리고 거기에 대해 우리가 할 수 있는 일은 아무것도 없다.

아버지에 대한 예수의 특별한 단어 "아바", 즉 "아빠"라는 말이 서로 소중히 여기고 소중히 여김받는 관계를 잘 표현해 준다. 이 관계가 깨어진다는 것은 상상할 수도 없는 일이다. 예수의 하나님은 자신의 영원하신 생명 속에 인간의 인격을 **분명히** 보존하실 것이다. 이것을 깊이 생각해 보면 다른 것은 모두 상상할 수조차 없다. 다시 말하지만, 우리 때문이 아니라 하나님 때문이다.

우리 미래의 삶은 어떤 것일까

"우리는 사후의 존재 상태에 대해 구체적으로 아는 것이 아무것도 없다."[13] 많은 이들의 말처럼 이것은 과연 사실일까? 이 말을 한 저자가 바로 뒤이어 육체의 죽음 이후의 삶을 묘사하면서 다음과 같이 말하고 있으니 참 묘한 일이다.

> [예수께서] 상징을 통해 보여주신 영원한 삶은 무한히 향상된 삶이다. 완전한 충족이면서 동시에 끝없는 활동과 새로움이 있는 존재, 그 안에서 더욱 강렬하게 살아 있는 상태다. 죽음이 결국 우리를 **그곳으로** 데려다 준다면, 비록 죽음을 생각할 때 여전히…… 떨리는 두려움과 불안이 있을지 몰라도, 결코 공포나 절망을 자아낼 일은 아니다. 죽음 너머에서 우리는…… 지금 살아 있는 현실보다 더 생생히 살아 있을 것이기 때문이다.

"영원한 삶은 무한히 향상된 삶"이며 그 안에서 우리는 "완전한 충족이면서 동시에 끝없는 활동과 새로움" 속에 "더욱 강렬하게 살아 있는" 것이라 했거니와, 이런 사실을 안다는 것은 "사후의 존재 상태에 대해" 엄청나게 많은 것을 아는 것이다.

예를 들어, 사후 생활의 의미에서 천국이란 현재의 이 우주에서 맞을 미래라는 사실을 우리는 확신할 수 있다. 이 우주 외에 다른 우주는 없다. 하나님은 하늘과 땅을 만드셨다. 그것으로 전부다. 오늘날 천국과 지옥의 모습이 잘 믿어지지 않는 것은 다분히 천국과 지옥의 위치를 피조된 우주 바깥의 "또 다른 실체"에서 찾으려는 오랜 성향 때문이다.

그러나 시간은 영원 밖에 있지 않고 영원 안에 있다. 피조된 우주는 하나님 나라 밖에 있지 않고 그 안에 있다. "물리적" 우주에 대해 우리가 지금 알고 있는 것이 있다면, 그것은 이 우주야말로 하나님의 영원하신 뜻에 지극히 적합한 곳이라는 사실이다. 하나님이 이 우주를 지으셨다면—그것은 의심의 여지가 없는 일이다—인간이 그 안에서 지극히 현실성 있는 미래를 보내는 것도 얼마든지 가능한 일이다.

처음으로 "온전히 알리라"

소위 죽음을 통과할 때 우리는 세계를 잃는 것이 아니다. 사실, 우리는 처음으로 세계를 그 실상대로 보는 것이다. 바울은 고린도전서 13장에서 이 중요한 사실을 지적하고 있다. 그는 다양한 체험을 통해 하나님과 영적 세계의 엄연한 실체를 확신케 된 사람이다.

우리가 생각하는 "정상적" 상태와 조건에서도 사실 우리의 현실관은 대단히 왜곡돼 있음을 그는 알았다. 우리는 주변의 실상을 전혀 모르는 어린아이 같다(고전 13:11). 그러나 "죽음"을 지나면 우리는 달라진다. "주께서 나를 아신 것같이 내가 온전히 알리라."

누가 우리를 안다고 했는가? 물론 히브리서 12:22-23에 나온 것처럼 하나님, 천만 천사, 온전케 된 의인의 영들, 그리고 예수다. 히브리서 12장 앞부분에 언급된 "구름같이 둘러싼 허다한 증인들"도 있다. 그들은 만물을 실상대로 보고 안다. 우리도 그렇게 될 것이다. 그것이 우리가 갖게 될 의식과 삶의 질이다.

다른 성경 인물들과 마찬가지로, 바울은 이런 존재들의 가시적 임재 앞에 실제로서 본 사람이다. 그는 그들이 바울 자신을 온전히 알고 있는 것을 보았다. 이 몸을 벗고 하나님의 충만한 세계에 들어갈 때 우리도 그들과 똑같이 인격과 만물을 온전히 밝히 알게 된다는 것을 바울은 알았다.

이것은 성경의 일관된 가르침을 그대로 보여주는 것이다. "지으신 것이 하나라도 그 앞에 나타나지 않음이 없고 오직 만물이 우리를 상관하시는 자의 눈앞에 벌거벗은 것같이 드러나느니라"(히 4:13). 영적 세계는 왜곡의 세계가 아니라 **진리**의 세계다(요 4:23). 신구약 모두에서 천사는 이 땅의 장면을 "보는 자", 즉 증인으로 등장하고 있다. 그러니 그들도 두뇌나 몸의 도움이나 방해가 없이 만물을 실상대로 볼 수밖에 없다.

반면에, 육체를 입은 현 위치에서 우리가 보는 사물은 "거울로 보는 것같이" 언제나 찌그러져 있다. 바울 시대의 거울은 변변치 못해서 **결코** 사물의 실체를 제대로 볼 수 없었다. 현재 상태의 몸을 벗어나는 것은 곧 찌그러진 거울 속 모습(우리의 현 "지식") 대신 실물을 보는 것과 같다. 사물에 대한 어린아이의 지각을 벗어나 장성한 자의 지각으로 옮겨가는 것과 같다.

그러나 이런 미래를 믿는 많은 이들이 그 상태를, 꿈같이 떠도는 막연한 상태 또는 자아 의식이나 자기 정체감이 없는 상태로 보고 있다. 왜 그럴까? 그것은 아마도 죽음을 수면과 그에 따른 꿈의 상태에 자주 비유하는 데서 비롯됐을 것이다. 그러나 이 비유는 몸에만 해당되는 것이지 인격과는 무관하다. 인격은 "잠자지" 않는다. 또, 죽음을 통과한 인간은 마치 몸에 중상을 입었을 때처럼 충격 상태에 있다고 생각하는 이들도 있다. 그러나 죽음을 지나는 순간 우리는 더 이상 상처 입은 역기능적 몸 안에 존재하지 **않는다**.

하나님과 천사 등 영적 존재가 충격에 휩싸여 방향 감각을 잃은 채

10장_ 만물의 회복

꿈 같은 상태에 있다고 보기는 어렵다. 예수의 생명을 가진 자는 "천사와 동등이요…… 하나님의 자녀"라는 것이 그분의 가르침이다(눅 20:35-36).

죽음이 없다

의인에게는 죽음이 아무것도 아니라는 예수의 거듭되는 언급이 이로써 설명된다. 몸밖에 죽일 수 없는 자들을 두려워하지 말라고 그분은 말씀하신다(마 10:28). 우리는 죽음을 맛보지 않을 것이며(요 8:51-52) 사실, 죽지 않는다(요 11:26). 앞에서 했던 이야기를 여기서 재차 강조한다.

예수께서 우셨다고 기록된 사건 중 하나는, 인간이 사랑하는 이의 죽음 앞에서 맛보는 고통에 마음이 아프셨을 때다(요 11:33-35). 그들의 비애가 전적으로 오도된 것임을 그분은 분명히 보셨다. 동시에 그들이 얼마나 정성으로 우는지도 아셨다. 직업적으로 곡하는 이들까지 고용했을 정도다.

제자들에게 자신의 임박한 죽음을 이야기하면서 그분은 말씀하신다. "나를 사랑하였더면 나의 아버지께로 감을 기뻐하였으리라"(요 14:28). 그리고 덧붙이신다. "아버지는 나보다 크심이니라." **그분은** 거기에 대해 슬퍼할 것이 전혀 없다! 물론 **제자들** 편에는 큰 슬픔이며 그것은 충분히 이해가 가는 당연한 일이다. 그러나 그들은 동시에 그분을 위해 기뻐해야 한다.

물론 이것은 곁에서 함께 죽어 가는 강도의 믿음에 대한 그분의 반응과 완벽하게 맞아떨어진다. "오늘 네가 나와 함께 낙원에 있으리라"(눅 23:43). 강도는 정상적 상태로, 여전히 자신의 모습으로 예수와 및 다른 이들로 더불어 놀라운 상황에 처하게 될 것이다. 예수의 말씀이 이런 뜻이 아니라면 그것은 거짓일 수밖에 없다.

이것이 신약 전체의 이해다. 예수의 말씀과 인격을 믿으며 그 나라의 실체를 체험으로 아는 이들에게는 개인적 관점에서 볼 때 언제나 "죽는 것"이 더 낫다. 바울은 "죽는 것도 유익함이니라"고 했다(빌 1:21). 여기 남아 있는 것보다 "떠나서 그리스도와 함께 있을 욕망을 가진 이것이 더욱 좋"다고 했다(23절). 물론 우리는 하나님의 뜻을 좇아 다른 이들을 섬기기 위해 여기 우리 자리에 기꺼이 머무를 마음이 있다. 그러나 바울이 다른 곳에서 말한 것처럼 우리는 예수 그리스도께서 "사망을 폐하시고 복음으로써 생명과 썩지 아니할 것을 드러내신" 것을 알고 살아간다(딤후 1:10).

장차 나타날 변화

달라지는 것은 무엇인가

소위 "죽음"이라는 단계를 지나갈 때 우리는 구체적으로 자신의 몸에 대한 현재의 지배력에 관련된, 그리고 신체적 가용성과 취약성에 관련된 한계와 힘 외에는 아무것도 잃지 않는다. 우리는 더 이상 몸이라는 수단을 통해 자극을 받거나 반응할 수 없게 된다. 물론 이것은 남아 있는 이들에게는 가슴 아픈 변화다. 그러나 다른 한편으로, 이런 능력의 변화는 대부분의 경우 죽음 훨씬 이전부터 시작된다. 그것은 노화와 질병의 정상적 일부다. 인격과 물리적 세계의 중재자인 몸은 그 기능을 상실해 가고 대신 영혼이 새로운 질서를 맞이할 준비를 한다. 그러나 그 과정에서 우리는 자아에 대한 의식을 잃지 않는다. 다른 이들에 대한 지식과 모든 관계도 그대로 남는다. 다만, 더 이상 몸과 그 물리적 환경을 매개로 하지

10장 _ 만물의 회복

않을 뿐이다.

사실은, 이전과 달리 비로소 **우리가** 자신을 점유하게 된다. 지금 우리 눈앞에 있는 유한한 우주도 그대로 남는다. 장차 처음 보게 될 것들만큼 재미있지는 않겠지만 말이다. 많은 이들이 생각하는 것처럼 우리는 영원한 안개 속이나 창고 속으로 사라지지도 않고 격리나 활동 중지 상태로 존재하지도 않는다. 하나님은 우리에게 대해 그보다 훨씬 좋은 뜻을 갖고 계신다. 달리 말해서, 우리의 존재는 비록 중요한 세부 사항이 달라지긴 하지만 그 특성이 현재의 모습과 근본적으로 다르지 않을 것이다. **현재의 인격으로서 현재의 우리가 지닌 삶은, 현재 우리가 존재하는 우주 안에서 앞으로도 계속될 것이다.** 물론 우리의 경험은 훨씬 분명하고 풍부하고 깊어질 것이다. 몸을 의지해야 하는 지금의 한계에서 벗어날 것이기 때문이다. 그 경험은 보다 넓고 보다 근본적인 하나님 나라의 실체에 뿌리를 둘 것이며, 따라서 규모와 능력이 훨씬 커질 것이다.

그분의 영광의 몸

예수의 첫 제자들에게 있어 이 모든 것을 이해하는 열쇠는, 단지 우리가 그토록 거듭 강조해 온 하나님 자신에 대한 지식도 아니었고 그분을 섬기는 비물리적 존재, 즉 허다한 천사에 대한 지식도 아니었다. 자신의 미래에 대한 이들의 확신의 절대적 기초는, 바로 부활하신 예수를 직접 체험한 데 있었다.

그분께는 시공 속 인격의 응집점인 몸이 있었다. 물리적 실체와 상호 작용하는 공적으로 볼 수 있는 몸이었다. 그러나 그것은 빛나는 몸이었으며 그래서 "자기 영광의 몸"으로 불리기도 했다(빌 3:21). 물리적 몸처럼 공간, 시간, 물리적 인과에 구속되지(restrained) 않는 몸이었다.

그래서 바울은 "육의 몸이 있은즉 또 신령한 몸이 있느니라"고 말한다(고전 15:44). 사실 이 중요한 구분은 1세기의 사고 세계에 힘입은 바 있지만, 신령한 몸의 실체를 받아들인 것은 다분히 부활하신 그리스도에 대한 초대 교인들의 구체적 체험에 바탕을 두고 있다.

하나님의 우주에서 물질은 궁극적으로 마음이나 영혼의 지배를 받는다. 예수와 그분의 사람들의 전통에서 그것은 하나의 기정 사실이다. 우리의 본향이요 "사회, 정치적 질서" 즉 "시민권"(폴리테우마, *politeuma*)은 이미 "하늘에 있는지라. 거기로서 구원하는 자 곧 주 예수 그리스도를 기다리노니 그가 만물을 자기에게 복종케 하실 수 있는 자의 역사로 우리의 낮은 몸을 자기 영광의 몸의 형체와 같이 변케 하시리라"(빌 3:20-21).

우리는 "죽음"을 통과해 하나님의 충만한 세계로 들어갈 때, 혹 바울이 다른 곳에 말한 것처럼 "땅에 있는 우리의 장막 집이 무너지면" 몸을 박탈당하는 것이 아니다. 예수의 경우와 전혀 다를 바 없다. 오히려 "하늘로부터 오는 우리 처소로 덧입[어]······ 벗은 자들로 발견되지 않"게 된다(고후 5:1-8). 우리의 썩을 부분은 "생명에게 삼킨 바" 된다. 하나님은 "보증으로 성령을 우리에게" 주셔서 이미 준비를 마치셨다(5절). 물리적 몸에서 비롯되지 않은 생명의 실체를 우리는 이미 지금 체험을 통해 알고 있다.

"인내로써 우리 앞에 당한 경주를 경주하며"

그렇다면 이미 지금부터 살고 있는 이 영원 안에서 미래를 향해 나아가면서 우리가 기대해야 할 것은 무엇인가? 지속적 성장 시기, 통과 시기, 예수와의 통치 시기 등 세 단계로 나누어 생각해 보자.

10장 _ 만물의 회복

지속적 성장 시기 무엇보다도 우리는 삶의 방향과 힘과 전반적 상태를 영원한 나라로부터, 삼위일체적 인격이신 하나님과의 인격적 교제로부터 취하려는 마음가짐과 실제 능력에서 꾸준히 자라 가야 한다. 이 말의 가장 중요한 의미는, 우리 마음과 성품이 부전자전으로 "하늘에 계신 너희 아버지의 아들"답게 점차 변해야 한다는 뜻이다(막 5:45).

고린도전서 13장의 아가페 사랑이 점차 우리의 존재 자체가 될 것이다. 우리의 기도와 말과 행위−때로는 다만 함께 있는 것−의 영향력은 인간의 용어로 설명할 수 없는 본질과 차원으로 변해 갈 것이다. 우리는 갈수록 "주 예수 그리스도의 이름으로" 말하고 행동하게 될 것이며, 우리 삶의 모든 부분은 이 책에 설명된 의미에서 점차 영원한 것이 될 것이다. 우리는 이제 하나님의 동역자다.

따라서, 노화는 잃는 과정이 아니라 얻는 과정이다. 물리적 몸이 쇠할수록 영광의 몸이 가까우며 영적 실체가 더 풍부해지고 깊어진다. 나이가 들수록 우리는 분명 더 영광스러워져야 한다. 역시 조지 맥도널드의 아름다운 표현이 이 중요한 변화를 상상하는 데 도움이 된다.

> 내재하는 생명의 불멸의 불꽃으로
> 덤불을 태우는 것이 곧 노령이리니.
> 오 생명이여, 내 이 연약한 껍질을 태우라.
> 흉하게 그을린 옷가지를 벗어 던지고
> 영혼의 날개 치며 네게로 갈 때까지.[14]

통과 시기 시대와 문화를 초월한 인간의 공통적 경험은, 이 이행(移行)과 통과에 대해 지난 한 세기 동안 서구 문화가 시도했던 것보다 훨씬 많은 것을 우리에게 가르쳐 준다. 그중에는 재확인된 것도 있고, "죽음 직전의 경험"에 대한 최근의 흥미로 인해 지나치게 미화된 것도 있다. 그러나 인간의 공통적 경험이 가르쳐 주는 바는 성경이 지적하는 내용과 본질적으로 일치한다.

가장 두드러진 것은, 죽음을 통과 중인 자에게는 "보이지 않는 것이 보이기" 시작한다는 사실이다. 자신이 아는 다른 사람들이 그를 맞으러 오며, 그것도 아직 뒤에 남길 사람들과 교류가 지속되고 있는 중일 때가 많다. 급작스런 죽음일 경우에는 주변 사람들에게 이런 일이 벌어지는 것을 인식할 기회가 주어지지 않는다. 그러나 그런 경우라도, 그 사람이 격리 속에 내던져지지 않는다는 것은 분명하다. 우리 인간도 할 수만 있다면 사랑하는 이에게 그렇게 하지 않을 것이다. 하나님도 마찬가지다.

하나님을 사랑하고 찾는 이들을 향하신 그분의 위로와 자비를 우리는 예수의 말씀에서 볼 수 있다. 그분의 말씀에 따르면 거지 나사로는 죽어 "천사들에게 받들려 아브라함의 품에" 들어갔다(눅 16:22). "구름같이 둘러싼 허다한 증인들"로부터, 그동안 우리를 지켜보았던 이들이 우리에게 다가온다. 우리를 맞으며 끌어안는다. 놀라운 장면이 속속 펼쳐지는 첫 몇 분 내지 몇 시간 동안 우리는 함께 있는 그들로 인해 기쁨과 평안을 누릴 것이다.

옛 영가에 이런 가사가 있다. "요단 강 너머에서 누가 오려나, 날 본향에 데려가려? 천사의 무리가 내게 오누나, 날 본향에 데려가려." 성경의 이야기와 가르침에서 나온 이 다소 단순화된 그림 안에 우리가 기대해야 할 것이 정확히 표현되어 있다. 하나님과 인간 영혼에 대한 우리의 지식, 인간의 공통적 경험, 그리고 성경의 가르침에 근거하여 우리는 그것을 기대해야 한다.

물론 이 모든 것은 하나님께서 이른바 지혜롭고 슬기 있는 교만한 자들에게는 "숨기시고" 어린아이들에게는 분명히 밝히시는 내용에 속한다(마 11:25). 그러나 이미 천국 안에 살면서 "오는 세대의 능력"을 맛본 이들은 누구도 예외 없이 이 사실을 알 수 있다.

하나님의 충만한 세계로 진입하는 이 통과에 대한 이해를 통해, 우리는 신약의 관점에서 죽음이 폐해졌으며 로고스 안에 사는 우리는 죽음을 맛보지 않는다(요 8:51)는 의미를 정확히 알게 된다. 우리의 인격적 존재는 부단히 계속된다. 반면, 지금 예수를 믿음으로 하나님의 영원한 생명에 들어가지 않는 이들은 분명 분리와 격리, 희망의 종말을 경험하게 된다. 그들에게 그런 상태가 주어지는 것은, 자신이 하나님이 되어 궁극적 기준으로 자처했기 때문이다. 분명 그런 자세는 하나님과 격리된 곳에서만 유지될 수 있다. 천국의 불은 지옥의 불보다 더 뜨거울 수 있다. 그래도, 우주에는 여전히 그들의 자리가 있다.

예수와의 통치 시기 우리의 새로운 우주적 장소에 모든 이들을 위한 자리가 있을 것에 대해 우리는 걱정할 필요가 없다. 현재 우리는 "우리의" 물리적 세계에 100억 개 가량의 은하계와 10^{21}개의 행성이 있음을 알고 있다. 자그마치 100,000,000,000,000,000,000개의 행성이다. 우리가 알고 있는 물리적 영역은 우리가 아직 발견하지 못한 수많은 영역 중 하나에 지나지 않을 것이다. 몇십 년 전만 해도 인간은 우리의 은하계가 물리적 우주 전체인 줄 알았었다.

때가 되면—죽음을 통과해 하나님의 충만한 세계로 들어가 상당 시간이 지난 후일 것이라고만 생각된다—우리는 새로운 책임을 맡게 될 것이다. 영광의 주님께서 말씀하실 것이다. "잘 하였도다, 착하고 충성된 종아. 네가 지극히 작은 것에 충성하였으니 열 고을 권세를 차지하라."

혹은 "다섯 고을"로 혹은 "많은 것"으로, 무엇이든 적합한 것으로 우리에게 맡기실 것이다(눅 19:17; 마 25:21).

새로운 창의적 책임이 맡겨질 때 깜짝 놀랄 일이 참으로 많을 것이다. 각자 이렇게 자문해 보는 것도 좋은 훈련이 될 것이다. 실제로 나는 지금 하나님을 보좌하여 얼마나 많은 도시를 다스릴 수 있을까? 내가 원하는 일을 할 수 있는 능력과 함께, 예컨대 볼티모어나 리버풀이 나에게 맡겨진다면 어떤 결과가 나올까? 이 질문에 정직히 답해 본다면 이 우주에서 자신의 영원한 미래를 준비하는 데 큰 도움이 될 것이다.

예를 들어, 우리는 자신에 관한 모든 것이 만인에게 알려질 준비가 되어 있는가? 감추인 것이 드러나지 않을 것이 없다고 예수는 말씀하신다. "너희가 골방에서 귀에 대고 말한 것이 집 위에서 전파되리라"(눅 12:3). 우리는 그렇게 온전히 투명하게 살아갈 각오가 돼 있는가? 또 우리는 하나님의 길만이 유일한 지혜의 길이며 그분의 능력이 우리가 하는 모든 일에 언제나 길과 힘이 된다는 사실을 전적으로 확신하고 있는가? 이런 것들이 자동적 행동으로 나올 만큼 우리의 성품은 성숙해 있는가?

이런 생각을 하노라면, "고을 권세"를 원하는 이들 가운데 실제로 그 일이 맡겨질 자들은 참으로 적으리라는 생각이 든다. 만일 내가 통치자들을 임명해야 한다면, 나는 인간적 관점으로는 대단해 보이지 않지만 자신을 의지하지 않고 모든 소망을 하나님께만 두는 법을 배운 소수의 겸손한 신자들을 찾으려 할 것이다. 다행히도 이것은 내가 할 일이 아니다. 하나님이 알아서 하실 것이다. 그러나 분명한 것이 하나 있다. "[인간이 보기에는] 먼저 된 자로서 [하나님의 판단에는] 나중 되고 나중 된 자로서 먼저 될 자가 많으니라."

어쨌든 때가 되면 우리는 **"거할 곳이 많"**은 **"내 아버지 집"**에서 예수와 그분의 사람들로 더불어 창의적 활동을 감당하는 영원한 숙명의 자리로 옮겨지게 될 것이다. 우리는 그것을 기대해야 한다.

그러므로 우리는 자신의 숙명을, 영원히 천상의 "잡무"에나 파묻히는 천상의 관료로 생각해서는 안된다. 그것은 영원한 교회 예배에 묶여 있는 것보다 별로 나을 바 없다. 아니다. 우리는 엄청나게 광대한 활동 영역에서, 상상할 수 없이 뛰어난 리더십 아래서, 한없는 생산성과 기쁨을 맛보며, 놀랍도록 창의적인 공동 노력에 몰두하게 될 것이다. 이것이 우리가 생각해야 할 우리의 숙명이다. 예언의 비전을 통해 우리 앞에 놓여진 바 "예로부터 들은 자도 없고…… 눈으로 본 자도 없"는 것이 바로 이것이다(사 64:4).

이것이 샬롬이다

성 아우구스티누스는 그의 책 「하나님의 도성」 마지막 부분에서 "썩지 않을 신령한 몸을 입을 때 성도들이 하게 될 일"의 문제를 다루고 있다.[15] 우선 그는 자기가 "그 활동의 본질을 이해하지 못한다"고 고백한다. 그러나 결국 **평화**라는 단어로 그 상태를 묘사하게 된다. 하나님을 밝히 **보게** 된다는 사실에 의지하여 평화의 개념을 도출한 것이다. 그 역시 우리가 앞에서 한 것처럼 고린도전서 13장의 풍성한 본문을 사용하고 있다.

그리하여 그는 우리의 "활동"을 "하나님을 직접 보는 것"으로 설명한다. 하나님의 도성의 영원한 축복은 "끝없는 안식일"로 그려진다. 그는 말한다. "거기서 우리는 안식하며 볼 것이요, 보며 사랑할 것이요, 사랑하며 찬양할 것이다. 이것이 끝없는 끝에 이루어질 일이다. 끝없는 천국에 이르는 것 외에 달리 어떤 끝을 위해 기도할 것인가?" 모든 사람이 외워야 할 정도로 멋있는 말이다.

그러나 참으로 멋있고 훌륭한 이 말도 회복된 만물, 지극히 충만하게 임한 천국의 복된 상태를 다 표현해 주지는 못하는 것 같다. 안식은 맞다. 그러나 아무 활동 없이 수동적으로 있는 영원한 부동의 의미는 아니다. 오히려 그것은 온전함의 평화요, 기능이 충만한 평화요, 평온하지만 부단한 창의성의 평화다. 피조 세계—그 근원이신 삼위일체 하나님의 무한히 선하고 위대하신 성품에 계속 가까워지지만 영원히 이르지는 못하는—의 전 우주적·협력적 추구에는 그런 창의성이 수반된다.

예수는 분명히 말씀하신다. "이기는 그에게는 내가 내 보좌에 함께 앉게 하여 주기를 내가 이기고 아버지 보좌에 함께 앉은 것과 같이 하리라. 귀 있는 자는 성령이 교회들에게 하시는 말씀을 들을지어다"(계 3:21-22).

추천 도서

※ 아래 도서 목록은 「하나님의 모략」에서 다룬 주제들에 대한 이해를 넓히고 심화하기
원하는 독자들에게 도움이 될 만한 도서를 주제별로 정리한 것이다. 저자가 자신의 저
서와 강연 및 홈페이지를 통해 일관되게 권하고 언급한 책과, 저자 자신이 추천사나 머
리말을 쓴 책, 그리고 저자가 기획자로 참여한 시리즈 도서 등을 기초로 하여 그중 우
리말로 번역된 도서를 중심으로 작성한 것이다―편집자.

하나님 나라

Andrew Murray, 「겸손」(*Humility*), 총신대학교출판부

C. S. Lewis, 「순전한 기독교」(*Mere Christianity*), 홍성사

Charles Finney, 「찰스 피니의 부흥론」(*Revival Lectures*), 생명의 말씀사

Dietrich Bonhoeffer, 「신도의 공동생활」(*Life Together*), 대한기독교서회

G. E. Ladd, 「하나님의 나라」(*Kingdom of God*), 크리스찬 다이제스트

Howard Snyder, 「그리스도의 공동체」(*Community of the King*), 생명의 말씀사

Jean Vanier, 「공동체와 성장」(*Community and Growth*), 성바오로

Thomas a Kempis, 「그리스도를 본받아」(*The Imitation of Christ*), 여러 역본

William Law, 「경건한 삶을 위한 부르심」(*A Serious Call to a Devout and
Holy Life*), 크리스찬 다이제스트

William Wilberforce, 「진정한 기독교」(*A Practical View of Christianity*), 생
명의 말씀사

제자도

A. B. Bruce, 「열두 제자 훈련」(*The Training of the Twelve*), 생명의 말씀사

Dallas Willard, 「잊혀진 제자도」(*The Great Omission*), 복 있는 사람

David Watson, 「제자도」(*Discipleship*), 두란노

Dietrich Bonhoeffer, 「나를 따르라」(*The Cost of Discipleship*), 대한기독교서회

Michael Wilkins, 「그분의 형상대로」(*In His Image*), IVP

Ronald Sider, 「가난한 시대를 사는 부유한 그리스도인」(*Rich Christians in an Age of Hunger*), IVP

영성 훈련

Arthur Wallis, 「하나님이 기뻐하시는 금식」(*God's Chosen Fast*), CLC

A. W. Tozer, 「하나님을 바로 알자」(*The Knowledge of the Holy*), 생명의 말씀사

A. W. Tozer, 「이것이 예배이다」(*Worship: The Missing Jewel*), 규장

C. S. Lewis, 「스크루테이프의 편지」(*The Screwtape Letters*), 홍성사

Dallas Willard, 「하나님의 음성」(*Hearing God*), IVP

Dallas Willard, 「영성 훈련」(*The Spirit of the Disciplines*), 은성

Dorothy Day, *Long Loneliness*, 복 있는 사람 출간 예정

Evelyn Underhill, 「실천적 신비주의」(*Practical Mysticism*), 은성

Francis Schaeffer, 「진정한 영적 생활」(*True Spirituality*), 생명의 말씀사

Horatius Bonar, 「거룩한 길로 나아가라」(*God's Way of Holiness*), 지평서원

Klaus Issler, 「주님과 거닐다」(*Wasting Time with God*), IVP

Louis Bouyer, 「영성 생활 입문」(*Introduction to Spirituality*), 분도

Richard Foster, 「영적 성장과 훈련」(*Celebration of Discipline*), 생명의 말씀사

Ruth Haley Barton, 「고독과 침묵의 훈련」(*Invitation to Solitude and Silence*), SFC

Thomas Kelly, 「거룩한 순종」(*A Testament of Devotion*), 생명의 말씀사

Thomas Merton, 「새 명상의 씨」(*The New Seed of Contemplation*), 가톨릭 출판사

기도

Frank Laubach, *Prayer: The Mightiest Force in the World*

Henri Nouwen, 「마음의 길」(*The Way of the Heart*), 분도

James Houston, 「기도: 하나님과의 우정」(*Transforming Friendship*), IVP

P. T. Forsyth, 「영혼의 기도」(*The Soul of Prayer*), 복 있는 사람

Richard Foster, 「기도」(*Prayer*), 두란노

세계관

Dallas Willard, 「마음의 혁신」(*Renovation of the Heart*), 복 있는 사람

Francis Schaeffer, 「이성에서의 도피」(*Escape from Reason*), 생명의 말씀사

George Marsden, 「기독교적 학문 연구@현대 학문 세계」(*The Outrageous Idea of Christian Scholarship*), IVP

J. P. Moreland, *Philosophical Foundation for a Christian Worldview*

J. P. Moreland, *Kingdom Triangle*, 복 있는 사람 출간 예정

James Sire, 「지성의 제자도」(*Habits of the Mind*), IVP

Nancy Pearcey, 「완전한 진리」(*Total Truth*), 복 있는 사람

Os Guiness, 「제3의 종족」(*Dust of Death*), 신원

Philip Johnson, 「위기에 처한 이성」(*Reason in the Balance*), IVP

영성 고전

Anthony Meisel, 「수도 규칙」(*The Rule of St. Benedict*), 분도

Brother Lawrence, 「하나님의 임재 연습」(*The Practice of the Presence of God*), 두란노

Brother Ugolino, 「성 프란치스꼬의 잔 꽃송이」(*A Little Flowers of St. Francis*), 분도

Francis de Sales, 「신심 생활 입문」(*Introduction to the Devout Life*), 가톨릭 출판사

Ignatius, 「이냐시오 영신수련」(*The Spiritual Exercises of St. Ignatius*), 한국천주교중앙협의회

Jeremy Taylor, 「거룩한 죽음」(*Holy Living and Holy Dying*), 크리스찬 다이제스트

주

1장_ 영원한 삶의 현재성

1. Derek Bok, *The President's Report 1986-1987*(Cambridge: Harvard University Press, 1987), pp. 2-3. 그의 다음 책 마지막 장과 비교해 보라. *The Cost of Talent*(New York: Free Press, 1994).

2. "Point of View," by Robert Coles, *The Chronicle of Higher Education*, September 22, 1995, p. A68. 콜스의 이런 견해와 맥락을 같이하는 사회 분석가들이 우리 시대에 얼마든지 많이 있다. 크리스토퍼 래쉬(Christopher Lasch)는 「엘리트층의 반란과 민주주의의 배반」(*The Revolt of the Elites and the Betrayal of Democracy*)이라는 책에서, 사람들을 책임감 있는 존재로 만들지 못하는 현대의 무능력을 심층 진단하고 있다. 그는 도움이 필요한 이들에게 온정을 베풀자는 많은 사회 단체들의 호소에 동의를 표한 뒤 이렇게 덧붙였다. "그러나 오늘날 민주주의의 힘을 약화시키는 것은 어려운 이들을 돕는 일에 대한 저항이라기보다는 서로 간에 뭔가를 요구하는 것 자체에 대한 저항이다"(New York: W. W. Norton, 1995, p. 107). 그러나 현재 우리가 고생하는 문제는 반세기 전 고든 케이스 채머스(Gordon Keith Chalmers)가 말한 대로 "배웠다는 사람들의 윤리적 무지" 보다 훨씬 심각한 것이다(*The Republic and the Person* [Chicago: Henry Regnery Company, 1952], p. 4). 즉 우리는 당위의 문제에 이렇다할 지식이 없이 감정과 정치적 압력만 남은, 지적 도그마로 고생하고 있다. 그런 지적 환경에서 다른 사람들을 책임감 있는 존재로 만들거나 스스로 책임감 있는 사람이 된다는 것은 심리적으로, 사회적으로 불가능한 일이다. 그저 서로 고함이나 칠 수 있을 뿐이며 그것이 실제 우리가 하는 일이다.

3. John Maynard Keynes, *The General Theory of Employment, Interest, and Money*(New York: Harcourt Brace, 1964), p. 383. (「고용, 이자 및 화폐의 일반 이론」 비봉출판사)

4. 특정 입장에서 이 문제를 중요하게 다룬 책이 있다. Dave Breese, *Seven Men Who Rule the World from the Grave*(Chicago: Moody Press, 1990).

5. 같은 소설을 언급하며 이 문제를 다루고 있는 다음 책을 참조하라. J. Grasham Machen, *The Christian Faith in the Modern World*(Grand Rapids: Eerdmans, 1968), pp. 95-97.

6. Paul Johnson, *A History of the Modern World from 1917 to the 1980s*(London: Weidenfeld and Nicolson), pp. 654-655. (「세계 현대사」 한마음사)

7. Leo Tolstoy, *A Confession: The Gospel in Brief, and What I Believe*, Aylmer Maude 번역(London: Oxford University Press, 1958), p. 27. (「참회록」 크리스챤 다이제스트)

8. Jaroslav Pelikan, *Jesus Through the Centuries*(New Haven, CT: Yale University Press, 1985), p. 1. (「예수의 역사 2000년」 동연)

9. The Missionary Church 간행물인 *World Partners*(Ft. Wayne, Indiana) p. 2에 인용된 *International Bulletin of Missionary Research*(January 1994) 자료에서 얻은 수치다. 물론 이런 수치는 가변적인 것이며 어느 정도 오차가 있을 수 있다.

10. Frederick William Faber, *All For Jesus: Or, The Easy Ways of Divine Love*(Baltimore: John Murphy, 1854), p. 13. 마가복음 4:33, "저희가 알아들을 수 있는 대로" 가르치신 예수의 교육 방법을 참조하라.

11. Huston Smith, *Beyond the Post-Modern Mind*(New York: Crossroad, 1982), p. 191.

12. Hans Küng, *On Being a Christian*, Edward Quinn 번역(Garden City, NY: Doubleday, 1976, 「왜 그리스도인인가」 분도), p. 383. 칼 바르트(Karl Barth)가 노년에 회고한 바에 따르면 "그는 처음에는 예수를 하나님 나라의 선지자로 보았으나 후에는 예수 자신이 그 나라임을 보게 되었다" (A. M. Hunter, *P. T. Forsyth*[Philadelphia: Westminster Press, 1974], p. 37). P. T. Forsyth는 이렇게 썼다. "메시아와 같이 하나님 나라도 구약 용어로, 예수 안에 있는 것까지 총칭하는 개념이 되었다.…… 하나님 나라의 복음은 본질상 그리스도요 그리스도는 또 그 나라의 복음의 능력이었다.…… 그분은 가장 위대한 복음의 진리 그 자체였다. 그분이 있는 곳마다 복음도 있다. 그분을 소유하면 곧 복음을 확보하는 것이다"(같은 책).

13. C. S. Lewis, *Mere Christianity*(New York: Macmillan, 1956), p. 148 이하. (「순전한 기독교」 홍성사)

14. John Calvin, *Golden Booklet of the True Christian Life*, Henry J. Van Andel 번역 (Grand Rapids: Baker Book House, 1977), p. 28. (「참된 그리스도인의 삶」 소망사)

15. Melvin Morse, *Closer to the Light*(New York: Villard Books, 1990), p. 179 이하.

16. Frank Laubach, *Practicing His Presence*(Goleta, CA: Christian Books, 1976), p. 30. (「하나님의 임재 체험하기」 생명의 말씀사)

17. 같은 책, p. 5.

18. 알바 맥클레인(Alva McClain)은 그의 책 「위대한 하나님 나라」(*The Greatness of the Kingdom*)에서 이렇게 말한다. "성경 내용을 전체적으로 살펴볼 때 '나라'의 개념이 최소한 세 가지 필수 요소를 지닌 총체적 상황을 지칭하는 것임을 알 수 있다. 첫째는 충분한 권위와 힘이 있는 통치자요, 둘째는 통치 영역 즉 백성이요, 셋째는 통치권 기능의 실제적 행사다"(Winona Lake, IN: BMH Books, 1987), p. 17.

19. 예를 들어 찰스 라이리(Charles C. Ryrie)는 이렇게 말한다. "그러나 천국의 통치는 예수의 생애 동안 이루어지지 않았다. 사람들이 회개를 통해 그 나라의 영적 조건에 부합하기를 거부했기 때문이다"(*So Great Salvation: What It Means to Believe in Jesus Christ*[Wheaton, IL: Victor, 1989], p. 38). 이것은 금세기 보수주의, 복음주의 그리스도인들이 상당히 최근까지도 선호한 해석으로 볼 수 있다. 이보다 정교한 뉘앙스로 뒤늦게 점차 선호의 대상이 된 조지 엘든 래드(George Eldon Ladd)의 견해를 참조하라(*The Gospel of the Kingdom*[Grand Rapids: Eerdmans, 1959], p. 123, 「하나님 나라의 복음」 크리스찬 다이제스트). 그는 신약에 나타난 하나님의 통치의 "지금"의 측면과 "아직"의 측면에 균형을 이루려 했다. 하나님 나라와 그 본질, 임재, 부재 등에 대한 복음주의 이외의 많은 학자들의 견해는 대표적으로 다음 책에서 볼 수 있다. *The Kingdom of God in the Twentieth Century*, Wendell Willis 편집(Peabody, MA: Hendrickson, 1978). (「하나님의 나라」 솔로몬)

20. C. H. Dodd, *The Parables of the Kingdom*(New York: Charles Scribner's Sons, 1958), p. 44.

21. 같은 책, p. 50. 관련 내용을 특히 다음 책 6장에서 찾을 수 있다. James S. Stewart, *The Life and Teaching of Jesus Christ*(Nashville, TN: Abingdon, 1984, 「예수 그리스도의 생애와 교훈」 컨콜디아). 제임스 캘라스(James Kallas)도 *The Significance of the Synoptic Miracles*(Greenwich, CN: Seabury Press, 1961)에서 이 문제를 집중 분석하고 있다. (「공관복음 기적의 의미」 대한기독교서회)

2장_ 죄 관리의 복음

1. 참조. *Christianity Today*, June 21, 1993, p. 30.

2. *Christianity Today*, Sept. 24, 1990, p. 17.

3. Helmut Thielicke, *The Trouble with the Church: A Call for Renewal*(New York: Harper and Row, 1965), p. 3.

4. Mike Yaconelli, "The Terror of Inbetweenness," *The Door* 126 (November/December 1992), p. 36. 이 통찰력 있는 말의 인용을 허락해 주면서 마이크 야코넬리는 지금이라면 반드시 그렇게 표현하지 않았을 수 있다는 말을 덧붙였다.

5. 톨스토이와 도스토예프스키에 대한 필립 얀시(Philip Yancey)의 흥미로운 기사와 비교해 보라. *Christianity Today*, July 17, 1995.

6. James Montgomery Boice, Pastor, Tenth Presbyterian Church, Philadelphia. 다음 책에 인용된 말. John F. MacArthur, Jr. *The Gospel According to Jesus*(Grand Rapids: Zondervan, 1988), p. xii. (「구원 얻는 믿음이란 무엇인가」 여수룬)

7. Stephen Neill, *The Difference in Being a Christian*(New York: Association Press, 1955), pp. 6, 11. 그리스 정교회의 구원관과 그리스도인관에 대해서는 다음 책에 명확하고 인상 깊게 표현되어 있다. Bishop Kallistos Ware, *How Are We Saved?: The Understanding of Salvation in the Orthodox Tradition*(Minneapolis: Light and Life Publishing, 1996).

8. 사실상 이러한 자리바꿈은 칼 바르트의 말로 "구원론으로 흡수된 기독론"을 배경으로 하고 있다. 나 자신의 구원이나 사회 구원에 선취되는 것은 모든 기독론적 관심을 완전히 상실하는 것이다. (참조. Peter Berger, "Demythologization-Crisis in Continental Theology," *European Intellectual History Since Darwin and Marx*, W. W. Wagar 편집[New York: Harper Torchbooks, 1966], p. 255.) "죄 관리의 복음"은 그리스도를 인류의 구속 외에는 다른 중요한 사역이 없는 분으로 간주한다. 우익의 경우 이런 복음은 자신의 죄를 위해 약간의 피만을 원하는 "뱀파이어 그리스도인"을 길러 낸다. 죽어서 예수를 대면해야 하는 날까지는 그 외에 달리 그분과 관여될 일이 없다. 좌익의 경우 이런 복음은 정도 차이는 있으나 결국 엄격한 사회적 자기 의(義)에 빠지는 바리새주의를 길러 낸다.

9. MacArthur, *Gospel According to Jesus*, p. 28.

10. Ryrie, *So Great Salvation*, p. 40. 참조. Zane C. Hodges, *Absolutely Free!*(Grand Rapids: Zondervan, 1989). 라이리의 성화 또는 그리스도인의 삶에 관한 입장 그리고 그에 대한 인간 행동의 필수 역할에 대해서는 그의 다음 책을 참조하라. *Balancing the Christian Life*(Chicago: Moody Press, 1969), p. 64 및 다른 곳들. (「균형 잡힌

신앙 생활」 생명의 말씀사)

11. Ryrie, *So Great Salvation*, p. 40.

12. 같은 책, p. 38.

13. 같은 책, p. 119.

14. 같은 책, p. 39.

15. James Findlay, *Church People in the Struggle: The National Council of Churches and the Black Freedom Movement, 1950-1970*(New York: Oxford University Press, 1994). 다음 서평 기사도 참조하라. William McGuire King, *Christian Century*, April 6, 1994, pp. 353-356.

16. William McGuire King, "Shadows of the Social Gospel: White Mainliners in the Civil Rights Struggle," *Christian Century*, April 6, 1994, p. 353.

17. James Traub, "Can Separate Be Equal?" *Harper's Magazine*, June 1994, p. 37.

18. John A. T. Robinson, *But That I Can't Believe*(London: Collins-Fontana, 1967), p. 51. 로빈슨이 후에 중대한 입장 변화를 일으켰다는 점을 지적해 둘 필요가 있다.

19. 같은 책, p. 51.

20. "An American Bishop's Search for a Space-age God," 인터뷰 기사. Christopher Wren, *Look Magazine*, Feb. 22, 1996, p. 26.

21. William James, *Varieties of Religious Experience*(New York: The Modern Library, n.d.), p. 511. 제임스는 자신을 "단편적 혹은 엉성한 형태의 초자연주의자"로 보았다. 인격적인 하나님이 기도하는 이들을 위해 이 세상에서 역사하기 때문에 경우에 따라 사실도 달라질 수 있음을 믿는 자라는 말이다. (「종교적 경험의 다양성」 한길사)

22. *National Forum*(the Phi Kappa Phi journal) 74, no. 1(Winter 1994): 5.

23. Ari Goldman, *The Search for God at Harvard*(New York: Random House, 1991), p. 277.

24. Thomas C. Oden, *After Modernity······ What?*(Grand Rapids: Zondervan, 1992), p. 119.

25. 이것과 아래 두 인용은 다음 책에서 온 것이다. A. F. Buzzard, *The Coming Kingdom of the Messiah*(Wyoming, MI: Ministry School Publications, 1988), pp. 14-16.

26. Buzzard, *Coming Kingdom*, p. 16n. 본래 다음 책에서 인용된 것. *The Expository Times*, October 1977, p. 13.

27. Buzzard, *Coming Kingdom*, pp. 14-15. 본래 다음 책에서 인용된 것. Peter Wagner, *Church Growth and the Whole Gospel*(SanFrancisco: Harper and Row, 1981), p. 2. (「성서적인 교회 성장」 보이스)

3장_ 예수가 알았던 세상: 하나님 충만한 세상

1. Vladimir Nabokov, "Beneficence" 라는 이야기에서, 다음 책에 인용된 것. *Books & Culture*, November/December 1995, p. 26.

2. Joan Beck, 다음 잡지에 실린 글. *Daily News*(Los Angeles), November 26, 1995.

3. William Cowper, "주 하나님 크신 능력"으로 시작되는 그의 유명한 찬송의 2절 가사 다. *The Methodist Hymnal*(Chicago: Methodist Publishing House, 1939), 68장. (찬송가 80장)

4. John M'Clintock and James Strong, 편집, *Cyclopaedia of Biblical, Theological, and Ecclesiastical Literature*, vol. 3(New York: Harper & Brothers, 1894), pp. 903-904.

5. "Heaven." 다음 책에 실려 있는 기사. M'Clintock and Strong, *Cyclopaedia*, vol. 4, pp. 122-127.

6. 이 점에 대해 장 칼뱅은 요한복음 3:3, 5 및 우리가 중생을 통해 하나님 나라에 들어간 것과 관련하여 이렇게 말한다. "하나님 나라를 천국으로 생각하는 것은 잘못이다. 하나님 나라는 오히려 이 세상에서 믿음으로 시작되어 계속적인 믿음의 성장을 통해 날마다 자라 가는 영적인 삶이다"(John Calvin, *The Gospel According to St. John*, T. H. L. Parker 번역[Grand Rapids: Eerdmans, 1959], p. 63). 사도 바울은 빌립보 교인들에게 단호히 말한다. "오직 우리의 시민권은 하늘에 있는지라"(3:20). (「존 칼빈 성서주석: 요한복음」 성서원)

7. *The Broadman Hymnal*, 1940, 2장. (찬송가 31장)

8. 싱에 대한 나의 정보는 대부분 Leonard W. Thompson의 미간행 기사 "사두 선다 싱: 거룩한 사람, 인도의 사람"에서 온 것이다. 저명한 독일 신학자 Friedrich Heiler는 싱의 생애를 직접 연구하여 다음 제목의 책으로 펴냈다. *The Gospel of Sadhu Sundar Singh*(Delhi, India: Indian Society for Promoting Christian Knowledge, 1989).

9. 나의 맏형 J. I. Willard의 사연을 *Hearing God*(InterVarsity Press, 1999), p. 42에 소개한 바 있다. John Wimber와 Agnes Sanford의 책을 비롯해 근래의 많은 책들에서 비슷한 사례들을 찾아 볼 수 있다. (「하나님의 음성」 한국기독학생회출판부)

10. 구약의 하늘 관련 본문들, 특히 다음 구절들을 참조하라. 출 29:43-46; 신 33:26-27; 왕상 8:27-61; 대하 6장, 7:14-16, 16:9, 20:6, 15-17, 36:23; 스 1:2-3, 7:23, 8:18-23; 느 1:5, 2:4, 20, 9:6, 27-28; 사 63:15, 66:1; 단 5, 6장.

11. C. H. Dodd, *The Parables of the Kingdom*(New York: Charles Scribner's Sons, 1958), p. 34.

12. Harry Emerson Fosdick은 *The Meaning of Faith*(New York: Association Press,

1922)에서, 하나님을 우리가 거하고 있는 공간 어디에나 충만하신 지식과 목적의 인
격체 이하로 폄하하는 많은 기만적 해석에 탁월한 분석을 가하고 있다

13. Emmanuel Levinas, *Totality and Infinity*(Pittsburgh, PA: Duquesne University Press, 1969).

14. *Julian of Norwich: Showings*, Edmund Colledge and James Walsh 번역(New York: Paulist Press, 1978), pp. 193-194.

15. Brother Lawrence, *The Practice of the Presence of God*(Westwood, NJ: Fleming H. Revell, 1958), p. 58. (「하나님의 임재 연습」 두란노)

16. C. S. Lewis, *Out of the Silent Planet*(New York: Macmillan, 1975), p. 32.

17. 다음 잡지에 인용된 글. *Christianity Today*, August 15, 1994, p. 40.

18. 그런 의미에서 프랭크 로바크가 자신의 책에 이런 제목을 붙인 것은 잘한 일이다. 「기도: 세상에서 가장 강력한 힘」(*Prayer: The Mightiest Force in the World*, [Old Tappan, NJ: Fleming H. Revell, 1946]). 다른 모든 힘의 근거가 되는 힘을 움직이는 것이 바로 기도이기 때문이다.

19. William James, *The Principles of Psychology*, vol. 2 (London: Macmillan, 1918), pp. 578-579. (「심리학의 윤리」 아카넷) 이 인용문은 임마누엘 칸트의 「도덕형이상학」(*Foundations of the Metaphysics of Morals*)의 서두와 아주 비슷하다. 거기서 칸트는 유일한 도덕적 가치는 선한 의지라고 말하고 있다.

20. 물론 이것은 고린도전서 15장에 나오는 바울의 표현이다. 노벨상 수상 과학자 월더 펜필드(Wilder Penfield)는 이렇게 설명한다. "사후에도 계속 생존하려면 마음은 두 뇌가 아닌 다른 에너지원과 반드시 연결되어 있어야 한다. 분명한 사실이다. 만일 살아 있는 동안 (일각의 주장처럼) 다른 사람들의 마음이나 하나님의 마음으로 더불어 직접적 대화가 때로 가능하다면, 그렇다면 외부의 에너지는 분명히 인간의 마음에 연결될 수 있다. 그 경우, 사후에 마음이 다른 에너지원에 눈뜨게 된다는 소망은 전혀 비합리적인 것만은 아니다." 과연 맞는 말이다. (다음 책에 인용된 글. Melvin Morse, *Closer to the Light*[New York: Ivy Books, 1990], p. 127.)

21. Aldous Huxley, *The Doors of Perception*(New York: Harper and Row, 1970), p. 62.

22. "The Rubaiyat of Omar Khayyam of Naishapur," 4행시 72연, Edward Fitzgerald 번역, *British Poetry and Prose*, 3판, Paul Lieder, Robert Lovett, and Robert Root 편집(Boston: Houghton Mifflin, 1950), vol. 2, pp. 644-651. 이 시는 많은 판에 소개되었다.

23. Vladimir Nabokov, 다음 잡지에 인용된 글. *Books & Culture*, November/December, 1995. *The Stories of Vladimir Nabokov*에 대해 서평을 쓴 Larry Woiwode에게 깊은

감사를 표한다. 이 인용구와 앞서 주1에서 인용한 Vladimir의 글이 모두 그 서평에 소개된 것이다. 물론 이 Nabokov가 롤리타(Lolita)는 아니다!

24. Dietrich Bonhoeffer, *Life Together*(New York: Harepr and Row, 1954), p. 13. (「신도의 공동생활」 대한기독교서회)

25. John Henry Newman, 다음 책에 인용된 글. *A Diary of Readings*, John Baillie 편집(Nashville, TN: Abingdon Festival Books, 1978), p. 153.

26. Joseph Butler, *The Analogy of Religion to the Constitution and Course of Nature*, 여러 판. 인용문은 초판 앞머리의 "광고"에서 따온 것이다. Joseph Angus 편집판을 참조하라(London: The Religious Tract Society, n.d.), p. xiv.

27. 현대 서구 사회를 사는 그리스도인들의 자기 이해에 가장 중요한 책 중 하나는 이것이다. George M. Marsden, *The Soul of the American University*(New York: Oxford University Press, 1994). 미국의 주요 대학들이 불신앙으로 경도된 현상 이상의 훨씬 많은 내용이 담겨 있는 책이다. 향후 기독교 복음의 전망에 영향을 미칠 여러 이슈들을 심도 있게 다루고 있다.

28. Evelyn Waugh, *Brideshead Revisited*(Boston: Little, Brown, 1946), pp. 85-86.

29. Rudolf Bultmann and Karl Jaspers, *Kerygma and Myth: A Theological Debate*, H. W. Bartische 편집(London: S.P.C.K., 1957), p. 5. 불트만의 견해와 그것이 신학에 미친 영향을 예리하게 비판한 글로는 그의 제자 출신인 Eta Linnemann의 다음 책을 들 수 있다. *Historical Criticism of the Bible: Methodology or Ideology?*, Robert W. Yarbrough 번역(Grand Rapids, MI: Baker Book House, 1990).

30. 물론 이 장에 제기된 내용 중에는 충분히 길게 다루어야 할 것들이 많이 있다. 이 책에서 일일이 그렇게 할 수는 없다.

4장_ 참된 부요를 누리는 자: 팔복

1. 동서양의 위대한 도덕적 스승들의 생애를 연구해 보면 모두 이 두 가지 기본 질문에 집중하고 있음을 알 수 있다. 플라톤의 「국가론」과 아리스토텔레스의 「니코마코스 윤리학」이 좋은 출발점이지만 토마스 홉스, 존 로크, 임마누엘 칸트, 존 스튜어트 밀 등 현대의 위대한 도덕 학자들까지 계속 살펴볼 필요가 있다. 현대 도덕학자들은 거의 예외 없이 예수를 존중하고 그의 권위를 인정하여, 자신의 이론을 그분의 가르침에 동화시키려는 태도를 보인다. 예수의 생애와 교훈이 도덕 이론 및 실제에 미친 역사적 영향을 역사적으로 건전하게 인식, 기술한 내용을 다음 책, 특히 3장 이하에서 찾아볼 수 있다. W. E. H. Lecky, *History of European Morals from Augustus to Charlemagne*, 개정

3판 (New York: D. Appleton, 1916). 20세기 초까지만 해도 하버드 대학교 철학 교수가 명강의를 다음과 같은 말로 마무리해도 하등 이상하게 생각되지 않았다. "윤리학이란 흔히들 생각하는 것처럼 삶을 속박하여 메마르게 하는 것이 아니라 오히려 삶이 충만하고 부요해질 수 있는 길을 찾는 학문입니다. 자신이 인간들로 하여금 생명을 얻게 하고 더 풍성히 얻게 하려고 왔다고 선포한 예수의 말은…… 도덕과 종교의 목표를, 그리고 이 땅에서와 하늘에서의 의를 가장 명확히 표현한 말입니다"(George-Herbert Palmer, *The Field of Ethics*[Boston: Houghton Mifflin, 1929], p. 213). 지금 이렇게 말했다가는 직업적 자살 행위가 될 것이다. 우리가 살고 있는 세상이 어떤 곳인지를 보여주는 자못 의미심장한 변화다.

2. 알프레드 에더샤임(Alfred Edersheim)은 산상수훈의 주제를 정확히 보고 있다. 그것은 "의도 아니고 '신 율법'(원래 율법이 아니므로 그런 명칭 자체가 맞지 않지만)도 아니며, 그리스도의 마음의 가장 깊은 부분이자 최우선의 것, 즉 하나님 나라였다. 분명 산상수훈에는 세부적 혹은 체계적인 교리나 의식의 가르침이 전혀 없으며 외적 예식의 형태도 제시되어 있지 않다. …… 그리스도는 학교가 아니라 나라를 세우러 오셨다. 체제를 창시하러 오신 것이 아니라 교제를 시작하러 오셨다. 첫 제자들에게 있어 모든 교리적 가르침은 그분과의 교제에서 나온 것이다. 그들은 그분을 보았고, 그리하여 믿었다. …… 그들의 마음에 떨어진 진리의 씨앗은 그분의 인격과 삶의 꽃으로부터 날아온 것이다"(*The Life and Times of Jesus the Messiah*, 3판, 2 vols[Grand Rapids: Eerdmans, 1953], vol. 1, pp. 528-529).

3. 예수의 팔복에 대한 통상적 해석이 크게 잘못돼 있다는 사실을 내가 처음 깨달은 것은 스티븐 그레이브스(Steven Graves)의 도움으로 마태복음 5:3의 여러 기존 번역을 비교 연구하면서부터였다.

4. 로버트 귈리히(Robert Guelich)는 탁월한 산상수훈 연구에서, 성경에 나오는 "복이 있나니"라는 표현의 용법을 두 가지로 구분했다. 하나는 "지혜-교훈적" 용법이고 또 하나는 "예언-묵시적" 용법이다. 전자는 제시된 조건을 근거로 복이 주어지는 것이다. 이 경우의 조건이란 당연히 지혜의 한 부분이 된다. 구약뿐 아니라 신약에도 분명 이런 용법이 등장한다(예. 마 24:46; 눅 11:27-28; 약 1:12). 후자의 경우, 귈리히에 따르면 "팔복이란 미래의 신원(伸寃)과 보상에 대한 선포적 말씀이다. 환난의 삶을 위한 확신과 격려로 주어진 것이다"(*A Foundation for Understanding the Sermon on the Mount*[Dallas: Word Publishing, 1982]. p. 65). 그는 "누가복음 6장의 복은 종말론적 복으로 취급되어 온 반면, 마태복음의 팔복은 천국 입성의 조건을 제시하는 데 좀더 가까운 것처럼 보인다"고 말한다. 뒤에서 그는 단지 외관상 그런 것뿐이라고 자신의 입장을 밝혔다.

이런 식의 구분은 예수의 팔복에 나오는 복이—지혜에 관한 것이든 미래의 구원에 관한 것이든—해당 조건 때문에 주어지는 것이 아니라 정확히 그러한 조건에도 불구하고 주어지는 것이라는 사실을 계속 간과하고 있어, 우려를 던져 준다. 물론 예수께서도 좋은 것과 그렇지 않은 것의 구분을 모르시는 분은 아니다(눅 16:25). 그러나 영적 또는 물질적 가난과 불행과 핍박 등이 그분에 의해서나 다른 신약 기자들에 의해서나 천국의 복의 원인이나 근거로 제시된 적은 단 한번도 없다.

더욱이, 종말론적 요소가 분명히 등장하는 것은 사실이지만 그렇다고 복의 현재성—문제투성이 현실의 한복판에 임하는—이 배제되는 것으로는 절대 볼 수 없다. 예수께서 보시는 바로, 가난하고 주린 자 등은 이미 지금 복 있는 자다. 하나님의 손이 지금 그들 위에 있기 때문이다. 이 점에 관해서는 바울의 계속되는 개인 간증과 비교해 보라(행 16:25; 고후 1:3-12, 4:8-18, 6:4-10; 빌 4:6-19; 딤전 6:6-8). 깜짝 놀랄 이야기일지 모르지만, 복이란 상황과 무관하게 지금 모든 이에게 가능한 것이다. 그것이 예수의 복음의 희망이다. 물론 그것이 마땅히 필요한 상황의 변화를 외면하는 구실은 절대 될 수 없다.

5. Edersheim, *Life and Times*, p. 529.

6. 널리 사용되는 「스코필드 주석성경」(*Scofield Study Bible*)은 세대주의적 입장으로 오랫동안 알려져 왔다. 예수의 말씀에 대한 이 입장의 태도가 1988년 New American Standard판 마태복음 5:6의 각주에 잘 나타나 있다. "산상수훈에서 그리스도는 율법이 요구하는 의의 완전한 표준을 설정함으로써(5:48 참조) 모든 인간은 고질적으로 하나님의 기준에 이르지 못하는 죄인이며 따라서 율법 행위를 통한 구원은 불가능하다는 사실을 입증해 보이고 있다." 요컨대 그리스도는 모세보다 무지막지한 자다. 그렇잖아도 무능한 인간을 자신의 완벽한 기준으로 더 숨막히게 얽어매어 결국은 아예 포기하게 하는 것이다. 신미국 표준역은 또 "율법이 우리를 그리스도에게로 인도하는 몽학선생이 되어 우리로 하여금 믿음으로 말미암아 의롭다 함을 얻게 하려 함이니라"(갈 3:24)는 바울의 가르침도 비슷하게 풀이한다. 율법의 기능은 우리의 무력한 필요를 깨우치는 데서 그친다는 것이 이 입장의 표준 해석이다.

산상수훈에 대한 계속되는 주석에서 스코필드 성경은 묘하게도 다음과 같이 말하고 있다. "산상수훈에 표현된 율법이 죄인을 구원할 수 없고(롬 3:20) 현 세대의 구원받은 자들이 율법 아래 있지 않지만(롬 6:14), 그럼에도 불구하고 모세 율법과 산상수훈은 둘 다 하나님의 영감으로 기록된 성경의 일부이며 따라서 모든 세대의 구원받은 자들을 '교훈과 책망과 바르게 함과 의로 교육하기에 유익'(딤후 3:16)하다." 그 유익이 어떻게 나타나야 할지는 분명하지 않다. 그러니 이 책의 1장에서 본 것처럼 구원과 그리스도인의 생활의 구분이 전제가 되는 것도 무리가 아니다.

7. 누가복음 6장과 마태복음 5-7장이 서로 다른 설교인가에 대해서는 학자들간에 이견이 있다. 두 본문의 관계에 대한 상반된 입장이 잘 요약된 책으로 다음을 참조하라.

610

Alfred Plummer, *A Critical and Exegetical Commentary on the Gospel According to St. Luke*(Edinburgh: T. & T. Clark, 1964), pp 176 이하.

8. "슬픈 자들이여 오라", *The Modern Hymnal*(Dallas: Broadman, 1926), 327장.

5장_ 천국 마음의 의: 서기관과 바리새인의 의를 넘어

1. H. Lecky, *History of European Morals from Augustus to Charlemagne*, 개정 3판 (New York: D. Appleton, 1916), p. 338.

2. Michael Grant, *Jesus: An Historian's Review of the Gospels*(New York: Charles Scribner's Sons, 1977), p. 1.

3. Clarence Bauman, *The Sermon on the Mount: The Modern Quest for its Meaning*(Macon, GA: Mercer University Press, 1985), pp. ix, 3. 보먼의 말은 현대의 상황을 날카롭게 지적해 주고 있다. "산상수훈은 현대의 양심에 하나의 수수께끼다. 많은 지성인들이 그 내용 자체에는 감탄을 보내지만 그 의미는 인정하지 않는다. 비록 안타까운 심정에서이긴 하지만 이들은 산상수훈의 메시지가 현대 생활에 적용되지 않으며 따라서 예수의 윤리는 본질상 삶과 무관한 것-항거할 수 없는 아름다운 불가능, 우리의 실패를 못박는 모략-으로 간주한다. 내가 이 딜레마를 처음 인식한 것은 어린 시절로 거슬러 올라간다. 손에 검을 꼭 쥐고 무리의 한쪽에 앉아 예수의 말을 듣던 로마 병사의 난처한 얼굴-Schnor von Carolsfeld의 'Die Bergpredigt'라는 그림-을 보며 그런 생각을 했었다. 나중에 나는 그런 난처함이 기독교 세계에 얼마나 뿌리깊게 만연해 있는지 깨닫고 당황했다" (p. xi).

4. Tertullian, "이단 반대 규정", 다음 책 7장, *Early Latin Theology*, S. L. Greenslade 편집, *The Library of Christian Classics* 5권(Philadelphia: Westminster Press, 1956), p. 36.

5. 예수께서 성장하고 일하셨던 당시 세계의 실상을 좀더 현실감 있게 살펴보려면 다음 명저를 참조하라. Richard A. Batey, *Jesus and the Forgotten City: New Light on Sepphoris and the Urban World of Jesus*(Grand Rapids: 1991).

6. Dietrich Bonhoeffer, *The Cost of Discipleship* (「나를 따르라」 대한기독교서회). 다음 책에 인용된 말. Bob Benson and Michael W. Benson, *Disciplines for the Inner Life*(Nashville: Generoux/Nelson, 1989), p. 127. 또한 다음 책도 참조하라. Bonhoeffer, *Ethics*, Neville Horton Smith 번역(New York: Macmillan Collier Books, 1986), p. 43, 처음 세 줄. "분명, 하나님 앞에서 인간이 취할 수 있는 유일한 합당한 행위는 그분의 뜻을 행하는 것이다. 산상수훈도 순종하라는 뜻으로 주신 것이다

(마 7:24 이하). 행할 때에만 하나님의 뜻에 복종할 수 있다."

7. 다시 본회퍼의 말이다. "그러므로 바리새인들의 오류는 행동의 필요성에 대한 극도로 엄격한 주장에 있는 것이 아니라, 실제로 자신들이 그렇게 행하지 않은 데 있다. '저희는 말만 하고 행치 아니하며'"(*Ethics*, 43쪽). 더 심각한 것은 그들이 고의로 순종을 피했다는 것이다. 그들은 속으로는 하나님의 율법과 하나님의 마음에 대적하면서 겉으로는 의에 힘쓰는 것처럼 보이려고 교묘한 술책을 꾸몄다. 그 뿌리깊고 집요한 악 앞에서 예수는 마침내 통렬한 실상을 진단함으로 맞서신 것이다(참조. 마 15:3-14; 눅 11:17-12:5; 마 23장).

8. 이 점에 대해서는 다음 명저를 참조하라. *World Bible*, "서문", Robert O. Ballou 편집(New York: Viking Press, 1970).

9. 증오, 분노, 멸시에 대한 데이비드 흄의 통찰력 있는 논고를 참조하라. David Hume, *Treatise of Human Nature*, 2권, vi-x. 200년이 넘게 지난 지금도 깨우쳐 주는 바가 많이 있다. (「정념에 관하여」서광사)

10. 최근의 탁월한 다음 실험 연구서를 참조하라. Redford and Virginia Williams, *Anger Kills*(New York: Harper Collins Publishers, 1994). 분노를 무절제하게 표현하고 심지어 조장하며 좋은 것으로 취급하는 수십 년간의 추세를 뒤집기 위해 이런 식의 연구가 절실히 필요하다.

11. "ABC 아침 뉴스", 1996년 3월 15일.

12. Cornel West, "NBC 뉴스", 1996년 6월 2일.

13. C. S. Lewis, *The Weight of Glory and Other Addresses*(Grand Rapids: Eerdmans, 1973), p. 58.

14. Eduard Schweizer, *The Good News According to Matthew*, David E. Green 번역 (Atlanta: John Knox Press, 1975), p. 119. (「국제 성서주석: 마태오 복음」한국신학 연구소)

15. "시선"에 대한 깊은 지혜가 많은 기독교 전통에 보존되어 있다. 일례로 다음을 보라. *The Rule of Saint Augustine*(여러 판), "시선"과 거기에 대한 공동체의 대처 방안에 관한 부분.

16. Aristotle, *Nicomachean Ethics*, 2권, 6장. (「니코마코스 윤리학」서광사)

17. 토마스 오든은 날카롭게 지적한다. "결혼 이해에 대한 현대주의의 실패는 현대 의식의 실패의 가장 극명한 단면이며 또한⋯⋯ 우정의 실패와 정치의 실패도 마찬가지다. 인간 관계의 영역을 대할 때마다, 올바른 인간 관계와 책임 있는 언약의 사랑을 함양, 유지하지 못한 상대주의적·자연주의적·자기 중심주의적 가치관의 실패를 접하게 된다.⋯⋯ 최근의 이혼 역사는 인간 관계의 영역에서 언약적 책임을 지속하지 못하는 현대주의의 실패의 단적인 증거다.⋯⋯ [현대주의는 결혼을] 시작만큼이나 경박하게

종식할 수 있는 한순간의 쾌락적 계산으로 전락시켰다"(*After Modernity*······ *What?*[Grand Rapids: Zondervan, 1990], pp. 195-196).

18. 참조. Dallas Willard, *The Spirit of the Disciplines*(San Francisco: Harper & Row, 1988), p. 141. (「영성 훈련」 은성)

19. 그리스에서 윤리가 심각하게 논의되면서 맨 먼저 제기된 문제는 이것이다. 불의를 행해도 전혀 발각되지 않을 수 있는데 굳이 의를 행하는 것이 더 좋은 이유는 무엇인가? 플라톤의 「국가론」 2권에 나오는 Gyges의 이야기를 보라. 소크라테스는 (플라톤 역시) 이 문제에 대한 답을, 다른 사람들이 알든 모르든 여전히 존재하는 나의 참모습이라는 관점에서 찾으려 했다. 나 자신이 알고 있는 나의 참모습은 무엇인가? "감쪽같은 눈속임" 만으로 마음에 만족이 되겠는가?

20. 다음 기사를 참조하라. "이혼", *Cyclopaedia of Biblical, Theological, and Ecclesiastical Literature*, John M'Clintock and James Strong 편집(New York: Harper & Brothers, 1894), pp. 839-844.

21. 이 연구에 관한 탁월한 도입으로 다음 책을 참조하라. Robert Karen, *Becoming Attached*(New York: Warner Books, 1994).

22. 마가복음은 이방인의 상황에 맞추어 쓰여진 책이며, 당시 이방 세계의 일부 지역에서는 여자가 남자를 버리는 일도 전혀 없지는 않았다. 따라서 마가복음은 이 말씀이 남자뿐 아니라 여자에게도 적용됨을 분명히 하고 있다(막 10:12).

23. 최근 윤리 이론의 중요한 경향은 윤리적 규범의 기초를, 전적으로 자유로운 합리적 존재들 사이의 대화 가능성이라는 조건에 두려 한다는 것이다. Karl-Otto Apel과 Jürgen Habermas가 그 주도 인물이다. 참조. Seyla Benhabib and Fred Dallmayr, *The Communicative Ethics Controversy*(Cambridge: MIT Press, 1990).

24. Bertrand Russell, *A History of Western Philosophy*(Bloomfield, NJ: Simon and Schuster, 1945), p. 579. (「서양 철학사」 집문당)

25. Stuart Hampshire, "장거리 주자의 고독", *The New York Review of Books*, November 28, 1996, pp. 39-41. 41쪽에 나와 있는 인용문들을 참조하라.

6장_ 천국 투자: 명예와 부의 기만을 피하여

1. 다음 탁월한 기사를 참조하라. "위선", Eva F. Kittay, *Encyclopedia of Ethics*, Lawrence C. Becker 편집, 2 vols.(New York: Garland, 1992), vol. 1, pp. 582-587.

2. Richard A. Batey, *Jesus and the Forgotten City: New Light on Sepphoris and the Urban World of Jesus*(Grand Rapids: Baker Book House, 1991), pp. 83 이하, 213.

3. Clyde H. Reid, *The God Evaders*(New York: Harper & Row, 1966), p. 41, 4장 전체. 여기서 저자는 그룹 차원에서 작용하는 무의식적 동기가 교회를 지극히 피상적 단체로 묶어 두고 있다고 강력하게 피력하고 있다.

4. *The God Evaders*, p. 19.

5. Tolstoy, *A Confession*.

6. 앞서 강조한 것처럼, 현대 도덕 사조는 인간의 가장 악독한 만행을 정죄할 결정적 근거에 대해서도 전혀 합의점을 도출하지 못하고 있다.

7. 참조. Ronald A. Wells, *History Through the Eyes of Faith*(San Francisco: HarperSanFrancisco, 1989), pp. 238-239. (「신앙의 눈으로 본 역사」 IVP)

8. 다음 잡지에 충격적 사실이 실려 있다. *Christianity Today*, 1996년 7, 8월호.

7장_ 기도와 사랑의 공동체

1. C. S. Lewis, *The Four Loves*(London: Collins, 1960), pp. 42-43. (「네 가지 사랑」 홍성사)

2. *Early Dominicans: Selected Writings*, Simon Tugwell 편집(New York: Paulist Press, 1982), pp. 83-85.

3. Augustine, *The City of God*, 19권, 14장. (「신국론」 분도)

4. Emily Dickinson, "The Soul Selects Her Own Society," *A Pocket of Modern Verse*, Oscar Williams 편집(New York: Washington Square Press, 1970), p. 77.

5. C. F. Bertrand Russell, "자유인의 예배" 등. 도덕적 삶의 기초로서의 절망에 관한 글.

6. Bonhoeffer, *Life Together*(New York: Harper & Row, 1954), pp. 30-31.

7. Trueblood, *The Humor of Jesus*(1964, 재판, San Francisco: HarperSanFrancisco, 1990). (「그리스도의 유머」 CLC)

8. C. S. Lewis, 다음 책에 나오는 "일과 기도"에 대한 그의 말에서 인용. *God in the Dock*(Grand Rapids: Eerdmans, 1970), p. 107.

9. 그러나 나 자신은 물론 수많은 이들에게 커다란 도움을 준 기도에 대한 책을 몇 권 언급하는 것도 유익할 것 같다. 이 책들을 성경과 함께 주의 깊게 공부한다면, 그리고 특히 마음이 하나된 제자들이 실천에 중점을 두어 소그룹으로 공부한다면, '우리 안에 있는 하나님 나라'의 실체를 더욱 깊이 이해할 수 있을 것이다. 여기 소개하는 책들은 실생활을 효과적인 기도로 살아가는 법을 보여주는 것들이다. 내가 생각한 책들은 *Prayer: The Mightiest Force in the World*, *Game with Minutes*(이상 Frank Laubach), *Prayer: Asking and Receiving*(John R. Rice, 「기도」 보이스), *Prayer*(George

Buttrick), *Prayer: Finding the Heart's True Home*(Richard J. Foster, 「리차드 포스터의 기도」 두란노) 등이다. 영적 이해와 성장을 위한 독서에서 다독은 좋지 않다. 리처드 포스터의 예리한 말처럼 "영적인 고전을 몇 권 찾아 그것이 나를 빚을 때까지 계속 섭취하는 것이 좋다"(153쪽). 이 다섯 권의 책은 위대하고 건강하며 강하고 지혜로운 책들이다.

이 책들이 유용하고 옳은 주요 이유는 실천자들이 쓴 책이기 때문이다. 저자들은 자신이 직접 경험으로 터득한 것을 쓰고 있다. 깊은 책들이면서도 읽기에 그다지 어렵지 않은 이유도 바로 거기에 있다. 실천을 통해 숙달한 사람은 본질 자체만큼이나 심오한 것도 간단 명료하게 말할 수 있는 법이다.

로바크의 책들은 신앙 유산 모음(Heritage Collection) 판으로 다음 제목으로 재간행됐다. *Frank C. Laubach: Man of Prayer*(Syracuse, NY: Laubach Literacy International, 1990). 이 두 책은 "통상적 통로"로는 구하기 어렵기 때문에 여기 주소를 소개한다. 1320 Jamesville Avenue, Box 131, Syracuse, NY 13210. 두 책 모두 여러 다른 판으로 이전에 간행된 바 있다.

10. 이 놀라운 기도의 사람들에 대해서는 다음 책들을 참조하라. Norman Grubb, *Rees Howells Intercessor*(Fort Washington, PA: Christian Literature Crusade, 1980, 「리즈 하월즈」 두란노), Francis McGaw, *John Hyde*(Minneapolis: Bethany House, 1970, 「기도의 사람 하이드」 생명의말씀사), Basil Miller, *Praying Hyde: A Man of Prayer*(Grand Rapids: Zondervan, 1943).

11. 시편에 대한 전혀 새로운 시각을 다음 글에서 볼 수 있다. Kathleen Norris, "시편이 두려운 이유", *Christianity Today*, July 15, 1996, pp. 19-24.

12. 만물의 근원으로서의 쿼크에 대해서는 다음 책을 참조하라. J. C. Polkinghorne, *The Quantum World*(Princeton, NJ: Princeton University Press, 1985), *The Faith of a Physicist*(Princeton, NJ: Princeton University Press, 1994). 두뇌와 지성을 특별히 언급한 글로는 다음 2부작 기사를 참조하라. John Searle, "의식의 신비", *New York Review of Books*, November 2, 1995, pp. 61-66 & November 16, 1995, pp. 54-61.

13. William R. Parker and Elaine St. Johns, *Prayer Can Change Your Life*(Englewood Cliffs, NJ: Prentice-Hall, 1957).

14. Larry Dossey, *Healing Words*(San Francisco, HarperSanFrancisco, 1993). 특히 버드(Byrd)의 연구를 다룬 pp. 90, 179-186을 참조하라.

15. 이와 관련하여 다음 책을 철저히, 그러나 주의 깊게 공부할 필요가 있다. Watchman Nee, *The Latent Power of the Soul*(New York: Christian Fellowship Publishers, 1972). 아울러 나의 책 *Hearing God*도 참조하라. (「혼의 잠재력」 생명의 말씀사)

16. 참조. Plato, *Laws*, 10권(Stephanus로 p. 885).

17. 다음 책 서문에 나오는 편집자 Norman Kemp Smith의 말을 참조하라. *Hume's Dialogue Concerning Natural Religion*(New York: Social Sciences Publishers, 1948), pp. 22-23.

18. James Gilchrist Lawson, *Deeper Experiences of Famous Christians*(Anderson, IN: Warner Press, 1981), p. 100. (「위대한 그리스도인들은 어떻게 성령 충만을 받았는가」 세복)

19. Walter Trobisch, *Martin Luther's Quiet Time*(Downers Grove, IL: InterVarsity Press, 1975), pp. 3-4. (「마틴 루터의 명상의 시간」 생명의 말씀사)

20. 같은 책.

21. Tugwell, *Early Dominicans*, pp. 96-103.

22. 이런 생각을 아주 성과 있게 지속하려면 다음 소책자를 참조하라. John Wimber, *Kingdom Mercy: Living in the Power of Forgiveness*(Ann Arbor, MI: Servant Publications, 1987).

23. Michael Shevack and Jack Bemporad, *Stupid Ways, Smart Ways, to Think About God*(Ligouri, MO: Triumph Books, 1993), pp. 17-18.

8장_ 예수의 제자 또는 학생이 되는 법

1. 나의 책 *Hearing God*(InterVarsity Press, 1999)은 하나님의 말씀을 듣는 삶에 대한 이해를 돕고자 쓰여진 것이다.

2. Albert Schweitzer, *The Mysticism of Paul the Apostle*, William Montgomery 번역 (New York: Henry Holt, 1931), 8장, pp. 160-176은 지금도 아주 소중한 것이다. 특히 164-170쪽을 보라. 다음 책도 참조하라. James Stewart, *A Man in Christ*(New York: Harper & Brothers, 1935).

3. 이 책의 대부분의 경우와 마찬가지로 여기서도 나는 관련 학문으로 깊이 들어가지 않으려 한다. 그러나 제자도의 문제와 그 이해를 위한 성경 본문의 기초는 너무 중요하여 독자들에게 Michael J. Wilkins의 철저하고 권위 있는 다음 두 책을 소개하지 않을 수 없다. *The Concept of Disciple in Matthew's Gospel*(New York: E. J. Brill, 1988), *Following the Master: Discipleship in the Steps of Jesus*(Grand Rapids: Zondervan, 1992). (「제자도」 은성) 훌륭한 책들이다. 또한 거기 나온 참고 문헌을 활용하면 누구든 이 주제에 얼마든지 원하는 만큼 깊이 들어갈 수 있다. 그 저변에 아주 깊은 긴장이 흐르고 있다. 나는, 사도행전 이후에는 제자라는 단어가 나오지 않기 때문에 더 이상 제

자가 되거나 제자를 삼을 필요가 없다는 주장도 실제로 들은 적이 있다!

4. 사람들을 제자의 범주 안에 들어가게 하려는 노력은 이미 그리스도인인 자들을 대상으로 하는 경우가 일반적이다. 더욱이, 내가 알기로 이제 전도의 지향점은 더 이상 사람들을 제자가 되게 하는 것이 아니다. 여기에 대한 내 연구를 참조하라. "제자도: 슈퍼 그리스도인들만 위한 것인가?" *Christianity Today*, October 10, 1980. 이 글은 내 책 *Spirit of the Disciplines*의 부록 2, pp. 258-265에도 실려 있다.

5. Brother Lawrence[Nicholas Herman], *The Practice of the Presence of God*(Old Tappan, NJ: Fleming H. Revell, 1974), pp. 23-24.

6. 이 문제에 관해서는 다음 책에 나오는 John Cotton의 "그리스도인의 소명" 부분을 참조하라. *Spiritual Foundations for Leadership*, Os Guinness 편집(Burke, VA: The Trinity Forum, 1995), pp. 1-14에서 1-17까지. 본래 종교개혁의 만인 제사장이란 모든 신자에게 특별히 종교적인 일을 수행할 자격이 있다는 뜻이 아니라 모든 신자가 자신이 하는 모든 일과 삶에서 제사장이라는 의미다.

7. William Law, *A Serious Call to a Devout and Holy Life*(New York: Paulist Press, 1978), p. 57. (「경건한 삶으로의 부르심」 크리스찬 다이제스트)

8. 같은 책, pp. 56-57.

9. 같은 책, p. 57.

10. 다음 책을 참조하라. Eusebius, *Demonstration of the Gospel*, 앞의 책 *Spiritual Foundations for Leadership*에 발췌 수록되어 있음, pp. 1-10에서 1-11까지.

11. Henri J. M. Nouwen, *The Way of the Heart*(New York: Ballantine Books, 1981), p. 10. (「마음의 길」 분도출판사)

12. 오늘날 제자 삼는 사역에 특별한 소명을 느끼는 자라면 찰스 피니(Charles G. Finney)의 *Revival Lectures*(Fleming H. Revell, 장소 일자 불명, 「찰스 피니의 부흥론」 생명의말씀사)의 강의 9, 10, 11이 큰 도움이 될 것이다. 언급되는 견해와 운동들은 다소 옛날 것이지만 그 본질은 내일처럼 신선하다. 신념이 행동을 지배하며 진리가 신념을 바꿔 놓을 수 있다는 점에 대해 피니는 이론적·실제적으로 깊은 이해를 가지고 있었다. 그는 진리로 신념을 바꾸는 기독교의 이 사역이 성령과의 동역을 통해서만 이루어질 수 있음도 잘 알았다.

9장_ 그리스도를 닮기 위한 교육 과정

1. Alister McGrath, *Beyond the Quiet Time*(Grand Rapids: Baker Books, 1995), p. 5. (복 있는 사람 출간 예정)

2. 각 개인은 하나님, 하나님의 세계, 자신의 영혼의 실체에 대해 본인 자신의 이해와 통찰이 있어야 한다. 이것은 피할 수 없는 인간의 필요다. 19세기 사상가 존 스튜어트 밀은 그 자신 기독교 신봉자를 자처하지는 않았지만, 각 개인의 능동적 이해 과정을 무시한 채 예수의 진리를 제시할 때 초래되는 결과를 정확히 지적하고 있다. "생생한 예화와 비유로 전달된 예수의 말씀이 철갑처럼 굳어진 생명 없는 공식으로 화석화되었다. 사람들은 예수를 예외 없는 천편일률적 규칙을 만들어 내는 논리학자로 보고 있다. 그러나…… 그의 목표는 마음의 순결한 빛만으로도 법칙을 찾을 수 있도록 사람들의 마음을 순화하고 정화하는 것이었다. 그 자신은 그 법칙에 정신을 불어넣고 전반적인 영역을 제시했을 뿐이다.…… (그리하여)…… 종교는 마음 가득 퍼지는 정신이 아니라 마음의 겉만 두르는 껍질이 되고 만다. 내면의 딱딱한 응어리를 전혀 꿰뚫지 못한 채 어쩌다 어디서 소중한 광선이나 따뜻한 열기가 와도 오히려 그것을 차단할 뿐이다." "천재에 관하여"라는 편지에서(*Autobiography and Literary Essays*, John M. Robson & Jack Stillinger 편집[Toronto: Toronto University Press, 1981], p. 337). 신자 자신의 통찰과 이해를 이끌어 내지 못할 때 그것은 신앙에 해를 끼친다. 여기에 대한 밀의 분별은 대단히 옳은 것이다. 기독교의 "정보"를 그리스도를 닮는 생활의 견고한 기초로 삼고자 하는 자라면 누구나 실제로 귀담아 들어야 할 내용이다.

3. Saint Thomas Aquinas, *Summa Theologica*, 제2부, 질문 27번, 2-3항. Summa Theologica, p. 1300, 도미니크 수도회 번역, 총5권(Westminster, MD: Christian Classics, 1981). (「신학대전」 성바오로)

4. Emily Dickinson, "The Soul Selects Her Own Society," *The Pocket Book of Modern Verse*, Oscar Williams 편집(New York: Washington Square Press, 1970), p. 77.

5. AA의 유명한 12단계는 실제로 AA 내부보다는 외부에서 더 많이 거론되기 때문에 여기 전문을 소개하는 것도 유익할 것이다.

   (1) 우리는 우리가 술에 무력한 자임을, 우리의 삶이 통제할 수 없는 지경에 이르렀음을 인정했다.

   (2) 우리보다 더 큰 힘(Power)이 우리를 건강한 상태로 회복시켜 줄 수 있음을 믿게 되었다.

   (3) 우리의 의지와 삶을 우리가 이해하는 하나님의 손에 맡기기로 결단했다.

   (4) 엄중하고 담대하게 우리 자신의 도덕성을 검토했다.

   (5) 우리의 잘못의 정확한 본질을 하나님과 우리 자신과 다른 사람들 앞에 인정했다.

   (6) 하나님이 이 모든 성품의 결함을 제하실 것에 대해 만반의 각오가 돼 있다.

   (7) 우리의 단점을 제해 주시도록 겸손히 그분께 구했다.

   (8) 우리가 피해를 입힌 모든 사람들의 목록을 작성했고, 그들 모두에게 기꺼이 배상할

마음이 돼 있다.

(9) 배상이 그들과 다른 사람들에게 오히려 피해를 줄 경우를 제외하고는 최대한 그들에게 직접 배상했다.

(10) 지속적으로 자신을 검토하여 잘못이 있을 때에는 즉각 인정했다.

(11) 기도와 묵상을 통해 우리가 이해하는 하나님과의 의식적 접촉을 더욱 깊게 하려고 했으며, 우리를 향하신 그분의 뜻을 아는 것과 그것을 행할 능력만을 구했다.

(12) 이런 단계의 결과로 영적 각성을 얻은 우리는 이 메시지를 알코올 중독자들에게 전하려 했고 우리의 모든 일에서 그 원리를 실천하려 했다.

　　출전: *Alcoholics Anonymous*, 3판(New York: Alcoholics Anonymous World Services, Inc., 1976), pp. 59-69.

　　여기에 비할 때 우리 시대의 소비자 기독교가 얼마나 극히 피상적인지 알 수 있다. 술에 대한 구체적 언급만 빼고 이 12단계를 적용하는 지역 교회의 교인이 된다고 상상해 보라.

6. 이 문제에 대해서는 다음의 탁월한 연구를 참조하라. G. B. Wyner, *Toward a Phenomenology of Conscientious Action and a Theory of the Practicality of Reason*, 미간행 논문, 총 2권, (University of Southern California, May 1988).

7. 다음 책의 의지에 대한 장들을 참조하라. William James, Principles. 제임스의 하버드 동료 교수 조사이어 로이스(Josiah Royce)는 이렇게 말했다. "유일하게 가능한 자유의 도덕적 행동은 이미 자신에게 있는 당위(ought)의 생각들에 집중하는 것이다. 죄란 이미 인식한 당위를, 관심 영역을 좁힘으로써 의식적으로 잊기로 하는 것이다. 분명히 알고 있는 한 당위에 따라 행동하지 않을 수 없지만 고의적 무관심을 통해 자유로 망각을 택할 수 있다." *The World and the Individual*, vol. II(New York: Dover Publications, 1959), p. 359.

8. 내가 쓴 다음 기사를 참조하라. "언어, 존재, 하나님, 그리고 유일신 증거의 3단계", *Does God Exist*, J. P. Moreland and Kai Nielsen 편집(Nashville: Thomas Nelson, 1990), pp. 196-217. 다음 책에도 요점 내용이 실려 있다. *Contemporary Perspectives on Religious Epistemology*(New York: Oxford University Press, 1992), pp. 212-224.

9. *The Moral Discourses of Epictetus*, Elizabeth Carter 번역(London: J. M. Dent & Sons, 1911), p. 35. 에픽테투스는 인류의 아버지 되신 하나님에 대해서는 물론 "섭리"에 대해서도 몇 편의 단문을 남겼는데 대부분이 이 책에 실려 있다.

10. William Wordsworth, "Lines Composed a Few Miles Above Tintern Abbey," *British Poetry and Prose*, 3판, 총2권, Paul Lieder, Robert Lovett, & Robert Root 편집(Boston: Houghton Mifflin, 1950), 2권, p. 19. 아주 중요한 이 개념을 좀더 깊

이 살펴보려면 노만 켐프 스미스(Norman Kemp Smith)가 영국 학사원에서 행한 "신의 존재는 믿을 만한 것인가?"라는 강연을 참조하라. 창조주를 아는 지식에 있어 자연의 역할을 다루고 있다. (다음 책에 실려 있다. *The Credibility of Divine Existence: The Collected Papers of Norman Kemp Smith*[London: Macmillan, 1967], pp. 375-397).

11. 요즘 자연의 "지적 설계"에 대한 기술적 논의가 아주 흥미롭고도 지적으로 유익한 쪽으로 열기를 더해 가고 있다. 참조. Michael J. Behe, *Darwin's Black Box*(New York: The Free Press, 1996). (「다윈의 블랙박스」 풀빛)

12. Brennan Manning, *Abba's Child*(Colorado Springs, CO: Navpress, 1994), pp. 186-187. (「아바의 자녀」 복 있는 사람)

13. Omer Englebert, *Saint Francis of Assisi: A Biography*(Ann Arbor, MI: Servant Books, 1979), p. 123.

14. 이런 논쟁에 식견과 흥미가 있는 자들에게 말하건대 여기서 우리가 생각하는 것은 "죄성의 근절"이나 범죄가 불가능한 경지에 이르는 데 있지 않다. 그리스도께서 우리의 자리에 계실 경우 하실 일을 우리도 일상적으로 행할 수 있도록 그분을 닮는 내적 자아의 형성을 이야기하는 것이다. 다시 말하지만, 여기서의 관건은 그리스도께 대한 우리의 순종에 성장의 여지를 완전 배제하는 완벽성이 아니다.

15. "도덕적" 그리고 "형이상학적" 필연에 대해서는 다음 책에 나오는 "필연"에 관한 기사를 참조하라. McClintock & Strong, 앞의 책, Vol. VI, pp. 903-904.

16. 한나 아렌트(Hannah Arendt)는 아이크만(Eichmann)의 재판을 관찰한 뒤 악의 진부함을 기록했다. 아이크만은 지극히 평범한 사람이었다. 많은 사람들이 저자에게 분노를 느꼈다. 그들은 아이크만이 괴물이기를 바랐다. 그러나 저자가 옳았다. 행동으로 나타나는 악의 크기는 인간의 평범한 습관과 맞물리는 특정 상황에 따라 달라지는 것이다.

17. 예수의 나라의 영적 생활의 훈련에 대해 여기서는 비교적 간략하게 다룰 수밖에 없다. 좀더 자세히 알기 원하면 무엇보다도 다음 책을 참조하라. Richard Foster, *Celebration of Discipline*, 재판(San Francisco: Harper Collins, 1978, 「영적 훈련과 성장」 생명의말씀사). 거기에 소개된 참고 도서들도 아주 좋다. 나의 책 *The Spirit of the Disciplines*(San Francisco: Harper Collins, 1988)와 이 주제를 역사적으로 고찰한 *Christian Spirituality*, 총 3권(New York: Crossroad, 1987-1991)도 참조하라. 세상 문화 속에서의 영적 훈련에 대해서는 다음 책을 참조하라. *Spiritual Disciplines: Papers from the Eranos Yearbooks*, Joseph Campbell 편집 (Princeton, NJ: Princeton University Press, 1960).

18. 나의 "표준 목록"으로는 훈련을 다음과 같이 구분할 수 있다.

절제를 통한 훈련	행위를 통한 훈련
고독	공부
침묵	예배
금식	축제
청빈	봉사
금욕	기도
은밀함	교제
희생	고백
관찰	순종

절제를 통한 훈련은 하나님 나라에의 몰입에 방해가 되는 갖가지 일상의 위력을 약화시키거나 깨뜨리기 위한 것이며, 행위를 통한 훈련은 그 나라에 한없이 깊이 잠기기 위한 것이다. 각 훈련의 결과는 다분히 자명한 것으로, 여기서 그 내용이나 방법으로 깊이 들어갈 수는 없다. 그 부분은 내 책 *The Spirit of the Disciplines*에 꽤 자세히 다루었고, 리처드 포스터의 *Celebration of Discipline*은 특히 각 훈련의 실제적 방법을 그보다 더 깊이 소개하고 있다.

영적 성장을 위한 삶의 계획에는 일정한 훈련의 틀이 필요함을 이해하는 것이 중요하다. 위에 나온 훈련들도 다수 포함될 것이다. 이 점을 이해하고 예수와 그분의 사람들의 도움을 구하는 사람은 분명 자신에게 필요한 것을 발견하게 될 것이다.

19. 「팡세」에 나오는 글. *Pascal Selections*, Richard H. Popkin 편집(New York: Macmillan, 1989), p. 214. (「팡세」)

10장_ 만물의 회복

1. 이러한 의식 이해에 대해서는 장 폴 사르트르의 희곡 The Wall에 나오는 자신의 탁월한 작품 해설을 참조하라(희곡이 수록된 책: *Existentialism from Dostoevsky to Sartre*, Walte Kaufmann 편집[New York: Meridian Books, 1982], 그 밖에도 많은 모음집에 실려 있다). 그가 여기에서 "사용자 편의를 위한" 형태로 표현한 의식 이해가 차차 정교하게 다듬어져 근대 철학의 현상학적 경향을 이루게 된다.

2. George MacDonald, *Dairy of an Old Soul*(Minneapolis: Augsburg, 1996), p. 30.

3. 이 중요한 점에 대해 더 자세히 살펴보려면 다음 명저를 참조하라. Peter Beyerhaus, *God's Kingdom and the Utopian Error*(Wheaton, IL: Crossway Books, 1992).

4. Saint Augustine, *The City of God*, 제19권, 17문단.

5. 이 부분에 대한 결정적 논의는 다음 책들을 참조하라. Paul Davies, *The Mind of God: The Scientific Basis for a Rational World*(New York: Simon & Schuster, 1992). John Polkinghorne, *The Faith of a Physicist*(Princeton, NJ: Princeton University Press, 1994).

6. 중요하지만 많이 오해되고 있는 이 문제에 대해서는 Edmund Husserl의 책들을 참조할 필요가 있다. 특히 그의 다음 책을 보라. *Crisis of European Sciences and Transcendental Phenomenology*, David Carr 번역(Evanston, IL: Northwestern University Press, 1970, 「유럽 학문의 위기와 선험적 현상학」 한길사). 다음 책도 참조하라. Philip Johnson, *Reason in the Balance* (Downers Grove, IL: 1995, 「위기에 처한 이성」 한국기독학생회출판부).

7. *The Modern Hymnal*(Nashville: Broadman, 1926), 13장. 다른 많은 찬송가에도 실려 있다.

8. "영광의 무게"에 대한 심오한 강연에서 C. S. 루이스는 세상에는 결코 "보통" 사람이 없음을 우리에게 일깨워 주고 있다. 중요하면서도 마음에 늘 의식하기 쉽지 않은 사실이다. 체스터튼(G. K. Chesterton)은, 기독교에서 가장 믿기 어려운 것은 인간 개개인에게 부여하는 무한한 가치라고 말한다. 인간의 영원한 숙명의 중대성은 바로 이 개인의 가치에 의존하며 또한 그것을 확인해 준다.

9. "의미에의 의지는 진정 다른 필요들로 격하될 수 없는 하나의 구체적 필요이며, 정도 차이는 있으나 모든 인간에게 존재한다"(Victor E. Frankl, *The Unheard Cry for Meaning*[New York: Washington Square Press, 1985], p. 33). 프랭클의 다른 책들과 더불어 이 책은 인간 본성에 내재되어 있는 의미에 대한 근본적 욕구와 필요를 확실히 보여주고 있다. (「의미를 향한 소리 없는 절규」 청아출판사).

10. Plato, *Phaedo*, Stephanus로 107c(여러 판).

11. John Hick, The Center of Christianity(San Francisco: Harper & Row, 1978), p. 106.

12. *British Poetry and Prose*, 3판, Paul Lieder, Robert Lovett & Robert Root 편집 (Boston: Houghton Mifflin, 1950), p. 704. 한편, 극중의 햄릿은 난처한 중에 이렇게 말한다. "잠잘 것인가, 꿈꿀 것인가? 그것이 문제로다."

13. Hick, *The Center of Christianity*, p. 112.

14. MacDonald, *Dairy of an Old Soul*, p. 32.

15. Augustine, *City of God*, 22권, 26문단.

찾아보기

ㄱ

찾아보기

이 스터디 가이드는 「하나님의 모략」에 나오는 주제들을 깊이 숙고할 수 있도록 기획되었다. 「하나님의 모략」의 각 장을 더 깊이 이해하고 실제적으로 적용하도록 말씀 묵상, 질문, 변화를 위한 훈련 순으로 구성되어 있다. 이 스터디 가이드를 활용하는 개인이나 모임은 모든 질문을 다 다루기보다는 각 모임에 적합한 질문을 선택하여 깊이 있게 나누어도 좋을 것이다.

「하나님의 모략」은 이미 예수님을 믿고 있는 그리스도인들에게 자신의 믿음을 근본적으로 재고하도록 이끌며, 더 나아가 지금 여기 이 땅에서 확장되어 가는 하나님 나라에 동참하도록 초청한다. 당신은 악의 구조를 파괴하기 위해 십자가에서 죽으신 예수의 제자가 되기로 선택함으로써 그 하나님의 모략에 참여하게 될 것이다.

「하나님의 모략」은 크게 세 부분으로 이루어져 있다.

1-3장   현대 문화의 모습을 진단하고, 오늘날의 기독교와 교회가 처해 있는 여러 현상과 문제점들을 살펴보고, 하나님의 세계에서 누리는 풍성한 삶을 보여준다.

3-7장   산상수훈에서 발견되는 예수의 핵심 가르침을 살펴봄으로써 하나님 나라를 살아가는 모습을 보여준다.

8-10장   예수 학교의 제자들이 도제가 되어 변화받는 길을 제시한다.

1장_ 영원한 삶의 현재성

말씀 묵상

고린도전서 1:15-17, 2:1-3, 9-10을 읽고 묵상해 보자.

사도 바울이 경험한 예수님은 죄를 용서하는 능력뿐 아니라 그 이상을 지니신 분이었다. 바울은 우주의 비밀을 드러내고 모든 지식의 열쇠를 쥐고 계신 분으로 예수님을 묘사한다. 당신의 활동 영역(학업, 직업, 일상 생활) 가운데 예수님을 권위 있는 전문가로 인정하기 어려운 분야는 무엇인가? 예수님은 물리학이나 인간 관계, 재정 관리, 직장 업무, 우정, 휴가에 대해서는 잘 모르시는 분이라 생각하고 있지는 않은가? 다음 질문에 답해 보자.

- 나는 내 생활 전반에서 예수님을 실제적이고 훌륭한 인도자요 교사로 여기고 있는가?
- 골로새서가 말하는 것처럼, 예수께서 신앙뿐 아니라 우리 삶의 전 영역에서 모든 지혜와 지식을 갖고 계시다고 믿는가?
- 내 삶에서 예수께서 인도하신다고 신뢰하는 영역은 어느 부분인가?
- 예수께서 인도하시리라 생각되지 않는 영역은 어느 부분인가?

질문

[암흑 속의 삶]

1. 오늘날 사람들을 바른 길로 인도하기 위해 사용되는 지침에는 어떤 것들이 있는가? 교육인가? 신중한 사고인가? 개인적 자유를 최대한 확보하는 것인가?(27-30쪽)

2. 윤리학 과목에서 높은 점수를 받지만 비윤리적인 행동을 하는 학생을 어떻게 평가해야 할까? 선을 안다고 해서 선한 사람이 되는 것이 아니라면, 선한 사람이 되는 길은 무엇일까?(30-32쪽)

3. 현대 사회는 드러난 문제 배후에 있는 이념과 사상을 점검하지 않은 채 해결책을 제시하기에 급급하다. 우리 문화와 대중매체에 만연한 폭력과 섹스를 즐기면서도, 한편으로는 폭력과 음란물의 문제를 해결하려 한다. 문제의 본질을 깊이 생각하지 않고 단순한 해결책을 제시하려는 시도들의 문제점을 생각해 보자(32-36쪽).

4. 흔히 통용되는 멋있어 보이는 슬로건이나 문구들('네 권리를 주장하라', '나는 내가 좋다' 등)이 어떻게 인간의 영혼을 고갈시킬 수 있는지 생각해 보자(36-41쪽).

[또 다른 실체가 전하는 말]
5. 사람들이 예수님에 대해 잘못된 정보를 가지고 있는 경우가 종종 있다. 그 결과로 그분이 누구인지, 그분이 무엇을 인류에게 주시려고 하는지 오해하고 있다. 왜 그렇게 잘못된 정보가 전해진 것일까?(41-45쪽)

6. 예수께서 오늘 오신다면, 그분께서 살아가실 삶을 생각해 보는 것이 우리의 학업과 직업에 어떤 의미가 있는지 나눠 보자(45-46쪽).

7. 자기 중심성(egotism), 이기심을 드러낸 적이 있는가? 또한 충분히 사랑받는 경험을 통해 자기 중심성이 치료받은 적은 없는가? 두 경험을 비교하여 나눠 보자(44-45쪽).

8. 시몬의 집에서 예수께 향유를 붓던 여인은 개인적 필요로 예수께 나아왔다가 자신도 모르는 사이에 하나님 나라에 들어갔다. 자신도 모르는 사이에 그리스도를 믿게 된 또 다른 예가 당신 주변에 있는가?(48-55쪽)

9. C. S. 루이스는 "그분은 우리를 자신과 똑같은 모습으로 빚으려 하신다"고 말한다. 당신은 그러한 변화를 경험해 보았는가? 아니면 그러한 변화가 일어나기를 원하고 있는가?(55-56쪽)

[다스리도록 지음받은 존재]

10. 우리가 세상의 적정 영역을 다스리도록 지음받은 존재라고 할 때, "다스린다"는 것은 무슨 의미일까? 그 다스림의 영역에는 어떤 것들이 포함되는가? 일상 생활 속에서 다스리는 일과 하나님을 의존하는 것은 어떤 관계가 있을까?(57-61쪽)

[많은 나라들 가운데서]

11. 때로는 이미 영생을 얻은 이들, 곧 진정으로 그리스도께 속하여 그분의 삶이 이미 그 안에 임재하고 자라는 이들의 삶에서도, 정작 하나님의 실제적인 통치가 시행되지 않고 그분의 뜻이 이루어지지 않는 경우가 있다. 당신의 삶 가운데 영생에 사로잡히지 않은 영역이 있지 않은지 나눠 보자(68-72쪽).

12. 74쪽의 마지막 단락을 읽으라. 어느 구절이 당신에게 소망을 주는가?

변화를 위한 훈련

글쓰기: 당신의 삶에서 예수님이 당신을 인도할 것으로 믿겨지지 않는 영역을 세 가지 찾아보라. 신뢰하지 못하는 이유를 생각해 보고, 그 영역에서 그분을 신뢰하고 싶은 마음을 글로 적어 보라.

글쓰기: 이번 주일에 골로새서를 묵상하고 고백의 형태로 기도문을 써 보라. 본문에서 바울이 묘사한 대로 예수께서 당신의 주님이 되어야 하는 이유와 필요를 글로 써 보라.

활동: 창을 향해 앉아서 30분 동안 하나님의 창조와 그 아름다움을 묵상해 보라. 하나님께는 다른 어떤 피조물보다 당신의 삶이 중요하다는 사실을 기억하라. 그리고 당신의 필요를 하나님께 아뢰라.

2장_ 죄 관리의 복음

말씀 묵상

요한복음 15:1-17을 읽고 묵상해 보자.
포도나무와 가지 비유를 염두에 두고 "내 안에 거하라"는 초청의 의미를 깊이
생각해 보라(1-8절). 예수의 사역에 동참함으로써 그분의 친구가 된다는 것은
무슨 의미일까?(15절)

질문

〔왜곡 축소된 초청의 의미〕

1. 그리스도인들은 "완전하지 않다, 용서받았을 뿐"이라는 말을 들을 때 당신은
   어떤 생각이 드는가? 혹 우리는 이 말을 너무 당연하게 받아들이고 있지는 않
   은가? 예수를 믿어 천국에는 들어가게 되었지만 행동은 변화되지 않았다는
   것을 세상 사람들에게 어떻게 설명할 수 있을까?(75-77쪽)

2. 당신이 죽어서 천국에 갈 때 하나님은 당신의 무엇을 보시고 당신을 천국에
   들여보내 주실까? 하나님이 당신을 확실하게 천국에 들여보내 주시리라 믿는
   "바코드 신앙"이 당신에게도 있는지 생각해 보자(77-78쪽).

3. 그리스도인에게 천국에 가는 것 외에 다른 목표가 더 있을까? 그리스도인은
   천국에 가기 전에 이 땅에서 자신의 성품과 영성을 변화시킬 필요가 있는
   가?(78-83쪽)

4. 다음 두 가지 입장 중 당신은 어느 쪽이 더 친숙한가?(83-85쪽)

	우익의 복음	좌익의 복음
초점	개인의 죄를 용서받음	사회적·구조적 악의 제거
목표	내 죄를 용서받음	사회 안에 있는 악의 제거
중요하지만 비본질적인 요소	개인적인 사랑과 긍휼로 사회를 변화시킴	책임지는 존재가 되도록 개인들에게 도전

5. 그리스도인이 된다는 것은 구원의 "사건"과 제자도의 "과정", 양면으로 되어 있다. 만일, 어떤 이가 구원의 "사건"에 집중하여 구원받았다고 안도하면서 제자도의 실제적인 "과정"에는 들어가지 않는다면, 그를 바라보는 하나님의 마음은 어떠하실까? 이 둘을 하나 되게 하시는 하나님의 개입을 일상 생활에서 경험해 보았는가?(86쪽 이하)

[우익의 복음]

7. 우익의 복음에는 구속(救贖)만을 전부로 여기는 입장과 주되심(Lordship) 구원이 있다. 둘 다 죽음 이후에 천국에 가는 것을 목표로 하지만, 이 땅에서의 삶에 대해서는 언급하지 않는다. 우익의 복음이 예수님을 일상 생활 속에서 교제하면서 배우고 닮아 갈 친구요 신령한 선생이 아니라, 단지 목적에 이르는 수단으로 여기게 되는 과정을 살펴보자(86-93쪽).

8. 만일 당신이 예수님을 단지 "죄책감을 제거하는 분" 정도가 아니라 "생활의 모든 영역에서 의뢰해야 할 분이요 모든 일에 옳고 충분하신 분"으로 믿는다면, 당신의 삶의 영역에서 그분의 역할은 훨씬 커질 것이다. 생활의 전 영역에서 하나님을 의뢰하며 그분과의 교제를 누리고 있는지 점검해 보자(93-97쪽).

[좌익의 복음]

9. 좌익의 복음은 억압받는 사람들을 사랑하고 자신을 그들과 동일화함으로써

인간을 변화시킬 수 있다고 믿는 것으로 요약될 수 있다. 좌익의 복음 역시 그 안에 진리가 있기는 하지만, 우리 기도를 들으시고 그 기도에 응답하시는 하나님에 대한 믿음은 잃어버렸다. 좌익의 복음이 매력적인 이유는 무엇일까?(97-101쪽)

10. 사랑은 "사람을 차별하지 않고 해방시켜 그가 원하는 것을 하도록 해주는 것"으로 정의하는 좌익 입장의 문제점은 무엇인가?(101-103쪽)

11. 좌익의 복음이든 우익의 복음이든, 기독교인이 되는 것과 일상 생활은 무관하다고 보는 둘의 관점은 같다. 일상 생활에 있어서 그리스도인이나 안 믿는 사람이나 크게 다르지 않은 이유가 여기에 있다. 당신은 세상 사람들과 다르게 살아가는 사람들을 알고 있는가?(103-104쪽)

〔삶과 신앙의 통합을 향하여〕

12. 그리스도인이 이 땅에서 풍성한 순종의 삶을 살 수 있다고 생각해 보았는가? 다른 사람은 몰라도 나는 그런 삶을 누리지 못할 것이라고 생각하지는 않는가? 혹 다음과 같은 생각 때문은 아닌지 점검해 보자(104-111쪽).
   - 그 사람은 인격이 좋으니 하나님과 동역하기 쉬울 것이다. (나는 그다지 괜찮은 사람이 못된다.)
   - 극적인 회심을 경험한 사람이라면 정말 변화된 삶을 살 수 있을 것이다. (내게는 그런 체험이 없다.)
   - 모범적인 신앙의 가정에서 자란 사람은 예수님 닮은 삶을 살기 쉬울 것이다. (우리 가정은 그렇지 않다.)

13. 사람들은 신앙 속에서 하나님을 체험하거나 삶의 변화를 경험하지 못할 경우, 다른 대체품을 찾으려 한다. 다음의 활동 중 당신이 대체품으로 이용해 본 것이 있는가?
   - 습관적으로 종교 활동에 참여한다(정기적인 예배 출석과 기도).
   - 과거에 경험한 영적 체험에 집착한다.

- 가족이나 친척들의 신앙에 의존한다.

14. 예수께서 유명 작가나 전문가들보다 실제적으로 나를 더 잘 인도하실 수 있다는 주장에 대해 어떻게 생각하는가? 예수께서 당신 생활의 생활 전반에서 선생이 되신다는 것이 당신에게 의미하는 바는 무엇인가? 예수께서 당신 삶 전체의 선생이 되신다면, 그분은 당신에게 무엇을 원하실까?

변화를 위한 훈련

글쓰기: "어떻게 하면 천국에 들어갈 수 있을까?" 또는 "어떻게 하면 사회를 변화시킬 수 있을까?" 하는 질문을 "예수의 제자가 되기 위해 필요한 것은 무엇인가?"로 바꾼다면 당신의 영적 생활이 어떻게 바뀔지 써 보라.

글쓰기: 요한복음 15:1-8을 읽고 예수님 안에 거한다는 것이 당신에게 구체적으로 무슨 의미인지 써 보라. 그분 안에 있을 때 당신이 받게 될 도전을 적어 보라.

활동: 어릴 적 사진을 보고 당신에게 가장 큰 영향을 준 선생님이 누구였는지, 그 선생님과 함께한 느낌이 어떠했는지 생각해 보라. 이제 예수께서 당신의 선생이 되신다면, 어떤 느낌일지 생각해 보라.

3장_ 예수가 알았던 세상: 하나님 충만한 세상

말씀 묵상

빌립보서 1:6-7, 로마서 8:28-29을 읽고 묵상해 보자.
하나님은 우리를 당신의 형상으로 만들기 위해 우리에게 자신을 내주셨다. 이 본문에서 하나님이 우리 안에서 역사하신다는 것을 깨닫게 하는 표현은 어떤 것이 있는가? 그 표현들을 통해 하나님께서 당신에게 말씀하고 싶으신 것은 무엇일까?

질문

〔하나님과 그분의 세계를 다시 본다〕

1. 「하나님의 모략」에 나오는 다음 표현 중 당신에게 특별히 다가오는 것은 어느 것인가? 당신에게 익숙한 표현은 어느 것인가?(113-118쪽)
   - 하나님은 흥미진진한 삶으로 우리를 인도하신다.
   - 하나님은 기쁨으로 가득 차 있다.
   - 하나님은 선하고 참되고 아름답고 옳은 모든 것에 대한 거대하고 영원한 경험이다.
   - 하나님은 이 세상과 그 안에 있는 모든 인간을 사랑하신다.

〔인간의 환경인 하늘〕

2. 이 세상이 당신이 살기에 완벽하게 안전한 장소임을 믿기 어려운 이유는 무엇인가?(121-122쪽)

3. 전적으로 선하시고 능하신 하나님이 지금 여기서 우리와 함께 계시며 우리를 돌봐 주신다는 분명한 시각을 갖는 것이 왜 중요할까? 당신이 살아가는 데 필요한 것들을 하나님께서 공급해 주시리라 신뢰하는가?(122-123쪽)

4. 아래 성경 본문 가운데 하나님이 우리 가까이에서 우리를 보고 행동하신다는 진리에 눈을 뜨도록 도움을 주는 구절은 어떤 것인가?(123-128쪽)
   - 하갈을 위로하기 위해 하늘에서 부르시는 하나님의 사자(창 21:17-19)
   - 이삭을 해치지 말라고 하늘에서 아브라함을 부르시는 여호와의 천사 (창 22:11, 15)
   - 자기 곁에 계신 하나님을 발견한 야곱(창 28:12-19)
   - 순종하는 이스라엘에게 응답하시는 하나님(삼상 7:3-10)

[하나님이 거하시는 공간]

5. 기도가 어려운 것은 하나님에 대한 다음의 두 가지 오해에서 비롯된다 (131-133쪽).

    - 하나님은 무한히 크고 비어 있는 공간, 즉 물리적인 하늘 가운데 계신다.
    - 하나님은 인간의 마음에 있다.

    이 두 개의 개념이 어떻게 하나님을 작게 만들 수 있는가? 이 두 개념을 받아들일 때, 하나님을 신뢰하기 어려워지는 것은 무슨 이유 때문일까? ("하나님은 우주를 다스리느라 바쁘실 거야!" "하나님은 내가 영적으로 느낄 때에야 비로소 내 마음에 계신 거야!")

6. 영적으로 성숙한 이들은 자신의 영적 실상을 감추지 않는 어린아이 같다. 자신의 참모습을 가식 없이 주변 사람들에게 보여주려면 우리에게 어떤 변화와 성장이 필요할까?(133-135쪽)

7. 하나님은 그분을 위해 꾸준히 살아온 이들에게 자신의 모습을 보이시는 분이다. 오늘 오후에도 "계속해서 그분을 보기로" 한다면(노르위치의 줄리안의 표현), 당신은 어떤 계획을 세우겠는가?(135-139쪽) (예를 들어, 숲이나 바닷가를 거닌다든지, 아이를 돌본다든지, 설거지를 한다든지, 물리학 책을 본다든지.)

[보이는 것과 보이지 않는 모든 만물]

8. 「하나님의 모략」이 제시하는 네 가지 차원(비물리성, 힘과 에너지, 사고, 평가)의 영적인 실체를 기억해 보자. "영적"인 것에 대한 이러한 이해는, 하나님께서 주로 종교적인 면에만 관심 있으시다는 보편적인 생각을 수정하는 데 어떤 도움이 될까?(139-143쪽)

9. 예수의 제자가 된다는 것은 우리의 삶을 하나님의 영적인 세계에 통합하는 것을 말한다. 그렇게 할 때 우리는 물질적인 현실보다 영적인 현실에서 힘을 얻게 된다. 그러한 구체적인 경험이 있다면 예를 들어 보자. 건강, 직장, 가정, 교제 등 여러 면에서 생각해 보자(143-146쪽).

[사망의 폐기]

10. 그리스도인들은 결코 "죽음을 맛보지 않을" 것이다. 따라서 예수님을 신뢰하고 그분을 인생의 선생으로 모시는 것은 지혜로운 선택이다. 당신의 "죽지 않는" 자아에 대해서는 어떻게 하나님의 도움을 구할 것인가?(147-154쪽)

[어느 쪽이 정말 위인가]

11. 하나님이 함께라면, 작은 자가 큰 자가 되고 나중 된 자가 먼저 된다. 그 같은 위대한 반전을 보여주는 예를 성경과 당신의 삶에서 찾아 나눠 보라(154-158쪽).

[지성의 주이신 예수]

12. 현대 기술과 개화된 인간 사상을 고려해 볼 때, 예수가 이 시대 현실에 시의성이 없다고 말하는 사람과 대화한다고 상상해 보자. 이 사람과의 토론에서 당신은 시대와 역사가 바뀌어도 변하지 않는 궁극적인 존재와 생명의 예를 제시할 수 있겠는가?(158-160쪽)

13. 예수의 뛰어남을 묘사한 아래의 서술 중 어떤 표현이 매력적이며, 어떤 진술이 가장 받아들이기 어려운가?(160-164쪽)
   - 예수님은 일찍이 살았던 모든 사람들 중에서 가장 똑똑하고 가장 많이 알며 가장 지적인 분이다.
   - 예수님은 모든 피조물을 만드시고 이 세계가 운행하게 하셨다.
   - 예수께서 물로 포도주를 만드실 때, 그분은 물의 분자구조를 포도주로 바꾸는 방법을 아셨다.
   - 예수님은 육체적인 죽음의 상태에 돌입하여 실제로 죽으셨고 다시 죽음에서 살아나는 법을 아셨던 분이다.
   - 예수님은 세계 역사의 전 과정을 주관하시며, 동시에 그 역사에서 우리가 감당할 역할을 준비하시는 분이다.

변화를 위한 훈련

글쓰기: 시편 93편을 자신의 말로 다시 써 보라. 큰 소리로 읽고 하나님의 위대
   하심과 광대하심을 표현해 보라. 우주에 나타난 하나님의 광대하심을
   반영하는 자신의 시편을 써 보라.

글쓰기: 마태복음 6:25-34를 읽고 예수님의 부름에 응답하는 기도문을 써 보라.
   주님의 나라에 살기를 갈망하지만, 때로 좌절하고 망설이는 자신의 모
   습을 솔직하게 직면하고 표현해 보라.

4장_ 참된 부요를 누리는 자: 팔복

말씀 묵상

마태복음 5:3-12에서 복 받을 조건을 살펴보자. 내가 거기에 속하는지, 거기에
적합한 다른 사람이 있는지 생각해 보자.

질문

〔팔복의 수수께끼〕

1. 산상수훈이 던지는 다음 질문에 우리 시대 문화는 어떻게 답하는지 생각해
   보자(165-168쪽).
   - 어떤 삶이 행복한 삶인가?
   - 누가 진정 선한 사람인가?

2. 마태복음 4:24에 따르면, 예수께 나아온 사람들은 앓는 자, 곧 각종 병에 걸려
   서 고통당하는 자, 귀신 들린 자, 간질병자, 중풍병자 같은 이들이었다. 예수

님 당시에 그분을 찾아온 사람들은 오늘날 어떤 사람들에 비교할 수 있을까? 그들에게 예수님이 어떤 말씀을 하실지 상상해 보자(168-170쪽).

3. 예수께서 절망적인 상황에 있는 사람들에게 팔복을 말씀하셨다면, 당신이 절망의 상황에 있을 때 예수님은 당신에게 어떤 복을 말씀하실지 상상해 보라. (예를 들어, "실직한 자는 복이 있나니", "아이를 낳지 못하는 자는 복이 있나니", 170-176쪽)

4. 팔복은 복 받는 방법이나 행동 수칙을 가르치지 않는다. 예수님과의 개인적인 관계를 통해 천국이 임한다는 사실을 설명하고 보여줄 뿐이다. 예수께서 모든 앓는 자, 곧 각종 병과 고통당하는 자, 귀신 들린 자들에게 사역했다는 사실이 하나님의 속성에 대해 당신에게 시사하는 바는 무엇인가?(176-179쪽)

〔영혼을 깊이 만지시는 가르침〕

5. 예수님은 상식에 도전하는 일에 능하셨다. 「하나님의 모략」은 선한 팔레스타인인, 선한 이라크인, 선한 공산주의자, 선한 회교도, 선한 동성애자 같은 예를 들어 선한 이웃이 누구인지 다시 생각해 보기를 촉구한다. 당신의 시대, 당신이 살고 있는 사회/교회에서 예수님은 어떤 편견에 도전하실까?(179-187쪽)

〔팔복에 담긴 예수의 참뜻〕

6. 「하나님의 모략」의 팔복에 관한 설명을 읽고 복에 대한 각각의 서술에 인간의 절망적인 상황이 어떻게 그려져 있는지 살펴보라. 거기에 당신의 이야기도 있는가?(190-198쪽)

7. 달라스 윌라드의 팔복 해석이 다른 성경 본문에 나타난 예수의 말씀과 어떻게 일치하는지 살펴보라(198-201쪽).
    - 예수님의 취임 설교: "주의 성령이 내게 임하셨으니, 이는 가난한 자에게 복음을 전하게 하시려고 내게 기름을 부으시고 나를 보내사 포로 된 자에게 자유를, 눈 먼 자에게 다시 보게 함을 전파하며 눌린 자를 자유케

　　　　　　　　　　　　　　스터디 가이드

하고 주의 은혜의 해를 전파하게 하려 하심이라 하였더라"(눅 4:18-19).

- 예수께서 진정한 메시아인지 묻는 세례 요한에게 주신 예수님의 답변: "예수께서 대답하여 이르시되 너희가 가서 듣고 보는 것을 요한에게 고하되, 소경이 보며 앉은뱅이가 걸으며 문둥이가 깨끗함을 받으며 귀머거리가 들으며 죽은 자가 살아나며 가난한 자에게 복음이 전파된다 하라. 누구든지 나를 인하여 실족하지 아니하는 자는 복이 있도다 하시니라"(마 11:4-6).

〔나의 삶에 적용하는 팔복의 메시지〕

8. 소망 없이 살아가는 다음의 사람들에게 하나님의 나라가 의미 있게 다가설 수 있는 길은 없을까?(202-204쪽)

    - 외모가 눈에 거슬리는 자들: 중증 장애인, 몸이 뒤틀린 자, 너무 뚱뚱한 사람, 너무 작은 사람, 대머리
    - 심각하게 망가진 자들: 낙제자, 중퇴자, 탈진자, 마약 중독자, 이혼자, 에이즈 감염자, 정신지체인
    - 부도덕한 사람들: 살인자, 아동 성폭행자, 포르노 제작자, 테러 단원, 변태자, 부정하게 치부한 자

9. 교회는 예수께서 오늘날 우리와 함께하신다는 증거를 지니고 있다고 말할 수 있을까? 당신의 생각과 다음의 달라스 윌라드의 견해를 비교해 보라.

    "예수를 믿는 자들이 모인 영적으로 건강한 모임이라면 어디서나 이렇게 '불 가운데 건짐받은' 자들이 있게 마련이다. 모두 훌륭한 사람만 모여 있다면 뭔가 잘못되어 있다는 분명한 신호다……. 바울은 하나님 나라의 삶의 기초로서 사회적·문화적 구분이 완전히 폐해지는 것이야 말로 그 백성 가운데 거하시는 예수의 임재의 필연적인 결과라고 명확히 이해했다"(206쪽).

10. 예수께서는 율법과 선지자를 폐하려 하신 것이 아니라(마 5:17), 당신의 제자들이 서기관과 바리새인들의 의를 넘어서 전혀 다른 새로운 의로 나아가기

를 원하셨다. 그 다른 의가 무엇이라고 생각하는가? 성경에서 가장 많이 나오는 주제가 "그들의 상황 속으로 들어오시는 하나님의 손을 통해 맛보는 신분의 변화"라고 말하는 달라스 윌라드의 견해와 당신의 견해를 비교해 보라(204-209쪽).

변화를 위한 훈련

글쓰기: 이 세상에서 누가 진정한 부자이며 참으로 선한 사람인지 당신의 말로 써 보라.

실천: 출퇴근길 버스와 지하철에서 만나는 사람들을 마음을 열고 살펴보라. 그들에게 우리 마음이 열리도록 기도하자. 열린 마음이란 관심을 보이고, 친절한 대화를 나누고, 도움을 요청하고, 누군가를 위해 기도하고, 복음을 전하는 것을 의미한다. 우리는 예수님을 사랑하는 마음으로 이러한 일을 행할 수 있다. 이 경험을 통해 얻은 것을 글로 써 보고, 예수께서 당신에게 무엇을 말씀하시는지 생각해 보자.

5장_ 천국 마음의 의: 서기관과 바리새인의 의를 넘어

말씀 묵상

마태복음 5:21-26, 누가복음 6:43-45의 산상수훈을 읽고 묵상해 보자. 말씀을 읽으며 당신의 마음을 예수님께 내어드리라. 그러면 주께서는 인간 문제의 근원이 무엇인지 깨닫게 도와주실 것이다. 당신 마음의 실상을 발견하고 예수님의 은혜와 능력으로 진정한 변화를 경험하도록 자신을 내어드리는 기도를 드리자.

질문

[도덕을 이해하신 주]

1. 예수님은 산상수훈을 통해 어떤 삶이 행복한 삶이며, 누가 진정 선한 사람이 라고 말씀하시는가(221-224쪽).

[율법과 영혼]

2. "서기관과 바리새인의 의를 넘어서"라는 말은, 행동의 근원이 되는 마음을 살 피라는 것이며 또한 율법에 관하여 말만 하지 말고 실천하기를 하나님께서 원하신다는 뜻이다. 그와 같이 참으로 선한 사람들이 바리새인 같은 사람들 보다 진실한 이유는 무엇일까?(226-227쪽)

3. 당신이 모든 것을 다 잘하려고 하기보다는 선한 행동이 자연스럽게 흘러나오 는 사람이 되기를 목표로 한다면, 당신의 가정·직장·교회 생활이 어떻게 바 뀌게 될지 상상해 보라(230-232쪽).

4. 고상하고 종교적인 이야기만 늘어놓는 종교 지도자들과는 달리, 예수님은 일 상 생활에서 이야기를 찾아 들려주셨다. '디카이오수네'의 여섯 가지 대조를 읽고, 그 가운데 지난 주간 동안 맞닥뜨린 경험을 나눠 보자(233-236쪽).

[분노와 멸시의 가마솥에서]

5. 인간의 악행은 그 심령의 뿌리로 거슬러 올라가면 일종의 분노가 얽혀 있는 경우를 비일비재하게 볼 수 있다. 다음에 제시된 분노의 유형 가운데 당신에 게 자주 나타나는 것은 어떤 것인가?(237쪽)
    - 소리 지르기, 도망가기, 불평, 자기 연민, 냉소, 우울증, 조롱, 기분에 좌 우됨.

6. 한 사람의 분노가 다른 사람의 분노를 유발하는 이유는 무엇인가?(237-239쪽)

7. 분노는 처음에는 자연발생적으로 일어나지만, 이내 우리는 의지적으로 그 안에 빠져든다. 우리는 어떤 식으로 분노를 선택하고 키우는가? 자기 의와 허영심이 끼어든 분노의 예를 들어 보라(239-241쪽).

8. 악을 고치거나 자신을 보호하고자 발하는 분노는 유익한가? 그 이유는 무엇인가?(241-243쪽)

9. 분노에 대한 예수님의 말씀은 인간의 소중함을 가르쳐 주고 있다. 당신이 화를 낸 사람을 생각해 보라. 그 사람 또한 소중한 존재임을 기억해 보자. 그것이 그 사람을 사랑하고 사랑 가운데 그의 잘못을 바로잡는 데 도움이 될까?(248-249쪽)

10. 내게 화를 낸 사람을 하나님의 피조물로 바라볼 수 있을까? 스스로에게 아래 질문을 던져 보자(249-254쪽).
    - 내 마음은 화해를 원하는가?
    - 내가 할 수 있는 일을 다 하였는가?
    - 습관적인 행동보다는 참된 사랑의 행동을 따랐는가?
    - 나와 내 형제의 분노가 주변의 다른 사람들에게 아픔을 준 것으로 인해 나는 탄식하고 있는가?

[성욕 추구의 파괴성]
11. 성욕만으로는 성욕의 대상이 된 사람에게 아무런 해를 끼치지 않는다고 생각하는 사람들이 많다. "마음"의 간음은 정말 괜찮은 것일까?(257-258쪽)

12. 성에 대한 다음의 세속적인 견해가 "지상으로 곤두박질하는 비행"인 까닭을 생각해 보자(259-261쪽).
    - 사랑한다면 성적인 행위는 문제가 안된다.
    - 사랑한다면 결혼하지 않은 사람들 간의 성관계도 괜찮다.
    - 결혼한 부부일지라도 사랑 없는 성관계는 잘못된 것이다.

스터디 가이드

13. 정상적인 성적 유혹을 받는 데서 음욕을 채울 뜻을 품고 다른 사람을 바라보는 것으로 이동할 때 어떤 변화와 행동이 나타나는가?(263-264쪽)

14. 마태복음 5:29-30은 종종 오해된다. "만일 네 오른 눈이 너로 실족케 하거든 빼어 내버리라. 네 백체 중 하나가 없어지고 온몸이 지옥에 던지우지 않는 것이 유익하며, 또한 만일 네 오른손이 너로 실족케 하거든 찍어 내버리라. 네 백체 중 하나가 없어지고 온몸이 지옥에 던지우지 않는 것이 유익하니라." 몸의 지체를 없애는 것으로 성적인 유혹이 사라질까? 이 본문은 규칙의 준수를 말하는 것이 아니라 마음의 태도가 바뀌어야 하는 것을 강조하는 본문은 아닌가?(264-266쪽)

15. 예수님 시대에 이혼은 제한된 몇 가지 경우를 제외하고는 여성을 간음으로 내모는 결과를 낳았다. 오늘날 이혼의 결과는 어떠한가?(267-275쪽)

[투명한 말과 끝없는 사랑]
16. 다른 사람을 조종하기 위해 맹세가 악용되는 예를 들어 보라(275-279쪽).

17. 우리가 평소의 습관대로 분노를 발하지 않았지만, 상대방이 오히려 마음을 더 독하게 먹고 계속 공격해 온다면 어떻게 해야 할까? 분을 발하는 사람을 수동적으로 피할 것이 아니라 능동적 사랑으로 대하는 것이 왜 중요할까?(285-287쪽)

18. 원수를 사랑하고 그를 위해 기도하기란 사실상 불가능해 보인다. 이 불가능한 일이 가능해지는 경험을 해본 적이 있는가? 그런 적이 있다면, 혹은 그런 사례를 본 적이 있다면 나눠 보자(287-288쪽).

19. "하나님이 온전하신 것과 같이 너희도 온전하라"(마 5:48)는 말은 무슨 뜻일까?

[의는 곧 사랑이다]

20. 현대판 바리새인들은 마태복음 5장의 가르침에 어떻게 반응할까? 그들에게 부족한 것은 무엇일까?(288-291쪽)

21. 현재 지식인 사회나 대중 문화에서 통용되는 도덕 체계는 사실상 전무하기 때문에, 달라스 윌라드는 "예수가 인간 삶에 비할 바 없는 주님이심"을 증명하기 위해 사고와 실생활의 모든 영역에서 예수님의 가르침을 실험해 보라고 도전한다. 당신이 이 같은 주님의 도전을 받아들인다면, 당신의 삶은 어떻게 바뀔 것 같은가?(291-293쪽)

변화를 위한 훈련

듣기: 방해 받지 않을 조용한 장소에서 15분간 묵상의 시간을 가져 보라. 당신이 반복해서 화를 내는 다섯 가지 상황을 생각해 보라. 사람을 만나는 자리인가, 직장인가, 가정인가? 그 상황들을 천국 마음으로 다시 조명해 보라.

글쓰기: 우리는 분노에는 익숙하지만 멸시는 잘 인지하지 못한다. 분노보다 더 악한 멸시를 다룬 부분을 다시 읽고, 어떻게 하면 당신의 마음에서 멸시를 몰아낼 수 있을지 글로 적어 보라.

활동: 하나님의 선하심과 능력을 가로막는 것들로부터의 치유는 고백을 통해 가능하다. "그러므로 너희 죄를 서로 고백하며 병이 낫기를 위하여 서로 기도하라. 의인의 간구는 역사하는 힘이 큼이니라"(약 5:16). 친구에게 찾아가 죄를 고백하고 하나님의 도움을 구하는 기도를 부탁해 보라. 당신은 누구를 찾아갈 것인가?

스터디 가이드

6장_ 천국 투자: 명예와 부의 기만을 피하여

말씀 묵상

마태복음 6:19-21을 읽고 묵상해 보자.
당신은 하나님이 하시는 일에 투자하고 있는지, 당신의 일에 투자하는지 자문해 보라.

질문

〔명예의 덫〕

1. 솔직히 우리는 다른 사람에게 주목받고 좋은 인상을 주려고 노력한다. 또한 신앙적인 면에서 인정받기를 바란다. 그 외에도 사람들의 관심을 얻으려고 하는 행동은 없는가?(297-298쪽)
   - 자기 이력을 화려하게 과장하지 않는가?
   - 집이나 자동차나 소유물을 자랑하지 않는가?
   - 명예와 인정을 얻으려 애쓰고 있지 않은가?

2. 당신이 어떤 일을 하고 있는데 다른 사람이 관심을 갖고 당신을 지켜본다고 가정해 보자. 그때 "오직 한분의 청중" 앞에 선 것처럼 사는 것이 어떻게 도움이 될지 생각해 보자(298-300쪽).

3. 예수께서는 선행이나 금식이나 기도 같은 일로 사람들에게 강렬한 인상을 주려는 마음을 피하라고 하신다. 만일 예수께서 현대의 청중에게 이 말씀을 하신다면 어떤 예를 들어 말씀하실까?(300-303쪽)

4. "오직 한분의 청중" 앞에서 기도하는 것, 즉 내가 어떻게 보이든, 나의 기도가 어떻게 들리든 신경 쓰지 않고 하나님과의 하나 됨만을 생각하며 기도하는 것은 나의 기도하는 방식(개인 기도, 공중 기도)에 어떤 영향을 줄까?

5. 은밀하게 지속적으로 선한 일을 행하다 보면 나중에는 자동적으로 그러한 일을 하게 될까?(314-315쪽)

[부의 굴레]

6. 하나님을 보물로 여기는 사람들에게 하나님께서 지혜와 안전과 성취를 주심을 당신은 알고 있는가?(318-320쪽)

7. 하나님이 하시는 일에 당신의 삶을 투자하라는 말을 들을 때, 당신에게 처음 드는 생각은 무엇인가? 당신의 생각과 다음 말들을 비교해 보라(320-322쪽).
    - 예수님과 관련하여 시간과 노력을 투자하라.
    - 주변에 우리가 영향을 줄 수 있는 사람들에게 헌신하라.
    - 자기 영혼을 돌보라.
    - 지구를 사랑하고 하나님의 창조를 즐기라.

8. 지상의 삶보다 천국의 삶을 더 중시하게 된다면, 그것은 당신의 구매 패턴이나 여가 활용, 주거지 선택, 옷이나 식생활에 어떤 영향을 주겠는가?(322-324쪽)

9. 세상 사람들처럼 우리 역시 재물과 소유를 가장 가치 있게 여긴다면 우리의 운명은 근심과 실망의 연속일 것이다. 왜 우리는 그것들이 그렇게 가치 있는 것이 아니라고 생각하면서도 현재 세계에서 안전을 위해 그것들을 의지하는가? 재물과 소유에 대한 우리의 태도와 그리스도에 대한 확신은 어떤 관계여야 할까?(326-329쪽)

["세상에서는 너희가 환난을 당하나"]

10. 요한복음 15:18-20에 나타난 아래의 진리를 알면서도 이 세상이 안전한 장소라고 확신할 수 있는 이유는 무엇일까?(332-334쪽)
    - 예수님의 제자들도 일반적인 삶의 고민에서 예외일 수 없다.
    - 그들은 세상과 조화하지 못하는 데서 오는 문제를 겪을 것이다.
    - 그들은 세상 질서에 적응하지 못할 것이다.

스터디 가이드

변화를 위한 훈련

활동: 이번 주에 시간을 내서 도움이 필요한 사람에게 봉사와 친절과 사랑을 베
    풀되 은밀하게 해보라. "사랑하는 친구"에게로 시작하는 격려의 쪽지를
    보낼 수도 있고, 경제적인 도움이 필요한 사람에게는 현금을 보낼 수도 있
    을 것이다. 그런 연후에 당신의 봉사를 하나님만이 아신다는 것이 어떤 의
    미인지 묵상해 보라.

활동: 당신의 삶에서 우상처럼 영향력을 행사하는 것은 없는지 확인해 보라(쇼
    핑, TV 시청, 웹 서핑, 골프 등). 그 활동을 금해 보라. 당신의 필요를 하나님이
    어떻게 도우시는지 경험해 보라.

7장_ 기도와 사랑의 공동체

말씀 묵상

시편 73편을 읽고 묵상해 보자.
저자 아삽의 마음에 일어난 변화를 살펴보고 그의 진실한 마음을 묵상해 보자.

질문

〔정죄함이 없나니〕
1. 분노와 멸시와 정욕을 추구하는 마음뿐 아니라 명성과 부에 대한 염려까지
   내려놓는다면, 마태복음 7:1-12을 실천하기가 얼마나 쉬울지 생각해 보자
   (336-338쪽).

2. 상대방의 잘못을 지적하거나 나의 불만을 드러내지 않고 대인 관계를 제대로

이끌어 가는 것이 어려워 보이는 이유는 무엇일까?(338-339쪽)

3. 정죄의 내용이 옳은 한 정죄해도 괜찮다는 생각에 우리가 보통 쉽게 정죄하는 부류의 사람들이 있지는 않은가? 최근에 말로나 마음으로 남을 비난한 적은 없는지 생각해 보라(340-343쪽).

4. 남의 정죄를 받아들이지 않거나 남을 정죄하지 않기로 결심한다면 당신의 삶이 어떻게 달라지겠는가?(343-345쪽)

5. 다른 이를 바로잡아 주거나 도와주는 전략 차원의 정죄가 언제나 실패할 수밖에 없는 이유는 무엇인가?(345-347쪽)

6. 달라스 윌라드는 "눈 속의 들보"가 무엇이라고 말하는가? 하나님이 보시는 것처럼 보고 돕는 데 그 들보가 어떻게 방해가 되는가?(347-348쪽)

7. 비판하지 않고 분별하는 것은 가능한 일인가?(348-350쪽)

[선한 것이 해가 될 때]
8. "진주를 돼지 앞에 던지지 말라"는 말씀은 종종 어떻게 오해되는가? 그 같은 일반적인 해석이 예수님의 뜻에 어긋나는 까닭은 무엇인가?(353-357쪽)

9. 우리는 어린아이들에게 진주를 강요하지는 않는가? 친구들에게, 노숙자들에게는 어떠한가? 그들의 말에 귀를 기울이거나 관심을 기울이기보다 강요하기가 더 쉬운 이유는 무엇인가?(353-357쪽)

10. 당신이 사랑하는 사람에게 바로잡아야 할 무엇이 있다면, 당신은 그를 위해 어떤 기도를 드리겠는가?(353-357쪽)

11. 우리가 강요하는 마음을 버리고 사려 깊고 은혜롭게 접근한다면, 어떤 선한 일이 일어날 수 있을까?(357-359쪽)

12. 다른 사람에게 변화를 요청하고 그가 원하는 방식으로 그를 돕고자 한다면, 우리 안에 어떤 태도의 변화가 필요할까?(357-359쪽)

[우주적 정황에서 본 기도]

13. 예수님은 베드로가 당신을 부인할 것을 아시면서도 그 일을 막거나 그를 고쳐 주지 않으셨다. 그 결과, 베드로는 실패를 통해 그가 마땅히 되어야 할 모습으로 변화되었다. 우리 주변에서 자주 실패하는 사람들을 생각해 보자. 예수께서 베드로에게 하신 말씀("그러나 내가 너를 위하여 네 믿음이 떨어지지 않기를 기도하였노니 너는 돌이킨 후에 네 형제를 굳게 하라", 눅 22:32)에 상응하는 어떤 말로 우리는 그를 격려하고 위해 기도해 줄 수 있을까?(369-372쪽)

14. 기도에 관한 아래의 표현 가운데 당신의 기도 생활에 적용하고 싶은 것을 찾아보라(373-375쪽).
    - 하나님과의 상호적이고 경험적인 관계에서 나오는 기도
    - 내가 진심으로 관심 있는 부분에 대한 기도
    - 나의 관심이 하나님의 관심과 일치하는 기도
    - 하나님과 내가 함께하고 있는 일에 대해 하나님의 동역자로서 드리는 기도

15. 기도가 실제로 아무것도 변화시킬 수 없다고 생각하기 때문에 기도하지 않는 사람들이 있다. 하나님이 우리 요청에 귀 기울이시고 뜻을 돌이키실 수 있다고 믿는 것이 어려운 이유는 무엇일까?(376-379쪽)

16. 알코올 중독인 동생을 위해 기도하는 두 자매가 있다고 생각해 보자. 한 명은 단순히 간구한다. 다른 한 명은 정확한 말투로 하나님이 응답하실 수밖에

없도록 기도한다. 두 번째 자매의 기도가 하나님의 품위를 손상한다고 생각하는가? 하나님이 인간의 기도에 응답하신다면 하나님의 품위가 손상된다는 생각의 이면에 자리한 오류는 무엇인가?(389-390쪽)

[가장 위대한 기도]

17. 큰 고민이 있을 때 걱정을 멈추고 정식으로 하나님께 아뢰고 기도하는 것이 왜 중요할까? 하나님을 향하는 것과 끙끙대며 걱정하는 것의 차이점은 무엇인가?(393-394쪽)

18. 하나님의 이름이 사람들 가운데서 소중하고 존귀하게 여겨지기를 간절히 소망해야 하는 이유는 무엇인가?(397-399쪽)

19. 하나님 나라가 이미 현존하며 다른 나라들은 한시적으로 존재한다고 믿으면서 "나라가 임하옵시며"라고 기도하는 이유는 무엇일까?(399-401쪽)

20. 일용할 양식을 달라는 기도는 무슨 의미인가?(401-402쪽)

21. 다른 사람들을 용서한다는 것은 구체적으로 무슨 뜻인가?(402-407쪽)

22. 악에서 구원해 달라고 기도하는 이유는, 고통을 피하기 위해서가 아니라 인간이기에 약한 우리가 넘어질 수 있기 때문이다. 당신이 피하고 싶은 "나쁜 일"은 무엇인가?(407-412쪽)

23. 주기도문의 내용을 기도하지 못하게 막는 장애물, 하나님에 대한 잘못된 이해는 무엇인가?(412-414쪽)

변화를 위한 훈련

글쓰기: 당신 자신의 생각을 누군가에게 강요해 오지 않았는지 생각해 보라. 그

사람도 하나님 앞에 책임 있는 한 사람이라는 사실을 받아들이는 것이 당신에게 어떤 의미가 있는지 글로 적어 보자.

활동: 잠시 산책을 하며 화해가 필요한 사람을 생각해 보라. 당신과 그 사람 사이에 화해가 이뤄지기를 기도하라. 어렵다면 천천히 실천해 보라.

글쓰기: 나의 관심사항과 하나님의 관심사항을 각각 나열해 보라. 둘 가운데 당신의 관심사항에만 있는 것에 대해 하나님은 어떻게 생각하시는지 물어 보라. 그리고 하나님의 관심사항에만 있는 것에 대해 내가 그 일에 어떻게 관련되는지 하나님께 물어 보라.

8장_ 예수의 제자 또는 학생이 되는 법

말씀 묵상

마태복음 11:28-30을 읽고 묵상해 보라.

이 단락은 제자도로의 부르심이다. 예수님의 부르심은 부드럽고, 사람들의 짐을 가중시키지 않으신다. 예수님의 표현에서 두드러진 세 가지 명령을 기억하라. "오라", "멍에를 메라", "배우라." 주님은 우리에게 무엇을 하라고 하시지 않고, 그분께 와서 멍에를 메고 선생이신 그분께 배우라고 말씀하신다. 이 말씀을 염두에 두고 당신 삶에서 순종과 불순종은 어떻게 드러나는지, 왜 그렇게 나타나는지 생각해 보자.

질문

〔우리의 스승은 누구인가?〕

1. 우리는 언제나 누군가의 제자로서 살아간다. 우리의 선생이었던 사람들의 역

할을 생각해 보자. 당신의 인생에 영향을 준 선생을 서너 명 이야기해 보라 (415-417쪽).

2. 예수께 배우지 않으면서도 성경의 위대한 약속만은 자신에게 적용하려는 것은, 마치 다른 사람의 이름으로 수표를 발행하는 것과 같다. 계속하다가는 파산하고 만다. 보통 사람들이 예수의 제자가 되기는 주저하면서도 기꺼이 자기 몫으로 가지려는 성경의 약속은 무엇인가?(417-418쪽)

3. "너희는 나를 불러 주여, 주여 하면서도 어찌하여 내가 말하는 것을 행하지 아니하느냐?" 하고 말씀하시는 예수님을 생각해 보자(눅 6:46). 예수께서 가장 좋은 것이라 말씀하신 것을 우리가 실천하지 않는 이유를 물으신다면, 당신은 무엇이라 답하겠는가? 실제로 최근에 일어난 일을 예로 들어 생각하고 답해 보라(418-422쪽).

〔예수의 제자 모습〕

4. 제자로서 나는 예수님께 삶을 사는 법을 배우되, 그분이 나라면 내 자리에서 사실 그 삶을 배우는 것이다. 예수께서 내 자리에 계시다면 어떻게 사실까? 아래 질문을 가지고 생각해 보자(430-433쪽).
   - 예수님이라면 내 일을 어떻게 하실까?
   - 예수님이라면 어떻게 협상하실까?
   - 예수님이라면 어떤 주제를 중요하게 여기실까?
   - 예수님이라면 내가 가지고 있는 자원으로 어떤 일들을 하실까?

5. 예수님이 다음과 같은 사람이라면 어떻게 하실까? 한두 개를 골라 이야기해 보자(433-435쪽).
   - 샌드위치 가게 주인
   - 우편 배달원
   - 병원의 인턴
   - 세계적인 순회 음악가

스터디 가이드

- 외양선원

6. 교회 사역 가운데 다음과 같은 일을 하는 예를 들 수 있는가?(439-444쪽)
    - 가능한 한 모든 사람들에게 천국을 전하려고 함
    - 어려운 사람들을 돕는 사랑의 행위를 통해 천국을 드러냄
    - 인간의 삶 가운데 현존하는 하나님의 본성과 통치에 관해 가르침

[제자가 되는 법]

7. 예수님과 교제하는 것보다 더 나은 것이 없다는 사실을 제대로 알게 된다면 사람들은 기꺼이 예수의 제자가 되려고 할 것이다. 모든 소유를 팔아 밭을 산 사람과 같이, 제자도가 천하에 다시없는 기회인 줄 알고 그 과정과 목적에서 기쁨과 흥분을 느낄 것이다. 아래의 사실을 모른다면, 제자도를 중요하게 여기기란 어렵지 않은지 이야기해 보자(445-448쪽).
    - 천국은 모든 사람에게 열려 있다.
    - 예수님을 확신하며 제자로 사는 삶은 일상적 순종과 풍성한 삶을 가져 온다.
    - 천국은 누가 진실로 참된 부자인지 보여준다.
    - 우리는 본래 하나님 나라 안에 살도록 만들어졌다.

8. 며칠 동안 집중하여 아래와 같은 일을 해보자. 어떻게 하면 이런 시간을 낼 수 있을지 찾아보라(449-453쪽).
    - 사복음서를 읽으며 제자의 삶과 관련된 구절을 표시해 보자.
    - 성 프란체스코나 존 웨슬리의 전기를 읽고, 제자로 살아간 사람들의 삶 을 묵상해 보자.

[다른 사람들이 제자가 되도록 돕는 일]

9. 제자들의 할 일은 천국을 선포하고 보여주고 가르치는 일임에도 불구하고, 오늘날 교회는 다른 것을 강조한다. 스승이신 예수를 단지 희생제물로 여기 거나, 사회적·개인적 해방자나 예언자 정도로 대치하거나, 회심자 내지 교인

만드는 일에 목표를 두고 있다. 이처럼 초점을 벗어난 다른 목표들이 또 있는가?(455-458쪽)

10. "소비자 그리스도인"들은 프로그램과 실제적인 방법과 조언, 봉사를 얻으려고 한다. 이러한 것과 예수님의 진정한 제자가 되는 일은 어떻게 다른가?(460-462쪽)

11. 다음의 차이점은 무엇인지 설명해 보라(462-464쪽).
    - 회심자는 어쩌다 생기게 하고 제자 삼는 일에 의지를 두는 것
    - 제자는 어쩌다 생기게 하고 회심자 만들기에 의지를 두는 것

12. 교회에 다니지 않는 이웃을 교회로 인도한다고 가정해 보자. 교회로 오게 하는 것이 목적이라면 당신은 어떻게 행동할 것인가? 반면, 천국 생활의 비전으로 이웃을 매혹하는 것이 목적이라면, 그때는 어떻게 행동할 것인가?(464-465쪽)

13. 사람들의 진짜 신념이 무엇인지 더 깊이 이해하는 사람이 되고자 한다면, 더 말하는 사람이 되어야 하는가, 더 듣는 사람이 되어야 하는가?(468-470쪽)

14. 당신이 다른 사람을 제자 삼기로 결심했다면, 당신의 태도와 행동에 어떤 변화가 필요할까?(470-471쪽)

변화를 위한 훈련

글쓰기: "나는 예수님의 제자입니다"라는 말보다는 "나는 그리스도인입니다"라고 말하는 것이 왜 더 쉬울까? 그 차이점을 적어 보라.

활동: 복음서 가운데 하나를 골라서 통독해 보라. 읽으면서 예수님에 대해 새롭게 발견한 점, 놀라운 점, 더 살펴봐야 할 점, 하나님께 묻고 싶은 점을 찾아

보라. 다음 한주 동안 당신이 표시한 것들을 다시 읽으면서 예수님에 대한 당신의 관점을 묵상해 보라.

9장_ 그리스도를 닮기 위한 교육 과정

말씀 묵상

시편 29편, 19편, 23편을 읽고 묵상해 보자.
하나님을 신뢰하는 자들에게 하나님이 보이시는 인격적인 모습이 이 시편들에 어떻게 선포되고 있는지 살펴보자. 시편에 드러난 저자들의 마음과 당신의 마음을 비교해 보자. 이 시편들은 일상 생활에 있어 하나님을 향한 당신의 신뢰를 잘 대변해 주고 있는가?

질문

〔주님의 학급의 공부 과목〕

1. 일반적으로 풍성함은 쉽고 즐거운 것이지만, 순종은 어렵고 불편하다고 생각한다. 왜 그럴까? 사실, 순종과 풍성함은 불가분의 두 측면이지 않은가?(473-476쪽)

2. 교회 프로그램은 흔히 행동을 바꾸거나 문제를 해결하는 데 초점을 맞춘다. 그러나 실제적인 문제 해결을 위한 훈련 프로그램은 반드시 내적 모습과 성품을 다루어야 한다. 아래와 같은 프로그램을 생각해 보라. 이 프로그램에서 전해야 할 내적인 주제는 무엇일까?(476-481쪽)

프로그램	전해야 할 내적 주제
이혼 회복	하나님의 위대한 사랑을 받아들이는 것 사람을 경멸하지 않고 바라보는 예수님의 방법
재정 관리	
청소년 활동	
남자들의 모임	

3. 믿음과 순종 사이의 단절로 인해, 우리는 예수님처럼 되지 않고도 선해지려는 방법들을 찾아냈다. 규칙적인 교회 출석, 성경 암송, 헌금 행위, 교회 건물 관리 등을 영적인 활동이라 추켜세우며, 그리스도를 닮는 목표를 무시할 때도 있다. 그리스도를 닮는 것을 대체하는 활동에는 또 어떤 것들이 있는지 나눠 보라(478-481쪽).

[분명한 목표]

4. 그리스도를 닮는 훈련 과정에서 아래의 행동들(물론, 이 모든 행동이 영혼의 내적 변화의 결과이기는 하지만)이 우선적인 목표가 되어서는 안되는 이유는 무엇일까?(486-487쪽)

- 특정 상황에서 행동할 때 예수께서 가르치신 말씀에 대해 외형적으로 만 동조하는 것(예를 들어, 소송하지 않기, 골방에서 기도하기, 맹세하지 않기)
- 정확한 교리를 완벽하게 고백하는 것
- 교회 활동이나 기타 외적인 종교 행위나 온갖 영적인 일에 충성하는 것
- 특별한 마음의 상태나 황홀한 체험을 추구하는 것

5. 예수를 통해 이 땅에 찾아오신 하늘 아버지를 깊이 사랑하고 늘 기뻐할 수 있도록 도움을 준 경험이나 관계나 깨달음은 어떤 것이 있는가? 이 우주가 우리가 살기에 완벽하게 안전한 곳이라는 확신을 갖는 데 그 사랑과 기쁨이 도움이 되는 이유는 무엇일까?(487-490쪽)

스터디 가이드

6. 창조주 하나님을 생각할 때, 모호하거나 이해하기 힘든 것을 빼지 않고 다루는 것이 왜 중요한가?(495-598쪽)

7. 하나님은 구속받은 공동체를 통해 역사 가운데 자신을 드러내셨다. 우선, 이스라엘과 언약을 맺으셨고, 다음에는 당신의 아들이신 예수 그리스도를 통해 교회를 세우셨다. 이 공동체(이스라엘과 초대교회)와 예수님 (복음서) 이야기가 하나님을 알고 그분을 기뻐하는 데 어떤 도움을 주는가?(503-506쪽)

8. 나라는 존재가 선한 것이라는 절대적 확신이 없는 한, 우리는 결코 하나님을 쉽게 막힘없이 사랑할 수 없다. 그 이유는 무엇일까?(510-512쪽)

9. 부모로 인해 감사하는 것이 자신의 존재로 인해 감사하는 디딤돌이 되는 이유는 무엇일까? 아래 목록들로 감사하려면 당신과 하나님 사이에 어떤 대화가 필요할지 생각해 보자(512-516쪽).

> - 당신의 부모와 가족
> - 당신의 몸
> - 사랑과 성관계
> - 결혼과 자녀
> - 직장과 사업

[선한 습관을 체득한다]

10. 당신으로 하여금 당신이 원치 않는 죄를 짓게 만드는 상황은 무엇인가?(예를 들어, 마음에 들지 않는 친척을 험담할 때) 무심코, 습관적으로 분노와 멸시와 정욕의 눈빛을 드러내지는 않는가?(518-523쪽)

[3중 역학]

11. 성령이 하시는 일은 무엇인가? 그 역할은 종종 어떻게 오해되는가?(524-526쪽)

12. 하나님이 어떤 분이시며 그분이 어떻게 우리를 사랑하시는지 기억한다면, 닥쳐오는 시험을 기꺼이 맞이할 수 있을까?(527-528쪽)

13. 시련이 당신을 총체적 파국으로 몰고 가지는 않는가? 최근에 있었던 시련을 떠올려 보라. 만일 하나님께서 허락하신 시험만 당신에게 다가온다고 생각했더라면, 그 시련을 다르게 받아들일 수 있었을지 나눠 보자(527-528쪽).

14. 달라스 윌라드는 우리가 예수께서 행하신 일에 주의를 기울인다면 예수님을 본받을 수 있다고 제안한다. 복음서에서 예수님은 어떻게 예배하고 기도하시는가? 어떻게 다른 사람들을 섬기시는가?(529-532쪽)

[새 마음을 입기 위한 계획된 훈련]
15. 모든 영적 훈련이 몸의 행동을 요구하는 이유를 설명해 보라(532-534쪽).

16. 하나님의 아들이신 예수께서 영적 훈련(고독, 침묵, 기도, 구제, 봉사)을 하신 것을 어떻게 이해해야 할까?(534-536쪽)

17. 끊임없이 이어지는 급한 일에 쫓기고 있다면, 아무리 많은 시간을 내어도 하나님과 교제하기 힘든 이유는 무엇일까?(536-538쪽)

18. 침묵과 고독이 어려운 까닭은 무엇일까? 별다른 고민 없이 습관적으로 반응하는 우리의 피상적인 삶에 침묵과 고독이 필요한 이유를 나눠 보자(538-543쪽).

[교육 과정의 두 가지 목표를 성취하기 위한 실제적 단계]
19. 달라스 윌라드는 다른 사람을 제자 삼기 위해 아래와 같은 실천을 제시한다. 당신은 이런 방식으로 누군가를 예수의 제자로 삼고 훈련하고 있는가? 당신을 훈련해 준 사람은 이런 방식으로 당신을 훈련해 주었는가?(548-551쪽)
   - 진리를 되풀이해서 설명하라.
   - 이해가 안되는 문제를 깨닫게 해주라.

- 개별적인 실제 사례들을 통과하면서 예수의 명령이 선하고 옳은 것임을 체험으로 믿게 해주라.
- 각자의 분노나 멸시의 성향에 맞추어 과제를 주라.
- 진행 상황을 적어 보고하게 하라.
- 더 많은 가르침과 실제적인 제안을 주라.

20. "너는 마음에 근심하지 말라"는 명령에 순종하려는 사람들에게 어떤 영적 훈련이 도움이 될까?(548-551쪽)

변화를 위한 연습

글쓰기: "세상은 우리가 살기에 완벽하게 안전한 곳"이라는 말에 대한 당신의 솔직한 반응을 적어 보라. 기꺼이 그 말을 받아들일 수 있겠는가? 하나님께서 당신에게 부모, 가정, 몸, 친구, 사랑, 성관계, 배우자, 아이, 직장, 사업을 주셨다고 믿는가? 당신이 선한 존재임을 믿는 데 필요한 것은 무엇인지 글로 적어 보자.

활동: 사람을 잘 훈련시키는 사람을 찾아 인터뷰해 보라. 훈련 과정을 통해 배운 것이 무엇인지 그에게 물어 보라.

10장_ 만물의 회복

말씀 묵상

요한계시록 22:4-5를 읽고 묵상해 보자.
당신 마음에 특별히 다가오는 구절이 있는가? 왜 그 구절이 마음에 다가오는가?
그 말씀을 가지고 하나님을 예배하자.

질문

[미래를 보아야 하는 이유]

1. 영생이 무엇인지 바로 알아야 하는 이유는 무엇일까?(561-564쪽)

2. 이 땅에서의 성취보다 어떤 사람이 되는지가 중요하다는 생각에 대해 당신은 어떻게 생각하는가? 놀라운 의견인가? 혼란스러운가? 이해가 되는가?(561-564쪽)

3. 미래에 있을 다음의 일들에 비추어 볼 때, 이 땅에서의 인격 개발이 중요한 까닭은 무엇일까?(565-566쪽)
    - 그리스도와 함께 다스림
    - 계속 되는 하나님의 창조 사역
    - 선한 것의 창조와 돌봄

4. 이사야 65:17-25에 비추어 볼 때, 다음과 같은 상황에 있는 사람들의 삶이 새 예루살렘에서 어떻게 바뀌게 될지 상상해 보자(566-568쪽).
    - 외국인 노동자
    - 예방 가능한 병으로 죽어 가는 5세 미만의 개발도상국 어린이들
    - 자기와 다른 부류의 사람들과 이웃하여 살지 않으려는 사람들

5. 힘으로 바른 일을 하게 할 수는 없다. 사람은 다른 사람의 본을 보았을 때, 비로소 바른 일을 하게 된다(인도 캘커타의 테레사 수녀의 예를 보라). 당신의 친구나 가족 가운데 이런 본이나 사례가 있다면 나눠 보라(568-569쪽).

6. "하나님이 세상을 사랑하신다"고 할 때, 그 사랑의 범위는 어디까지일까?(570-571쪽)

7. "이 땅과 이 땅의 삶을 초월하여 하나님 안에서 영원한 삶을 누리는 차원"으

스터디 가이드

로 우리 미래의 삶을 이해한다면, 사람을 대하는 우리의 태도와 성품에 어떤 변화가 올지 생각해 보자(576-580쪽).

8. 육체의 죽음을 넘어서도 지속되는 우리의 존재가 하나님께 유익이 되는 것은 무슨 이유인가?(576-580쪽)

9. "그분은 자신이 창조하시고 계획하시고 애타게 바라시고 가슴 아파하시고 구속하시고 친구가 되신 이들을 소중하게 여기신다"(583쪽). "소중히 여기신다"는 말에 집중해 보자. 당신에게 소중한 사람이나 사물을 당신은 어떻게 소중하게 여기는가? 누군가를 소중히 여기는 당신의 태도가 하나님이 사람을 돌보신다는 사실을 이해하는 데 도움이 되는가?(580-585쪽)

10. 하나님과 함께하는 영생에 대해 다음 표의 견해 외에 다른 생각이 있는지 나눠 보자(585-587쪽).

영생에 관한 일반적 견해	영생에 관한 성경의 묘사 (고전 13:8-13; 계 22:3-5)
꿈을 꾸듯, 공중에 붕 떠다니는 모호한 상태	온전히 알게 된다
자아나 정체감이 없다	하나님, 예수님, 천사, 온전해진 인간의 영이 우리를 알아본다
고립된 상태 내지 가사 상태	희미하지 않게, 있는 그대로 본다
영원한 교회 봉사	창조적이고 즐겁고 생산적인 연합 통치에 참여한다

11. 몸이 쇠약해지고 기억 또한 희미해져 가는 노화 과정으로 인해 힘들어 하는
사람들에게 어떤 위로가 있는가?(588-589쪽)

12. '그분의 영광의 몸' 단락에 묘사된 죽음 이후의 몸에 대한 설명 중 당신에게
가장 와 닿는 것은 어떤 것인가?(589-590쪽)

13. 죽어 가는 과정은 얻는 것인가, 잃는 것인가?(591쪽)

14. 영원한 생명에 대한 다음 진술 가운데 가장 흥미로운 것은 무엇인가? 가장
두려운 것은 무엇인가?(593-595쪽)
   - 새로운 책임을 맡게 된다.
   - 감춰진 것이 없다. 전적으로 투명한 삶을 살게 된다.
   - 처음 된 것이 나중 되고 나중 된 것이 처음 되는 놀라운 일을 많이 경험
     한다.
   - 거할 곳이 많은 아버지 집에서 예수와 함께 창조적인 활동을 감당한다.

15. '이것이 샬롬이다' 단락이 말하는 평화에 관한 견해는 죽음을 "끝없는 안
식"으로 보는 전통적인 견해와 어떻게 다른가?(595-596쪽)

16. 이 장에서 설명한 영생에 관한 견해(하나님, 예수님, 성도들과의 끝없는 교제 가
운데 시는 창조적이고 활동적인 삶)에 따른다면, 다음과 같은 태도와 행동이 이
제 지혜롭게 보이지 않는가?
   - 이 세상을 우리가 존재하기에 완벽하게 안전한 장소로 본다(3장).
   - 하나님 나라는 보통 사람에게, 거기에 어울릴 법하지 않은 사람에게도
     열려 있다고 믿는다(4장).
   - 화가 난 동료를 친절히 대한다(5장).
   - 정욕을 위해 남을 이용하기를 거절한다. 배우자에게 정절을 지킨다. 다
     른 사람을 속이려는 행동을 그만둔다. 남에게 해를 끼치지 않는다. 원수

를 사랑한다(5장).

- 물질과 명성을 얻으려는 욕심을 버린다(6장).

- 남을 조종하기를 멈춘다. 기도하는 사랑의 공동체를 강요하지 않고 요청한다(7장).

- 예수의 말씀을 그저 이야기할 뿐 아니라 실천한다. 예수님의 제자가 되고자 노력한다(7, 8장)

- 하나님으로 마음을 가득 채운다(9장).

- 절제(영적 훈련)를 통해 선한 습관을 체득한다(9장).

변화를 위한 훈련

활동: 최근에 신앙 가운데 돌아가신 분을 가까이서 목격한 목회자나 간호사나 친구를 인터뷰해 보라. 육체의 죽음 외에 무엇을 볼 수 있었는지, 하나님의 함께하심과 역사를 느낄 수 있었는지 물어 보라.

글쓰기: 고린도후서 4:16-18은 영생에 들어갈 때 우리에게 있을 변화에 대해 무엇을 말해 주는지 자기 삶에 적용해 보라. "그러므로 우리가 낙심하지 아니하노니 우리의 겉 사람은 낡아지나 우리의 속 사람은 날로 새로워지도다. 우리가 잠시 받는 환난의 경한 것이 지극히 크고 영원한 영광의 중한 것을 우리에게 이루게 함이니, 우리가 주목하는 것은 보이는 것이 아니요 보이지 않는 것이니 보이는 것은 잠깐이요 보이지 않는 것은 영원함이라."